9급 공무원

기출이 답이다

전기이론

7개년 기출 + 무료강의

전기이론 2022 출제경향

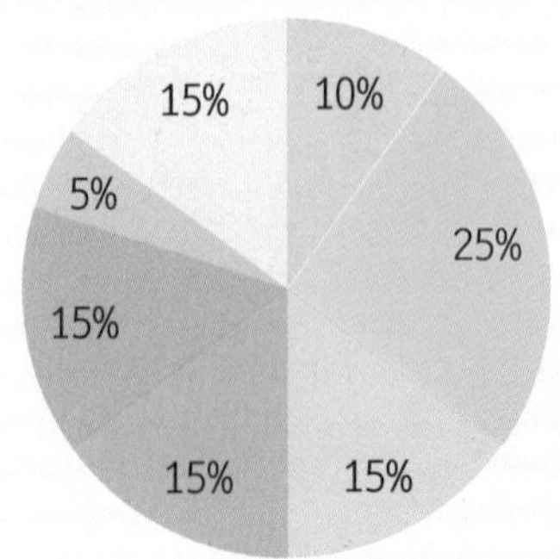

2022 국가직 한줄평

다소 생소하거나 복잡한 회로가 있는 문제가 일부 출제되어 전반적인 이해가 부족한 경우 응용하지 못하고 함정에 빠질 수 있었을 것이다. 하지만 기출문제 분석을 통한 여러 유형의 문제를 접해보고, 이론의 정확한 이해와 암기가 있다면 매년 출제되는 2~3개의 고난도 문제를 어렵지 않게 해결하였을 것으로 생각된다. 또한 그동안 서울시에서만 출제되고 국가직에서는 출제되지 않았던 연산증폭기(OP-AMP)가 처음으로 출제되었으므로 앞으로 라플라스 변환과 전달함수 영역에 대한 대비도 필요해 보인다.

출제율 순위

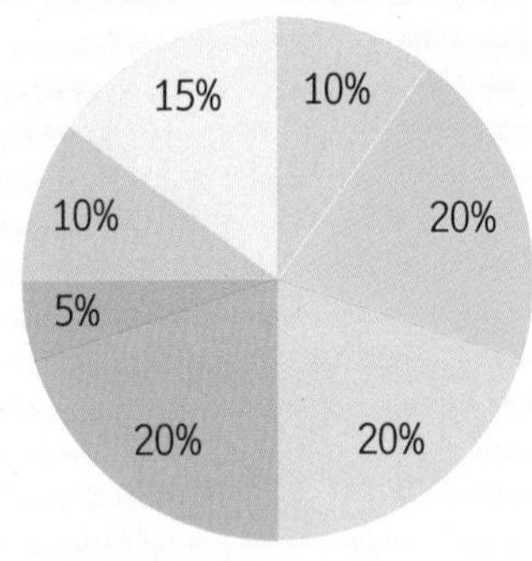

2022 지방직 한줄평

전년도와 비슷하게 평이한 난이도로 출제되었으며, 기본이론과 기출문제만 숙지되었다면 충분히 응용하여 해결 가능한 문제로 고득점이 가능한 시험이었다. 다만 2~3문제에서 계산하는데 다소 시간이 필요했던 만큼 쉬운 문제는 빠르게 해결한 뒤, 적절한 시간 배분을 통해서 고난도 문항의 정답을 도출하는 연습이 요구된다. 또한 출제 패턴, 출제 경향들을 꾸준히 익혀서 정확도와 속도 모두를 향상시킬 필요가 있고, 국가직과 마찬가지로 그동안 서울시에서만 출제되었던 라플라스 변환이 처음으로 출제되었으므로 앞으로 전달함수와 4단자망 영역에 대한 대비도 필요해 보인다.

출제율 순위

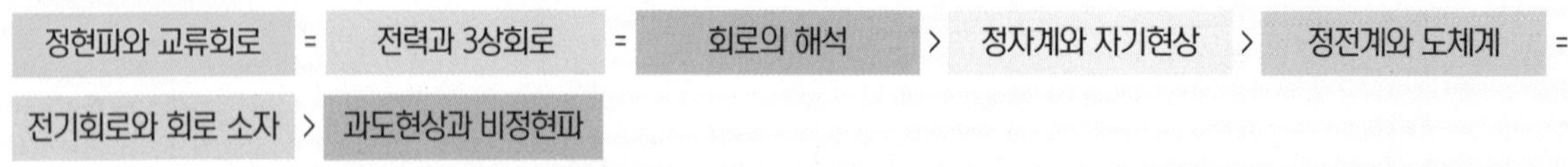

전기이론도 실력 상승! 역시 기출이 답이다!

눈 크게 뜨고 국가직 파악하기

영역별 분석	전기회로와 회로 소자	저항의 직 · 병렬연결, 캐패시터의 직렬연결 등이 출제되었다.
	정현파와 교류회로	RL병렬, LC직렬, 캐패시터 회로에서의 역률, 전류의 실횻값, 평균 전류 등이 출제되었다.
	전력과 3상회로	3상회로 및 송전단의 상전류, 전압, 역률 등이 출제되었다.
	회로의 해석	중첩의 원리, 연산증폭기의 전압, 전류 등이 출제되었다.
	과도현상과 비정현파	캐패시터와 인덕터의 과도현상, 비정현파 등이 출제되었다.
	정전계와 도체계	전계의 세기, 전하량 등이 출제되었다.
	정자계와 자기현상	환상 솔레노이드의 자기인덕턴스, 막대자석의 회전력, 변압기의 평균전력 등이 출제되었다.

집중! 고득점 Point

07 그림의 회로에서 저항 R_L이 변화함에 따라 저항 3[Ω]에 전달되는 전력에 대한 설명으로 옳은 것은?

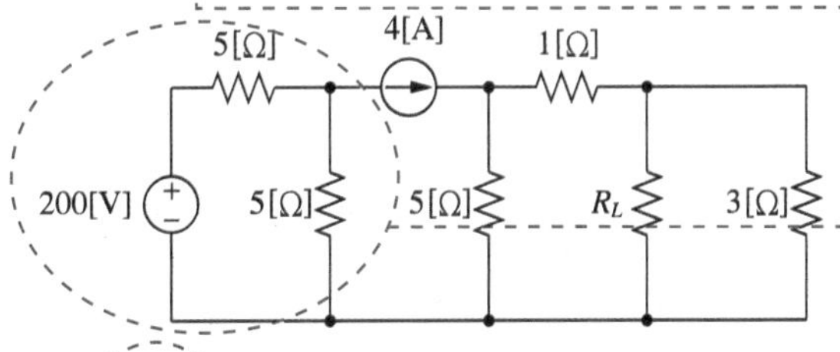

① 저항 R_L = 3[Ω]일 때 저항 3[Ω]에 최대 전력이 전달된다.

② 저항 R_L = 6[Ω]일 때 저항 3[Ω]에 최대 전력이 전달된다.

③ 저항 R_L의 값이 클수록 저항 3[Ω]에 전달되는 전력이 커진다.

④ 저항 R_L의 값이 작을수록 저항 3[Ω]에 전달되는 전력이 커진다.

1. 질문에 주목!

기존 기출 유형은 저항 R_L에 전달되는 최대전력을 물었지만, 이 문항은 '저항 3[Ω]에 전달되는 전력'을 묻는 문항임을 파악한다.

2. 회로 단순화에 주목!

중첩의 원리에 의해 전압원에 의한 전류가 저항 3[Ω]에 영향을 주지 못하므로 왼쪽 회로는 생략함으로 회로가 단순화되어 회로 해석의 시간이 빨라질 수 있음을 파악한다.

3. 비례관계에 주목!

저항 R_L 의 값이 클수록 3[Ω] 저항에 흐르는 전류의 값은 커지므로($I_3 \propto R_L$), 3[Ω]에 전달되는 전력($P=I^2R$)도 커짐을 파악한다.

눈 크게 뜨고 지방직 파악하기

영역별 분석		
	전기회로와 회로 소자	전압원의 내부저항과 컨덕턴스 등이 출제되었다.
	정현파와 교류회로	$RL \cdot RC \cdot RLC$ 직렬회로의 파형 및 임피던스, 전류, 전압 등이 출제되었다.
	전력과 3상회로	3상 교류회로의 전압 · 전류 · 임피던스, RL회로의 역률, RC회로의 역률과 유효전력 등이 출제되었다.
	회로의 해석	중첩의 원리, 라플라스 변환, 테브난 등가회로 등이 출제되었다.
	과도현상과 비정현파	RL 평활회로의 과도현상 등이 출제되었다.
	정전계와 도체계	두 전하에 의한 전계, 유전체의 캐패시턴스 등이 출제되었다.
	정자계와 자기현상	앙페르의 주회법칙에 의한 자계의 선적분, 두 도체에 의한 자계의 세기, 자기인덕턴스 등이 출제되었다.

집중! 고득점 Point

19 그림의 회로에서 전압 $v_o(t)$에 대한 미분방정식 표현으로 옳은 것은?

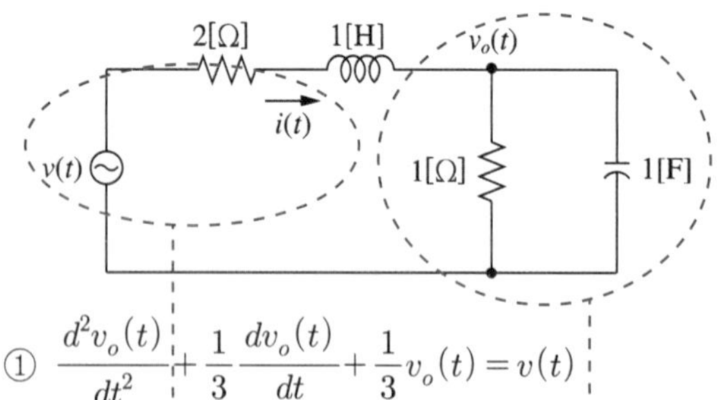

① $\frac{d^2v_o(t)}{dt^2}+\frac{1}{3}\frac{dv_o(t)}{dt}+\frac{1}{3}v_o(t)=v(t)$

② $\frac{d^2v_o(t)}{dt^2}+\frac{1}{3}\frac{dv_o(t)}{dt}+3v_o(t)=v(t)$

③ $\frac{d^2v_o(t)}{dt^2}+3\frac{dv_o(t)}{dt}+\frac{1}{3}v_o(t)=v(t)$

④ $\frac{d^2v_o(t)}{dt^2}+3\frac{dv_o(t)}{dt}+3v_o(t)=v(t)$

1. 질문에 주목!

기존 기출에 나오지 않았던 미분방정식 표현에 관한 문제로서 회로소자 중에서 캐패시터에 흐르는 전류와 인덕터에 걸리는 전압이 미분식으로 표현됨을 파악한다.

2. 단순화에 주목!

시간 함수 $f(t)$를 주파수 함수 $F(s)$로 변환하여 푸는 것이 식이 단순하여 계산하기 쉽다는 것을 파악한다.

3. 기본 법칙을 적용!

저항 1[Ω]과 캐패시터 1[F]가 병렬연결되어 걸리는 전압이 같으므로 KCL을 이용한 방정식을 세울 수 있음을 파악한다.

3개년 분석으로 전기이론 Knock! Knock!

국가직

출제율 순위

전력과 3상회로 > 정현파와 교류회로 > 정자계와 자기현상 > 회로의 해석 = 과도현상과 비정현파 > 전기회로와 회로 소자 > 정전계와 도체계

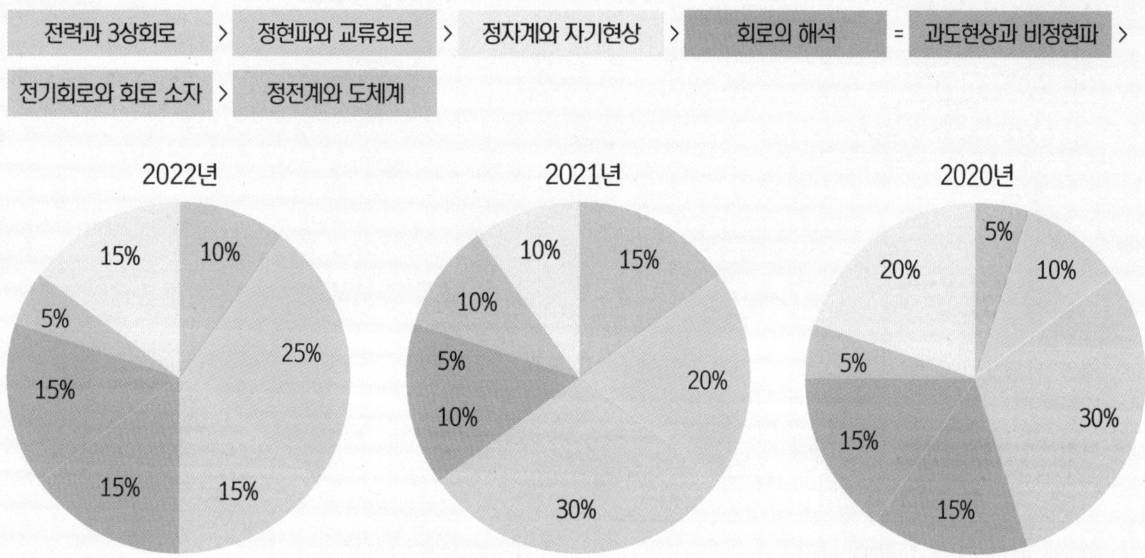

지방직

출제율 순위

전력과 3상회로 > 정현파와 교류회로 = 회로의 해석 > 정자계와 자기현상 > 전기회로와 회로 소자 > 과도현상과 비정현파 > 정전계와 도체계

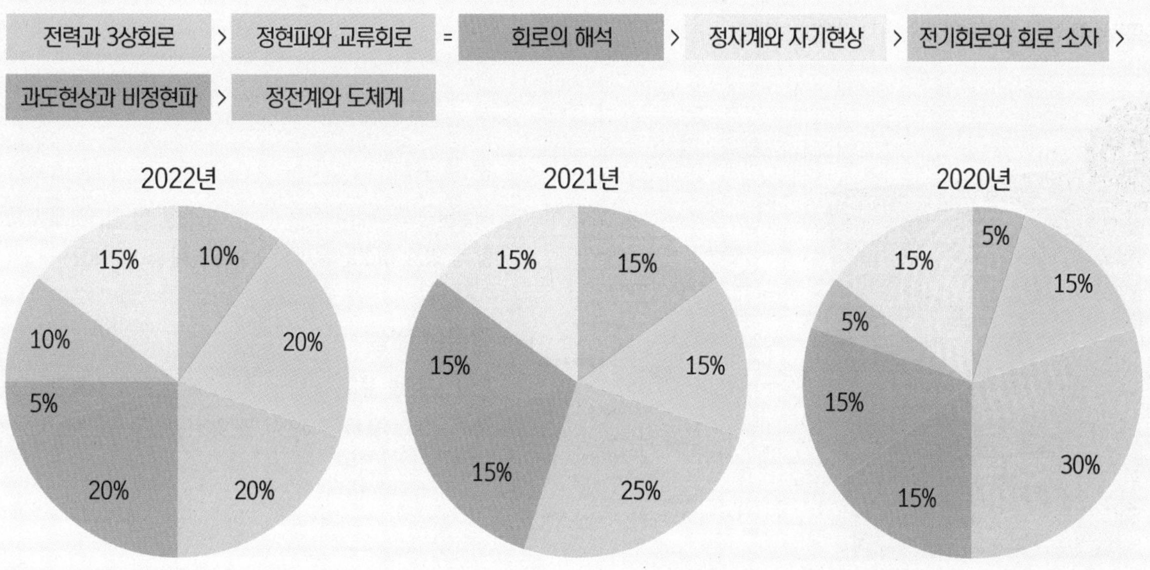

PASSCODE STRUCTURES

이 책의 구성과 특징

문제편

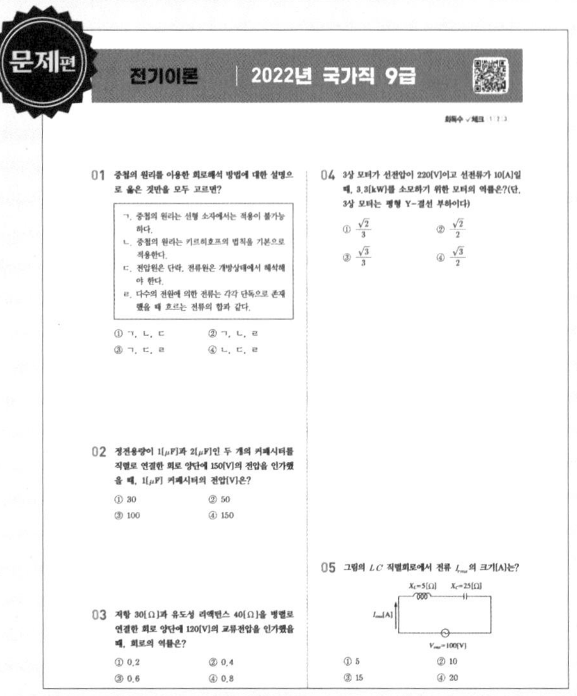

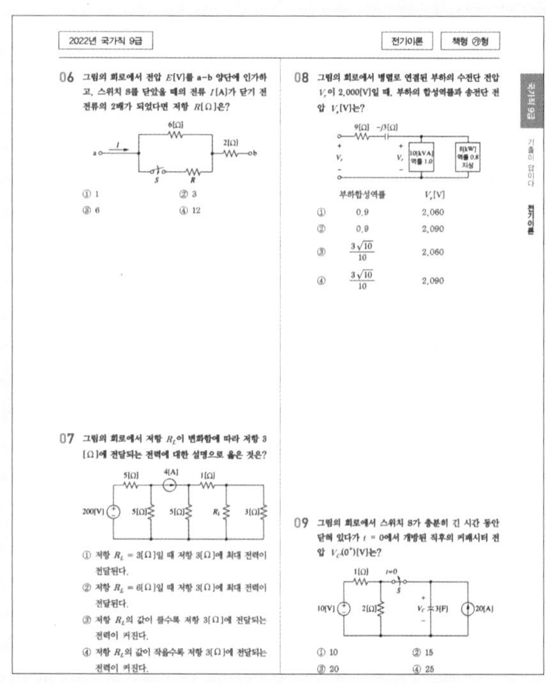

QR코드를 통한 모바일 OCR 서비스

스마트폰으로 QR코드를 찍어보세요! 자동으로 채점이 되고 과락 여부도 확인할 수 있어요.

시험지와 동일

시험지와 동일한 구성으로 제작하여 시험 당일에도 이질감 없이 문제를 풀어나갈 수 있어요.

회독수 체크

시험에 기존 문제와 완전히 다른 문제는 출제되지 않아요! 회독수를 늘려 부족했던 문항까지 다잡아 보세요!

해설편

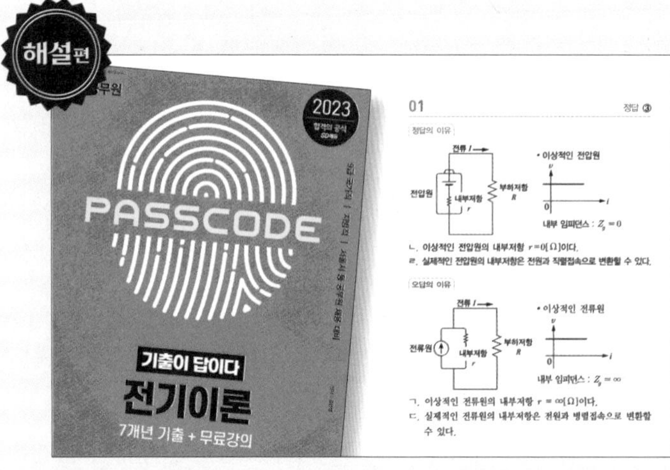

분권 구성

해설편을 책 속의 책으로 구성했어요! 좀 더 편리하게 사용할 수 있고, 어려운 문제는 해설과 함께 풀어보세요.

깔끔한 해설

혼자 문제를 풀어도 이해가 쉽도록 해설을 수록했어요! 각 지문마다 왜 틀린 것인지, 왜 맞는 것인지 확인해보세요.

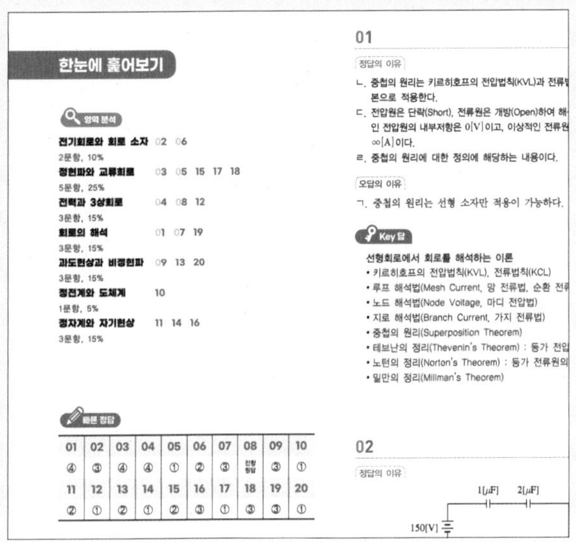

한눈에 훑어보기

영역 분석

전기회로와 회로 소자 02 06
2문항, 10%
정현파와 교류회로 03 05 15 17 18
5문항, 25%
전력과 3상회로 04 08 12
3문항, 15%
회로의 해석 01 07 19
3문항, 15%
과도현상과 비정현파 09 13 20
3문항, 15%
정전계와 도체계 10
1문항, 5%
정자계와 자기현상 11 14 16
3문항, 15%

빠른 정답

01	02	03	04	05	06	07	08	09	10
④	③	④	④	①	②	③	전항 정답	③	①
11	12	13	14	15	16	17	18	19	20
②	①	②	①	②	③	①	③	③	①

01

정답의 이유

ㄴ. 중첩의 원리는 키르히호프의 전압법칙(KVL)과 전류법
본으로 적용한다.
ㄷ. 전압원은 단락(Short), 전류원은 개방(Open)하여 해
인 전압원의 내부저항은 0[V]이고, 이상적인 전류원
∞[A]이다.
ㄹ. 중첩의 원리에 대한 정의에 해당하는 내용이다.

오답의 이유

ㄱ. 중첩의 원리는 선형 소자만 적용이 가능하다.

Key 답

선형회로에서 회로를 해석하는 이론
- 키르히호프의 전압법칙(KVL), 전류법칙(KCL)
- 루프 해석법(Mesh Current, 망 전류법, 순환 전류
- 노드 해석법(Node Voltage, 마디 전압법)
- 지로 해석법(Branch Current, 가지 전류법)
- 중첩의 원리(Superposition Theorem)
- 테브난의 정리(Thevenin's Theorem) : 등가 전압
- 노턴의 정리(Norton's Theorem) : 등가 전류원의
- 밀만의 정리(Millman's Theorem)

02

정답의 이유

한눈에 훑어보기

어떤 영역에서 출제되는지 또는 주로 출제되는 영역은 어디인지 등을 한눈에 확인할 수 있어요!

빠른 정답

틀린 문제를 체크해 보세요! 틀린 문제를 한눈에 파악할 수 있어 취약한 부분을 확인할 수 있어요.

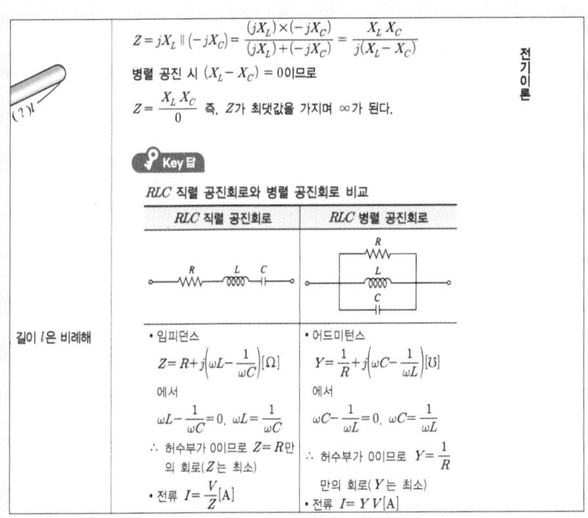

$Z = jX_L \parallel (-jX_C) = \frac{(jX_L)\times(-jX_C)}{(jX_L)+(-jX_C)} = \frac{X_L X_C}{j(X_L - X_C)}$

병렬 공진 시 $(X_L - X_C) = 0$이므로

$Z = \frac{X_L X_C}{0}$ 즉, Z가 최댓값을 가지며 ∞가 된다.

전기이론

Key 답

RLC 직렬 공진회로와 병렬 공진회로 비교

RLC 직렬 공진회로	RLC 병렬 공진회로
R L C	R L C
• 임피던스 $Z = R + j\left(\omega L - \frac{1}{\omega C}\right)[\Omega]$ 에서 $\omega L - \frac{1}{\omega C} = 0$, $\omega L = \frac{1}{\omega C}$ ∴ 허수부가 0이므로 $Z = R$만의 회로(Z는 최소) • 전류 $I = \frac{V}{Z}[A]$	• 어드미턴스 $Y = \frac{1}{R} + j\left(\omega C - \frac{1}{\omega L}\right)[℧]$ 에서 $\omega C - \frac{1}{\omega L} = 0$, $\omega C = \frac{1}{\omega L}$ ∴ 허수부가 0이므로 $Y = \frac{1}{R}$만의 회로(Y는 최소) • 전류 $I = YV[A]$

길이 l은 비례해

Key 답

꼭 알아야 하는 핵심이론과 개념을 알기 쉽게 정리했어요!

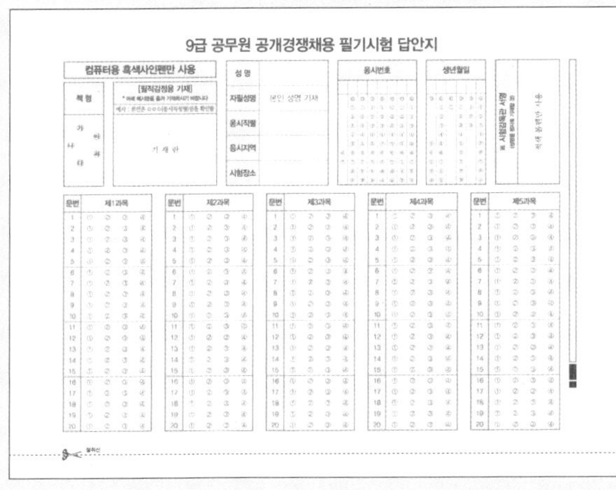

9급 공무원 공개경쟁채용 필기시험 답안지

OCR 답안지

OCR 답안지로 실제 시험처럼! 언제나 실제로 시험보는 마음으로 공부할 수 있어요.

PASSCODE CONTENTS

이 책의 목차

기출이 답이다
9급 공무원
전기이론
문제편

PART 1
국가직

- 2022년 국가직 9급
- 2021년 국가직 9급
- 2020년 국가직 9급
- 2019년 국가직 9급
- 2018년 국가직 9급
- 2017년 국가직 9급
- 2016년 국가직 9급

출제경향

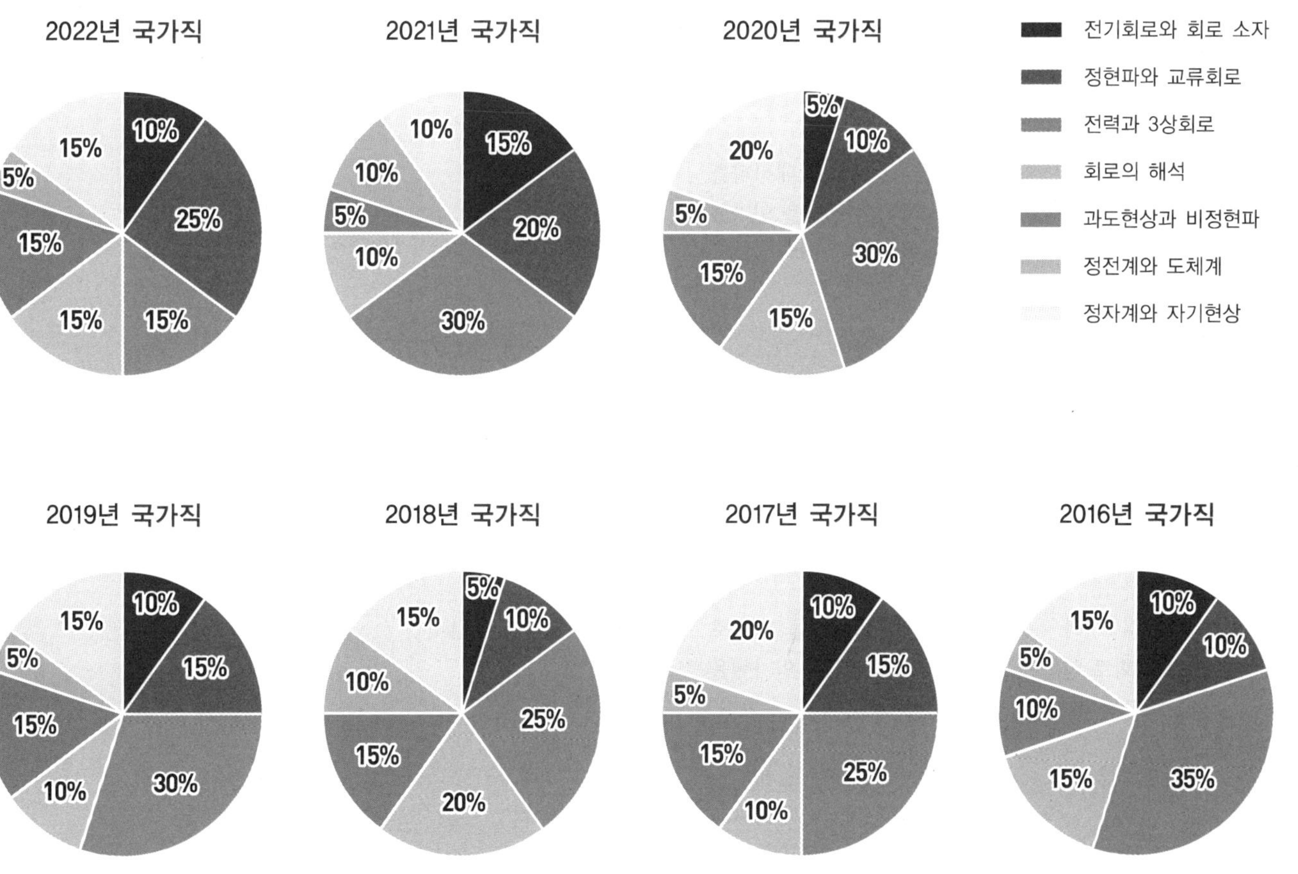

2022년 국가직
10%
25%
15%
15%
15%
5%
15%
2021년 국가직
15%
20%
30%
10%
5%
10%
10%
2020년 국가직
5%
10%
30%
15%
15%
5%
20%
전기회로와 회로 소자
정현파와 교류회로
전력과 3상회로
회로의 해석
과도현상과 비정현파
정전계와 도체계
정자계와 자기현상
2019년 국가직
10%
15%
30%
10%
15%
5%
15%
2018년 국가직
5%
10%
25%
20%
15%
10%
15%
2017년 국가직
10%
15%
25%
10%
15%
5%
20%
2016년 국가직
10%
10%
35%
15%
10%
5%
15%

전기이론 | 2022년 국가직 9급

회독수 ✓체크 ① ② ③

01 중첩의 원리를 이용한 회로해석 방법에 대한 설명으로 옳은 것만을 모두 고르면?

> ㄱ. 중첩의 원리는 선형 소자에서는 적용이 불가능하다.
> ㄴ. 중첩의 원리는 키르히호프의 법칙을 기본으로 적용한다.
> ㄷ. 전압원은 단락, 전류원은 개방상태에서 해석해야 한다.
> ㄹ. 다수의 전원에 의한 전류는 각각 단독으로 존재했을 때 흐르는 전류의 합과 같다.

① ㄱ, ㄴ, ㄷ　② ㄱ, ㄴ, ㄹ
③ ㄱ, ㄷ, ㄹ　④ ㄴ, ㄷ, ㄹ

02 정전용량이 1[μF]과 2[μF]인 두 개의 커패시터를 직렬로 연결한 회로 양단에 150[V]의 전압을 인가했을 때, 1[μF] 커패시터의 전압[V]은?

① 30　② 50
③ 100　④ 150

03 저항 30[Ω]과 유도성 리액턴스 40[Ω]을 병렬로 연결한 회로 양단에 120[V]의 교류전압을 인가했을 때, 회로의 역률은?

① 0.2　② 0.4
③ 0.6　④ 0.8

04 3상 모터가 선전압이 220[V]이고 선전류가 10[A]일 때, 3.3[kW]를 소모하기 위한 모터의 역률은?(단, 3상 모터는 평형 Y-결선 부하이다)

① $\frac{\sqrt{2}}{3}$　② $\frac{\sqrt{2}}{2}$
③ $\frac{\sqrt{3}}{3}$　④ $\frac{\sqrt{3}}{2}$

05 그림의 LC 직렬회로에서 전류 I_{rms}의 크기[A]는?

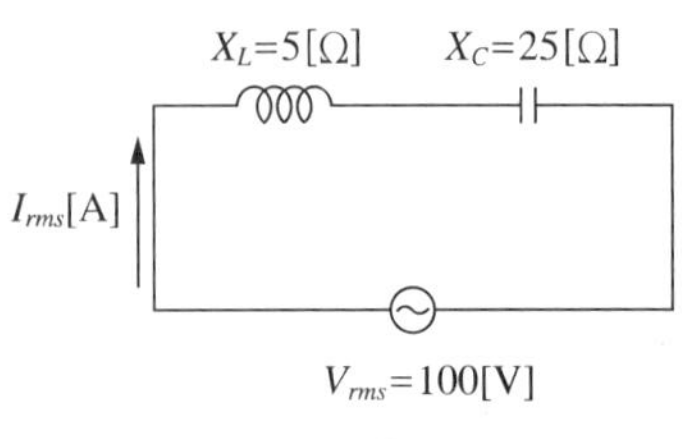

① 5　② 10
③ 15　④ 20

06 그림의 회로에서 전압 E[V]를 a-b 양단에 인가하고, 스위치 S를 닫았을 때의 전류 I[A]가 닫기 전 전류의 2배가 되었다면 저항 R[Ω]은?

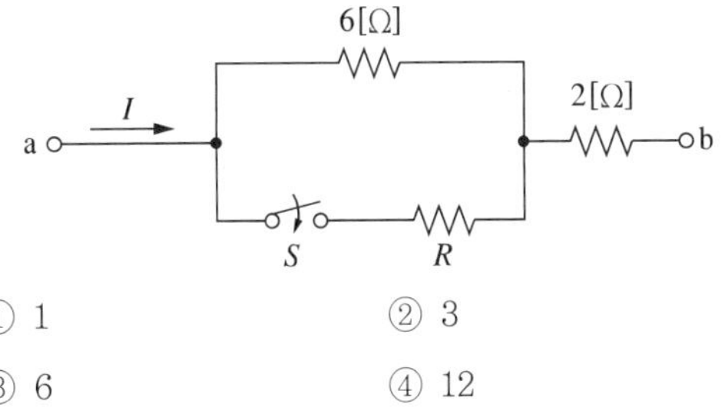

① 1 ② 3
③ 6 ④ 12

07 그림의 회로에서 저항 R_L이 변화함에 따라 저항 3[Ω]에 전달되는 전력에 대한 설명으로 옳은 것은?

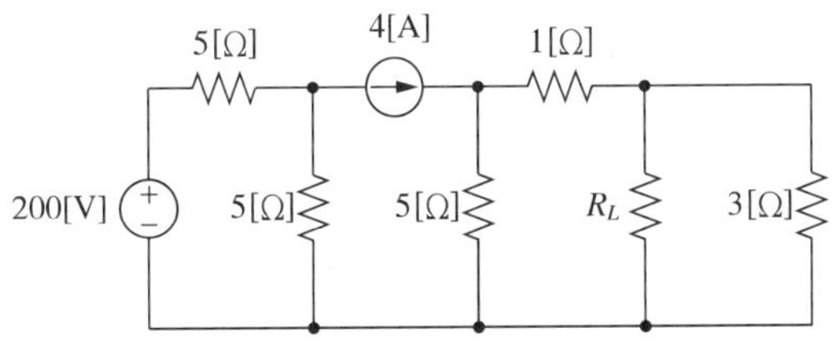

① 저항 R_L = 3[Ω]일 때 저항 3[Ω]에 최대 전력이 전달된다.
② 저항 R_L = 6[Ω]일 때 저항 3[Ω]에 최대 전력이 전달된다.
③ 저항 R_L의 값이 클수록 저항 3[Ω]에 전달되는 전력이 커진다.
④ 저항 R_L의 값이 작을수록 저항 3[Ω]에 전달되는 전력이 커진다.

08 그림의 회로에서 병렬로 연결된 부하의 수전단 전압 V_r이 2,000[V]일 때, 부하의 합성역률과 송전단 전압 V_s[V]는?

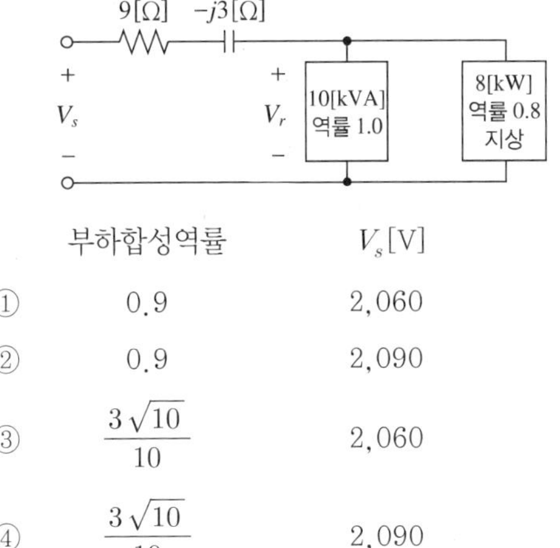

	부하합성역률	V_s[V]
①	0.9	2,060
②	0.9	2,090
③	$\frac{3\sqrt{10}}{10}$	2,060
④	$\frac{3\sqrt{10}}{10}$	2,090

09 그림의 회로에서 스위치 S가 충분히 긴 시간 동안 닫혀 있다가 t = 0에서 개방된 직후의 커패시터 전압 $V_C(0^+)$[V]는?

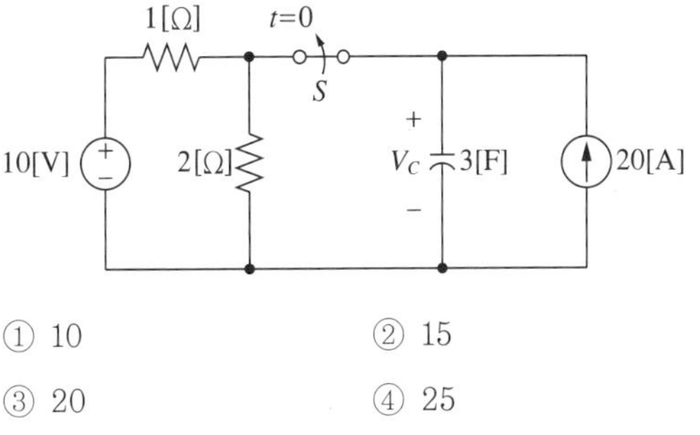

① 10 ② 15
③ 20 ④ 25

10 그림과 같이 4개의 전하가 정사각형의 형태로 배치되어 있다. 꼭짓점 C에서의 전계강도가 0[V/m]일 때, 전하량 Q[C]는?

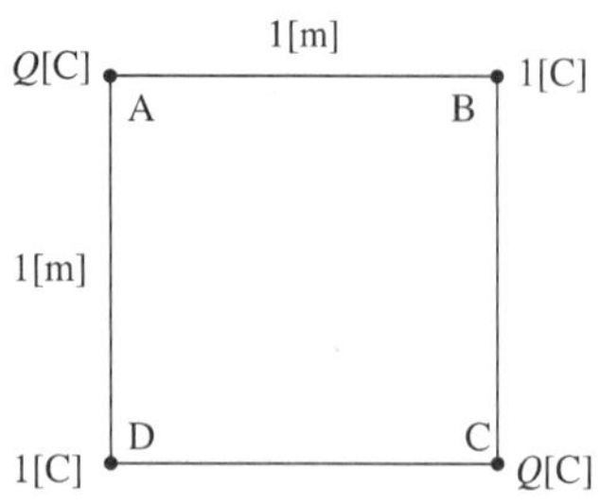

① $-2\sqrt{2}$ ② -2
③ 2 ④ $2\sqrt{2}$

11 이상적인 조건에서 철심이 들어 있는 동일한 크기의 환상 솔레노이드의 인덕턴스 크기를 4배로 만들기 위한 솔레노이드 권선수의 배수는?

① 0.5 ② 2
③ 4 ④ 8

12 각 변의 저항이 15[Ω]인 3상 Y-결선회로와 등가인 3상 △-결선 회로에 900[V] 크기의 상전압이 걸릴 때, 상전류의 크기[A]는?(단, 3상 회로는 평형이다)

① 20 ② $20\sqrt{3}$
③ 180 ④ $180\sqrt{3}$

13 그림의 회로에서 t = 0인 순간에 스위치 S를 접점 a에서 접점 b로 이동하였다. 충분한 시간이 흐른 후에 전류 i_L[A]은?

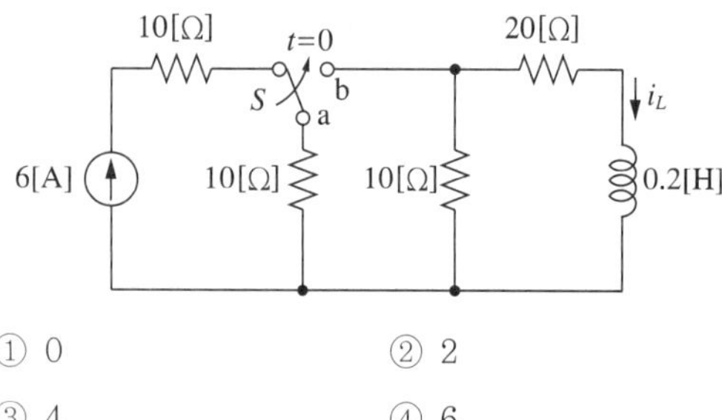

① 0 ② 2
③ 4 ④ 6

14 자극의 세기 5×10^{-5}[Wb], 길이 50[cm]의 막대자석이 200[A/m]의 평등자계와 30° 각도로 놓여 있을 때, 막대자석이 받는 회전력[N·m]은?

① 2.5×10^{-3}
② 5×10^{-3}
③ 25×10^{-3}
④ 50×10^{-3}

15 그림의 회로에서 인덕터에 흐르는 평균 전류[A]는? (단, 교류의 평균값은 전주기에 대한 순싯값의 평균이다)

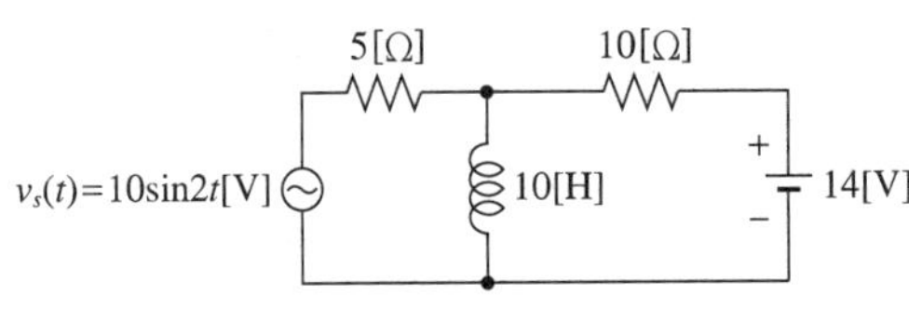

① 0 ② 1.4

③ $\frac{1}{\pi}+1.4$ ④ $\frac{2}{\pi}+1.4$

16 이상적인 변압기를 포함한 그림의 회로에서 정현파 전압원이 공급하는 평균 전력[W]은?

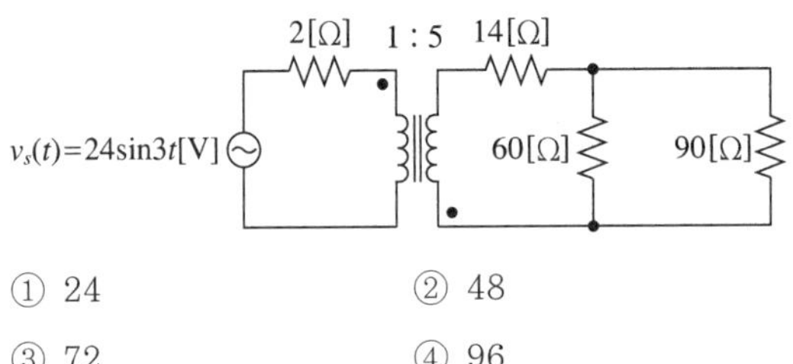

① 24 ② 48

③ 72 ④ 96

17 그림의 회로에서 정현파 전원에 흐르는 전류의 실횻값 I[A]는?

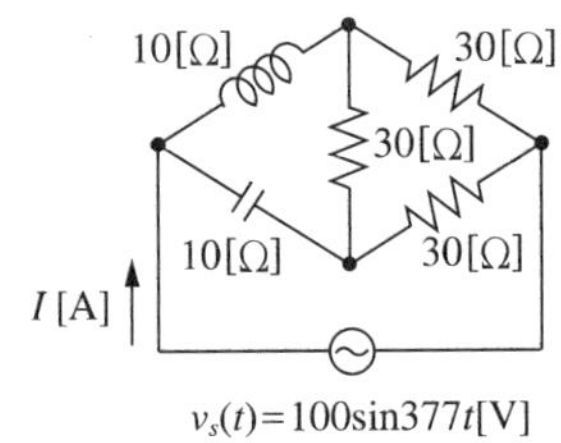

① $\frac{5\sqrt{2}}{2}$ ② 5

③ $5\sqrt{2}$ ④ $\frac{20}{3}\sqrt{2}$

18 그림 (a)의 회로에서 50[μF]인 커패시터의 양단 전압 $v(t)$가 그림 (b)와 같을 때, 전류 $i(t)$의 파형으로 옳은 것은?

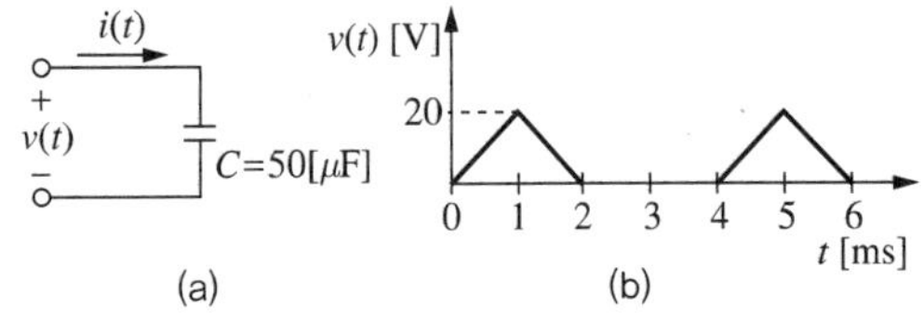

①
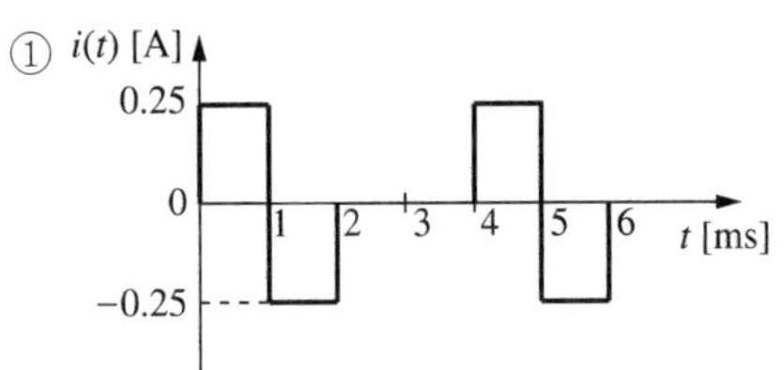

②
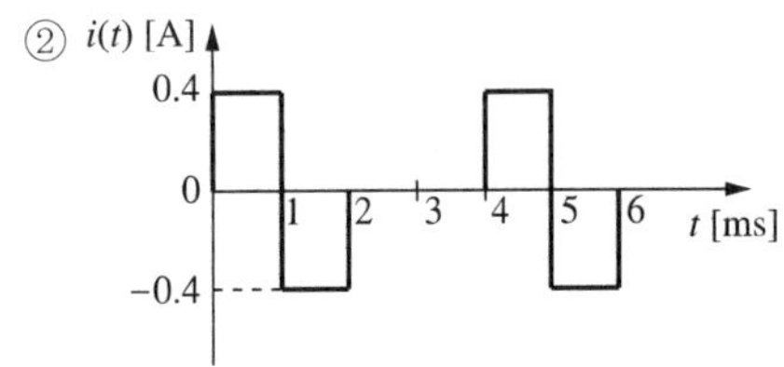

③
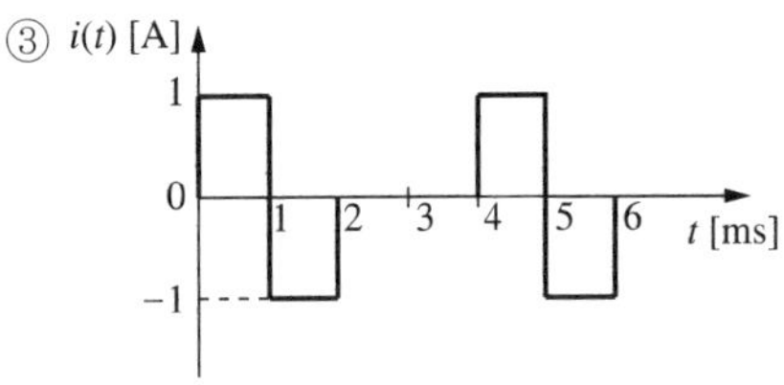

④
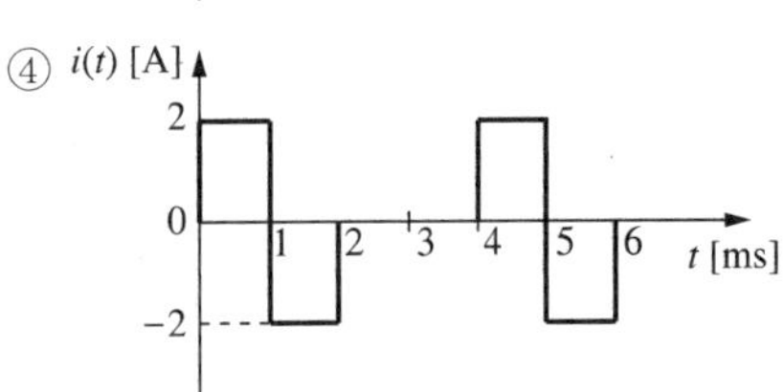

19 이상적인 연산증폭기를 포함한 그림의 회로에서 $v_s(t) = \cos t$[V]일 때, 커패시터 양단 전압 $v_c(t)$[V]는?(단, 커패시터의 초기 전압은 0[V]이다)

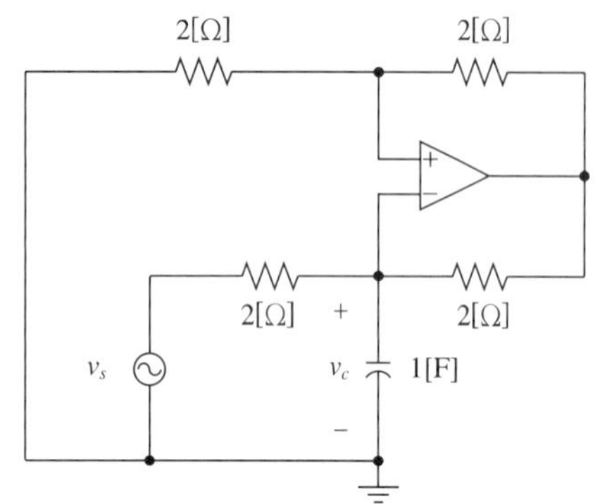

① $-\dfrac{\sin t}{2}$ ② $-2\sin t$

③ $\dfrac{\sin t}{2}$ ④ $2\sin t$

20 그림과 같이 일정한 주기를 갖는 펄스 파형에서 듀티비[%]와 평균 전압[V]은?

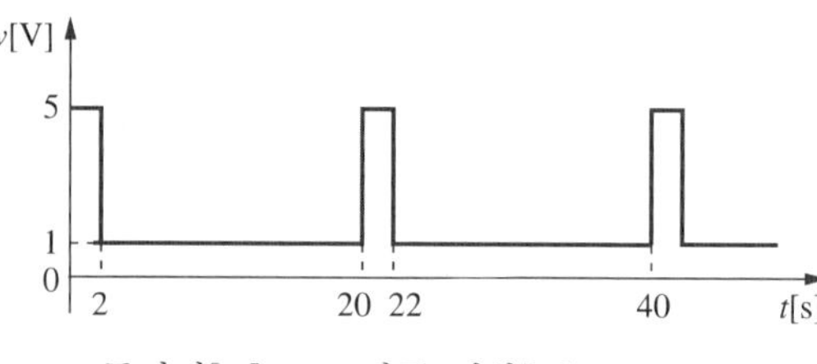

	듀티비[%]	평균 전압[V]
①	10	1.4
②	10	1.8
③	20	1.4
④	20	1.8

01 전류원과 전압원의 특징에 대한 설명으로 옳은 것만을 모두 고르면?

ㄱ. 이상적인 전류원의 내부저항 $r = 1[\Omega]$이다.
ㄴ. 이상적인 전압원의 내부저항 $r = 0[\Omega]$이다.
ㄷ. 실제적인 전류원의 내부저항은 전원과 직렬접속으로 변환할 수 있다.
ㄹ. 실제적인 전압원의 내부저항은 전원과 직렬접속으로 변환할 수 있다.

① ㄱ, ㄴ
② ㄱ, ㄷ
③ ㄴ, ㄹ
④ ㄷ, ㄹ

02 그림의 회로에 대한 설명으로 옳지 않은 것은?

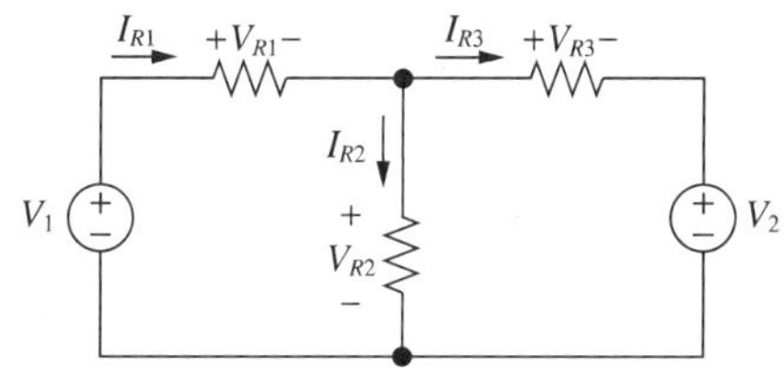

① 회로의 마디(Node)는 4개다.
② 회로의 루프(Loop)는 3개다.
③ 키르히호프의 전압법칙(KVL)에 의해 $V_1 - V_{R1} - V_{R3} - V_2 = 0$이다.
④ 키르히호프의 전류법칙(KCL)에 의해 $I_{R1} + I_{R2} + I_{R3} = 0$이다.

03 그림의 RC 직렬회로에서 $t = 0[s]$일 때 스위치 S를 닫아 전압 E[V]를 회로의 양단에 인가하였다. $t = 0.05[s]$일 때 저항 R의 양단 전압이 $10e^{-10}$[V]이면, 전압 E[V]와 커패시턴스 $C[\mu F]$는?(단, $R = 5{,}000[\Omega]$, 커패시터 C의 초기 전압은 0[V]이다)

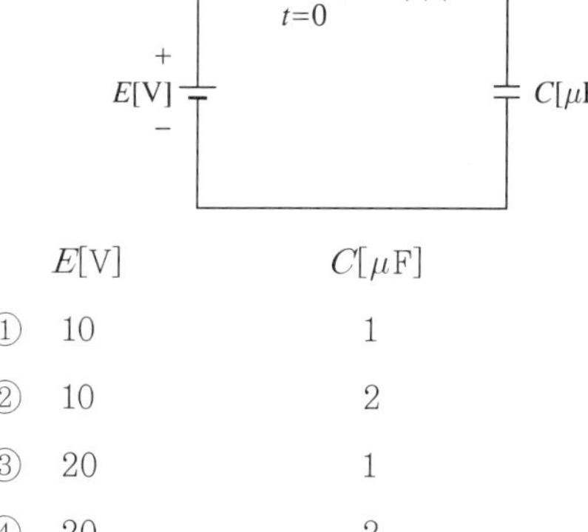

	E[V]	$C[\mu F]$
①	10	1
②	10	2
③	20	1
④	20	2

04 전압 $V = 100 + j10$[V]이 인가된 회로의 전류가 $I = 10 - j5$[A]일 때, 이 회로의 유효전력[W]은?

① 650 ② 950
③ 1,000 ④ 1,050

05 그림의 회로에서 평형 3상 △결선의 ×표시된 지점이 단선되었다. 단자 a와 단자 b 사이에 인가되는 전압이 120[V]일 때, 저항 r_a에 흐르는 전류 I[A]는?(단, $R_a = R_b = R_c = 3[\Omega]$, $r_a = r_b = r_c = 1[\Omega]$이다)

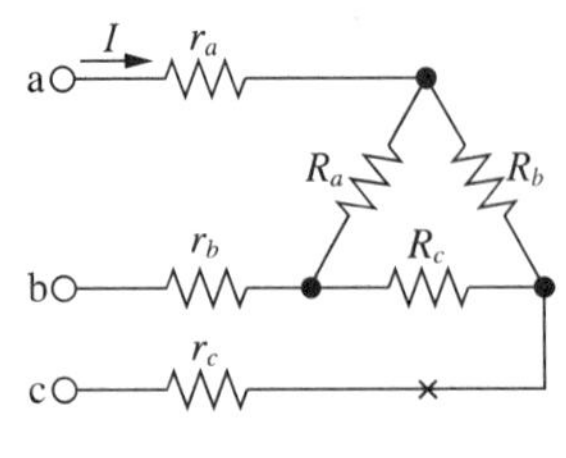

① 10 ② 20

③ 30 ④ 40

06 그림의 회로에서 부하에 최대 전력이 전달되기 위한 부하 임피던스[Ω]는?(단, $R_1 = R_2 = 5[\Omega]$, $R_3 = 2[\Omega]$, $X_C = 5[\Omega]$, $X_L = 6[\Omega]$이다)

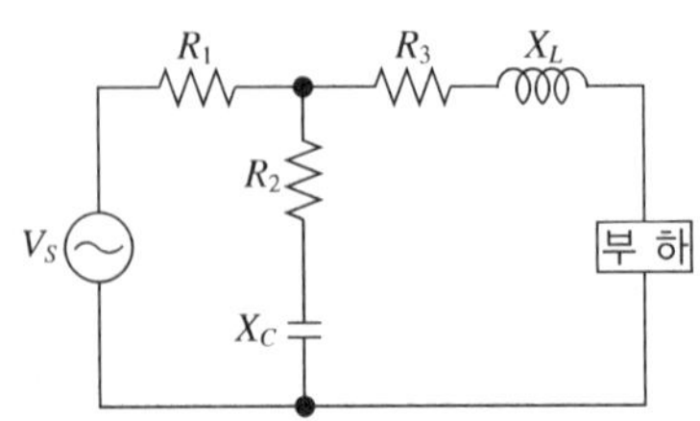

① $5-j5$

② $5+j5$

③ $5-j10$

④ $5+j10$

07 그림 (가)와 그림 (나)는 두 개의 물질에 대한 히스테리시스 곡선이다. 두 물질에 대한 설명으로 옳은 것은?

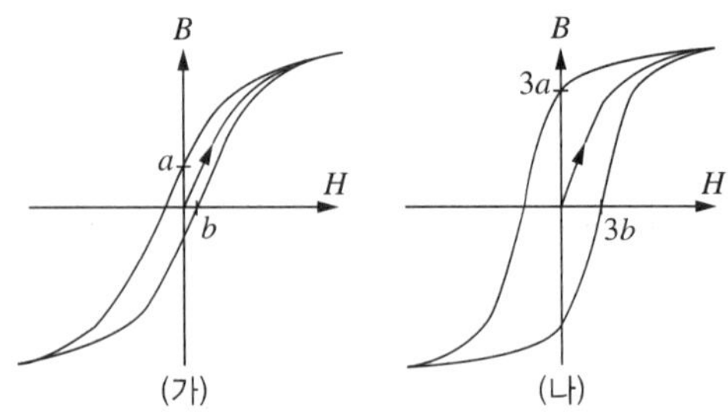

① (가)의 물질은 (나)의 물질보다 히스테리시스 손실이 크다.

② (가)의 물질은 (나)의 물질보다 보자력이 크다.

③ (나)의 물질은 (가)의 물질에 비해 고주파 회로에 더 적합하다.

④ (나)의 물질은 (가)의 물질에 비해 영구자석으로 사용하기에 더 적합하다.

08 그림의 회로가 역률이 1이 되기 위한 $X_C[\Omega]$는?

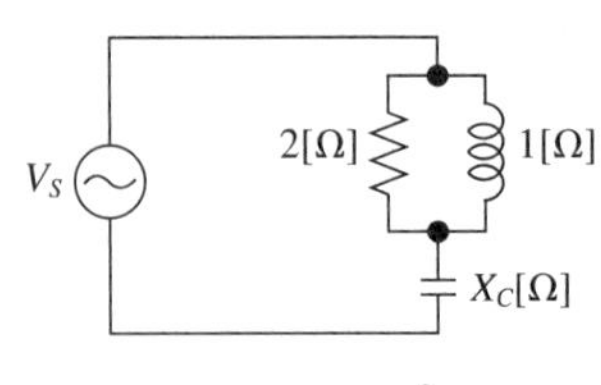

① $\frac{2}{5}$ ② $\frac{3}{5}$

③ $\frac{4}{5}$ ④ 1

09 그림의 Y-Y 결선 평형 3상 회로에서 전원으로부터 공급되는 3상 평균 전력[W]은?(단, 극좌표의 크기는 실횻값이다)

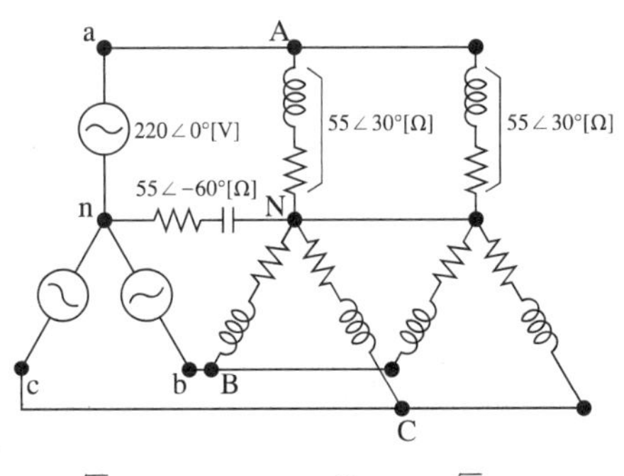

① $440\sqrt{3}$ ② $660\sqrt{3}$
③ $1,320\sqrt{3}$ ④ $2,640\sqrt{3}$

10 그림의 회로에서 스위치 S가 충분히 오랜 시간 동안 개방되었다가 $t = 0$[s]인 순간에 닫혔다. $t > 0$일 때의 전류 $i(t)$[A]는?

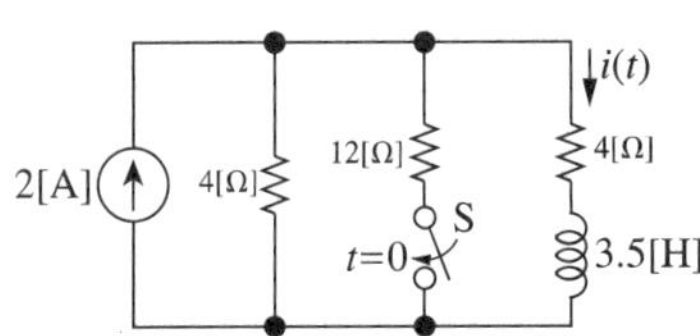

① $\frac{1}{7}(6+e^{-2t})$
② $\frac{1}{7}\left(6+e^{-\frac{3}{2}t}\right)$
③ $\frac{1}{7}(8-e^{-2t})$
④ $\frac{1}{7}\left(8-e^{-\frac{3}{2}t}\right)$

11 인덕턴스 L의 정의에 대한 설명으로 옳은 것은?

① 전압과 전류의 비례상수이다.
② 자속과 전류의 비례상수이다.
③ 자속과 전압의 비례상수이다.
④ 전력과 자속의 비례상수이다.

12 RL 직렬회로에 200[V], 60[Hz]의 교류전압을 인가하였을 때, 전류가 10[A]이고 역률이 0.8이었다. R을 일정하게 유지하고 L만 조정하여 역률이 0.4가 되었을 때, 회로의 전류[A]는?

① 5 ② 7.5
③ 10 ④ 12

13 그림의 회로에서 저항 R에 인가되는 전압이 6[V]일 때, 저항 $R[\Omega]$은?

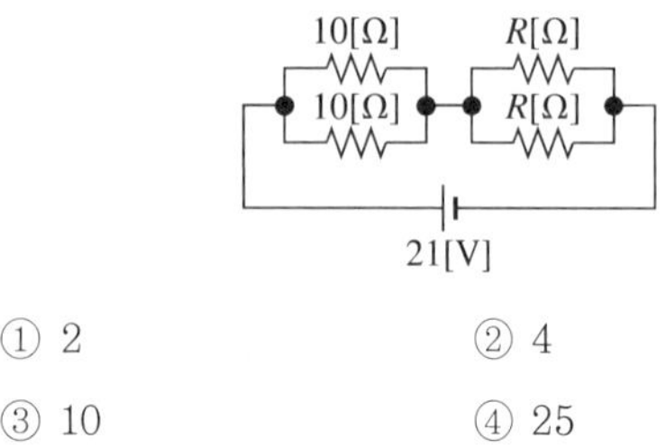

① 2 ② 4
③ 10 ④ 25

14 그림 (가)와 같이 면적이 S, 극간거리가 d인 평행 평판 커패시터가 있고, 이 커패시터의 극판 내부는 유전율 ε인 물질로 채워져 있다. 그림 (나)와 같이 면적이 S인 평행 평판 커패시터의 극판 사이에 극간거리 d의 $\frac{1}{3}$ 부분은 유전율 3ε인 물질로, 극간거리 d의 $\frac{1}{3}$ 부분은 유전율 2ε인 물질로, 그리고 극간거리 d의 $\frac{1}{3}$ 부분은 유전율 ε인 물질로 채웠다면, 그림 (나)의 커패시터 전체 정전용량은 그림 (가)의 커패시터 정전용량의 몇 배인가?(단, 가장자리 효과는 무시한다)

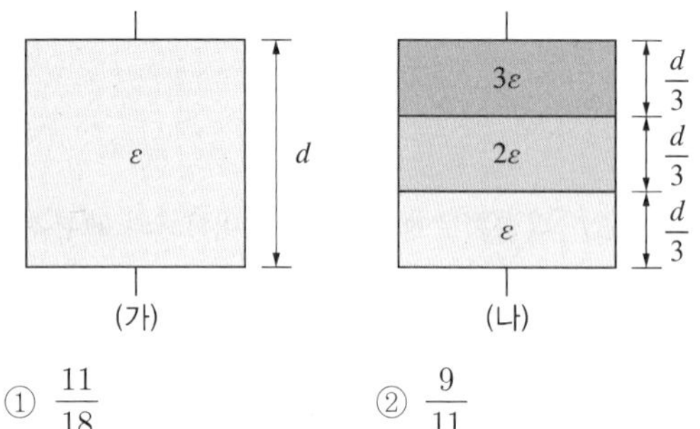

① $\frac{11}{18}$ ② $\frac{9}{11}$
③ $\frac{11}{9}$ ④ $\frac{18}{11}$

15 그림의 평형 3상 Y－Y 결선에 대한 설명으로 옳지 않은 것은?

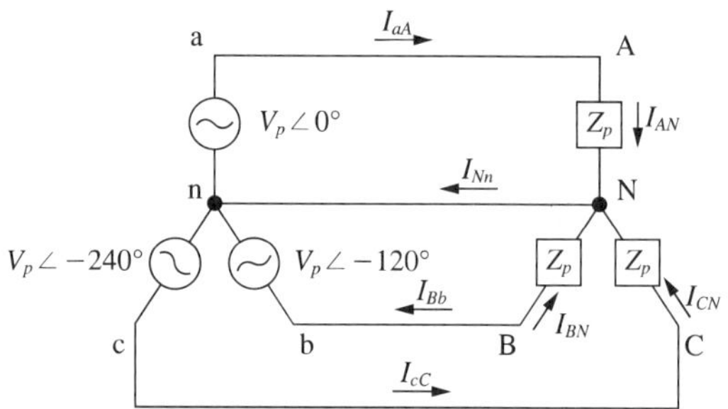

① 선간전압 $V_{ca}=\sqrt{3}\,V_p\angle -210°$로 상전압 V_{cn}보다 크기는 $\sqrt{3}$배 크고 위상은 30° 앞선다.
② 선전류 I_{aA}는 부하 상전류 I_{AN}과 크기는 동일하고, Z_p가 유도성인 경우 부하 상전류 I_{AN}의 위상이 선전류 I_{aA}보다 뒤진다.
③ 중성선 전류 $I_{Nn}=I_{aA}-I_{Bb}+I_{cC}=0$을 만족한다.
④ 부하가 △결선으로 변경되는 경우 동일한 부하 전력을 위한 부하 임피던스는 기존 임피던스의 3배이다.

16 그림의 회로는 동일한 정전용량을 가진 6개의 커패시터로 구성되어 있다. 그림의 회로에 대한 설명으로 옳은 것은?

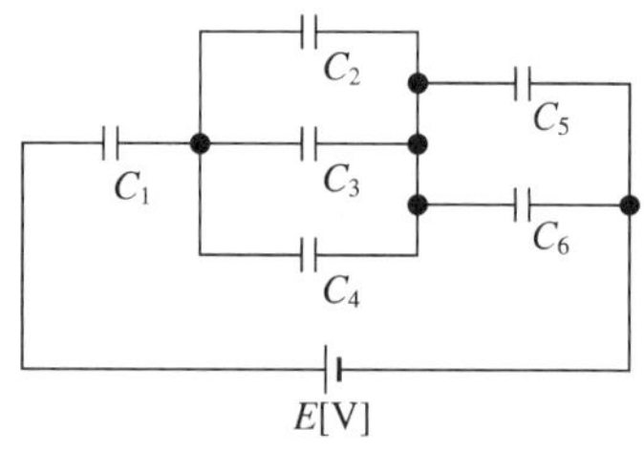

① C_5에 충전되는 전하량은 C_1에 충전되는 전하량과 같다.
② C_6의 양단 전압은 C_1의 양단 전압의 2배이다.
③ C_3에 충전되는 전하량은 C_5에 충전되는 전하량의 2배이다.
④ C_2의 양단 전압은 C_6의 양단 전압의 $\frac{2}{3}$배이다.

17 그림의 RL 직렬회로에 대한 설명으로 옳지 않은 것은?(단, 회로의 동작상태는 정상상태이다)

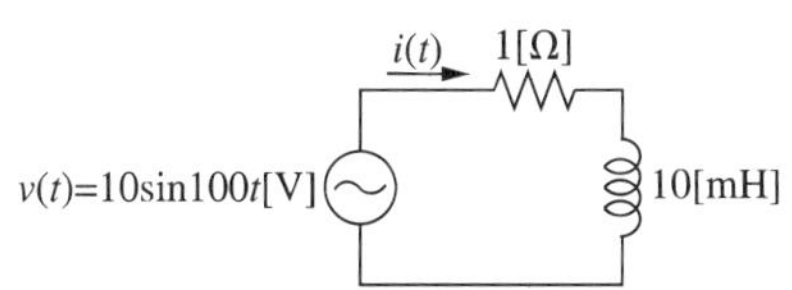

① $v(t)$와 $i(t)$의 위상차는 45°이다.
② $i(t)$의 최댓값은 10[A]이다.
③ $i(t)$의 실횻값은 5[A]이다.
④ RL의 합성 임피던스는 $\sqrt{2}$[Ω]이다.

18 그림의 회로에서 전류 I_x[A]는?

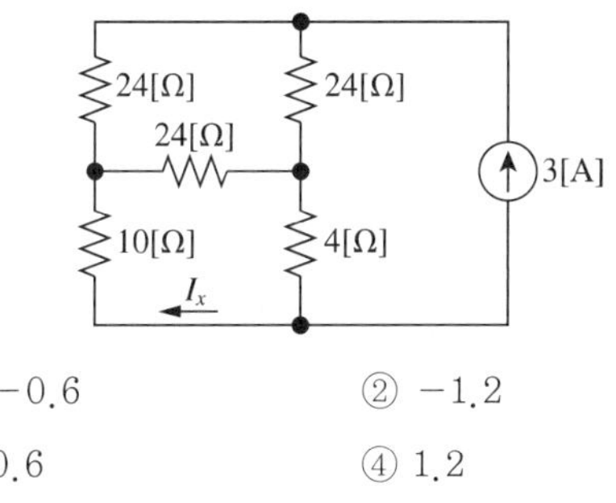

① −0.6　② −1.2
③ 0.6　④ 1.2

19 시변 전자계 시스템에서 맥스웰 방정식의 미분형과 관련 법칙이 서로 옳게 짝을 이룬 것을 모두 고른 것은?(단, E는 전계, H는 자계, D는 전속밀도, J는 전도전류밀도, B는 자속밀도, ρ_v는 체적전하밀도이다)

구 분	맥스웰 방정식 미분형	관련 법칙
가	$\nabla \times E = -\dfrac{\partial B}{\partial t}$	패러데이의 법칙
나	$\nabla \cdot B = \rho_v$	가우스 법칙
다	$\nabla \times H = J + \dfrac{\partial E}{\partial t}$	암페어의 주회적분 법칙
라	$\nabla \cdot D = \rho_v$	가우스 법칙

① 가, 나　② 가, 라
③ 나, 다　④ 다, 라

20 그림과 같은 전류 $i(t)$가 4[kΩ]의 저항에 흐를 때 옳지 않은 것은?

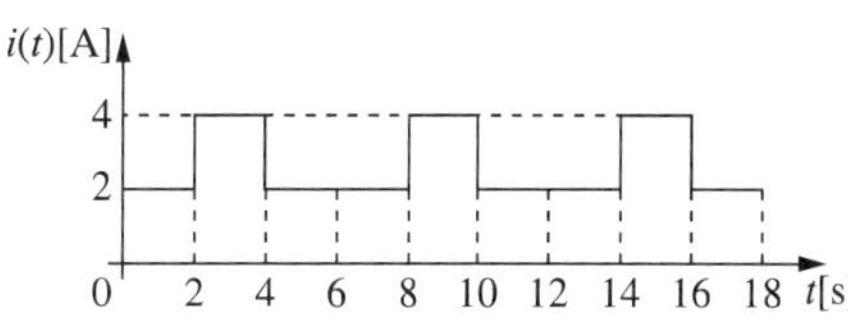

① 전류의 주기는 6[s]이다.
② 전류의 실횻값은 $2\sqrt{2}$[A]이다.
③ 4[kΩ]의 저항에 공급되는 평균 전력은 32[kW]이다.
④ 4[kΩ]의 저항에 걸리는 전압의 실횻값은 $4\sqrt{2}$[kV]이다.

회독수 ✓체크 ①②③

01 다음의 교류전압 $v_1(t)$과 $v_2(t)$에 대한 설명으로 옳은 것은?

- $v_1(t) = 100\sin\left(120\pi t + \frac{\pi}{6}\right)$[V]
- $v_2(t) = 100\sqrt{2}\sin\left(120\pi t + \frac{\pi}{3}\right)$[V]

① $v_1(t)$과 $v_2(t)$의 주기는 모두 $\frac{1}{60}$[s]이다.

② $v_1(t)$과 $v_2(t)$의 주파수는 모두 120π[Hz]이다.

③ $v_1(t)$과 $v_2(t)$는 동상이다.

④ $v_1(t)$과 $v_2(t)$의 실횻값은 각각 100[V], $100\sqrt{2}$[V]이다.

02 그림의 회로에서 1[Ω]에 흐르는 전류 I[A]는?

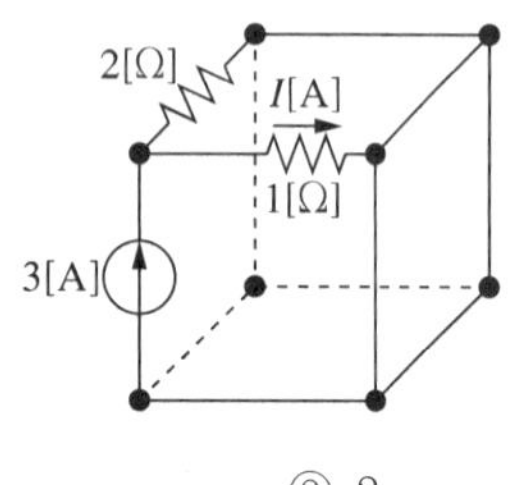

① 1 ② 2

③ 3 ④ 4

03 그림과 같이 공극의 단면적 $S = 100 \times 10^{-4}$[m^2]인 전자석에 자속밀도 $B = 2$[Wb/m^2]인 자속이 발생할 때, 철편에 작용하는 힘[N]은?(단, $\mu_0 = 4\pi \times 10^{-7}$이다)

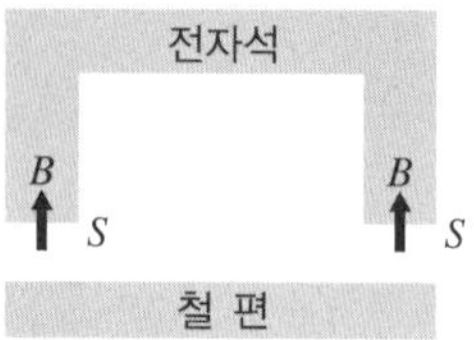

① $\frac{1}{\pi} \times 10^5$ ② $\frac{1}{\pi} \times 10^{-5}$

③ $\frac{1}{2\pi} \times 10^5$ ④ $\frac{1}{2\pi} \times 10^{-5}$

04 3상 평형 △결선 및 Y결선에서, 선간전압, 상전압, 선전류, 상전류에 대한 설명으로 옳은 것은?

① △결선에서 선간전압의 크기는 상전압 크기의 $\sqrt{3}$ 배이다.

② Y결선에서 선전류의 크기는 상전류 크기의 $\sqrt{3}$ 배이다.

③ △결선에서 선간전압의 위상은 상전압의 위상보다 $\frac{\pi}{6}$[rad] 앞선다.

④ Y결선에서 선간전압의 위상은 상전압의 위상보다 $\frac{\pi}{6}$[rad] 앞선다.

05 그림의 회로에서 전류 I[A]는?

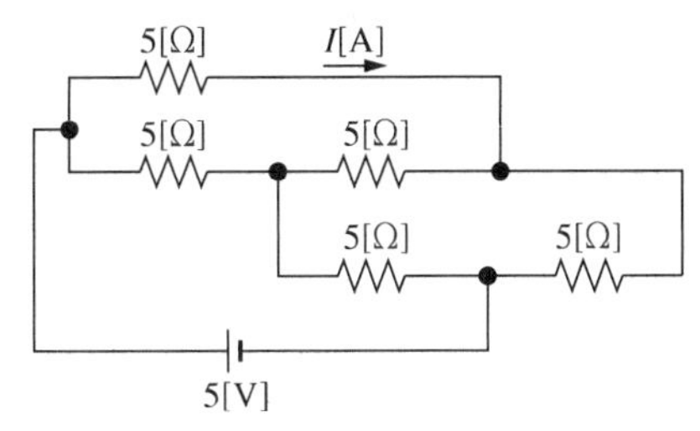

① 0.25 ② 0.5
③ 0.75 ④ 1

06 그림의 회로에서 점 a와 점 b 사이의 정상상태 전압 V_{ab}[V]는?

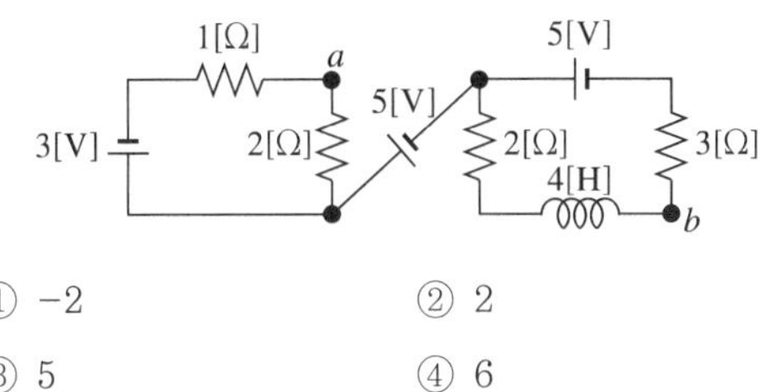

① −2 ② 2
③ 5 ④ 6

07 그림의 회로에서 저항 R_L에 4[W]의 최대 전력이 전달될 때, 전압 E[V]는?

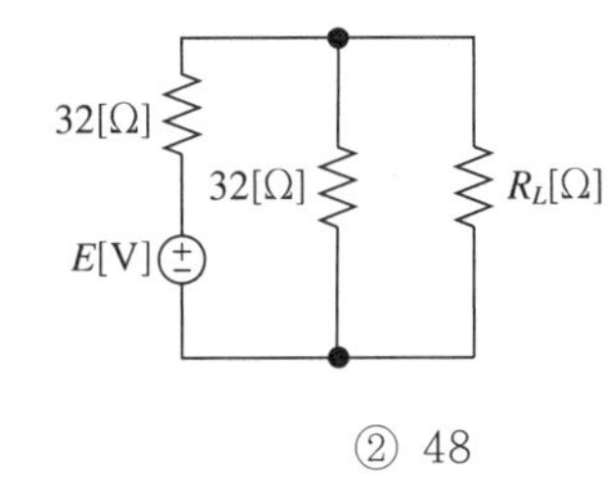

① 32 ② 48
③ 64 ④ 128

08 그림 (a)의 T형 회로를 그림 (b)의 π형 등가회로로 변환할 때, Z_3[Ω]은?(단, $\omega = 10^3$[rad/s]이다)

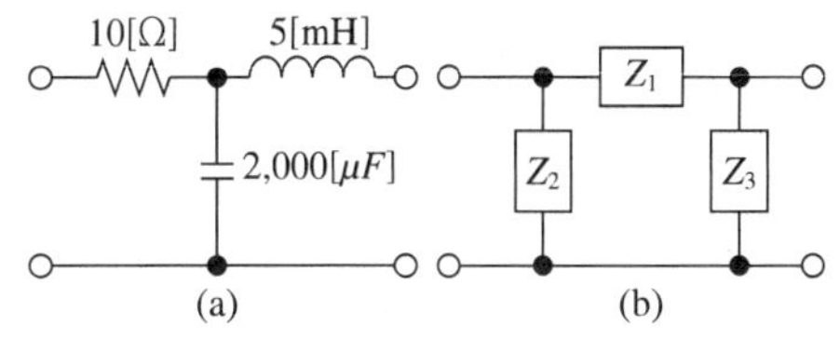

① $-90+j5$
② $9-j0.5$
③ $0.25+j4.5$
④ $9+j4.5$

09 그림의 회로에서 전원전압의 위상과 전류 I[A]의 위상에 대한 설명으로 옳은 것은?

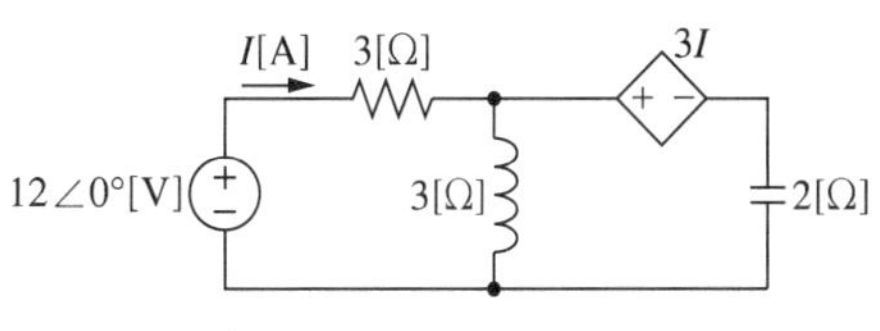

① 동위상이다.
② 전류의 위상이 앞선다.
③ 전류의 위상이 뒤진다.
④ 위상차는 180°이다.

10 그림과 같이 3상 평형전원에 연결된 600[VA]의 3상 부하(유도성)의 역률을 1로 개선하기 위한 개별 커패시터 용량 $C\,[\mu\text{F}]$는?(단, 3상 부하의 역률각은 30°이고, 전원전압은 $V_{ab}(t) = 100\sqrt{2}\sin 100t\,[\text{V}]$이다)

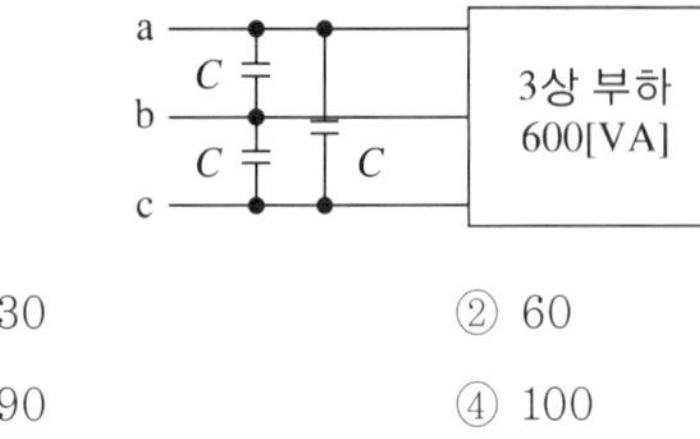

① 30　② 60
③ 90　④ 100

11 2개의 도체로 구성되어 있는 평행판 커패시터의 정전용량을 100[F]에서 200[F]으로 증대하기 위한 방법은?

① 극판 면적을 4배 크게 한다.
② 극판 사이의 간격을 반으로 줄인다.
③ 극판의 도체 두께를 2배로 증가시킨다.
④ 극판 사이에 있는 유전체의 비유전율이 4배 큰 것을 사용한다.

12 어떤 회로에 전압 $v(t) = 25\sin(\omega t + \theta)$[V]을 인가하면 전류 $i(t) = 4\sin(\omega t + \theta - 60°)$[A]가 흐른다. 이 회로에서 평균 전력[W]은?

① 15　② 20
③ 25　④ 30

13 그림과 같이 자로 $l = 0.3$[m], 단면적 $S = 3\times 10^{-4}$[m^2], 권선수 $N = 1{,}000$회, 비투자율 $\mu_r = 10^4$인 링(Ring)모양 철심의 자기인덕턴스 L[H]은?(단, $\mu_0 = 4\pi\times 10^{-7}$이다)

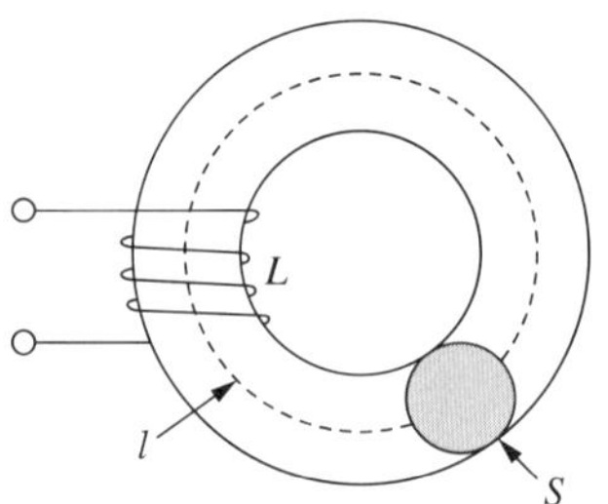

① 0.04π　② 0.4π
③ 4π　④ 5π

14 그림의 자기결합 회로에서 V_2[V]가 나머지 셋과 다른 하나는?(단, M은 상호인덕턴스이며, L_2 코일로 흐르는 전류는 없다)

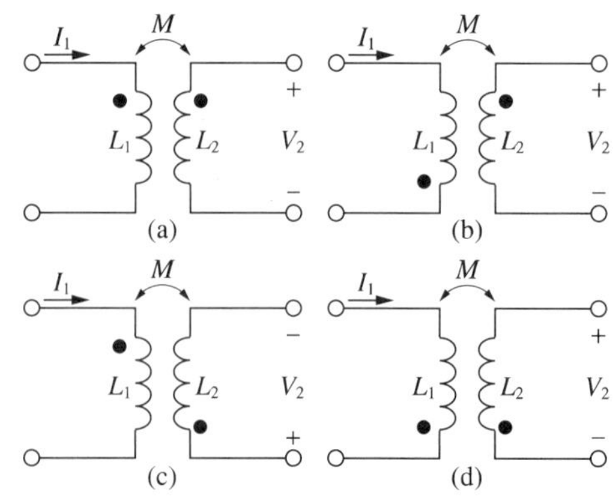

① (a)　② (b)
③ (c)　④ (d)

15 그림의 회로에서 교류전압을 인가하여 전류 I[A]가 최소가 될 때, 리액턴스 X_C[Ω]는?

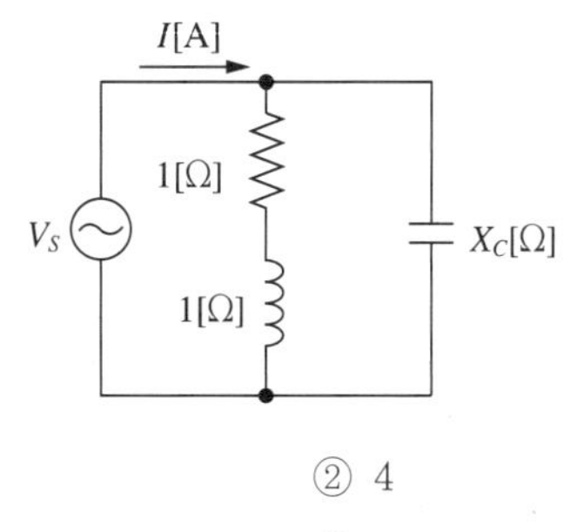

① 2　　② 4

③ 6　　④ 8

16 2개의 단상전력계를 이용하여 어떤 불평형 3상 부하의 전력을 측정한 결과 P_1 = 3[W], P_2 = 6[W]일 때, 이 3상 부하의 역률은?

① $\frac{3}{5}$　　② $\frac{4}{5}$

③ $\frac{1}{\sqrt{3}}$　　④ $\frac{\sqrt{3}}{2}$

17 $2Q$[C]의 전하량을 갖는 전하 A에서 q[C]의 전하량을 떼어 내어 전하 A로부터 1[m] 거리에 q[C]를 위치시킨 경우, 두 전하 사이에 작용하는 전자기력이 최대가 되는 q[C]는?(단, $0 < q < 2Q$이다)

① Q　　② $\frac{Q}{2}$

③ $\frac{Q}{3}$　　④ $\frac{Q}{4}$

18 그림의 회로에서 t = 0[s]일 때, 스위치 S를 닫았다. t = 3[s]일 때, 커패시터 양단 전압 $v_c(t)$[V]은?(단, $v_c(t = 0_-)$ = 0[V]이다)

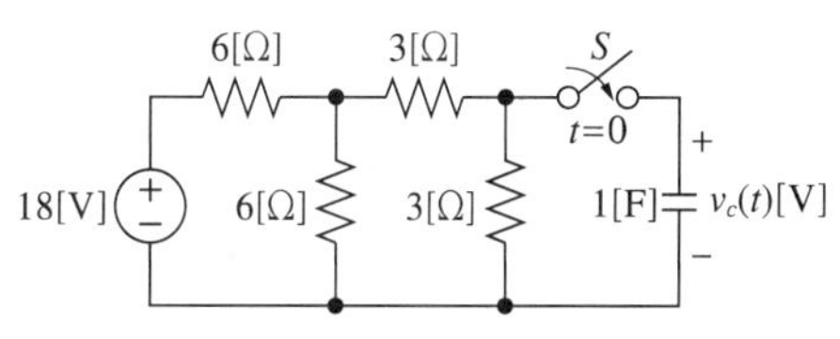

① $3e^{-4.5}$　　② $3-3e^{-4.5}$

③ $3-3e^{-1.5}$　　④ $-3e^{-1.5}$

19 그림의 회로에서 $t=0[s]$일 때, 스위치 S_1과 S_2를 동시에 닫을 때, $t>0$에서 커패시터 양단 전압 $v_C(t)[V]$은?

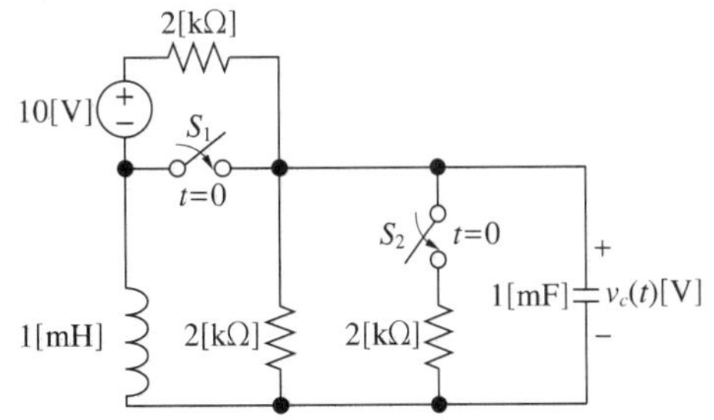

① 무손실 진동
② 과도감쇠
③ 임계감쇠
④ 과소감쇠

20 그림과 같은 구형파의 제 $(2n-1)$ 고조파의 진폭(A_1)과 기본파의 진폭(A_2)의 비$\left(\dfrac{A_1}{A_2}\right)$는?

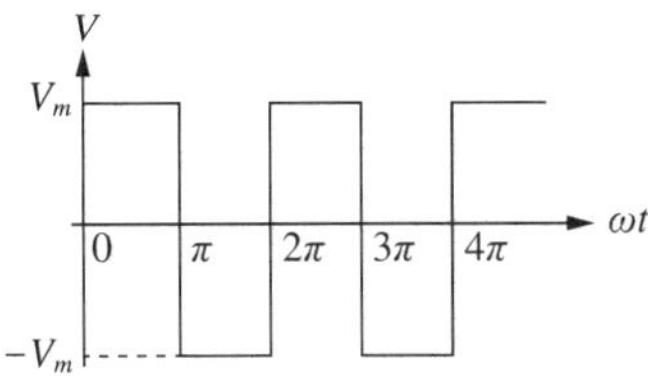

① $\dfrac{1}{2n-1}$
② $2n-1$
③ $\dfrac{\pi}{2n-1}$
④ $\dfrac{2n-1}{\pi}$

전기이론 | 2019년 국가직 9급

회독수 ✓체크 ① ② ③

01 전압이 E[V], 내부저항이 r[Ω]인 전지의 단자전압을 내부저항 25[Ω]의 전압계로 측정하니 50[V]이고, 75[Ω]의 전압계로 측정하니 75[V]이다. 전지의 전압 E[V]와 내부저항 r[Ω]은?

	E[V]	r[Ω]
①	100	25
②	100	50
③	200	25
④	200	50

02 등전위면(Equipotential Surface)의 특징에 대한 설명으로 옳은 것만을 모두 고르면?

> ㄱ. 등전위면과 전기력선은 수평으로 접한다.
> ㄴ. 전위의 기울기가 없는 부분으로 평면을 이룬다.
> ㄷ. 다른 전위의 등전위면은 서로 교차하지 않는다.
> ㄹ. 전하의 밀도가 높은 등전위면은 전기장의 세기가 약하다.

① ㄱ, ㄹ　② ㄴ, ㄷ
③ ㄱ, ㄴ, ㄷ　④ ㄴ, ㄷ, ㄹ

03 코일에 직류전압 200[V]를 인가했더니 평균 전력 1,000[W]가 소비되었고, 교류전압 300[V]를 인가했더니 평균 전력 1,440[W]가 소비되었다. 코일의 저항[Ω]과 리액턴스[Ω]는?

	저항[Ω]	리액턴스[Ω]
①	30	30
②	30	40
③	40	30
④	40	40

04 다음 회로에서 스위치 S가 단자 a에서 충분히 오랫동안 머물러 있다가 $t=0$에서 단자 a에서 단자 b로 이동하였다. $t>0$일 때의 전압 $V_c(t)$ [V]는?

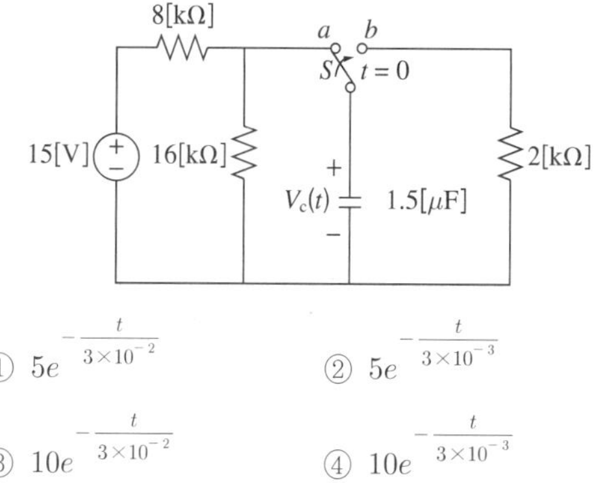

① $5e^{-\frac{t}{3\times10^{-2}}}$　② $5e^{-\frac{t}{3\times10^{-3}}}$
③ $10e^{-\frac{t}{3\times10^{-2}}}$　④ $10e^{-\frac{t}{3\times10^{-3}}}$

05 독립전원과 종속전압원이 포함된 다음의 회로에서 저항 20[Ω]의 전압 V_a[V]는?

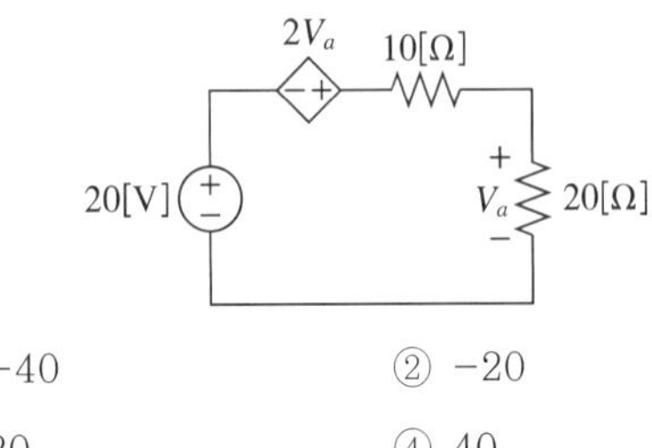

① −40 ② −20
③ 20 ④ 40

06 다음 자기회로에 대한 설명으로 옳지 않은 것은? (단, 손실이 없는 이상적인 회로이다)

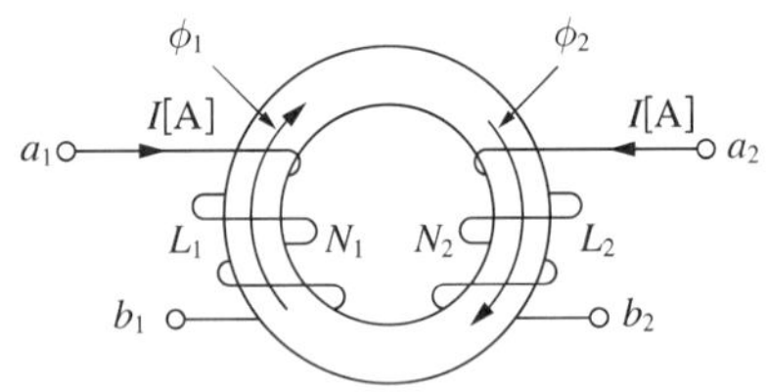

① b_1과 a_2를 연결한 합성 인덕턴스는 b_1과 b_2를 연결한 합성 인덕턴스보다 크다.
② 한 코일의 유도기전력은 상호인덕턴스와 다른 코일의 전류 변화량에 비례한다.
③ 권선비가 $N_1 : N_2 = 2 : 1$일 때, 자기인덕턴스 L_1은 자기 인덕턴스 L_2의 2배이다.
④ 교류전압을 변성할 수 있고, 변압기 등에 응용될 수 있다.

07 전류 $i(t) = t^2 + 2t$[A]가 1[H] 인덕터에 흐르고 있다. $t = 1$일 때, 인덕터의 순시전력[W]은?

① 12 ② 16
③ 20 ④ 24

08 다음 회로에서 40[μF] 커패시터 양단의 전압 V_a[V]는?

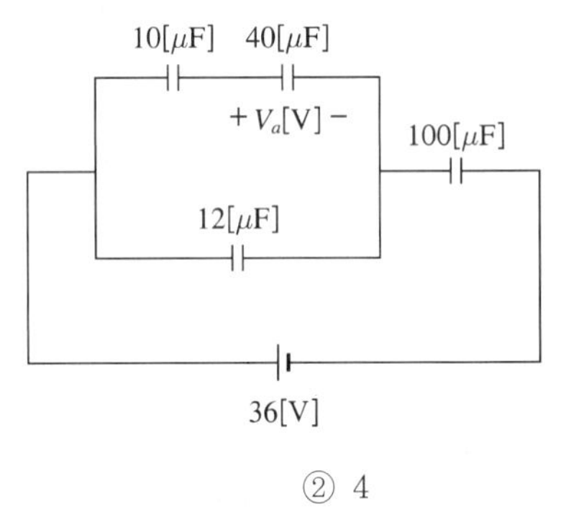

① 2 ② 4
③ 6 ④ 8

09 그림과 같은 주기적인 전압 파형에 포함되지 않은 고조파의 주파수[Hz]는?

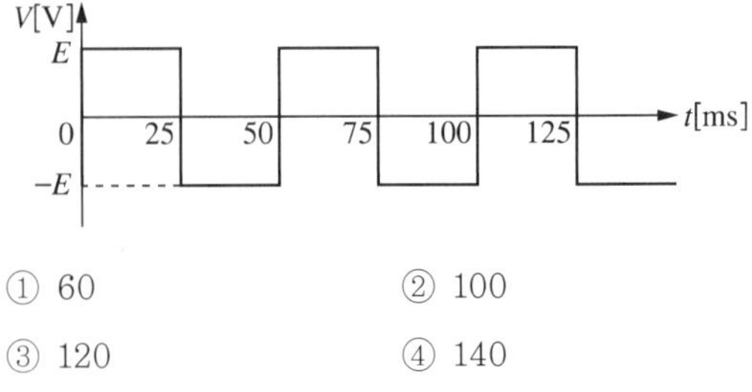

① 60 ② 100
③ 120 ④ 140

10 다음 Y-Y 결선 평형 3상 회로에서 부하 한 상에 공급되는 평균 전력 [W]은?(단, 극좌표의 크기는 실횻값이다)

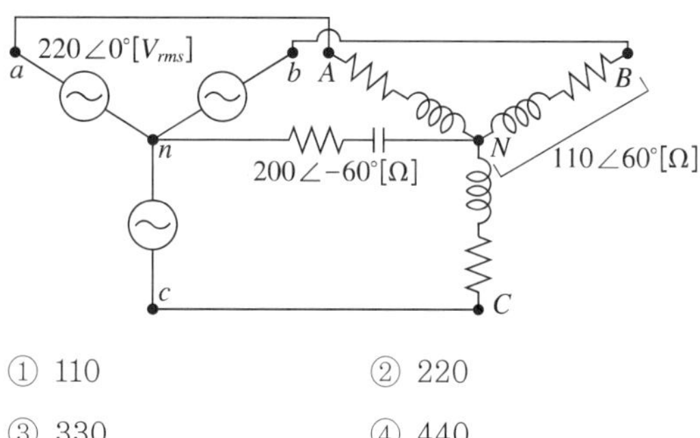

① 110 ② 220
③ 330 ④ 440

11 RLC 직렬회로에 100[V]의 교류전원을 인가할 경우, 이 회로에 가장 큰 전류가 흐를 때의 교류전원 주파수 f[Hz]와 전류 I[A]는?(단, R = 50[Ω], L = 100[mH], C = 1,000[μF]이다)

	f [Hz]	I [A]
①	$\frac{50}{\pi}$	2
②	$\frac{50}{\pi}$	4
③	$\frac{100}{\pi}$	2
④	$\frac{100}{\pi}$	4

12 1대의 용량이 100[kVA]인 단상 변압기 3대를 평형 3상 △결선으로 운전 중 변압기 1대에 장애가 발생하여 2대의 변압기를 V결선으로 이용할 때, 전체 출력 용량 [kVA]은?

① $\frac{100}{\sqrt{3}}$ ② $\frac{173}{\sqrt{3}}$
③ $\frac{220}{\sqrt{3}}$ ④ $\frac{300}{\sqrt{3}}$

13 자속밀도 4[Wb/m^2]의 평등자장 안에서 자속과 30° 기울어진 길이 0.5[m]의 도체에 전류 2[A]를 흘릴 때, 도체에 작용하는 힘 F[N]는?

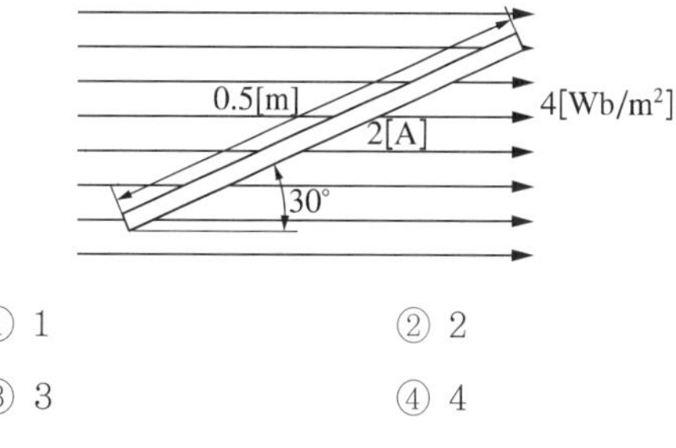

① 1 ② 2
③ 3 ④ 4

14 다음 RL 직렬회로에서 t = 0에서 스위치 S를 닫았다. t = 3에서 전류의 크기가 $i(3) = 4(1 - e^{-1})$[A]일 때, 전압 E[V]와 인덕턴스 L[H]은?

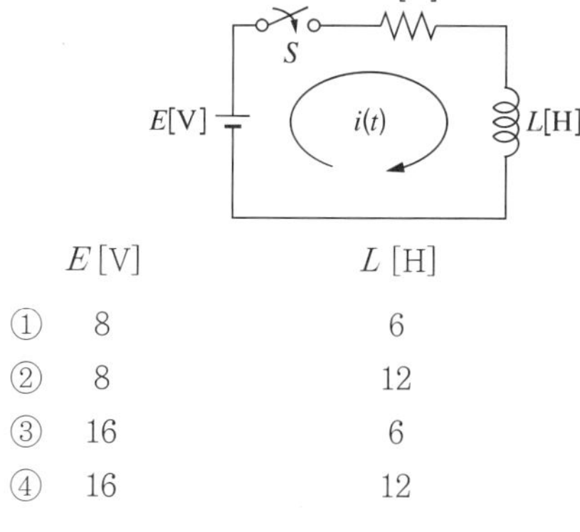

	E [V]	L [H]
①	8	6
②	8	12
③	16	6
④	16	12

15 다음 회로의 역률이 0.8일 때, 전압 V_s [V]와 임피던스 X[Ω]는?(단, 전체 부하는 유도성 부하이다)

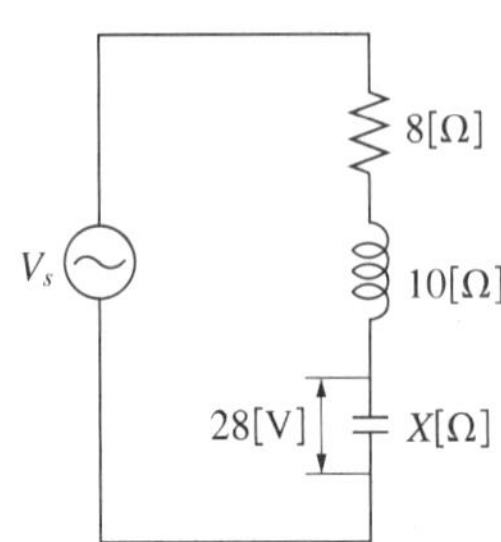

	V_s [V]	X[Ω]
①	70	2
②	70	4
③	80	2
④	80	4

16 RL 직렬회로에 직류전압 100[V]를 인가하면 정상상태 전류는 10[A]이고, RC 직렬회로에 직류전압 100[V]를 인가하면 초기 전류는 10[A]이다. 이 두 회로의 설명으로 옳지 않은 것은?(단, C = 100[μF], L = 1[mH]이고, 각 회로에 직류전압을 인가하기 전 초깃값은 0이다)

① RL 직렬회로의 시정수는 L이 10배 증가하면 10배 증가한다.

② RL 직렬회로의 시정수가 RC 직렬회로의 시정수보다 10배 크다.

③ RC 직렬회로의 시정수는 C가 10배 증가하면 10배 증가한다.

④ RL 직렬회로의 시정수는 0.1[ms]다.

17 다음 회로에서 전원 V_s [V]가 RLC로 구성된 부하에 인가되었을 때, 전체 부하의 합성 임피던스 Z[Ω] 및 전압 V_s와 전류 I의 위상차 θ [°]는?

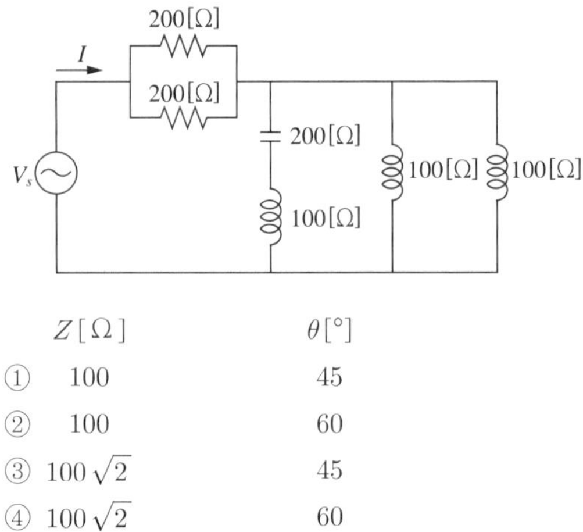

	Z[Ω]	θ[°]
①	100	45
②	100	60
③	$100\sqrt{2}$	45
④	$100\sqrt{2}$	60

18 다음 직류회로에서 4[Ω] 저항의 소비전력[W]은?

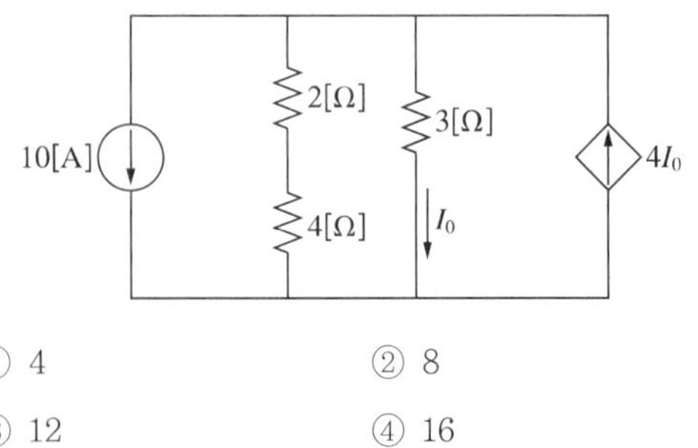

① 4 ② 8
③ 12 ④ 16

19 다음 직·병렬회로에서 전류 I[A]의 위상이 전압 V_s[V]의 위상과 같을 때, 저항 $R[\Omega]$은?

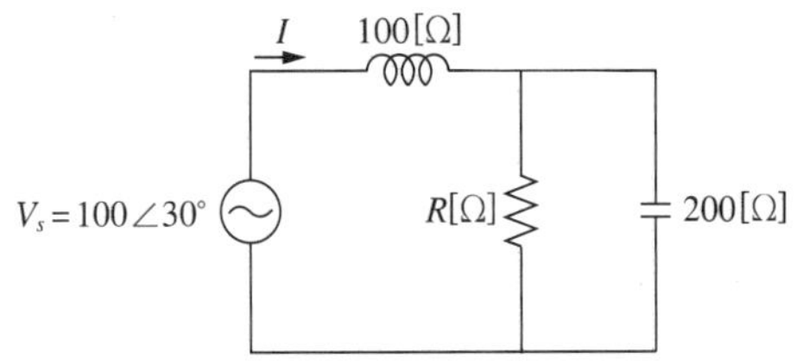

① 100

② 200

③ 300

④ 400

20 그림과 같이 저항 $R_1 = R_2 = 10[\Omega]$, 자기인덕턴스 $L_1 = 10$[H], $L_2 = 100$[H], 상호인덕턴스 $M = 10$[H]로 구성된 회로의 임피던스 $Z_{ab}[\Omega]$는?(단, 전원 V_s의 각속도는 $\omega = 1$[rad/s]이고 $Z_L = 10 - j100[\Omega]$이다)

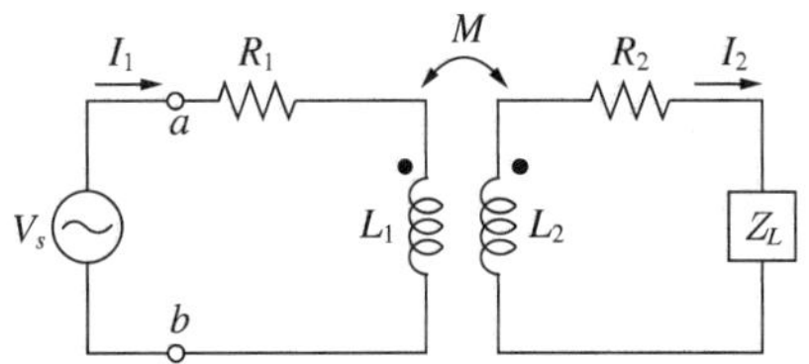

① $10 - j15$

② $10 + j15$

③ $15 - j10$

④ $15 + j10$

회독수 ✓체크 ①②③

01 다음 그림은 내부가 빈 동심구 형태의 콘덴서이다. 내구와 외구의 반지름 a, b를 각각 2배 증가시키고 내부를 비유전율 ε_r = 2인 유전체로 채웠을 때, 정전용량은 몇 배로 증가하는가?

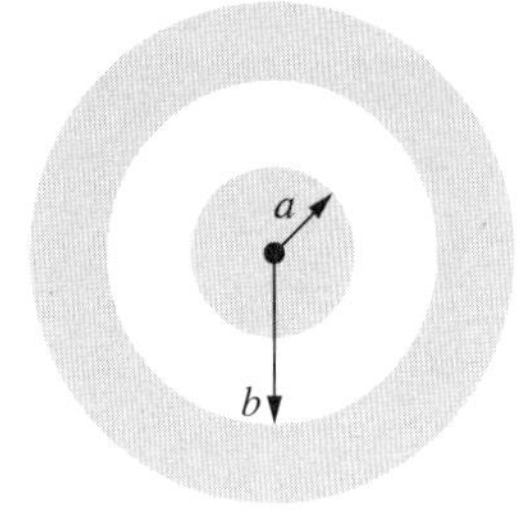

① 1 ② 2
③ 3 ④ 4

02 선간전압 300[V]의 3상 대칭전원에 △결선 평형부하가 연결되어 역률이 0.8인 상태로 720[W]가 공급될 때, 선전류[A]는?

① 1 ② $\sqrt{2}$
③ $\sqrt{3}$ ④ 2

03 다음 회로에서 12[Ω] 저항의 전압 V[V]는?

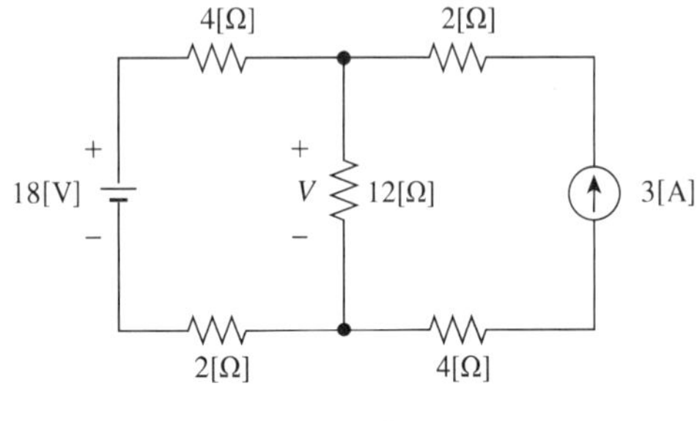

① 12 ② 24
③ 36 ④ 48

04 다음 회로에서 부하 임피던스 Z_L에 최대 전력이 전달되기 위한 Z_L[Ω]은?

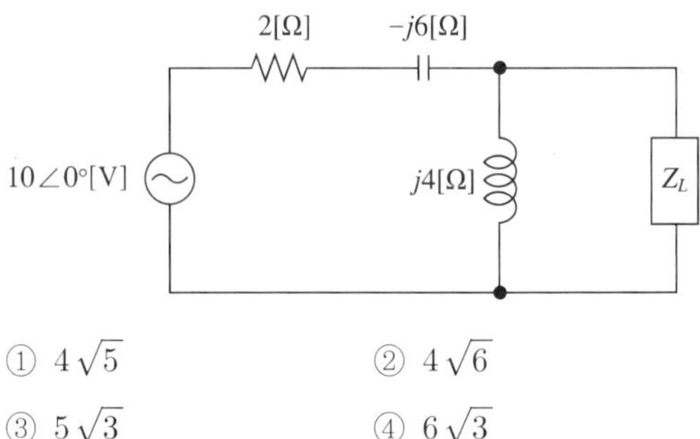

① $4\sqrt{5}$ ② $4\sqrt{6}$
③ $5\sqrt{3}$ ④ $6\sqrt{3}$

05 부하에 인가되는 비정현파 전압 및 전류가 다음과 같을 때, 부하에서 소비되는 평균 전력[W]은?

$$v(t) = 100 + 80\sin\omega t + 60\sin(3\omega t - 30°) + 40\sin(7\omega t + 60°)[V]$$
$$i(t) = 40 + 30\cos(\omega t - 30°) + 20\cos(5\omega t + 60°) + 10\cos(7\omega t - 30°)[A]$$

① 4,700 ② 4,800
③ 4,900 ④ 5,000

06 다음 회로에서 오랜 시간 닫혀 있던 스위치 S가 $t = 0$에서 개방된 직후에 인덕터의 초기 전류 $i_L(0^+)$[A]는?

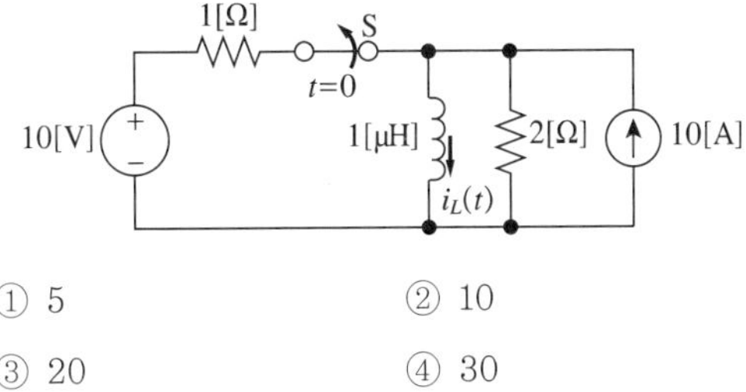

① 5
② 10
③ 20
④ 30

07 다음 직류회로에서 전류 I_A[A]는?

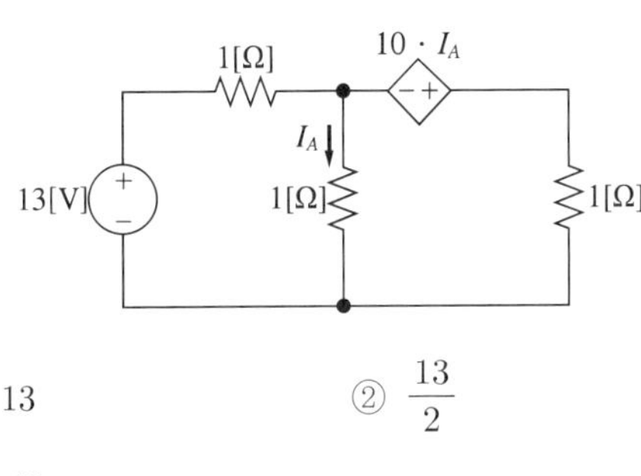

① 13
② $\frac{13}{2}$
③ $\frac{13}{7}$
④ 1

08 단면적이 1[cm²]인 링(Ring) 모양의 철심에 코일을 균일하게 500회 감고 600[mA]의 전류를 흘렸을 때 전체 자속이 0.2[μWb]이다. 같은 코일에 전류를 2.4[A]로 높일 경우 철심에서의 자속밀도[T]는?(단, 기자력(MMF)과 자속은 비례관계로 가정한다)

① 0.005
② 0.006
③ 0.007
④ 0.008

09 다음 평형(전원 및 부하 모두) 3상 회로에서 상전류 I_{AB}[A]는?(단, $Z_P = 6 + j9[\Omega]$, $V_{an} = 900 \angle 0°$[V]이다)

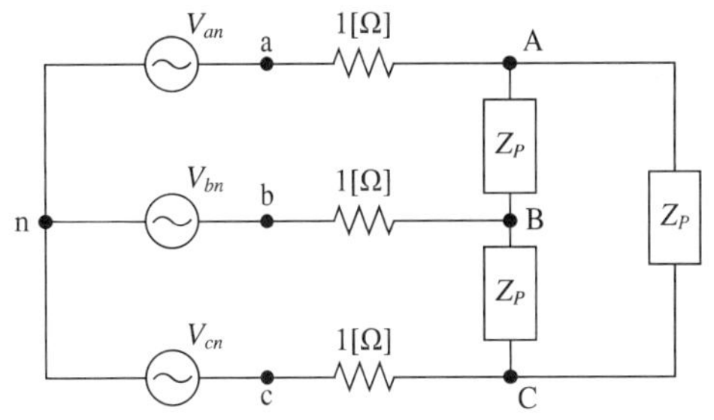

① $50\sqrt{2} \angle(-45°)$
② $50\sqrt{2} \angle(-15°)$
③ $50\sqrt{3} \angle(-45°)$
④ $50\sqrt{6} \angle(-15°)$

10 다음 그림과 같이 $\mu_r = 50$인 선형모드로 작용하는 페라이트 자성체의 전체 자기저항은?(단, 단면적 $A = 1[m^2]$, 단면적 $B = 0.5[m^2]$, 길이 $a = 10[m]$, 길이 $b = 2[m]$이다)

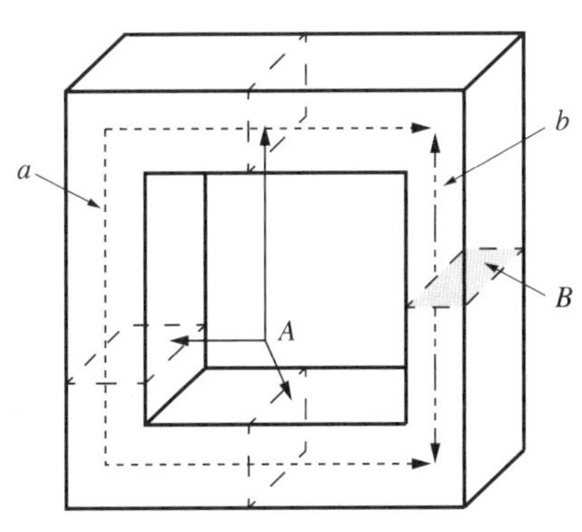

① $\frac{7}{25\mu_0}$
② $\frac{7}{1,000\mu_0}$
③ $\frac{7\mu_0}{25}$
④ $\frac{7\mu_0}{1,000}$

11 선간전압 20[kV], 상전류 6[A]의 3상 Y결선되어 발전하는 교류발전기를 △결선으로 변경하였을 때, 상전압 V_P[kV]와 선전류 I_L[A]은?(단, 3상 전원은 평형이며, 3상 부하는 동일하다)

	V_P[kV]	I_L[A]
①	$\frac{20}{\sqrt{3}}$	$6\sqrt{3}$
②	20	$6\sqrt{3}$
③	$\frac{20}{\sqrt{3}}$	6
④	20	6

12 전압이 10[V], 내부저항이 1[Ω]인 전지(E)를 두 단자에 n개 직렬접속하여 R과 $2R$이 병렬접속된 부하에 연결하였을 때, 전지에 흐르는 전류 I가 2[A]라면 저항 R[Ω]은?

① $3n$ ② $4n$
③ $5n$ ④ $6n$

13 다음 회로는 뒤진 역률이 0.8인 300[kW]의 부하가 걸려있는 송전선로이다. 수전단 전압 E_r = 5,000[V]일 때, 전류 I[A]와 송전단 전압 E_S[V]는?

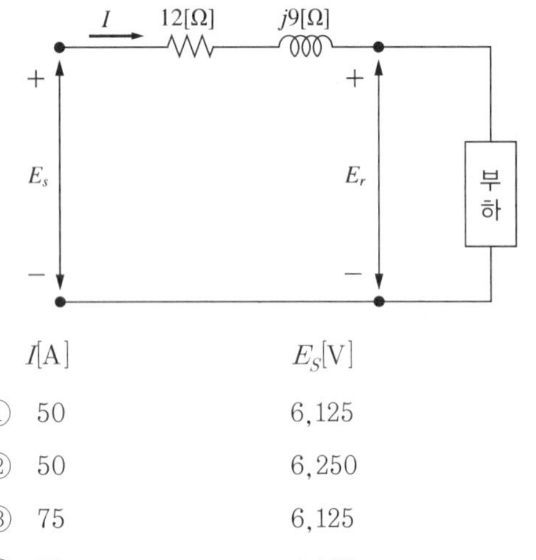

	I[A]	E_S[V]
①	50	6,125
②	50	6,250
③	75	6,125
④	75	6,250

14 다음 그림과 같은 이상적인 변압기 회로에서 200[Ω] 저항의 소비전력[W]은?

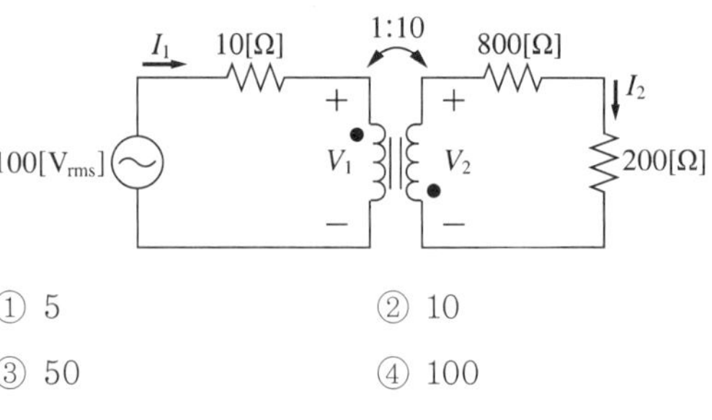

① 5 ② 10
③ 50 ④ 100

15 다음 회로에서 스위치 S가 충분히 오래 단자 a에 머물러 있다가 t = 0에서 스위치 S가 단자 a에서 단자 b로 이동하였다. t > 0일 때의 전류 $i_L(t)$[A]는?

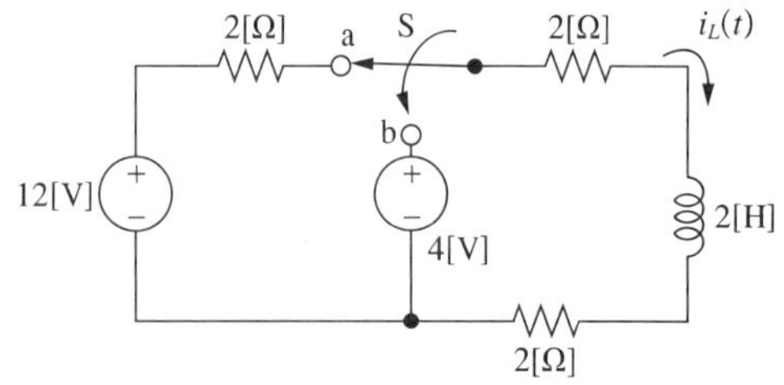

① $2+e^{-3t}$
② $2+e^{-2t}$
③ $1+e^{-2t}$
④ $1+e^{-3t}$

16 RL 직렬회로에서 10[V]의 직류전압을 가했더니 250[mA]의 전류가 측정되었고, 주파수 $\omega = 1{,}000$ [rad/s], 10[V]의 교류전압을 가했더니 200[mA]의 전류가 측정되었다. 이 코일의 인덕턴스[mH]는? (단, 전류는 정상상태에서 측정한다)

① 18 ② 20
③ 25 ④ 30

17 다음 직류회로에서 전류 I[A]는?

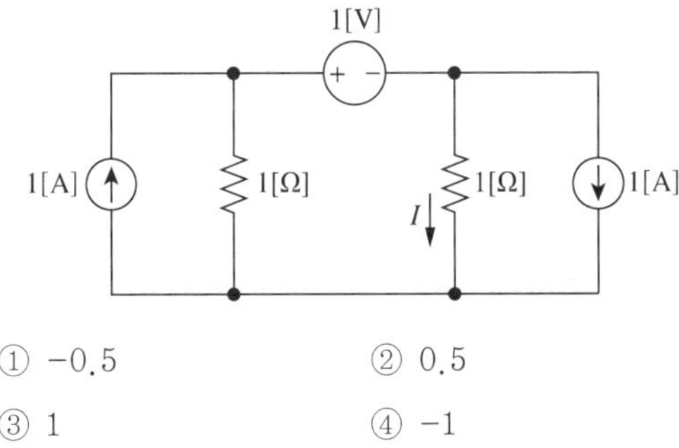

① −0.5 ② 0.5
③ 1 ④ −1

18 서로 다른 유전체의 경계면에서 발생되는 전기적 현상에 대한 설명으로 옳은 것은?

① 경계면에서 전계 세기의 접선 성분은 유전율의 차이로 달라진다.
② 경계면에서 전속밀도의 법선 성분은 유전율의 차이에 관계없이 같다.
③ 전속밀도는 유전율이 큰 영역에서 크기가 줄어든다.
④ 전계의 세기는 유전율이 작은 영역에서 크기가 줄어든다.

19 다음 회로에서 단자 a, b 간의 전압 V_{ab}[V]는?

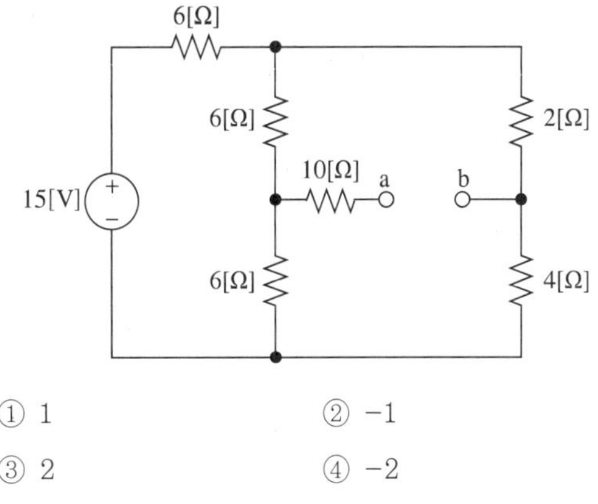

① 1 ② −1
③ 2 ④ −2

20 다음 교류회로가 정상상태일 때, 전류 $i(t)$[A]는?

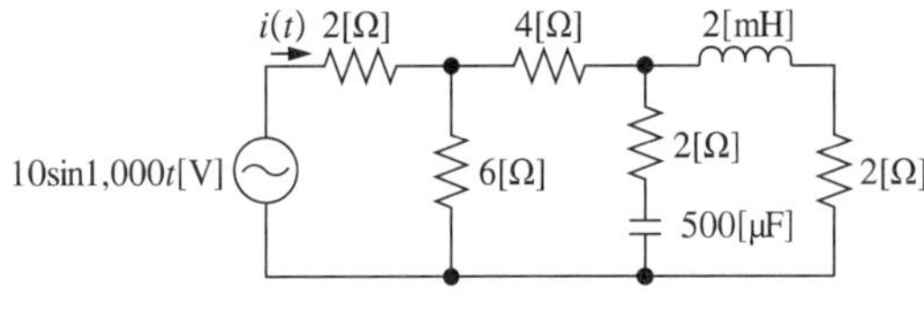

① $2\sin 1{,}000t$
② $2\cos 1{,}000t$
③ $10\cos(1{,}000t - 60°)$
④ $10\sin(1{,}000t - 60°)$

회독수 ✓체크 ①②③

01 그림과 같은 회로에서 단자전압 V_a[V]는?

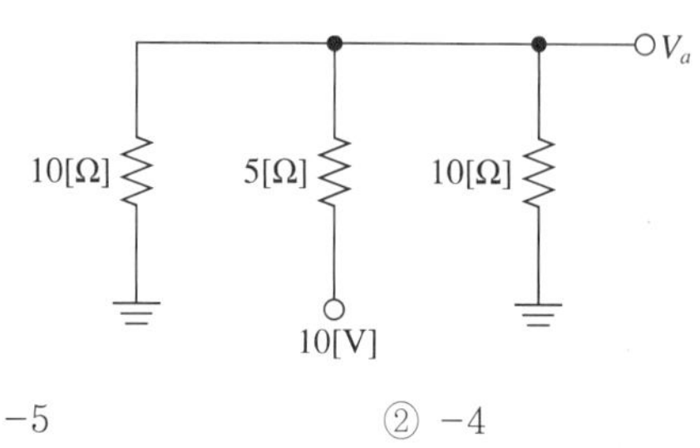

① −5 ② −4
③ 4 ④ 5

02 진공상태에 놓여있는 정전용량이 6[μF]인 평행 평판 콘덴서에 두께가 극판간격(d)과 동일하고 길이가 극판길이(L)의 $\frac{2}{3}$에 해당하는 비유전율이 3인 운모를 그림과 같이 삽입하였을 때 콘덴서의 정전용량[μF]은?

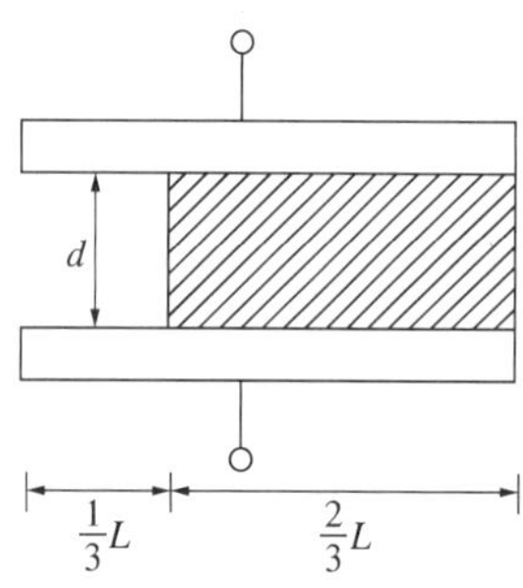

① 12 ② 14
③ 16 ④ 18

03 220[V], 55[W] 백열등 2개를 매일 30분씩 10일간 점등했을 때 사용한 전력량과 110[V], 55[W]인 백열등 1개를 매일 1시간씩 10일간 점등했을 때 사용한 전력량의 비는?

① 1 : 1 ② 1 : 2
③ 1 : 3 ④ 1 : 4

04 그림과 같은 회로에서 저항(R_1) 양단의 전압 V_{R1}[V]은?

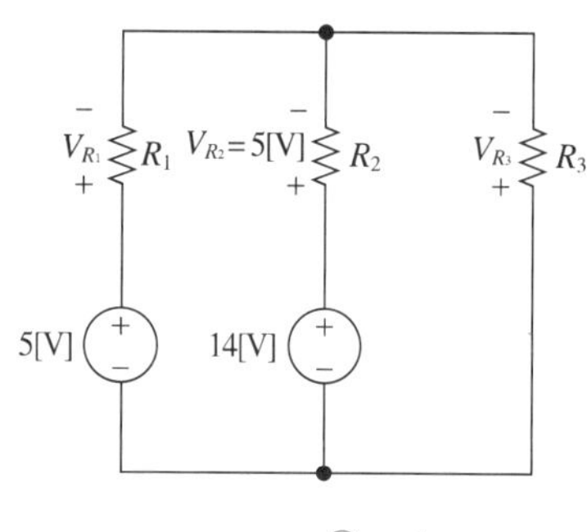

① 4 ② −4
③ 5 ④ −5

05 상호인덕턴스가 10[mH]이고, 두 코일의 자기인덕턴스가 각각 20[mH], 80[mH]일 경우 상호유도회로에서의 결합계수 k는?

① 0.125 ② 0.25
③ 0.375 ④ 0.5

06 그림과 같은 평형 3상 Y-△ 결선회로에서 상전압이 200[V]이고, 부하단의 각 상에 $R = 90[\Omega]$, $X_L = 120[\Omega]$이 직렬로 연결되어 있을 때 3상 부하의 소비전력[W]은?

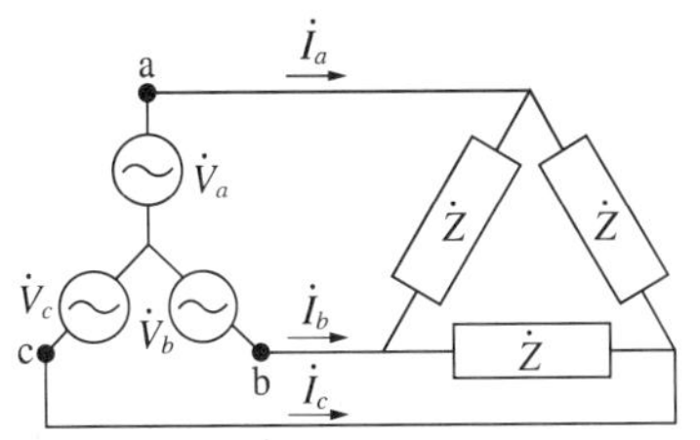

① 480 ② $480\sqrt{3}$

③ 1,440 ④ $1,440\sqrt{3}$

07 그림과 같은 회로의 이상적인 단권변압기에서 Z_{in}과 Z_L 사이의 관계식으로 옳은 것은?(단, V_1은 1차측 전압, V_2는 2차측 전압, I_1은 1차측 전류, I_2는 2차측 전류, $N_1 + N_2$는 1차측 권선수, N_2는 2차측 권선수이다)

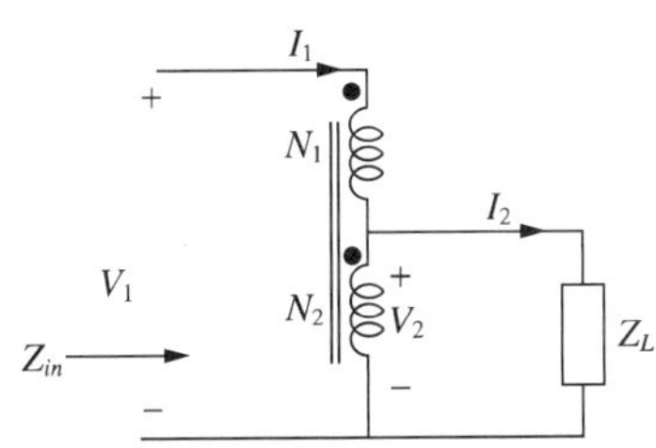

① $Z_{in} = Z_L\left(\frac{N_1 + N_2}{N_2}\right)^2$

② $Z_{in} = Z_L\left(\frac{N_1 + N_2}{N_1}\right)^2$

③ $Z_{in} = Z_L\left(\frac{N_1 + N_2}{N_2}\right)$

④ $Z_{in} = Z_L\left(\frac{N_1 + N_2}{N_1}\right)$

08 직각좌표계의 진공 중에 균일하게 대전되어 있는 무한 $y-z$ 평면전하가 있다. x축상의 점에서 r만큼 떨어진 점에서의 전계 크기는?

① r^2에 반비례한다.

② r에 반비례한다.

③ r에 비례한다.

④ r과 관계없다.

09 $R = 90[\Omega]$, $L = 32[\text{mH}]$, $C = 5[\mu\text{F}]$의 직렬회로에 전원전압 $v(t) = 750\cos(5,000t + 30°)[\text{V}]$를 인가했을 때 회로의 리액턴스$[\Omega]$는?

① 40 ② 90

③ 120 ④ 160

10 그림과 같은 회로에서 4단자 임피던스 파라미터 행렬이 보기와 같이 주어질 때 파라미터 Z_{11}과 Z_{22}, 각각의 값$[\Omega]$은?

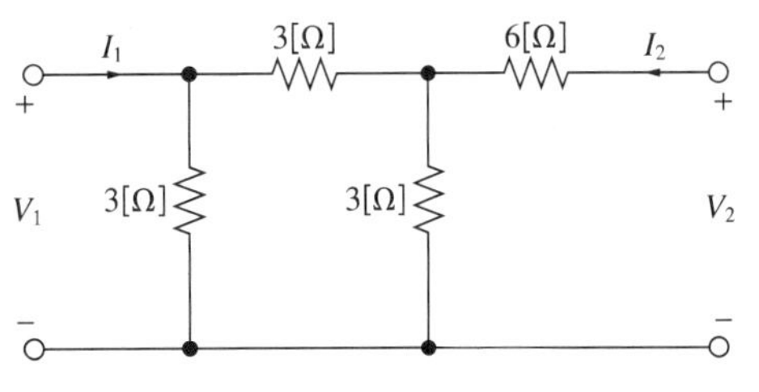

보기

$$\begin{bmatrix} V_1 \\ V_2 \end{bmatrix} = \begin{bmatrix} Z_{11} & Z_{12} \\ Z_{21} & Z_{22} \end{bmatrix} \begin{bmatrix} I_1 \\ I_2 \end{bmatrix}$$

① 1, 9 ② 2, 8

③ 3, 9 ④ 6, 12

11 20[V]를 인가했을 때 400[W]를 소비하는 굵기가 일정한 원통형 도체가 있다. 체적을 변하지 않게 하고 지름이 $\frac{1}{2}$로 되게 일정한 굵기로 잡아 늘였을 때 변형된 도체의 저항값[Ω]은?

① 10 ② 12
③ 14 ④ 16

12 인덕터(L)와 커패시터(C)가 병렬로 연결되어 있는 회로에서 공진현상이 발생하였다. 이때 임피던스(Z)의 크기 변화로 옳은 것은?

① $Z=0[\Omega]$이 된다.
② $Z=1[\Omega]$이 된다.
③ $Z=\infty[\Omega]$가 된다.
④ 변화가 없다.

13 직류전원[V], R = 20[kΩ], C = 2[μF]의 값을 갖고 스위치가 열린 상태의 RC 직렬회로에서 t = 0일 때 스위치가 닫힌다. 이때 시정수 τ[s]는?

① 1×10^{-2}
② 1×10^{4}
③ 4×10^{-2}
④ 4×10^{4}

14 전압과 전류의 순싯값이 다음과 같이 주어질 때 교류회로의 특성에 대한 설명으로 옳은 것은?

$$v(t)=200\sqrt{2}\sin\left(\omega t+\frac{\pi}{6}\right)[\mathrm{V}]$$
$$i(t)=10\sin\left(\omega t+\frac{\pi}{3}\right)[\mathrm{A}]$$

① 전압의 실횻값은 $200\sqrt{2}$[V]이다.
② 전압의 파형률은 1보다 작다.
③ 전류의 파고율은 10이다.
④ 위상이 30° 앞선 진상전류가 흐른다.

15 두 종류의 수동 소자가 직렬로 연결된 회로에 교류 전원전압 $v(t)=200\sin\left(200t+\frac{\pi}{3}\right)$[V]를 인가하였을 때 흐르는 전류는 $i(t)=10\sin\left(200t+\frac{\pi}{6}\right)$[A]이다. 이때 두 소자값은?

① $R=10\sqrt{3}[\Omega]$, $L=0.05[\mathrm{H}]$
② $R=20[\Omega]$, $L=0.5[\mathrm{H}]$
③ $R=10\sqrt{3}[\Omega]$, $C=0.05[\mathrm{F}]$
④ $R=20[\Omega]$, $C=0.5[\mathrm{F}]$

16 진공 중에 두 개의 긴 직선도체가 6[cm]의 거리를 두고 평행하게 놓여있다. 각 도체에 10[A], 15[A]의 전류가 같은 방향으로 흐르고 있을 때 단위 길이당 두 도선 사이에 작용하는 힘[N/m]은?(단, 진공 중의 투자율 $\mu_0 = 4\pi \times 10^{-7}$이다)

① 5.0×10^{-5}　② 5.0×10^{-4}
③ 3.3×10^{-3}　④ 4.1×10^{2}

17 300[Ω]과 100[Ω]의 저항성 임피던스를 그림과 같이 회로에 연결하고 대칭 3상 전압 $V_L = 200\sqrt{3}$[V]를 인가하였다. 이때 회로에 흐르는 전류 I[A]는?

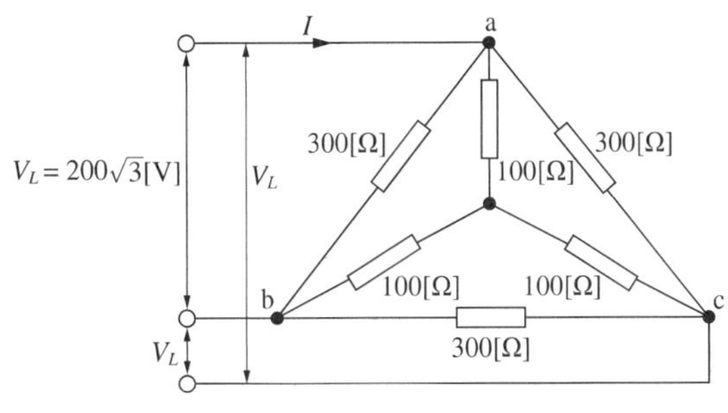

① 1　② 2
③ 3　④ 4

18 부하 양단 전압이 $v(t) = 60\cos(\omega t - 10°)$[V]이고 부하에 흐르는 전류가 $i(t) = 1.5\cos(\omega t + 50°)$[V]일 때 복소전력 S[VA]와 부하 임피던스 Z[Ω]는?

	S[VA]	Z[Ω]
①	$45\angle 40°$	$40\angle 60°$
②	$45\angle 40°$	$40\angle -60°$
③	$45\angle -60°$	$40\angle 60°$
④	$45\angle -60°$	$40\angle -60°$

19 그림과 같은 회로에서 스위치는 긴 시간 동안 개방되어 있다가 $t = 0$에서 닫힌다. $t \geq 0$에서 인덕터에 흐르는 전류 $i(t)$[A]는?

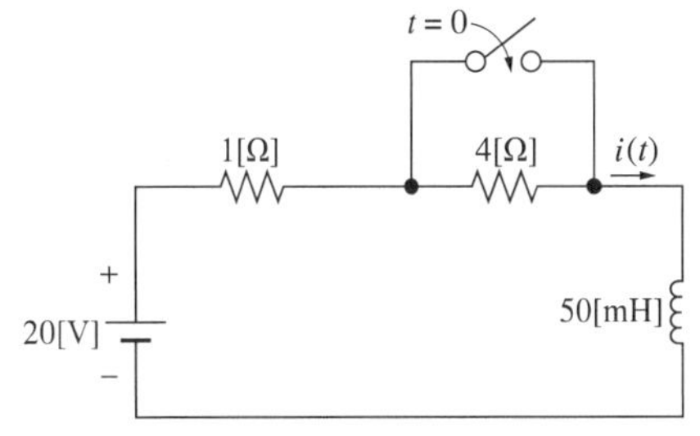

① $20 - 16e^{-10t}$
② $20 - 16e^{-20t}$
③ $20 - 24e^{-10t}$
④ $20 - 24e^{-20t}$

20 그림과 같은 회로에 $R = 3$[Ω], $\omega L = 1$[Ω]을 직렬연결한 후 $v(t) = 100\sqrt{2}\sin\omega t + 30\sqrt{2}\sin 3\omega t$[V]의 전압을 인가했을 때 흐르는 전류 $i(t)$의 실횻값[A]은?

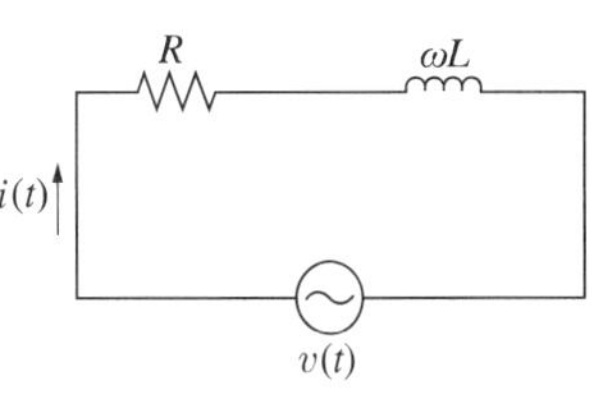

① $4\sqrt{3}$　② $5\sqrt{5}$
③ $5\sqrt{42}$　④ $6\sqrt{17}$

01 다음 회로에서 3[Ω]에 흐르는 전류 i_o[A]는?

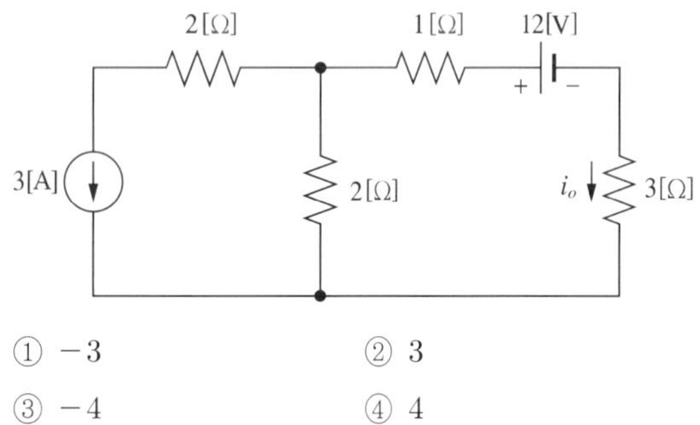

① −3 ② 3
③ −4 ④ 4

02 다음 회로에서 정상상태에 도달하였을 때, 인덕터와 커패시터에 저장된 에너지[J]의 합은?

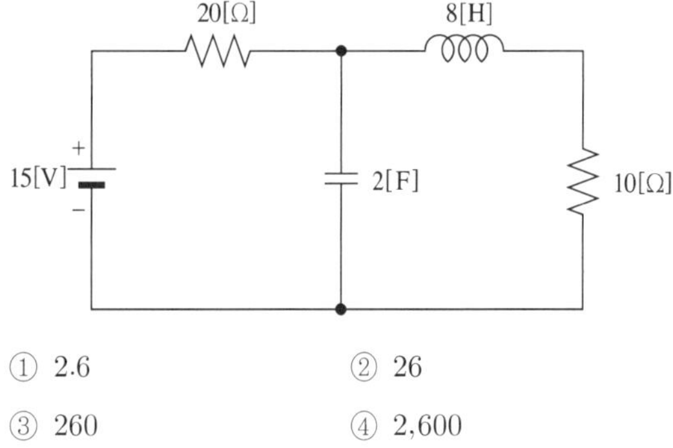

① 2.6 ② 26
③ 260 ④ 2,600

03 다음 회로에서 전압 V_o[V]는?

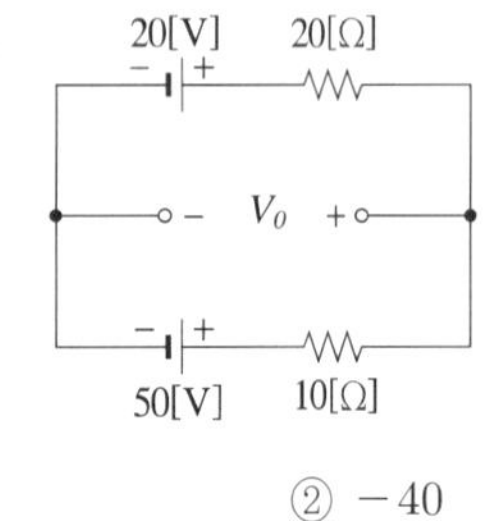

① −60 ② −40
③ 40 ④ 60

04 히스테리시스 특성 곡선에 대한 설명으로 옳지 않은 것은?

① 히스테리시스 손실은 주파수에 비례한다.
② 곡선이 수직축과 만나는 점은 잔류자기를 나타낸다.
③ 자속밀도, 자기장의 세기에 대한 비선형 특성을 나타낸다.
④ 곡선으로 둘러싸인 면적이 클수록 히스테리시스 손실이 적다.

05 이상적인 변압기에서 1차측 코일과 2차측 코일의 권선비가 $\frac{N_1}{N_2}=10$일 때, 옳은 것은?

① 2차측 소비전력은 1차측 소비전력의 10배이다.
② 2차측 소비전력은 1차측 소비전력의 100배이다.
③ 1차측 소비전력은 2차측 소비전력의 100배이다.
④ 1차측 소비전력은 2차측 소비전력과 동일하다.

06 비투자율 100인 철심을 코어로 하고 단위 길이당 권선수가 100회인 이상적인 솔레노이드의 자속밀도가 0.2[Wb/m^2]일 때, 솔레노이드에 흐르는 전류[A]는?

① $\frac{20}{\pi}$ ② $\frac{30}{\pi}$
③ $\frac{40}{\pi}$ ④ $\frac{50}{\pi}$

07 50[V], 250[W] 니크롬선의 길이를 반으로 잘라서 20[V] 전압에 연결하였을 때, 니크롬선의 소비전력[W]은?

① 80 ② 100
③ 120 ④ 140

08 정전계 내의 도체에 대한 설명으로 옳지 않은 것은?

① 도체표면은 등전위면이다.
② 도체내부의 정전계 세기는 영이다.
③ 등전위면의 간격이 좁을수록 정전계 세기가 크게 된다.
④ 도체표면상에서 정전계 세기는 모든 점에서 표면의 접선 방향으로 향한다.

09 단상 교류회로에서 80[kW]의 유효전력이 역률 80[%](지상)로 부하에 공급되고 있을 때, 옳은 것은?

① 무효전력은 50[kVar]이다.
② 역률은 무효율보다 크다.
③ 피상전력은 $100\sqrt{2}$[kVA]이다.
④ 코일을 부하에 직렬로 추가하면 역률을 개선시킬 수 있다.

10 다음 회로에서 $v_s(t) = 20\cos(t)$[V]의 전압을 인가했을 때, 전류 $i_s(t)$[A]는?

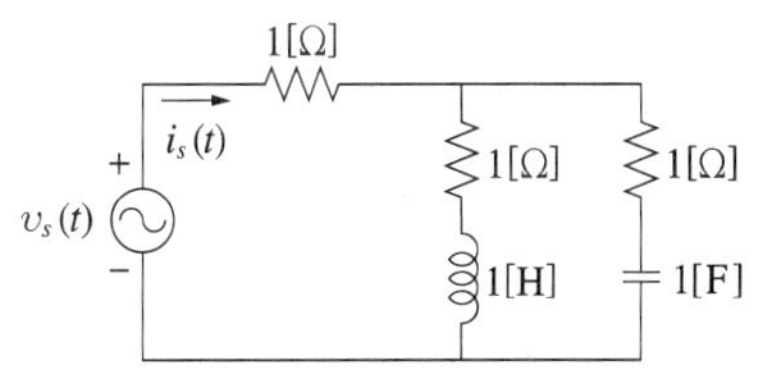

① $10\cos(t)$
② $20\cos(t)$
③ $10\cos(t-45°)$
④ $20\cos(t-45°)$

11 커패시터만의 교류회로에 대한 설명으로 옳지 않은 것은?

① 전압과 전류는 동일 주파수이다.

② 전류는 전압보다 위상이 $\frac{\pi}{2}$ 앞선다.

③ 전압과 전류의 실횻값의 비는 1이다.

④ 정전기에서 커패시터에 축적된 전하는 전압에 비례한다.

12 RLC 직렬회로에서 $R : X_L : X_C = 1 : 2 : 1$일 때, 역률은?

① $\frac{1}{\sqrt{2}}$ ② $\frac{1}{2}$

③ $\sqrt{2}$ ④ 1

13 그림 (b)는 그림 (a)의 회로에 흐르는 전류들에 대한 벡터도를 나타낸 것이다. 이러한 조건이 되기 위한 각주파수[rad/s]는?

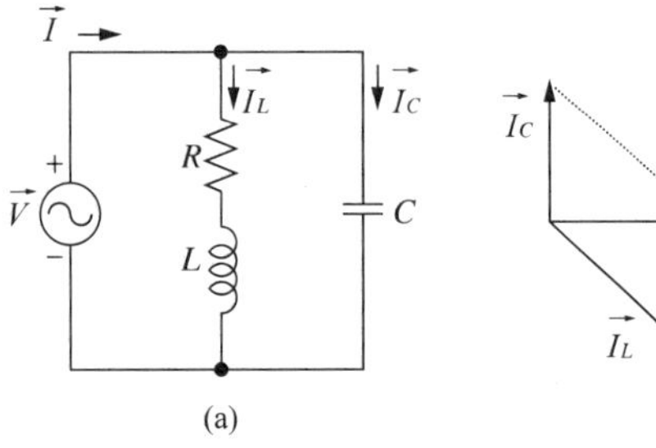

① $\sqrt{\frac{1}{LC}-\frac{R^2}{C^2}}$

② $\sqrt{\frac{1}{LC}-\frac{R^2}{L^2}}$

③ $\sqrt{\frac{1}{LC}-\frac{L^2}{R^2}}$

④ $\sqrt{\frac{1}{LC}-\frac{C^2}{R^2}}$

14 한 상의 임피던스가 $3+j4[\Omega]$인 평형 3상 △부하에 선간전압 200[V]인 3상 대칭전압을 인가할 때, 3상 무효전력[Var]은?

① 600

② 14,400

③ 19,200

④ 30,000

15 다음 회로에서 전압 V_o[V]는?

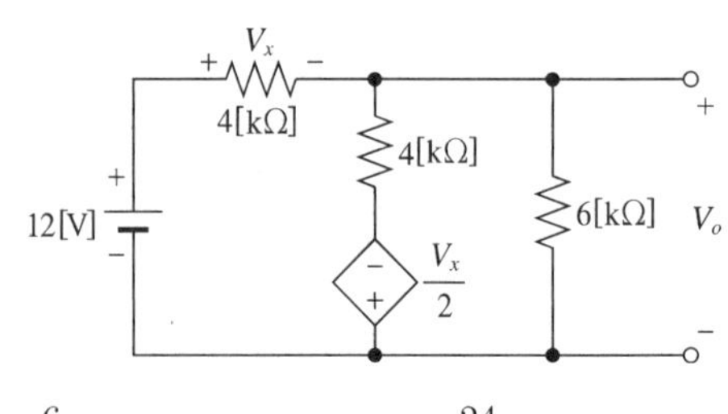

① $\frac{6}{13}$ ② $\frac{24}{13}$

③ $\frac{30}{13}$ ④ $\frac{36}{13}$

16 평형 3상 Y결선 회로에서 a상 전압의 순싯값이 $v_a = 100\sqrt{2}\sin\left(\omega t+\frac{\pi}{3}\right)$[V]일 때, c상 전압의 순싯값 v_c[V]은?(단, 상순은 a, b, c이다)

① $100\sqrt{2}\sin\left(\omega t+\frac{5}{3}\pi\right)$

② $100\sqrt{2}\sin\left(\omega t+\frac{1}{3}\pi\right)$

③ $100\sqrt{2}\sin(\omega t-\pi)$

④ $100\sqrt{2}\sin\left(\omega t-\frac{2}{3}\pi\right)$

17 다음 RC 회로에 대한 설명으로 옳은 것은?(단, 입력 전압 v_s의 주파수는 10[Hz]이다)

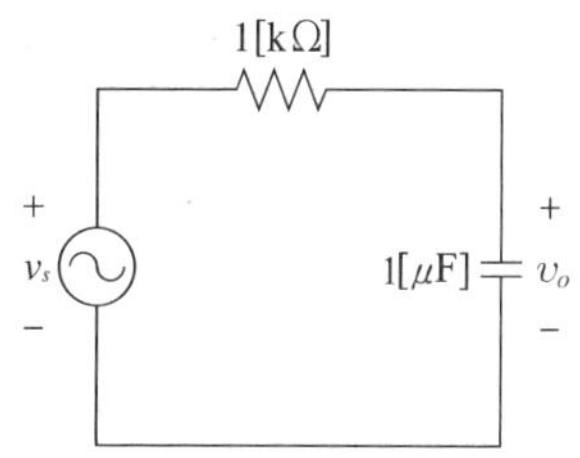

① 차단주파수는 $\frac{1,000}{\pi}$[Hz]이다.

② 이 회로는 고역 통과 필터이다.

③ 커패시터의 리액턴스는 $\frac{50}{\pi}$[kΩ]이다.

④ 출력 전압 v_o에 대한 입력 전압 v_s의 비는 0.6이다.

18 어떤 인덕터에 전류 $i = 3 + 10\sqrt{2}\sin 50t + 4\sqrt{2}\sin 100t$[A]가 흐르고 있을 때, 인덕터에 축적되는 자기 에너지가 125[J]이다. 이 인덕터의 인덕턴스[H]는?

① 1 ② 2

③ 3 ④ 4

19 다음 회로와 같이 평형 3상 RL 부하에 커패시터 C를 설치하여 역률을 100[%]로 개선할 때, 커패시터의 리액턴스[Ω]는?(단, 선간전압은 200[V], 한 상의 부하는 $12 + j9$[Ω]이다)

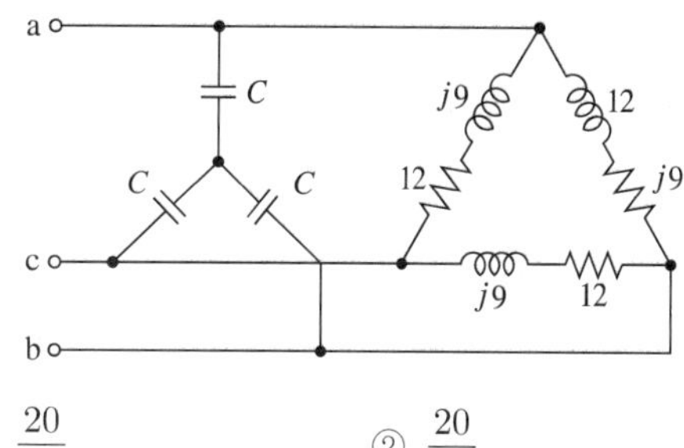

① $\frac{20}{4}$ ② $\frac{20}{3}$

③ $\frac{25}{4}$ ④ $\frac{25}{3}$

20 다음 RL 직렬회로에서 $t = 0$일 때, 스위치를 닫은 후 $\frac{di(t)}{dt}$에 대한 설명으로 옳은 것은?

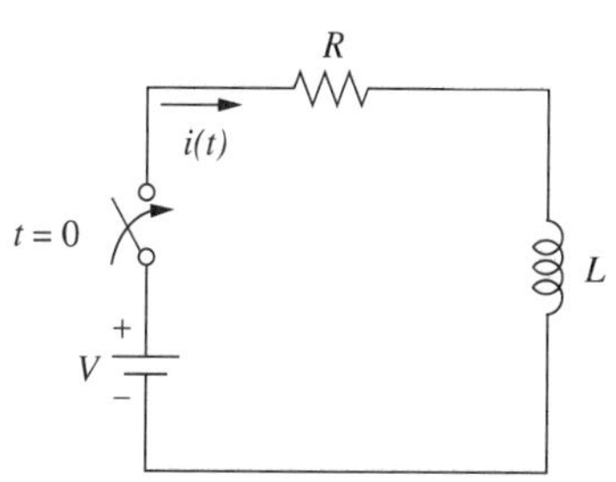

① 인덕턴스에 비례한다.

② 인덕턴스에 반비례한다.

③ 저항과 인덕턴스의 곱에 비례한다.

④ 저항과 인덕턴스의 곱에 반비례한다.

PART 2
지방직

- 2022년 지방직 9급
- 2021년 지방직 9급
- 2020년 지방직 9급
- 2019년 지방직 9급
- 2018년 지방직 9급
- 2017년 지방직 9급
- 2016년 지방직 9급

출제경향

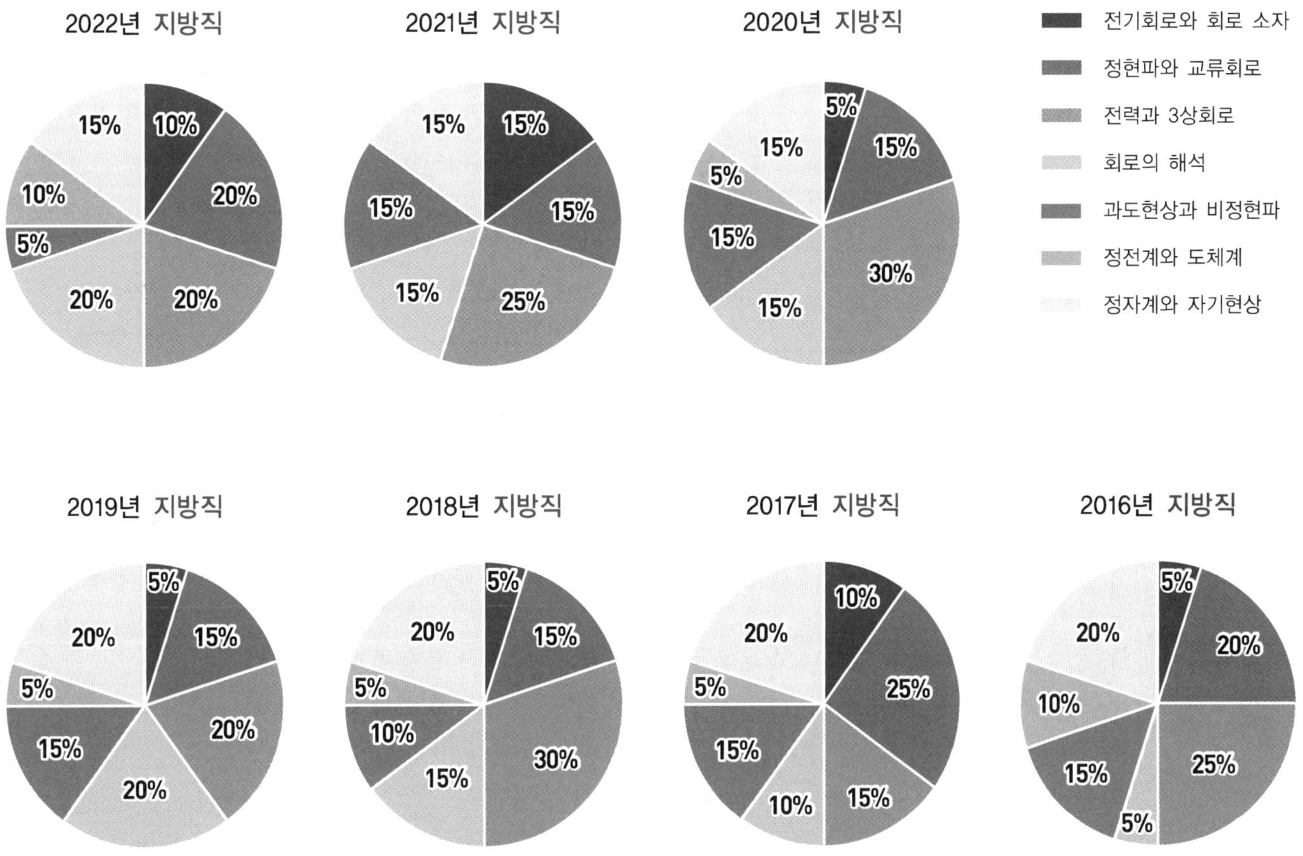

2022년 지방직

10% 20% 20% 20% 5% 10% 15%

2021년 지방직

15% 15% 25% 15% 15% 15%

2020년 지방직

5% 15% 30% 15% 15% 5% 15%

전기회로와 회로 소자

정현파와 교류회로

전력과 3상회로

회로의 해석

과도현상과 비정현파

정전계와 도체계

정자계와 자기현상

2019년 지방직

5% 15% 20% 20% 15% 5% 20%

2018년 지방직

5% 15% 30% 15% 10% 5% 20%

2017년 지방직

10% 25% 15% 10% 15% 5% 20%

2016년 지방직

5% 20% 25% 5% 15% 10% 20%

회독수 ✓체크 ①②③

01 그림의 회로에서 등가 컨덕턴스 G_{eq}[S]는?

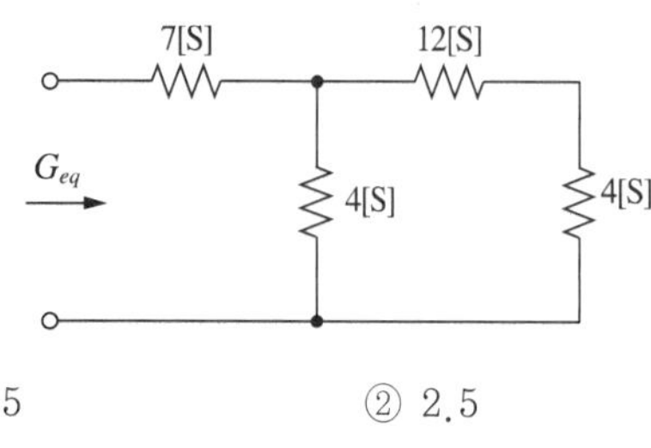

① 1.5　　② 2.5
③ 3.5　　④ 4.5

02 그림의 회로에서 저항 1[Ω]에 흐르는 전류 I[A]는?

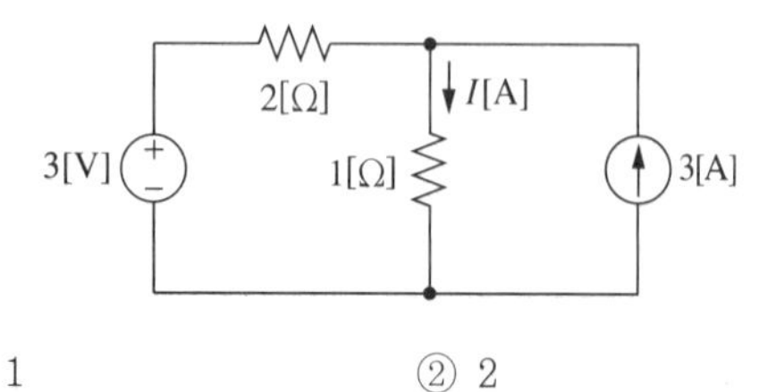

① 1　　② 2
③ 3　　④ 4

03 그림과 같이 전류와 폐경로 L이 주어졌을 때 $\oint_L \vec{H} \cdot d\vec{l}$ [A]은?

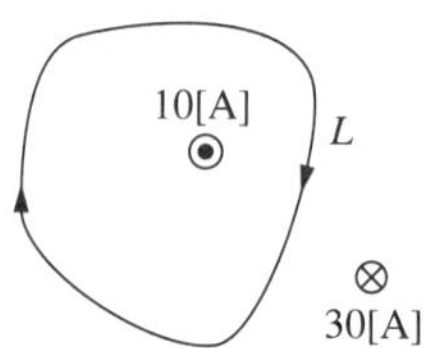

① −20
② −10
③ 10
④ 20

04 RL 직렬회로에 $t=0$에서 일정 크기의 직류전압을 인가하였다. 저항과 인덕터의 전압, 전류 파형 중에서 $t>0$ 이후에 그림과 같은 형태로 나타나는 것은?(단, 인덕터의 초기 전류는 0[A]이다)

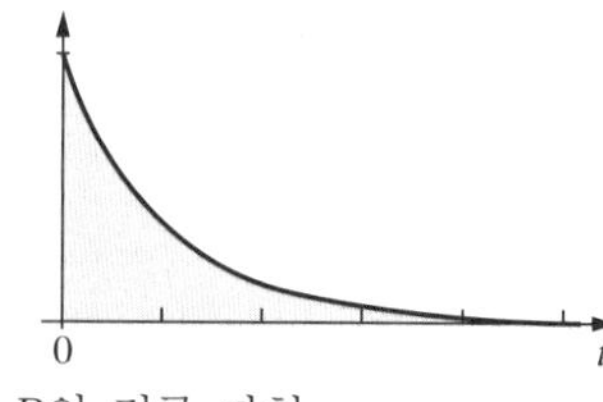

① 저항 R의 전류 파형
② 저항 R의 전압 파형
③ 인덕터 L의 전류 파형
④ 인덕터 L의 전압 파형

05 그림과 같이 내부저항 1[Ω]을 갖는 12[V] 직류 전압원이 5[Ω] 저항 R_L에 연결되어 있다. 저항 R_L에서 소비되는 전력[W]은?

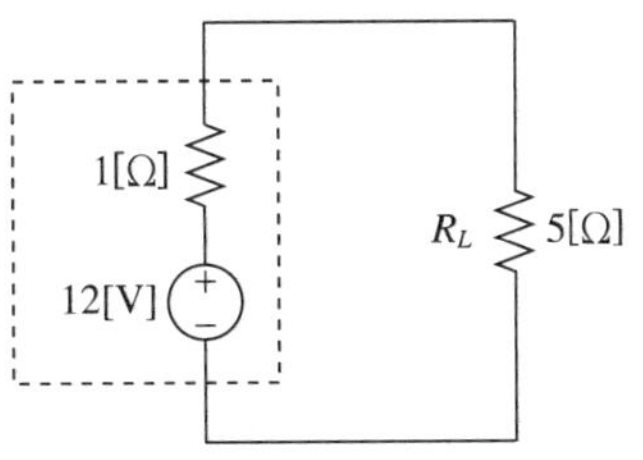

① 12 ② 20
③ 24 ④ 28.8

06 평형 3상 교류회로의 전압과 전류에 대한 설명으로 옳은 것은?

① 평형 3상 △결선의 전원에서 선간전압의 크기는 상전압의 크기의 $\sqrt{3}$ 배이다.
② 평형 3상 △결선의 부하에서 선전류의 크기는 상전류의 크기와 같다.
③ 평형 3상 Y결선의 전원에서 선간전압의 크기는 상전압의 크기와 같다.
④ 평형 3상 Y결선의 부하에서 선전류의 크기는 상전류의 크기와 같다.

07 그림의 회로에서 전압 $v(t)$와 전류 $i(t)$의 라플라스 관계식은?(단, 커패시터의 초기 전압은 0[V]이다)

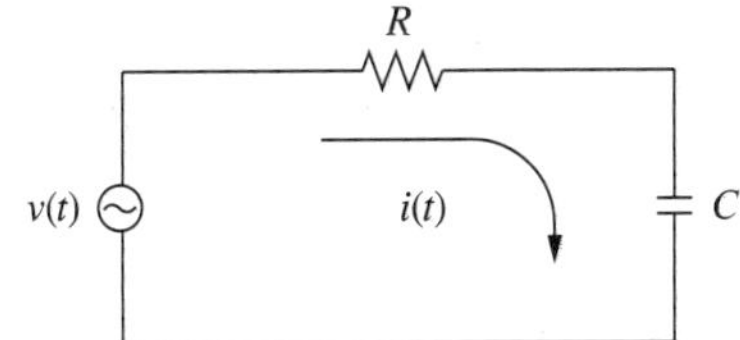

① $I(s) = \dfrac{C}{sRC+1}V(s)$
② $I(s) = \dfrac{s}{sRC+1}V(s)$
③ $I(s) = \dfrac{sR}{sRC+1}V(s)$
④ $I(s) = \dfrac{sC}{sRC+1}V(s)$

08 그림의 회로에서 역률이 $\dfrac{1}{\sqrt{2}}$ 이 되기 위한 인덕턴스 L[H]은?(단, $v(t) = 300\cos(2\pi \times 50t + 60°)$[V]이다)

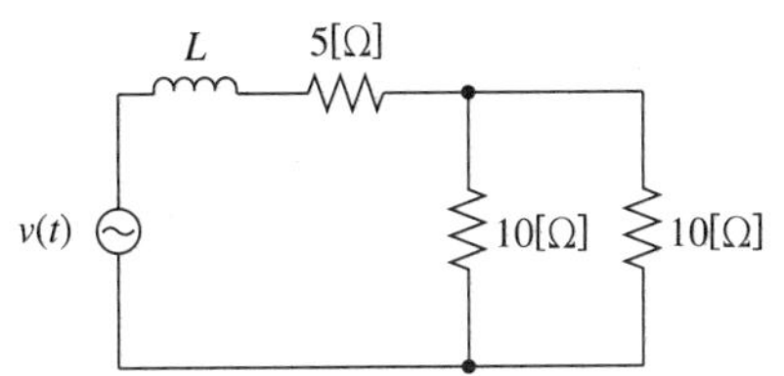

① $\dfrac{1}{\pi}$ ② $\dfrac{1}{5\pi}$
③ $\dfrac{1}{10\pi}$ ④ $\dfrac{1}{20\pi}$

09 그림의 RC 직렬회로에 200[V]의 교류전압 V_s[V]를 인가하니 회로에 40[A]의 전류가 흘렀다. 저항이 3[Ω]일 경우 이 회로의 용량성 리액턴스 X_C[Ω]는?(단, 전압과 전류는 실횻값이다)

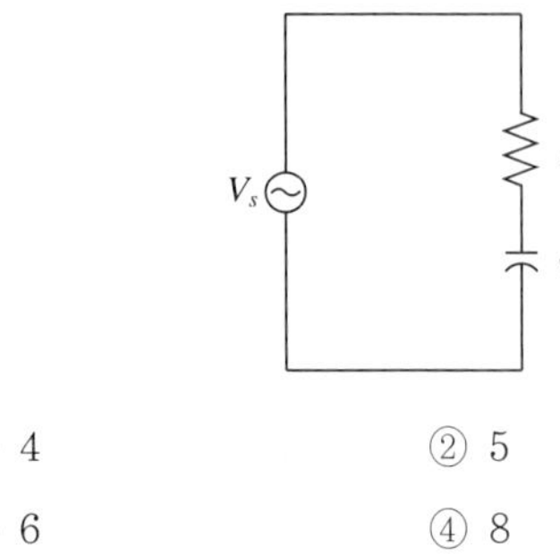

① 4 ② 5
③ 6 ④ 8

10 그림 (a)의 회로를 그림 (b)의 테브난 등가회로로 변환하였을 때, 테브난 등가전압 V_{TH}[V]와 부하저항 R_L에서 최대 전력이 소비되기 위한 R_L[Ω]은?

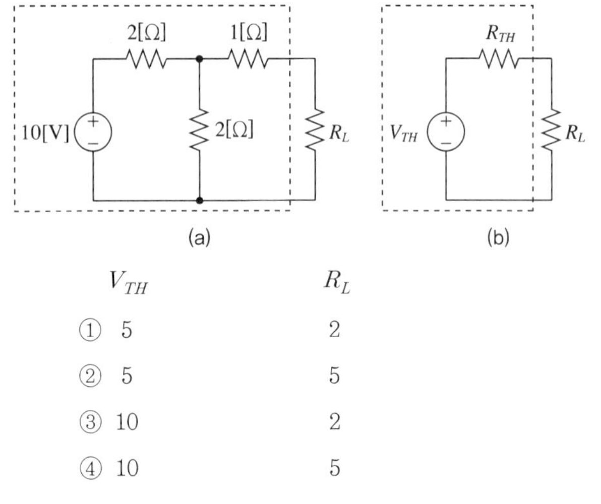

(a) (b)

	V_{TH}	R_L
①	5	2
②	5	5
③	10	2
④	10	5

11 그림은 $t=0$에서 1초 간격으로 스위치가 닫히고 열림을 반복하는 RL 회로이다. 이때 인덕터에 흐르는 전류의 파형으로 적절한 것은?(단, 다이오드는 이상적이고, $t<0$에서 스위치는 오랫동안 열려 있다고 가정한다)

10[H]
$i(t)$
V
10[Ω]

① $i(t)$ 0 1 2 3 4 t[s]
② $i(t)$ 0 1 2 3 4 t[s]
③ $i(t)$ 0 1 2 3 4 t[s]
④ $i(t)$ 0 1 2 3 4 t[s]

12 RC 직렬회로에 교류전압 V_s = 40[V]가 인가될 때 회로의 역률[%]과 유효전력[W]은?(단, 저항 R = 10[Ω], 용량성 리액턴스 $X_C = 10\sqrt{3}$[Ω]이고, 인가전압은 실횻값이다)

	역 률	유효전력
①	50	20
②	50	40
③	100	20
④	100	40

13 그림과 같은 RLC 직렬회로에서 교류전압 $v(t) = 100\sin(\omega t)$[V]를 인가했을 때, 주파수를 변화시켜서 얻을 수 있는 전류 $i(t)$의 최댓값[A]은?(단, 회로는 정상상태로 동작하며, $R = 20[\Omega]$, $L = 10$[mH], $C = 20[\mu\text{F}]$이다)

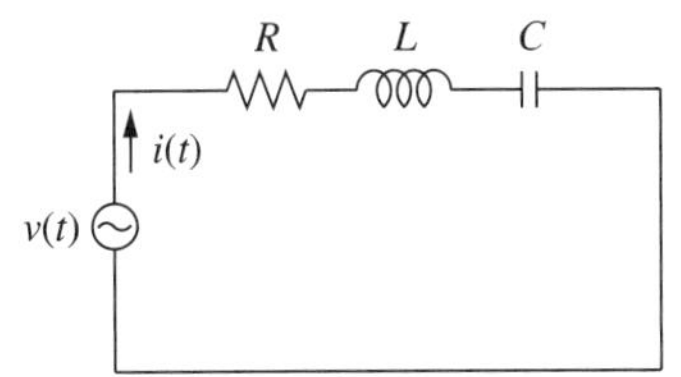

① 0.5
② 1
③ 5
④ 10

14 그림의 회로에서 합성 인덕턴스 L_o[mH]와 각각의 인덕터에 인가되는 전압 V_1[V], V_2[V], V_3[V]는?(단, 모든 전압은 실횻값이다)

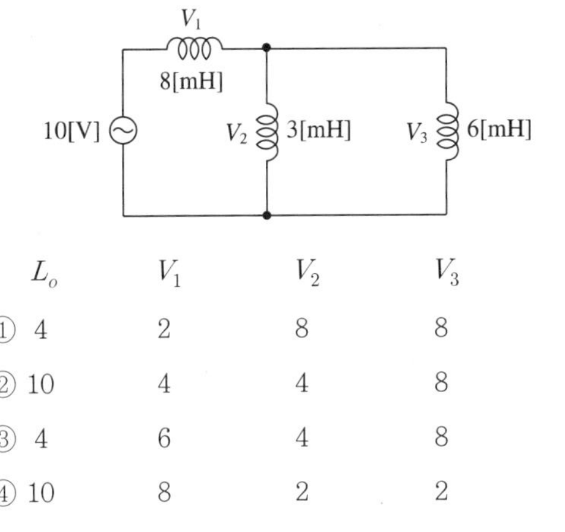

	L_o	V_1	V_2	V_3
①	4	2	8	8
②	10	4	4	8
③	4	6	4	8
④	10	8	2	2

15 그림과 같이 진공 중에 두 무한도체 A, B가 1[m] 간격으로 평행하게 놓여 있고, 각 도체에 2[A]와 3[A]의 전류가 흐르고 있다. 합성 자계가 0이 되는 지점 P와 도체 A까지의 거리 x[m]는?

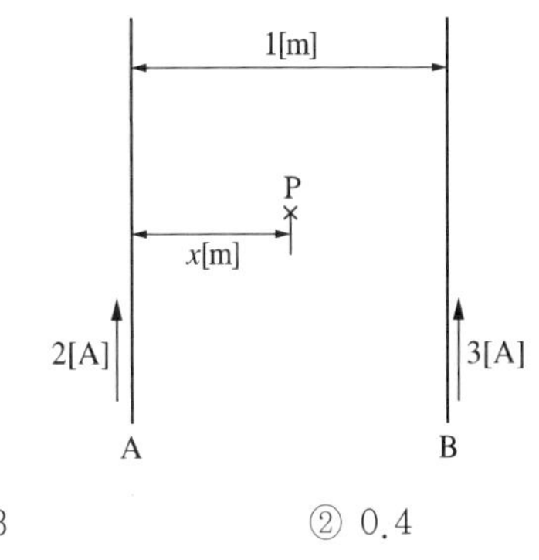

① 0.3 ② 0.4
③ 0.5 ④ 0.6

16 그림의 Y-Y 결선 평형 3상 회로에서 각 상의 공급 전력은 100[W]이고, 역률이 0.5 뒤짐(Lag- ging PF) 때 부하 임피던스 $Z_p[\Omega]$는?

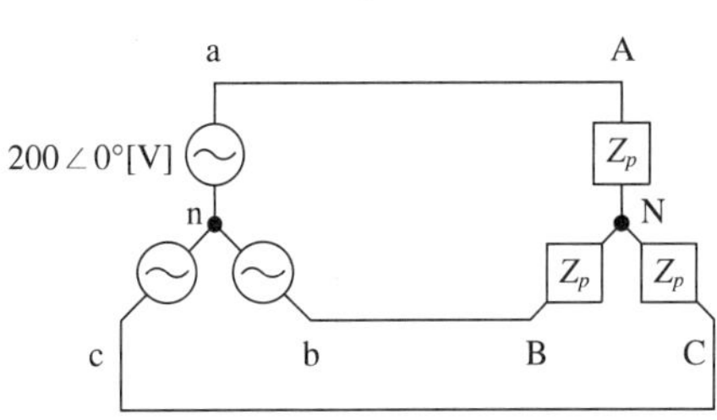

① $200\angle 60°$
② $200\angle -60°$
③ $200\sqrt{3}\angle 60°$
④ $200\sqrt{3}\angle -60°$

17 임의의 철심에 코일 2,000회를 감았더니 인덕턴스가 4[H]로 측정되었다. 인덕턴스를 1[H]로 감소시키려면 기존에 감겨 있던 코일에서 제거할 횟수는? (단, 자기포화 및 누설자속은 무시한다)

① 250

② 500

③ 1,000

④ 1,500

18 다음 그림에서 $-2Q$[C]과 Q[C]의 두 전하가 1[m] 간격으로 x축상에 배치되어 있다. 전계가 0이 되는 x축상의 지점 P까지의 거리 d[m]에 가장 가까운 값은?

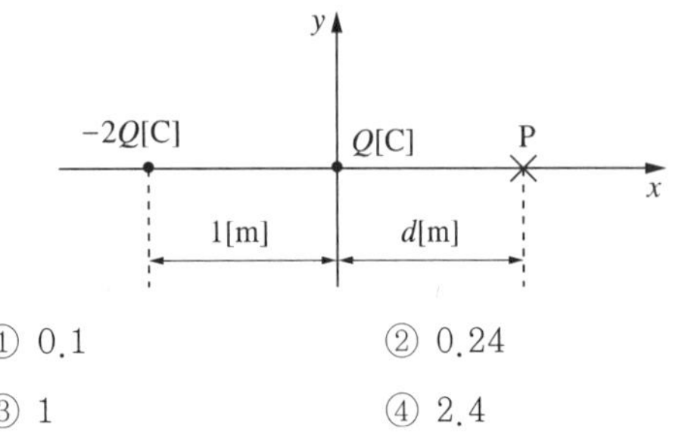

① 0.1 ② 0.24

③ 1 ④ 2.4

19 그림의 회로에서 전압 $v_o(t)$에 대한 미분방정식 표현으로 옳은 것은?

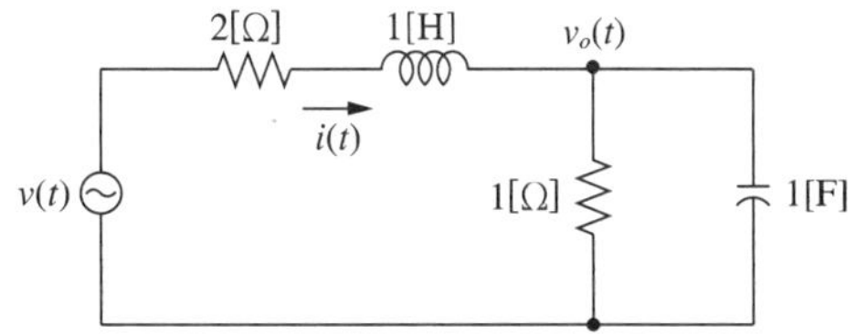

① $\frac{d^2v_o(t)}{dt^2}+\frac{1}{3}\frac{dv_o(t)}{dt}+\frac{1}{3}v_o(t)=v(t)$

② $\frac{d^2v_o(t)}{dt^2}+\frac{1}{3}\frac{dv_o(t)}{dt}+3v_o(t)=v(t)$

③ $\frac{d^2v_o(t)}{dt^2}+3\frac{dv_o(t)}{dt}+\frac{1}{3}v_o(t)=v(t)$

④ $\frac{d^2v_o(t)}{dt^2}+3\frac{dv_o(t)}{dt}+3v_o(t)=v(t)$

20 그림 (a)는 도체판의 면적 S = 0.1[m^2], 도체판 사이의 거리 d = 0.01[m], 유전체의 비유전율 ε_r = 2.5인 평행판 커패시터이다. 여기에 그림 (b)와 같이 두 도체판 사이의 거리 d = 0.01[m]를 유지하면서 두께 t = 0.002[m], 면적 S = 0.1[m^2]인 도체판을 삽입했을 때, 커패시턴스 변화에 대한 설명으로 옳은 것은?

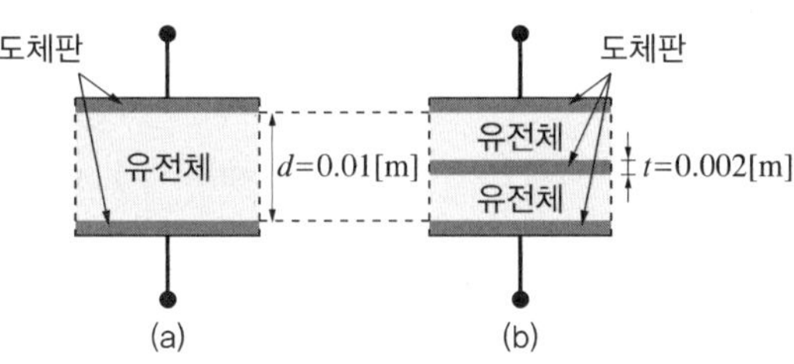

① (b)는 (a)에 비해 커패시턴스가 25% 증가한다.

② (b)는 (a)에 비해 커패시턴스가 20% 증가한다.

③ (b)는 (a)에 비해 커패시턴스가 25% 감소한다.

④ (b)는 (a)에 비해 커패시턴스가 20% 감소한다.

회독수 ✓체크 ①②③

01 일반적으로 도체의 전기저항을 크게 하기 위한 방법으로 옳은 것만을 모두 고르면?

> ㄱ. 도체의 온도를 높인다.
> ㄴ. 도체의 길이를 짧게 한다.
> ㄷ. 도체의 단면적을 작게 한다.
> ㄹ. 도전율이 큰 금속을 선택한다.

① ㄱ, ㄷ ② ㄱ, ㄹ
③ ㄴ, ㄷ ④ ㄷ, ㄹ

02 평등 자기장 내에 놓여 있는 직선의 도선이 받는 힘에 대한 설명으로 옳은 것은?

① 도선의 길이에 반비례한다.
② 자기장의 세기에 비례한다.
③ 도선에 흐르는 전류의 크기에 반비례한다.
④ 자기장 방향과 도선 방향이 평행할수록 큰 힘이 발생한다.

03 환상 솔레노이드의 평균 둘레 길이가 50[cm], 단면적이 1[cm^2], 비투자율 μ_r = 1,000이다. 권선수가 200회인 코일에 1[A]의 전류를 흘렸을 때, 환상 솔레노이드 내부의 자계 세기[AT/m]는?

① 40 ② 200
③ 400 ④ 800

04 그림과 같은 평형 3상 회로에서 $V_{an} = V_{bn} = V_{cn} = \frac{200}{\sqrt{3}}$[V], $Z = 40 + j30[\Omega]$일 때, 이 회로에 흐르는 선전류[A]의 크기는?(단, 모든 전압과 전류는 실횻값이다)

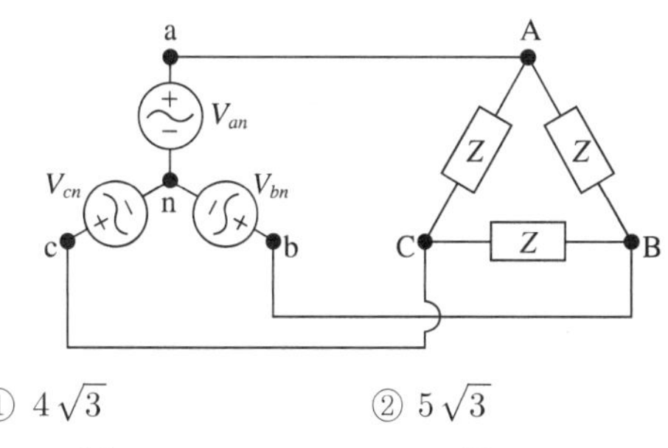

① $4\sqrt{3}$ ② $5\sqrt{3}$
③ $6\sqrt{3}$ ④ $7\sqrt{3}$

05 그림의 회로에서 전압 v_2[V]는?

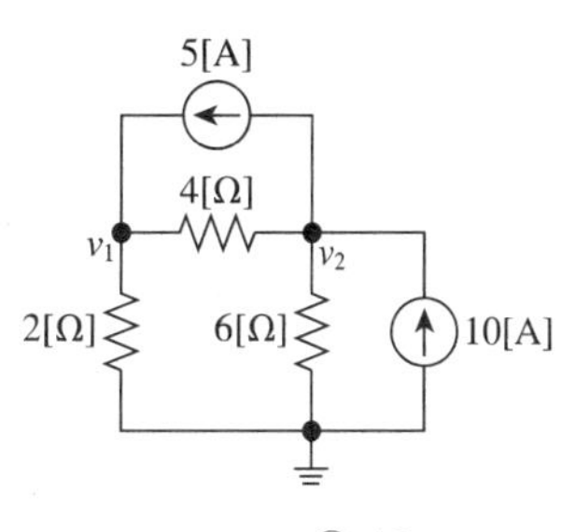

① 0 ② 13
③ 20 ④ 26

06 그림과 같이 미세공극 l_g가 존재하는 철심회로의 합성 자기저항은 철심부분 자기저항의 몇 배인가?

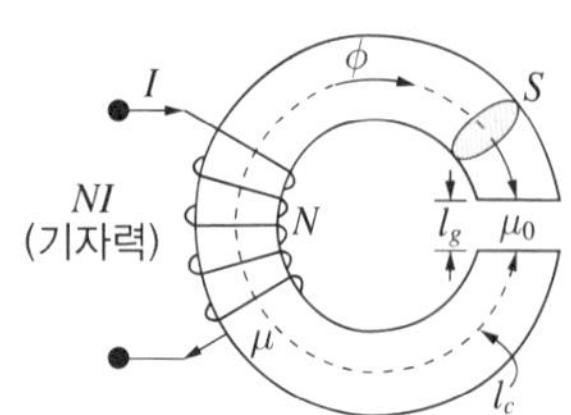

① $1+\frac{\mu_0 l_g}{\mu l_c}$ ② $1+\frac{\mu l_g}{\mu_0 l_c}$

③ $1+\frac{\mu_0 l_c}{\mu l_g}$ ④ $1+\frac{\mu l_c}{\mu_0 l_g}$

07 그림의 직류 전원공급장치 회로에 대한 설명으로 옳지 않은 것은?(단, 다이오드는 이상적인 소자이고, 커패시터의 초기 전압은 0[V]이다)

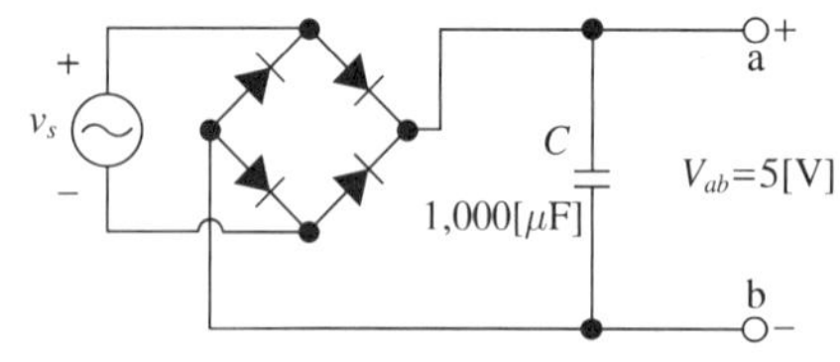

① 일반적으로 서지전류가 발생한다.

② 다이오드를 4개 사용한 전파 정류회로이다.

③ 콘덴서에는 정상상태에서 12.5[mJ]의 에너지가 축적된다.

④ C와 같은 용량의 콘덴서를 직렬로 연결하면 더 좋은 직류를 얻을 수 있다.

08 2[μF] 커패시터에 그림과 같은 전류 $i(t)$를 인가하였을 때, 설명으로 옳지 않은 것은?(단, 커패시터에 저장된 초기 에너지는 없다)

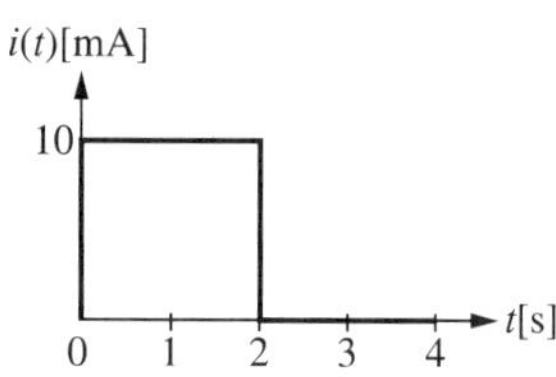

① $t=1$에서 커패시터에 저장된 에너지는 25[J]이다.

② $t>2$ 구간에서 커패시터의 전압은 일정하게 유지된다.

③ $0<t<2$ 구간에서 커패시터의 전압은 일정하게 증가한다.

④ $t=2$에서 커패시터에 저장된 에너지는 $t=1$에서 저장된 에너지의 2배이다.

09 그림의 교류회로에서 저항 R에서의 소비하는 유효전력이 10[W]로 측정되었다고 할 때, 교류전원 $v_1(t)$이 공급한 피상전력[VA]은?(단, $v_1(t)=10\sqrt{2}\sin(377t)$[V], $v_2(t)=9\sqrt{2}\sin(377t)$[V]이다)

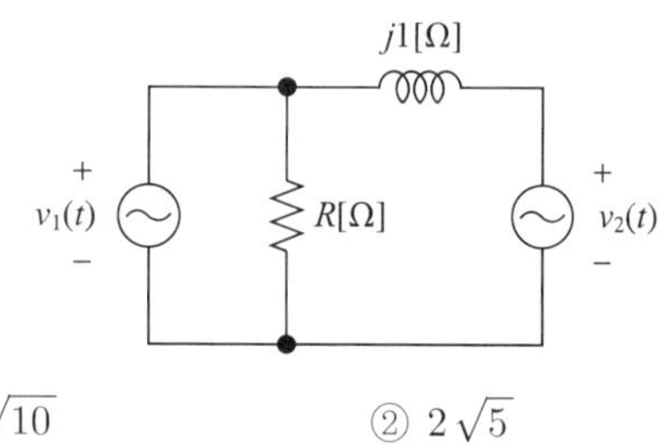

① $\sqrt{10}$ ② $2\sqrt{5}$

③ 10 ④ $10\sqrt{2}$

10 그림의 (가)회로를 (나)회로와 같이 테브난(Thevenin) 등가변환하였을 때, 등가 임피던스 $Z_{TH}[\Omega]$와 출력전압 $V(s)$[V]는?(단, 커패시터와 인덕터의 초기 조건은 0이다)

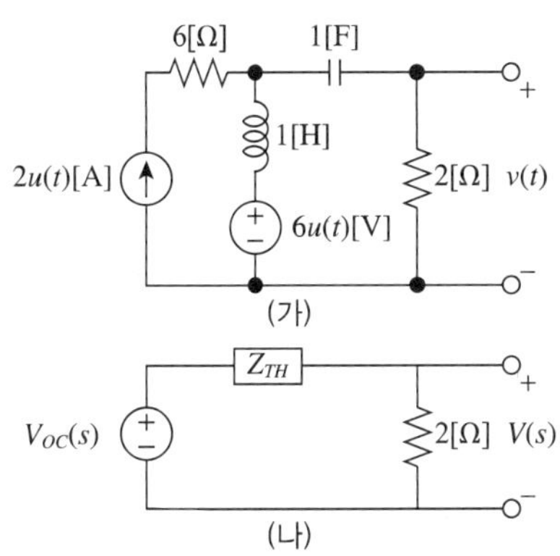

	$Z_{TH}[\Omega]$	$V(s)$[V]
①	$\dfrac{s}{s^2+1}$	$\dfrac{4(s+3)}{(s+1)^2}$
②	$\dfrac{s^2+1}{s}$	$\dfrac{4(s+3)}{(s+1)^2}$
③	$\dfrac{s}{s^2+1}$	$\dfrac{4(s^2+1)(s+3)}{s(2s^2+s+2)}$
④	$\dfrac{s^2+1}{s}$	$\dfrac{4(s^2+1)(s+3)}{s(2s^2+s+2)}$

11 그림의 (가)회로와 (나)회로가 등가관계에 있을 때, 부하저항 $R_L[\Omega]$은?

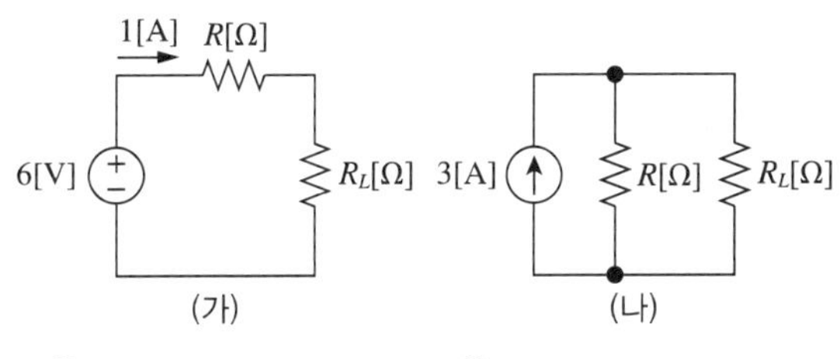

① 1 ② 2
③ 3 ④ 4

12 그림의 회로에서 전압 V_{ab}[V]는?

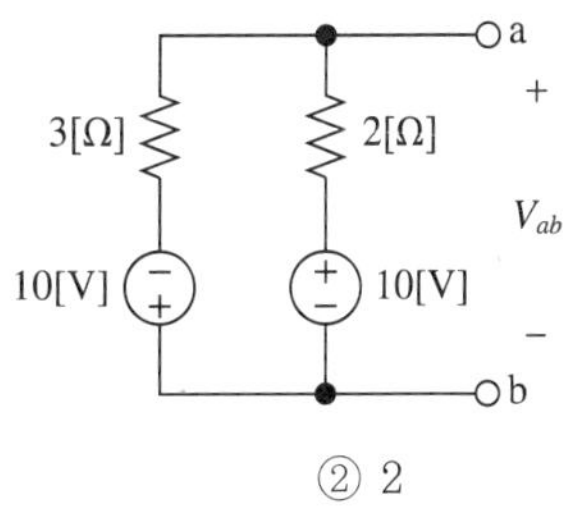

① 1 ② 2
③ 4 ④ 8

13 RL 직렬회로에 대한 설명으로 옳은 것은?

① 주파수가 증가하면 전류는 증가하고, 저항에 걸리는 전압은 증가한다.
② 주파수가 감소하면 전류는 증가하고, 저항에 걸리는 전압은 감소한다.
③ 주파수가 증가하면 전류는 감소하고, 인덕터에 걸리는 전압은 증가한다.
④ 주파수가 감소하면 전류는 감소하고, 인덕터에 걸리는 전압은 감소한다.

14 그림의 회로에서 스위치 S가 충분히 긴 시간 동안 접점 a에 연결되어 있다가 t = 0에서 접점 b로 이동하였다. 회로에 대한 설명으로 옳지 않은 것은?

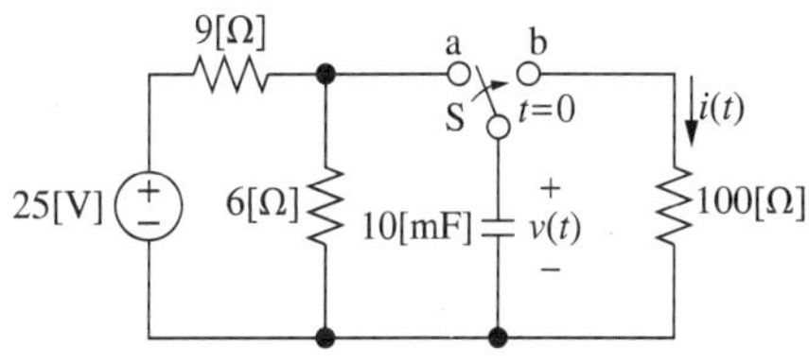

① $v(0)$ = 10[V]이다.
② $t > 0$에서 $i(t) = 10e^{-t}$[A]이다.
③ $t > 0$에서 회로의 시정수는 1[s]이다.
④ 회로의 시정수는 커패시터에 비례한다.

15 그림과 같이 주기적으로 변하는 전압 $v(t)$의 실횻값 [V]은?

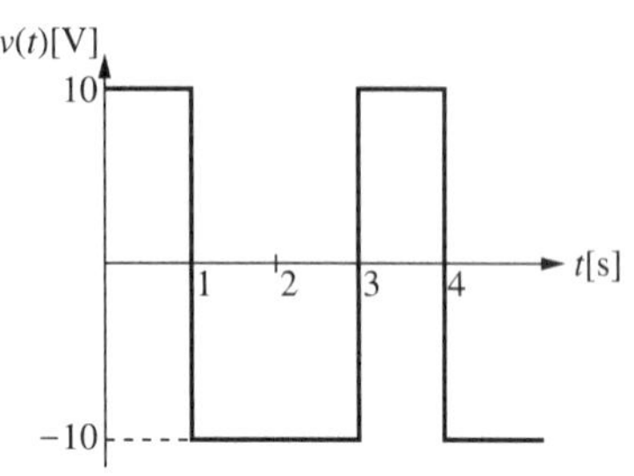

① $\frac{10}{\sqrt{5}}$　② $\frac{10}{\sqrt{3}}$

③ $\frac{10}{\sqrt{2}}$　④ 10

16 RLC 직렬 공진회로, 병렬 공진회로에 대한 설명으로 옳지 않은 것은?

① 직렬 공진, 병렬 공진 시 역률은 모두 1이다.

② 병렬 공진회로일 경우 임피던스는 최소, 전류는 최대가 된다.

③ 직렬 공진회로의 공진주파수에서 L과 C에 걸리는 전압의 합은 0이다.

④ 직렬 공진 시 선택도 Q는 $\frac{1}{R}\sqrt{\frac{L}{C}}$ 이고, 병렬 공진 시 선택도 Q는 $R\sqrt{\frac{C}{L}}$ 이다.

17 그림의 회로에서 전류 I[A]의 크기가 최대가 되기 위한 X_o에 대한 소자의 종류와 크기는? (단, $v(t) = 100\sqrt{2}\sin 100t$[V]이다)

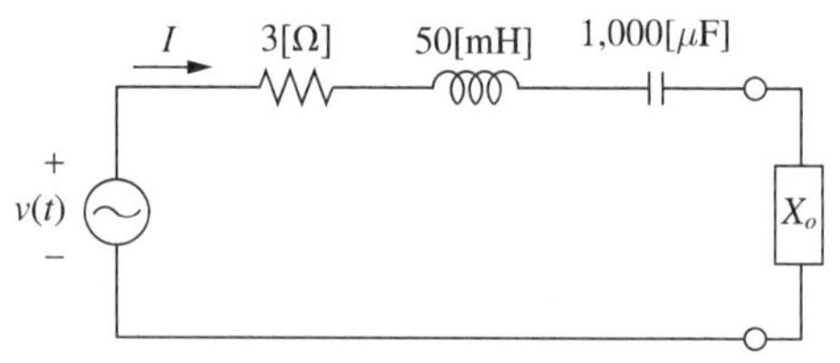

	소자의 종류	소자의 크기
①	인덕터	50[mH]
②	인덕터	100[mH]
③	커패시터	1,000[μF]
④	커패시터	2,000[μF]

18 그림의 회로에서 스위치 S를 t = 0에서 닫았을 때, 전류 $i_c(t)$[A]는?(단, 커패시터의 초기 전압은 0[V]이다)

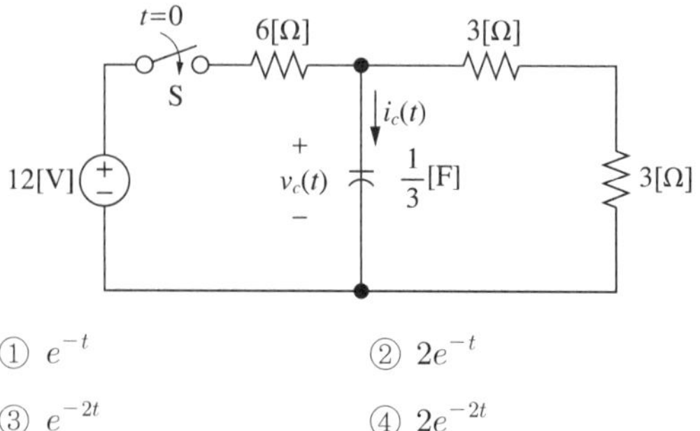

① e^{-t}　② $2e^{-t}$

③ e^{-2t}　④ $2e^{-2t}$

19 그림 (가)의 입력전압이 (나)의 정류회로에 인가될 때, 입력전압 $v(t)$와 출력전압 $v_o(t)$에 대한 설명으로 옳지 않은 것은?(단, 다이오드는 이상적인 소자이고, 출력전압의 평균값은 200[V]이다)

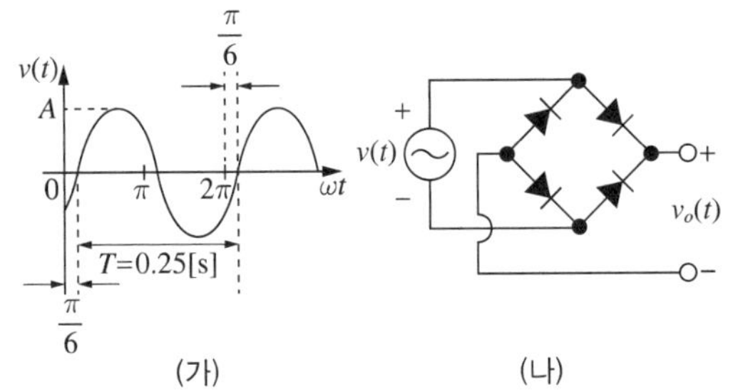

① 입력전압의 주파수는 4[Hz]이다.

② 출력전압의 최댓값은 100π[V]이다.

③ 출력전압의 실횻값은 $100\pi\sqrt{2}$[V]이다.

④ 입력전압 $v(t) = A\sin(\omega t - 30°)$[V]이다.

20 그림의 Y−Y 결선 불평형 3상 부하 조건에서 중성점 간 전류 I_{nN}[A]의 크기는?(단, $\omega = 1$[rad/s], $V_{an} = 100\angle 0°$[V], $V_{bn} = 100\angle -120°$[V], $V_{cn} = 100\angle -240°$[V]이고, 모든 전압과 전류는 실횻값이다)

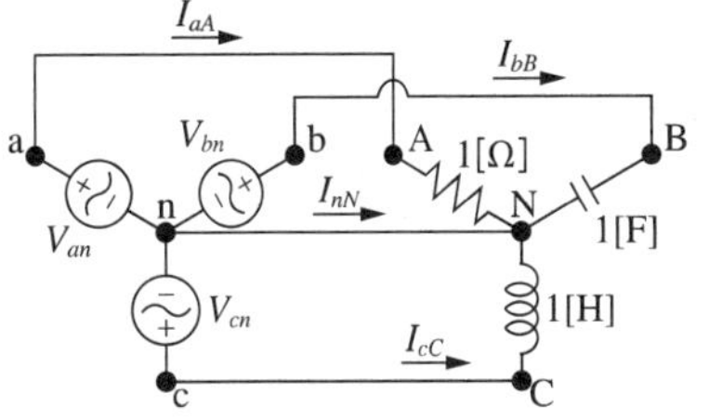

① $100\sqrt{3}$

② $200\sqrt{3}$

③ $100+50\sqrt{3}$

④ $100+100\sqrt{3}$

회독수 ✓체크 ①②③

01 그림의 자기 히스테리시스 곡선에서 가로축(X)과 세로축(Y)에 해당하는 것은?

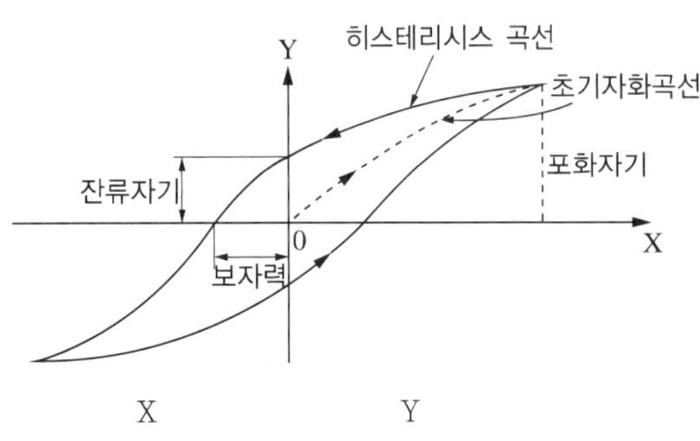

	X	Y
①	자속밀도	투자율
②	자속밀도	자기장의 세기
③	자기장의 세기	투자율
④	자기장의 세기	자속밀도

02 그림의 회로에서 전류 I_1[A]은?

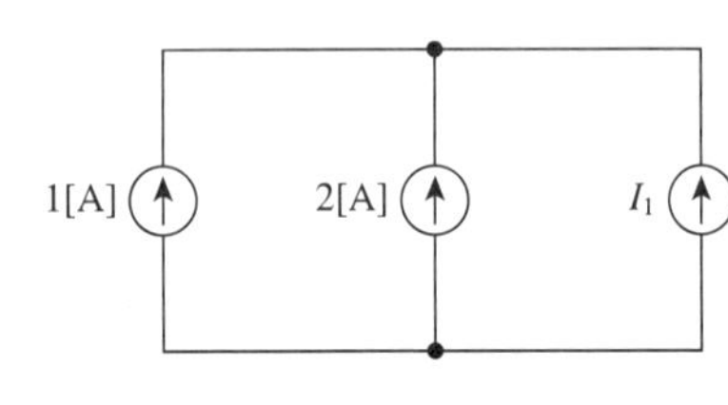

① −1　② 1
③ −3　④ 3

03 그림의 회로에서 공진주파수[Hz]는?

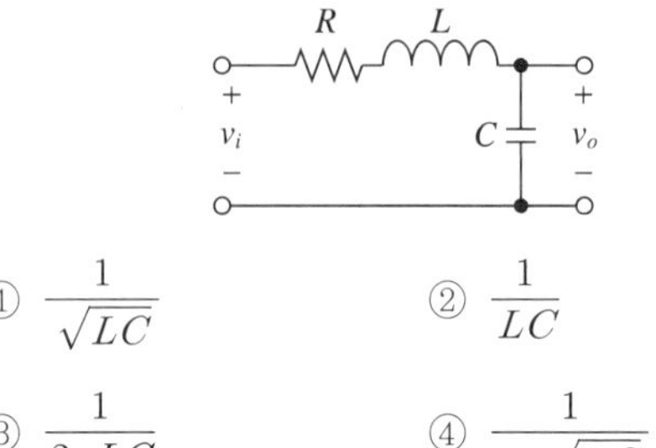

① $\frac{1}{\sqrt{LC}}$　② $\frac{1}{LC}$
③ $\frac{1}{2\pi LC}$　④ $\frac{1}{2\pi\sqrt{LC}}$

04 그림의 Ch1 파형과 Ch2 파형에 대한 설명으로 옳은 것은?

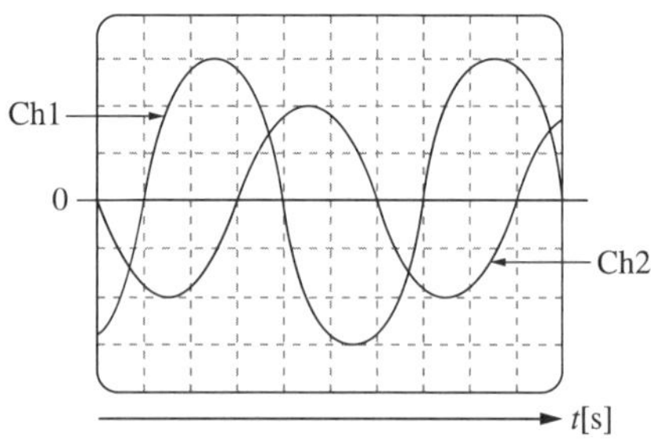

① Ch1 파형이 Ch2 파형보다 위상은 앞서고, 주파수는 높다.
② Ch1 파형이 Ch2 파형보다 위상은 앞서고, 주파수는 같다.
③ Ch1 파형이 Ch2 파형보다 위상은 뒤지고, 진폭은 크다.
④ Ch1 파형이 Ch2 파형보다 위상은 뒤지고, 진폭은 같다.

05 그림의 회로에서 $t = 0$일 때, 스위치 SW를 닫았다. 시정수 τ[s]는?

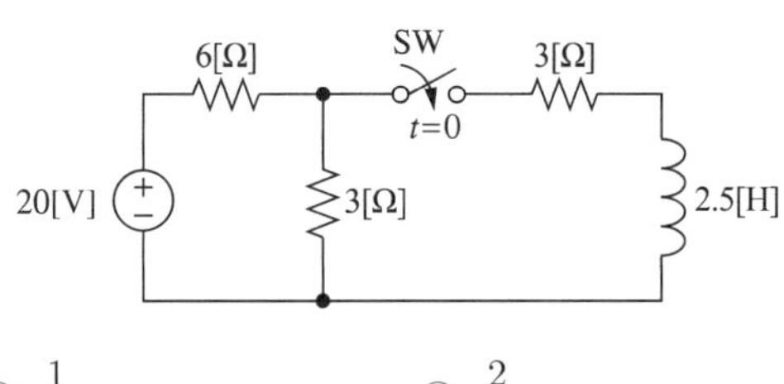

① $\frac{1}{2}$ ② $\frac{2}{3}$

③ 1 ④ 2

06 0.8 지상역률을 가진 20[kVA] 단상부하가 200 [V_{rms}] 전압원에 연결되어 있다. 이 부하에 병렬로 커패시터를 연결하여 역률을 1로 개선하였다. 역률 개선 전과 비교한 역률 개선 후의 실효치 전원전류는?

① 변화 없음

② $\frac{2}{5}$로 감소

③ $\frac{3}{5}$으로 감소

④ $\frac{4}{5}$로 감소

07 그림의 회로에서 3[Ω]에 흐르는 전류 I[A]는?

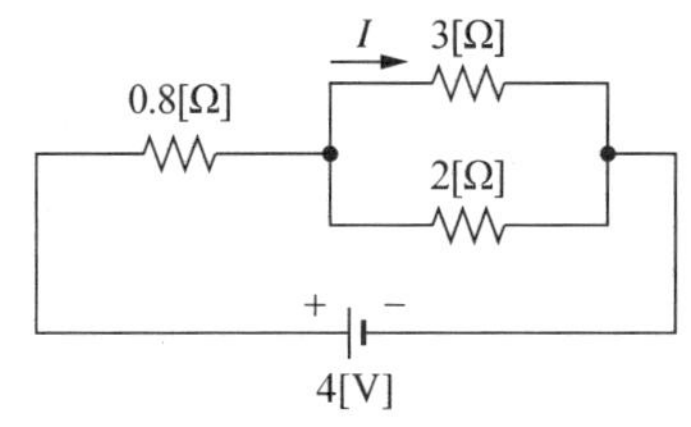

① 0.4 ② 0.8

③ 1.2 ④ 2

08 그림의 회로에서 30[Ω]의 양단 전압 V_1[V]은?

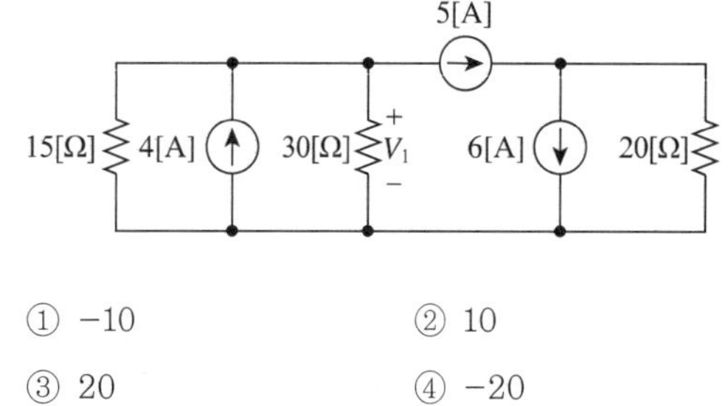

① −10 ② 10

③ 20 ④ −20

09 그림의 회로에서 $v = 200\sqrt{2}\sin(120\pi t)$[V]의 전압을 인가하면 $i = 10\sqrt{2}\sin\left(120\pi t - \frac{\pi}{3}\right)$[A]의 전류가 흐른다. 회로에서 소비전력[kW]과 역률[%]은?

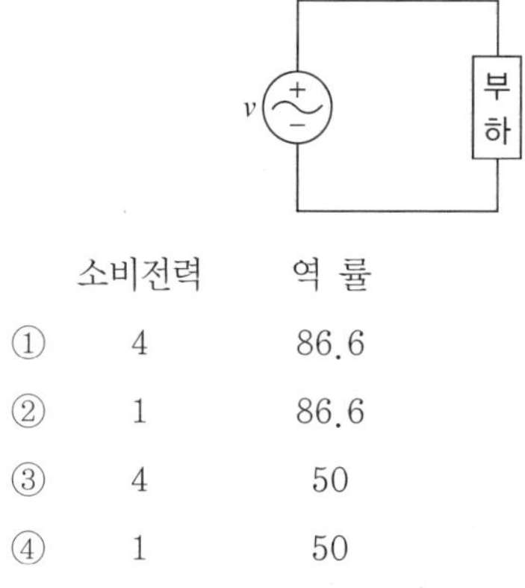

	소비전력	역 률
①	4	86.6
②	1	86.6
③	4	50
④	1	50

10 그림의 회로에서 스위치 SW가 충분히 긴 시간 동안 접점 a에 연결되어 있다. $t = 0$에서 접점 b로 이동한 직후의 인덕터와 커패시터에 저장된 에너지[mJ]는?

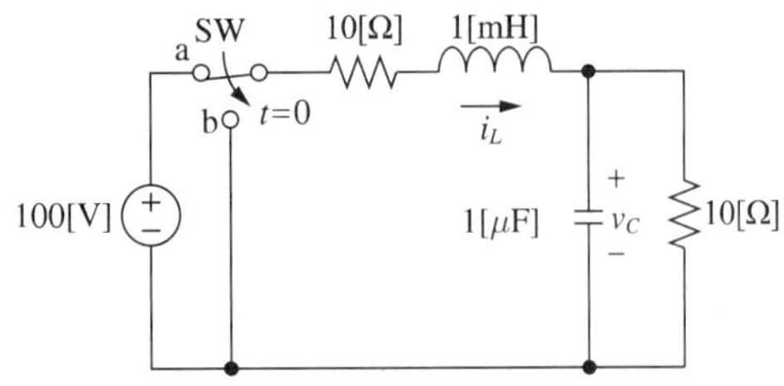

	인덕터	커패시터
①	12.5	1.25
②	1.25	12.5
③	12.5	1,250
④	1,250	12.5

11 선간전압 200[V_{rms}]인 평형 3상 회로의 전체 무효전력이 3,000[Var]이다. 회로의 선전류 실횻값[A]은?(단, 회로의 역률은 80[%]이다)

① $25\sqrt{3}$　② $\frac{75}{4\sqrt{3}}$

③ $\frac{25}{\sqrt{3}}$　④ $300\sqrt{3}$

12 비정현파 전압 $v = 3 + 4\sqrt{2}\sin\omega t$[V]에 대한 설명으로 옳은 것은?

① 실횻값은 5[V]이다.

② 직류 성분은 7[V]이다.

③ 기본파 성분의 최댓값은 4[V]이다.

④ 기본파 성분의 실횻값은 0[V]이다.

13 어떤 코일에 0.2초 동안 전류가 2[A]에서 4[A]로 변화하였을 때 4[V]의 기전력이 유도되었다. 코일의 인덕턴스[H]는?

① 0.1　② 0.4

③ 1　④ 2.5

14 전자유도현상에 대한 설명이다. ㉠과 ㉡에 해당하는 것은?

> (㉠)은 전자유도에 의해 코일에 발생하는 유도기전력의 방향은 자속의 증가 또는 감소를 방해하는 방향으로 발생한다는 법칙이고, (㉡)은 전자유도에 의해 코일에 발생하는 유도기전력의 크기는 코일과 쇄교하는 자속의 변화율에 비례한다는 법칙이다.

	㉠	㉡
①	플레밍의 왼손 법칙	플레밍의 오른손 법칙
②	플레밍의 왼손 법칙	패러데이의 법칙
③	렌츠의 법칙	플레밍의 오른손 법칙
④	렌츠의 법칙	패러데이의 법칙

15 그림의 회로에 200[V_{rms}] 정현파 전압을 인가하였다. 저항에 흐르는 평균 전류[A]는?(단, 회로는 이상적이다)

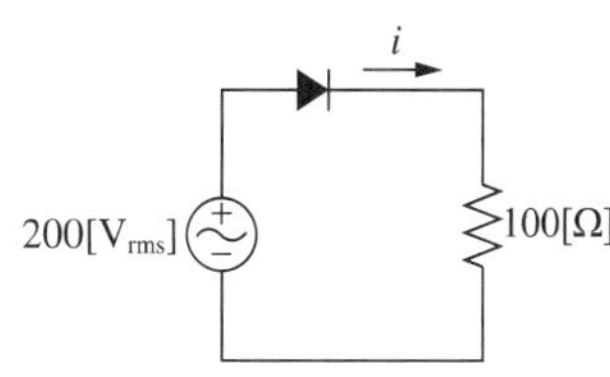

① $\frac{4\sqrt{2}}{\pi}$　　② $\frac{4}{\pi}$

③ $\frac{2\sqrt{2}}{\pi}$　　④ $\frac{2}{\pi}$

16 그림과 같이 3상 회로의 상전압을 직렬로 연결했을 때, 양단 전압 $\dot{V}$[V]는?

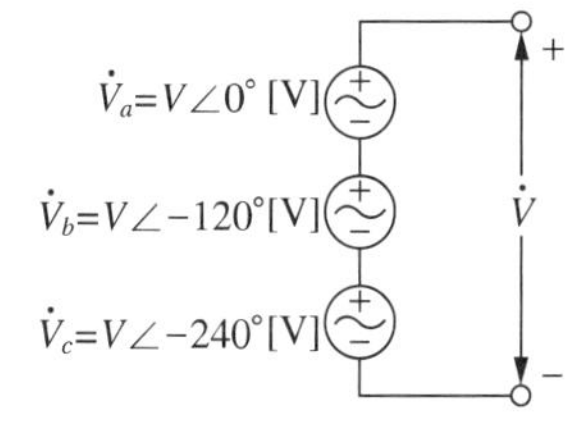

① $0\angle 0°$　　② $V\angle 90°$

③ $\sqrt{2}\,V\angle 120°$　　④ $\frac{1}{\sqrt{2}}V\angle 240°$

17 그림 (a)회로에서 스위치 SW의 개폐에 따라 코일에 흐르는 전류 i_L이 그림 (b)와 같이 변화할 때 옳지 않은 것은?

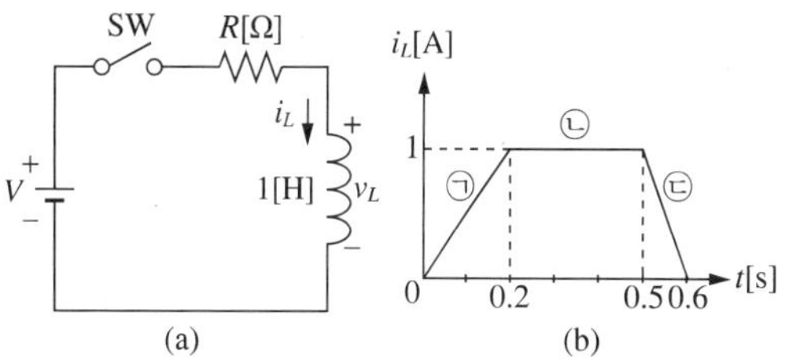

① ㉠ 구간에서 코일에서 발생하는 유도기전력 v_L은 5[V] 이다.

② ㉡ 구간에서 코일에서 발생하는 유도기전력 v_L은 0[V] 이다.

③ ㉢ 구간에서 코일에서 발생하는 유도기전력 v_L은 10[V] 이다.

④ ㉡ 구간에서 코일에 저장된 에너지는 0.5[J]이다.

18 그림과 같이 유전체 절반이 제거된 두 전극판 사이의 정전용량[μF]은?(단, 두 전극판 사이에 비유전율 ε_r = 5인 유전체로 가득 채웠을 때 정전용량은 10[μF]이며 전극판 사이의 간격은 일정하게 유지된다)

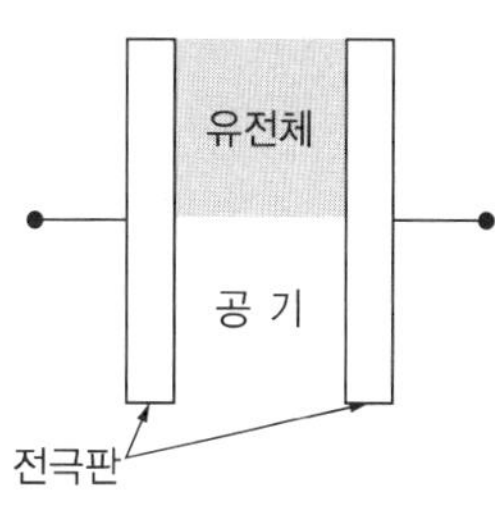

① 5　　② 6

③ 9　　④ 10

19 그림의 회로에서 I_1에 흐르는 전류는 1.5[A]이다. 회로의 합성 저항[Ω]은?

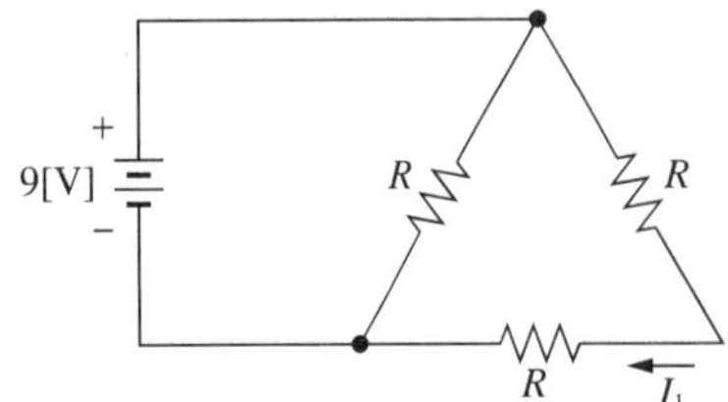

① 2
② 3
③ 6
④ 9

20 평형 3상 Y-Y 회로의 선간전압이 100[V_{rms}]이고 한 상의 부하가 $Z_L = 3 + j4$[Ω]일 때 3상 전체의 유효전력[kW]은?

① 0.4
② 0.7
③ 1.2
④ 2.1

회독수 ✓체크 ① ② ③

01 2개의 코일이 단일 철심에 감겨 있으며 결합계수가 0.5이다. 코일 1의 인덕턴스가 10[μH]이고 코일 2의 인덕턴스가 40[μH]일 때, 상호인덕턴스[μH]는?

① 1　② 2
③ 4　④ 10

02 비사인파 교류전압 $V(t) = 10 + 5\sqrt{2}\sin\omega t + 10\sqrt{2}\sin\left(3\omega t + \frac{\pi}{6}\right)$[V]일 때, 전압의 실횻값[V]은?

① 5　② 10
③ 15　④ 20

03 전압 $v(t) = 110\sqrt{2}\sin\left(120\pi t + \frac{2\pi}{3}\right)$ [V]인 파형에서 실횻값[V], 주파수[Hz] 및 위상[rad]으로 옳은 것은?

	실횻값	주파수	위 상
①	110	60	$\frac{2\pi}{3}$
②	110	60	$-\frac{2\pi}{3}$
③	$110\sqrt{2}$	120	$-\frac{2\pi}{3}$
④	$110\sqrt{2}$	120	$\frac{2\pi}{3}$

04 회로에서 임의의 두 점 사이를 5[C]의 전하가 이동하여 외부에 대하여 100[J]의 일을 하였을 때, 두 점 사이의 전위차[V]는?

① 20　② 40
③ 50　④ 500

05 그림의 회로에서 저항 R[Ω]은?

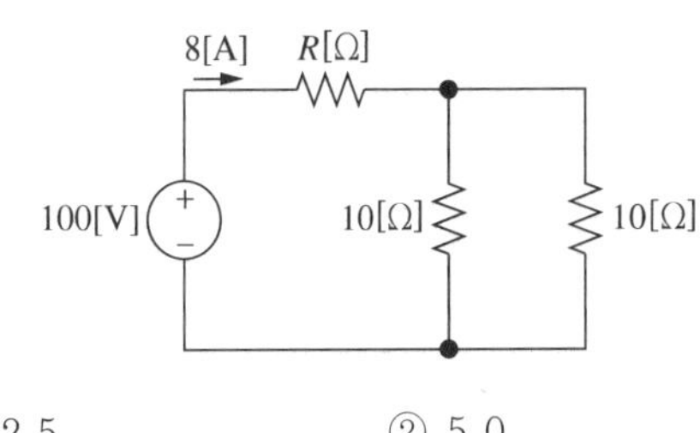

① 2.5　② 5.0
③ 7.5　④ 10.0

06 그림의 회로에서 $N_1 : N_2 = 1 : 10$을 가지는 이상변압기(Ideal Transformer)를 적용하는 경우 $\dot{Z}_L$에 최대 전력이 전달되기 위한 $\dot{Z}_S$는?(단, 전원의 각속도 ω = 50 [rad/s]이다)

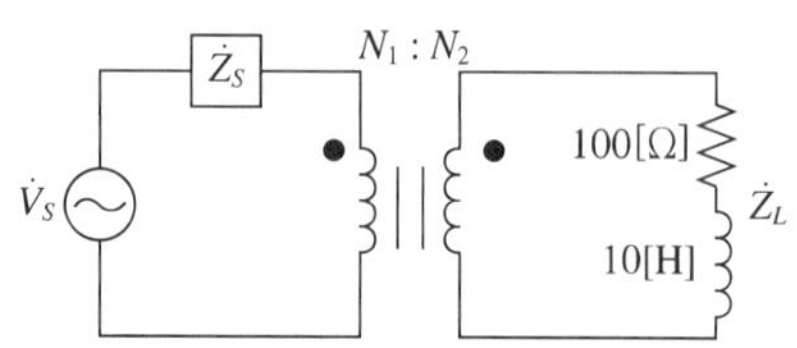

① 1[Ω] 1[H]

② 1[Ω] 10[mH]

③ 1[Ω] 4[mF]

④ 1[Ω] 4[F]

07 그림의 회로에서 $I_1 + I_2 - I_3$[A]는?

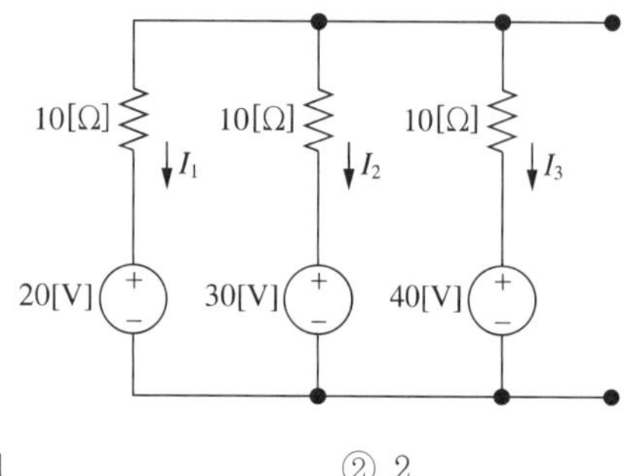

① 1 ② 2

③ 3 ④ 4

08 그림의 회로에서 저항 20[Ω]에 흐르는 전류 I = 0[A]가 되도록 하는 전류원 I_S[A]는?

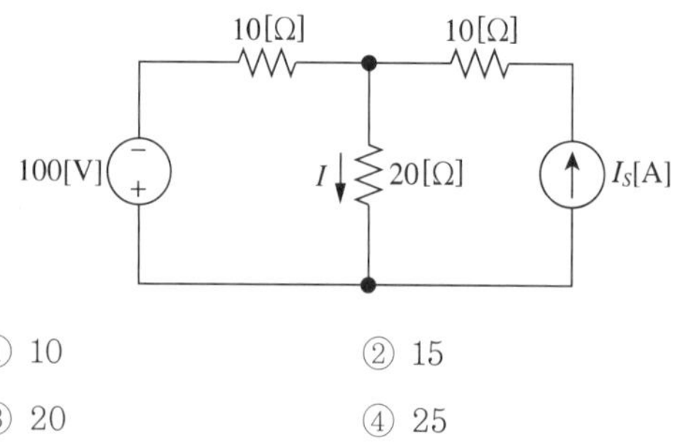

① 10 ② 15

③ 20 ④ 25

09 그림의 회로에서 $v_s(t) = 100\sin\omega t$[V]를 인가한 후, L[H]을 조절하여 $i_s(t)$[A]의 실횻값이 최소가 되기 위한 L[H]은?

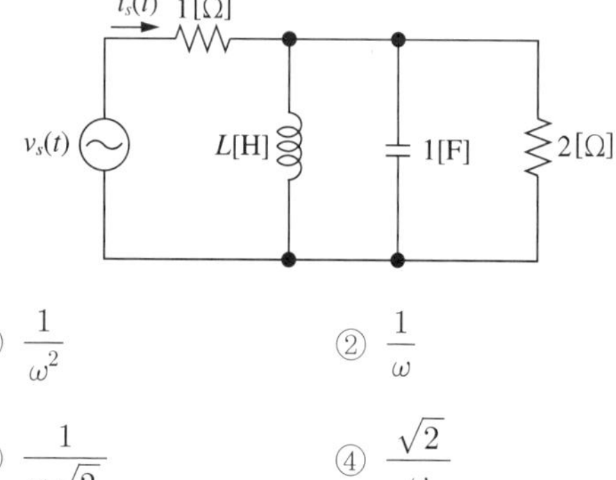

① $\frac{1}{\omega^2}$ ② $\frac{1}{\omega}$

③ $\frac{1}{\omega\sqrt{2}}$ ④ $\frac{\sqrt{2}}{\omega}$

10 그림의 회로에서 이상변압기(Ideal Transformer)의 권선비가 $N_1 : N_2 = 1 : 2$일 때, 전압 $\dot{V}_o$[V]는?

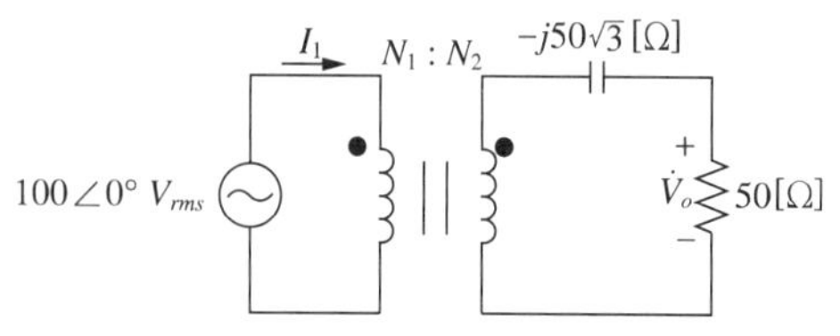

① 100∠30° ② 100∠60°

③ 200∠30° ④ 200∠60°

11 전자유도(Electromagnetic Induction)에 대한 설명으로 옳은 것만을 모두 고르면?

> ㄱ. 코일에 흐르는 시변 전류에 의해서 같은 코일에 유도기전력이 발생하는 현상을 자기유도(Self-Induction)라 한다.
> ㄴ. 자계의 방향과 도체의 운동 방향이 직각인 경우에 유도기전력의 방향은 플레밍(Fleming)의 오른손 법칙에 의하여 결정된다.
> ㄷ. 도체의 운동 속도가 v[m/s], 자속밀도가 B[Wb/m²], 도체 길이가 l[m], 도체 운동의 방향이 자계의 방향과 각(θ)을 이루는 경우, 유도기전력의 크기 $e = Blv\sin\theta$[V]이다.
> ㄹ. 전자유도에 의해 만들어지는 전류는 자속의 변화를 방해하는 방향으로 발생한다. 이를 렌츠(Lenz)의 법칙이라고 한다.

① ㄱ, ㄴ　　② ㄷ, ㄹ
③ ㄱ, ㄷ, ㄹ　　④ ㄱ, ㄴ, ㄷ, ㄹ

12 그림의 회로에 대한 설명으로 옳은 것은?

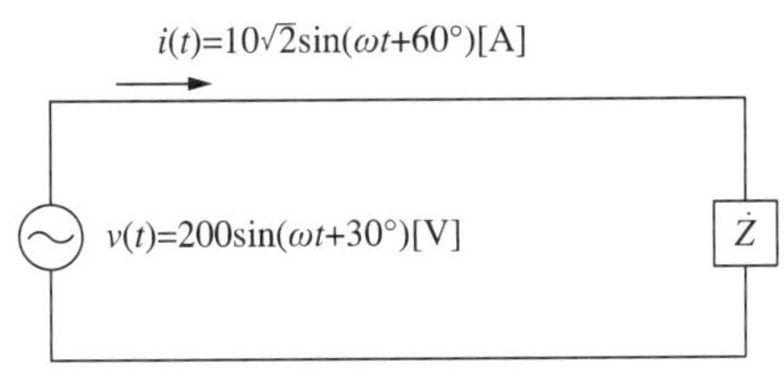

① 전압의 실횻값은 200[V]이다.
② 순시전력은 항상 전원에서 부하로 공급된다.
③ 무효전력의 크기는 $500\sqrt{2}$ [Var]이다.
④ 전압의 위상이 전류의 위상보다 앞선다.

13 어떤 부하에 단상 교류전압 $v(t) = \sqrt{2}\,V\sin\omega t$[V]를 인가하여 부하에 공급되는 순시전력이 그림과 같이 변동할 때 부하의 종류는?

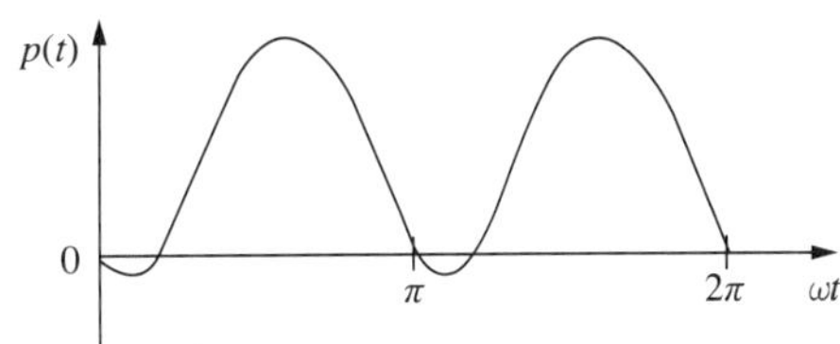

① R 부하
② $R-L$ 부하
③ $R-C$ 부하
④ $L-C$ 부하

14 0.3[μF]과 0.4[μF]의 커패시터를 직렬로 접속하고 그 양단에 전압을 인가하여 0.3[μF]의 커패시터에 24[μC]의 전하가 축적되었을 때, 인가한 전압[V]은?

① 120　　② 140
③ 160　　④ 180

15 그림과 같이 평형 3상 회로에 임피던스 $\dot{Z}_\triangle = 3\sqrt{2} + j3\sqrt{2}$ [Ω]인 부하가 연결되어 있을 때, 선전류 I_L[A]은?(단, V_L = 120[V])

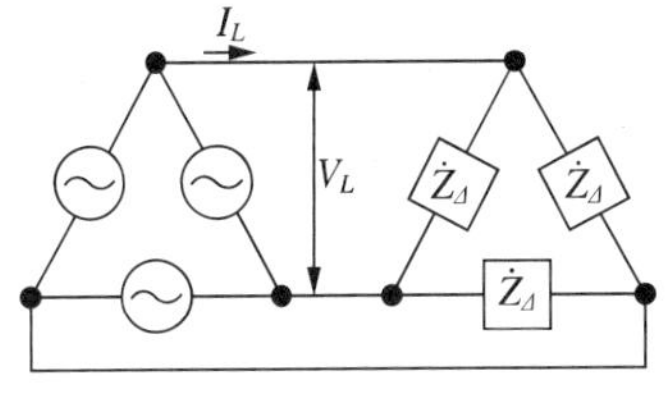

① 20　　② $20\sqrt{3}$
③ 60　　④ $60\sqrt{3}$

16 선간전압 V_s[V], 한 상의 부하저항이 $R[\Omega]$인 평형 3상 △-△ 결선 회로의 유효전력은 P[W]이다. △ 결선된 부하를 Y결선으로 바꿨을 때, 동일한 유효전력 P[W]를 유지하기 위한 전원의 선간전압[V]은?

① $\frac{V_s}{\sqrt{3}}$ ② V_s
③ $\sqrt{3}\,V_s$ ④ $3\,V_s$

17 그림의 회로에 $t = 0$에서 직류전압 $V = 50$[V]를 인가할 때, 정상상태 전류 I[A]는?(단, 회로의 시정수는 2[ms], 인덕터의 초기 전류는 0[A]이다)

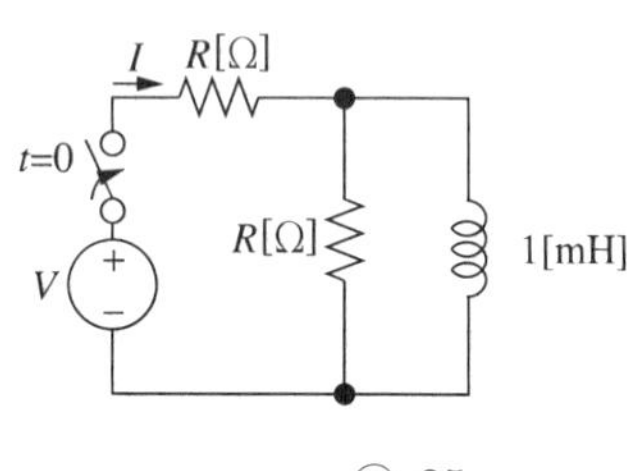

① 12.5 ② 25
③ 35 ④ 50

18 그림의 회로에서 단자 A와 B에서 바라본 등가저항이 12[Ω]이 되도록 하는 상수 β는?

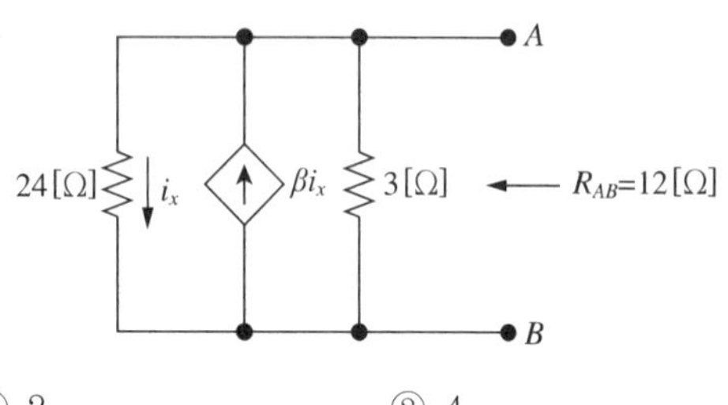

① 2 ② 4
③ 5 ④ 7

19 그림과 같은 회로에서 스위치를 B에 접속하여 오랜 시간이 경과한 후에 $t = 0$에서 A로 전환하였다. $t = 0^+$에서 커패시터에 흐르는 전류 $i(0^+)$[mA]와 $t = 2$에서 커패시터와 직렬로 결합된 저항 양단의 전압 $v(2)$[V]은?

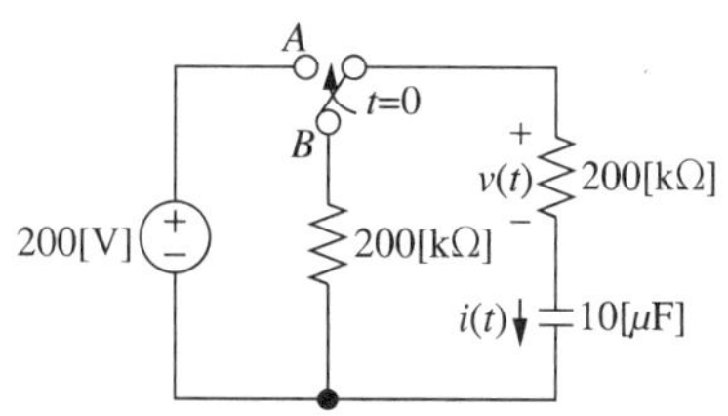

	$i(0^+)$[mA]	$v(2)$[V]
①	0	약 74
②	0	약 126
③	1	약 74
④	1	약 126

20 $v_1(t) = 100\sin(30\pi t + 30°)$[V]와 $v_2(t) = V_m\sin(30\pi t + 60°)$[V]에서 $v_2(t)$의 실횻값은 $v_1(t)$의 최댓값의 $\sqrt{2}$ 배이다. $v_1(t)$[V]와 $v_2(t)$[V]의 위상차에 해당하는 시간[s]과 $v_2(t)$의 최댓값 V_m[V]은?

	시 간	최댓값
①	$\frac{1}{180}$	200
②	$\frac{1}{360}$	200
③	$\frac{1}{180}$	$200\sqrt{2}$
④	$\frac{1}{360}$	$200\sqrt{2}$

01 커패시터와 인덕터에서 순간적($\Delta t \to 0$)으로 변하지 않는 것은?

	커패시터	인덕터
①	전 류	전 류
②	전 압	전 압
③	전 압	전 류
④	전 류	전 압

02 그림과 같이 테브난의 정리를 이용하여 그림 (a)의 회로를 그림 (b)와 같은 등가회로로 만들었을 때, 저항 $R[\Omega]$은?

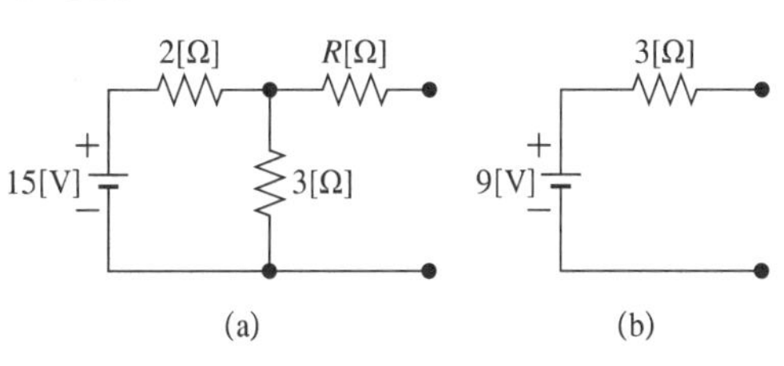

① 1.2　　② 1.5

③ 1.8　　④ 3.0

03 그림과 같이 평행한 두 개의 무한장 직선도선에 1[A], 9[A]인 전류가 각각 흐른다. 두 도선 사이의 자계 세기가 0이 되는 지점 P의 위치를 나타낸 거리의 비 $\frac{a}{b}$는?

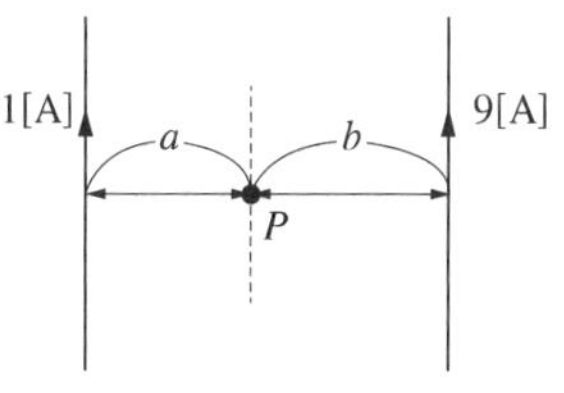

① $\frac{1}{9}$　　② $\frac{1}{3}$

③ 3　　④ 9

04 다음 회로에서 $v(t) = 100\sin(2 \times 10^4 t)$[V]일 때, 공진되기 위한 $C[\mu F]$는?

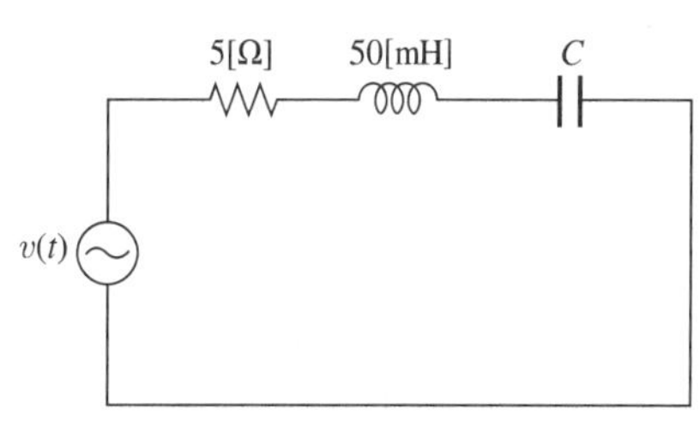

① 0.05　　② 0.15

③ 0.20　　④ 0.25

05 60[Hz] 단상 교류발전기가 부하에 공급하는 전압, 전류의 최댓값이 각각 100[V], 10[A]일 때 부하의 유효전력이 500[W]이다. 이 발전기의 피상전력[VA]은? (단, 손실은 무시한다)

① 500　② $500\sqrt{2}$
③ 1,000　④ $1,000\sqrt{2}$

06 다음 회로의 r_1, r_2에 흐르는 전류비 $I_1 : I_2 = 1 : 2$가 되기 위한 $r_1[\Omega]$과 $r_2[\Omega]$는?(단, 입력전류 $I=5[A]$이다)

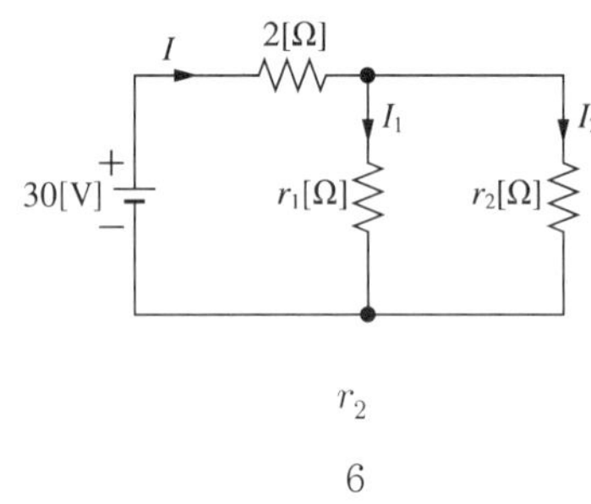

	r_1	r_2
①	3	6
②	6	3
③	6	12
④	12	6

07 다음 회로에서 (a) B부하에 공급되는 평균 전력[W], (b) 전원이 공급하는 피상전력[VA], (c) 합성(A부하 + B부하) 부하역률은?

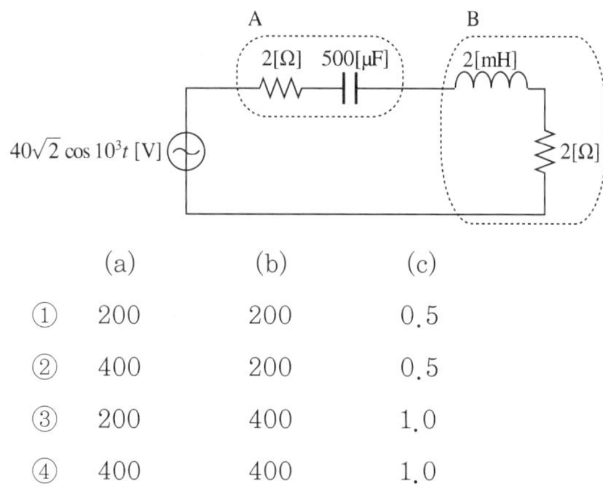

	(a)	(b)	(c)
①	200	200	0.5
②	400	200	0.5
③	200	400	1.0
④	400	400	1.0

08 전자기장에 대한 맥스웰 방정식으로 옳은 것은?

① $\oint_l E \cdot dl = \frac{Q}{\varepsilon_0}$

② $\oint_l B \cdot dl = I$

③ $\oint_s E \cdot ds = -\frac{d\phi}{dt}$

④ $\oint_s B \cdot ds = 0$

09 다음 회로에서 저항 $R[\Omega]$은?(단, $V = 3.5$[V]이다)

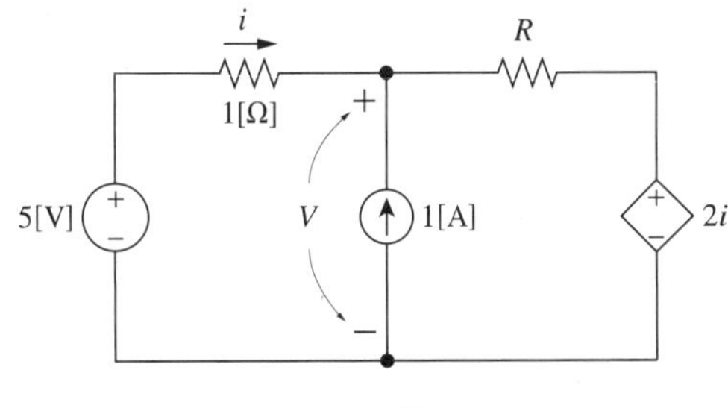

① 0.1　　② 0.2
③ 1.0　　④ 1.5

10 그림과 같은 폐회로 abcd를 통과하는 쇄교자속 $\lambda = \lambda_m \sin 10t$[Wb]일 때, 저항 10[Ω]에 걸리는 전압 V_1의 실횻값[V]은?(단, 회로의 자기인덕턴스는 무시한다)

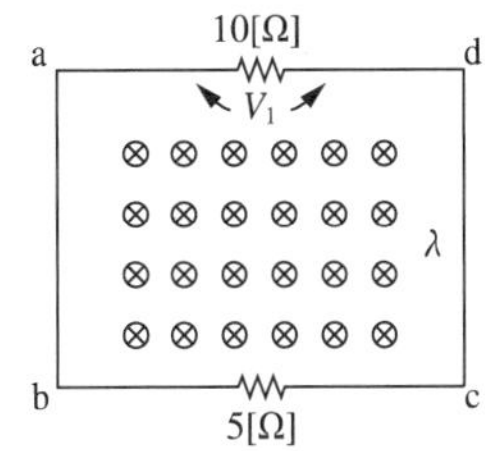

① $\frac{10\lambda_m}{3}$　　② $\frac{20\lambda_m}{3}$
③ $\frac{10\lambda_m}{3\sqrt{2}}$　　④ $\frac{20\lambda_m}{3\sqrt{2}}$

11 교류전압 $v = 400\sqrt{2}\sin\omega t + 30\sqrt{2}\sin 3\omega t + 40\sqrt{2}\sin 5\omega t$[V]의 왜형률[%]은?(단, ω는 기본 각주파수이다)

① 8　　② 12.5
③ 25.5　　④ 50

12 그림과 같은 이상적인 변압기 회로에서 최대 전력 전송을 위한 변압기 권선비는?

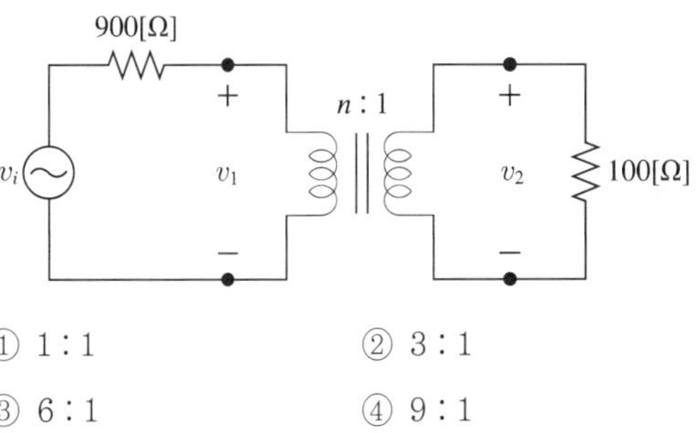

① 1 : 1　　② 3 : 1
③ 6 : 1　　④ 9 : 1

13 그림과 같이 간격 d = 4[cm]인 평판 커패시터의 두 극판 사이에 두께와 면적이 같은 비유전율 ε_{s1} = 6, ε_{s2} = 9인 두 유전체를 삽입하고 단자 ab에 200[V]의 전압을 인가할 때, 비유전율 ε_{s2}인 유전체에 걸리는 전압[V]과 전계의 세기[kV/m]는?

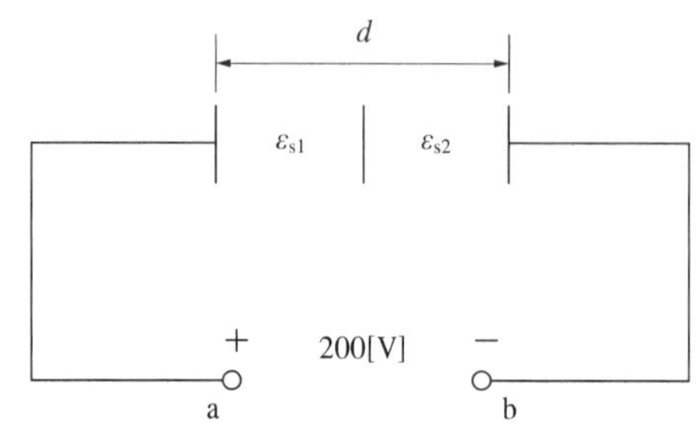

	전 압	전계의 세기
①	80	2
②	120	2
③	80	4
④	120	4

14 다음 회로에서 정상상태 전류 I[A]는?

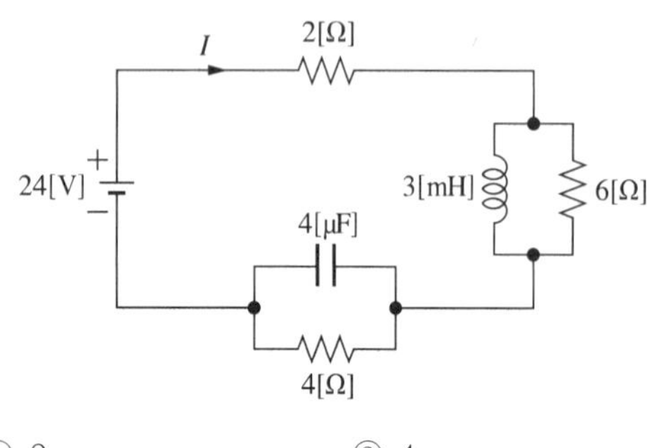

① 2 ② 4
③ 6 ④ 8

15 저항 10[Ω]과 인덕터 5[H]가 직렬로 연결된 교류회로에서 다음과 같이 교류전압 $v(t)$를 인가했을 때, 흐르는 전류가 $i(t)$이다. 교류전압의 각주파수 ω [rad/s]는?

- $v(t) = 200\sin\left(\omega t + \frac{\pi}{6}\right)$[V]
- $i(t) = 10\sin\left(\omega t - \frac{\pi}{6}\right)$[A]

① 2 ② $2\sqrt{2}$
③ $2\sqrt{3}$ ④ 3

16 그림과 같은 평형 3상 회로에서 전체 무효전력 [Var]은?(단, 전원의 상전압 실횻값은 100[V]이고, 각 상의 부하 임피던스 $\dot{Z}$ = 4 + j3[Ω]이다)

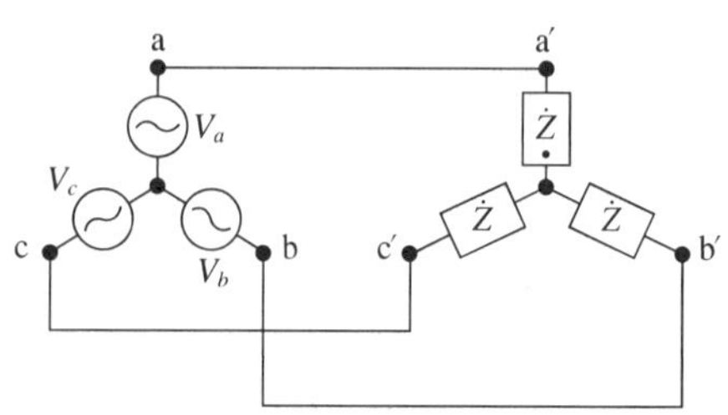

① 2,400 ② 3,600
③ 4,800 ④ 6,000

17 평형 3상 회로에서 부하는 Y결선이고 a상 선전류는 $20\angle -90°$[A]이며 한 상의 임피던스 $\dot{Z}=10\angle 60°$[Ω]일 때, 선간전압 $\dot{V}_{ab}$[V]는?(단, 상순은 a, b, c 시계방향이다)

① $200\angle 0°$
② $200\angle -30°$
③ $200\sqrt{3}\angle 0°$
④ $200\sqrt{3}\angle -30°$

18 그림과 같은 직류회로에서 오랜 시간 개방되어 있던 스위치가 닫힌 직후의 스위치 전류 $i_{sw}(0^{+})$[A]는?

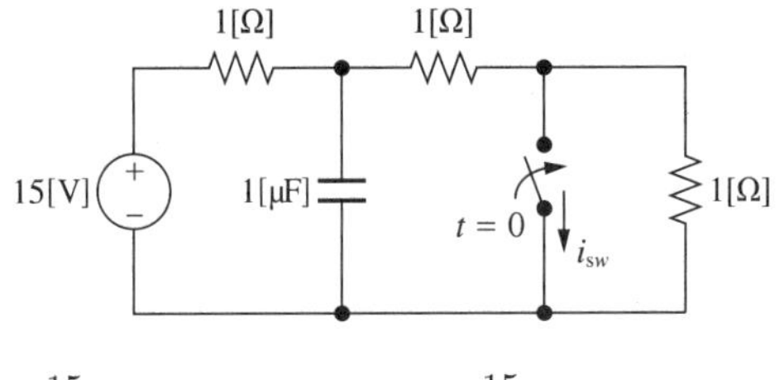

① $\frac{15}{2}$ ② $\frac{15}{3}$
③ 10 ④ 15

19 그림과 같이 커패시터를 설치하여 역률을 개선하였다. 개선 후 전류 $\dot{I}$[A]와 역률 $\cos\theta$는?

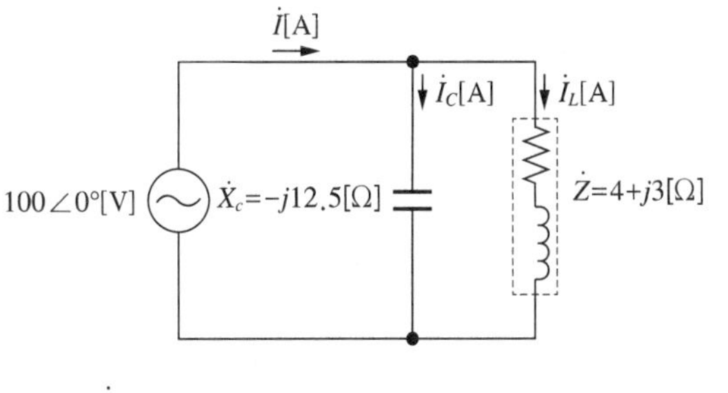

	$\dot{I}$	$\cos\theta$
①	$16-j4$	$\frac{16}{\sqrt{272}}$
②	$16-j4$	$-\frac{4}{\sqrt{272}}$
③	$16+j4$	$\frac{16}{\sqrt{272}}$
④	$16+j4$	$\frac{4}{\sqrt{272}}$

20 RL 직렬회로에 전류 $i=3\sqrt{2}\sin(5{,}000t+45°)$[A]가 흐를 때, 180[W]의 전력이 소비되고 역률은 0.8이었다. R[Ω]과 L[mH]은?

	R	L
①	$\frac{20}{\sqrt{2}}$	$\frac{3}{\sqrt{2}}$
②	$\frac{20}{\sqrt{2}}$	3
③	20	$\frac{3}{\sqrt{2}}$
④	20	3

회독수 ✓체크 ① ② ③

01 그림과 같은 회로에서 a, b 단자에서의 테브난(Thevenin) 등가전압[V]과 등가저항[Ω]은?

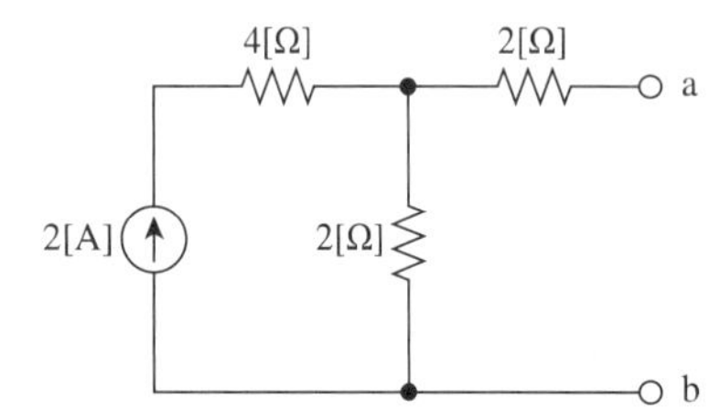

	등가전압[V]	등가저항[Ω]
①	4	4
②	4	3.33
③	12	4
④	12	3.33

02 그림과 같이 커패시터 $C_1 = 100[\mu F]$, $C_2 = 120[\mu F]$, $C_3 = 150[\mu F]$가 직렬로 연결된 회로에 14[V]의 전압을 인가할 때, 커패시터 C_1에 충전되는 전하량[C]은?

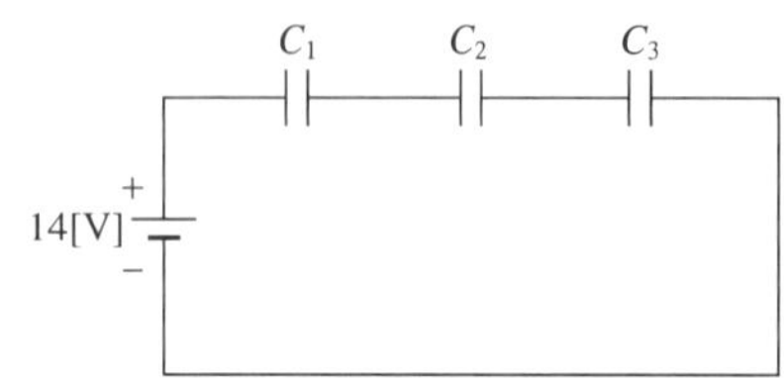

① 2.86×10^{-6}

② 2.64×10^{-5}

③ 5.60×10^{-4}

④ 5.18×10^{-3}

03 220[V]의 교류전원에 소비전력 60[W]인 전구와 500[W]인 전열기를 직렬로 연결하여 사용하고 있다. 60[W] 전구를 30[W] 전구로 교체할 때 옳은 것은?

① 전열기의 소비전력이 증가한다.

② 전열기의 소비전력이 감소한다.

③ 전열기에 흐르는 전류가 증가한다.

④ 전열기의 소비전력은 변하지 않는다.

04 어떤 부하에 $100 + j50$[V]의 전압을 인가하였더니 $6 + j8$[A]의 부하전류가 흘렀다. 이때 유효전력[W]과 무효전력[Var]은?

	유효전력[W]	무효전력[Var]
①	200	1,100
②	200	−1,100
③	1,000	500
④	1,000	−500

05 그림과 같은 회로에서 부하저항 R_L에 최대 전력이 전달되기 위한 $R_L[\Omega]$과 이때 R_L에 전달되는 최대 전력 P_{max}[W]는?

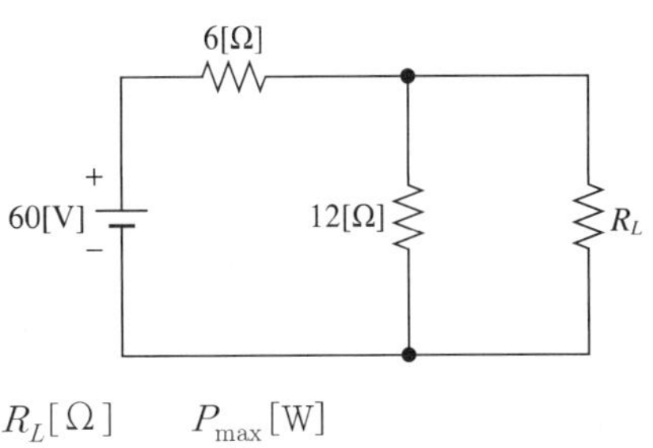

	$R_L[\Omega]$	P_{max}[W]
①	4	100
②	4	225
③	6	100
④	6	225

06 자유공간에서 자기장의 세기가 $yz^2 a_x$[A/m]의 분포로 나타날 때, 점 P(5, 2, 2)에서의 전류밀도 크기 [A/m²]는?

① 4　② 12
③ $4\sqrt{5}$　④ $12\sqrt{5}$

07 그림과 같이 비유전율이 각각 5와 8인 유전체 A와 B를 동일한 면적, 동일한 두께로 접합하여 평판전극을 만들었다. 전극 양단에 전압을 인가하여 완전히 충전한 후, 유전체 A의 양단 전압을 측정하였더니 80[V]였다. 이때 유전체 B의 양단 전압[V]은?

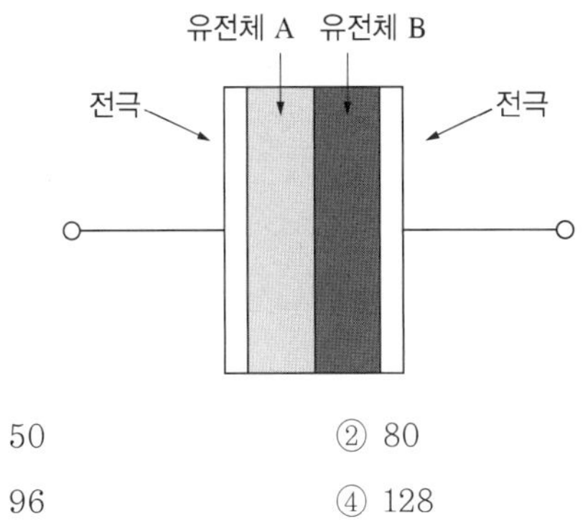

① 50　② 80
③ 96　④ 128

08 그림과 같이 자기인덕턴스가 L_1 = 8[H], L_2 = 4[H], 상호인덕턴스가 M = 4[H]인 코일에 5[A]의 전류를 흘릴 때, 전체 코일에 축적되는 자기에너지[J]는?

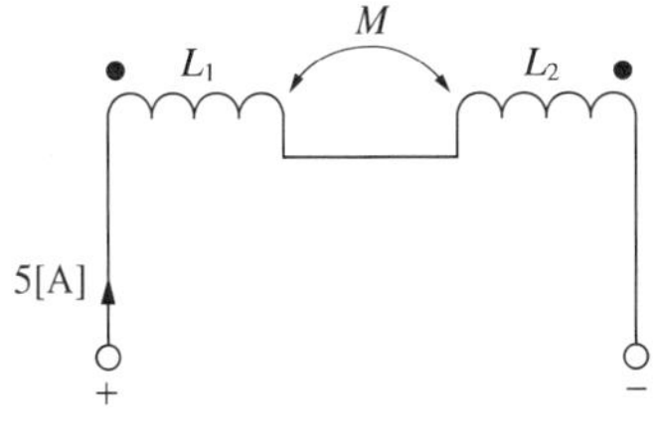

① 10　② 25
③ 50　④ 100

09 그림과 같이 어떤 부하에 교류전압 $v(t) = \sqrt{2}\,V\sin\omega t$를 인가하였더니 순시전력이 $p(t)$와 같은 형태를 보였다. 부하의 역률은?

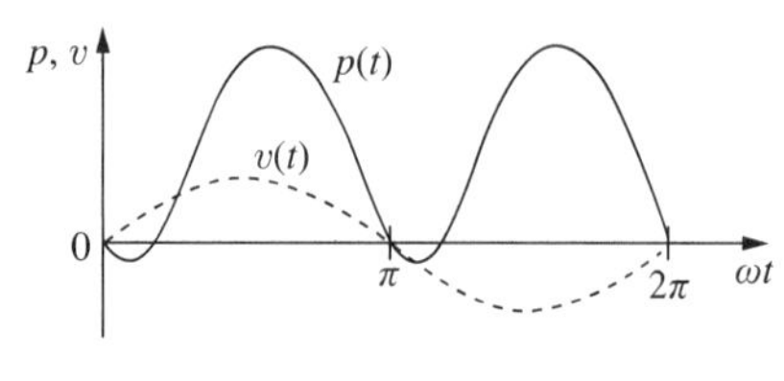

① 동 상　　② 진 상
③ 지 상　　④ 알 수 없다.

10 정현파 교류전압의 실횻값에 대한 물리적 의미로 옳은 것은?

① 실횻값은 교류전압의 최댓값을 나타낸다.
② 실횻값은 교류전압 반주기에 대한 평균값이다.
③ 실횻값은 교류전압의 최댓값과 평균값의 비율이다.
④ 실횻값은 교류전압이 생성하는 전력 또는 에너지의 효능을 내포한 값이다.

11 평형 3상 Y-결선의 전원에서 선간전압의 크기가 100[V]일 때, 상전압의 크기[V]는?

① $100\sqrt{3}$　　② $100\sqrt{2}$
③ $\frac{100}{\sqrt{2}}$　　④ $\frac{100}{\sqrt{3}}$

12 그림과 같은 RC 직렬회로에서 크기가 $1\angle 0°$[V]이고 각주파수가 ω[rad/s]인 정현파 전압을 인가할 때, 전류(I)의 크기가 $2\angle 60°$[A]라면 커패시터(C)의 용량[F]은?

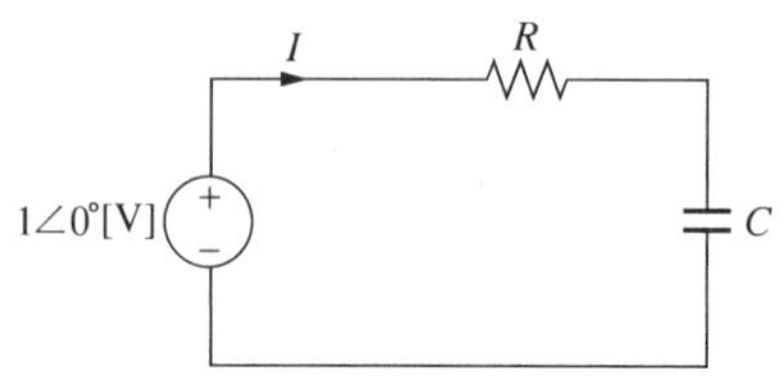

① $\frac{4}{\sqrt{2}\,\omega}$　　② $\frac{4}{\sqrt{3}\,\omega}$
③ $\frac{2}{\sqrt{2}\,\omega}$　　④ $\frac{2}{\sqrt{3}\,\omega}$

13 그림과 같은 10[V]의 전압이 인가된 RC 직렬회로에서 시간 $t=0$에서 스위치를 닫을 때의 설명으로 옳지 않은 것은?(단, 커패시터의 초기($t=0_-$) 전압은 0[V]이다)

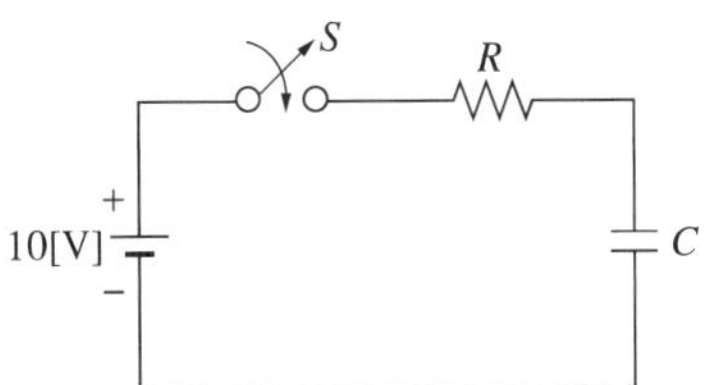

① 시정수(τ)는 RC[s]이다.

② 충분한 시간이 경과하면 전류는 거의 흐르지 않는다.

③ 충분한 시간이 경과하면 커패시터의 전압은 10[V]를 초과한다.

④ 초기 3τ 동안 커패시터에 충전되는 전압은 정상상태 충전전압의 90[%] 이상이다.

14 정격전압에서 50[W]의 전력을 소비하는 저항에 정격전압의 60[%]인 전압을 인가할 때 소비전력[W]은?

① 16 ② 18
③ 20 ④ 30

15 그림과 같은 회로에서 60[Hz], 100[V]의 정현파 전압을 인가하였더니 위상이 60° 뒤진 2[A]의 전류가 흘렀다. 임피던스 Z[Ω]는?

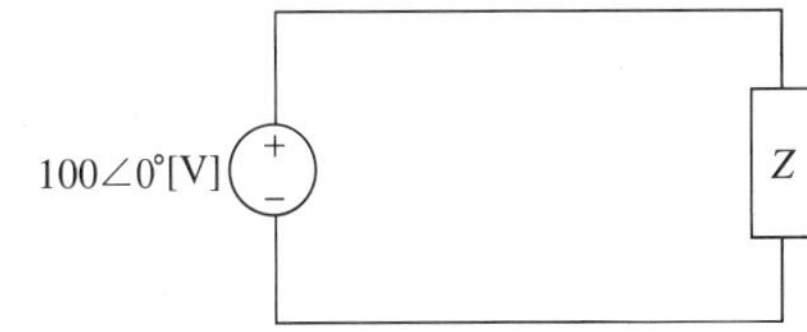

① $25\sqrt{3}-j25$

② $25\sqrt{3}+j25$

③ $25-j25\sqrt{3}$

④ $25+j25\sqrt{3}$

16 내부저항이 5[Ω]인 코일에 실횻값 220[V]의 정현파 전압을 인가할 때, 실횻값 11[A]의 전류가 흐른다면 이 코일의 역률은?

① 0.25 ② 0.4
③ 0.45 ④ 0.6

17 그림과 같이 동일한 크기의 전류가 흐르고 있는 간격(d)이 20[cm]인 평행 도선에 1[m]당 3×10^{-6}[N]의 힘이 작용한다면 도선에 흐르는 전류(I)의 크기[A]는?

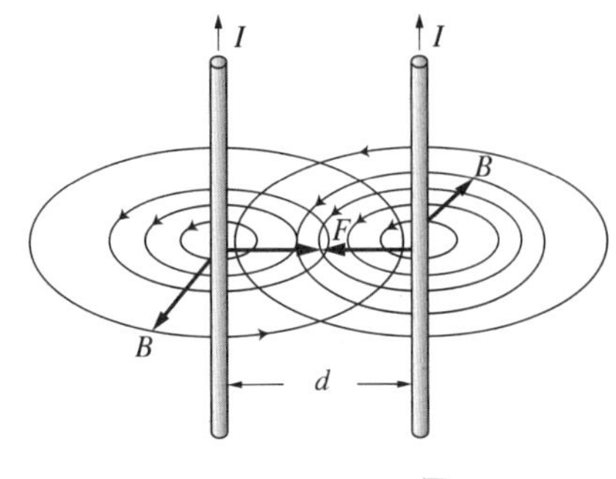

① 1 ② $\sqrt{2}$
③ $\sqrt{3}$ ④ 2

18 그림과 같은 파형에서 실횻값과 평균값의 비(실횻값/평균값)는?

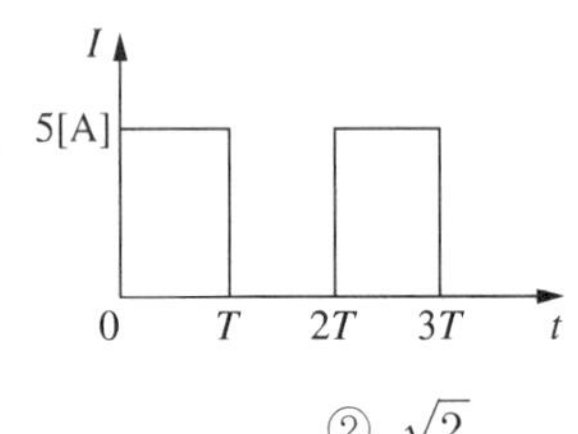

① 1 ② $\sqrt{2}$
③ 2 ④ $5\sqrt{2}$

19 그림과 같은 회로에서 1[V]의 전압을 인가한 후, 오랜 시간이 경과했을 때 전류(I)의 크기[A]는?

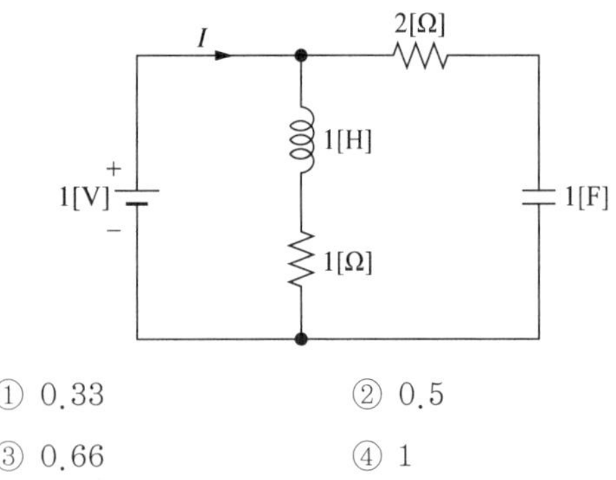

① 0.33 ② 0.5
③ 0.66 ④ 1

20 권선수 1,000인 코일과 20[Ω]의 저항이 직렬로 연결된 회로에 10[A]의 전류가 흐를 때, 자속이 3×10^{-2}[Wb]라면 시정수[s]는?

① 0.1 ② 0.15
③ 0.3 ④ 0.4

회독수 ✓체크 ①②③

01 전압원의 기전력은 20[V]이고 내부저항은 2[Ω]이다. 이 전압원에 부하가 연결될 때 얻을 수 있는 최대 부하전력[W]은?

① 200 ② 100
③ 75 ④ 50

02 다음 회로에서 조정된 가변저항값이 100[Ω]일 때 A와 B 사이의 저항 100[Ω] 양단 전압을 측정하니 0[V]일 경우, R_x[Ω]은?

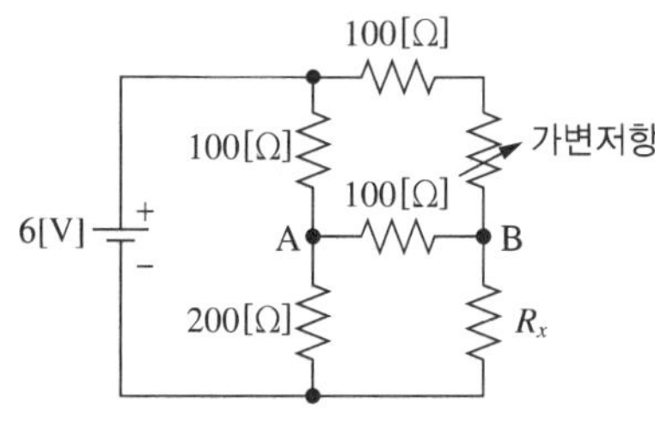

① 400 ② 300
③ 200 ④ 100

03 다음 회로와 같이 직렬로 접속된 두 개의 코일이 있을 때, L_1 = 20[mH], L_2 = 80[mH], 결합계수 k = 0.8이다. 이때 상호인덕턴스 M의 극성과 크기[mH]는?

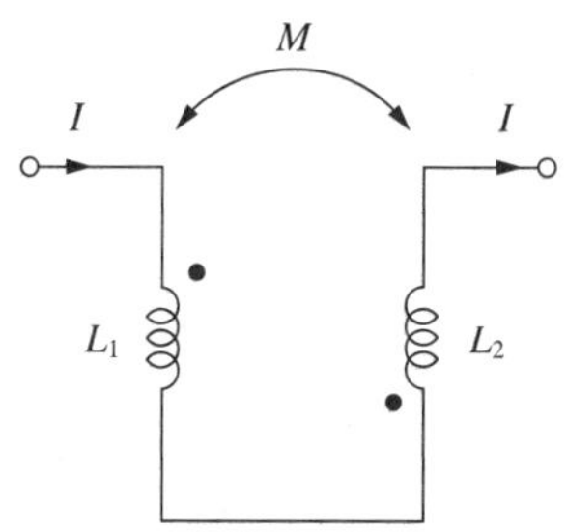

	극 성	크 기
①	가극성	32
②	가극성	40
③	감극성	32
④	감극성	40

04 단상 교류전압 $v = 300\sqrt{2}\cos\omega t$[V]를 전파 정류하였을 때, 정류회로 출력 평균 전압[V]은?(단, 이상적인 정류 소자를 사용하여 정류회로 내부의 전압강하는 없다)

① 150 ② $\frac{300}{2\pi}$
③ $\frac{300}{\pi}$ ④ $\frac{600\sqrt{2}}{\pi}$

05 다음 회로에서 $V=96$[V], $R=8$[Ω], $X_L=6$[Ω]일 때, 전체 전류 I[A]는?

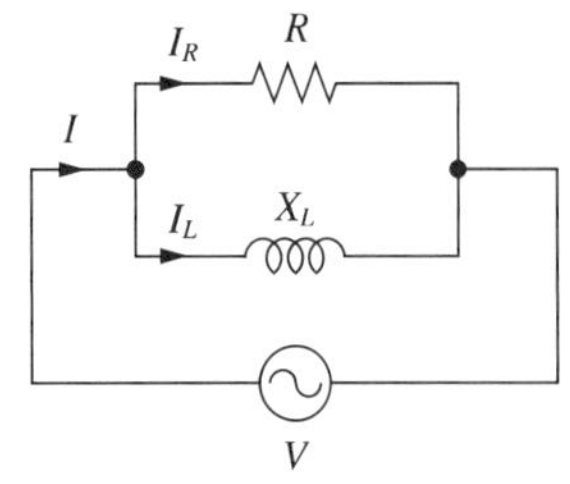

① 38 ② 28
③ 9.6 ④ 20

06 다음 (a)는 반지름 $2r$을 갖는 두 원형 극판 사이에 한 가지 종류의 유전체가 채워져 있는 콘덴서이다. (b)는 (a)와 동일한 크기의 원형 극판 사이에 중심으로부터 반지름 r인 영역 부분을 (a)의 경우보다 유전율이 2배인 유전체로 채우고 나머지 부분에는 (a)와 동일한 유전체로 채워놓은 콘덴서이다. (b)의 정전용량은 (a)와 비교하여 어떠한가?(단, (a)와 (b)의 극판 간격 d는 동일하다)

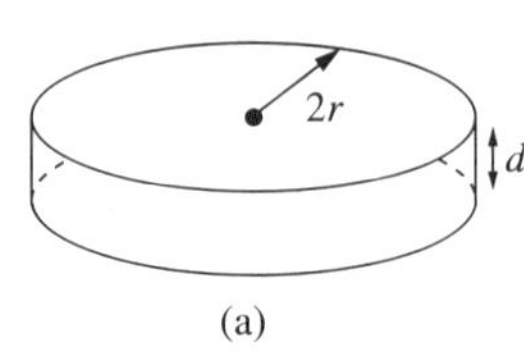

(a)

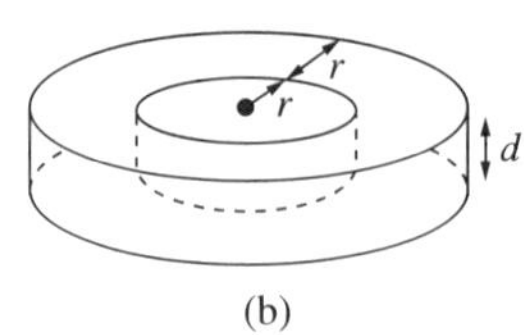

(b)

① 15.7[%] 증가한다.
② 25[%] 증가한다.
③ 31.4[%] 증가한다.
④ 50[%] 증가한다.

07 부하 임피던스 $\dot{Z}=j\omega L$[Ω]에 전압 V[V]가 인가되고 전류 $2I$[A]가 흐를 때의 무효전력[Var]을 ω, L, I로 표현한 것은?

① $2\omega LI^2$ ② $4\omega LI^2$
③ $4\omega LI$ ④ $2\omega LI$

08 다음 식으로 표현되는 비정현파 전압의 실횻값[V]은?

$$v=2+5\sqrt{2}\sin\omega t+4\sqrt{2}\sin(3\omega t)+2\sqrt{2}\sin(5\omega t)\text{[V]}$$

① $13\sqrt{2}$ ② 11
③ 7 ④ 2

09 다음 회로 (a), (b)에서 스위치 S1, S2를 동시에 닫았다. 이후 50초 경과 시 (I_1-I_2)[A]로 가장 적절한 것은?(단, L과 C의 초기 전류와 초기 전압은 0이다)

I_1 $R_1=20$[Ω] $L=100$[H] S1 100[V]

I_2 $R_2=500$[kΩ] $C=10$[μF] S2 100[V]

① 0.02 ② 3
③ 5 ④ 10

10 다음 회로와 같이 평형 3상 전원을 평형 3상 △결선 부하에 접속하였을 때 △결선 부하 1상의 유효전력이 P[W]였다. 각 상의 임피던스 Z를 그대로 두고 Y결선으로 바꾸었을 때 Y결선 부하의 총전력[W]은?

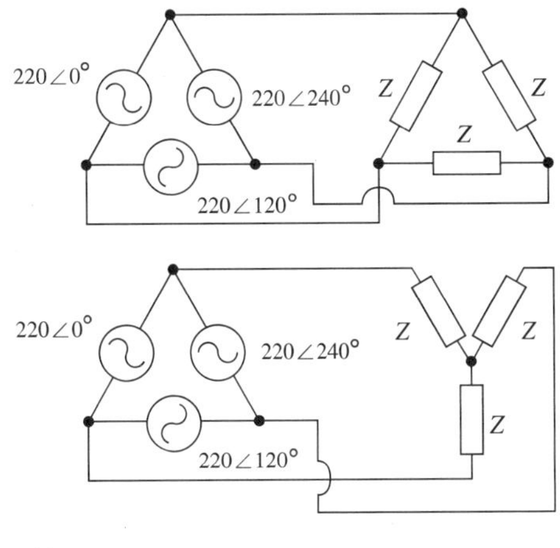

① $\frac{P}{3}$　　② P

③ $\sqrt{3}P$　　④ $3P$

11 다음 회로에서 직류전압 V_S = 10[V]일 때, 정상상태에서의 전압 V_C[V]와 전류 I_R[mA]은?

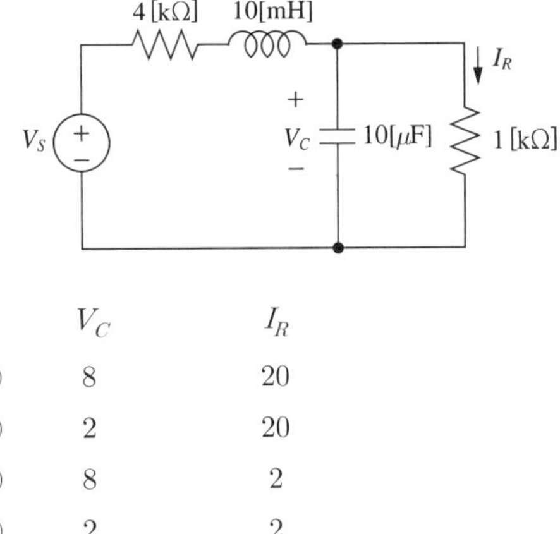

	V_C	I_R
①	8	20
②	2	20
③	8	2
④	2	2

12 진공 중의 한점에 음전하 5[nC]가 존재하고 있다. 이 점에서 5[m] 떨어진 곳의 전기장의 세기[V/m]는?(단, $\frac{1}{4\pi\varepsilon_0} = 9 \times 10^9$이고, ε_0는 진공의 유전율이다)

① 1.8　　② −1.8

③ 3.8　　④ −3.8

13 철심 코어에 권선수 10인 코일이 있다. 이 코일에 전류 10[A]를 흘릴 때, 철심을 통과하는 자속이 0.001[Wb]이라면 이 코일의 인덕턴스[mH]는?

① 100　　② 10

③ 1　　④ 0.1

14 다음 그림과 같이 자극(N, S) 사이에 있는 도체에 전류 I[A]가 흐를 때, 도체가 받는 힘은 어느 방향인가?

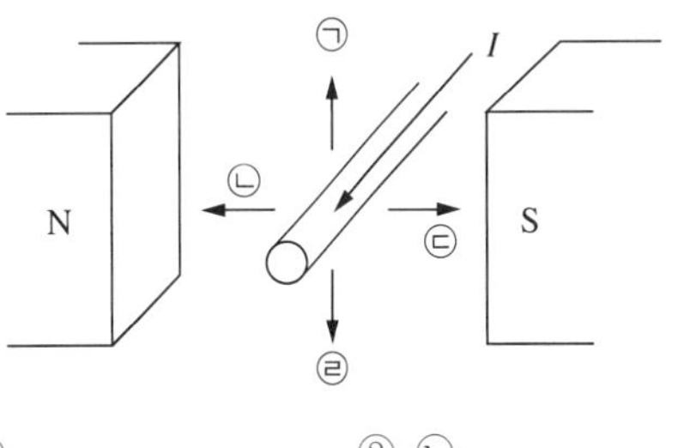

① ㉠　　② ㉡

③ ㉢　　④ ㉣

15 이상적인 단상 변압기의 2차측에 부하를 연결하여 2.2[kW]를 공급할 때의 2차측 전압이 220[V], 1차측 전류가 50[A]라면 이 변압기의 권선비 $N_1 : N_2$는? (단, N_1은 1차측 권선이고 N_2는 2차측 권선수이다)

① 1 : 5 ② 5 : 1
③ 1 : 10 ④ 10 : 1

16 교류회로의 전압 $\dot{V}$와 전류 $\dot{I}$가 다음 벡터도와 같이 주어졌을 때, 임피던스 $\dot{Z}$[Ω]는?

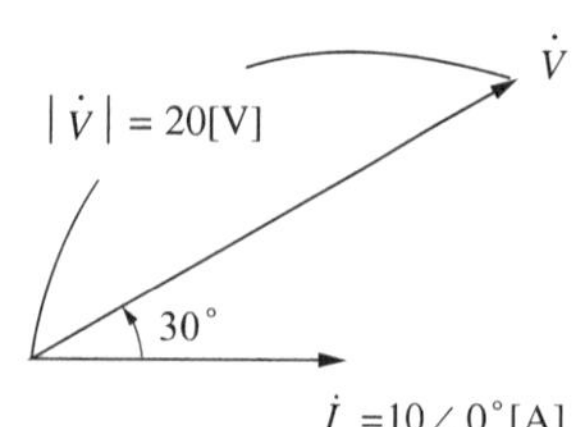

① $\sqrt{3}-j$
② $\sqrt{3}+j$
③ $1+j\sqrt{3}$
④ $1-j\sqrt{3}$

17 다음과 같은 정현파 전압 v와 전류 i로 주어진 회로에 대한 설명으로 옳은 것은?

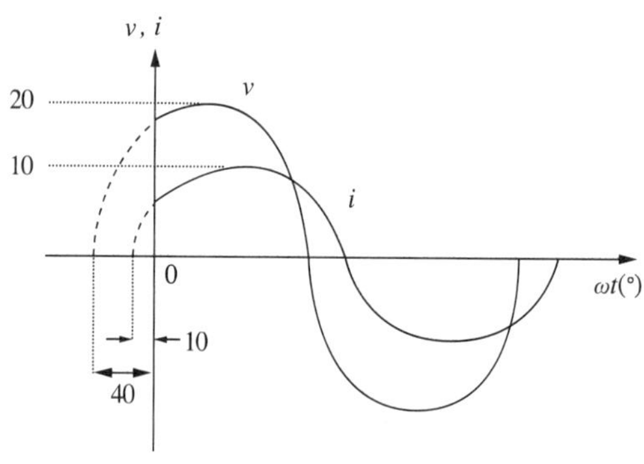

① 전압과 전류의 위상차는 40°이다.
② 교류전압 $v = 20\sin(\omega t - 40°)$이다.
③ 교류전류 $i = 10\sqrt{2}\sin(\omega t + 10°)$이다.
④ 임피던스 $\dot{Z} = 2\angle 30°$이다.

18 다음 회로에서 $\dot{V}_{Th}$ = 12 ∠ 0°[V]이고 $\dot{Z}_{Th}$ = 600 + j150[Ω]일 때, 최대 전력을 전달하기 위한 부하 임피던스$\dot{Z}_L$[Ω]과 부하 임피던스에서 소비되는 전력 P_L[W]은?

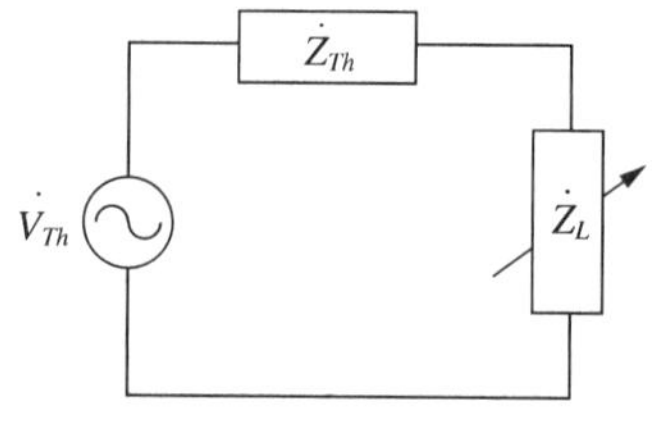

	$\dot{Z}_L$	P_L
①	$600-j150$	0.06
②	$600+j150$	0.6
③	$600-j150$	0.6
④	$600+j150$	0.06

19 다음 평형 3상 교류회로에서 선간전압의 크기 V_L = 300[V], 부하 $\dot{Z}_p = 12 + j9[\Omega]$일 때, 선전류의 크기 I_L[A]는?

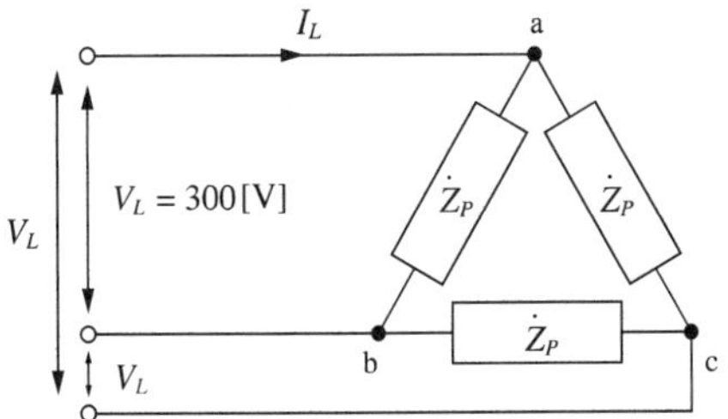

① 10

② $10\sqrt{3}$

③ 20

④ $20\sqrt{3}$

20 다음 회로가 정상상태를 유지하는 중, $t = 0$에서 스위치 S를 닫았다. 이때 전류 i의 초기 전류 $i(0_+)$[mA]는?

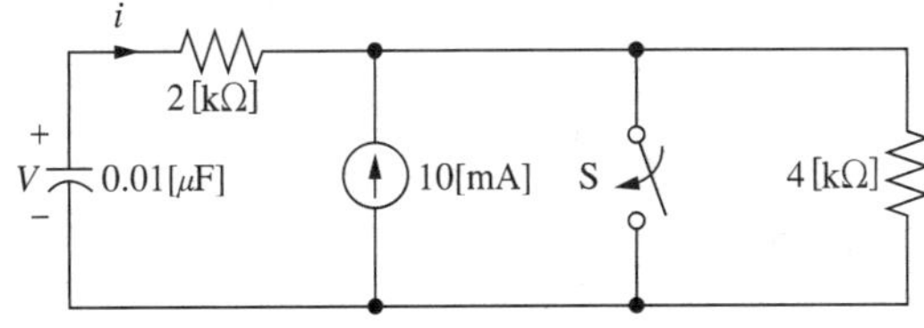

① 0

② 2

③ 10

④ 20

PART 3
서울시

- 2022년 서울시 9급
- 2021년 서울시 9급
- 2020년 서울시 9급
- 2019년 서울시 9급
- 2018년 서울시 제2회 9급
- 2018년 서울시 제1회 9급
- 2017년 서울시 9급

출제경향

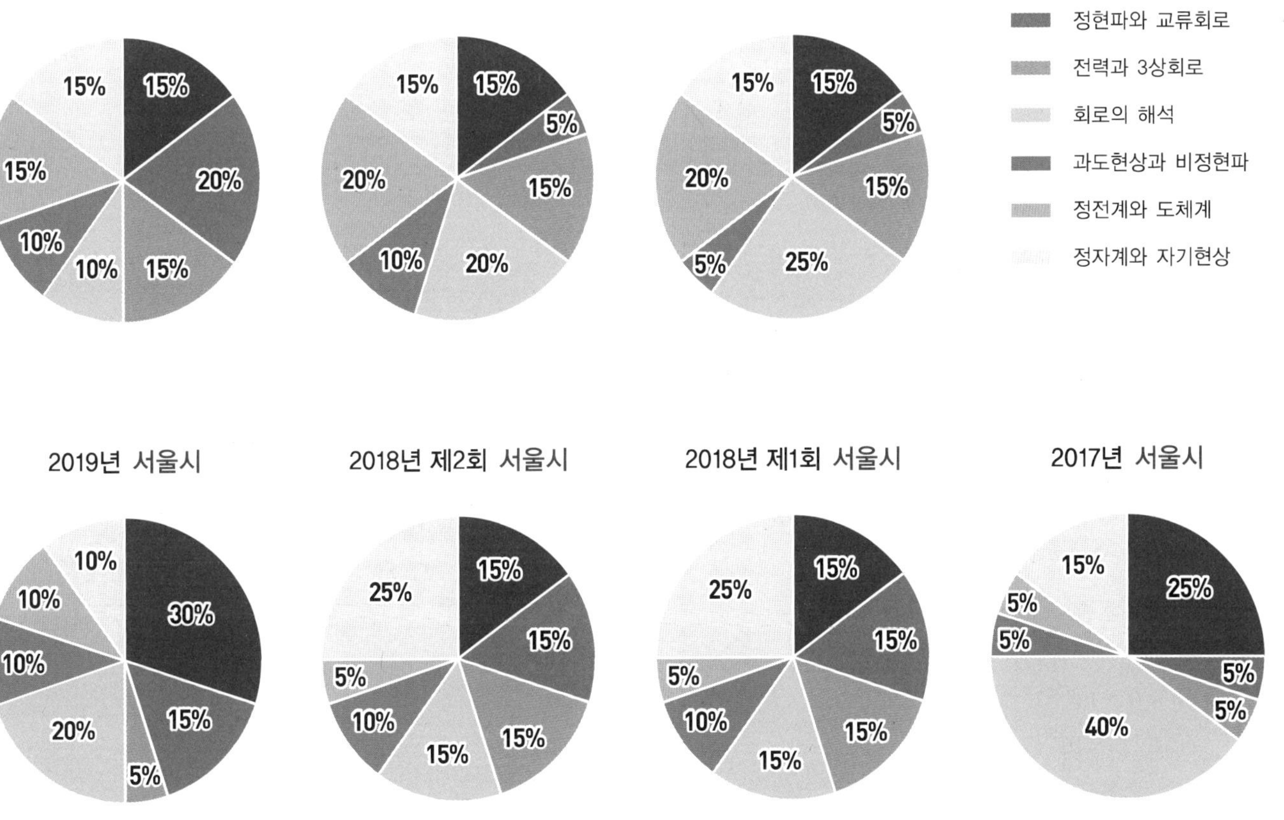

2022년 서울시
15%
15%
20%
15%
10%
10%
15%
2021년 서울시
15%
15%
5%
15%
20%
10%
20%
2020년 서울시
15%
15%
5%
15%
25%
5%
20%
전기회로와 회로 소자
정현파와 교류회로
전력과 3상회로
회로의 해석
과도현상과 비정현파
정전계와 도체계
정자계와 자기현상
2019년 서울시
10%
30%
15%
5%
20%
10%
10%
2018년 제2회 서울시
15%
15%
15%
15%
10%
5%
25%
2018년 제1회 서울시
15%
15%
15%
15%
10%
5%
25%
2017년 서울시
25%
5%
5%
40%
5%
5%
15%

회독수 ✓체크 ①②③

01 $(+)x$ 방향으로 3[kV/m], $(+)y$ 방향으로 5[kV/m]인 전기장이 있다. $t=0$일 때 원점에 있는 전하 $Q=4$[nC]를 띤 질량 $m=4$[mg]인 입자가 $(+)x$ 방향으로 4[m/s], $(+)y$ 방향으로 10[m/s]로 움직일 경우 1초 후에 이 입자 가속도의 $(+)x$ 방향 및 $(+)y$ 방향의 값[m/s^2]은?

	$(+)x$ 방향	$(+)y$ 방향
①	1	3
②	3	3
③	1	5
④	3	5

02 자기인덕턴스(Self-inductance), $L=1$[H]인 코일에 교류전류 $i=\sqrt{2}\sin(120\pi t)$[A]가 흐른다고 할 때, 코일의 전압의 실횻값[V]은?

① 1
② 60π
③ 120π
④ $\sqrt{2}(120\pi)$

03 어떤 도선에 5[A]의 직류전류가 10초가 흘렀다면, 도체 단면을 통과한 전자의 개수는?(단, 전자의 전하량은 -1.6×10^{-19}[C]으로 계산한다)

① 3.125×10^{20}
② 50
③ 1.6×10^{-19}
④ 6.25×10^{18}

04 보기의 회로에서 $R_1=10[\Omega]$, $R_2=5[\Omega]$, $R_3=15[\Omega]$일 때, 이 회로에 흐르는 전류 I와 전원 V 사이의 관계로 옳은 것은?

보기

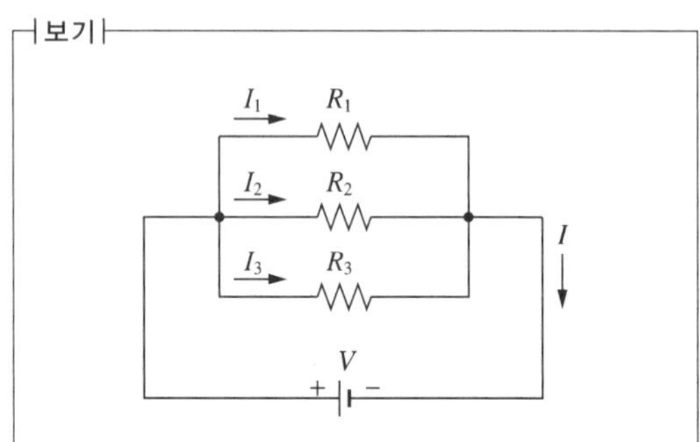

① $V[V]=\frac{11}{30}[\Omega]\cdot I[A]$
② $V[V]=\frac{30}{11}[\Omega]\cdot I[A]$
③ $V[V]=11[\Omega]\cdot I[A]$
④ $V[V]=30[\Omega]\cdot I[A]$

05 보기의 빈 칸에 들어갈 숫자는?

보기

공기 중에 평행한 두 도선의 길이와 도선 사이의 거리가 각각 두 배가 되고, 각 도선에 흐르는 전류가 반으로 줄어들면, 도선 사이에 작용하는 힘은 ____배가 된다. 단, 도선은 충분히 길다고 가정한다.

① $\frac{1}{8}$
② $\frac{1}{4}$
③ $\frac{1}{2}$
④ 1

06 보기 RLC 직렬회로의 $L = 10[\text{mH}]$, $C = 100[\mu\text{F}]$이며, 정현파 교류전원 V의 최댓값(Amplitude)이 일정할 때, R_L에 공급되는 전력을 최대로 하는 전원 V의 주파수[kHz]는?

보기

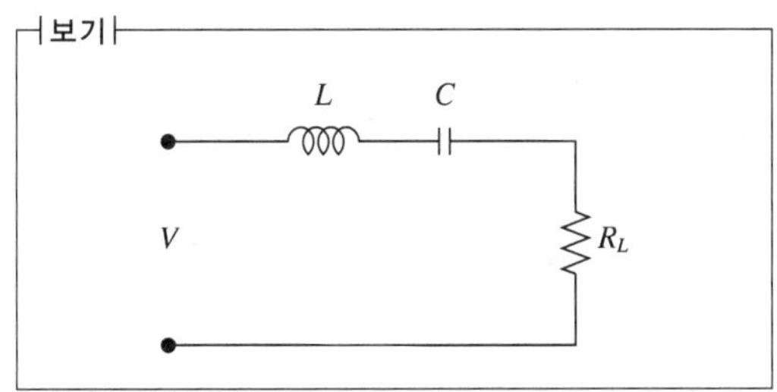

① $\frac{1}{2\pi}$ ② 2π
③ 1 ④ 1,000

07 보기와 같은 평형 3상 회로의 역률은?(단, 3상의 위상순서는 a-b-c이다)

보기

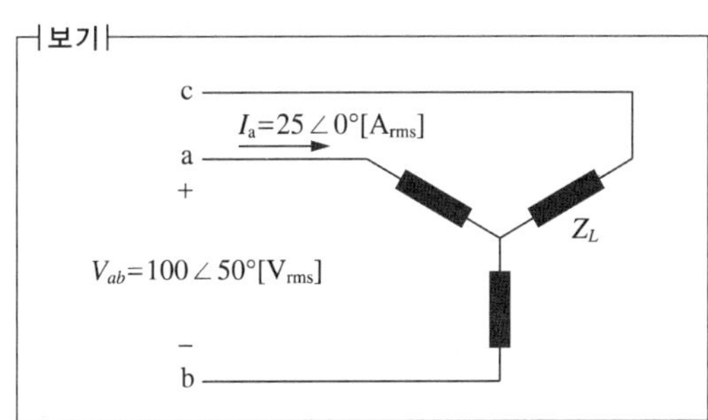

① cos20°(지상)
② cos20°(진상)
③ cos80°(지상)
④ cos80°(진상)

08 보기의 회로에서 정현파 전류 i_R과 i_C의 실횻값이 각각 4[A]와 3[A]일 때, 전류 i의 최댓값[A]은?

보기

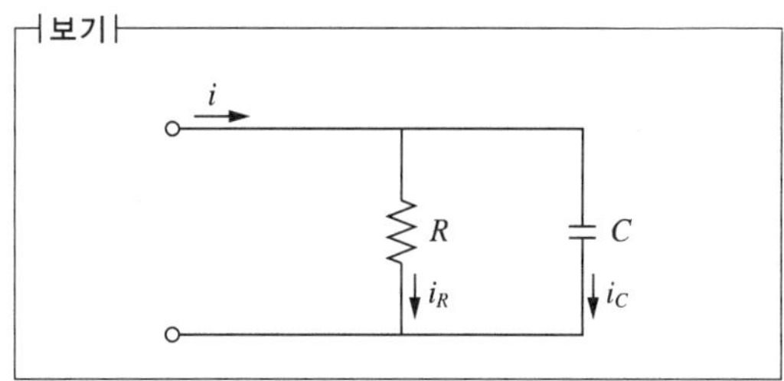

① 5
② 7
③ $5\sqrt{2}$
④ $7\sqrt{2}$

09 보기의 회로에서 양단에 교류전압 $v = 100\sqrt{2}\sin(10t)$[V]인 정현파를 가할 때, 저항 R_1에 흐르는 전류의 실횻값이 10[A]였다면, 저항값 $R[\Omega]$은?

보기

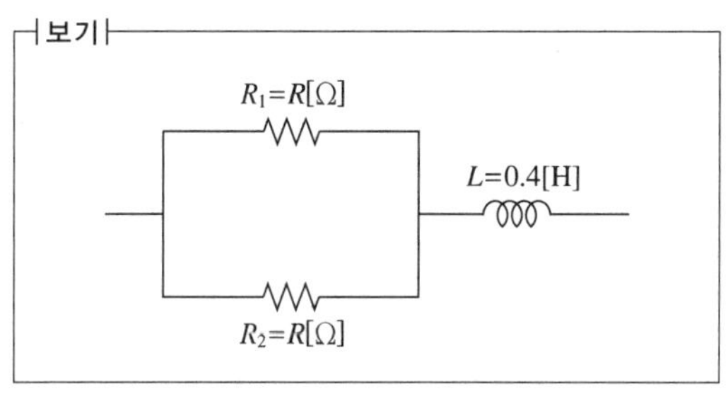

① 1 ② 6
③ 9 ④ 12

10 라플라스함수 $F(s)=\dfrac{1.5s+3}{s^3+2s^2+s}$ 일 때, 역변환함수 $f(t)$의 최종값은?

① 1.5

② 2

③ 3

④ 4.5

11 보기와 같은 전압 파형이 2[H]의 인덕터에 인가되었을 때, t = 10[s]인 시점에서 인덕터에 저장된 자계에너지[J]는?(단, 인덕터 초기 전류는 0[A]이다)

보기

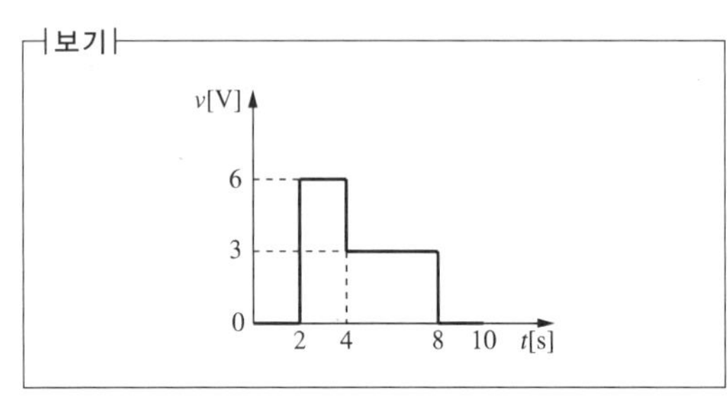

① 121 ② 130

③ 144 ④ 169

12 보기와 같이 10[mH]의 인덕터에 최대치 10[V], 60[Hz]의 구형파 전압을 가할 때, 인덕터에 흐르는 전류의 3고조파 성분의 최댓값 I_3[A]와 기본파 성분의 최댓값 I_1[A]의 비, 즉 $\dfrac{I_3}{I_1}$는?

보기

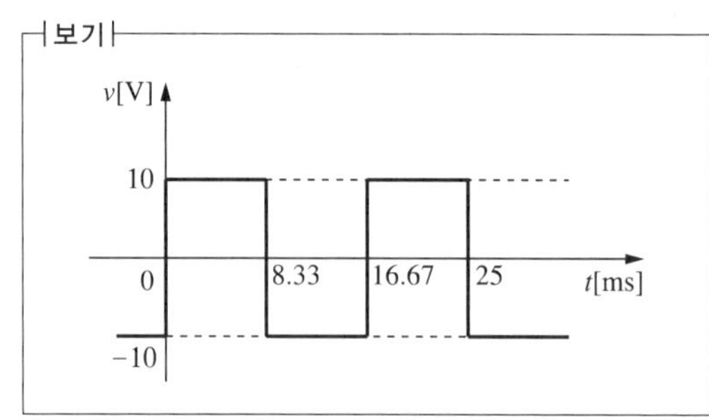

① $\dfrac{1}{3}$ ② $\dfrac{1}{5}$

③ $\dfrac{1}{7}$ ④ $\dfrac{1}{9}$

13 보기와 같이 t = 0에서 회로의 스위치를 닫을 때, 회로의 시정수[ms]와 인덕터에 흐르는 전류 i_L의 최종값[A]은?

보기

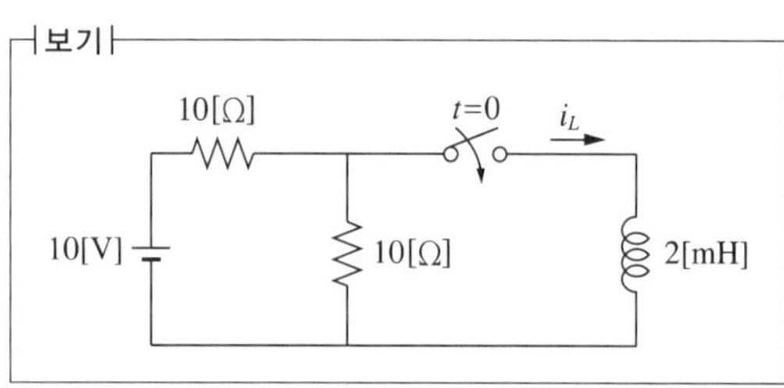

	시정수	전 류
①	0.2	0.5
②	0.4	0.5
③	0.2	1
④	0.4	1

14 보기와 같은 RLC 직렬회로에 $v=10\sqrt{2}\sin(10t)$[V]의 교류전압을 가할 때, 유효전력이 6[W]였다면, C의 값[F]은?(단, 전체 부하는 유도성 부하이다)

보기

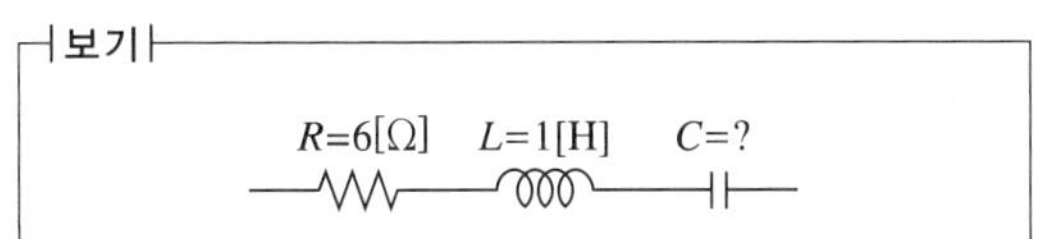

① 0.01

② 0.05

③ 0.1

④ 1

15 보기와 같은 RC 직렬회로에서 소비되는 유효전력을 50[%] 감소하기 위한 방법으로 가장 옳은 것은?

보기

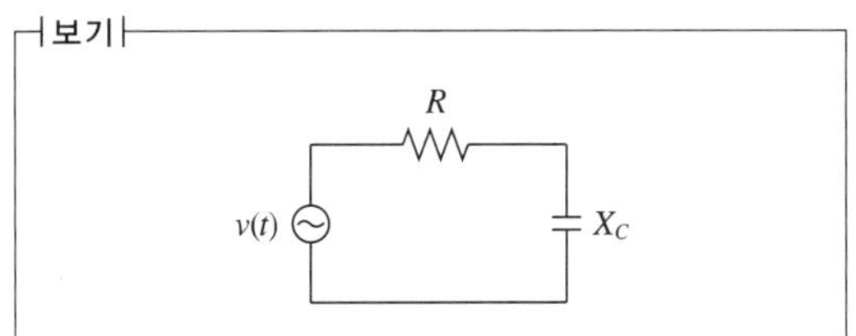

① 전압 $v(t)$를 $\frac{1}{\sqrt{2}}$배 한다.

② 전압 $v(t)$를 0.5배 한다.

③ 저항 R을 $\frac{1}{\sqrt{2}}$배 한다.

④ 저항 R을 0.5배 한다.

16 유전율이 ε_0이고, 극판 사이의 간격이 d인 커패시터가 있다. 보기와 같이 극판 사이에 평행으로 유전율이 ε인 물질을 $\frac{d}{2}$ 두께를 갖도록 삽입했을 때, 커패시터의 합성 정전용량이 1.6배가 되었다. 이때 삽입한 유전체의 비유전율은?

보기

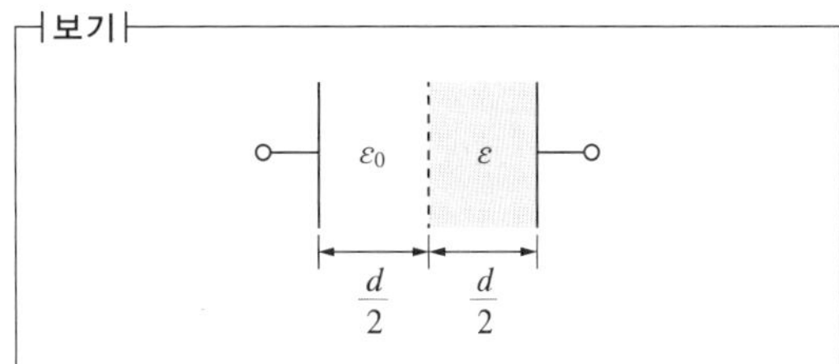

① 1.5

② 2

③ 3

④ 4

17 두 개의 코일로 구성된 이상적인 변압기(Ideal Transformer)에 대한 설명으로 가장 옳지 않은 것은?

① 두 코일 간에 결합계수는 무한대이다.

② 두 코일의 자기인덕턴스는 무한대이다.

③ 두 코일의 저항은 0[Ω]이다.

④ 변압기의 철손은 0[W]이다.

18 보기의 연산증폭기 회로에 $5\sin(3t)$[mV] 입력이 주어졌을 때, 출력신호의 진폭[mV]은?(단, 연산증폭기는 이상적이다)

보기

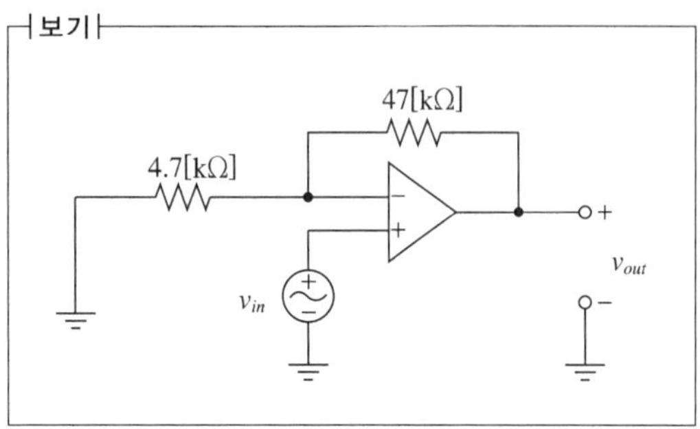

① 15 ② 45
③ 50 ④ 55

19 보기의 회로를 A-B 터미널에서 바라본 하나의 등가 커패시터로 나타낸다고 할 때 그 커패시턴스[μF]는?

보기

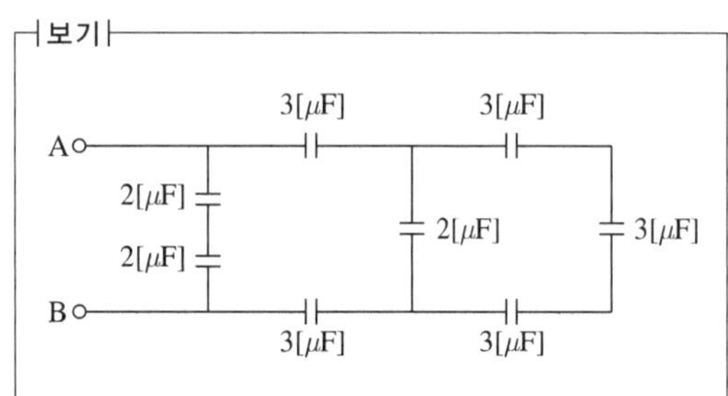

① 1 ② 1.5
③ 2 ④ 2.5

20 권선비 3 : 1인 이상적인 변압기(Ideal Transformer)의 2차측 권선에 대해 N_{21} : N_{22} = 2 : 1의 위치에 탭을 이용하여 보기와 같은 회로를 구성하였다. 1차측 전압의 실횻값이 9[V]라면 1차측 전류의 실횻값[A]은?

보기

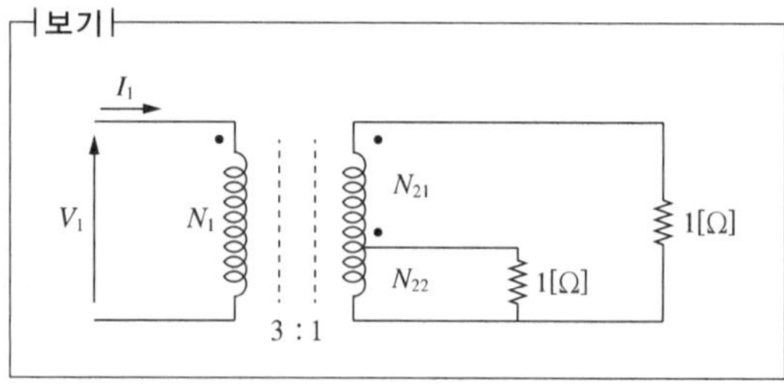

① $\frac{4}{3}$ ② $\frac{10}{3}$
③ $\frac{4}{9}$ ④ $\frac{10}{9}$

회독수 ✓체크 ①②③

01 전기회로 소자에 대한 설명으로 가장 옳은 것은?

① 저항소자는 에너지를 순수하게 소비만 하고 저장하지 않는다.
② 이상적인 독립전압원의 경우는 특정한 값의 전류만을 흐르게 한다.
③ 인덕터 소자로 흐르는 전류는 소자 양단에 걸리는 전압의 변화율에 비례하여 흐르게 된다.
④ 저항소자에 흐르는 전류는 전압에 반비례한다.

02 보기의 회로에서 R_L 부하에 최대 전력 전달이 되도록 저항값을 정하려 한다. 이때, R_L 부하에서 소비되는 전력의 값[W]은?

보기

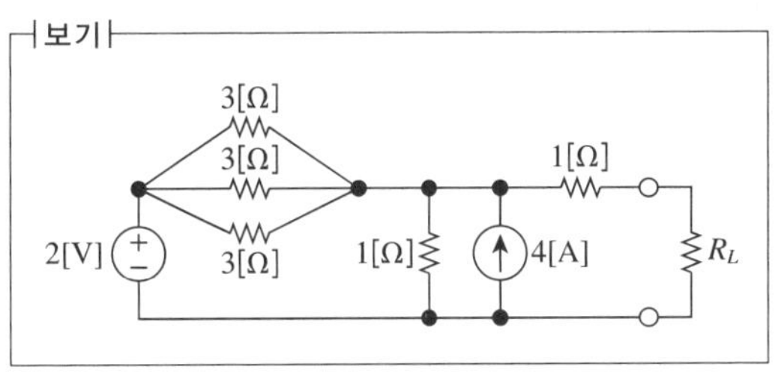

① 0.8 ② 1.2
③ 1.5 ④ 3.0

03 평판형 커패시터가 있다. 평판의 면적을 2배로, 두 평판 사이의 간격을 1/2로 줄였을 때의 정전용량은 원래의 정전용량보다 몇 배 증가하는가?

① 0.5배 ② 1배
③ 2배 ④ 4배

04 모선 L에 보기와 같은 부하들이 병렬로 접속되어 있을 때, 합성 부하의 역률은?

보기

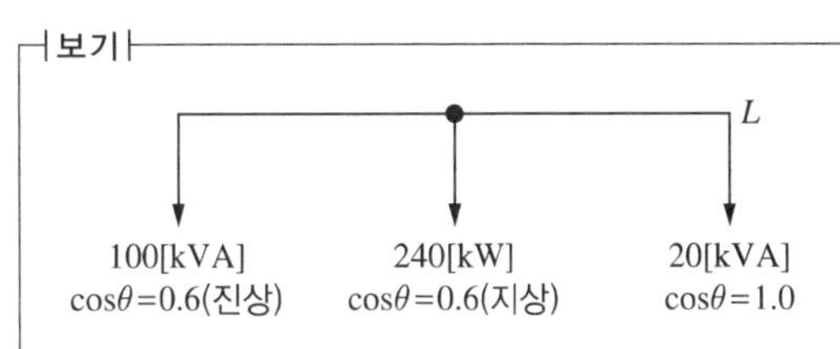

① 0.8(진상, 앞섬)
② 0.8(지상, 뒤짐)
③ 0.6(진상, 앞섬)
④ 0.6(지상, 뒤짐)

05 보기의 R, L, C 직렬 공진회로에서 전압확대율(Q)의 값은?[단, f(femto) = 10^{-15}, n(nano) = 10^{-9}이다]

보기

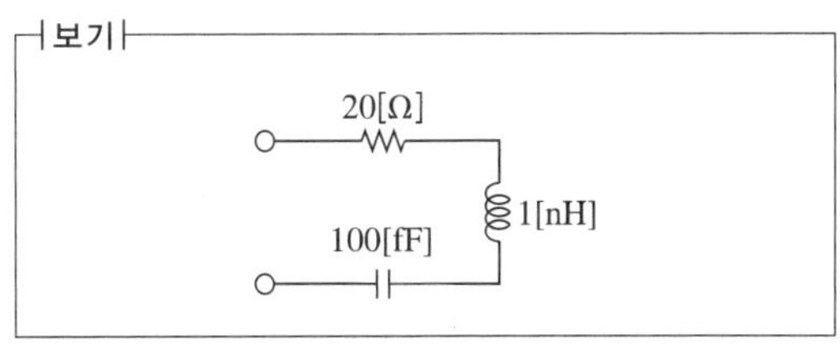

① 2 ② 5
③ 10 ④ 20

06 보기 4단자 회로망(Two Port Network)의 Z 파라미터 중 Z_{22}의 값[Ω]은?

보기

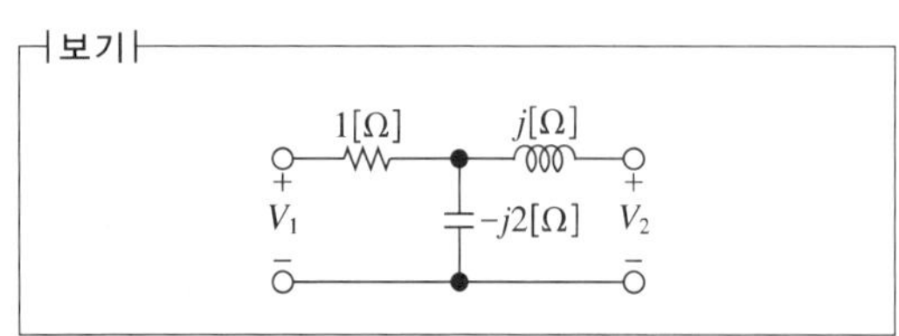

① j ② $j2$
③ $-j$ ④ $-j2$

07 1[μF]의 용량을 갖는 커패시터에 1[V]의 직류전압이 걸려 있을 때, 커패시터에 저장된 에너지의 값[μJ]은?

① 0.5 ② 1
③ 2 ④ 5

08 반지름 a[m]인 구 내부에만 전하 $+Q$[C]가 균일하게 분포하고 있을 때, 구 내·외부의 전계(Electric Field)에 대한 설명으로 가장 옳지 않은 것은?[단, 구 내·외부의 유전율(Permittivity)은 동일하다]

① 구 중심으로부터 $r=a/4$[m] 떨어진 지점에서의 전계의 크기와 $r=2a$[m] 떨어진 지점에서의 전계의 크기는 같다.
② 구 외부의 전계의 크기는 구 중심으로부터의 거리의 제곱에 반비례한다.
③ 전계의 크기로 표현되는 함수는 $r=a$[m]에서 연속이다.
④ 구 내부의 전계의 크기는 구 중심으로부터의 거리에 반비례한다.

09 길이 1[m]의 철심($\mu_s=1,000$) 자기회로에 1[mm]의 공극이 생겼다면 전체의 자기저항은 약 몇 배가 되는가?(단, 각 부분의 단면적은 일정하다)

① 1/2배 ② 2배
③ 4배 ④ 10배

10 진공 중에 직각좌표계로 표현된 전압함수가 $V=4xyz^2$[V]일 때, 공간상에 존재하는 체적전하밀도[C/m^3]는?

① $\rho=-2\varepsilon_0 xy$ ② $\rho=-4\varepsilon_0 xy$
③ $\rho=-8\varepsilon_0 xy$ ④ $\rho=-10\varepsilon_0 xy$

11 보기와 같이 이상적인 연산증폭기를 이용한 회로가 주어졌을 때, R_L에 걸리는 전압의 값[V]은?

보기

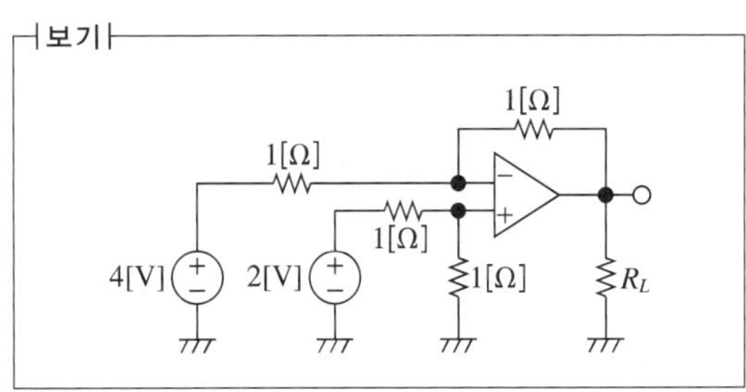

① −2.0 ② −1.5

③ 2.5 ④ 3.0

12 60[Hz]의 교류발전기 회전자가 균일한 자속밀도(Magnetic Flux Density) 내에서 회전하고 있다. 회전자 코일의 면적이 100[cm^2], 감은 수가 100[회]일 때, 유도기전력(Induced Electromotive Force)의 최댓값이 377[V]가 되기 위한 자속밀도의 값[T]은?(단, 각속도는 377[rad/s]로 가정한다)

① 100 ② 1

③ 0.01 ④ 10^{-4}

13 보기와 같은 회로에서 전류 $i(t)$에 관한 특성방정식(Characteristic Equation)이 $s^2+5s+6=0$이라고 할 때, 저항 R의 값[Ω]은?(단, $i(0)=I_0$[A], $v(0)=V_0$[V]이다)

보기

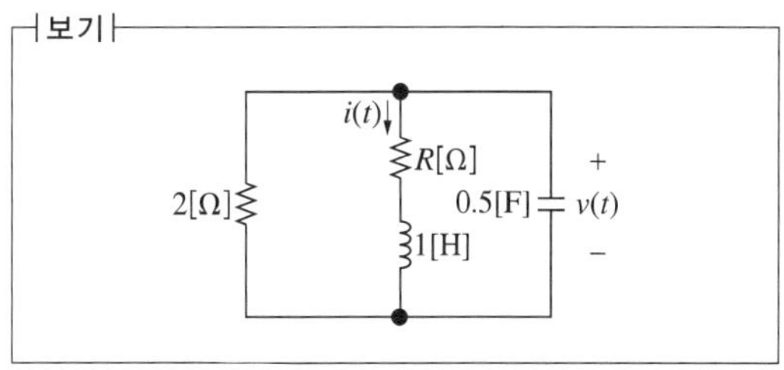

① 1 ② 2

③ 3 ④ 4

14 보기와 같은 회로에서 스위치가 충분히 오랜 시간 동안 열려 있다가 t = 0[s]에 닫혔다. t > 0[s]일 때 $v(t)=8e^{-2t}$[V]라고 한다면, 코일 L의 값[H]은?

보기

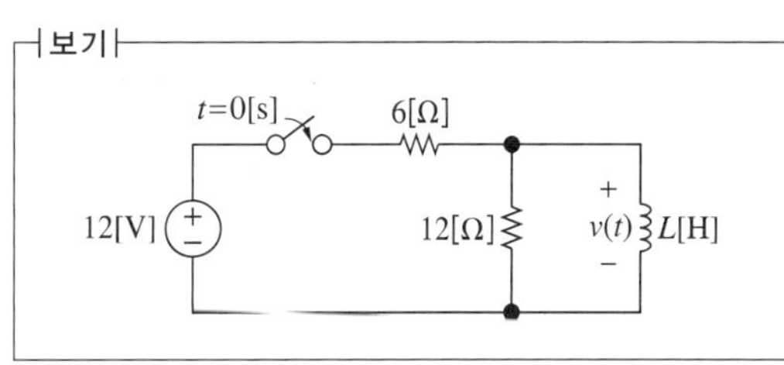

① 2 ② 4

③ 6 ④ 8

15 보기와 같은 회로에서 Z_L에 최대 전력이 전달되기 위한 X의 값[Ω]과 Z_L에 전달되는 최대 전력[W]을 순서대로 나열한 것은?

보기

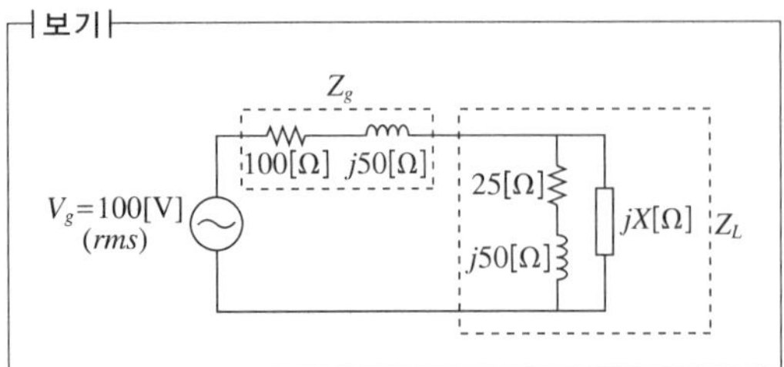

① 50, 25
② 50, 50
③ −50, 25
④ −50, 50

16 보기의 회로와 같이 △결선을 Y결선으로 환산하였을 때, Z의 값[Ω]은?

보기

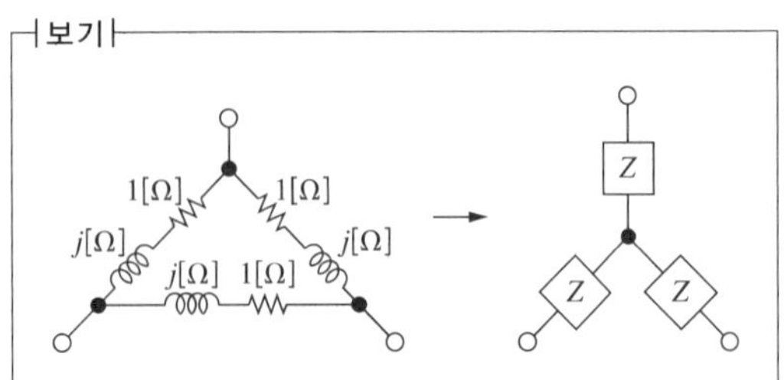

① $1 + j$
② $1/3 + j1/3$
③ $1/2 + j1/2$
④ $3 + j3$

17 보기와 같은 한 변의 길이가 d[m]인 정사각형 도체에 전류 I[A]가 흐를 때, 정사각형 중심점에서 자계의 값[A/m]은?

보기

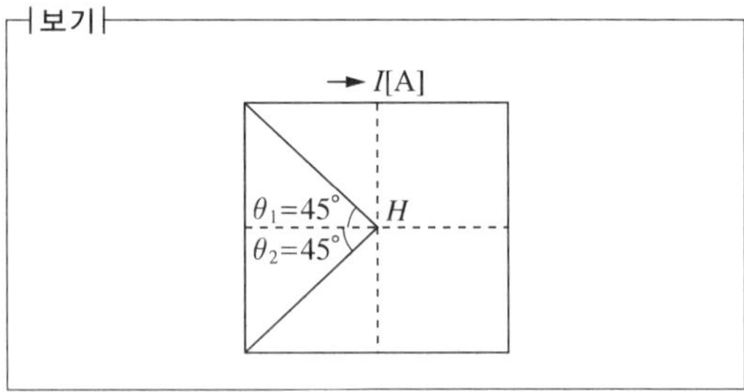

① $H=\frac{\sqrt{2}}{\pi d}I$
② $H=\frac{2\sqrt{2}}{\pi d}I$
③ $H=\frac{3\sqrt{2}}{\pi d}I$
④ $H=\frac{4\sqrt{2}}{\pi d}I$

18 균일 평면파가 비자성체($\mu=\mu_0$)의 무손실 매질 속을 $+x$ 방향으로 진행하고 있다. 이 전자기파의 크기는 10[V/m]이며, 파장이 10[cm]이고 전파속도는 1×10^8[m/s]이다. 파동의 주파수[Hz]와 해당 매질의 비유전율(ε_r)은?

	파동주파수	ε_r
①	1×10^9	4
②	2×10^9	4
③	1×10^9	9
④	2×10^9	9

19 보기와 같은 진공 중에 점전하 Q = 0.4[μC]가 있을 때, 점전하로부터 오른쪽으로 4[m] 떨어진 점 A와 점전하로부터 아래쪽으로 3[m] 떨어진 점 B 사이의 전압차[V]는?(단, 비례상수 $k=\frac{1}{4\pi\varepsilon_0}=9\times10^9$이다)

보기

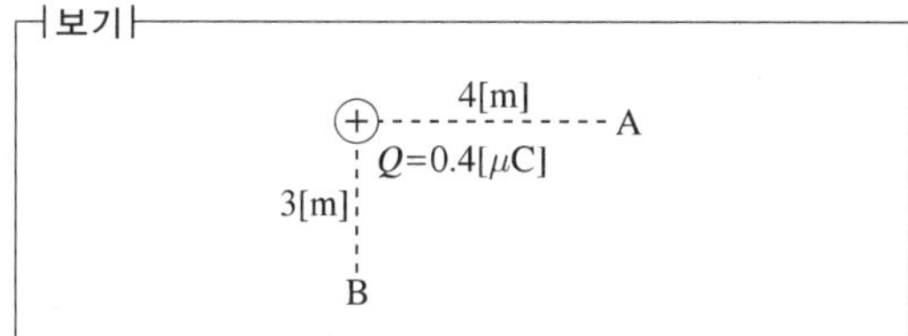

① 100
② 300
③ 500
④ 1,000

20 보기의 회로에서 스위치가 오랫동안 1에 있다가 t = 0[s] 시점에 2로 전환되었을 때, t = 0[s] 시점에 커패시터에 걸리는 전압 초기치 $v_c(0)$[V]와 t > 0[s] 이후 $v_c(t)$가 전압 초기치의 e^{-1}만큼 감소하는 시점[ms]을 순서대로 나열한 것은?

보기

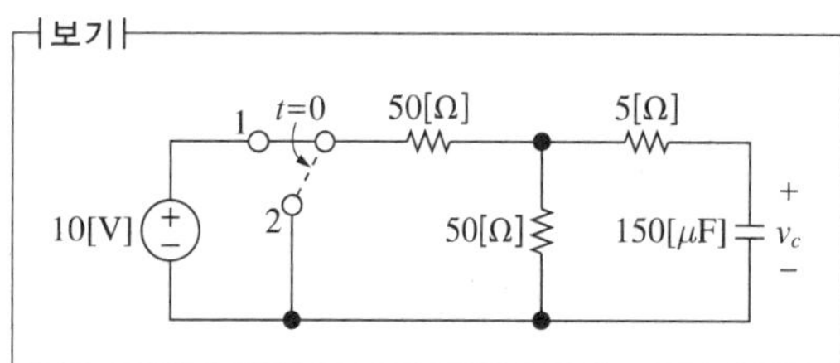

① 5, 4.5
② 10, 2.5
③ 5, 3.0
④ 3, 2.5

01 보기와 같이 1[Ω], 5[Ω], 9[Ω]의 저항 3개를 병렬로 접속하고 120[V]의 전압을 인가할 때, 5[Ω]의 저항에 흐르는 전류 I[A]는?

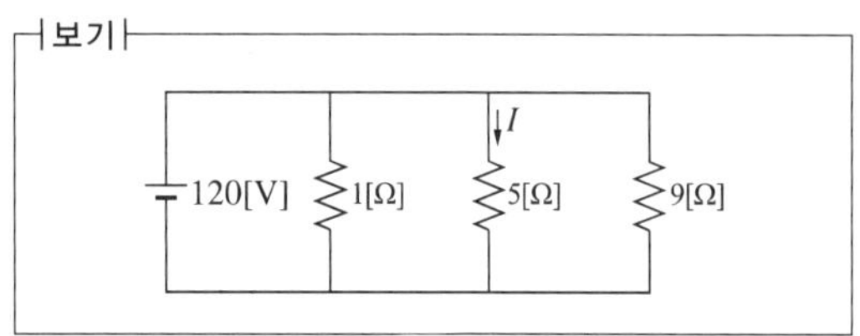

① 20[A]　② 24[A]
③ 40[A]　④ 48[A]

02 전원과 부하가 모두 △결선된 3상 평형 회로가 있다. 전원전압이 80[V], 부하 임피던스가 $3+j4$[Ω]인 경우 선전류[A]의 크기는?

① $4\sqrt{3}$[A]
② $8\sqrt{3}$[A]
③ $12\sqrt{3}$[A]
④ $16\sqrt{3}$[A]

03 1개의 노드에 연결된 3개의 전류가 보기와 같을 때 전류 I[A]는?

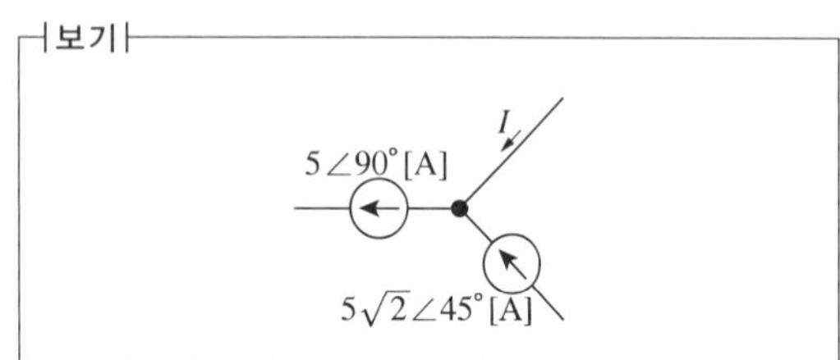

① -5[A]　② 5[A]
③ $5-j5$[A]　④ $5+j5$[A]

04 보기는 이상적인 연산증폭기를 사용하는 회로이다. 두 입력 v_1과 v_2를 가할 때 출력 v_0[V]은?

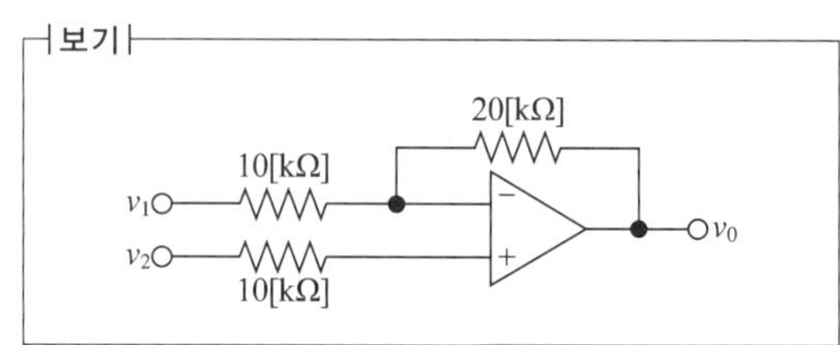

① v_1+v_2[V]
② $2v_1+2v_2$[V]
③ $-2v_1+3v_2$[V]
④ $2v_1+3v_2$[V]

05 유전율이 ε_0, 극판 사이의 간격이 d, 정전용량이 1[F]인 커패시터가 있다. 보기와 같이 극판 사이에 평행으로 유전율이 $3\varepsilon_0$인 물질을 $2d/3$ 두께를 갖도록 삽입했을 때, 커패시터의 정전용량[F]은?

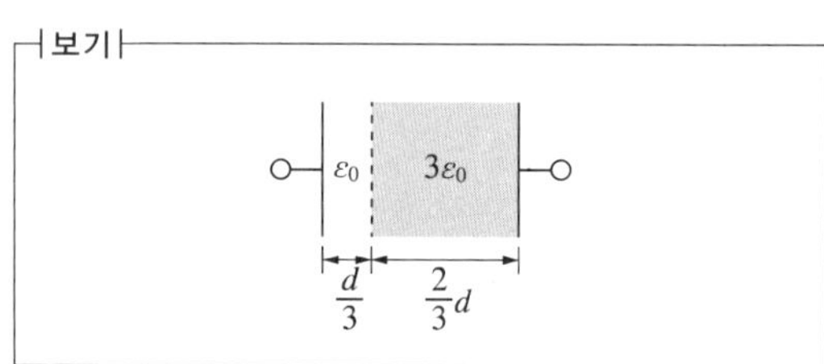

① 1.5[F]　② 1.8[F]
③ 2[F]　④ 2.3[F]

06 보기와 같이 2개의 점전하 +1[μC]과 +4[μC]이 1[m] 떨어져 있을 때, 두 전하가 발생시키는 전계의 세기가 같아지는 지점은?

보기

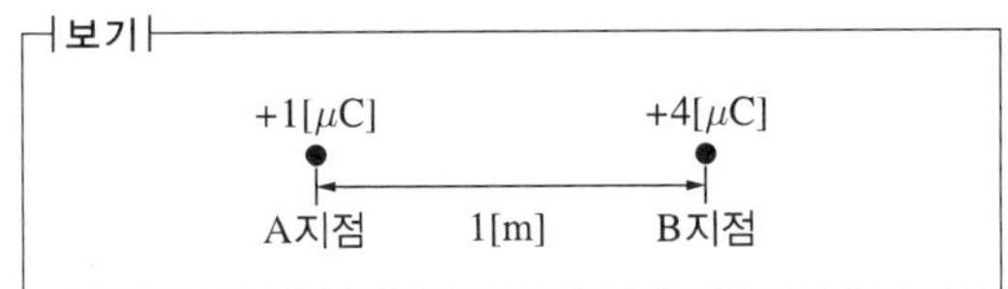

① A지점에서 오른쪽으로 0.2[m] 지점
② A지점에서 오른쪽으로 0.5[m] 지점
③ A지점에서 왼쪽으로 0.5[m] 지점
④ A지점에서 왼쪽으로 1[m] 지점

07 교류회로의 전압과 전류의 실횻값이 각각 50[V], 20[A]이고 역률이 0.8일 때, 소비전력[W]은?

① 200[W] ② 400[W]
③ 600[W] ④ 800[W]

08 무한히 긴 2개의 직선 도체가 공기 중에서 5[cm]의 거리를 두고 평행하게 놓여져 있다. 두 도체에 각각 전류 20[A], 30[A]가 같은 방향으로 흐를 때, 도체 사이에 작용하는 단위 길이당 힘의 크기[N/m]는?

① 2.4×10^{-3}[N/m]
② 15×10^{-3}[N/m]
③ 3.8×10^{3}[N/m]
④ 12×10^{3}[N/m]

09 처음 정전용량이 2[F]인 평행판 커패시터가 있다. 정전용량을 6[F]으로 변경하기 위한 방법으로 가장 옳지 않은 것은?

① 극판 사이의 간격을 1/3배로 한다.
② 판의 면적을 3배로 한다.
③ 극판 사이의 간격을 1/2배로 하고, 판의 면적을 2배로 한다.
④ 극판 사이의 간격을 1/4배로 하고, 판의 면적을 3/4배로 한다.

10 여러 개의 커패시터가 보기의 회로와 같이 연결되어 있다. 전체 등가용량 C_T[μF]은?

보기

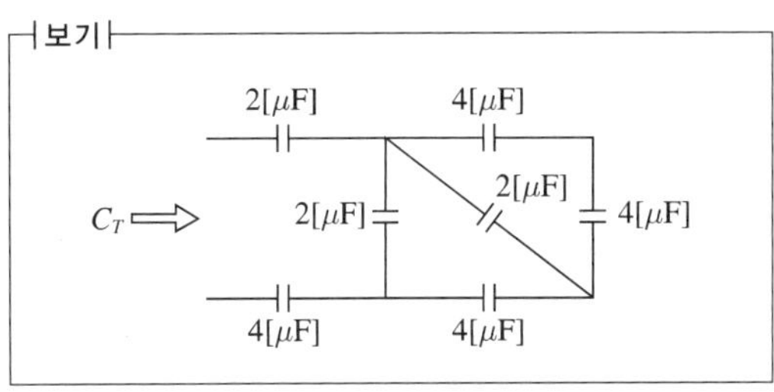

① 1[μF] ② 2[μF]
③ 3[μF] ④ 4[μF]

11 보기의 회로에서 단자 A, B에서 본 테브난(Thévenin) 등가회로를 구했을 때, 테브난 등가저항 R_{TH}[kΩ]은?

보기

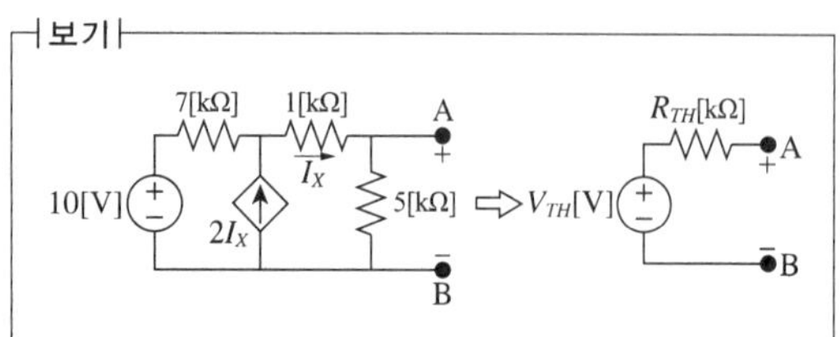

① 10[kΩ] ② 20[kΩ]
③ 30[kΩ] ④ 40[kΩ]

12 균일하게 대전되어 있는 무한길이 직선전하가 있다. 이 선으로부터 수직거리 r만큼 떨어진 점의 전계 세기에 대한 설명으로 가장 옳은 것은?

① r에 비례한다.
② r에 반비례한다.
③ r^2에 비례한다.
④ r^2에 반비례한다.

13 보기의 회로에서 전원의 전압이 140[V]일 때, 단자 A, B 간의 전위차 V_{AB}[V]는?

보기

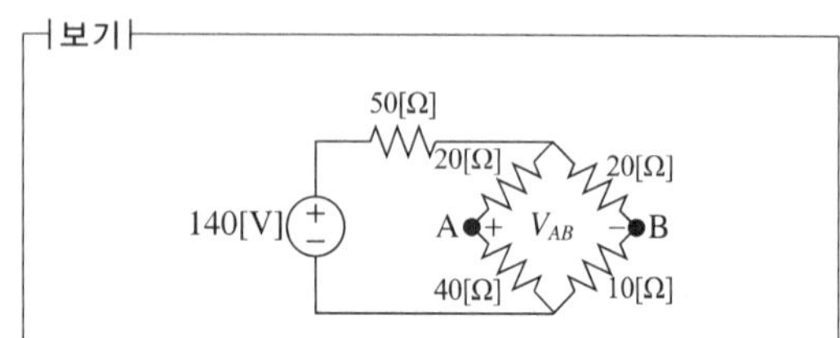

① $\frac{10}{3}$[V] ② $\frac{20}{3}$[V]
③ $\frac{30}{3}$[V] ④ $\frac{40}{3}$[V]

14 보기와 같이 단면적이 S, 평균 길이가 l, 투자율이 μ인 도넛 모양의 원형 철심에 권선수가 N_1, N_2인 2개의 코일을 감고 각각 I_1, I_2를 인가했을 때, 두 코일 간의 상호인덕턴스[H]는?(단, 누설자속은 없다고 가정한다)

보기

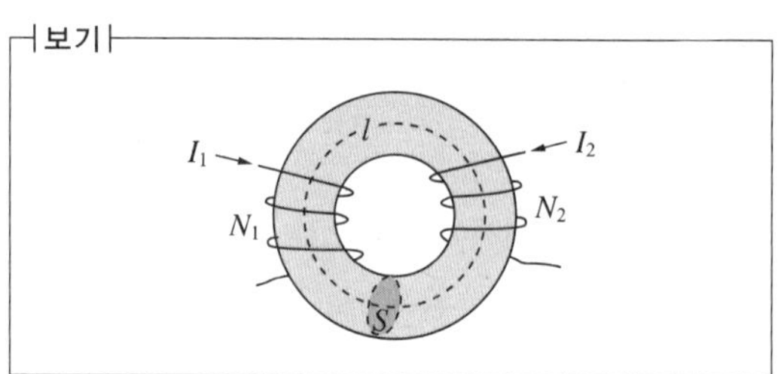

① $\frac{\mu S N_1 N_2}{l}$[H]
② $\frac{\mu N_1 N_2}{I_1 I_2 l}$[H]
③ $\mu S N_1 N_2 l$[H]
④ $\mu S N_1 N_2 I_1 I_2 l$[H]

15 RLC 직렬 공진회로가 공진주파수에서 동작할 때, 이에 대한 설명으로 가장 옳지 않은 것은?

① 회로에 흐르는 전류의 크기는 저항에 의해 결정된다.
② 회로에 흐르는 전류의 크기는 최대가 된다.
③ 전압과 전류의 위상은 동상이다.
④ 인덕터와 커패시터에 걸리는 전압의 위상은 동상이다.

16 보기와 같은 교류회로에 전압 $v(t) = 100\cos(2,000t)$[V]의 전원이 인가되었다. 정상상태(Steady State)일 때 10[Ω] 저항에서 소비하는 평균 전력[W]은?

보기

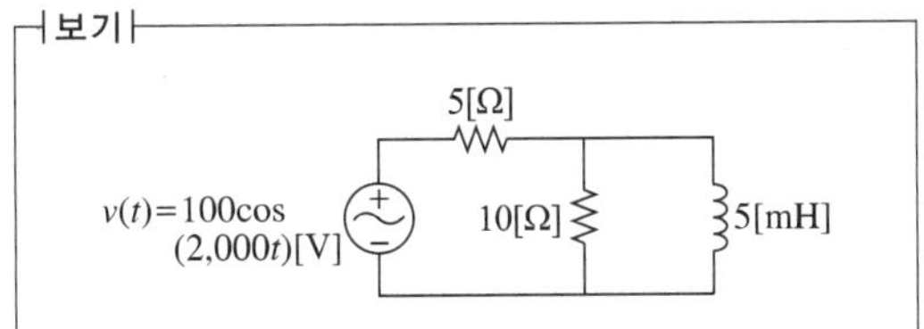

① 100[W]
② 200[W]
③ 300[W]
④ 400[W]

17 서로 다른 금속선으로 된 폐회로의 두 접합점의 온도를 다르게 하였을 때 열기전력이 발생하는 효과로 가장 옳은 것은?

① 톰슨(Thomson) 효과
② 핀치(Pinch) 효과
③ 제베크(Seebeck) 효과
④ 펠티어(Peltier) 효과

18 보기의 회로에서 부하저항 R에 최대로 전력을 전달하기 위한 저항값 R[Ω]은?

보기

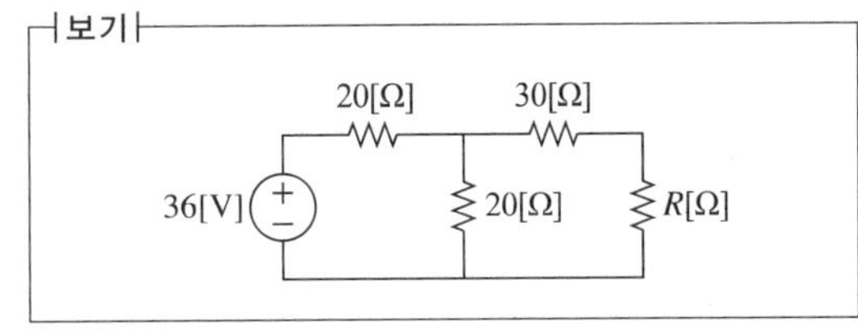

① 10[Ω] ② 20[Ω]
③ 30[Ω] ④ 40[Ω]

19 누설자속이 없을 때 권수 N_1회인 1차 코일과 권수 N_2회인 2차 코일의 자기인덕턴스 L_1, L_2와 상호인덕턴스 M의 관계로 가장 옳은 것은?

① $\frac{1}{\sqrt{L_1 \cdot L_2}} = M$
② $\frac{1}{\sqrt{L_1 \cdot L_2}} = M^2$
③ $\sqrt{L_1 \cdot L_2} = M$
④ $\sqrt{L_1 \cdot L_2} = M^2$

20 인덕터 L = 4[H]에 10[J]의 자계에너지를 저장하기 위해 필요한 전류[A]는?

① $\sqrt{5}$[A]
② 2.5[A]
③ $\sqrt{10}$[A]
④ 5[A]

회독수 ✓체크 ① ② ③

01 그림의 회로에서 $i_1+i_2+i_3$의 값[A]은?

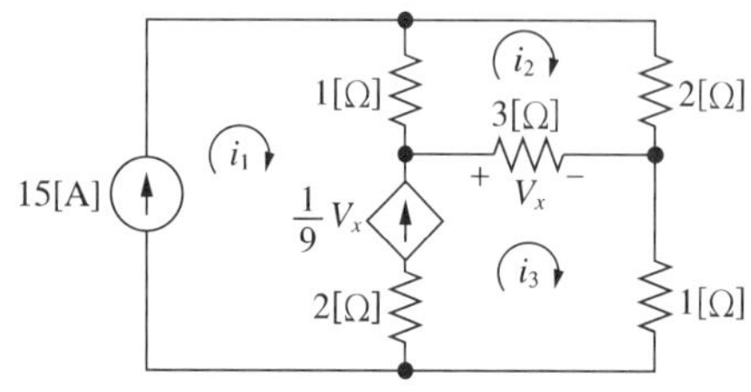

① 40[A]

② 41[A]

③ 42[A]

④ 43[A]

02 그림과 같이 한 접합점에 전류가 유입 또는 유출된다. $i_1(t) = 10\sqrt{2}\sin t$[A], $i_2 = 5\sqrt{2}\sin\left(t+\frac{\pi}{2}\right)$[A], $i_3 = 5\sqrt{2}\sin\left(t-\frac{\pi}{2}\right)$[A]일 때, 전류 i_4의 값[A]은?

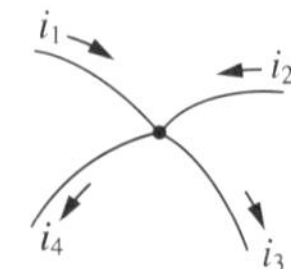

① $10\sin t$[A]

② $10\sqrt{2}\sin t$[A]

③ $20\sin(t+\frac{\pi}{4})$[A]

④ $20\sqrt{2}\sin(t+\frac{\pi}{4})$[A]

03 그림의 회로에서 $v(t=0)=V_0$일 때, 시간 t에서의 $v(t)$의 값[V]은?

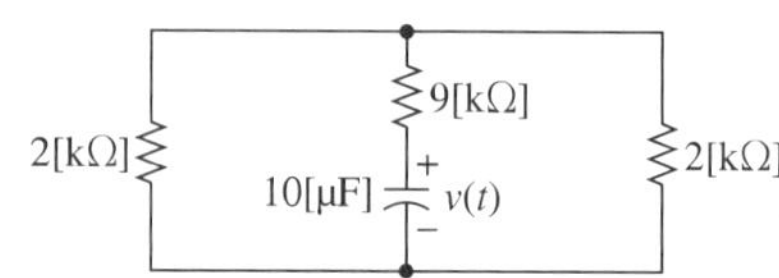

① $v(t)=V_0e^{-10t}$[V]

② $v(t)=V_0e^{0.1t}$[V]

③ $v(t)=V_0e^{10t}$[V]

④ $v(t)=V_0e^{-0.1t}$[V]

04 그림의 회로에서 $C=200$[pF]의 콘덴서가 연결되어 있을 때, 시정수 τ[ps]와 단자 $a-b$ 왼쪽의 테브난 등가전압 V_{Th}의 값[V]은?

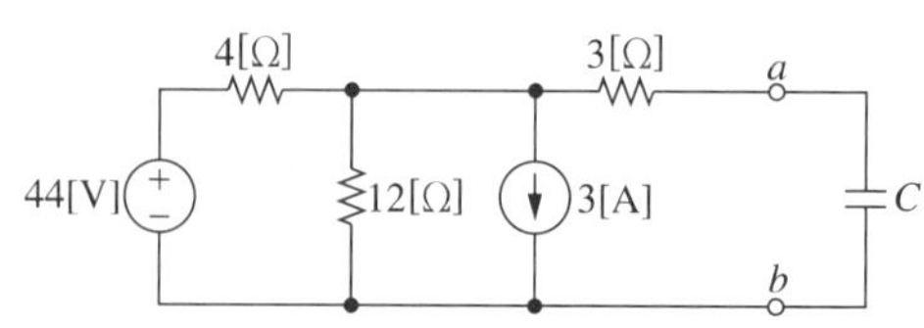

① $\tau=1,200$[ps], $V_{Th}=24$[V]

② $\tau=1,200$[ps], $V_{Th}=12$[V]

③ $\tau=600$[ps], $V_{Th}=12$[V]

④ $\tau=600$[ps], $V_{Th}=24$[V]

05 그림과 같은 전압 파형이 100[mH] 인덕터에 인가되었다. $t=0$[s]에서 인덕터 초기 전류가 0[A]라고 한다면, $t=14$[s]일 때, 인덕터 전류의 값[A]은?

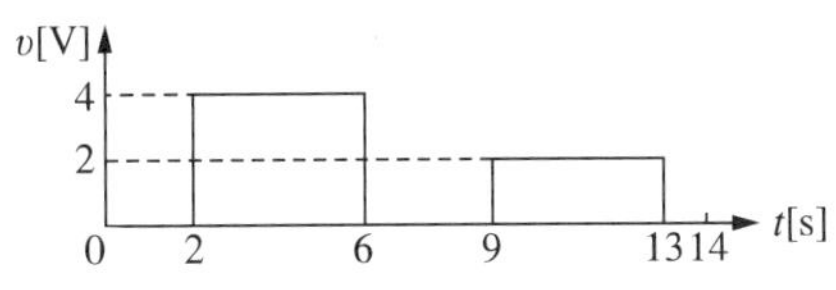

① 210[A] ② 220[A]
③ 230[A] ④ 240[A]

06 20[Ω]의 저항에 실효치 20[V]의 사인파가 걸릴 때, 발생열은 직류전압 10[V]가 걸릴 때 발생열의 몇 배인가?

① 1배 ② 2배
③ 4배 ④ 8배

07 교류전원 $v_s(t)=2\cos 2t$[V]가 직렬 RL 회로에 연결되어 있다. $R=2$[Ω], $L=1$[H]일 때, 회로에 흐르는 전류 $i(t)$의 값[A]은?

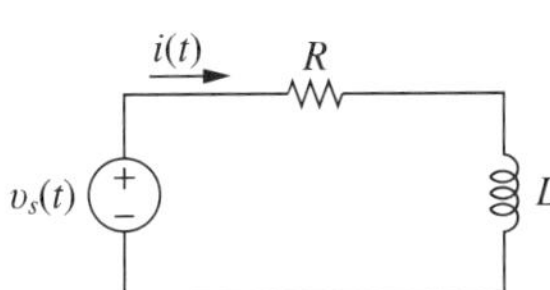

① $\sqrt{2}\cos\left(2t-\frac{\pi}{4}\right)$[A]

② $\sqrt{2}\cos\left(2t+\frac{\pi}{4}\right)$[A]

③ $\frac{1}{\sqrt{2}}\cos\left(2t+\frac{\pi}{4}\right)$[A]

④ $\frac{1}{\sqrt{2}}\cos\left(2t-\frac{\pi}{4}\right)$[A]

08 단면적은 A, 길이는 L인 어떤 도선의 저항의 크기가 10[Ω]이다. 이 도선의 저항을 원래 저항의 $\frac{1}{2}$로 줄일 수 있는 방법으로 가장 옳지 않은 것은?

① 도선의 길이만 기존의 $\frac{1}{2}$로 줄인다.
② 도선의 단면적만 기존의 2배로 증가시킨다.
③ 도선의 도전율만 기존의 2배로 증가시킨다.
④ 도선의 저항률만 기존의 2배로 증가시킨다.

09 그림의 회로에서 1[Ω]에서의 소비전력이 4[W]라고 할 때, 이 회로의 전압원의 전압 V_s[V]의 값과 2[Ω] 저항에 흐르는 전류 I_2의 값[A]은?

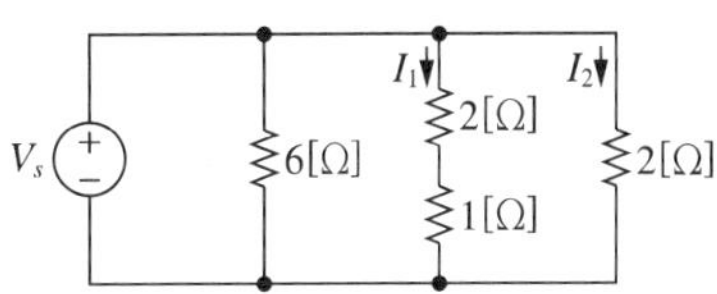

① $V_s=5$[V], $I_2=2$[A]
② $V_s=5$[V], $I_2=3$[A]
③ $V_s=6$[V], $I_2=2$[A]
④ $V_s=6$[V], $I_2=3$[A]

10 정전용량이 C_0[F]인 평행평판 공기 콘덴서가 있다. 이 극판에 평행하게, 판 간격 d[m]의 $\frac{4}{5}$ 두께가 되는 비유전율 ε_s인 에보나이트 판으로 채우면, 이 때의 정전용량의 값[F]은?

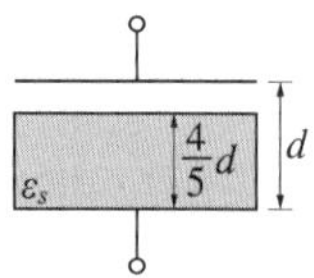

① $\frac{5\varepsilon_s}{1+4\varepsilon_s}C_0$[F]

② $\frac{5\varepsilon_s}{4+\varepsilon_s}C_0$[F]

③ $\frac{4+\varepsilon_s}{5}C_0$[F]

④ $\frac{1+4\varepsilon_s}{5}C_0$[F]

11 그림의 회로에서 전류 i의 값[A]은?

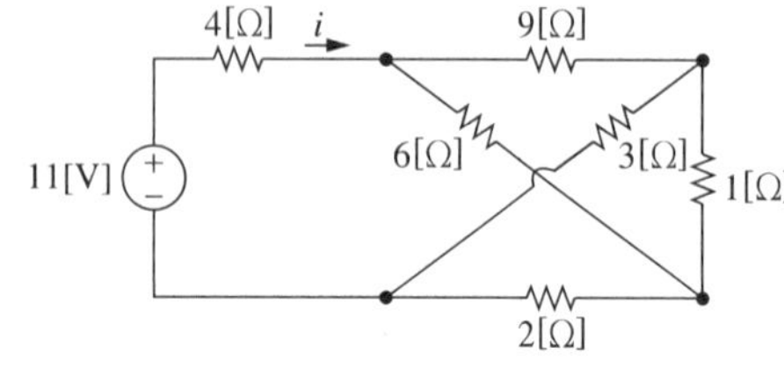

① $\frac{3}{4}$[A] ② $\frac{5}{4}$[A]

③ $\frac{7}{4}$[A] ④ $\frac{9}{4}$[A]

12 그림과 같이 전압원 V_s는 직류 1[V], R_1 = 1[Ω], R_2 = 1[Ω], R_3 = 1[Ω], L_1 = 1[H], L_2 = 1[H]이며, t = 0일 때, 스위치는 단자 1에서 단자 2로 이동했다. $t = \infty$일 때, i_1의 값[A]은?

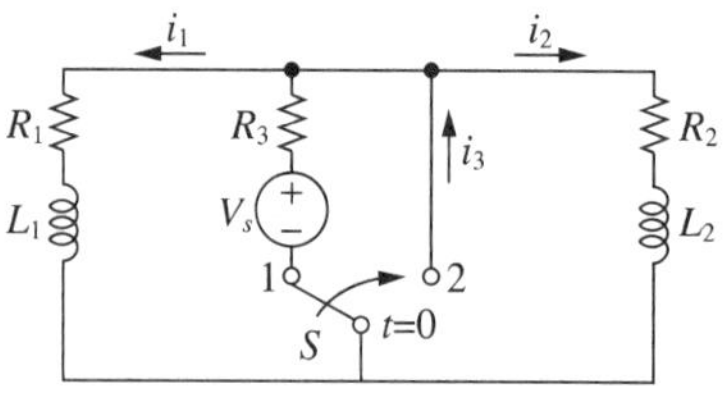

① 0[A] ② 0.5[A]

③ −0.5[A] ④ −1[A]

13 그림과 같은 회로에서 단자 A, B 사이의 등가저항의 값[kΩ]은?

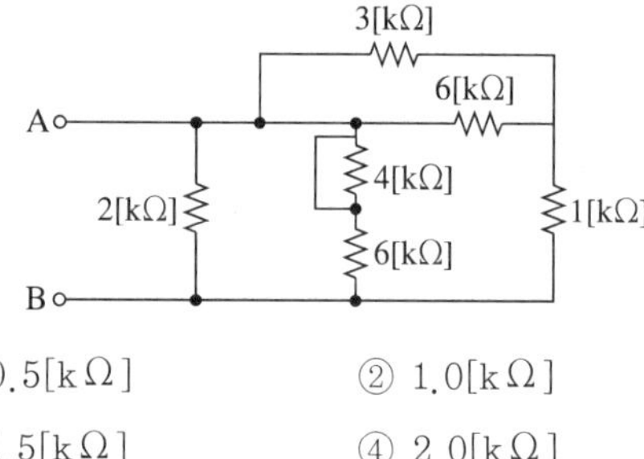

① 0.5[kΩ] ② 1.0[kΩ]

③ 1.5[kΩ] ④ 2.0[kΩ]

14 그림에서 (가)의 회로를 (나)와 같은 등가회로로 구성한다고 할 때, $x+y$의 값은?

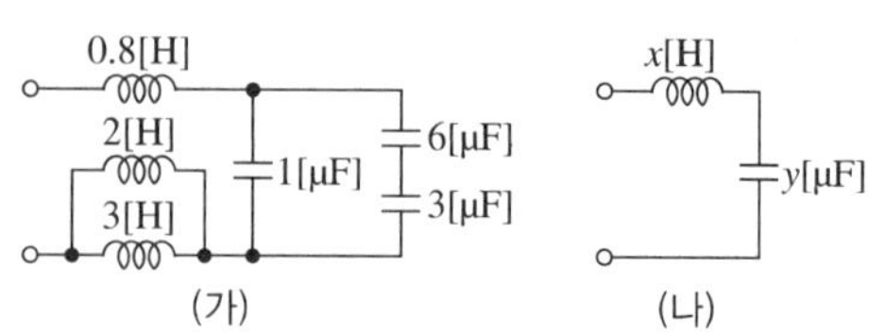

① 3 ② 4

③ 5 ④ 6

15 그림과 같은 자기회로에서 철심의 자기저항 R_c의 값[A · turns/Wb]은?(단, 자성체의 비투자율 μ_{r1}은 100이고, 공극 내 비투자율 μ_{r2}은 1이다. 자성체와 공극의 단면적은 4[m^2]이고, 공극을 포함한 자로의 전체 길이 L_c = 52[m]이며, 공극의 길이 L_g = 2[m]이다. 누설자속은 무시한다)

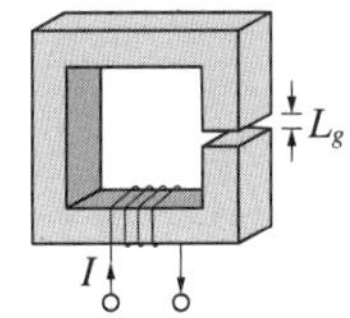

① $\frac{1}{32\pi}\times 10^7$[A · turns/Wb]

② $\frac{1}{16\pi}\times 10^7$[A · turns/Wb]

③ $\frac{1}{8\pi}\times 10^7$[A · turns/Wb]

④ $\frac{1}{4\pi}\times 10^7$[A · turns/Wb]

16 그림과 같은 전압 파형의 실효값[V]은?(단, 해당 파형의 주기는 16[s]이다)

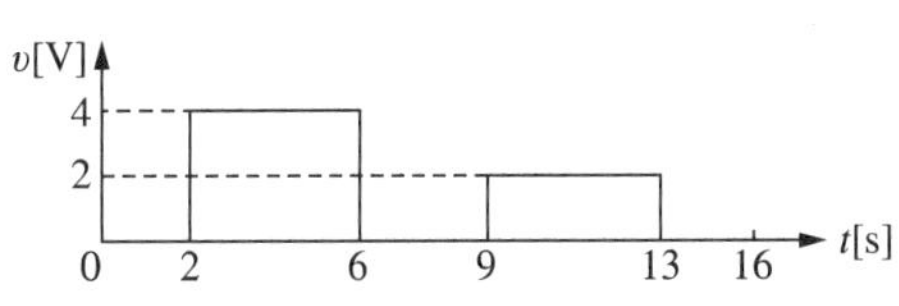

① $\sqrt{3}$[V] ② 2[V]

③ $\sqrt{5}$[V] ④ $\sqrt{6}$[V]

17 시변 전계, 시변 자계와 관련한 Maxwell 방정식의 4가지 수식으로 가장 옳지 않은 것은?

① $\nabla\cdot\vec{D}=\rho_v$

② $\nabla\cdot\vec{E}=0$

③ $\nabla\cdot\vec{B}=0$

④ $\nabla\times\vec{H}=\vec{J}+\frac{\partial\vec{D}}{\partial t}$

18 무한히 먼 곳에서부터 A점까지 +3[C]의 전하를 이동시키는 데 60[J]의 에너지가 소비되었다. 또한 무한히 먼 곳에서부터 B점까지 +2[C]의 전하를 이동시키는 데 10[J]의 에너지가 생성되었다. A점을 기준으로 측정한 B점의 전압[V]은?

① −20[V]

② −25[V]

③ +20[V]

④ +25[V]

19 그림과 같은 연산증폭기 회로에서 v_1 = 1[V], v_2 = 2[V], R_1 = 1[Ω], R_2 = 4[Ω], R_3 = 1[Ω], R_4 = 4[Ω]일 때, 출력전압 v_0의 값[V]은?(단, 연산증폭기는 이상적이라고 가정한다)

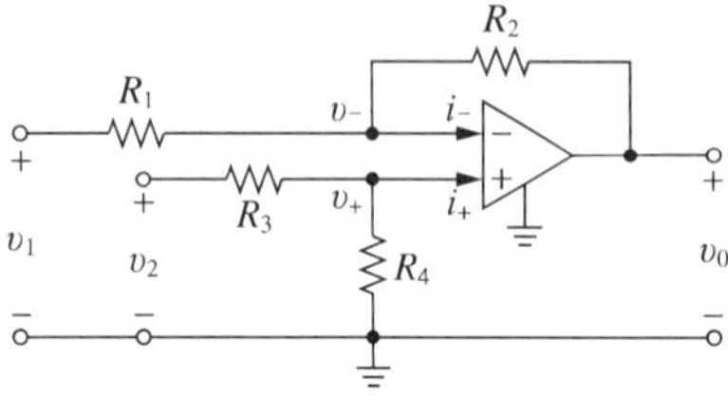

① 1[V]

② 2[V]

③ 3[V]

④ 4[V]

20 커패시터 양단에 인가되는 전압이 $v(t) = 5\sin\left(120\pi t - \frac{\pi}{3}\right)$[V]일 때, 커패시터에 입력되는 전류는 $i(t) = 0.03\pi\cos\left(120\pi t - \frac{\pi}{3}\right)$[A]이다. 이 커패시터의 커패시턴스의 값[$\mu$F]은?

① 40[μF]

② 45[μF]

③ 50[μF]

④ 55[μF]

전기이론 | 2018년 서울시 9급 제2회

회독수 ✓ 체크 ①②③

01 개방 단자 전압이 12[V]인 자동차 배터리가 있다. 자동차 시동을 걸 때 배터리가 0.5[Ω]의 부하에 전류를 공급하면서 배터리 단자 전압이 10[V]로 낮아졌다면 배터리의 내부저항값[Ω]은?

① 0.1　② 0.15
③ 0.2　④ 0.25

02 특이함수(스위칭함수)에 대한 설명으로 옳은 것을 보기에서 모두 고른 것은?

보기
ㄱ. 특이함수는 그 함수가 불연속이거나 그 도함수가 불연속인 함수이다.
ㄴ. 단위 계단함수 $u(t)$는 t가 음수일 때 -1, t가 양수일 때 1의 값을 갖는다.
ㄷ. 단위 임펄스함수 $\delta(t)$는 $t=0$ 외에는 모두 0이다.
ㄹ. 단위 램프함수 $r(t)$는 t의 값에 상관없이 단위 기울기를 갖는다.

① ㄱ, ㄴ　② ㄱ, ㄷ
③ ㄴ, ㄷ　④ ㄷ, ㄹ

03 공장의 어떤 부하가 단상 220[V]/60[Hz] 전력선으로부터 0.5의 지상역률로 22[kW]를 소비하고 있다. 이때 공장으로 유입되는 전류의 실횻값[A]은?

① 50　② 100
③ 150　④ 200

04 보기와 같은 필터 회로에 대한 설명으로 가장 옳은 것은?

보기

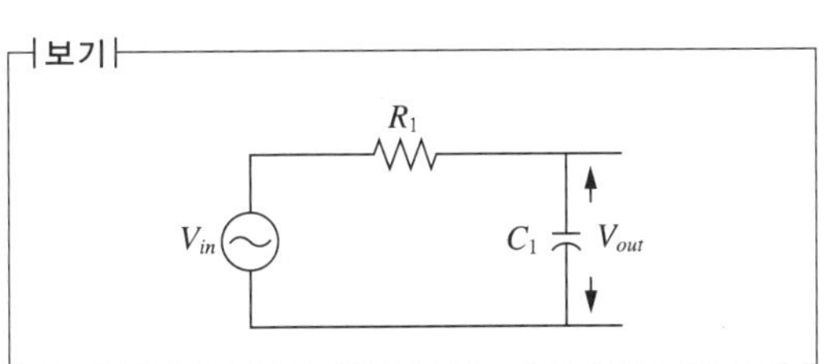

① 입력전압 V_{in}의 주파수가 0일 때 출력전압 V_{out}은 0이다.
② 입력전압 V_{in}의 주파수가 무한대이면 출력전압 V_{out}은 V_{in}과 같다.
③ 필터회로의 차단주파수는 $f_c = \dfrac{1}{2\pi\sqrt{R_1C_1}}$[Hz]이다.
④ 차단주파수에서 출력전압은 입력전압보다 위상이 45° 뒤진다.

서울시 9급 기출이 답이다 전기이론

05 반경이 a, $b(b>a)$인 두 개의 동심구 도체 구 껍질(Spherical Shell)로 구성된 구 커패시터의 정전용량은?

① $\dfrac{2\pi\varepsilon}{a-b}$

② $\dfrac{4\pi\varepsilon}{a-b}$

③ $\dfrac{2\pi\varepsilon}{\frac{1}{a}-\frac{1}{b}}$

④ $\dfrac{4\pi\varepsilon}{\frac{1}{a}-\frac{1}{b}}$

06 보기와 같이 평균 길이가 10[cm], 단면적이 20[cm²], 비투자율이 1,000인 철심에 도선이 100회 감겨 있고, 60[Hz]의 교류전류 2[A](실효치)가 흐르고 있을 때, 전압 V의 실효치[V]는?(단, 도선의 저항은 무시하며, μ_0는 진공의 투자율이다)

보기

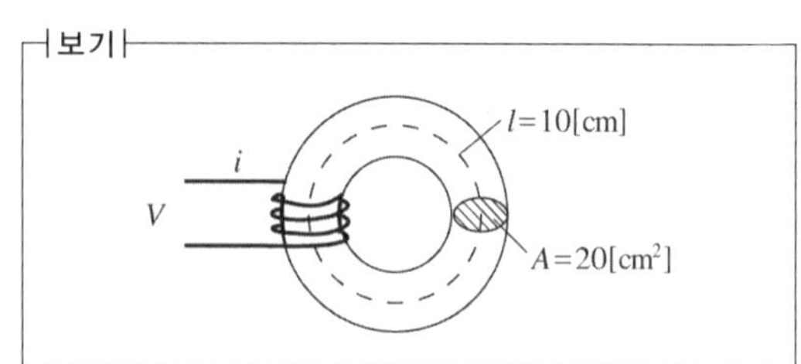

① $12\pi\times10^6\mu_0$

② $24\pi\times10^6\mu_0$

③ $36\pi\times10^6\mu_0$

④ $48\pi\times10^6\mu_0$

07 보기와 같이 종속전압원을 갖는 회로에서 V_2 전압[V]은?

보기

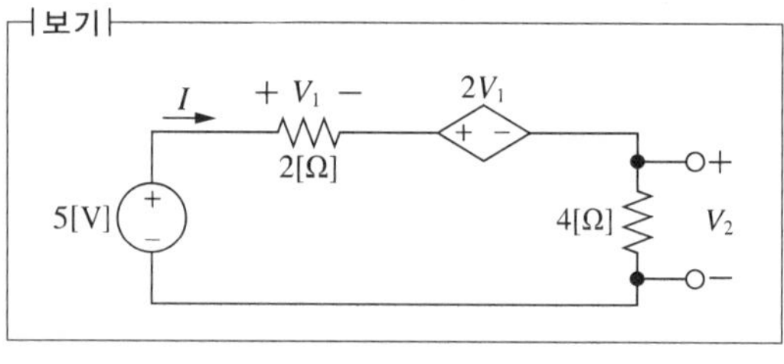

① 1 ② 1.5

③ 2 ④ 3

08 자유공간에 놓여 있는 1[cm] 두께의 합성수지판 표면에 수직 방향(법선 방향)으로 외부에서 전계 E_0[V/m]를 가하였을 경우에 대한 설명으로 가장 옳지 않은 것은?(단, 합성수지판의 비유전율은 $\varepsilon_r=2.5$이며, ε_0는 자유공간의 유전율이다)

① 합성수지판 내부의 전속밀도는 $\varepsilon_0 E_0$[C/m²]이다.

② 합성수지판 내부의 전계의 세기는 $0.4E_0$[V/m]이다.

③ 합성수지판 내부의 분극 세기는 $0.5\varepsilon_0 E_0$[C/m²]이다.

④ 합성수지판 외부에서 분극 세기는 0이다.

09 15[F]의 정전용량을 가진 커패시터에 270[J]의 전기에너지를 저장할 때, 커패시터 전압[V]은?

① 3 ② 6

③ 9 ④ 12

10 **자성체의 성질에 대한 설명으로 가장 옳지 않은 것은?**

① 강자성체의 온도가 높아져서 상자성체와 같은 동작을 하게 되는 온도를 큐리온도라 한다.

② 강자성체에 외부자계가 인가되면 자성체 내부의 자속밀도는 증가한다.

③ 발전기, 모터, 변압기 등에 사용되는 강자성체는 매우 작은 인가자계에도 큰 자화를 가져야 한다.

④ 페라이트는 매우 높은 도전율을 가지므로 고주파수 응용 분야에 널리 사용된다.

11 **보기와 같은 회로에서 스위치 S를 닫고 3초 후 커패시터에 나타나는 전압의 근삿값[V]은?(단, V_s = 50[V], R = 3[MΩ], C = 1[μF]이며, 스위치를 닫기 전 커패시터의 전압은 0이다)**

보기

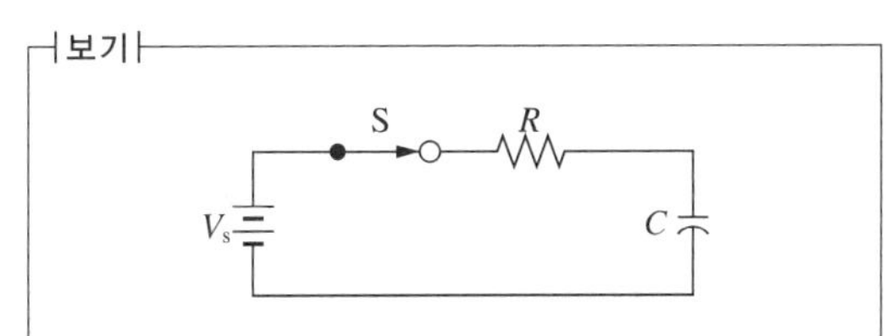

① 18.5 ② 25.5
③ 31.5 ④ 35.5

12 **RLC 직렬회로에 공급되는 교류전압의 주파수가 $f = \dfrac{1}{2\pi\sqrt{LC}}$[Hz]일 때, 보기의 설명 중 옳은 것을 모두 고른 것은?**

보기

ㄱ. L 또는 C 양단에 가장 큰 전압이 걸리게 된다.
ㄴ. 회로의 임피던스는 가장 작은 값을 가지게 된다.
ㄷ. 회로에 흐른 전류는 공급전압보다 위상이 뒤진다.
ㄹ. L에 걸리는 전압과 C에 걸리는 전압의 위상은 서로 같다.

① ㄱ, ㄴ
② ㄴ, ㄷ
③ ㄱ, ㄷ, ㄹ
④ ㄴ, ㄷ, ㄹ

13 **보기와 같은 회로에서 전압 V_x의 값[V]은?**

보기

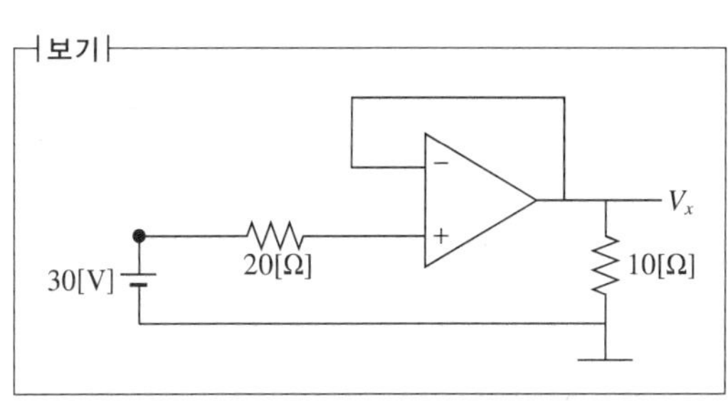

① 10 ② 20
③ 30 ④ 45

14 보기와 같은 2포트 회로의 어드미턴스(Y) 파라미터를 모두 더한 값[℧]은?

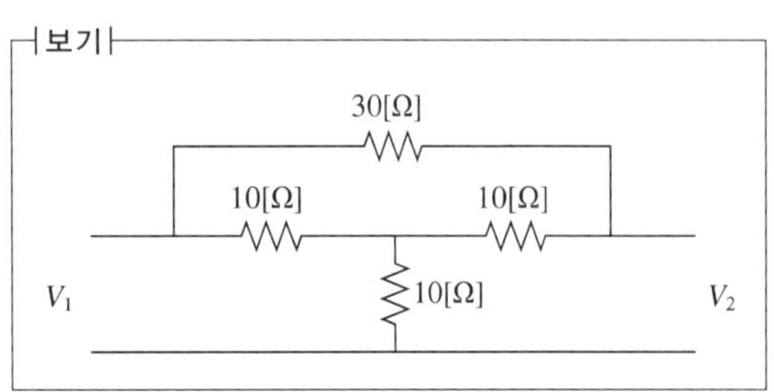

① 1/15 ② 1/30
③ 15 ④ 30

15 보기와 같은 RL 직렬회로에서 소비되는 전력[kW]은?

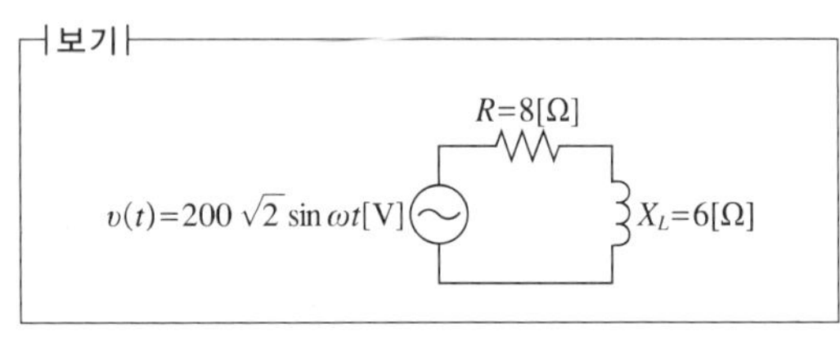

① 3.2 ② 3.8
③ 4 ④ 10

16 보기와 같은 회로에서 V_{ab}전압의 정상상태값[V]은?

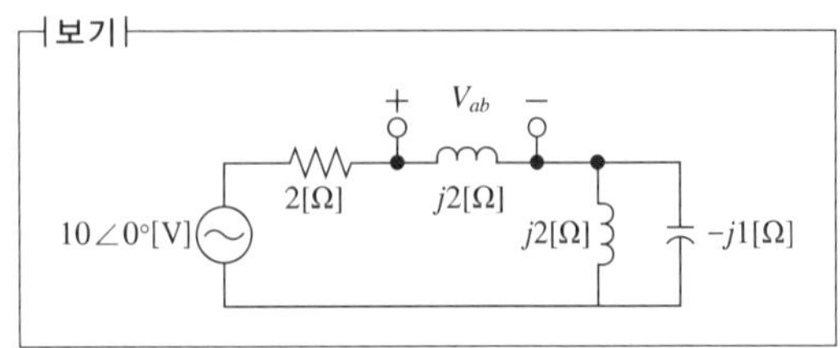

① $5+j10$
② $5+j5$
③ $j5$
④ $j10$

17 보기와 같은 회로에서 R_x에 최대 전력이 전달될 수 있도록 할 때, 저항 R_x에서 소모되는 전력[W]은?

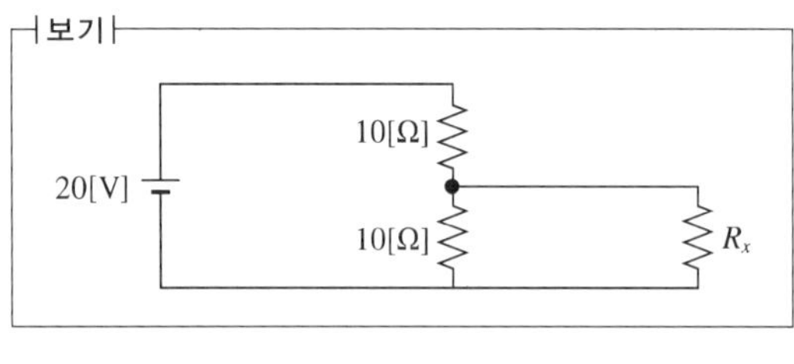

① 1 ② 5
③ 10 ④ 15

18 비정현파 전류 $i(t) = 10\sin\omega t + 5\sin(3\omega t + 30°) + \sqrt{3}\sin(5\omega t + 60°)$일 때, 전류 $i(t)$의 실횻값[A]은?

① 6 ② 8
③ 10 ④ 12

19 라플라스함수 $F(s)=\dfrac{s+1}{s^2+2s+5}$의 역변환 $f(t)$는?

① $e^{-2t}\cos t$

② $e^{-2t}\sin t$

③ $e^{-t}\cos 2t$

④ $e^{-t}\sin 2t$

20 비투자율이 3,600, 비유전율이 1인 매질 내 주파수가 1[GHz]인 전자기파의 속도[m/s]는?

① 3×10^8

② 1.5×10^8

③ 5×10^7

④ 5×10^6

회독수 ✓체크 ①②③

01 자장의 세기가 $\frac{10^4}{\pi}$[A/m]인 공기 중에서 50[cm]의 도체를 자장과 30°가 되도록 하고 60[m/s]의 속도로 이동시켰을 때의 유기기전력은?

① 20[mV] ② 30[mV]
③ 60[mV] ④ 80[mV]

02 어떤 전하가 100[V]의 전위차를 갖는 두 점 사이를 이동하면서 10[J]의 일을 할 수 있다면, 이 전하의 전하량은?

① 0.1[C] ② 1[C]
③ 10[C] ④ 100[C]

03 무한히 긴 직선 도선에 628[A]의 전류가 흐르고 있을 때 자장의 세기가 50[A/m]인 점이 도선으로부터 떨어진 거리는?

① 1[m] ② 2[m]
③ 4[m] ④ 5[m]

04 N회 감긴 환상 코일의 단면적은 S[m^2]이고 평균 길이가 l[m]이다. 이 코일의 권수와 단면적을 각각 두 배로 하였을 때 인덕턴스를 일정하게 하려면 길이를 몇 배로 하여야 하는가?

① 8배 ② 4배
③ 2배 ④ 16배

05 보기와 같은 RLC 병렬회로에서 $v = 80\sqrt{2}\sin(\omega t)$[V]인 교류를 a, b 단자에 가할 때, 전류 I의 실횻값이 10[A]라면, X_c의 값은?

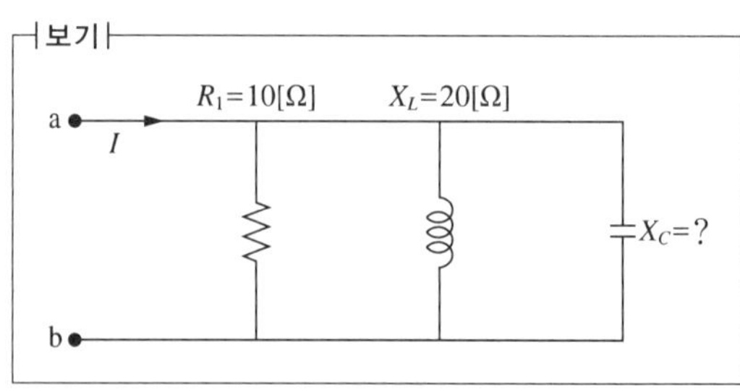

① 8[Ω]
② 10[Ω]
③ $10\sqrt{2}$[Ω]
④ 20[Ω]

06 보기와 같은 회로의 합성 저항은?

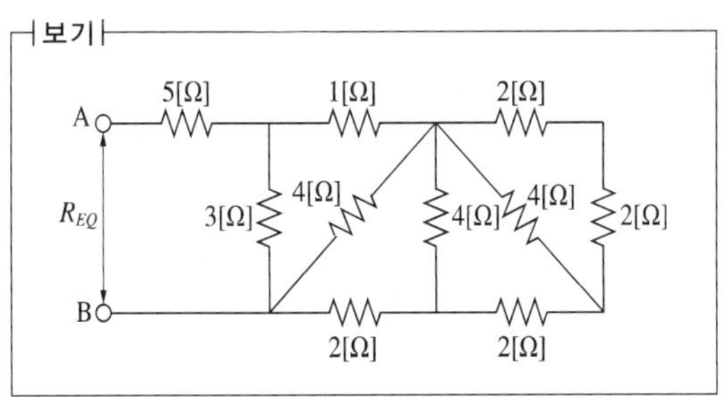

① 8[Ω] ② 6.5[Ω]
③ 5[Ω] ④ 3.5[Ω]

07 보기와 같이 전류원과 2개의 병렬저항으로 구성된 회로를 전압원과 1개의 직렬저항으로 변환할 때, 변환된 전압원의 전압과 직렬저항값은?

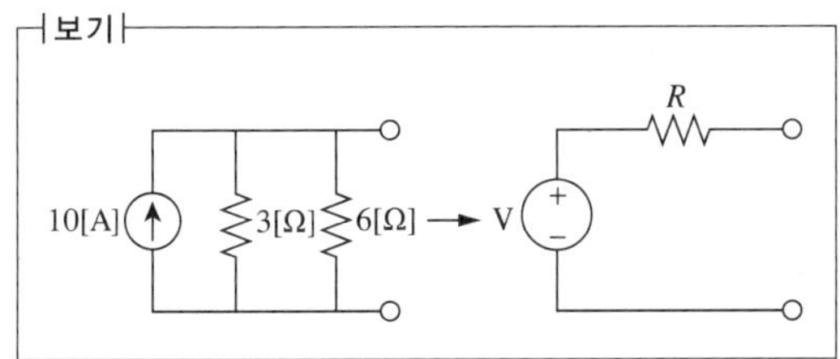

① 10[V], 9[Ω]
② 10[V], 2[Ω]
③ 20[V], 2[Ω]
④ 90[V], 9[Ω]

08 저항 R_1 = 1[Ω]과 R_2 = 2[Ω]이 병렬로 연결된 회로에 100[V]의 전압을 가했을 때, R_1에서 소비되는 전력은 R_2에서 소비되는 전력의 몇 배인가?

① 0.5배 ② 1배
③ 2배 ④ 같다.

09 보기와 같이 저항 R = 24[Ω], 유도성 리액턴스 X_L = 20[Ω], 용량성 리액턴스 X_c = 10[Ω]인 직렬회로에 실효치 260[V]의 교류전압을 인가했을 경우 흐르는 전류의 실효치는?

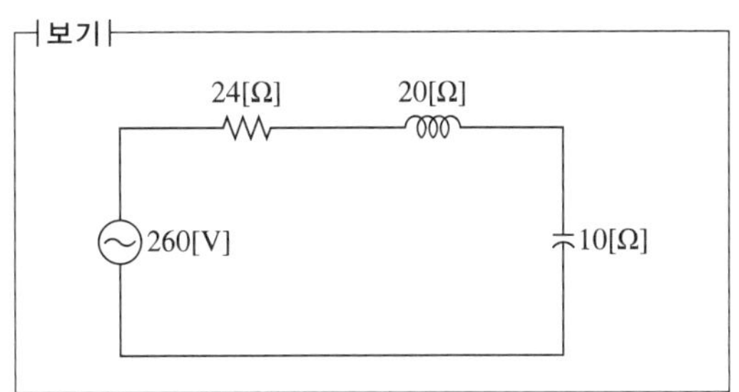

① 5[A] ② 10[A]
③ 15[A] ④ 20[A]

10 보기와 같은 회로에서 a, b 단자 사이에 60[V]의 전압을 가하여 4[A]의 전류를 흘리고 R_1, R_2에 흐르는 전류를 1 : 3으로 하고자 할 때 R_1의 저항값은?

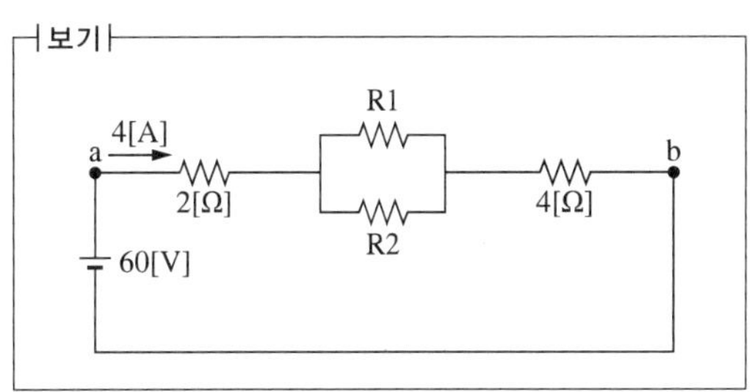

① 6[Ω] ② 12[Ω]
③ 18[Ω] ④ 36[Ω]

11 보기와 같은 브리지 회로에서 a, b 사이의 전압이 0일 때, R_4에서 소모되는 전력이 2[W]라면, c와 d 사이의 전압 V_{cd}는?

보기

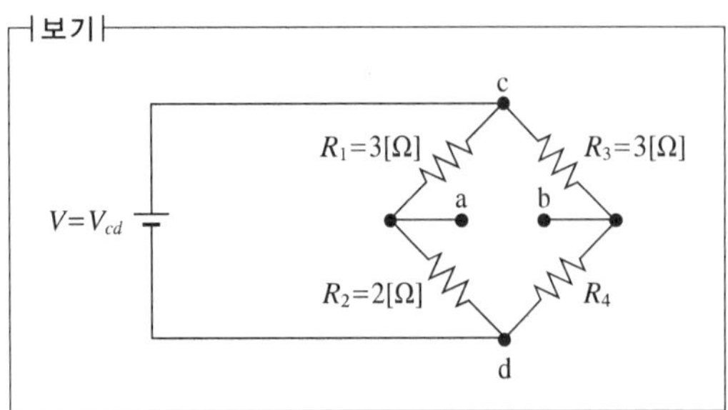

① 1[V] ② 2[V]
③ 5[V] ④ 10[V]

12 10×10^{-6}[C]의 양전하와 6×10^{-7}[C]의 음전하를 갖는 대전체가 비유전율 3인 유체 속에서 1[m] 거리에 있을 때 두 전하 사이에 작용하는 힘은?(단, 비례상수 $k=\frac{1}{4\pi\varepsilon_0}=9\times10^{9}$이다)

① -1.62×10^{-1}[N]
② 1.62×10^{-1}[N]
③ -1.8×10^{-2}[N]
④ 1.8×10^{-2}[N]

13 자체 인덕턴스가 각각 $L_1=10$[mH], $L_2=10$[mH]인 두 개의 코일이 있고, 두 코일 사이의 결합계수가 0.5일 때, L_1코일의 전류를 0.1[s] 동안 10[A] 변화시키면 L_2에 유도되는 기전력의 양(절댓값)은?

① 10[mV] ② 100[mV]
③ 50[mV] ④ 500[mV]

14 어떤 회로에 $v=100\sqrt{2}\sin\left(120\pi t+\frac{\pi}{4}\right)$[V]의 전압을 가했더니 $i=10\sqrt{2}\sin\left(120\pi t-\frac{\pi}{4}\right)$[A]의 전류가 흘렀다. 이 회로의 역률은?

① 0 ② $\frac{1}{\sqrt{2}}$
③ 0.1 ④ 1

15 보기와 같은 회로에서 전류 I의 값은?

보기

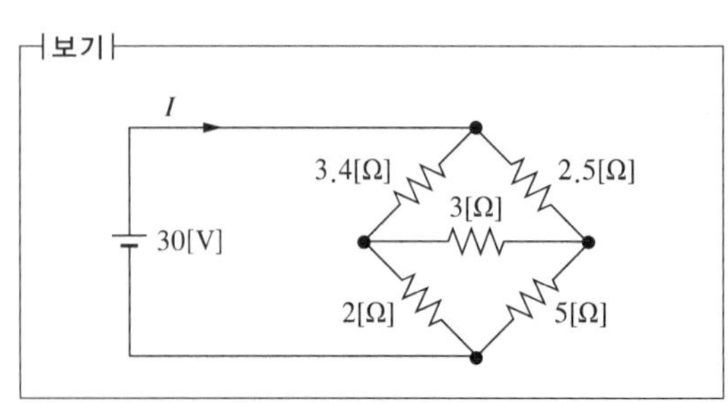

① 6[A] ② 8[A]
③ 10[A] ④ 12[A]

16 보기와 같은 그림에서 스위치가 $t=0$인 순간 2번 접점으로 이동하였을 경우 $t=0^+$인 시점과 $t=\infty$가 되었을 때, 저항 5[kΩ]에 걸리는 전압을 각각 구한 것은?

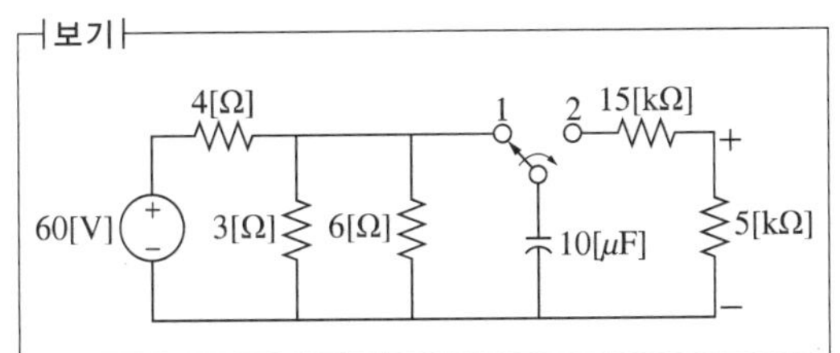

① 5[V], 0[V]
② 7.5[V], 1.5[V]
③ 10[V], 0[V]
④ 12.5[V], 3[V]

17 보기와 같이 R, C 소자로 구성된 회로에서 전달함수를 $H=\dfrac{V_o}{V_i}$라고 할 때, 회로의 특성으로 옳은 것은?

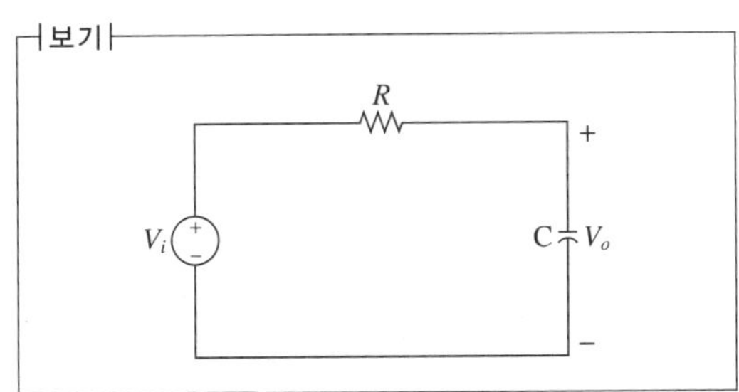

① 고역 통과 필터(High-pass Filter)
② 저역 통과 필터(Low-pass Filter)
③ 대역 통과 필터(Band-pass Filter)
④ 대역 차단 필터(Band-stop Filter)

18 진공 중 반지름이 a[m]인 원형 도체판 2매를 사용하여 극판거리 d[m]인 콘덴서를 만들었다. 이 콘덴서의 극판거리를 3배로 하고 정전용량을 일정하게 하려면 이 도체판의 반지름은 a의 몇 배로 하면 되는가?(단, 도체판 사이의 전계는 모든 영역에서 균일하고 도체판에 수직이라고 가정한다)

① $\dfrac{1}{3}$배
② $\dfrac{1}{\sqrt{3}}$배
③ 3배
④ $\sqrt{3}$배

19 보기와 같이 전압원을 접속했을 때 흐르는 전류 I의 값은?

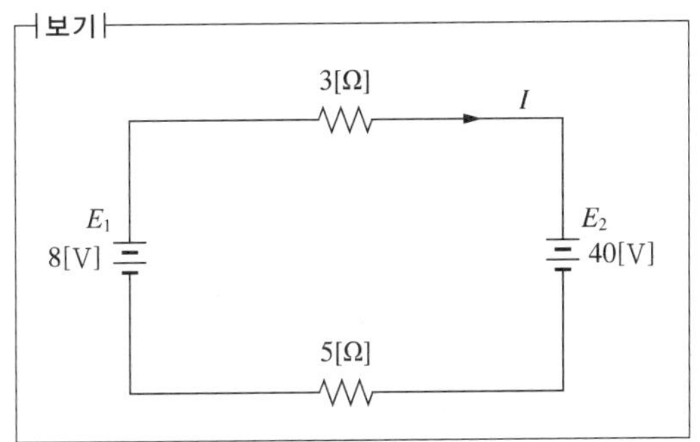

① 4[A]
② −4[A]
③ 6[A]
④ −6[A]

20 보기와 같은 회로에서 인덕터의 전압 v_L이 $t>0$ 이후에 0이 되는 시점은?(단, 전류원의 전류 $i=0$, $t<0$이고 $i=te^{-2t}$[A], $t\geq 0$이다)

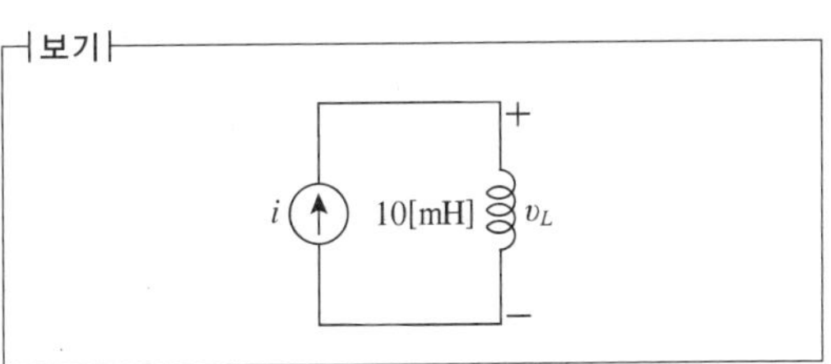

① $\dfrac{1}{2}$[s]
② $\dfrac{1}{5}$[s]
③ 2[s]
④ 5[s]

01 일정한 기전력이 가해지고 있는 회로의 저항값을 2배로 하면 소비전력은 몇 배가 되는가?

① $\frac{1}{8}$ ② $\frac{1}{4}$

③ $\frac{1}{2}$ ④ 2

02 다음 회로에서 저항에 흐르는 전류 I_1[mA]은?

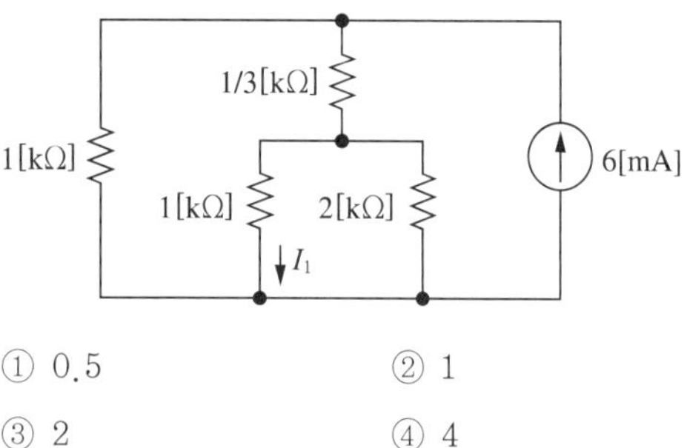

① 0.5 ② 1

③ 2 ④ 4

03 다음 회로를 테브난 등가회로로 변환하면 등가저항 R_{th}[kΩ]은?

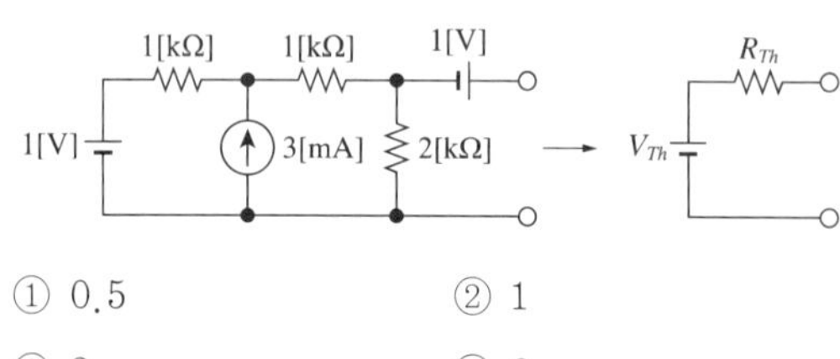

① 0.5 ② 1

③ 2 ④ 3

04 다음 회로에서 부하저항 $R_L = 10[\Omega]$에 흐르는 전류 I[A]는?

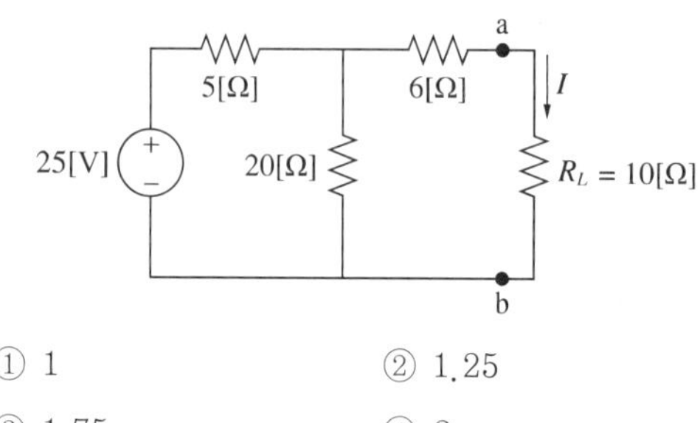

① 1 ② 1.25

③ 1.75 ④ 2

05 다음 회로에서 저항 R_1의 저항값[kΩ]은?

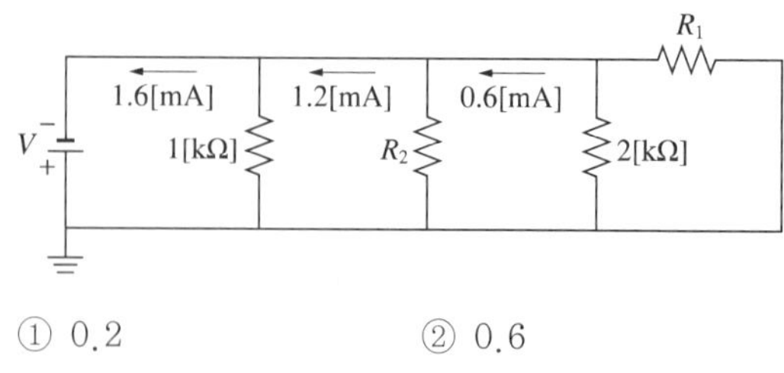

① 0.2 ② 0.6

③ 1 ④ 1.2

06 RLC 직렬회로에서 $R = 20[\Omega]$, $L = 32[\text{mH}]$, $C = 0.8[\mu\text{F}]$일 때, 선택도 Q는?

① 0.00025
② 1.44
③ 5
④ 10

07 내부저항 0.1[Ω], 전원전압 10[V]인 전원이 있다. 부하 R_L에서 소비되는 최대 전력[W]은?

① 100　② 250
③ 500　④ 1,000

08 $100\sin\left(3\omega t + \frac{2\pi}{3}\right)$[V]인 교류전압의 실횻값은 약 몇 [V]인가?

① 70.7　② 100
③ 141　④ 212

09 다음 그림의 인덕턴스 브리지에서 L_4[mH]값은? (단, 전류계 Ⓐ에 흐르는 전류는 0[A]이다)

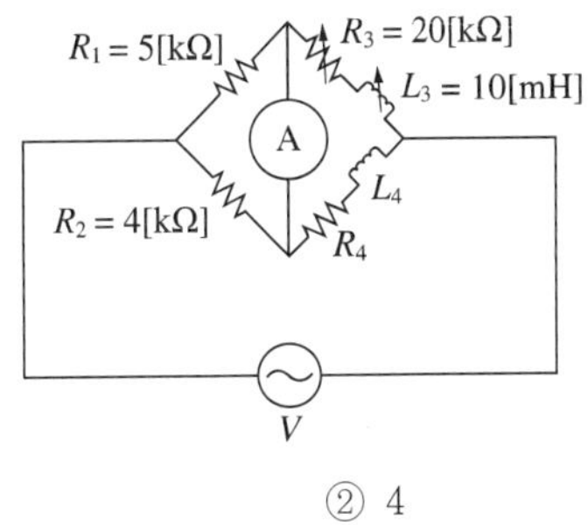

① 2　② 4
③ 8　④ 16

10 다음 회로에서 전류 I[A]값은?

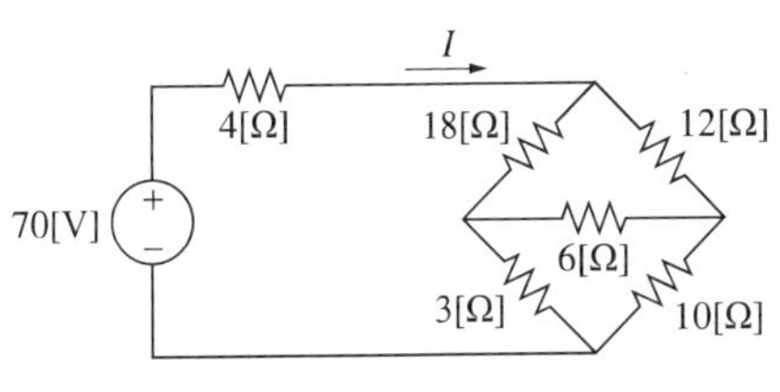

① 2.5　② 5
③ 7.5　④ 10

11 다음 반전 연산 증폭기회로에서 입력저항 2[kΩ], 피드백 저항 5[kΩ]에 흐르는 전류 i_s, i_F[mA]는? (단, V_s = 2[V])

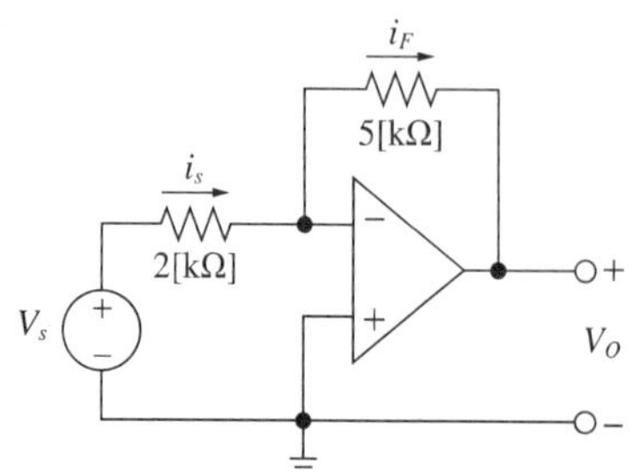

① i_s = 1[mA], i_F = 1[mA]

② i_s = 1[mA], i_F = 2[mA]

③ i_s = 2[mA], i_F = 1[mA]

④ i_s = 2[mA], i_F = 2[mA]

12 다음 4단자 회로망(Two Port Network)의 Y 파라미터 중 $Y_{11}[\Omega^{-1}]$은?

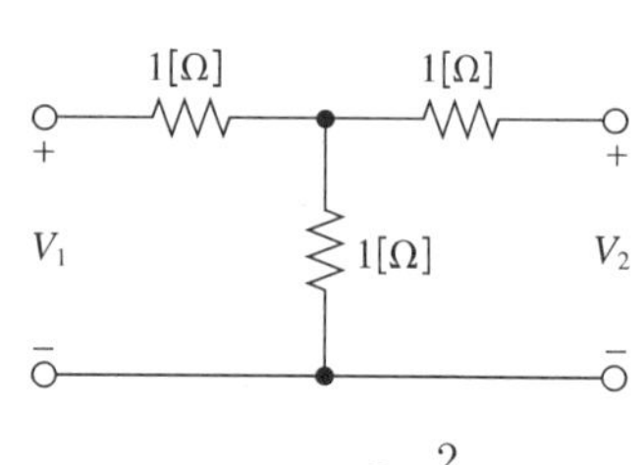

① $\frac{1}{2}$ ② $\frac{2}{3}$

③ 1 ④ 2

13 다음과 같은 T형 회로에서 4단자 정수 중 C값은?

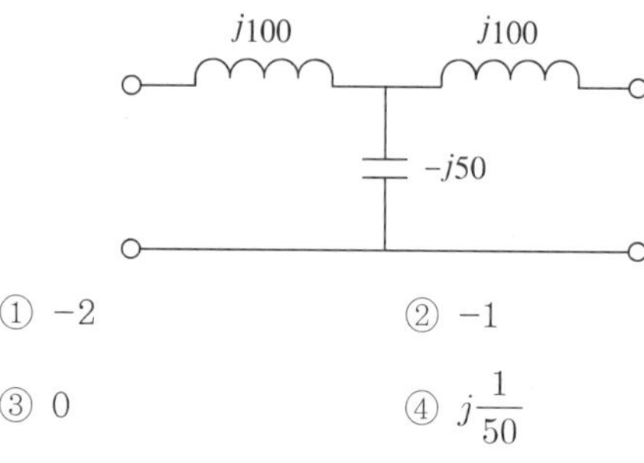

① −2 ② −1

③ 0 ④ $j\frac{1}{50}$

14 $F(s) = \frac{2(s+2)}{s(s^2+3s+4)}$일 때, $F(s)$의 역라플라스 변환(Inverse Laplace Transform)된 함수 $f(s)$의 최종값은?

① $\frac{1}{4}$ ② $\frac{1}{2}$

③ $\frac{3}{4}$ ④ 1

15 $F(s) = \frac{2}{s(s+2)}$의 역라플라스 변환(Inverse Laplace Transform)을 바르게 표현한 식은?(단, $u(t)$는 단위 계단함수(Unit Step Function)이다)

① $f(t) = (2+e^{-2t})u(t)$

② $f(t) = (2-e^{-2t})u(t)$

③ $f(t) = (1+e^{-2t})u(t)$

④ $f(t) = (1-e^{-2t})u(t)$

16 다음과 같이 연결된 커패시터를 1[kV]로 충전하였더니 2[J]의 에너지가 충전되었다면, 커패시터 C_x의 정전용량[μF]은?

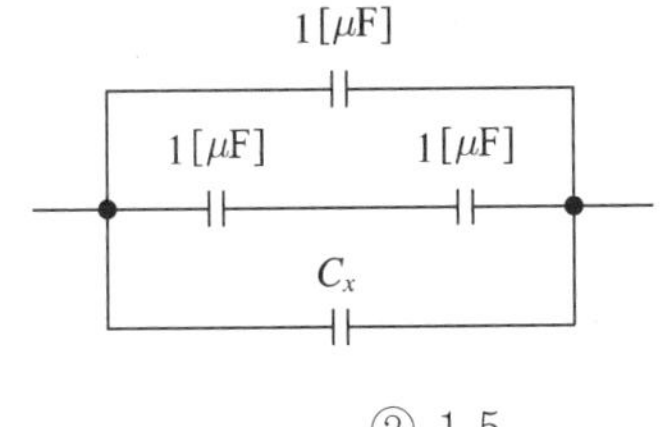

① 1　　② 1.5
③ 2　　④ 2.5

17 자속이 반대 방향이 되도록 직렬접속한 두 코일의 인덕턴스가 5[mH], 20[mH]이다. 이 두 코일에 10[A]의 전류를 흘려주었을 때, 코일에 저장되는 에너지는 몇 [J]인가?(단, 결합계수 $k = 0.25$)

① 1　　② 1.5
③ 2　　④ 3

18 그림처럼 두 개의 평행하고 무한히 긴 도선에 반대 방향의 전류가 흐르고 있다. 자계의 세기가 0[V/m]인 지점은?

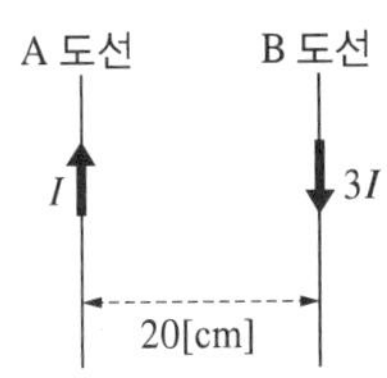

① A도선으로부터 왼쪽 10[cm] 지점
② A도선으로부터 오른쪽 5[cm] 지점
③ A도선으로부터 오른쪽 10[cm] 지점
④ B도선으로부터 오른쪽 10[cm] 지점

19 내·외 도체의 반경이 각각 a, b이고 길이 L인 동축 케이블의 정전용량[F]은?

① $C=\dfrac{2\pi\varepsilon L}{\ln\dfrac{b}{a}}$　　② $C=\dfrac{4\pi\varepsilon L}{\ln\dfrac{b}{a}}$

③ $C=\dfrac{2\pi\varepsilon L}{\ln\dfrac{a}{b}}$　　④ $C=\dfrac{4\pi\varepsilon L}{\ln\dfrac{a}{b}}$

20 다음 그림과 같이 자속밀도 1.5[T]인 자계 속에서 자계의 방향과 직각으로 놓여진 도체(길이 50[cm])가 자계와 30° 방향으로 10[m/s]의 속도로 운동한다면 도체에 유도되는 기전력[V]은?

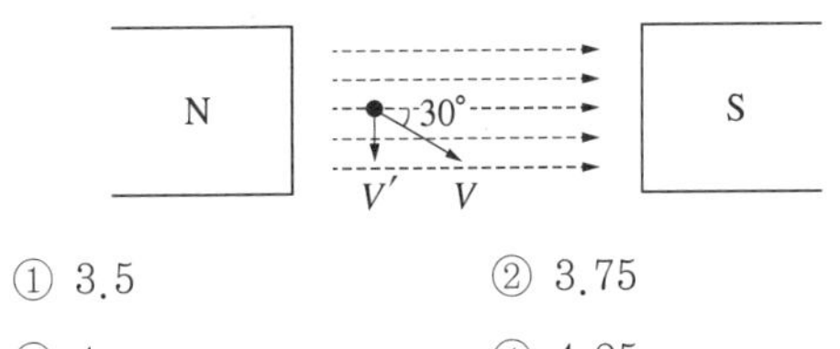

① 3.5　　② 3.75
③ 4　　④ 4.25

합격의
공 식
SD에듀

S D E D U

교육이란 사람이 학교에서 배운 것을
잊어버린 후에 남은 것을 말한다.

–알버트 아인슈타인–

본 도서는 항균잉크로 인쇄하였습니다.

9급 공무원

2023 합격의 공식 SD에듀

PASSCODE

9급 국가직 | 지방직 | 서울시 등 공무원 채용 대비

기출이 답이다

전기이론

7개년 기출 + 무료강의

정답 및 해설

편저 | 강은성

SD에듀
(주)시대고시기획

잘라 쓰는

정답 한눈에 보기 & OCR 답안지

정답 한눈에 보기

※ 절취선을 따라 잘라서 사용하세요
※ 회차별 문제를 확인하여 빠르게 채점한 후 해설을 확인해보세요.

2023 기출이 답이다 9급 공무원

전기이론 7개년 정답 한 눈에 보기!

2022년 국가직

01	02	03	04	05
④	③	④	④	①
06	07	08	09	10
②	③	전항 정답	③	①
11	12	13	14	15
②	①	②	①	②
16	17	18	19	20
③	①	③	③	①

2021년 국가직

01	02	03	04	05
③	④	①	②	③
06	07	08	09	10
①	④	③	④	①
11	12	13	14	15
②	①	②	④	②
16	17	18	19	20
④	②	②	②	④

2020년 국가직

01	02	03	04	05
①	②	①	④	②
06	07	08	09	10
③	①	③	②	④
11	12	13	14	15
②	③	③	②	①
16	17	18	19	20
④	①	③	④	①

2019년 국가직

01	02	03	04	05
①	②	③	④	①
06	07	08	09	10
③	①	③	③	②
11	12	13	14	15
①	④	②	④	②
16	17	18	19	20
②	③	④	②	④

2018년 국가직

01	02	03	04	05
④	③	②	①	②
06	07	08	09	10
③	④	④	④	①
11	12	13	14	15
①	④	③	③	③

2017년 국가직

01	02	03	04	05
④	②	①	②	②
06	07	08	09	10
③	①	④	③	②
11	12	13	14	15
②	③	③	④	①

2016년 국가직

01	02	03	04	05
①	②	③	④	④
06	07	08	09	10
④	①	④	②	①
11	12	13	14	15
③	①	②	③	④

OCR 답안지 사용안내

※ 절취선을 따라 잘라서 사용하세요.
※ 도서에 있는 OCR 답안지가 부족할 경우 시대교육 홈페이지의 도서업데이트 카테고리에서 OCR 답안지 PDF를 다운받아 출력해서 사용하실 수 있습니다.

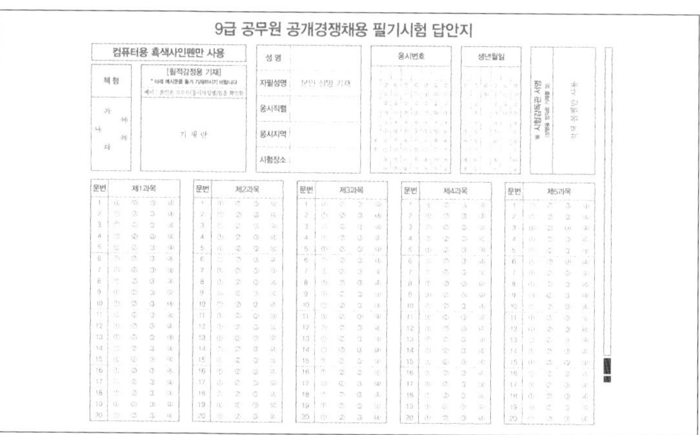

※ 잘라서 정답을 마킹하고 채점하세요.

기출이 답이다
9급 공무원
전기이론
해설편

PART 1
국가직

- 2022년 국가직 9급
- 2021년 국가직 9급
- 2020년 국가직 9급
- 2019년 국가직 9급
- 2018년 국가직 9급
- 2017년 국가직 9급
- 2016년 국가직 9급

출제경향

2022년 국가직

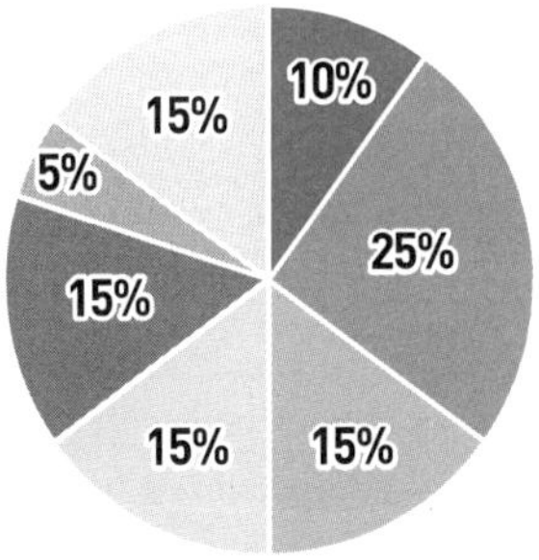

10% 25% 15% 15% 15% 5% 15%

2021년 국가직

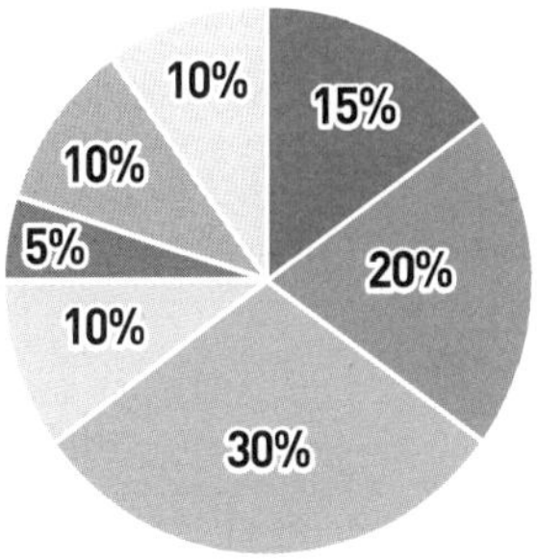

15% 20% 30% 10% 5% 10% 10%

2020년 국가직

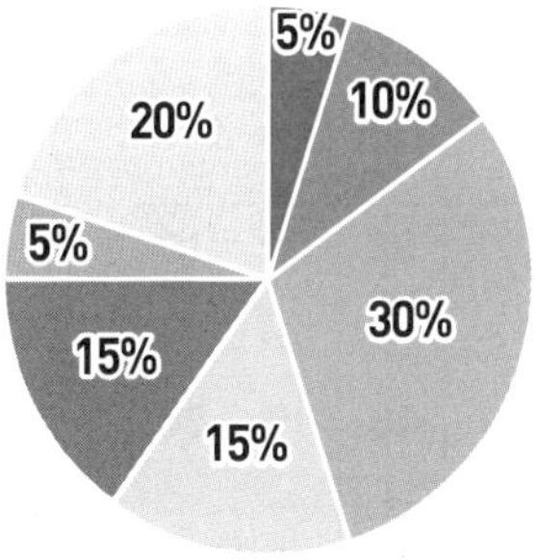

5% 10% 30% 15% 15% 5% 20%

전기회로와 회로 소자
정현파와 교류회로
전력과 3상회로
회로의 해석
과도현상과 비정현파
정전계와 도체계
정자계와 자기현상

2019년 국가직

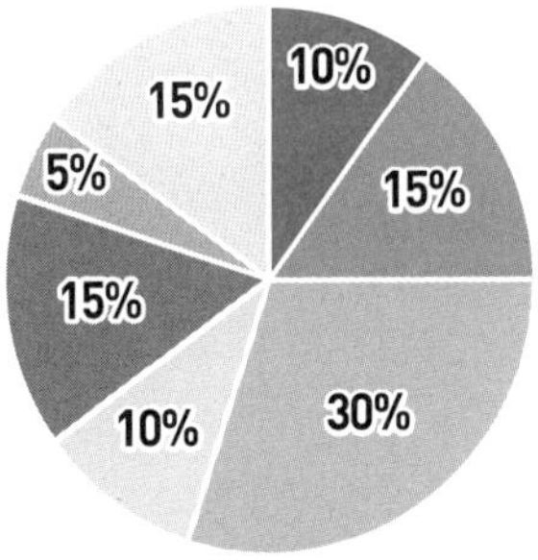

10% 15% 30% 10% 15% 5% 15%

2018년 국가직

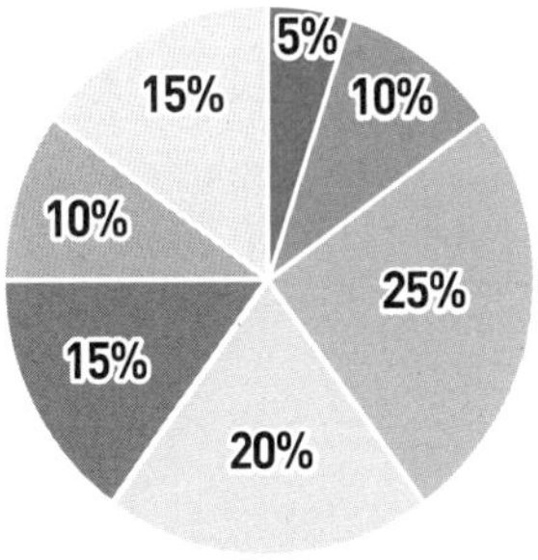

5% 10% 25% 20% 15% 10% 15%

2017년 국가직

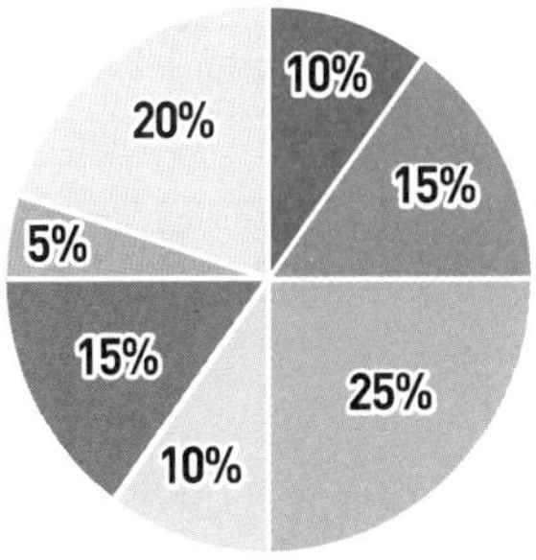

10% 15% 25% 10% 15% 5% 20%

2016년 국가직

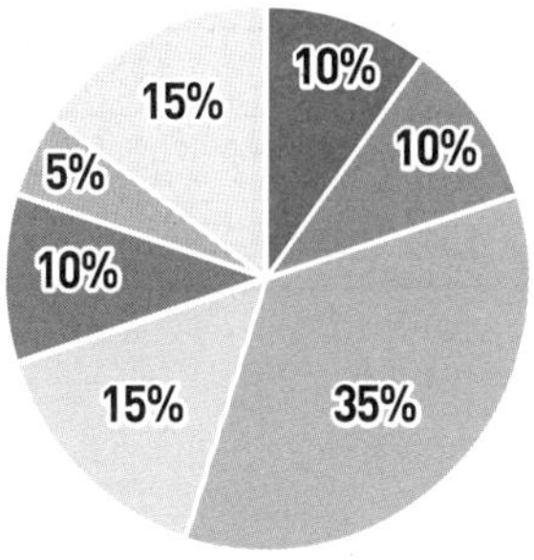

10% 10% 35% 15% 10% 5% 15%

전기이론 | 2022년 국가직 9급

한눈에 훑어보기

전기회로와 회로 소자 02 06
2문항, 10%
정현파와 교류회로 03 05 15 17 18
5문항, 25%
전력과 3상회로 04 08 12
3문항, 15%
회로의 해석 01 07 19
3문항, 15%
과도현상과 비정현파 09 13 20
3문항, 15%
정전계와 도체계 10
1문항, 5%
정자계와 자기현상 11 14 16
3문항, 15%

빠른 정답

01	02	03	04	05	06	07	08	09	10
④	③	④	④	①	②	③	전항 정답	③	①
11	12	13	14	15	16	17	18	19	20
②	①	②	①	②	③	①	③	③	①

점수 체크

구분	1회독	2회독	3회독
맞힌 문항수	/20	/20	/20
나의 점수	점	점	점

01 정답 ④

정답의 이유

ㄴ. 중첩의 원리는 키르히호프의 전압법칙(KVL)과 전류법칙(KCL)을 기본으로 적용한다.
ㄷ. 전압원은 단락(Short), 전류원은 개방(Open)하여 해석한다. 이상적인 전압원의 내부저항은 $0[\mathrm{V}]$이고, 이상적인 전류원의 내부저항은 $\infty[\mathrm{A}]$이다.
ㄹ. 중첩의 원리에 대한 정의에 해당하는 내용이다.

오답의 이유

ㄱ. 중첩의 원리는 선형 소자만 적용이 가능하다.

선형회로에서 회로를 해석하는 이론
- 키르히호프의 전압법칙(KVL), 전류법칙(KCL)
- 루프 해석법(Mesh Current, 망 전류법, 순환 전류법)
- 노드 해석법(Node Voltage, 마디 전압법)
- 지로 해석법(Branch Current, 가지 전류법)
- 중첩의 원리(Superposition Theorem)
- 테브난의 정리(Thevenin's Theorem) : 등가 전압원 원리
- 노턴의 정리(Norton's Theorem) : 등가 전류원의 원리
- 밀만의 정리(Millman's Theorem)

02 정답 ③

정답의 이유

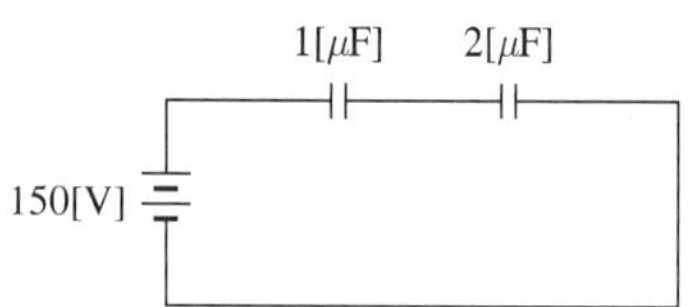

$Q=CV,\ V=\frac{Q}{C}$ (여기서, Q는 일정)

정전용량(C)의 비가 1:2이므로 커패시터에 걸리는 전압(V)의 비는 2:1이다(반비례).

$\therefore\ 1[\mu\mathrm{F}]$ 커패시터에 걸리는 전압 $=\frac{2}{2+1}\times150=100[\mathrm{V}]$

Key 답

커패시터의 합성 정전용량

• 직렬접속 : 저항의 병렬계산과 같다(직렬일 때는 Q가 같다).

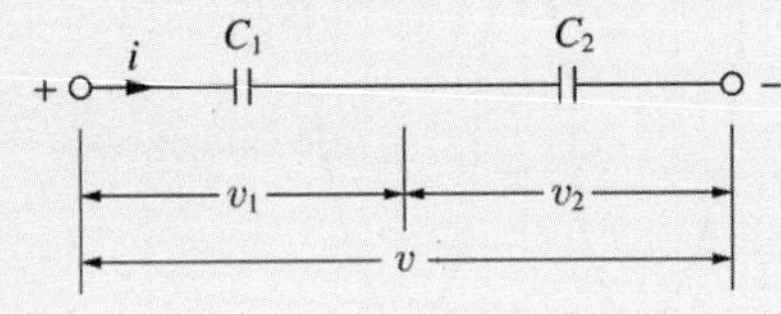

$v_1 = \frac{Q}{C_1}$, $v_2 = \frac{Q}{C_2}$

$v = v_1 + v_2 = \left(\frac{1}{C_1} + \frac{1}{C_2}\right)Q$

$\therefore \frac{1}{C_t} = \frac{1}{C_1} + \frac{1}{C_2}$(합성 정전용량), $C_t = \frac{C_1 \times C_2}{C_1 + C_2}$[F]

• 병렬접속 : 저항의 직렬계산과 같다(병렬일 때는 v가 같다).

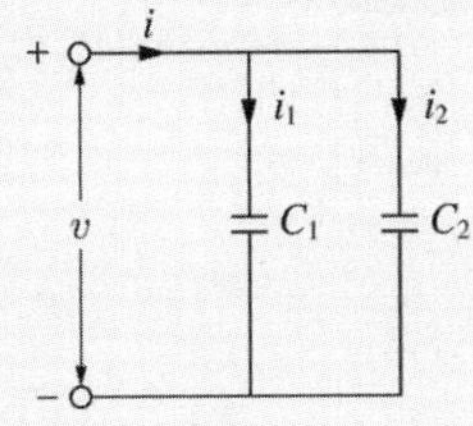

$Q_1 = C_1 v$, $Q_2 = C_2 v$

$Q_t = Q_1 + Q_2 = (C_1 + C_2)V$

$C_t = C_1 + C_2$[F](합성 정전용량)

03

정답 ④

정답의 이유

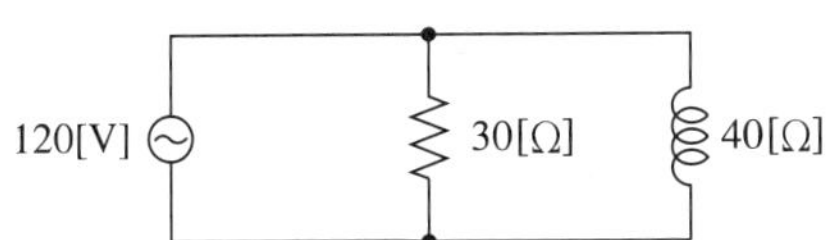

RL 병렬회로에서의 역률 $\cos\theta = \frac{\text{컨덕턴스}}{\text{어드미턴스}} = \frac{G}{|Y|} = \frac{\frac{1}{R}}{Y}$

$$\therefore \cos\theta = \frac{\frac{1}{R}}{Y} = \frac{\frac{1}{R}}{\sqrt{\left(\frac{1}{R}\right)^2 + \left(\frac{1}{X_L}\right)^2}} = \frac{\frac{1}{R}}{\sqrt{\frac{R^2 + X_L^2}{R^2 \times X_L^2}}}$$

$$= \frac{\frac{1}{R}}{\frac{1}{R \times X_L}\sqrt{R^2 + X_L^2}} = \frac{R \times X_L}{R\sqrt{R^2 + X_L^2}}$$

$$= \frac{X_L}{\sqrt{R^2 + X_L^2}} = \frac{40}{\sqrt{30^2 + 40^2}} = \frac{40}{50} = 0.8$$

Key 답

어드미턴스(Admittance)

• 임피던스의 역수를 의미하며, 기호로는 Y를 사용한다.

• 병렬회로의 특성을 표현하기 편하기 때문에 병렬회로의 해석에서 주로 사용된다.

• $Y = \frac{1}{Z} = \frac{1}{R + jX} = \frac{1}{R + jX} \times \frac{R - jX}{R - jX}$

$= \frac{R}{R^2 + X^2} + j\frac{-X}{R^2 + X^2} = G + jB$[℧]

– 실수부 G : 컨덕턴스(Conductance)

– 허수부 B : 서셉턴스(Susceptance)

04

정답 ④

정답의 이유

피상전력 $P_a = 3V_pI_p = \sqrt{3}\,V_lI_l$[VA]

$\therefore$ 역률 $\cos\theta = \frac{P}{P_a} = \frac{3.3 \times 10^3}{\sqrt{3} \times 220 \times 10} = \frac{3{,}300}{2{,}200\sqrt{3}} = \frac{3}{2\sqrt{3}}$

$= \frac{\sqrt{3}}{2}$

Key 답

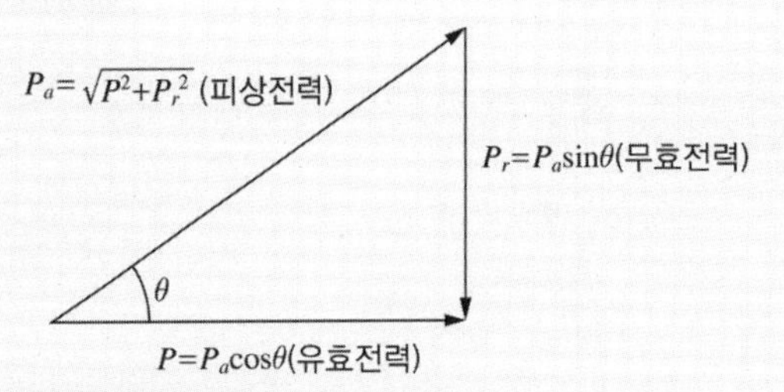

3상 교류의 평형 Y-결선

• $I_l = I_p$(선전류 = 상전류)

• $V_l = \sqrt{3}\,V_p\angle 30°$(선전압 = $\sqrt{3}$ 상전압)

• 전 력

– 유효전력 $P = 3V_pI_p\cos\theta = \sqrt{3}\,V_lI_l\cos\theta$[W] $= 3I_p^2R$[W]

– 무효전력 $P_r = 3V_pI_p\sin\theta = \sqrt{3}\,V_lI_l\sin\theta$[Var]

$= 3I_p^2X$[Var]

– 피상전력 $P_a = 3V_pI_p = \sqrt{3}\,V_lI_l$[VA] $= \sqrt{P^2 + P_r^2}$[VA]

$= 3I_p^2Z$[VA]

– 역률(Power Factor) $\cos\theta = \frac{P}{P_a} = \frac{P}{\sqrt{P^2 + P_r^2}} = \frac{R}{|Z|}$

– 무효율 $\sin\theta = \frac{P_r}{P_a} = \frac{X}{|Z|}$

05

정답 ①

정답의 이유

$Z = j(X_L - X_C) = j(5-25) = -j20[\Omega]$

$I_{rms} = \frac{V_{rms}}{Z} = \frac{100}{-j20} = j5[\text{A}]$

$\therefore$ I_{rms}의 크기 $|I_{rms}| = 5[\text{A}]$

오답의 이유

LC 직렬회로의 임피던스 $Z = j(X_L - X_C)[\Omega]$에서 커패시터에 의한 용량 리액턴스(X_C)는 음수(−)임을 주의해야 한다.

Key 답

- LC 직렬회로의 전압과 전류
  - 전압 : $V = V_L - V_C = j\omega LI - j\frac{I}{\omega C}$

    $= j\left(\omega L - \frac{1}{\omega C}\right)I = ZI[\text{V}]$
  - 전류 : $I = \frac{V}{j\left(\omega L - \frac{1}{\omega C}\right)} = \frac{V}{Z}[\text{A}]$

  $X_L < X_C$ 이므로 용량성 회로로서, I가 V보다 $\frac{\pi}{2}$(90°)만큼 위상이 앞선다(진상전류).

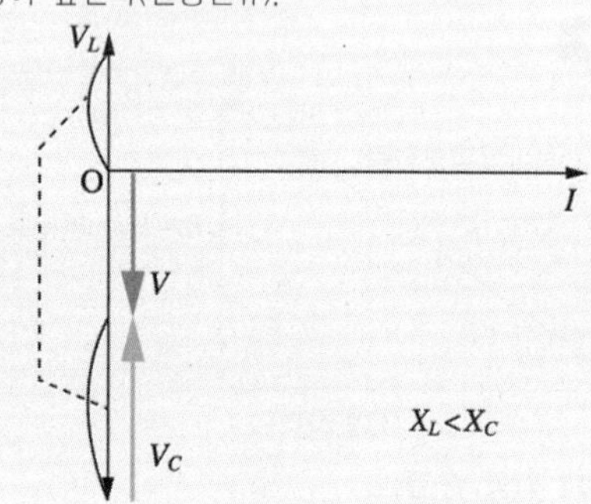

- LC 직렬회로에서 주파수와 리액턴스의 관계

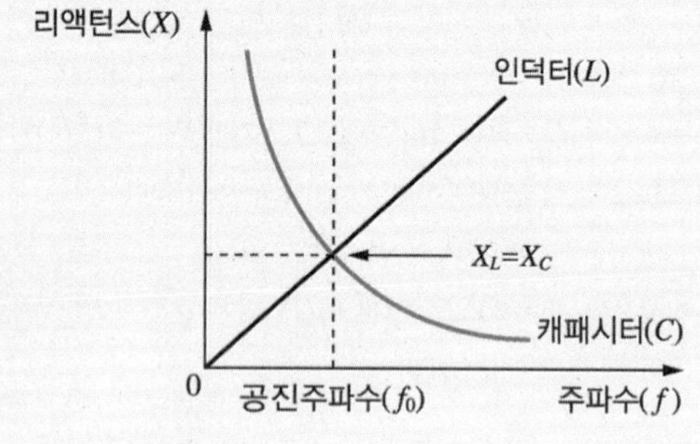

- LC 직렬회로에서 주파수에 따른 임피던스와 전류

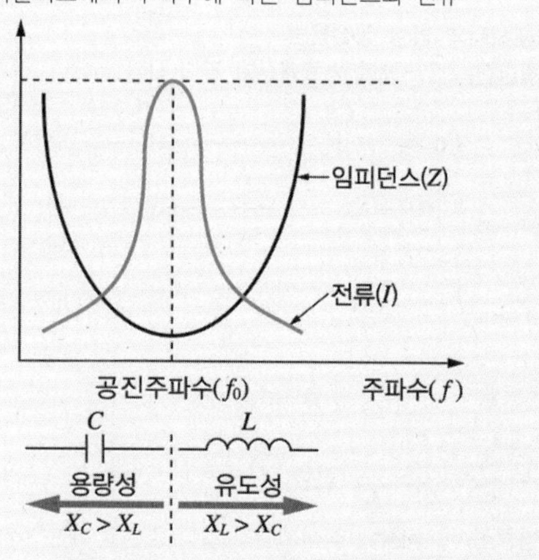

06

정답 ②

정답의 이유

스위치를 닫기 전 합성 저항은 8[Ω]이며,

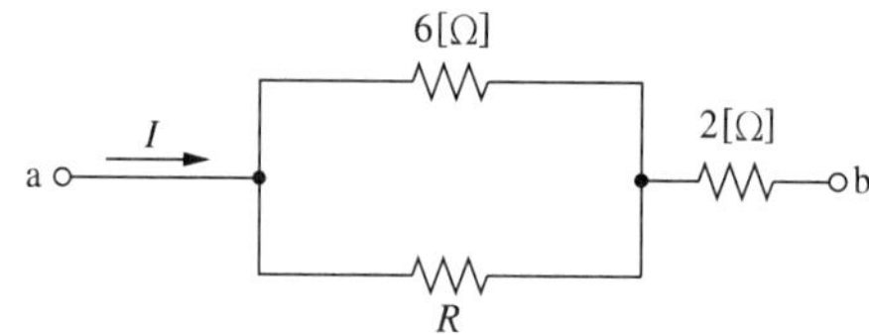

스위치를 닫은 후 전류가 2배가 되었으므로,

합성 저항은 $\frac{1}{2}$배가 되어 4[Ω]이다.

6[Ω]
I
2[Ω]
a
b
R

$6 \parallel R + 2 = 4$

$6 \parallel R = 2$

$\frac{6R}{6+R} = 2$

$6R = 2(6+R)$

$4R = 12$

$\therefore R = 3[\Omega]$

07

정답 ③

정답의 이유

중첩의 원리에 의해

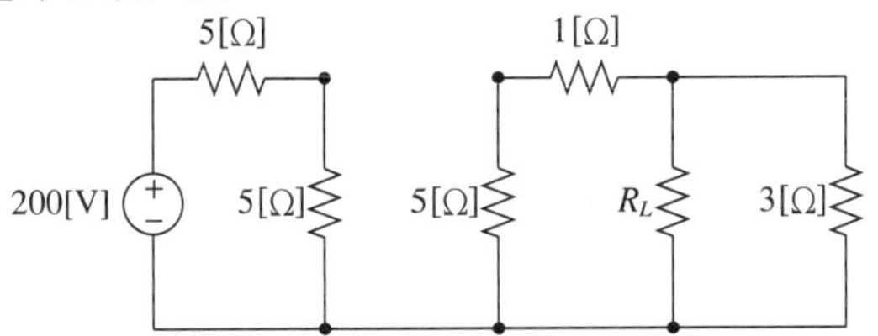

200[V] 전압원에 의한 전류가 3[Ω] 저항에 영향을 주지 못하고 아래 회로와 같이 4[A] 전류원만 3[Ω] 저항에 영향을 준다.

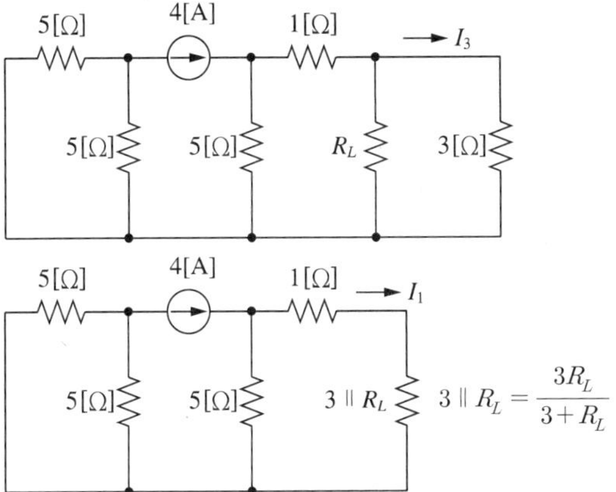

위 회로에서 1[Ω] 저항에 흐르는 전류는 다음과 같고,

$$I_1 = 4\times\frac{5}{5+1+\frac{3R_L}{3+R_L}} = \frac{20}{6+\frac{3R_L}{3+R_L}}$$

$$= \frac{20}{\frac{6(3+R_L)+3R_L}{3+R_L}} = \frac{20}{\frac{18+9R_L}{3+R_L}} = \frac{20(3+R_L)}{18+9R_L}[\mathrm{A}]$$

3[Ω] 저항에 흐르는 전류는 다음과 같다.

$$I_3 = \frac{20(3+R_L)}{18+9R_L}\times\frac{R_L}{3+R_L} = \frac{20R_L}{18+9R_L} = \frac{20}{\frac{18}{R_L}+9}[\mathrm{A}]$$

∴ R_L의 값이 클수록 3[Ω] 저항에 흐르는 전류의 값은 커지므로 ($I_3 \propto R_L$) 3[Ω] 저항에 전달되는 전력($P = I^2R$)도 커진다.

오답의 이유

- $R_L = 3[\Omega]$일 때 $I_3 = \frac{20}{\frac{18}{3}+9} = \frac{20}{15}[\mathrm{A}]$
- $R_L = 6[\Omega]$일 때 $I_3 = \frac{20}{\frac{18}{6}+9} = \frac{20}{12}[\mathrm{A}]$
- $R_L = \infty[\Omega]$일 때 $I_3 = \frac{20}{\frac{18}{\infty}+9} = \frac{20}{0+9} = \frac{20}{9}[\mathrm{A}]$
- $R_L = 0[\Omega]$일 때 $I_3 = \frac{20}{\frac{18}{0}+9} = \frac{20}{\infty+9} = 0[\mathrm{A}]$

Key 답

최대 전력 전달

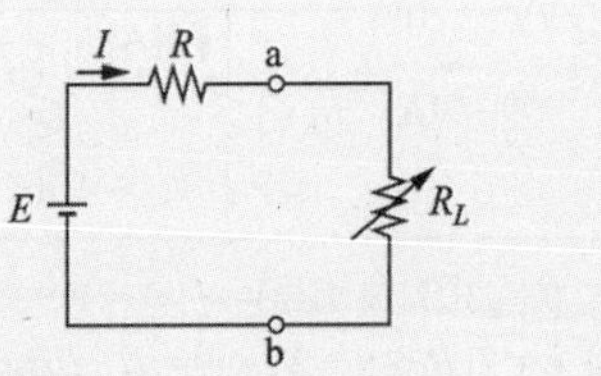

- 내부저항(R) = 부하저항(R_L)일 때

  전류 $I = \frac{E}{R+R_L} = \frac{E}{2R}[\mathrm{A}]$

- 내부 임피던스(Z)와 부하 임피던스(Z_L)는 공액 복소수일 때 ($Z_L = \overline{Z}$)

  전류 $I = \frac{E}{Z+Z_L} = \frac{E}{Z+\overline{Z}} = \frac{E}{R+jX+R-jX} = \frac{E}{2R}[\mathrm{A}]$

- 전력 $P = I^2R = \left(\frac{E}{2R}\right)^2 R = \frac{E^2}{4R}[\mathrm{W}]$

08

정답 전항정답

정답의 이유

- 부하의 합성역률
  - 10[kVA] 역률 1.0에 흐르는 전류

    $\cos\theta = \frac{P}{P_a}$, $1 = \frac{P}{10[\mathrm{kVA}]}$

    $P = 10[\mathrm{kVA}] = VI = 2[\mathrm{kV}]\cdot I$

    $I = \frac{10[\mathrm{kVA}]}{2[\mathrm{kV}]} = 5[\mathrm{A}]$
  - 8[kW] 역률 0.8에 흐르는 유효전류

    $\cos\theta = \frac{P}{P_a}$, $0.8 = \frac{8[\mathrm{kW}]}{P_a}$, $P_a = 10[\mathrm{kVA}]$

    $P = VI = 8[\mathrm{kW}] = 2[\mathrm{kV}]\cdot I$

    $I = \frac{8[\mathrm{kW}]}{2[\mathrm{kV}]} = 4[\mathrm{A}]$
  - 8[kW] 역률 0.8에 흐르는 무효전류

    피상전류 $= \sqrt{유효전류^2 + 무효전류^2}$

    $5 = \sqrt{4^2 + I_r^2}$, $|I_r| = \sqrt{5^2-4^2} = 3[\mathrm{A}]$

    지상전류가 흐르므로, $I_r = -j3[\mathrm{A}]$
  - 부하의 합성전류 $I = 5+4-3j = 9-j3[\mathrm{A}]$

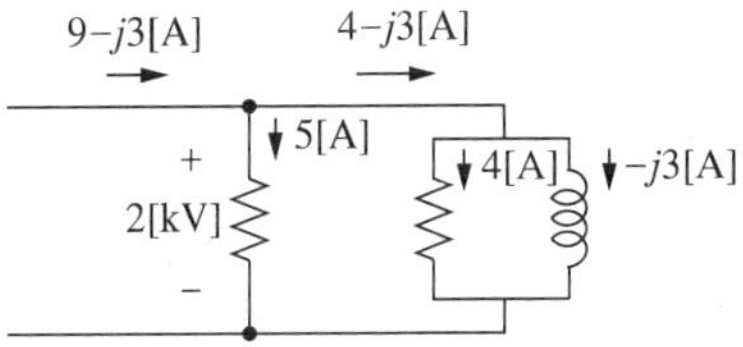

∴ 부하의 합성역률

$$\cos\theta = \frac{R}{Z} = \frac{I_R}{I} = \frac{9}{\sqrt{9^2+3^2}} = \frac{9}{\sqrt{90}} = \frac{9}{3\sqrt{10}} = \frac{3\sqrt{10}}{10}$$

• 송전단 전압 V_s[V]

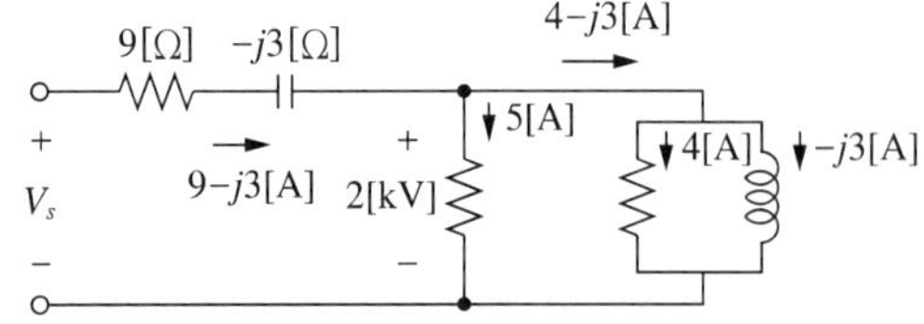

– 임피던스 $9-j3[\Omega]$에 흐르는 전류 $=9-j3$[A]

– 전압강하 $e=I(R\cos\theta+X\sin\theta)=R\cdot I\cos\theta+X\cdot I\sin\theta$

$$=3\sqrt{10}\left(9\times\frac{3}{\sqrt{10}}+(-3)\times\frac{1}{\sqrt{10}}\right)$$

$$=3(27-3)=3\times 24=72[\text{V}]$$

$\therefore\ V_s=e+V_r=72+2{,}000=2{,}072$[V]

오답의 이유

수전단에 주어진 전력과 역률을 이용하여 부하의 합성전류를 한 뒤 $\cos\theta=\dfrac{R}{Z}=\dfrac{I_R}{I}$를 이용하여 부하의 합성역률을 구한다.

송전단 전압 V_s[V]는 임피던스 $9-j3[\Omega]$의 전압강하(e)와 수전단 전압(V_r)의 합으로 구한다.

전력공학에서 송전선로의 전압강하는 $e=I(R\cos\theta+X\sin\theta)$이다. 부하가 코일일 때는 리액턴스($X$)가 양수(+)가 되어 전압강하($e$)가 90[V]로 정답이 ④번이 되지만, 주어진 회로는 부하가 커패시터로서 리액턴스(X)가 음수(−)가 되어 전압강하(e)가 72[V]로 정답이 없다.

Key 답

단거리 송전선로의 전압강하

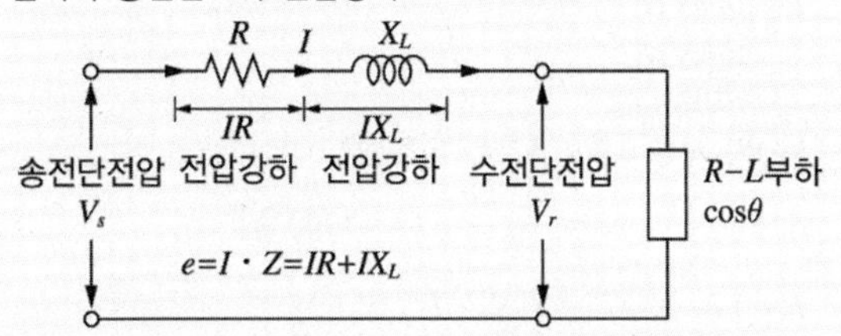

송전단 전압(V_s) = 전압강하(e) + 수전단전압(V_r)

벡터로 표현하면

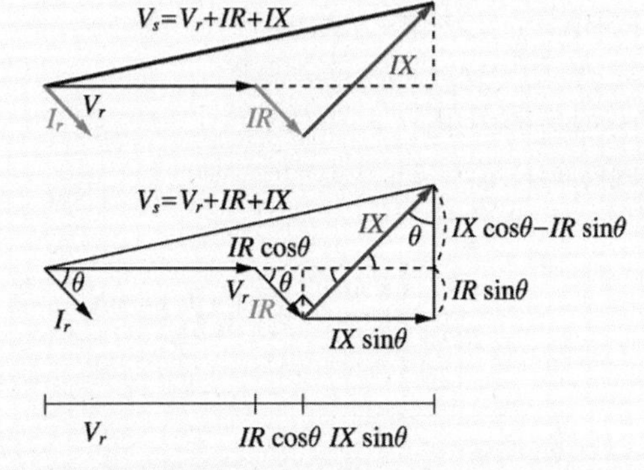

$V_s=\sqrt{(V_r+IR\cos\theta+IX\sin\theta)^2+(IX\cos\theta+IR\sin\theta)^2}$

$IX\cos\theta+IR\sin\theta$의 크기는 미미하므로 무시하고 근사식을 도출하면 다음과 같다.

$\therefore\ V_s=V_r+IR\cos\theta+IX\sin\theta$

09

정답 ③

정답의 이유

스위치 S가 충분히 긴 시간 동안 닫혀 있으므로 3[F] 커패시터는 전류가 흐르지 않는 개방(Open)상태이다.

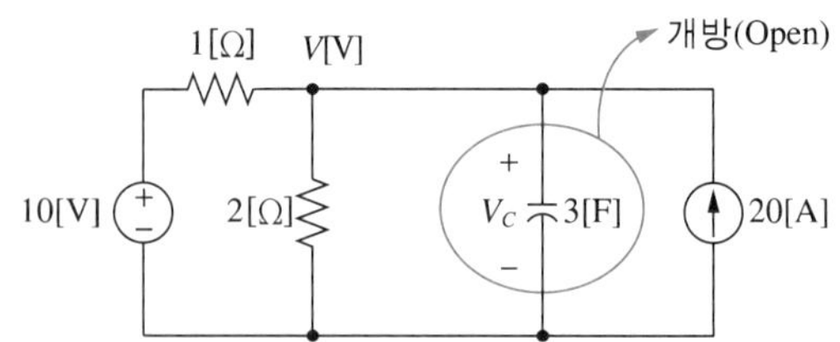

위쪽 노드의 전압을 V[V]라고 하고 KCL을 적용하면

$\dfrac{V-10}{1}+\dfrac{V}{2}+0-20=0$

$2V-20+V-40=0$

$3V=60,\ V=20$[V]

$t=0$에서 개방된 직후의 커패시터 전압 $V_C(0^+)$는

3[F] 커패시터가 충전된 전압 V[V]와 같으므로

$\therefore\ V_C(0^+)=V=20$[V]

Key 답

과도현상의 회로 해석

• DC 전원일 때

– 순간적으로 전원이 인가(제거)되었을 때($t\to 0$)

L은 개방회로로, C는 단락회로로 동작

– 전원이 인가(제거)된 후 충분한 시간이 경과되었을 때($t\to\infty$)

L은 단락회로로, C는 개방회로로 동작

• AC 전원일 때

– 순간적으로 전원이 인가(제거)되었을 때($t\to 0$)

L은 개방회로로, C는 단락회로로 동작

– 전원이 인가(제거)된 후 충분한 시간이 경과되었을 때($t\to\infty$)

L은 $j\omega L[\Omega]$의 리액턴스를 갖고, C는 $\dfrac{1}{j\omega C}[\Omega]$의 리액턴스를 갖음

전 원 / 소 자	DC 전원	AC 전원
L	$t\to 0$ —○ ○— $t\to\infty$ —○—○—	$t\to 0$ —○ ○— $t\to\infty$ $j\omega L$
C	$t\to 0$ —○—○— $t\to\infty$ —○ ○—	$t\to 0$ —○ ○— $t\to\infty$ $-j\frac{1}{\omega C}$

※ 저항만의 회로에서는 과도현상이 없다.

10 정답 ①

정답의 이유

전계의 세기

$E=\frac{F}{Q}=\frac{1}{4\pi\varepsilon_0}\times\frac{Q}{r^2}[\text{V/m}]=9\times10^9\times\frac{Q}{r^2}=k\frac{Q}{r^2}$

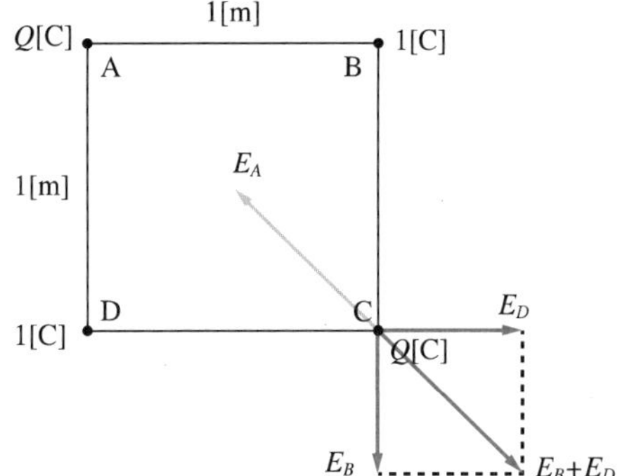

- $E_B=k\frac{Q}{r^2}=k\frac{1}{1^2}=k[\text{V/m}]$
- $E_D=k\frac{Q}{r^2}=k\frac{1}{1^2}=k[\text{V/m}]$
- $E_B+E_D=\sqrt{2}k[\text{V/m}]$
- $E_A=k\frac{Q}{r^2}=k\frac{Q}{(\sqrt{2})^2}=k\frac{Q}{2}[\text{V/m}]$

꼭짓점 C에서의 전계강도가 $0[\text{V/m}]$이므로

$E_A=-(E_B+E_D)$

$k\frac{Q}{2}=-\sqrt{2}k$

$\therefore\ Q=-2\sqrt{2}[\text{C}]$

Key 답

- 쿨롱의 법칙 : 두 전하 Q_1, Q_2 사이에 작용하는 힘

  $F=\frac{1}{4\pi\varepsilon_0}\times\frac{Q_1Q_2}{r^2}[\text{N}]=9\times10^9\times\frac{Q_1Q_2}{r^2}[\text{N}]$

  ※ 유전율 : $\varepsilon=\varepsilon_0\varepsilon_s[\text{F/m}]$

  – 진공 중의 유전율 : $\varepsilon_0=8.855\times10^{-12}[\text{F/m}]$

  – 비유전율 : ε_s(공기나 진공에서 그 값은 1이다)

- 전계(Electric Field) : $Q[\text{C}]$의 전하가 $r[\text{m}]$ 떨어진 곳에서 단위 전하 $+1[\text{C}]$에 대해 작용하는 힘의 세기

  $E=\frac{F}{Q}=\frac{1}{4\pi\varepsilon_0}\times\frac{Q}{r^2}[\text{V/m}]$

  $=9\times10^9\times\frac{Q}{r^2}[\text{V/m}=\text{A}\cdot\Omega/\text{m}=\text{N/C}]$

11 정답 ②

정답의 이유

환상 솔레노이드

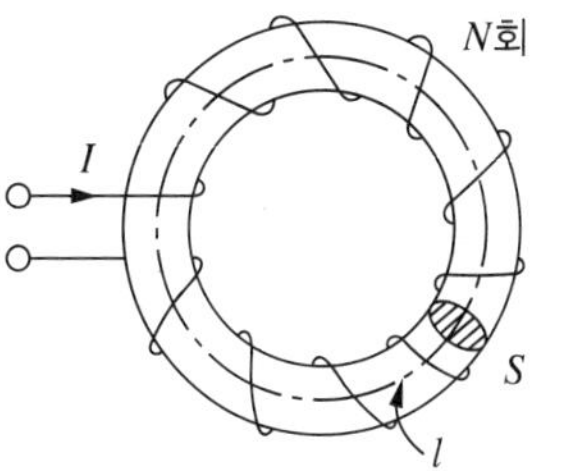

- 자계의 세기 $H=\frac{NI}{l}=\frac{NI}{2\pi r}[\text{AT/m}]$(원주 길이 $l=2\pi r$)
- 자속밀도 $B=\mu H=\frac{\mu NI}{l}[\text{Wb/m}^2]$
- 자속 $\phi=BS=\frac{\mu NI}{l}S[\text{Wb}]$
- 자기인덕턴스 $L=\frac{N\phi}{I}=\frac{\mu SN^2}{l}[\text{H}]$

$\therefore\ L\propto N^2$이므로, N이 2배일 때 L이 4배가 된다.

오답의 이유

문제에서 동일한 크기의 환상 솔레노이드라고 제시되어 있으므로 환상 솔레노이드의 단면적(S), 길이(l), 투자율(μ)이 일정할 때 인덕턴스와 권수비와의 관계를 알 수 있는 비례식($L=\frac{\mu SN^2}{l}[\text{H}]$)을 활용한다.

Key 답

자계의 세기

- 무한장 직선 전류에 의한 자기장의 세기

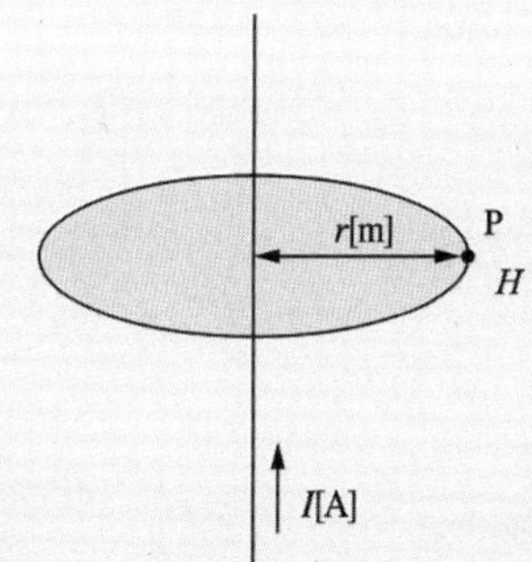

$H=\frac{I}{2\pi r}[\text{AT/m}]$

※ 자기장의 방향은 전류의 방향과 수직(90°)

- 원형 코일 중심에서의 자기장의 세기

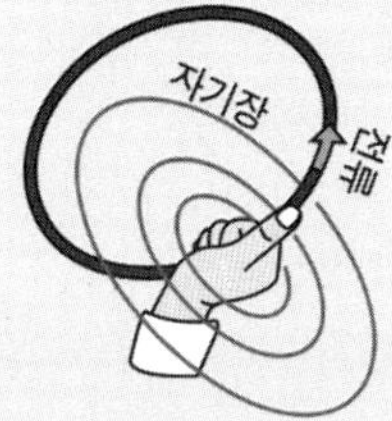

$H=\frac{NI}{2r}[\text{AT/m}]$

12

정답 ①

정답의 이유

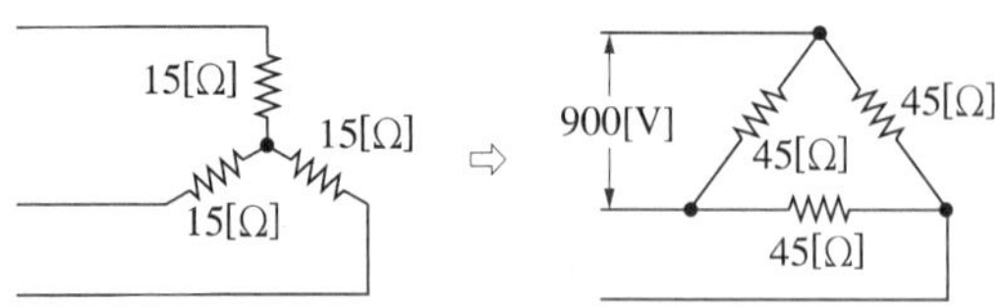

$Z_{\triangle} = 3Z_Y = 3 \times 15 = 45[\Omega]$

∴ 상전류 $I_p = \dfrac{V_p}{Z} = \dfrac{900}{45} = 20[\text{A}]$

오답의 이유

선전류 $I_l = \sqrt{3}\,I_p = 20\sqrt{3}[\text{A}]$

Key 답

3상 회로의 결선

- Y결선
  - $I_l = I_p$(선전류 = 상전류)
  - $V_l = \sqrt{3}\,V_p\angle 30°$(선전압 = $\sqrt{3}$ 상전압)
- △결선
  - $V_l = V_p$(선전압 = 상전압)
  - $I_l = \sqrt{3}\,I_p\angle -30°$(선전류 = $\sqrt{3}$ 상전류)
- △결선 부하의 Y결선 부하로의 변환

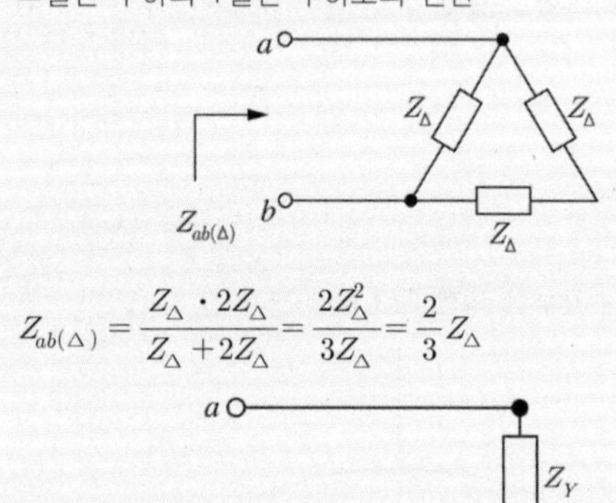

$$Z_{ab(\triangle)} = \frac{Z_\triangle \cdot 2Z_\triangle}{Z_\triangle + 2Z_\triangle} = \frac{2Z_\triangle^2}{3Z_\triangle} = \frac{2}{3}Z_\triangle$$

$Z_{ab(Y)} = 2Z_Y$

$\rightarrow Z_{ab(\triangle)} = Z_{ab(Y)},\ \dfrac{2}{3}Z_\triangle = 2Z_Y$

$\therefore Z_Y = \dfrac{1}{3}Z_\triangle$

13

정답 ②

정답의 이유

$t = 0$인 순간 스위치 S를 접점 a에서 접점 b로 이동하고, 충분한 시간이 흐른 후의 등가회로는 다음과 같다.

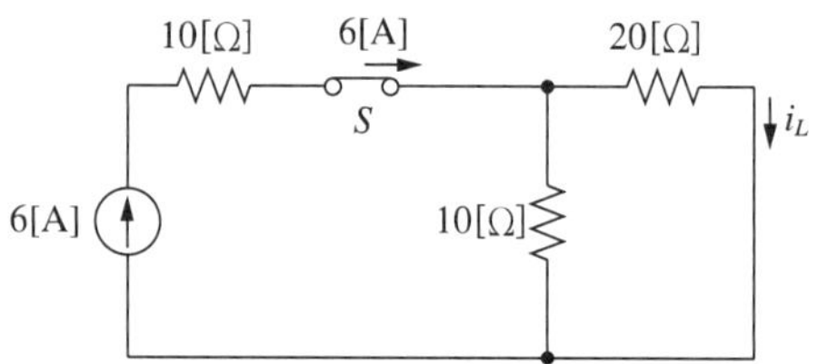

∴ 전류 분배 법칙에 따라 $i_L = \dfrac{10}{10+20} \times 6 = 2[\text{A}]$

오답의 이유

전원이 인가된 후 충분한 시간이 경과되었을 때 코일(0.2[H])은 단락회로로 동작한다.

저항과 전류는 반비례 관계이므로 저항이 큰 쪽에 전류가 적게 흐른다. 저항의 비가 2 : 1이므로 전류는 1 : 2로 흐른다. 따라서 6[A]의 전류가 20[Ω]의 저항에 2[A], 10[Ω]의 저항에 4[A] 흐른다.

14

정답 ①

정답의 이유

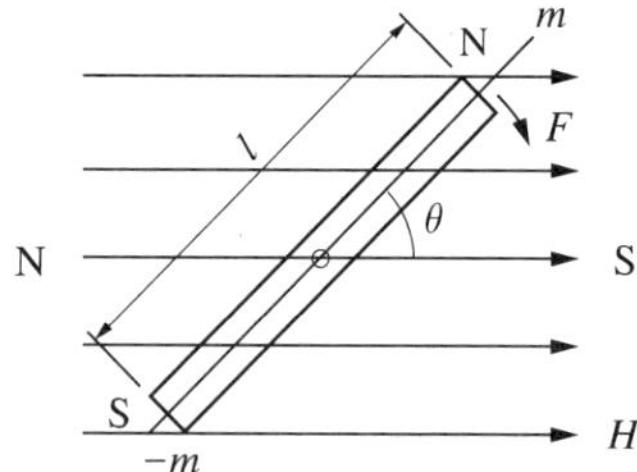

여기서, F : 회전력($= MH\sin\theta[\text{N}\cdot\text{m}]$)
m : 자극의 세기[Wb]
H : 자계의 세기[A/m]
l : 자석의 길이[m]
M : 자기모멘트($= ml[\text{Wb}\cdot\text{m}]$)

$$\therefore \text{회전력 } F = \overrightarrow{M} \times \overrightarrow{H} = MH\sin\theta = mlH\sin\theta[\text{N}\cdot\text{m}]$$
$$= 5 \times 10^{-5} \times 0.5 \times 200 \times \sin 30°$$
$$= 5 \times 10^{-3} \times \frac{1}{2} = 2.5 \times 10^{-3}[\text{N}\cdot\text{m}]$$

Key 답

막대자석이 θ만큼 회전하는 데 필요한 일(에너지)

$$W = \int_0^\theta T d\theta = -\int_\theta^0 MH_0 \sin\theta d\theta = -MH_0[-\cos\theta]_\theta^0$$
$$= MH_0(1-\cos\theta)[\text{J}]$$

15 정답 ②

정답의 이유

- 중첩의 원리를 이용한 교류전원에 의한 회로

$i_L(t)$의 평균 전류 $i_L = \frac{1}{T}\int_0^T i_L dt = 0[\text{A}]$

- 중첩의 원리를 이용한 직류전원에 의한 회로

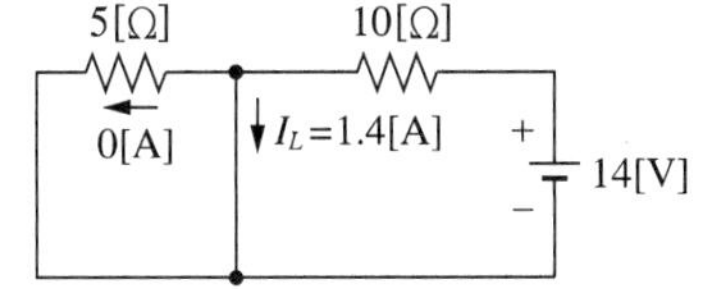

$I_L = \frac{14}{10} = 1.4[\text{A}]$

∴ 인덕터에 흐르는 평균 전류 $i_L + I_L = 0 + 1.4 = 1.4[\text{A}]$

오답의 이유

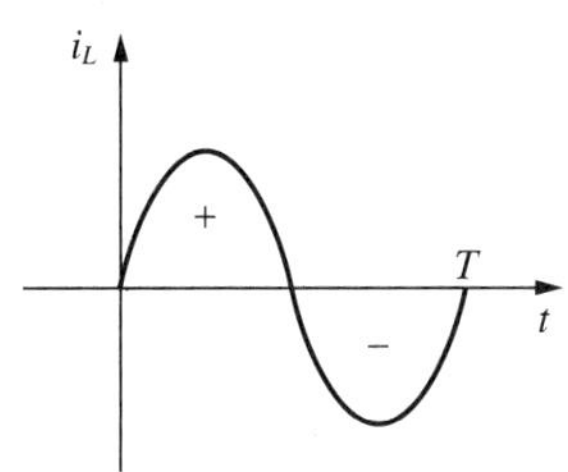

- 교류 전류의 전 주기 평균값

$I_{av} = \frac{1}{T}\int_0^T i_L dt = 0[\text{A}]$

- 교류 전류의 (+)반 주기 평균값

$I_{av} = \frac{1}{T/2}\int_0^{\frac{T}{2}} i\,dt = \frac{2}{T}\int_0^{\frac{T}{2}} i\,dt = \frac{2}{T}\int_0^{\frac{T}{2}} I_m \sin\omega t\,dt$

$= \frac{2}{\pi} I_m [\text{A}]$

→ 정현파의 (+)반 주기 평균값은 최댓값의 $\frac{2}{\pi}$ 배이다.

Key 답

실횻값

- 1주기 동안 교류전력과 같은 전력을 낼 수 있는 직류값

$I = \sqrt{\frac{1}{T}\int_0^T i^2(t)\,dt}$

$= \sqrt{1주기\ 동안의\ i^2의\ 평균}$

$= \frac{I_m}{\sqrt{2}} = 0.707 I_m [\text{A}]$

$V = \frac{1}{\sqrt{2}} V_m = 0.707 V_m [\text{V}]$

- 정현파의 실횻값은 최댓값의 $\frac{1}{\sqrt{2}}$ 배이다.

16 정답 ③

정답의 이유

- 2차측 합성 저항

$14 + 60 \parallel 90 = 14 + \frac{60 \times 90}{60 + 90} = 14 + \frac{5{,}400}{150} = 14 + 36 = 50[\Omega]$

- 권수비 $a = \frac{1}{5}$
- 임피던스비 $a = \sqrt{\frac{Z_1}{Z_2}}$, $a^2 = \frac{Z_1}{Z_2}$ 이므로

1차측 임피던스 $Z_1 = a^2 Z_2 = \frac{1}{5^2} \times 50 = 2[\Omega]$

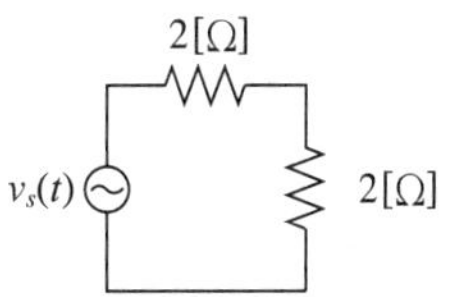

- 1차측 합성 임피던스 $R = 2 + 2 = 4[\Omega]$
- $v_s(t)$의 실횻값 $V_s = \frac{V_m}{\sqrt{2}} = \frac{24}{\sqrt{2}} = 12\sqrt{2}[\text{V}]$

∴ 평균 전력 $P = \frac{V^2}{R} = \frac{(12\sqrt{2})^2}{4} = \frac{144 \times 2}{4} = 72[\text{W}]$

Key 답

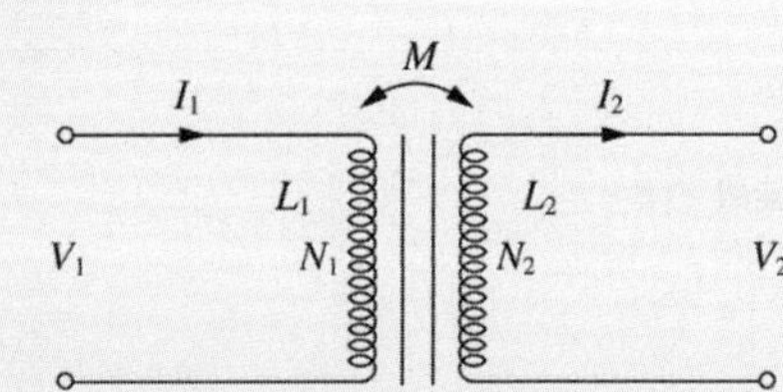

이상변압기 조건

- 두 코일 간의 결합계수가 1일 것(누설자속 = 0)
- 코일에 손실이 없을 것(코일의 저항, 히스테리시스 손실, 와류 손실이 없다)
- 각 코일의 인덕턴스는 무한대일 것

17

정답 ①

정답의 이유

휘트스톤 브리지 평형회로가 아니므로, 저항을 △에서 Y로 변환하면 다음과 같다.

$R_Y = \frac{1}{3}R_\triangle = \frac{30}{3} = 10[\Omega]$

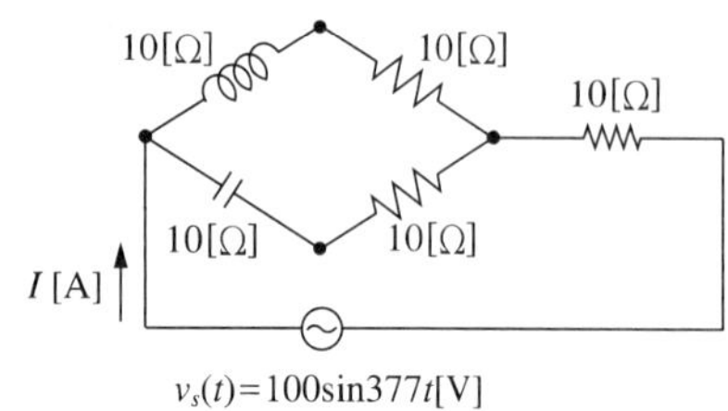

- 회로의 전체 임피던스

$Z = (j10+10) \parallel (-j10+10) + 10$

$= \frac{(j10+10)(-j10+10)}{(j10+10)+(-j10+10)} + 10$

$= \frac{-j^2 100 + 100}{20} + 10 = \frac{200}{20} + 10$

$= 10 + 10 = 20[\Omega]$

- 전압 $v_s(t)$의 실횻값 $V = \frac{V_m}{\sqrt{2}} = \frac{100}{\sqrt{2}}[\text{V}]$

$\therefore$ 전류 I의 실횻값 $I = \frac{V}{Z} = \frac{\frac{100}{\sqrt{2}}}{20} = \frac{5}{\sqrt{2}} = \frac{5\sqrt{2}}{2}[\text{A}]$

18

정답 ③

정답의 이유

커패시터 회로의 전류

$i(t) = C\frac{d}{dt}v(t)[\text{A}]$

- $0 \le t \le 1[\text{ms}]$구간 : $i(t) = 50 \times 10^{-6} \times \frac{20}{1 \times 10^{-3}} = 1[\text{A}]$
- $1 \le t \le 2[\text{ms}]$구간 : $i(t) = 50 \times 10^{-6} \times \frac{-20}{1 \times 10^{-3}} = -1[\text{A}]$
- $2 \le t \le 4[\text{ms}]$구간 : 전압의 변화가 없으므로 $i(t) = 0[\text{A}]$

19

정답 ③

정답의 이유

이상적인 연산증폭기(OP AMP)의 특성

- 두 입력 단자의 전압은 같으므로, $v_A = v_c$이다.
- 두 입력 단자로 흘러 들어가는 전류는 0이므로, $i_+ = i_- = 0$이다.

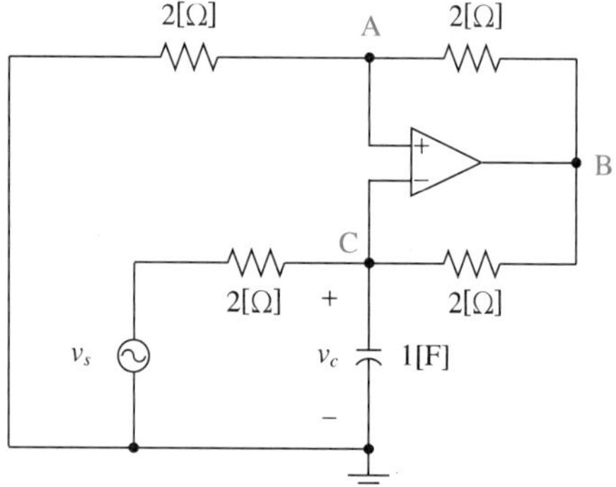

A지점에 KCL을 적용하면 다음과 같고

$\frac{0-v_c}{2} - \frac{v_B - v_c}{2} = 0,\ v_B = 2v_c$

C지점에 KCL을 적용하면 다음과 같다.

$\frac{v_c - v_s}{2} + C\frac{dv_c}{dt} + \frac{v_c - 2v_c}{2} = 0$

$\frac{v_c}{2} - \frac{v_s}{2} + 1 \times \frac{dv_c}{dt} + \frac{-v_c}{2} = 0$

$-\frac{v_s}{2} + \frac{dv_c}{dt} = 0,\ \frac{dv_c}{dt} = \frac{v_s}{2}$

$\therefore$ 양변을 적분하면

$v_c = \frac{1}{2}\int v_s dt = \frac{1}{2}\int \cos t dt = \frac{1}{2}\sin t[\text{V}]$

20

정답 ①

정답의 이유

- 듀티비 : 신호의 한 주기(Period)에서 신호가 켜져 있는 시간의 비율이다.

$D = \frac{t_{on}}{T} = \frac{2}{20} = 0.1 = 10[\%]$

- 평균 전압 $V_{av} = \frac{1}{T}\int_0^T v(t)\,dt = \frac{1}{20}\left(\int_0^2 5dt + \int_2^{20} 1dt\right)$

$= \frac{1}{20}(2 \times 5 + 18 \times 1) = \frac{1}{20} \times 28$

$= 1.4[\text{V}]$

Key 답

듀티비 $D = \frac{t_{on}}{T}$

- 듀티값은 1부터 0까지의 값을 가진다($0 \le D \le 1$).
- 듀티가 1이면 스위치 ON, 듀티가 0이면 스위치 OFF이다.
- 듀티비는 펄스의 폭을 나타낸다.
- 듀티비가 클수록 펄스의 폭이 크고, 에너지가 많은 파형(신호)이다.

전기이론 | 2021년 국가직 9급

한눈에 훑어보기

영역 분석

전기회로와 회로 소자 01 11 13
3문항, 15%
정현파와 교류회로 03 12 17 20
4문항, 20%
전력과 3상회로 04 05 06 08 09 15
6문항, 30%
회로의 해석 02 18
2문항, 10%
과도현상과 비정현파 10
1문항, 5%
정전계와 도체계 14 16
2문항, 10%
정자계와 자기현상 07 19
2문항, 10%

빠른 정답

01	02	03	04	05	06	07	08	09	10
③	④	①	②	③	①	④	③	④	①
11	12	13	14	15	16	17	18	19	20
②	①	②	④	②	④	②	②	②	④

점수 체크

구분	1회독	2회독	3회독
맞힌 문항수	/20	/20	/20
나의 점수	점	점	점

01 정답 ③

정답의 이유

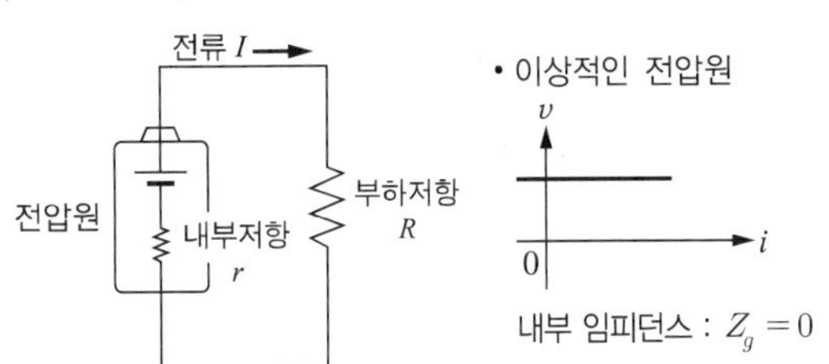

ㄴ. 이상적인 전압원의 내부저항 $r=0[\Omega]$이다.
ㄹ. 실제적인 전압원의 내부저항은 전원과 직렬접속으로 변환할 수 있다.

오답의 이유

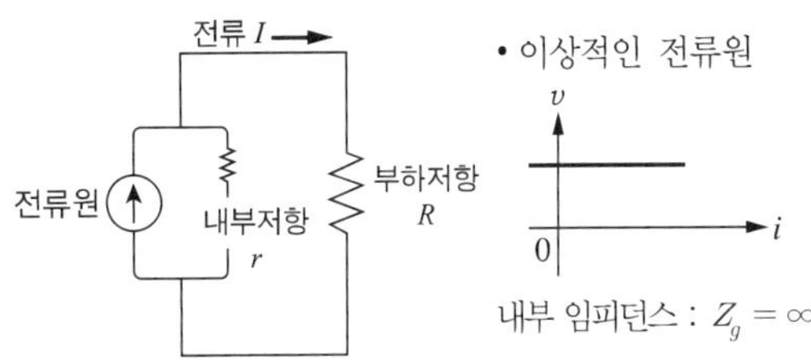

ㄱ. 이상적인 전류원의 내부저항 $r = \infty[\Omega]$이다.
ㄷ. 실제적인 전류원의 내부저항은 전원과 병렬접속으로 변환할 수 있다.

02 정답 ④

오답의 이유

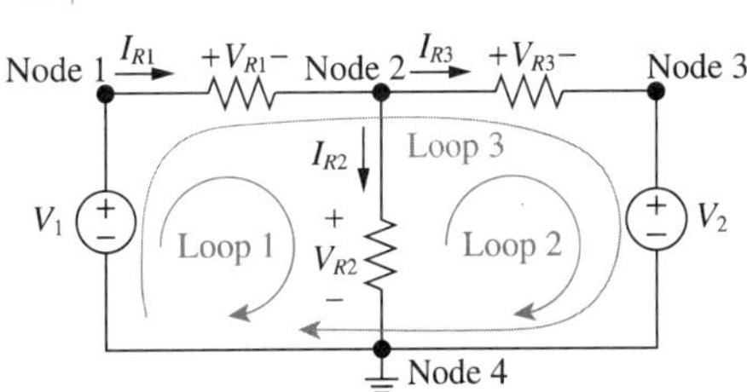

④ Node 2에 키르히호프의 전류법칙(KCL)을 적용하면 $I_{R1} - I_{R2} - I_{R3} = 0$이다.

정답의 이유

① 회로의 마디(Node)는 4개다.
② 회로의 루프(Loop)는 3개다.
③ Loop 3을 따라 키르히호프의 전압법칙(KVL)을 적용하면 $V_1 - V_{R1} - V_{R3} - V_2 = 0$이다.

03

정답 ①

정답의 이유

- 전류 $i(t) = \frac{E}{R}\left(e^{-\frac{1}{RC}t}\right)$[A]
- 전압 $V_R(t) = Ri(t) = E\left(e^{-\frac{1}{RC}t}\right)$[V]
- 시정수 $\tau = RC = 5{,}000 \times C$[s]
- 초깃값 $V_R(0) = E$[V]
- 최종값 $V_R(\infty) = 0$[V]
- 저항에 걸리는 전압 $V_R(t) = Ri(t) = E\left(e^{-\frac{1}{RC}t}\right)$[V] 또는 정상상태의 저항에 걸리는 전압 $V_R(t) =$ 최종값 + (초깃값 − 최종값)$e^{-\frac{t}{\tau}}$

$V_R(t) = 0 + (E+0)\left(e^{-\frac{1}{5{,}000C}t}\right) = E\left(e^{-\frac{1}{5{,}000C}t}\right)$[V]

$V_R(0.05) = E\left(e^{-\frac{1}{5{,}000C}0.05}\right) = E\left(e^{-\frac{1}{10^5C}}\right)$[V]

$= 10(e^{-10})$[V]

$\therefore\ E = 10$[V], $C = 10^{-6}$[F] $= 1[\mu F]$

04

정답 ②

정답의 이유

복소전력 $S = VI^* = (100+j10)(10+j5)$

$= 1{,}000 + 100j + 500j - 50 = 950 + j600$[VA]

$\therefore$ 유효전력 = 950[W], 무효전력 = 600[Var]

05

정답 ③

정답의 이유

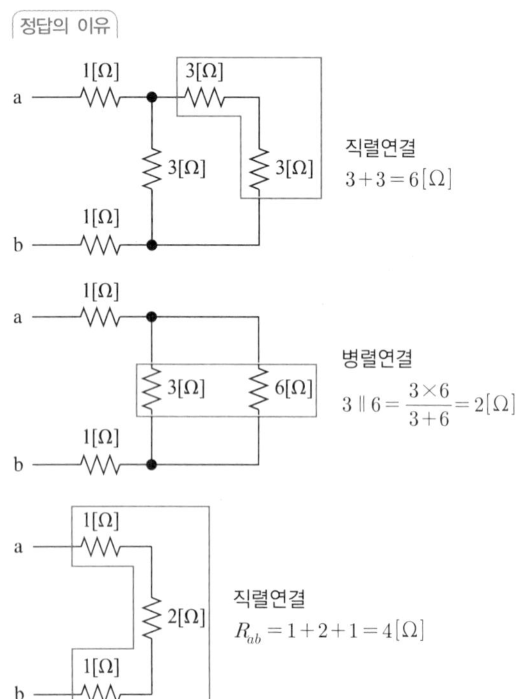

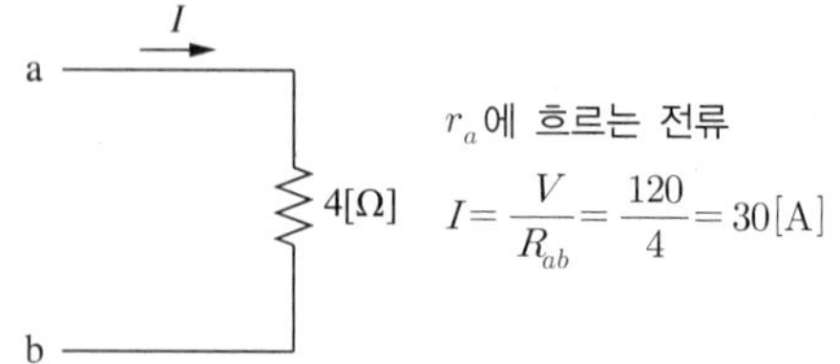

r_a에 흐르는 전류

$I = \frac{V}{R_{ab}} = \frac{120}{4} = 30$[A]

06

정답 ①

정답의 이유

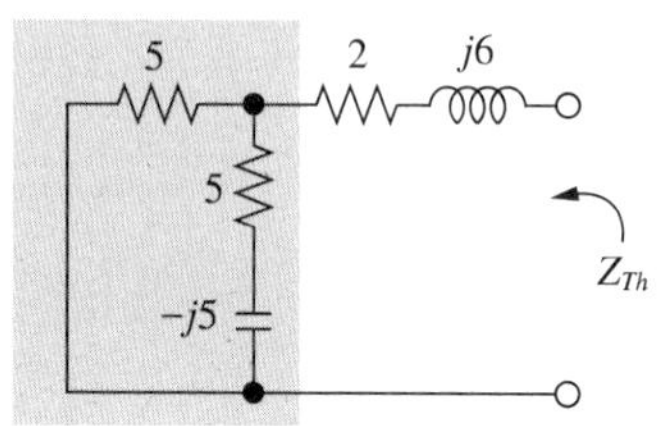

$5 \parallel (5-j5) = \frac{5(5-j5)}{5+5-j5} = \frac{5-j5}{2-j1}$

$= \frac{(5-j5)(2+j)}{(2-j)(2+j)} = \frac{10-j10+j5+5}{4+1}$

$= \frac{15-j5}{5} = 3-j$

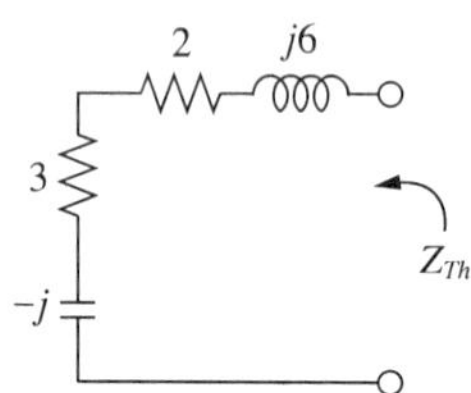

$Z_{Th} = 3-j+2+j6 = 5+j5[\Omega]$

$\therefore$ 부하에 최대 전력이 전달되기 위한 부하 임피던스

$Z = Z_{Th}^* = 5-j5[\Omega]$

07

정답 ④

정답의 이유

④ 영구자석은 보자력과 잔류자기가 크고 히스테리시스 곡선의 면적이 크므로, (나)의 물질은 (가)의 물질에 비해 영구자석으로 사용하기에 더 적합하다.

오답의 이유

① 히스테리시스 곡선의 내부 면적이 클수록 손실이 크므로, (가)의 물질은 (나)의 물질보다 히스테리시스 손실이 작다.

② 보자력(H_c)은 자화된 자성체의 자화도를 0으로 만들기 위해 걸어 주는 역자기장의 세기로, (가)의 물질은 (나)의 물질보다 보자력이 작다($b < 3b$).

③ 히스테리시스 손실은 주파수와 비례($P_e = \eta f B_m^{1.6}$)하므로, (가)의 물질은 (나)의 물질에 비해 고주파 회로에 더 적합하다.

08 정답 ③

정답의 이유

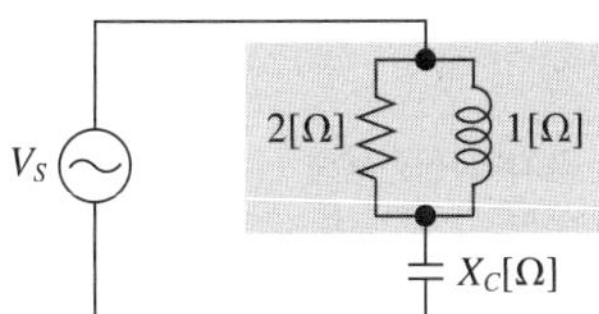

$$2 \parallel j = \frac{j2}{2+j} = \frac{j2(2-j)}{(2+j)(2-j)}$$
$$= \frac{j4+2}{4+1} = \frac{2+4j}{5}$$
$$= \frac{2}{5} + j\frac{4}{5}$$

전체 임피던스 $Z = \frac{2}{5} + j\frac{4}{5} - jX_C = \frac{2}{5} + j\left(\frac{4}{5} - X_C\right)$이며,

역률이 1이 되기 위해서는 임피던스의 허수부가 0이어야 한다.

$\therefore\ X_C = \frac{4}{5}[\Omega]$

09 정답 ④

정답의 이유

Y–Y 결선이 평형 회로이므로 중성점 n–N에는 전류가 흐르지 않는다. 따라서 $55\angle -60°[\Omega]$는 무시한다.

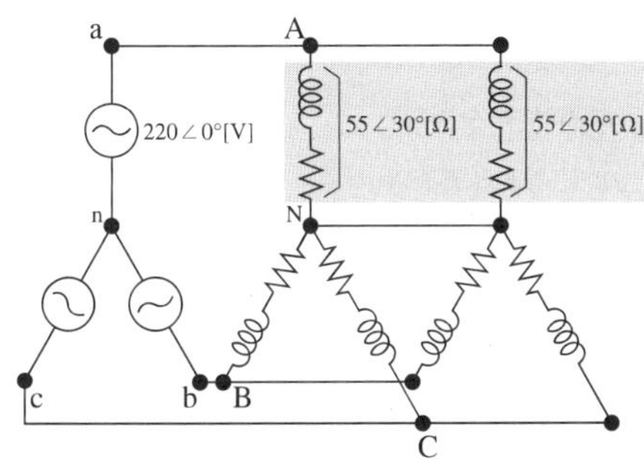

합성 임피던스는 같은 임피던스가 병렬연결되어 있으므로

$Z = 55\angle 30° \parallel 55\angle 30° = \frac{55}{2}\angle 30°[\Omega]$이다.

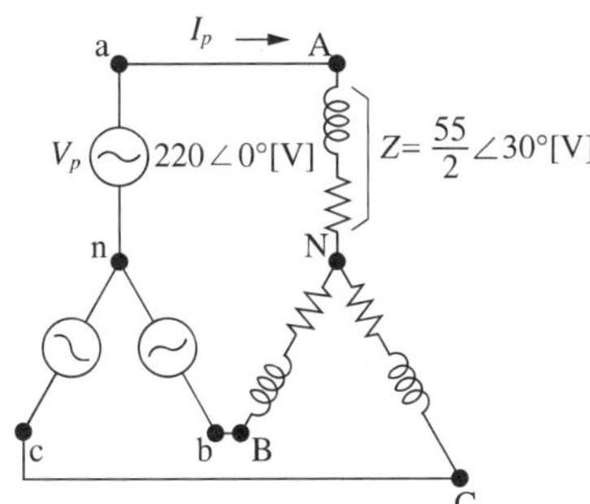

- $V_p = 220\angle 0°$
- $I_p = \frac{V_p}{Z} = \frac{220\angle 0°}{\frac{55}{2}\angle 30°} = 8\angle -30°$

$\therefore$ 3상 평균 전력 $P = 3V_pI_p\cos\theta = 3\times 220\times 8\times \cos 30°$

$$= 5,280\times\frac{\sqrt{3}}{2} = 2,640\sqrt{3}[\text{W}]$$

10 정답 ①

정답의 이유

- 스위치 Off일 때(L 단락)

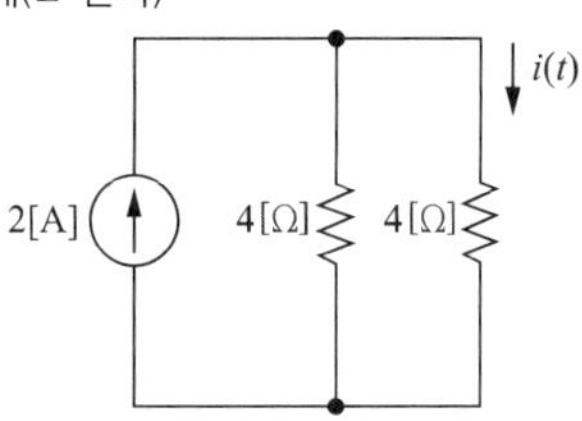

초깃값 $i(0) = \frac{4}{4+4}\times 2 = \frac{8}{8} = 1[\text{A}]$(전류 분배)

- 스위치 On일 때

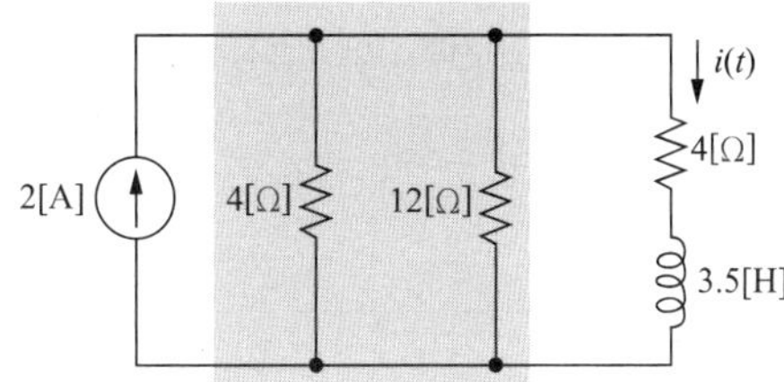

$R = \frac{4\times 12}{4+12} = \frac{48}{16} = 3[\Omega]$

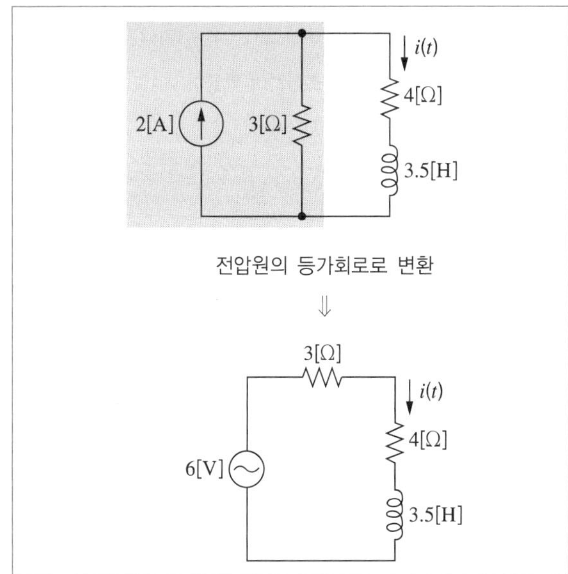

- 등가회로(RL 직렬회로)
  - 합성 저항 $R_T = 3+4 = 7[\Omega]$
  - 시정수 $\tau = \frac{L}{R_T} = \frac{3.5}{7} = 0.5[\text{s}]$
  - 최종값 $i(\infty) = \frac{V}{R_T} = \frac{6}{7}[\text{A}]$ (L 단락)

$\therefore$ 정상상태의 전류 $i(t)$ = 최종값 + (초깃값 − 최종값)$e^{-\frac{t}{\tau}}$

$$= i(\infty) + (i(0) - i(\infty))e^{-\frac{t}{\tau}}$$
$$= \frac{6}{7} + \left(1 - \frac{6}{7}\right)e^{-\frac{t}{0.5}} = \frac{6}{7} + \frac{1}{7}e^{-2t}$$
$$= \frac{1}{7}(6 + e^{-2t})[\text{A}]$$

11

정답 ②

정답의 이유

인덕턴스(L)

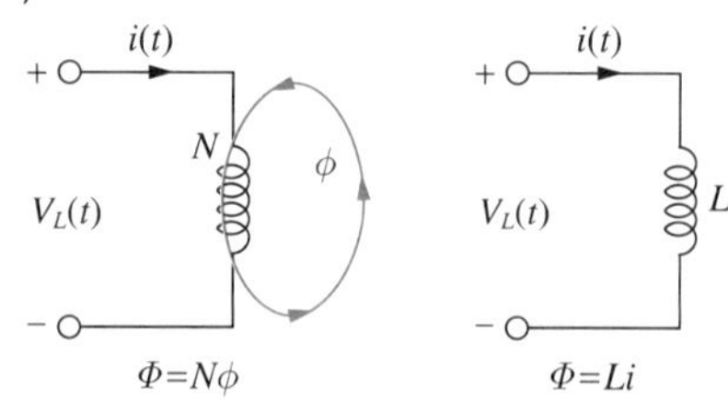

권선수 N인 코일에 전류 i를 흘릴 때 발생되는 쇄교 자속수(ϕ)는 전류 i에 비례한다.

$Li = N\phi$(L : 인덕턴스, i : 전류, N : 코일의 권선비, ϕ : 자속)

∴ 인덕턴스(L)는 자속(ϕ)과 전류(i)의 비례상수이다.

12

정답 ①

정답의 이유

- 임피던스 $|Z| = \dfrac{V}{I} = \dfrac{200}{10} = 20[\Omega]$
- 역률 $\cos\theta = \dfrac{R}{|Z|}$, $R = |Z|\cos\theta = 20 \times 0.8 = 16[\Omega]$

R을 일정하게 유지하고 L만 조정하여 역률이 0.4일 때

임피던스 $|Z| = \dfrac{R}{\cos\theta} = \dfrac{16}{0.4} = 40[\Omega]$

∴ 회로의 전류 $I = \dfrac{V}{|Z|} = \dfrac{200}{40} = 5[\mathrm{A}]$

13

정답 ②

정답의 이유

등가회로

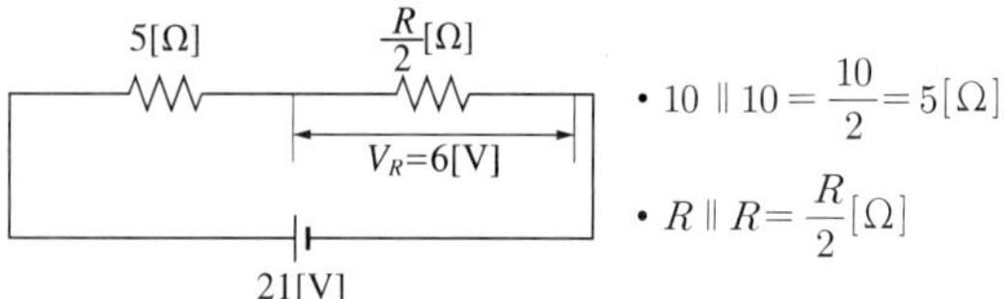

- $10 \parallel 10 = \dfrac{10}{2} = 5[\Omega]$
- $R \parallel R = \dfrac{R}{2}[\Omega]$

전압 분배 법칙에 의하여

$$V_R = \frac{\frac{R}{2}}{5 + \frac{R}{2}} \times 21 = 6[\mathrm{V}]$$

$$\frac{\frac{R}{2}}{\frac{10+R}{2}} = \frac{6}{21}$$

$$\frac{R}{10+R} = \frac{2}{7}$$

$7R = 2R + 20$

$5R = 20$

∴ $R = 4[\Omega]$

14

정답 ④

정답의 이유

- (가)의 커패시터 정전용량 : $C = \varepsilon\dfrac{S}{d}$
- (나)의 커패시터 각각의 정전용량
  - 유전율 ε인 부분 : $C_1 = \varepsilon\dfrac{S}{\frac{d}{3}} = 3\varepsilon\dfrac{S}{d} = 3C$
  - 유전율 2ε인 부분 : $C_2 = 2\varepsilon\dfrac{S}{\frac{d}{3}} = 6\varepsilon\dfrac{S}{d} = 6C$
  - 유전율 3ε인 부분 : $C_3 = 3\varepsilon\dfrac{S}{\frac{d}{3}} = 9\varepsilon\dfrac{S}{d} = 9C$

∴ (나)의 커패시터 전체 합성 정전용량(C_t) : 직렬연결

C_1 C_2 C_3

$$\frac{1}{C_t} = \frac{1}{C_1} + \frac{1}{C_2} + \frac{1}{C_3} = \frac{1}{3C} + \frac{1}{6C} + \frac{1}{9C} = \frac{6+3+2}{18C} = \frac{11}{18C}$$

$$C_t = \frac{18}{11}C$$

15

정답 ②

오답의 이유

- Y결선
  - $I_l = I_p$(선전류 = 상전류)
  - $V_l = \sqrt{3}\,V_p\angle 30°$(선전압 = $\sqrt{3}$ 상전압)
- △결선
  - $V_l = V_p$(선전압 = 상전압)
  - $I_l = \sqrt{3}\,I_p\angle -30°$(선전류 = $\sqrt{3}$ 상전류)

∴ ② 부하가 Y결선으로 연결되어 있으므로 선전류 I_{aA}는 부하 상전류 I_{AN}과 크기와 위상 모두 동일하다.

정답의 이유

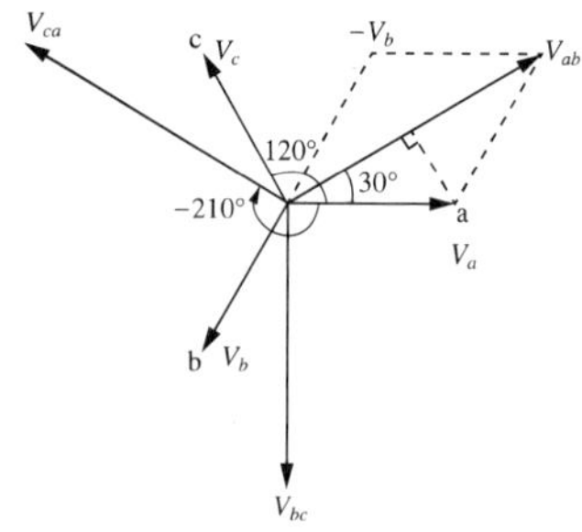

- 평형 3상 Y-Y 결선에서 $V_l = \sqrt{3}\,V_p\angle 30°$, $I_l = I_p$이다.
  - $V_{ab} = \sqrt{3}\,V_a\angle 30°$
  - $V_{bc} = \sqrt{3}\,V_b\angle 30°$
  - $V_{ca} = \sqrt{3}\,V_c\angle 30° = \sqrt{3}\,V_a\angle -210°$

∴ ① 선간전압 $V_{ca} = \sqrt{3}\,V_p\angle -210°$로 상전압 V_{cn}보다 크기는 $\sqrt{3}$배 크고 위상은 30° 앞선다.

- 키르히호프의 전류법칙에 의해 중성선 전류 $I_{Nn}=I_{AN}+I_{BN}+I_{CN}=0$(평형 회로이므로 중성점 n–N에는 전류가 흐르지 않는다)이며 제시된 그림에서 $I_{AN}=I_{aA}$, $I_{BN}=-I_{Bb}$, $I_{CN}=I_{cC}$이므로 $I_{Nn}=I_{aA}-I_{Bb}+I_{cC}=0$이다.

∴ ③ 중성선 전류 $I_{Nn}=I_{aA}-I_{bB}+I_{cC}=0$ 이다.

- Y결선으로 연결된 부하가 △결선으로 변경되는 경우 임피던스가 $\frac{1}{3}$배가 되므로 동일한 부하 전력을 위한 부하 임피던스는 기존 임피던스의 3배이다.

$Z_Y=\frac{1}{3}Z_\triangle$, $Z_\triangle=3Z_Y$

∴ ④ 부하가 △결선으로 변경되는 경우 동일한 부하 전력을 위한 부하 임피던스는 기존 임피던스의 3배이다.

16 정답 ④

정답의 이유

커패시터 회로에서 커패시터의 직렬연결 시 Q가 동일하고, 병렬연결 시 V가 동일하며 합성 정전용량 $C_t=C_1+C_2+C_3$이다.

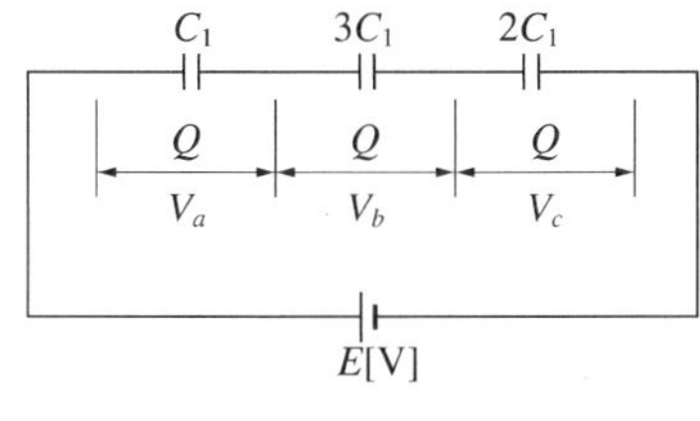

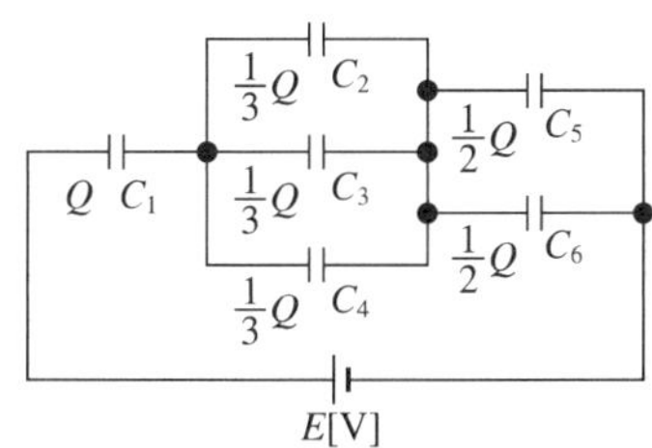

$Q=CV$

$V_a=\frac{Q}{C_1}$, $V_b=\frac{Q}{3C_1}=\frac{1}{3}V_a$, $V_c=\frac{Q}{2C_1}=\frac{1}{2}V_a$

④ C_2에 걸리는 전압 $V_2=V_b=\frac{1}{3}V_a=\frac{1}{3}\times 2V_c=\frac{2}{3}V_c=\frac{2}{3}V_6$

오답의 이유

① C_5에 충전되는 전하량 $Q_5=\frac{1}{2}Q$

② C_6에 걸리는 전압 $V_6=V_c=\frac{1}{2}V_a=\frac{1}{2}V_1$

③ C_3에 충전되는 전하량 $Q_3=\frac{1}{3}Q=\frac{1}{3}\times 2Q_5=\frac{2}{3}Q_5$

17 정답 ②

정답의 이유

$v(t)=10\sin 100t$

- 각속도 $\omega=100[\text{rad}]$
- 최댓값 $V_m=10[\text{V}]$
- 실횻값 $V=\frac{10}{\sqrt{2}}[\text{V}]$

①・④ 임피던스 $Z=R+j\omega L=1+j\times 100\times 10\times 10^{-3}$
$=1+j[\Omega]=\sqrt{2}\angle 45°$
$(|Z|=\sqrt{1^2+1^2}=\sqrt{2},\ \theta=\tan^{-1}\frac{1}{1}=45°)$

∴ 전압과 전류의 위상차는 45°이다.

② $i(t)$의 최댓값 $I_m=\frac{V_m}{|Z|}=\frac{10}{\sqrt{2}}=5\sqrt{2}[\text{A}]$

③ $i(t)$의 실횻값 $I=\frac{I_m}{\sqrt{2}}=\frac{5\sqrt{2}}{\sqrt{2}}=5[\text{A}]$

18 정답 ②

정답의 이유

저항의 △ ⇒ Y 변환에 의해 $R_Y=\frac{R_\triangle}{3}=\frac{24}{3}=8[\Omega]$

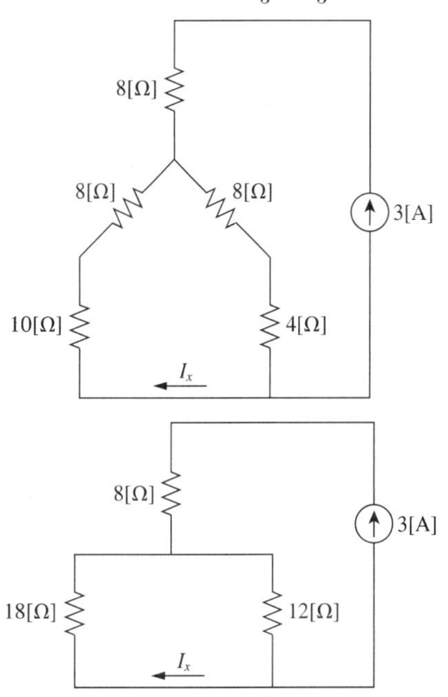

∴ 전류 분배 법칙에 의하여 저항 18[Ω]에 흐르는 전류

$I_x=\frac{12}{18+12}\times(-3)=\frac{12}{30}(-3)=-1.2[\text{A}]$

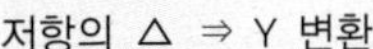

저항의 △ ⇒ Y 변환

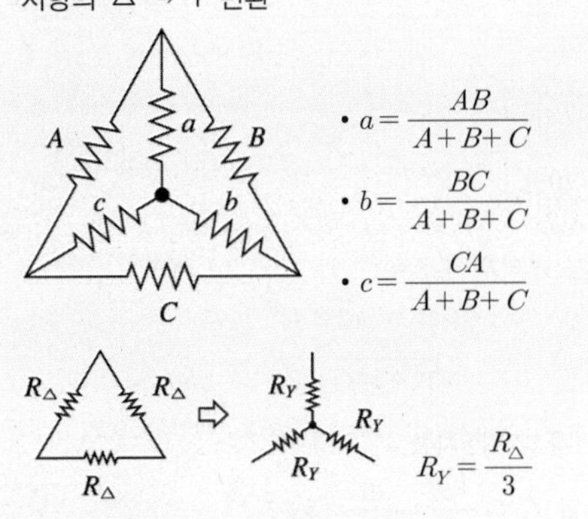

19

정답 ②

정답의 이유

맥스웰(Maxwell) 방정식

구 분	미분형	적분형
가우스 법칙 (전기장)	$\nabla \cdot E = \dfrac{\rho}{\varepsilon_0}$	$\oint E \cdot dA = \dfrac{Q}{\varepsilon_0}$
가우스 법칙 (자기장)	$\nabla \cdot B = 0$	$\oint B \cdot dA = 0$
패러데이 법칙	$\nabla \times E = -\dfrac{\partial B}{\partial t}$	$\oint E \cdot dl = -\dfrac{d\phi}{dt}$
앙페르-맥스웰 법칙	$\nabla \times \vec{H} = \vec{J} + \dfrac{\partial \vec{D}}{\partial t}$	$\oint B \cdot dl = \mu_0\left(J + \varepsilon_0 \dfrac{d\phi}{dt}\right)$

20

정답 ④

정답의 이유

①

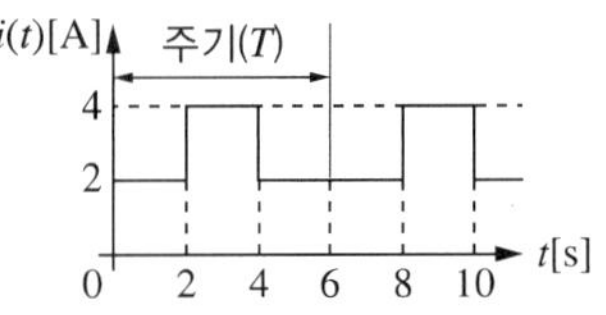

전류의 주기$(T) = 6[\mathrm{s}]$

② 전류의 실횻값

$i_{rms} = \sqrt{1\text{주기 동안 } i^2\text{의 평균}}$

$= \sqrt{\dfrac{1}{T}\displaystyle\int_0^T i^2(t)dt}$

$= \sqrt{\dfrac{1}{6}\left(\displaystyle\int_0^2 2^2 dt + \int_2^4 4^2 dt + \int_4^6 2^2\right)}$

$= \sqrt{\dfrac{1}{6}\left(2^2 \cdot 2 + 4^4 \cdot 2 + 2^2 \cdot 2\right)}$

$= \sqrt{\dfrac{48}{6}} = \sqrt{8} = 2\sqrt{2}[\mathrm{A}]$

④ $4[\mathrm{k\Omega}]$의 저항에 걸리는 전압의 실횻값

$V = RI = 4[\mathrm{k\Omega}] \times 2\sqrt{2}[\mathrm{A}] = 8\sqrt{2}[\mathrm{kV}]$

③ $4[\mathrm{k\Omega}]$의 저항에 공급되는 평균 전력

$P = VI = 8\sqrt{2}[\mathrm{kV}] \times 2\sqrt{2}[\mathrm{A}] = 32[\mathrm{kW}]$

전기이론 | 2020년 국가직 9급

한눈에 훑어보기

영역 분석

전기회로와 회로 소자 02
1문항, 5%

정현파와 교류회로 01 09
2문항, 10%

전력과 3상회로 04 07 10 12 15 16
6문항, 30%

회로의 해석 05 06 08
3문항, 15%

과도현상과 비정현파 18 19 20
3문항, 15%

정전계와 도체계 17
1문항, 5%

정자계와 자기현상 03 11 13 14
4문항, 20%

빠른 정답

01	02	03	04	05	06	07	08	09	10
①	②	①	④	②	③	①	③	②	④
11	**12**	**13**	**14**	**15**	**16**	**17**	**18**	**19**	**20**
②	③	③	②	①	④	①	③	④	①

점수 체크

구분	1회독	2회독	3회독
맞힌 문항수	/20	/20	/20
나의 점수	점	점	점

01 정답 ①

정답의 이유

① $v_1(t)$의 주기 $T_1 = \frac{1}{f_1} = \frac{1}{60}[\text{s}]$과 $v_2(t)$의 주기 $T_2 = \frac{1}{f_2} = \frac{1}{60}[\text{s}]$는 같다.

오답의 이유

$v_1(t)$과 $v_2(t)$의 각속도는 $\omega_1 = 120\pi[\text{rad/s}]$, $\omega_2 = 120\pi[\text{rad/s}]$로 서로 같다.

② $v_1(t)$과 $v_2(t)$의 주파수는 모두 $f = \frac{\omega}{2\pi} = \frac{120\pi}{2\pi} = 60[\text{Hz}]$이다.

③ $v_1(t)$과 $v_2(t)$의 위상은 각각 $\theta_1 = \frac{\pi}{6} = 30°$, $\theta_2 = \frac{\pi}{3} = 60°$이므로 동상이 아니다.

④ $v_1(t)$과 $v_2(t)$의 실횻값은 각각 $V_1 = \frac{V_{m1}}{\sqrt{2}} = \frac{100}{\sqrt{2}}[\text{V}]$, $V_2 = \frac{V_{m2}}{\sqrt{2}} = \frac{100\sqrt{2}}{\sqrt{2}} = 100[\text{V}]$이다.

02 정답 ②

정답의 이유

등가회로

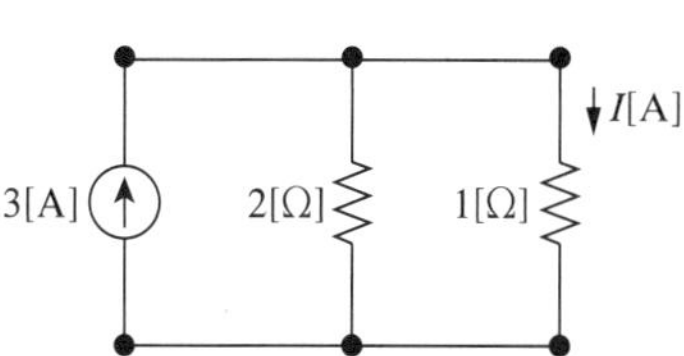

전류 배분에 의해

$I = \frac{2}{1+2} \times 3 = 2[\text{A}]$

03
정답 ①

정답의 이유

자속밀도 $B=2[\mathrm{Wb/m^2}]$,

공극 1개의 면적 $S=100\times10^{-4}[\mathrm{m^2}]$(철편과 전자석 사이의 공극은 2개이므로 $S\times2$)

철편에 작용하는 힘

$$F=\frac{1}{2}\cdot\frac{B^2}{\mu_0}\cdot S=\frac{2^2}{2\times4\pi\times10^{-7}}\times100\times10^{-4}\times2(\text{개})$$

$$=\frac{100}{\pi\times10^{-3}}=\frac{1}{\pi}\times10^5[\mathrm{N}]$$

04
정답 ④

정답의 이유

- Y결선
  - $I_l=I_p$(선전류 = 상전류)
  - $V_l=\sqrt{3}\,V_p\angle30°$(선전압 = $\sqrt{3}$ 상전압)
- △결선
  - $V_l=V_p$(선전압 = 상전압)
  - $I_l=\sqrt{3}\,I_p\angle-30°$(선전류 = $\sqrt{3}$ 상전류)

④ Y결선에서 선간전압의 위상은 상전압의 위상보다 $\frac{\pi}{6}[\mathrm{rad}]$ 앞선다.

오답의 이유

① △결선에서 선간전압의 크기는 상전압의 크기와 같다.
② Y결선에서 선간전류의 크기는 상전류의 크기와 같다.
③ △결선에서 선간전압의 위상은 상전압의 위상과 같다.

05
정답 ②

정답의 이유

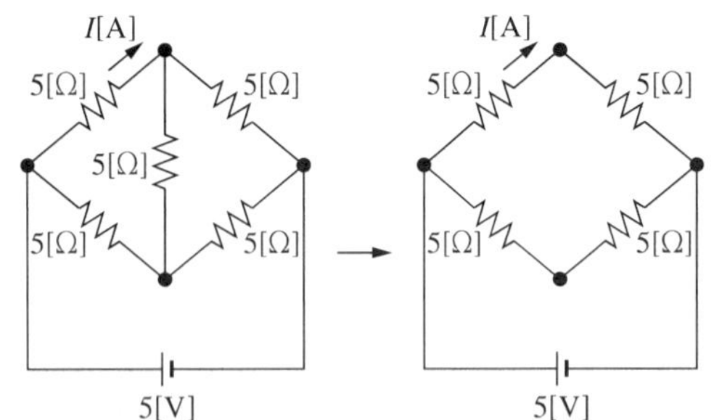

$R_1R_4=R_2R_3$, $5\times5=5\times5$로

브릿지 평형을 이루고 있어서 가운데 5[Ω]의 저항에는 전류가 흐르지 않는다.

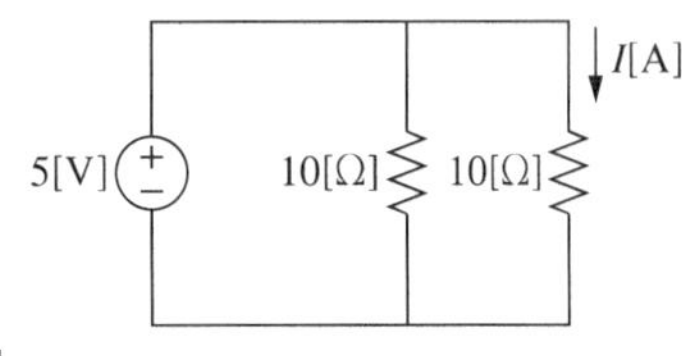

$$\therefore\ I=\frac{5[\mathrm{V}]}{10[\Omega]}=0.5[\mathrm{A}]$$

06
정답 ③

정답의 이유

전원이 직류이므로 정상상태에서 인덕터 4[H]는 단락으로 동작한다. 임의의 한 점의 전위를 0[V]로 정하고 각 점에서의 전위를 구한다.

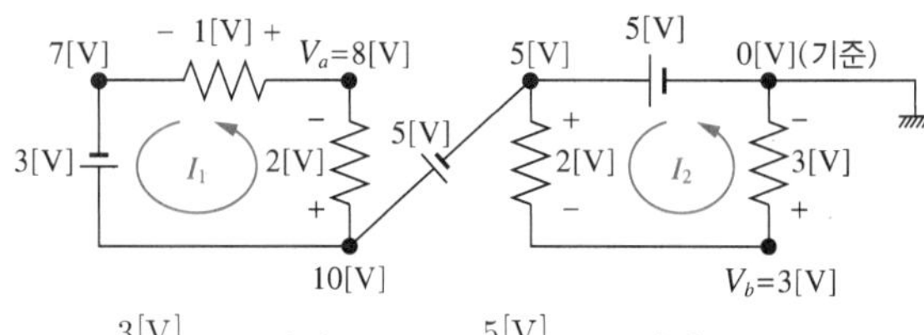

$$I_1=\frac{3[\mathrm{V}]}{(1+2)[\Omega]}=1[\mathrm{A}],\ I_2=\frac{5[\mathrm{V}]}{(2+3)[\Omega]}=1[\mathrm{A}]$$

$V_b=0+3[\Omega]\times I_2=3[\mathrm{V}]$

$V_a=10-2[\Omega]\times I_1=8[\mathrm{V}]$

$V_{ab}=V_a-V_b=8-3=5[\mathrm{V}]$

07
정답 ①

정답의 이유

테브난 등가저항, 등가전압을 구하면

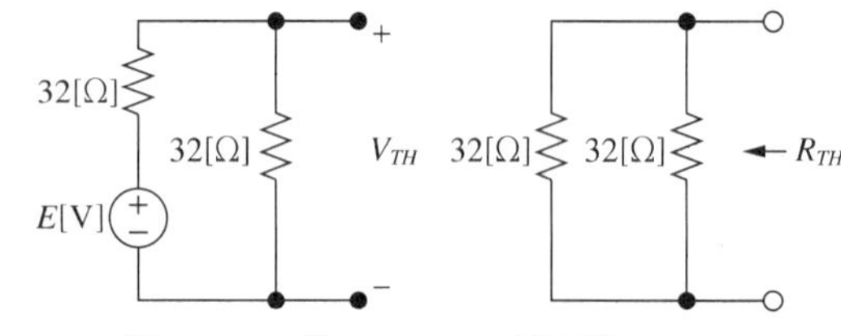

$$V_{TH}=\frac{32}{32+32}\times E=\frac{E}{2}[\mathrm{V}],\ R_{TH}=\frac{32\times32}{32+32}=16[\Omega]$$

등가회로

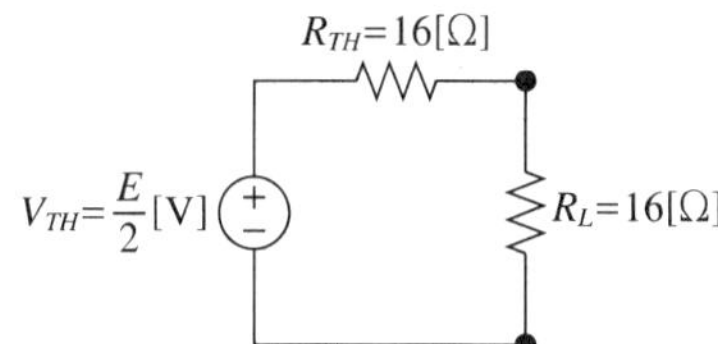

R_L에 전달되는 최대 전력

$$P_{\max}=\frac{V_{TH}^2}{4R_L}=4[\mathrm{W}]$$

$$\frac{\left(\frac{E}{2}\right)^2}{4\times16}=4,\ \frac{\frac{E^2}{4}}{4\times16}=4$$

$E^2=16\times16\times4=32\times32$

$\therefore\ E=32[\mathrm{V}]$

08

정답 ③

정답의 이유

T형 회로를 임피던스 Z로 표현하면

$\omega=10^3[\text{rad/s}]$ 이므로

$Z_2=jX_L=j\omega L=j5\times10^{-3}\times10^3=j5[\Omega]$

$Z_3=\dfrac{1}{jX_C}=\dfrac{1}{j2{,}000\times10^{-6}\times10^3}=\dfrac{1}{j2}[\Omega]$

T형 회로의 4단자 정수 $\begin{pmatrix}A & B\\ C & D\end{pmatrix}=\begin{pmatrix}1+\dfrac{Z_1}{Z_3} & \dfrac{Z_1Z_2+Z_2Z_3+Z_3Z_1}{Z_3}\\ \dfrac{1}{Z_3} & 1+\dfrac{Z_2}{Z_3}\end{pmatrix}$

π형 회로의 4단자 정수 $\begin{pmatrix}A & B\\ C & D\end{pmatrix}=\begin{pmatrix}1+\dfrac{Z_1}{Z_3} & Z_1\\ \dfrac{Z_1+Z_2+Z_3}{Z_2Z_3} & 1+\dfrac{Z_1}{Z_2}\end{pmatrix}$

π형 등가회로의 Z_3을 구하기 위해서는 T형 회로의 A, B 파라미터를 구하여 π형 회로에 적용하면 된다($\because$ C 파라미터는 식이 복잡하고, D 파라미터는 Z_3가 없다).

T형 회로에서

$A=1+\dfrac{Z_1}{Z_3}=1+\dfrac{10}{\frac{1}{j2}}=1+j20$

$B=\dfrac{Z_1Z_2+Z_2Z_3+Z_3Z_1}{Z_3}$

$=\dfrac{j50+j5\cdot\frac{1}{j2}+\frac{10}{j2}}{\frac{1}{j2}}$

$=j\cdot j100+j5+10$

$=-100+j5+10$

$=-90+j5$

π형 회로에 적용하면

$B=Z_1$ 이므로 $Z_1=-90+j5$

$A=1+\dfrac{Z_1}{Z_3}$ 이므로 $1+\dfrac{Z_1}{Z_3}=1+j20$

$1+\dfrac{-90+j5}{Z_3}=1+j20$

$\dfrac{-90+j5}{Z_3}=j20$

$\dfrac{-90+j5}{j20}=Z_3$

$Z_3=\dfrac{-j90+j\cdot j5}{j\cdot j20}=\dfrac{-j90-5}{-20}=\dfrac{5}{20}+j\dfrac{90}{20}=0.25+j4.5[\Omega]$

[별 해]

Y ⇒ △ 변환

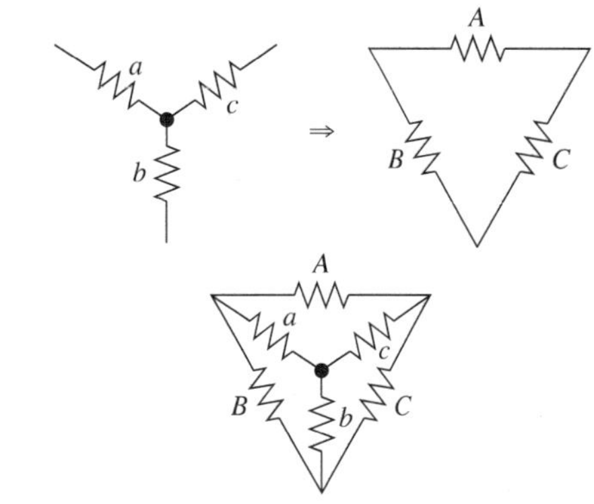

$A=\dfrac{ab+bc+ca}{b}$, $B=\dfrac{ab+bc+ca}{c}$, $C=\dfrac{ab+bc+ca}{a}$

T형 회로(Y결선)를 π형 회로(△결선)으로 변환하면

$Z_3=\dfrac{ab+bc+ca}{a}=\dfrac{10\cdot j5+j5\cdot\frac{1}{j2}+\frac{1}{j2}\cdot 10}{10}$

$=\dfrac{j50+\frac{5}{2}+\frac{5}{j}}{10}=j5+\dfrac{1}{4}+\dfrac{1}{j2}$

$=j5+0.25-j0.5$

$=0.25+j4.5[\Omega]$

09

정답 ②

정답의 이유

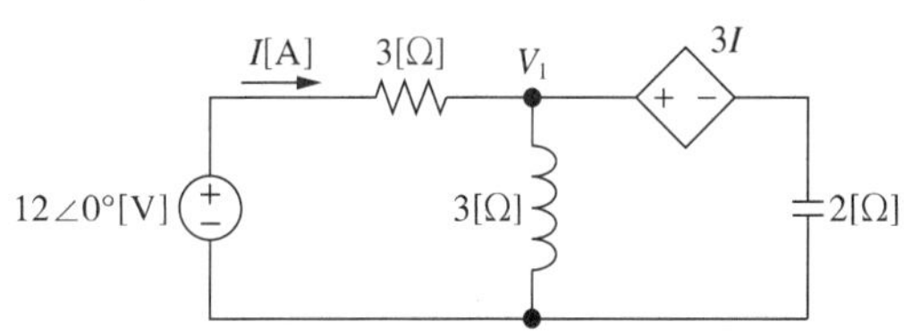

가운데 노드에 KCL을 적용하면

$I=\dfrac{V_1}{j3}+\dfrac{V_1-3I}{-j2}$

$j6\cdot I=2\cdot V_1-3(V_1-3I)$

$V_1=9I-j6I$ ………… ㉠

또한 $V_1=12-3I$ ………… ㉡

㉡에 ㉠을 넣어서 식을 풀면

$9I-j6I=12-3I$

$I(12-j6)=12$

$I=\dfrac{12}{12-j6}=\dfrac{2}{2-j}=\dfrac{2(2+j)}{4+1}=\dfrac{4}{5}+j\dfrac{2}{5}=0.8+j0.4[\text{A}]$

전압과 전류를 복소평면에 나타내면

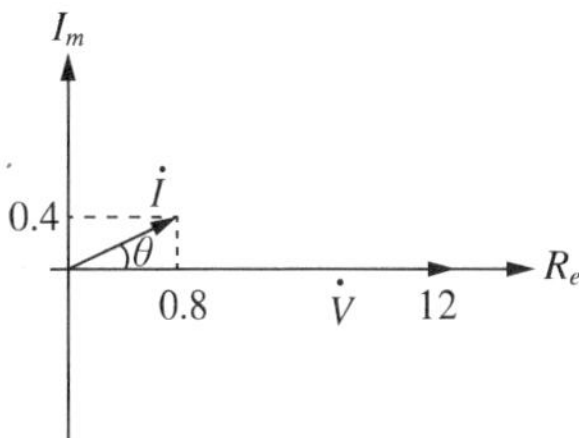

전류가 전압보다 θ만큼 앞선다.

10

정답 ④

정답의 이유

$V_{ab}(t)=100\sqrt{2}\sin 100t$ 에서

$\omega=100[\text{rad/s}]$,

전압의 실횻값 $V=100[\text{V}]$ 이고,

역률각 = 30°,

피상전력 $P_a=600[\text{VA}]$ 이므로

3상 무효전력 $P_r=P_a\sin\theta=600\sin 30°=600\times\frac{1}{2}=300[\text{Var}]$ 이다.

3상 평형 △결선($V_l=V_p$)이므로

역률 개선을 위한 커패시터에 의한 무효전력

$Q_C=3\omega CV^2=3\times 100\times C\times 100^2=3\cdot C\times 10^6$ 이다.

3상 무효전력과 커패시터에 의한 무효전력이 같을 때 역률이 1이 되므로

$P_r=Q_C$

$300=3\cdot C\times 10^6$

$\therefore\ C=\frac{300}{3}\times 10^{-6}=100[\mu\text{F}]$

11

정답 ②

정답의 이유

$C=\frac{\varepsilon S}{d}=100[\text{F}]$

② 극판 사이의 간격을 반으로 줄인다. → 정전용량은 100[F]에서 200[F]으로 2배 증가 $C'=\frac{\varepsilon S}{\frac{d}{2}}=2\frac{\varepsilon S}{d}=200[\text{F}]$

오답의 이유

① 극판 면적을 4배 크게 한다. → 정전용량은 100[F]에서 400[F]으로 4배 증가 $C'=\frac{\varepsilon\cdot 4\cdot S}{d}=4\frac{\varepsilon S}{d}=400[\text{F}]$

③ 극판의 도체 두께를 2배로 증가시킨다. → 정전용량은 변하지 않는다. $C'=\frac{\varepsilon S}{d}=100[\text{F}]$

④ 극판 사이에 있는 유전체의 비유전율이 4배 큰 것을 사용한다. → 정전용량은 100[F]에서 400[F]으로 4배 증가

$C'=\frac{4\cdot\varepsilon S}{d}=4\frac{\varepsilon S}{d}=400[\text{F}]$

12

정답 ③

정답의 이유

$v(t)=25\sin(\omega t+\theta)[\text{V}],\ i(t)=4\sin(\omega t+\theta-60°)[\text{A}]$

실횻값 $V=\frac{25}{\sqrt{2}}[\text{V}],\ I=\frac{4}{\sqrt{2}}[\text{A}]$

위상차 $\theta_{(v-i)}=\theta-(\theta-60°)=60°$

평균 전력 = 유효전력 : $P=VI\cos\theta_{(v-i)}=\frac{25}{\sqrt{2}}\frac{4}{\sqrt{2}}\cos 60°$

$=\frac{25\times 4}{2}\times\frac{1}{2}=25[\text{W}]$

13

정답 ③

정답의 이유

$L=\frac{\mu SN^2}{l}=\frac{\mu_0\mu_r SN^2}{l}$

$=\frac{4\pi\times 10^{-7}\times 10^4\times 3\times 10^{-4}\times 1{,}000^2}{0.3}$

$=\frac{4\pi\times 3\times 10^{-1}}{3\times 10^{-1}}=4\pi[\text{H}]$

Key 답

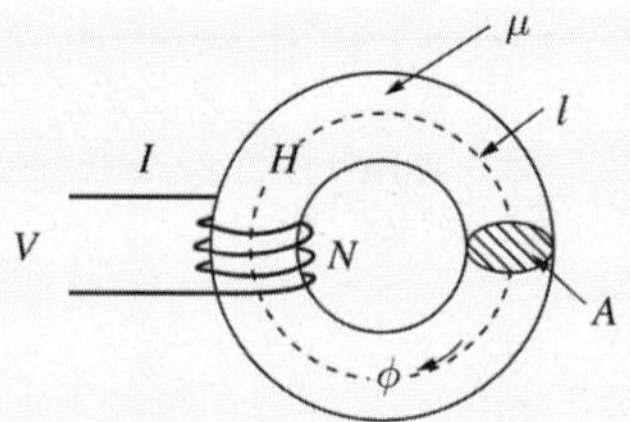

• 기자력(Magnetomotive Force)

$F=NI[\text{AT}]$(N : 권수비, I : 전류)

$F=NI=\oint_c H\cdot dl=\oint_c\frac{B}{\mu}dl=\oint_c\frac{\phi}{\mu A}dl=\phi\frac{l}{\mu A}=\phi R_m$

• 자기저항

$R_m=\frac{l}{\mu A}=\frac{l}{\mu_0\mu_s A}[\text{AT/Wb}]$

$R_m=\frac{F}{\phi}[\text{AT/Wb}]$

• 자 속

$\phi=\frac{F}{R_m}[\text{Wb}]$(자기회로의 옴의 법칙)

• 자기인덕턴스(Self-inductance)

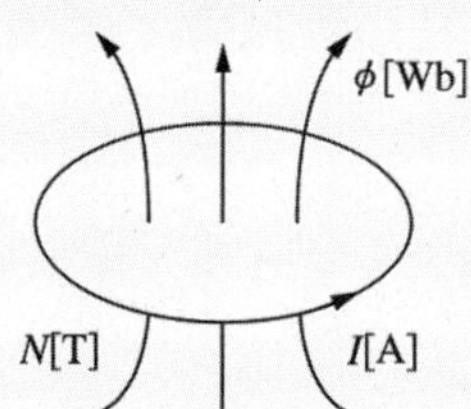

$e=-N\frac{d\phi}{dt}=-N\frac{d\phi}{di}\frac{di}{dt}=L\frac{di}{dt}$ 에서

자기인덕턴스 $L=N\frac{d\phi}{di}$ 를 적분하면

$LI=N\phi=\Phi[\text{Wb}\cdot\text{turn}]$

$\therefore\ L=\frac{N\phi}{I}=\frac{N}{I}\cdot\frac{NI}{R_m}=\frac{N^2}{\frac{l}{\mu S}}=\frac{\mu SN^2}{l}[\text{H}]$

14

정답 ②

정답의 이유

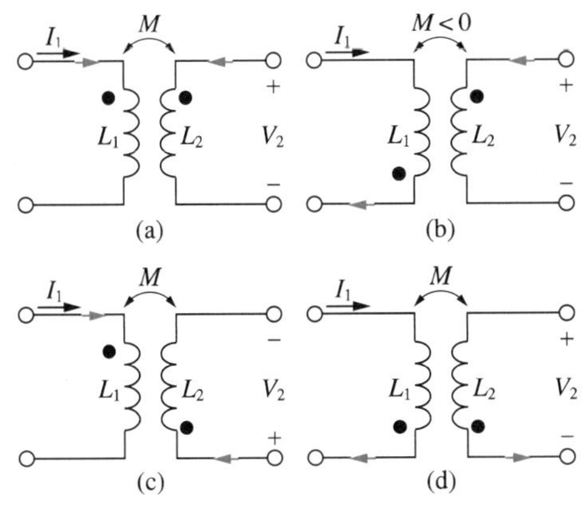

- 점이 찍힌 곳으로 1차측, 2차측 전류가 모두 들어오거나 나오는 회로(감극성) : (a), (c), (d)
- 점이 찍힌 곳의 1차측, 2차측 전류 방향이 반대인 회로(가극성) : (b)

(a) $V_2 = M\dfrac{dI_1}{dt}$

(b) $V_2 = -M\dfrac{dI_1}{dt}$

(c) $V_2 = M\dfrac{dI_1}{dt}$

(d) $V_2 = M\dfrac{dI_1}{dt}$

15

정답 ①

정답의 이유

전류 I[A]가 최소이므로 RLC 병렬 공진이다.

어드미턴스를 구하면

$$Y = \frac{1}{1+j} + \frac{1}{-jX_C} = \frac{1-j}{1+1} + \frac{j}{X_C} = \frac{1}{2} - j\frac{1}{2} + j\frac{1}{X_C}$$

$$= \frac{1}{2} + j\left(\frac{1}{X_C} - \frac{1}{2}\right)$$

허수부 $=0$이므로 $\dfrac{1}{X_C} = \dfrac{1}{2}$

$\therefore X_C = 2[\Omega]$

16

정답 ④

정답의 이유

$P_1 = 3[\text{W}],\ P_2 = 6[\text{W}]$

유효전력 : $P = P_1 + P_2 = 3+6 = 9[\text{W}]$

피상전력 : $P_a = 2\sqrt{P_1^2 + P_2^2 - P_1P_2} = 2\sqrt{3^2+6^2-3\times6}$

$= 2\sqrt{9+36-18} = 2\sqrt{27} = 6\sqrt{3}[\text{VA}]$

역률 : $\cos\theta = \dfrac{P}{P_a} = \dfrac{9}{6\sqrt{3}} = \dfrac{3}{2\sqrt{3}} = \dfrac{\sqrt{3}}{2}$

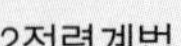

2전력계법

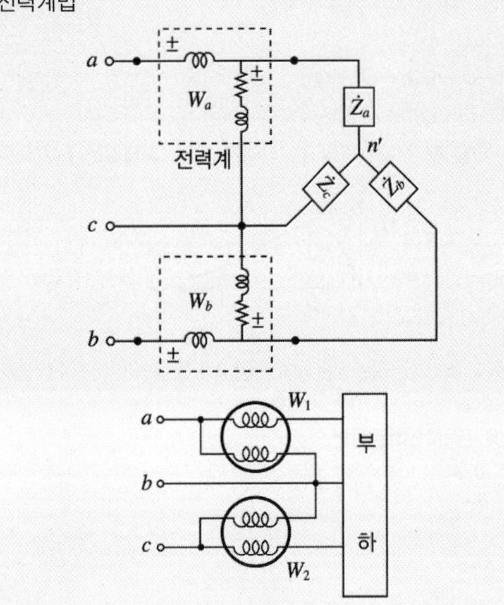

- 유효전력 : $P = W_1 + W_2[\text{W}]$
- 무효전력 : $P_r = \sqrt{3}(W_1 - W_2)[\text{Var}]$
- 피상전력 : $P_a = 2\sqrt{W_1^2 + W_2^2 - W_1W_2}[\text{VA}]$
- 역률 : $\cos\theta = \dfrac{W_1 + W_2}{2\sqrt{W_1^2 + W_2^2 - W_1W_2}}$

17

정답 ①

정답의 이유

2Q−q[C]　　q[C]

A　　1[m]　　B

두 전하 사이의 전자기력은

$F=9\times10^9\times\dfrac{Q_1Q_2}{r^2}=9\times10^9\times\dfrac{(2Q-q)\times q}{1^2}$

$=9\times10^9\times2Qq-q^2[\mathrm{N}]$

$\dfrac{1}{4\pi\varepsilon_0}=9\times10^9=k$(상수)로 표시하고

q에 관한 2차 함수의 해를 구하면

$F=k(2Qq-q^2)$

$=k(-q^2+2Qq-Q^2+Q^2)$

$=k(-(q-Q)^2+Q^2)$

∴ q가 Q일 때 전자기력(F)는 최대가 되며, 최댓값은 kQ^2이다.

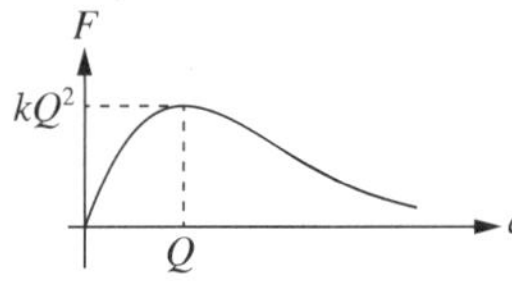

[별 해]

전자기력이 최대가 되는 점은 q에 관한 2차 함수의 미분계수(기울기)가 0일 때이다.

F를 q에 관하여 미분하면

$\dfrac{dF}{dq}=k\dfrac{d}{dq}(-q^2+2Qq)=0$

$k(-2q+2Q)=0$

∴ $q=Q$

18

정답 ③

정답의 이유

테브난 등가회로의 V_{TH}를 구하면

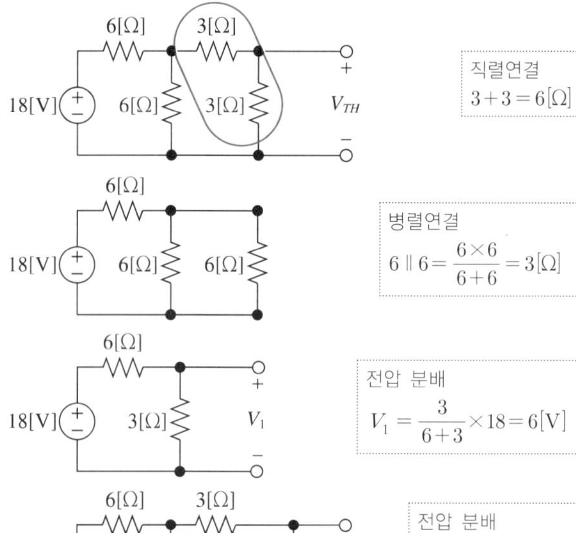

테브난 등가회로의 R_{TH}를 구하면

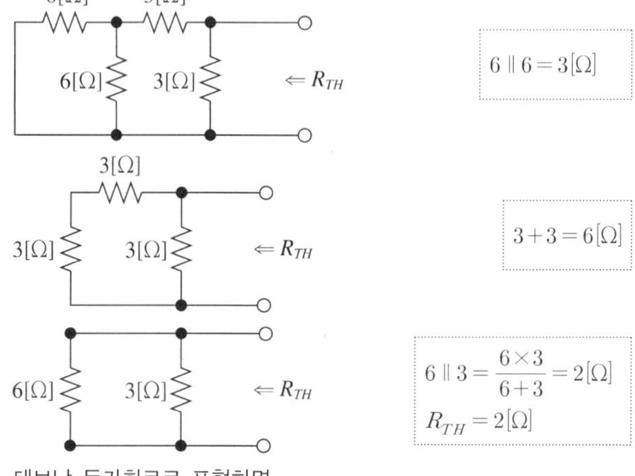

테브난 등가회로로 표현하면

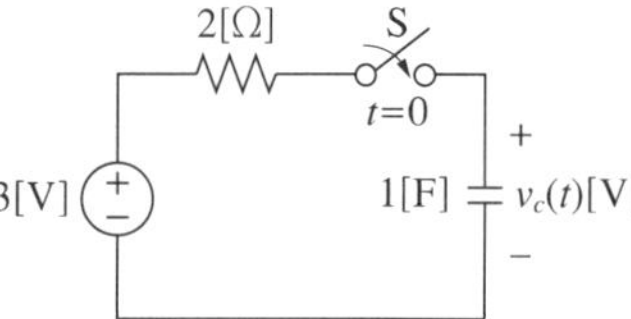

RC 직렬회로의 과도현상에서

시정수 $\tau=R_{TH}C=2\times1=2[\mathrm{s}]$

$v_C(t)=E(1-e^{-\frac{1}{RC}t})[\mathrm{V}]$

$=3(1-e^{-\frac{1}{2}t})[\mathrm{V}]$

$v_C(3)=3(1-e^{-\frac{1}{2}3})=3(1-e^{-\frac{3}{2}})=3-3e^{-1.5}[\mathrm{V}]$($t$ = 3초일 때)

19

정답 ④

정답의 이유

- $t<0$일 때 직류전원이 인가되어 있었으므로 인덕턴스 L : 단락, 콘덴서 C : 개방

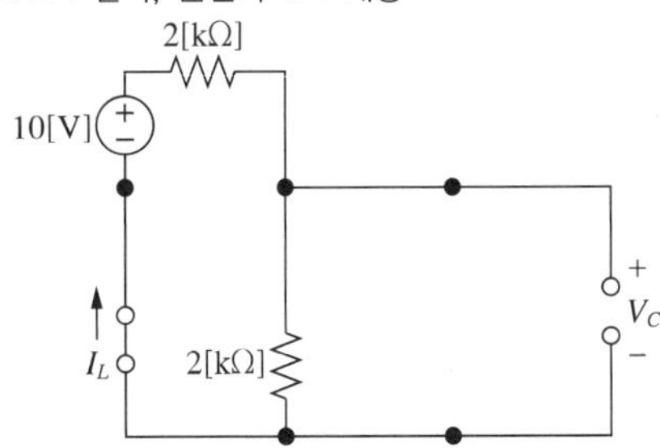

인덕턴스 $1[\text{mH}]$에 흐르는 전류는

$$I_L = \frac{10[\text{V}]}{2[\text{k}\Omega]+2[\text{k}\Omega]} = \frac{10}{4{,}000} = 2.5[\text{mA}]$$

커패시터 $1[\text{mF}]$에 걸리는 전압은

$$V_C = 2[\text{k}\Omega] \times 2.5[\text{mA}] = 5[\text{V}]$$

- $t=0$에서 $\text{SW}_1 = \text{On}$, $\text{SW}_2 = \text{On}$

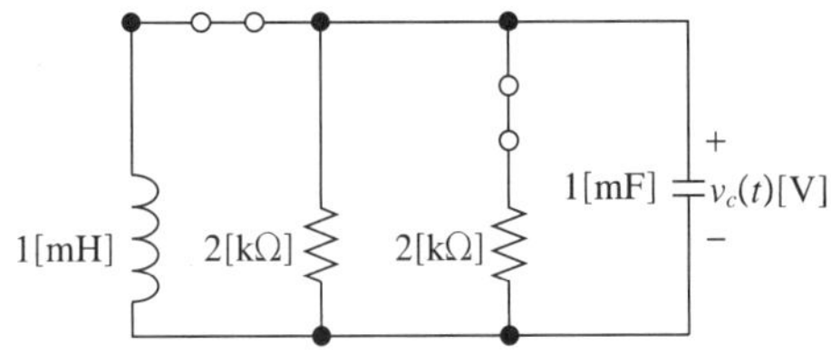

→ 외부전원이 없는 LC회로는 진동회로이다.

축전기가 방전되면서 코일에 생기는 자기장의 변화로 인해 코일에 기전력이 유도되고 이 기전력으로 축전기는 다시 충전된다. 이때 각 극판에 충전되는 전하의 종류는 렌츠 법칙에 의해 처음과 반대가 되기 때문에 전자기적 진동이 발생하게 된다. 만약 회로의 저항이 0이라면 이 진동은 영원히 유지된다(무손실 진동). 위 회로는 저항이 있으므로 진동하면서 점차 크기가 줄어드는 형태의 부족진동(과소감쇠)이 일어난다.

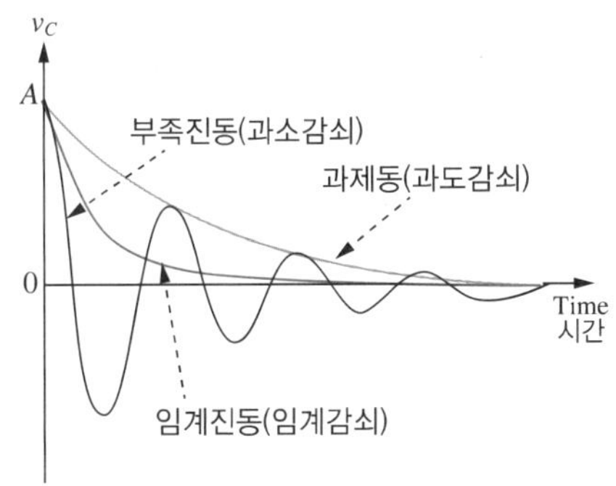

Key 답

RLC 병렬회로의 과도현상

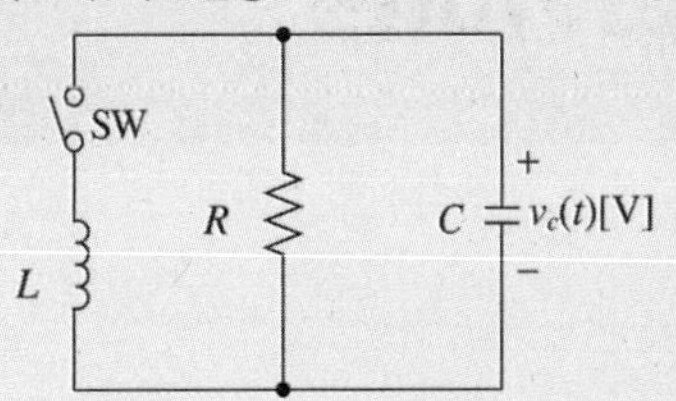

$t>0$일 때 위의 회로에서 KCL에 의해 커패시터(C)에 걸리는 전압 v_C를 구하면

$\frac{1}{L}\int_0^T v_C dt + \frac{v_C}{R} + C\frac{dv_C}{dt} = 0$이므로 미분하면

$C\frac{d^2v_C}{dt^2} + \frac{1}{R}\frac{dv_C}{dt} + \frac{1}{L} = 0$(특성방정식)

위 특성방정식으로부터 근의 공식을 통하여 특성근(S)을 구하면

$S = \dfrac{-\frac{1}{R} \pm \sqrt{\frac{1}{R^2} - 4\frac{L}{C}}}{2C}$이므로 판별식 $\sqrt{\frac{1}{R^2} - 4\frac{L}{C}}$의 값이 실수인가, 0인가 또는 허수인가에 따라 다음과 같은 과도현상으로 분석할 수 있다.

- $\frac{1}{R^2} - 4\frac{L}{C} > 0$: 과제동(비진동), 과도감쇠
- $\frac{1}{R^2} - 4\frac{L}{C} = 0$: 임계진동, 임계감쇠
- $\frac{1}{R^2} - 4\frac{L}{C} < 0$: 부족진동(진동), 과소감쇠

※ $aS^2 + bS + c = 0$일 때 근의 공식

$S = \dfrac{-b \pm \sqrt{b^2 - 4ac}}{2a}$ (단, $a \neq 0$)

20

정답 ①

정답의 이유

구형파의 푸리에 급수식

$$f(t) = \frac{4V_m}{\pi}\left(\sin\omega t + \frac{1}{3}\sin 3\omega t + \frac{1}{5}\sin 5\omega t + \cdots\right)$$

구형파는 기함수(정현대칭) 및 반파대칭이므로, sin항 중 홀수항만 존재한다.

$a_0 = 0$, $a_n = 0$,

$b_n = \frac{4V_m}{\pi n}$ (n : 홀수 1, 3, 5, ⋯)

$= \frac{4V_m}{\pi(2n-1)}$ (n : 정수 1, 2, 3, ⋯)

제 $(2n-1)$고조파의 진폭 $A_1 = \frac{4V_m}{\pi(2n-1)}$

기본파의 진폭 $A_2 = \frac{4V_m}{\pi}$

고조파와 기본파의 진폭비 $\frac{A_1}{A_2} = \dfrac{\frac{4V_m}{\pi(2n-1)}}{\frac{4V_m}{\pi}} = \frac{1}{2n-1}$

전기이론 | 2019년 국가직 9급

한눈에 훑어보기

전기회로와 회로 소자 01 02
2문항, 10%
정현파와 교류회로 03 04 05
3문항, 15%
전력과 3상회로 06 07 08 09 16 17
6문항, 30%
회로의 해석 11 12
2문항, 10%
과도현상과 비정현파 13 14 15
3문항, 15%
정전계와 도체계 18
1문항, 5%
정자계와 자기현상 10 19 20
3문항, 15%

빠른 정답

01	02	03	04	05	06	07	08	09	10
①	②	③	④	①	③	①	③	③	②
11	12	13	14	15	16	17	18	19	20
①	④	②	④	②	②	③	④	②	④

점수 체크

구분	1회독	2회독	3회독
맞힌 문항수	/20	/20	/20
나의 점수	점	점	점

01

정답 ①

정답의 이유

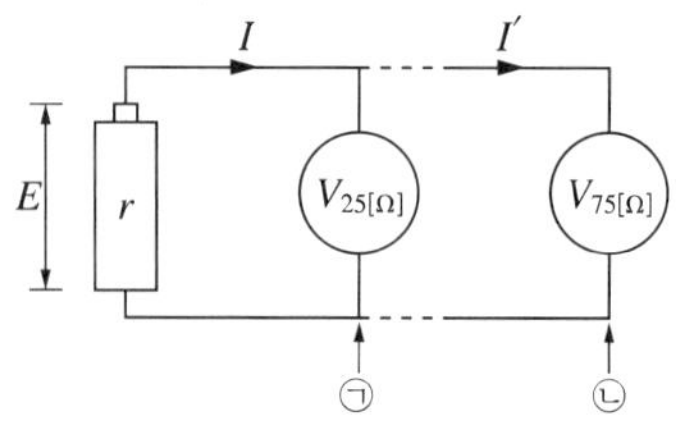

㉠ 전압계로 측정할 경우($R=25[\Omega]$)

$I=\dfrac{V}{R}=\dfrac{50[\text{V}]}{25[\Omega]}=2[\text{A}]$ 이고

$E=I(r+R)$ 이므로, $E=2(r+25)$

(r = 내부저항, R = 외부저항(계측기저항))

㉡ 전압계로 측정할 경우($R'=75[\Omega]$)

$I'=\dfrac{V'}{R'}=\dfrac{75[\text{V}]}{75[\Omega]}=1[\text{A}]$ 이고

$E=I'(r+R')$ 이므로, $E=1(r+75)$

따라서 ㉠ = ㉡이므로

$2r+50=r+75$

$r=25[\Omega]$

$E=100[\text{V}]$

02 정답 ②

정답의 이유

ㄴ. 등전위면은 전위의 기울기가 없는 부분으로 평면을 이룬다.
ㄷ. 등전위면은 전기장에서 전위가 같은 점을 연결하여 이루어진 곡면으로 다른 전위의 등전위면은 서로 교차하지 않는다.

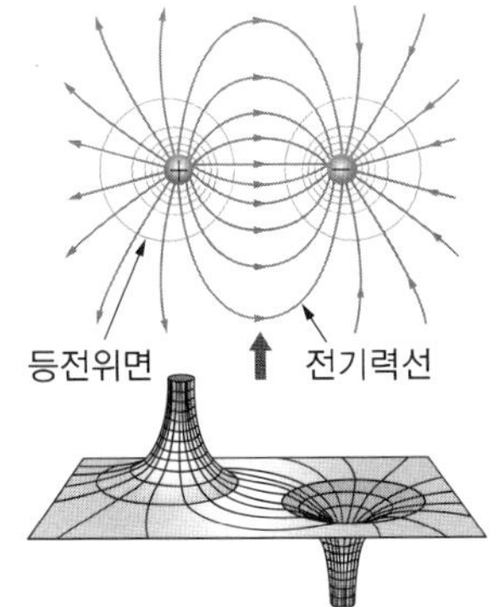

오답의 이유

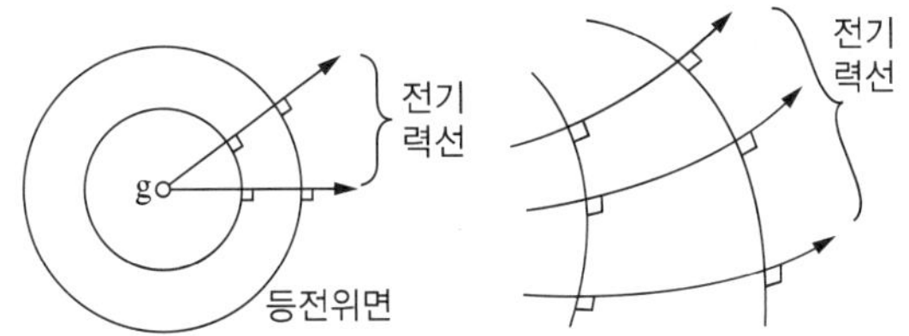

ㄱ. 등전위면과 전기력선은 수직으로 접한다.
ㄹ. 전하의 밀도가 높은 등전위면은 전기장의 세기가 강하다.

03 정답 ③

정답의 이유

• 직류전압을 인가했을 경우($P_{DC}=1{,}000[W]$)

$P_{DC}=\frac{V_{DC}^2}{R}[W]$에서

$$R=\frac{V_{DC}^2}{P_{DC}}=\frac{200^2[V]}{1{,}000[W]}=\frac{40{,}000}{1{,}000}=40[\Omega]$$

• 교류전압을 인가했을 경우($P_{AC}=1{,}440[W]$)

$P_{AC}=I^2\cdot R[W]$에서 $I^2=\frac{P_{AC}}{R}=\frac{1{,}440}{40}=36[A]$

$I=6[A]$

여기서, 코일의 저항(R)과 리액턴스(X)에 흐르는 전류

$$I=\frac{V_{AC}}{|Z|}=\frac{V_{AC}}{\sqrt{R^2+X^2}}=\frac{300[V]}{\sqrt{40^2+X^2}[\Omega]}=6[A]$$

$$\therefore\ \sqrt{40^2+X^2}=\frac{300[V]}{6[A]}=50[\Omega]$$

$$40^2+X^2=50^2,\ X=\sqrt{50^2-40^2}=30[\Omega]$$

04 정답 ④

정답의 이유

• 스위치 S가 단자 a에서 충분히 오래 머물렀을 경우(C는 개방상태)

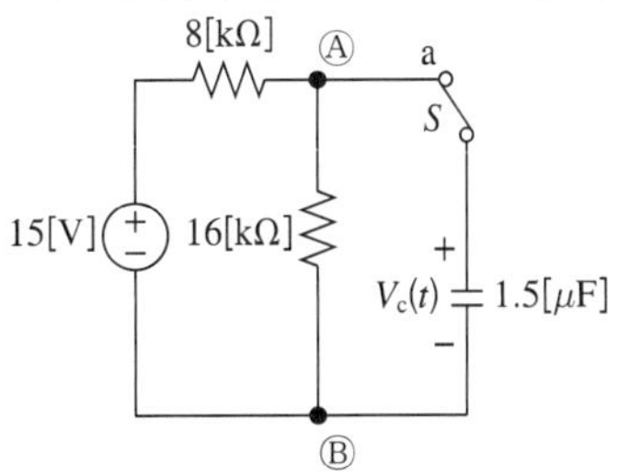

(V_c)콘덴서에 걸린 전압 = Ⓐ–Ⓑ 사이의 전압(V_{AB})
→ 병렬관계

$$V_{AB}=V_{16[k\Omega]}=\frac{16}{8+16}\times 15=10[V]$$

• 스위치 S를 a에서 b로 옮겼을 경우

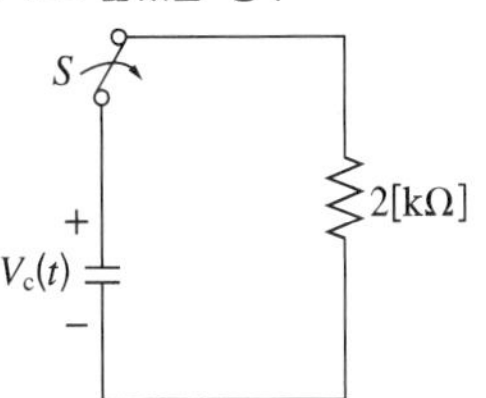

$t>0$일 때
RC 직렬회로의 과도상태식은

$V_c(t)=V\cdot e^{-\frac{1}{RC}t}$이다.

$R=2{,}000[\Omega]$, $V_c=10[V]$, $C=1.5[\mu F]$이므로

$$\therefore\ V_c(t)=10\cdot e^{-\frac{1}{2{,}000\times 1.5\times 10^{-6}}t}[V]$$
$$=10\cdot e^{-\frac{1}{3\times 10^{-3}}t}$$

05 정답 ①

정답의 이유

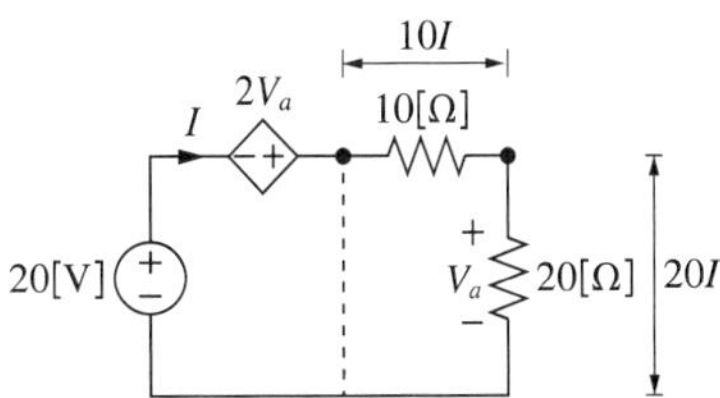

전압원 $20[V]$에 대한 회로의 전류를 I라고 할 때, 저항 $20[\Omega]$에 걸리는 전압 $V_a=20\cdot I[V]$이고, 종속전원 $2V_a=2\cdot 20\cdot I=40I[V]$이다.
직렬회로에 대한 키르히호프 법칙(KVL)에 따라
$\sum$전압원 $=\sum$전압강하이므로
$20+40I=10I+20I$
따라서 회로 전체에 흐르는 전류 $I=-2[A]$
종속전원 $2V_a=40I=40(-2)=-80$
$\therefore\ V_a=-40[V]$

06

정답 ③

오답의 이유

③ 환상 솔레노이드의 권선수와 인덕턴스는

$L = \dfrac{\mu \cdot S \cdot N^2}{l}$[H]의 관계를 가지므로

권선비 $N_1 : N_2 = 2 : 1$일 경우,

자기인덕턴스 $L_1 : L_2 = 4 : 1$이다($L \propto N^2$)

정답의 이유

①

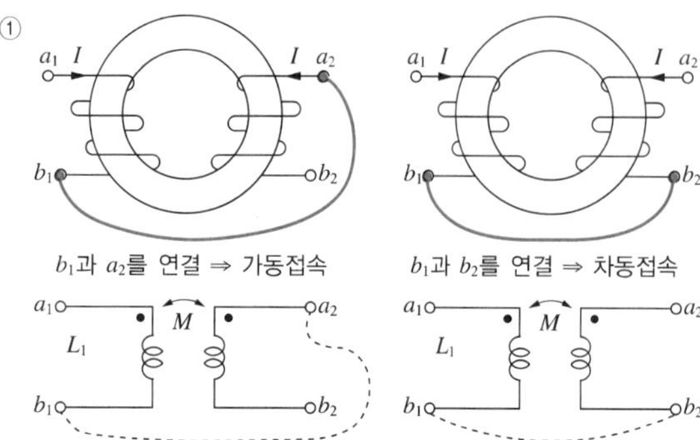

∴ 합성 인덕턴스 크기 : 가동접속(가극성) > 차동접속(감극성)

② 유도기전력 $e = L \cdot \dfrac{di}{dt}$

- 가극성 : $e_1 = L_1 \cdot \dfrac{di_1}{dt} + M \cdot \dfrac{di_2}{dt}$, $e_2 = L_2 \cdot \dfrac{di_2}{dt} + M \cdot \dfrac{di_1}{dt}$
- 감극성 : $e_1 = L_1 \cdot \dfrac{di_1}{dt} - M \cdot \dfrac{di_2}{dt}$, $e_2 = L_2 \cdot \dfrac{di_2}{dt} - M \cdot \dfrac{di_1}{dt}$

따라서, 한 코일의 유도기전력은 상호인덕턴스(M)와 다른 코일의 전류변화량에 비례한다.

④ 교류의 전압 및 전류의 크기는 전자 유도 작용을 이용하여 변성이 가능하며, 변압기는 교류의 전압을 바꾸는 기기이다.

07

정답 ①

정답의 이유

전류 $i(t) = t^2 + 2t$[A]이고,

전압 $v(t) = L \cdot \dfrac{d}{dt} \cdot i(t)$이므로

$v(t) = L \cdot \dfrac{d}{dt}(t^2 + 2t)$이다.

순시전력 $P(t) = v(t) \cdot i(t) = L \cdot F\dfrac{d}{dt}(t^2 + 2t) \cdot (t^2 + 2t)$

$= L \cdot (2t + 2) \cdot (t^2 + 2t)$

$L = 1$[H]이고, $t = 1$일 때

∴ 순시전력 $P_{(t=1)} = 1 \cdot (2 \cdot 1 + 2) \cdot (1^2 + 2 \cdot 1)$

$= 1 \cdot 4 \cdot 3 = 12$[W]

08

정답 ③

정답의 이유

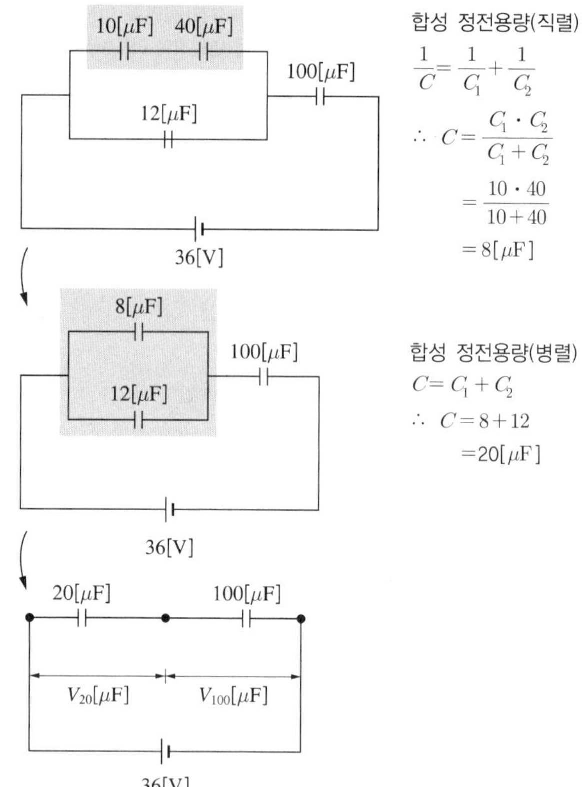

합성 정전용량(직렬)

$\dfrac{1}{C} = \dfrac{1}{C_1} + \dfrac{1}{C_2}$

$\therefore C = \dfrac{C_1 \cdot C_2}{C_1 + C_2}$

$= \dfrac{10 \cdot 40}{10 + 40}$

$= 8$[μF]

합성 정전용량(병렬)

$C = C_1 + C_2$

$\therefore C = 8 + 12$

$= 20$[μF]

$Q = CV$에서

- $V_{100[\mu F]} = \dfrac{20}{20 + 100} \times 36 = \dfrac{20}{120} \times 36 = 6$[V]
- $V_{20[\mu F]} = \dfrac{100}{20 + 100} \times 36 = \dfrac{100}{120} \times 36 = 30$[V]

따라서

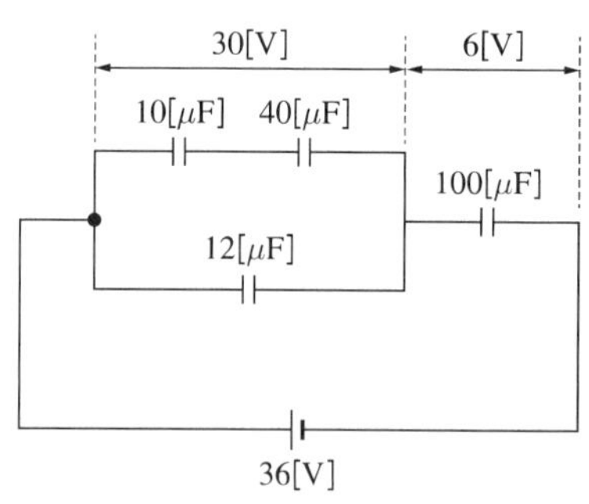

$V_{10[\mu F]} = \dfrac{40}{10 + 40} \times 30 = 24$[V]

$V_a = V_{40[\mu F]} = \dfrac{10}{10 + 40} \times 30 = 6$[V]

09

정답 ③

정답의 이유

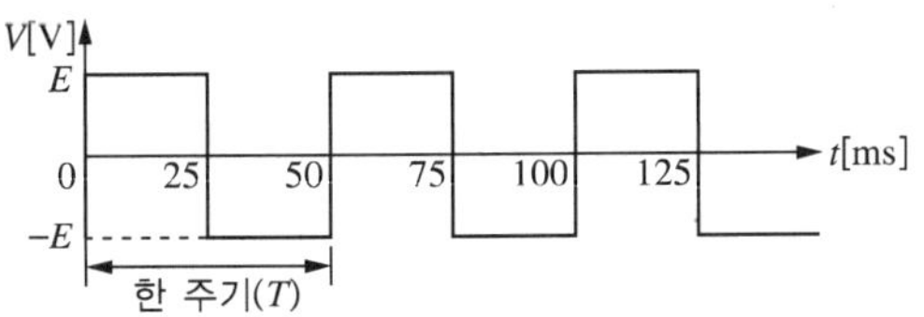

• 주파수 $= \frac{1}{\text{주기}}$

$$f = \frac{1}{T} = \frac{1}{50 \times 10^{-3}} = \frac{1}{0.05} = 20[\text{Hz}]$$

• 반파대칭 → 홀수 고조파만 존재

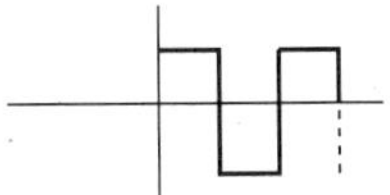

$\sin\underline{\omega}t + \sin\underline{3\omega}t + \sin\underline{5\omega}t + \cdots$

$f(t) = f\left(t + \frac{T}{2}\right)$

따라서 기본주파수가 $20[\text{Hz}]$이므로 홀수배인

고조파 주파수 $\frac{20[\text{Hz}]}{1\text{배}}, \frac{60[\text{Hz}]}{3\text{배}}, \frac{100[\text{Hz}]}{5\text{배}}, \frac{140[\text{Hz}]}{7\text{배}} \cdots$가 존재한다.

Key 답

비정현파 교류

• 기함수 : 정현대칭, 원점대칭 → sin항만 존재(n : 정수)

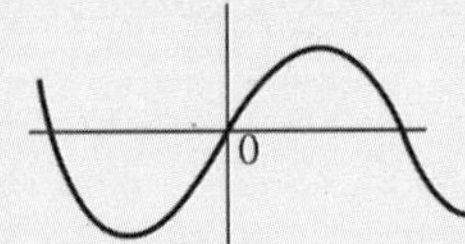

$\sin\theta = -\sin(-\theta)$

$f(t) = -f(t)$

$a_0 = 0,\ a_n = 0$

$f(t) = \sum_{n=1}^{\infty} b_n \sin n\omega t$

• 우함수 : 여현대칭, Y축대칭 → a_0, cos항만 존재(n : 정수)

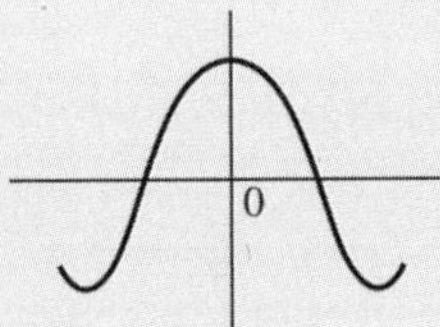

$\cos\theta = \cos(-\theta)$

$f(t) = f(-t)$

$b_n = 0$

$f(t) = a_0 + \sum_{n=1}^{\infty} a_n \cos n\omega t$

10

정답 ②

정답의 이유

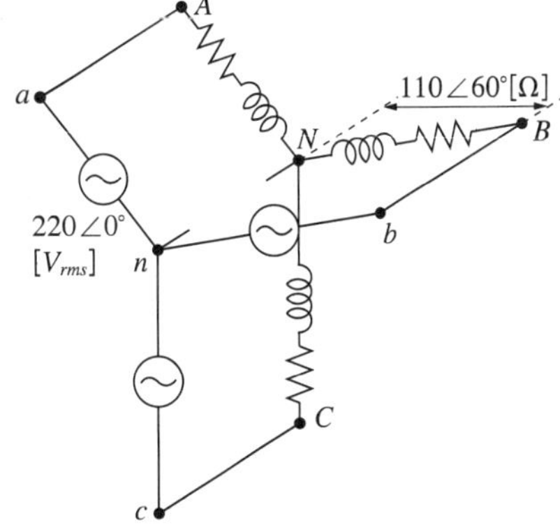

Y-Y 결선이 평형을 이루었으므로 중성선 $n-N$에는 전류가 흐르지 않는다($I_{n-N} = 0[\text{A}]$).

$Z = 110\angle 60°[\Omega]$이고, $V_{rms} = 220\angle 0°[\text{V}]$이므로

$$I_{rms} = \frac{V_{rms}}{Z} = \frac{220\angle 0°}{110\angle 60°} = 2\angle -60°[\text{A}]\text{이다.}$$

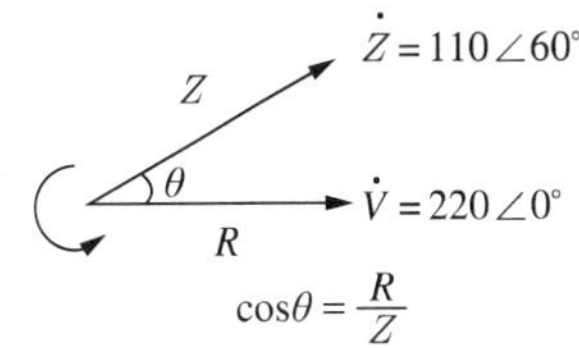

$R = Z\cos\theta$이므로

$= 110 \times \cos 60°$

$= 110 \times \frac{1}{2} = 55[\Omega]$

따라서 한상에 공급되는 평균 전력

$P = I^2 R = 2^2 \cdot 55 = 220[\text{W}]$이다.

11 정답 ①

정답의 이유

RLC 직렬회로에서

$\dot{Z}=R+j\omega L+\dfrac{1}{j\omega C}$

$=R+j\left(\omega L-\dfrac{1}{\omega c}\right)$

회로 내에서 가장 큰 전류가 흐른다는 것은

$\dot{Z}=R+j\underline{\left(\omega L-\dfrac{1}{\omega C}\right)}$

↖'허수부'가 '0'이 된다는 것이므로

코일의 리액턴스와 콘덴서의 리액턴스가 같아지는 $\omega L-\dfrac{1}{\omega C}=0$,

$\omega L=\dfrac{1}{\omega C}$일 때 가장 큰 전류가 흐르며, 이 상태를 '공진'한다고 한다.

각속도 $\omega=2\pi f$이므로, $2\pi f\cdot L=\dfrac{1}{2\pi f\cdot C}$에서 $f_0=\dfrac{1}{2\pi\sqrt{LC}}$이고,

이때의 주파수 f_0를 공진주파수라고 한다.

따라서,

공진주파수 $f_0=\dfrac{1}{2\pi\sqrt{LC}}=\dfrac{1}{2\pi\sqrt{100\times10^{-3}\times1{,}000\times10^{-6}}}$

$=\dfrac{1}{2\pi\sqrt{1\times10^{-4}}}=\dfrac{1}{2\pi\cdot10^{-2}}=\dfrac{10^2}{2\pi}$

$=\dfrac{100}{2\pi}$

공진 시 $Z=R$이므로

$I=\dfrac{V}{R}=\dfrac{100}{50}=2[\mathrm{A}]$

Key 답

RLC 병렬 공진회로($X_L=X_C$)

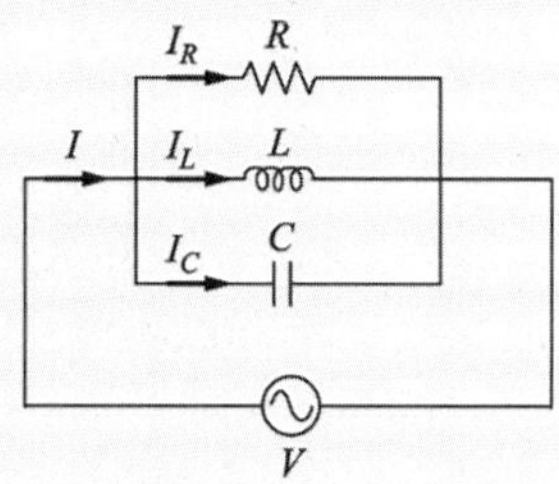

- 어드미턴스

$Y=\dfrac{1}{R}+j\left(\dfrac{1}{X_C}-\dfrac{1}{X_L}\right)[℧]=\dfrac{1}{R}+j\left(\omega C-\dfrac{1}{\omega L}\right)[℧]$

$Y=\dfrac{1}{R}$(어드미턴스 최소)

- 위상차 : 전압과 전류는 동위상
- 역률 : $\cos\theta=1$
- 전류 : $I=YV[\mathrm{A}]$(전류는 최소)
- 공진주파수

$\dfrac{1}{X_L}=\dfrac{1}{X_C}$, $\dfrac{1}{\omega L}=\omega C$, $\omega^2LC=1$

$\therefore f_0=\dfrac{1}{2\pi\sqrt{LC}}[\mathrm{Hz}]$

12 정답 ④

정답의 이유

- V결선 : 단상 2대 변압기로 3상 전력출력(단상 1대의 $\sqrt{3}$ 배)
  - 출력비 : $\dfrac{\text{V 결선출력}}{\text{3상 출력}}=\dfrac{\sqrt{3}\,VI}{3VI}=\dfrac{1}{\sqrt{3}}=0.577(=57.7[\%])$
  - 이용률 : $\dfrac{\text{V 결선출력}}{\text{설비용량}}=\dfrac{\sqrt{3}\,VI}{2VI}=\dfrac{\sqrt{3}}{2}=0.866(=86.6[\%])$

따라서, $P_V=\sqrt{3}P_1=\sqrt{3}\cdot100=100\sqrt{3}\left(=\dfrac{300}{\sqrt{3}}\right)[\mathrm{kVA}]$

Key 답

V결선의 출력비 및 이용률

- 출력비

$\dfrac{\text{V결선 시 출력}}{\text{고장 전 }\triangle\text{결선의 출력}}=\dfrac{P_V}{P_\triangle}=\dfrac{\sqrt{3}\,V_pI_p\cos\theta}{3V_pI_p\cos\theta}=\dfrac{\sqrt{3}}{3}$

$=0.577(=57.7[\%])$

- 이용률

$\dfrac{\text{V결선 시 출력}}{\text{고장 후 2대의 출력}}=\dfrac{P_V}{2\times P_{\text{단상}}}=\dfrac{\sqrt{3}\,V_pI_p\cos\theta}{2V_pI_p\cos\theta}$

$=\dfrac{\sqrt{3}}{2}=0.866(=86.6[\%])$

13 정답 ②

정답의 이유

플레밍의 왼손 법칙

$F=B\cdot I\cdot l\cdot\sin\theta$

$\therefore F=4\cdot2\cdot0.5\cdot\sin30°=4\cdot\dfrac{1}{2}=2[\mathrm{N}]$

l=0.5[m]　I=2[A]　B=4[Wb/m²]　θ=30°

14 정답 ④

정답의 이유

RL 직렬회로에서 $t>0$일 때 전류식 $i(t)=\dfrac{E}{R}\cdot\left(1-e^{-\frac{R}{L}t}\right)$이고,

스위치 S를 닫고, $t=3$일 때의 전류가 $i(3)=4(1-e^{-1})$이므로

- $\dfrac{E}{R}=4$에서, $R=4[\Omega]$이므로, $E=16[\mathrm{V}]$
- $e^{-1}=e^{-\frac{R}{L}t}$에서, $\dfrac{R}{L}t=1$이고,

$R=4[\Omega]$, $t=3$이므로 $\dfrac{4}{L}\cdot3=1$

$\therefore L=12[\mathrm{H}]$

15

정답 ②

정답의 이유

주어진 RLC 회로에서 $R=8[\Omega]$, $L=10[\Omega]$, $C=X[\Omega]$이므로 $|Z|=\sqrt{R^2+(X_L-X_C)^2}=\sqrt{8^2+(10-X)^2}$ 이다.

$\cos\theta=\frac{R}{|Z|}$ 이므로, (역률 0.8)

$|Z|=\frac{R}{\cos\theta}=\frac{8}{0.8}=10[\Omega]$

$|Z|=\sqrt{8^2+(10-X)^2}=10=8^2+(10-X)^2=10^2$

$\therefore\ X=4[\Omega]$

콘덴서에 흐르는 전류 $I_C=\frac{V_C}{X}=\frac{28[V]}{4[\Omega]}=7[A]$

$\therefore\ V_s=I\cdot|Z|=7\cdot10=70[V]$

16

정답 ②

오답의 이유

② RC 회로의 시정수($0.1[ms]$)가 RL 회로의 시정수($1[ms]$)보다 10배 크다.

정답의 이유

• RL 회로에 직류전압을 가할 때(L : 단락)

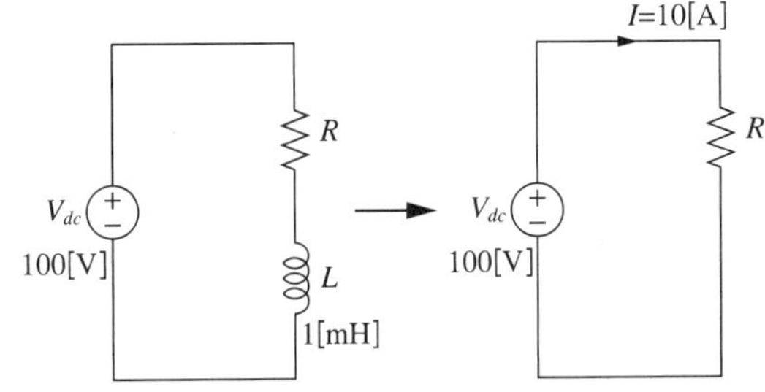

$R=\frac{V}{I}=\frac{100}{10}=10[\Omega]$

RL 회로의 시정수

④ $\tau_{RL}=\frac{L}{R}=\frac{1\times10^{-3}[H]}{10[\Omega]}=1\times10^{-4}[s]=0.1[ms]$

① RL 회로 시정수 $\tau_{RL}=\frac{L}{R}$이므로, L이 10배 증가하면 τ_{RL}도 10배 증가한다.

• RC 회로에 직류전압을 가할 때($t=0$, C : 단락)

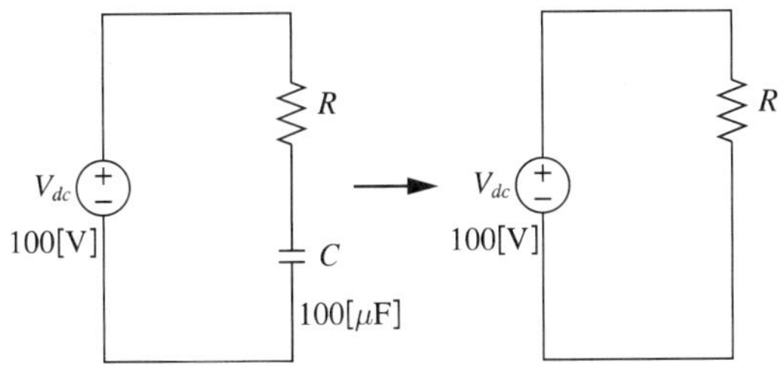

RC 회로의 시정수

$\tau_{RC}=RC=10\cdot100\times10^{-6}=1\times10^{-3}[s]=1[ms]$

③ RC 회로의 시정수 $\tau_{RL}=RC$이므로, C가 10배 증가하면 τ_{RL}도 10배 증가한다.

17

정답 ③

정답의 이유

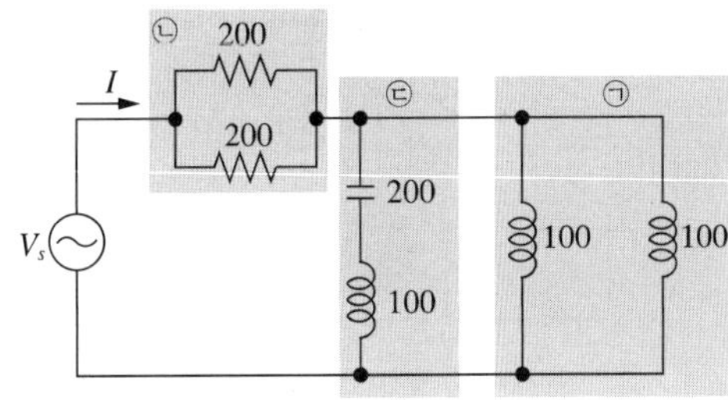

㉠ 인덕턴스 합성

$\frac{j100\times j100}{j100+j100}=\frac{j100}{2}=50[\Omega]$

㉡ 저항 합성

$\frac{200\times200}{200+200}=100[\Omega]$

㉢ 합성 리액턴스

$X=\dot{X}_L-\dot{X}_C=jX_L-jX_C=j100-j200=-j100$

등가회로로 나타내면

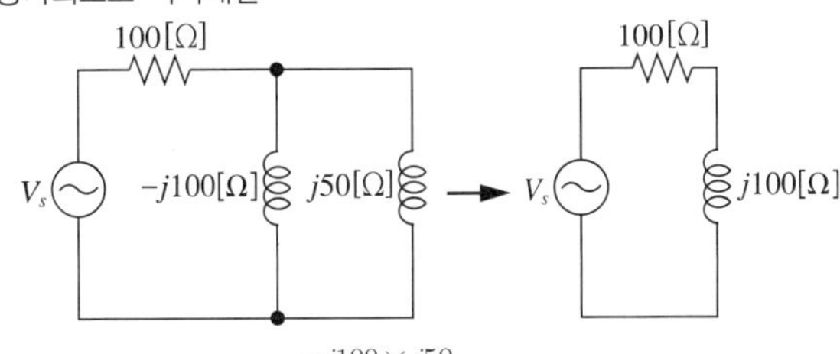

병렬 합성 임피던스 $=\frac{-j100\times j50}{-j100+j50}=+j100[\Omega]$

$\therefore$ 합성 임피던스 $\dot{Z}=100+j100$

$|\dot{Z}|=\sqrt{100^2+100^2}=100\sqrt{2}[\Omega]$

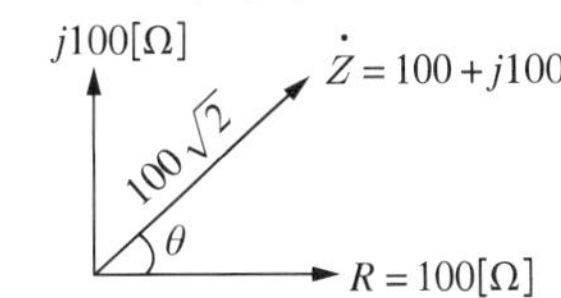

$\cos\theta=\frac{100}{100\sqrt{2}}=\frac{1}{\sqrt{2}}=\frac{\sqrt{2}}{2}$

위상각 $\theta=45°$

18

정답 ④

정답의 이유

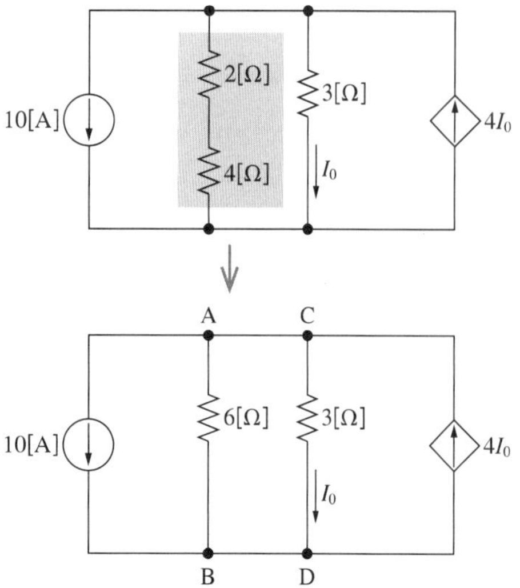

C–D의 $3[\Omega]$에 흐르는 전류가 I_0이므로 A–B의 $6[\Omega]$에 흐르는 전류는 $\frac{1}{2}I_0$이다.

C점에 대하여 키르히호프 법칙을 적용하면

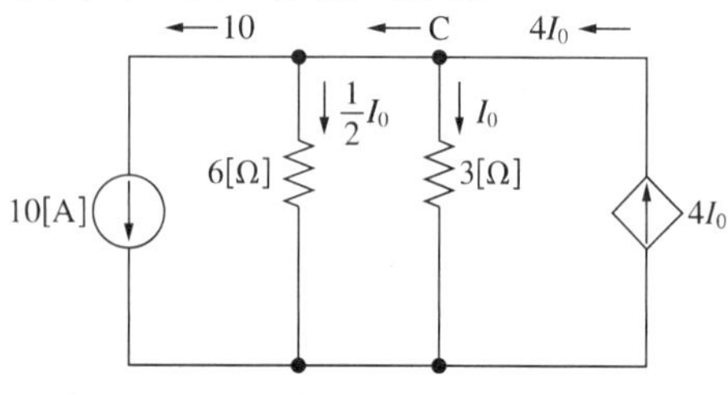

$4I_0 = I_0 + \frac{1}{2}I_0 + 10$이므로 $\frac{5}{2}I_0 = 10$

$\therefore\ I_0 = 4[\text{A}]$이다.

따라서 A–B에 흐르는 전류

$I_{AB} = \frac{1}{2}I_0 = \frac{1}{2}\cdot 4 = 2[\text{A}]$이고

$4[\Omega]$에서 소비하는 전력

$P = I^2R = 2^2\cdot 4 = 16[\text{W}]$

19

정답 ②

정답의 이유

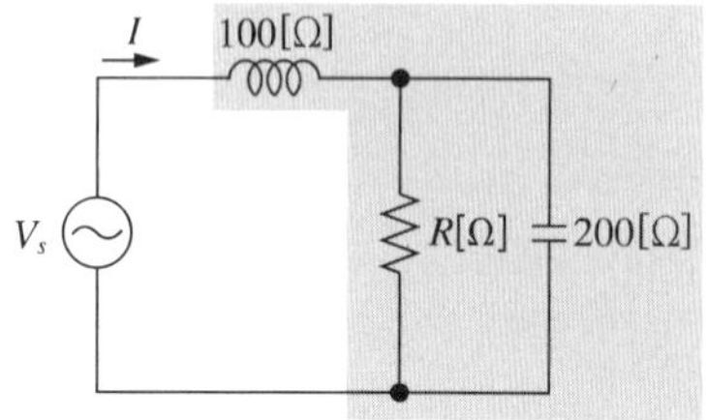

합성 임피던스

$\dot{Z} = j100 + (R \parallel -j200)$

$= j100 + \frac{R\cdot(-j200)}{R+(-j200)} = j100 + \frac{-R\cdot j200}{R-j200}\cdot\frac{R+j200}{R+j200}$

$= j100 + \frac{-R^2\cdot j200 + R\cdot 200^2}{R^2+200^2}$

(실수부와 허수부를 구분하면)

$= \frac{R\cdot 200^2}{R^2+200^2} + j\left(100 - \frac{R^2\cdot 200}{R^2+200^2}\right)$

주어진 회로에서 전류 I[A]의 위상이 전압 $V_s[\text{V}]$의 위상과 같다고 했으므로, 위상차가 없다는 것은 허수부 = 0을 뜻하기 때문에

허수부 $100 - \frac{R^2\cdot 200}{R^2+200^2} = 0$과 같다.

따라서 $R^2\cdot 200 = 100(R^2+200^2)$

$2R^2 = R^2 + 200^2$

$R^2 = 200^2$

$\therefore\ R = 200[\Omega]$

20

정답 ④

정답의 이유

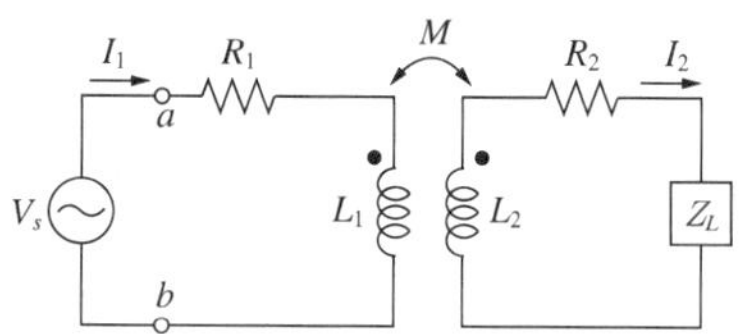

등가변환하면

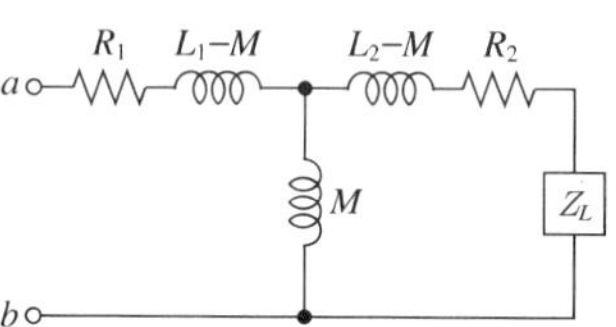

대입하면

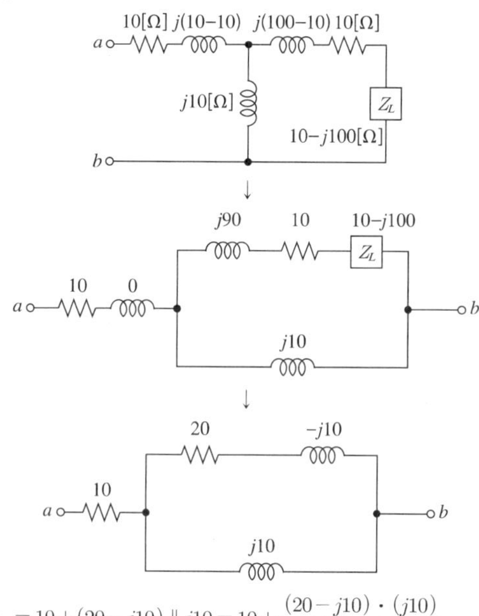

$\therefore\ Z_{ab} = 10 + (20-j10)\parallel j10 = 10 + \frac{(20-j10)\cdot(j10)}{20-j10+j10}$

$= 10 + \left(\frac{100+j200}{20}\right) = 10 + (5+j10) = 15 + j10[\Omega]$

전기이론 | 2018년 국가직 9급

한눈에 훑어보기

영역 분석

전기회로와 회로 소자 01
1문항, 5%
정현파와 교류회로 02 03
2문항, 10%
전력과 3상회로 04 05 14 15 16
5문항, 25%
회로의 해석 07 08 09 10
4문항, 20%
과도현상과 비정현파 11 12 13
3문항, 15%
정전계와 도체계 17 18
2문항, 10%
정자계와 자기현상 06 19 20
3문항, 15%

빠른 정답

01	02	03	04	05	06	07	08	09	10
④	③	②	①	②	③	④	④	④	①
11	**12**	**13**	**14**	**15**	**16**	**17**	**18**	**19**	**20**
①	④	③	③	③	④	①	②	②	①

점수 체크

구분	1회독	2회독	3회독
맞힌 문항수	/20	/20	/20
나의 점수	점	점	점

01 정답 ④

정답의 이유

- a점에서의 전위 $V_a = \dfrac{Q}{4\pi\varepsilon a}$
- b점에서의 전위 $V_b = \dfrac{Q}{4\pi\varepsilon b}$
- 전위차 $V_{ab} = V_a - V_b = \dfrac{Q}{4\pi\varepsilon}\left(\dfrac{1}{a} - \dfrac{1}{b}\right)$

$Q = CV$에서

$$C = \frac{Q}{V_{ab}} = \frac{Q}{\dfrac{Q}{4\pi\varepsilon}\left(\dfrac{1}{a} - \dfrac{1}{b}\right)} = 4\pi\varepsilon\left(\frac{ab}{b-a}\right)$$

$$C' = 4\pi\varepsilon'\left(\frac{a'b'}{b'-a'}\right)$$
$$= 4\pi 2\varepsilon\left(\frac{4ab}{2b-2a}\right),\ (a' \to 2a,\ b' \to 2b,\ \varepsilon_r = 2 \to \varepsilon' = 2\varepsilon)$$
$$= 4\pi 2\varepsilon\left(\frac{4ab}{2(b-a)}\right)$$
$$= 4 \times 4\pi\varepsilon\left(\frac{ab}{(b-a)}\right)$$
$$= 4C$$

오답의 이유

유전율 : $\varepsilon = \varepsilon_0\varepsilon_r\,[\mathrm{F/m}]$

- 진공 중의 유전율 : $\varepsilon_0 = 8.855 \times 10^{-12}\,[\mathrm{F/m}]$
- 비유전율 : ε_r(공기나 진공에서 그 값은 1이다)

02 정답 ③

정답의 이유

$P = \sqrt{3}\,V_l I_l \cos\theta$

$$\therefore\ I_l = \frac{P}{\sqrt{3}\,V_l\cos\theta} = \frac{720}{\sqrt{3} \times 300 \times 0.8} = \frac{3\sqrt{3}}{3} = \sqrt{3}$$

03

정답 ②

정답의 이유

• 중첩의 원리(전압원) 적용 : 전류원 개방

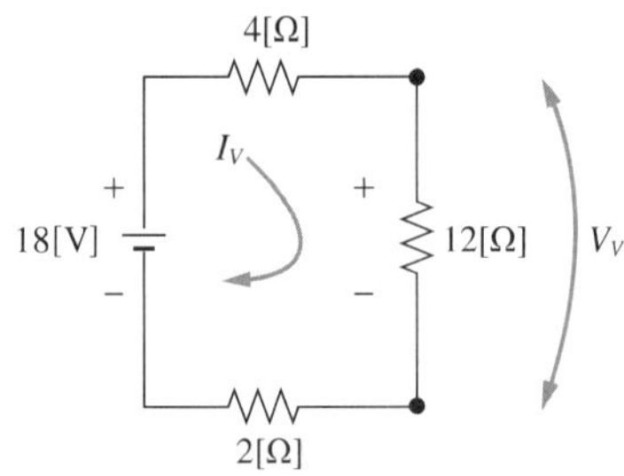

$$I_V = \frac{18}{4+12+2} = 1[\text{A}]$$

$$V_V = I_V R = 1\times 12 = 12[\text{V}]$$

• 중첩의 원리(전류원) 적용 : 전압원 단락

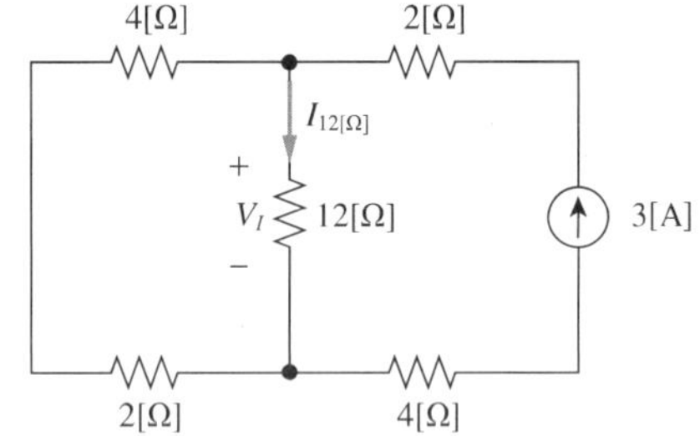

$$I_{12[\Omega]} = \frac{6}{6+12}\times 3 = 1[\text{A}]$$

$$V_I = I_{12[\Omega]}\cdot R = 1\times 12 = 12[\text{V}]$$

∴ 전체 $V = V_V + V_I = 12+12 = 24[\text{V}]$

04

정답 ①

정답의 이유

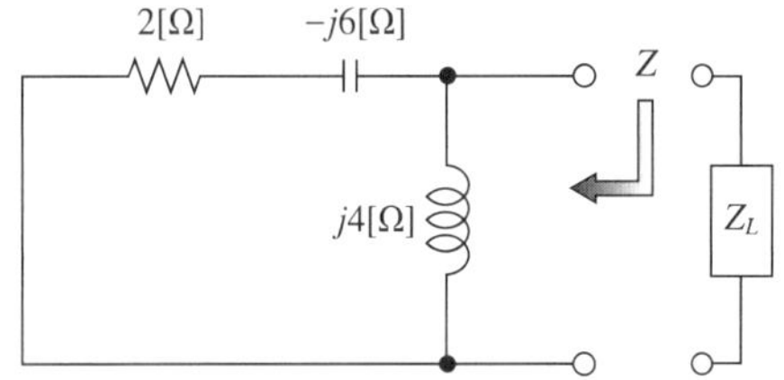

내부임피던스

$$Z = \frac{(2-j6)\times(j4)}{(2-j6)+(j4)} = \frac{24+j8}{2-j2}$$

$$= \frac{(24+j8)\times(2+j2)}{(2-j2)\times(2+j2)} = \frac{48+j48+j16-16}{4+j4-j4+4}$$

$$= \frac{32+j64}{8} = 4+j8$$

내부 임피던스(Z)와 부하 임피던스(Z_L)는 공액 복소수일 때($Z_L = \overline{Z}$) 최대 전력이 전달되므로

$Z_L = 4-j8$

∴ $|Z| = \sqrt{(4)^2+(8)^2} = \sqrt{80} = 4\sqrt{5}$

05

정답 ②

정답의 이유

$$v(t) = 100+80\sin\omega t+60\sin(3\omega t-30°)+40\sin(7\omega t+60°)[\text{V}]$$

$$\begin{aligned} i(t) &= 40+30\cos(\omega t-30°)+20\cos(5\omega t+60°) \\ &\quad +10\cos(7\omega t-30°)[\text{A}] \\ &= 40+30\sin(\omega t+90°-30°)+20\sin(5\omega t+90°+60°) \\ &\quad +10\sin(7\omega t+90°-30°)[\text{A}] \\ &= 40+30\sin(\omega t+60°)+20\sin(5\omega t+120°) \\ &\quad +10\sin(7\omega t+60°)[\text{A}] \end{aligned}$$

• 직류전력 $P_{DC} = VI = 100\times 40 = 4{,}000[\text{W}]$

• 교류 기본파 전력 $P_1 = VI\cos\theta$

$$= \left(\frac{80}{\sqrt{2}}\angle 0°\times\frac{30}{\sqrt{2}}\angle 60°\right)$$

$$= \frac{2{,}400}{2}\angle 60°,\ (\text{위상차 } 60°)$$

$$= 1{,}200\times\cos 60°,\ \left(\cos 60° = \frac{1}{2}\right)$$

$$= 600[\text{W}]$$

• 교류 3고조파 전력 $P_3 = V_3 I_3\cos\theta_3 = \frac{60}{\sqrt{2}}\angle(-30°)\times 0 = 0$

• 교류 5고조파 전력 $P_5 = V_5 I_5\cos\theta_5 = 0\times\frac{20}{\sqrt{2}}\angle 120° = 0$

• 교류 7고조파 전력 $P_7 = VI\cos\theta$

$$= \left(\frac{40}{\sqrt{2}}\angle 60°\times\frac{10}{\sqrt{2}}\angle 60°\right)$$

$$= \frac{400}{2}\angle 0°,\ (\text{위상차 } 0°)$$

$$= 200\times\cos 0°,\ (\cos 0° = 1)$$

$$= 200[\text{W}]$$

∴ 소비 전력 $P = P_{DC}+P_1+P_7 = 4{,}000+600+200 = 4{,}800[\text{W}]$

06

정답 ③

정답의 이유

• 정상상태 L = 단락, 2[Ω]의 저항에는 전류가 흐르지 않는다.

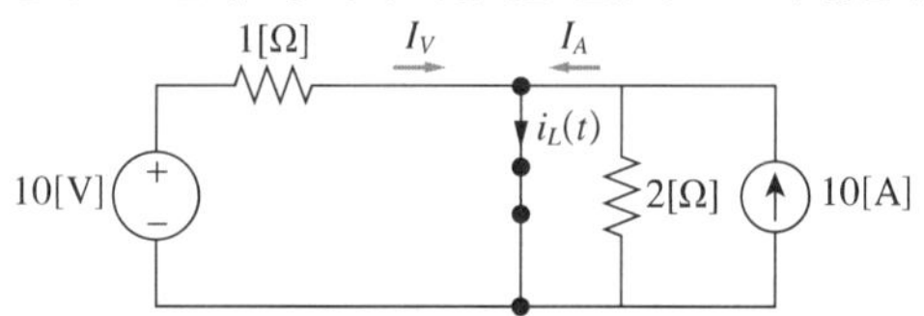

$$I_V = \frac{V}{R} = \frac{10}{1} = 10[\text{A}]$$

$$I_A = 10[\text{A}]$$

∴ $i_L(t) = I_V + I_A = 10+10 = 20[\text{A}]$

07

정답 ④

정답의 이유

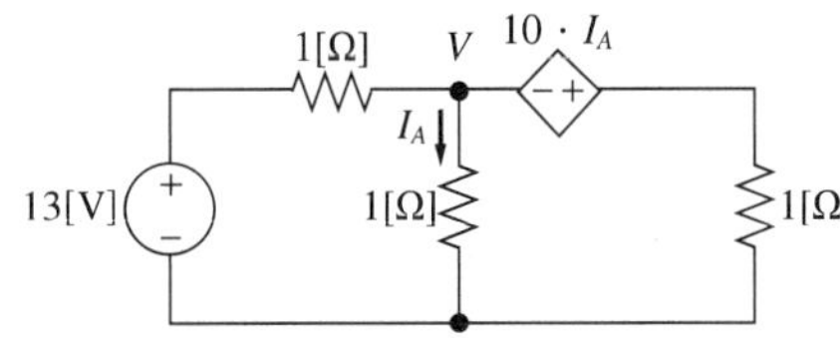

- $\dfrac{V-13}{1}+\dfrac{V}{1}+\dfrac{V+10I_A}{1}=0$ (KCL 적용)
- $V=I_A\times 1=I_A$

$V-13+V+V+10I_A=0$, $(V=I_A)$

$I_A-13+I_A+I_A+10I_A=0$

$13I_A=13$

$\therefore\ I_A=1[\text{A}]$

08

정답 ④

정답의 이유

- 자속 $\phi=BS$

$\therefore\ B=\dfrac{\phi}{S}$

$=\dfrac{0.2\times10^{-6}}{10^{-4}}=0.2\times10^{-2}$

$=0.002[\text{Wb/m}^2]$

- 조건에서 전류가 $600[\text{mA}]$에서 $2.4[\text{A}]$로 4배가 된다.
- 자기장의 세기 $H=\dfrac{NI}{l}$

$\therefore\ B=\mu H$

$=\mu\dfrac{NI}{l}$

$B\propto I$ 비례하므로 $B'=4B$가 된다.

$\therefore\ B'=0.002\times4=0.008[\text{T}]$

09

정답 ④

정답의 이유

- 부하측 △결선 회로

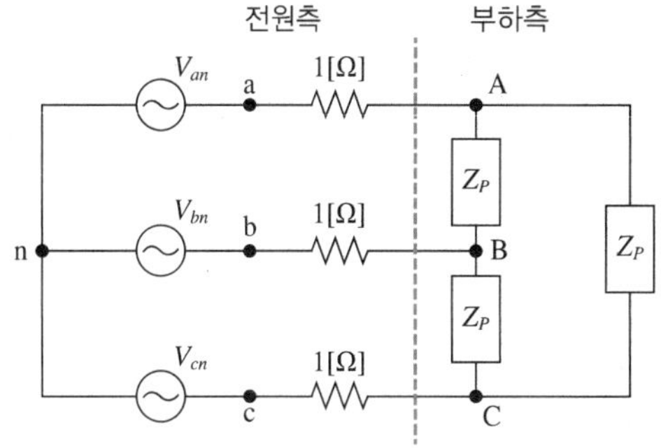

- 부하측 △결선 ⇒ Y결선 변형

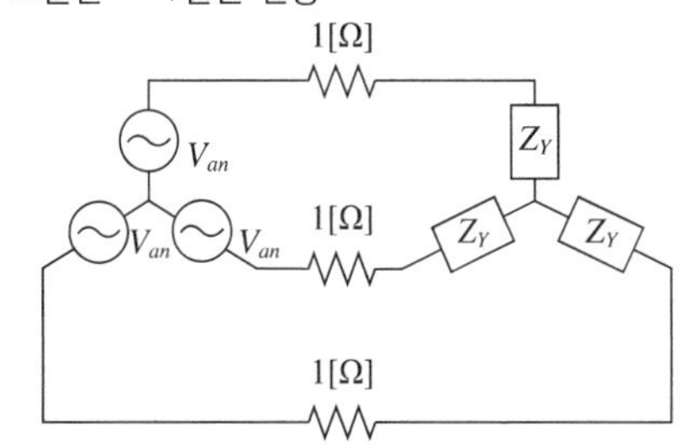

$Z_Y=\dfrac{\triangle}{3}=\dfrac{Z_P}{3}=\dfrac{6+j9}{3}=2+j3[\Omega]$

– 각 상당 임피던스

$Z=1[\Omega]+Z_Y=1+(2+j3)=3+j3$

$|Z|=\sqrt{(3)^2+(3)^2}=\sqrt{18}=3\sqrt{2}$

$Z=3\sqrt{2}\angle45°$

– Y결선 : 상전류= 선전류, $I_p=I_l$

$I_p=\dfrac{V_p}{Z}=\dfrac{900\angle0°}{3\sqrt{2}\angle45°}=\dfrac{300}{\sqrt{2}}\angle-45°=I_l$

– △결선 : 선전류= $\sqrt{3}$ 상전류

$I_l=\sqrt{3}\,I_p\angle-30°$

∴ 상전류

$I_p=\dfrac{I_l}{\sqrt{3}}\angle30°$

$=\dfrac{\dfrac{300}{\sqrt{2}}\angle-45°\angle30°}{\sqrt{3}}$

$=\dfrac{300\angle-15°}{\sqrt{6}}$

$=50\sqrt{6}\angle-15°$

국가직 9급

기출이 답이다

전기이론

10

정답 ①

정답의 이유

자기저항 $R_m = \dfrac{l}{\mu S} = \dfrac{l}{\mu_0 \mu_r S}$[AT/Wb]

- $R_A = \dfrac{l_a}{\mu A_A} = \dfrac{10}{50\mu_0 \times 1} = \dfrac{10}{50\mu_0}$
- $R_B = \dfrac{l_b}{\mu A_B} = \dfrac{2}{50\mu_0 \times 0.5} = \dfrac{4}{50\mu_0}$

∴ 전체 자기저항 $R_m = R_A + R_B = \dfrac{10}{50\mu_0} + \dfrac{4}{50\mu_0} = \dfrac{14}{50\mu_0} = \dfrac{7}{25\mu_0}$

11

정답 ①

정답의 이유

- Y결선
  - $I_l = I_p$(선전류 = 상전류)
  - $V_l = \sqrt{3}\, V_p \angle 30°$(선전압 = $\sqrt{3}$ 상전압)
- △결선
  - $V_l = V_p$(선전압 = 상전압)
  - $I_l = \sqrt{3}\, I_p \angle -30°$(선전류 = $\sqrt{3}$ 상전류)

∴ Y결선 ⇒ △결선으로 변형

- 상전압 $V_p = \dfrac{V_l}{\sqrt{3}} = \dfrac{20}{\sqrt{3}}$[kV]
- 선전류 $I_l = \sqrt{3}\, I_p = \sqrt{3} \times 6 = 6\sqrt{3}$[A]

12

정답 ④

정답의 이유

전지를 n개라고 하면

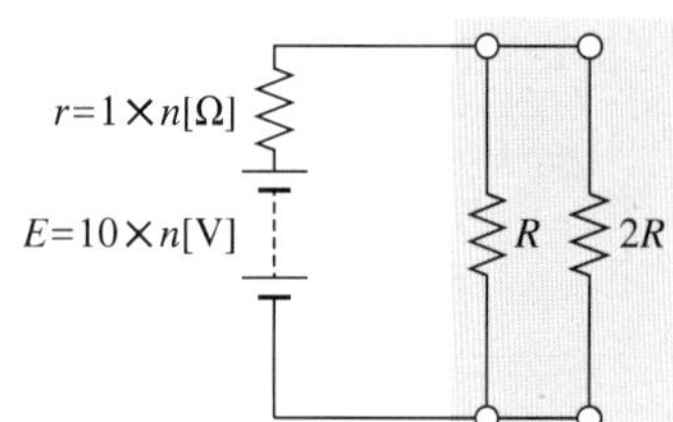

- 병렬 합성 저항

$$R_0 = \frac{R \times 2R}{R + 2R} = \frac{2}{3}R$$

- 전류

$$I = \frac{E}{r + R_0}$$

$$2 = \frac{10 \times n}{1 \times n + \frac{2}{3}R}$$

$$2 = \frac{10n}{\frac{3n + 2R}{3}}$$

$$30n = 6n + 4R$$

$$\therefore R = \frac{24n}{4} = 6n$$

13

정답 ③

정답의 이유

유효 전력 $P = VI\cos\theta$

- 수전단 전류 $I = \dfrac{P}{V\cos\theta}$

$$= \frac{300,000}{5,000 \times 0.8}$$

$$= 75[\text{A}]$$

- 송전단 전압 $E_S = I \cdot Z + E_r = I(R\cos\theta + X\sin\theta) + E_r$

$$= 75 \times (12 \times 0.8 + 9 \times 0.6) + 5,000$$

$$= 1,125 + 5,000$$

$$= 6,125[\text{V}]$$

14

정답 ③

정답의 이유

권수비

$$a = \frac{N_1}{N_2} = \sqrt{\frac{Z_1}{Z_2}}$$

$$\therefore a = \frac{N_1}{N_2} = \frac{1}{10}$$

$$Z_1 = a^2 Z_2 = \left(\frac{1}{10}\right)^2 Z_2 = \frac{1}{100} Z_2$$

2차측 등가회로

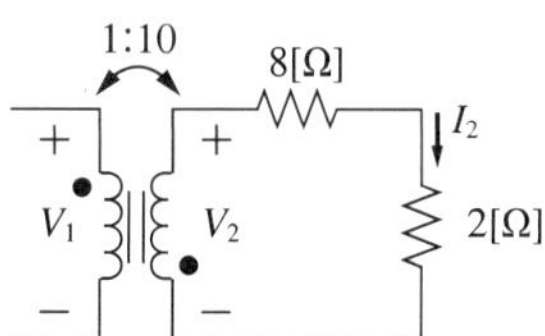

전체 등가회로

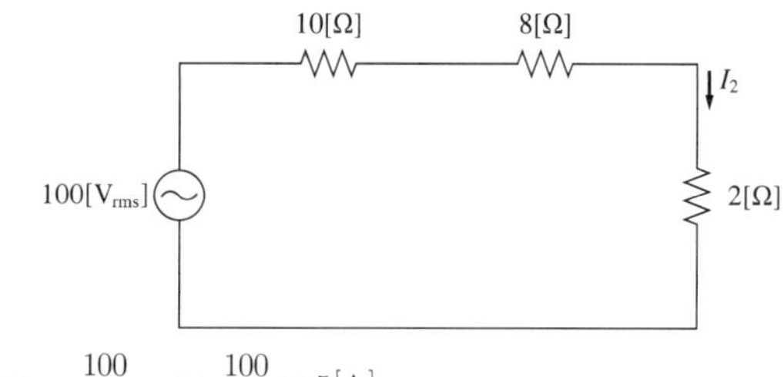

$$I_2 = \frac{100}{10 + 8 + 2} = \frac{100}{20} = 5[\text{A}]$$

$$\therefore P = I^2 R = (5)^2 \times 2 = 50[\text{W}]$$

15

정답 ③

정답의 이유

등가회로 1

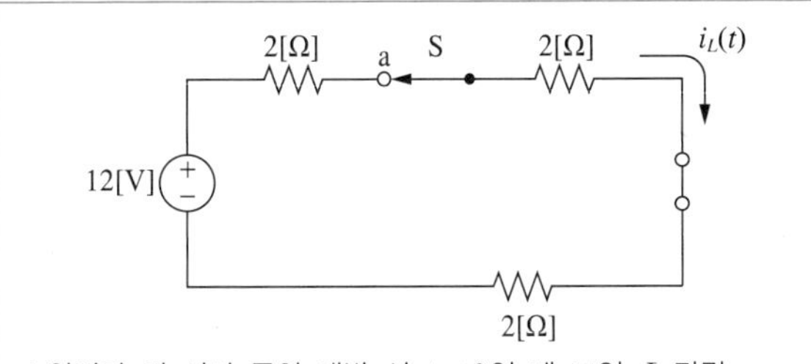

스위치가 긴 시간 동안 개방 시 $t<0$일 때 코일 L 단락

$$i_L(0)=\frac{V}{R}=\frac{12}{2+2+2}=\frac{12}{6}=2[\mathrm{A}]$$

등가회로 2

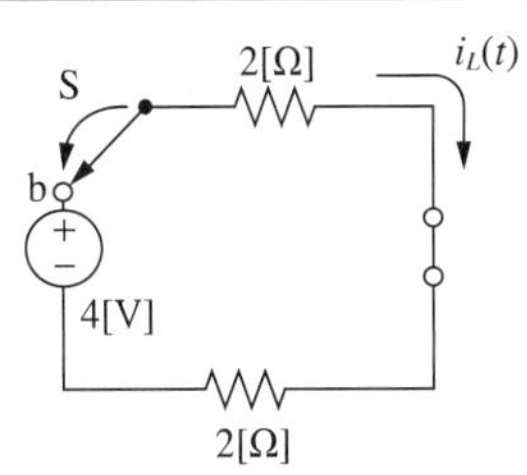

$t=\infty$일 때의 정상상태의 전류, 즉 강제응답(코일 L 단락)

$$i_f=i_L(\infty)=\frac{V}{R}=\frac{4}{4}=1[\mathrm{A}]$$

등가회로 3

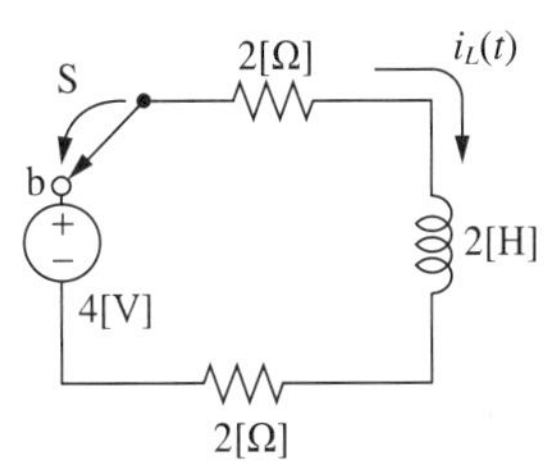

- 전압이 공급되지 않을 때의 자연응답 $i_n=Ke^{-\frac{R}{L}t}$이다.
- 완전응답은 자연응답과 강제응답의 합

$i_L(t)=i_f+i_n=\frac{V}{R}+Ke^{-\frac{R}{L}t}[\mathrm{A}]$이다.

$i_L(0)=2[\mathrm{A}]$를 이용하여 K를 구하면

$$i_L(0)=1+Ke^{-\frac{R}{L}\times 0}=2$$

$$1+K=2,\ K=1$$

RL 직렬회로의 시정수 $\tau=\frac{L}{R}=\frac{2}{4}=\frac{1}{2}[\mathrm{s}]$

$$\therefore\ i_L(t)=\frac{V}{R}-Ke^{-\frac{R}{L}t}=1+e^{-2t}[\mathrm{A}]$$

16

정답 ④

정답의 이유

RL 직렬회로

- 직류전압 인가 시

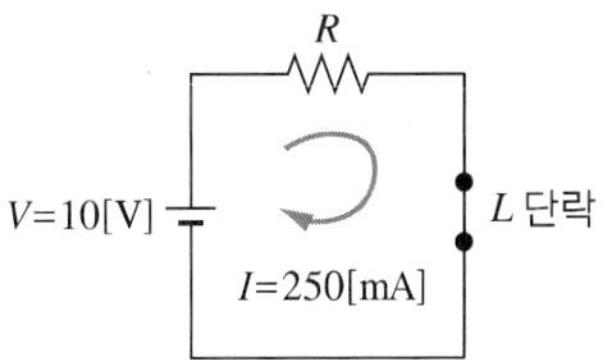

$$R=\frac{V}{I}$$

$$=\frac{10}{250\times10^{-3}}=\frac{10,000}{250}$$

$$=40[\Omega]$$

- 교류전압 인가 시

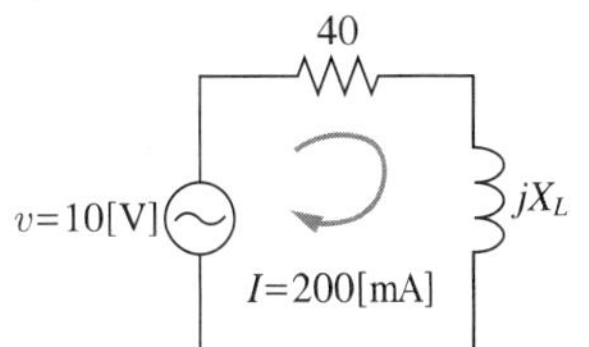

$$Z=\frac{V}{I}$$

$$=\frac{10}{200\times10^{-3}}=\frac{10\times1,000}{200}$$

$$=50[\Omega]$$

$$\therefore\ Z=R+jX_L$$

$$50=40+jX_L$$

$$X_L=\sqrt{(50)^2-(40)^2}=\sqrt{900}=30[\Omega]$$

$$X_L=\omega L(\omega=1,000)$$

$$\therefore\ L=\frac{X_L}{\omega}$$

$$=\frac{30}{1,000}=3\times10^{-2}$$

$$=30[\mathrm{mH}]$$

17

정답 ①

정답의 이유

중첩의 원리

• 왼쪽 전류원 적용 시

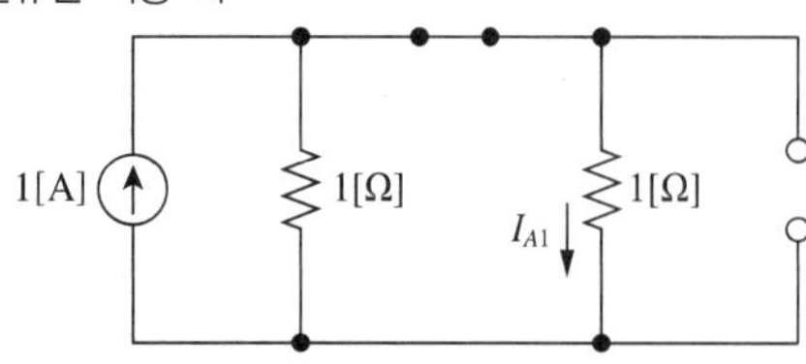

전류원 전류는 저항에 분배되므로

$I_{A1} = \frac{1}{1+1} \times 1 = \frac{1}{2} = 0.5[\text{A}]$

• 오른쪽 전류원 적용 시

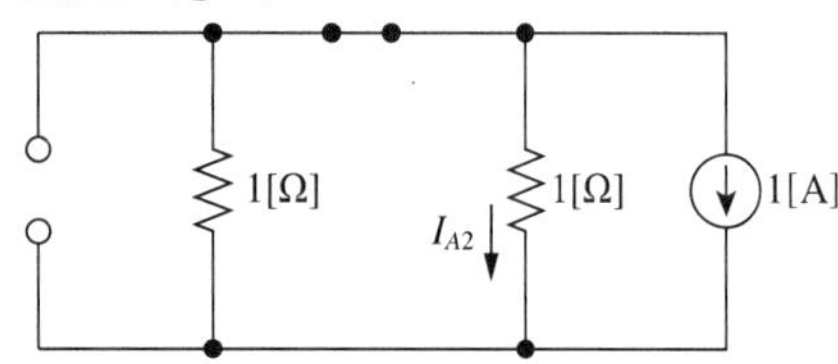

전류원과 전류의 흐름 방향이 반대

$I_{A2} = -0.5[\text{A}]$

• 전압원 V 적용 시

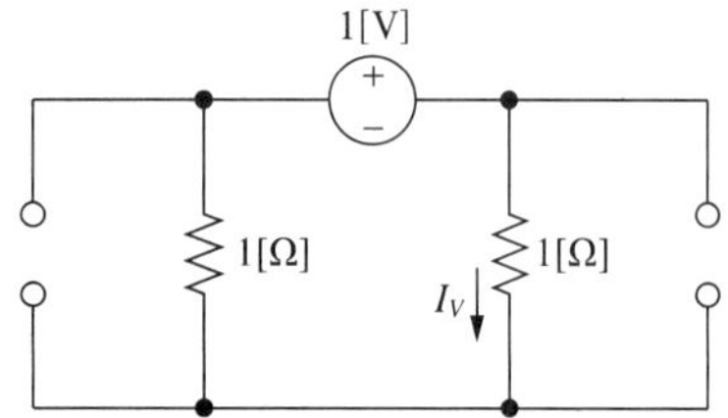

전압원과 전류의 흐름 방향이 반대

$I_V = \frac{V}{R} = -\frac{1}{1+1} \times 1 = -\frac{1}{2} = -0.5[\text{A}]$

∴ 전체 전류

$I = I_{A1} + I_{A2} + I_V$

$= 0.5 - 0.5 - 0.5$

$= -0.5[\text{A}]$

18

정답 ②

정답의 이유

② 경계면에서 전속밀도(D)의 법선(수직) 성분은 유전율의 차이에 관계없이 같다($D_{1n} = D_{2n}$, $D_1\cos\theta_1 = D_2\cos\theta_2$).

오답의 이유

① 경계면에서 전계(E)의 접선(수평) 성분은 유전율의 차이에 관계없이 같다($E_{1t} = E_{2t}$, $E_1\sin\theta_1 = E_2\sin\theta_2$).

③ 전속밀도는 유전율이 큰 영역에서 크기가 커진다($\varepsilon_1 > \varepsilon_2$, $\theta_1 > \theta_2$, $D_1 > D_2$).

④ 전계의 세기는 유전율이 작은 영역에서 크기가 커진다($\varepsilon_1 > \varepsilon_2$, $\theta_1 > \theta_2$, $E_1 < E_2$).

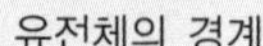

유전체의 경계

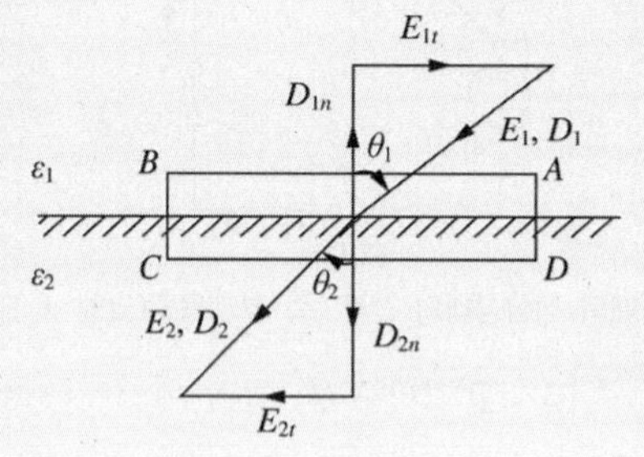

굴절각 : $\frac{\tan\theta_1}{\tan\theta_2} = \frac{\varepsilon_1}{\varepsilon_2}$

19 정답 ②

정답의 이유

• 등가회로 1

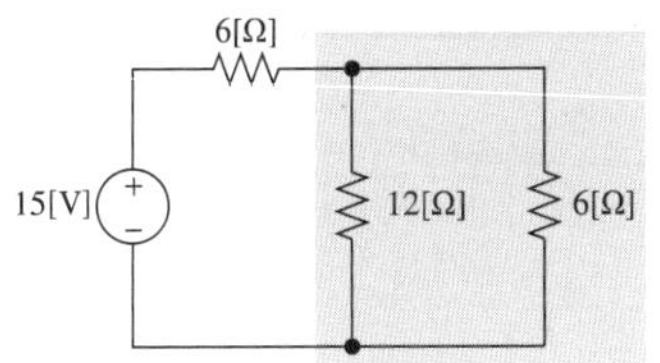

$$R_0 = \frac{12\times6}{12+6} = \frac{72}{18} = 4[\Omega]$$

• 등가회로 2

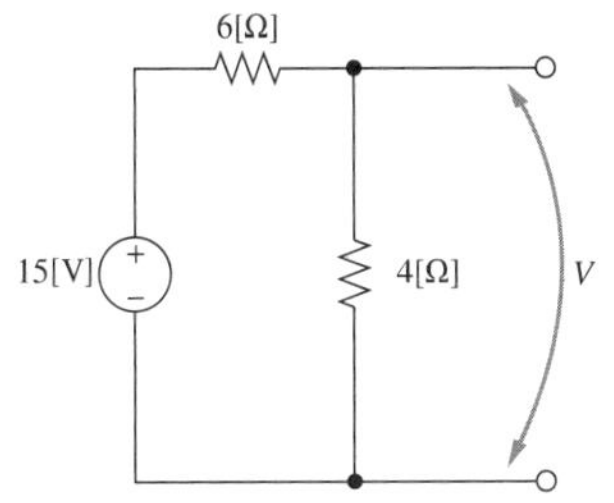

$$V = \frac{4}{6+4}\times15 = \frac{60}{10} = 6[\text{V}]$$

• 등가회로 3

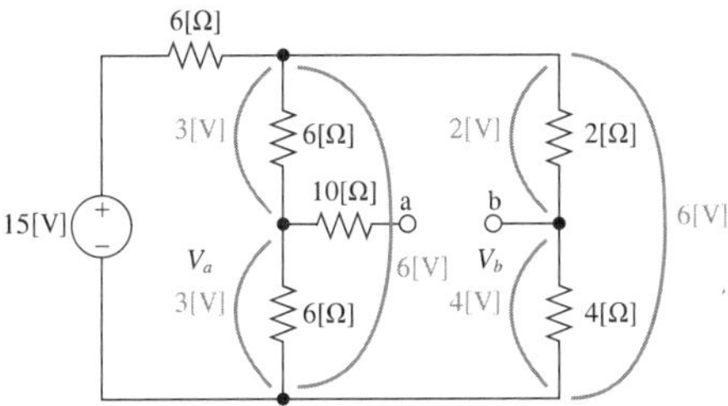

전압 분배에 의해

$V_a = 3[\text{V}]$, $V_b = 4[\text{V}]$

$\therefore\ V_{ab} = V_a - V_b$

$= 3-4 = -1[\text{V}]$

20 정답 ①

정답의 이유

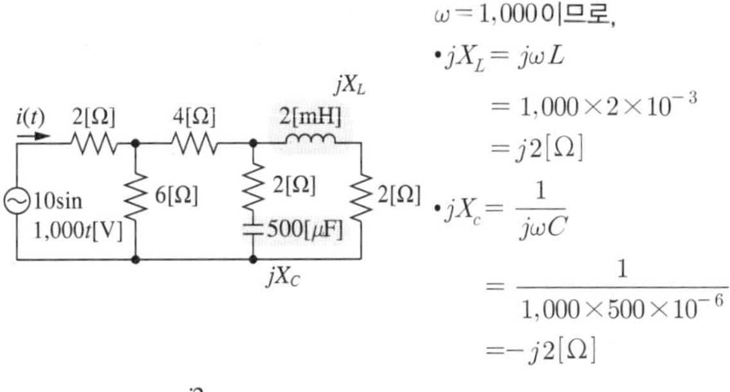

$\omega = 1{,}000$이므로,

• $jX_L = j\omega L$

$= 1{,}000\times2\times10^{-3}$

$= j2[\Omega]$

• $jX_c = \dfrac{1}{j\omega C}$

$= \dfrac{1}{1{,}000\times500\times10^{-6}}$

$= -j2[\Omega]$

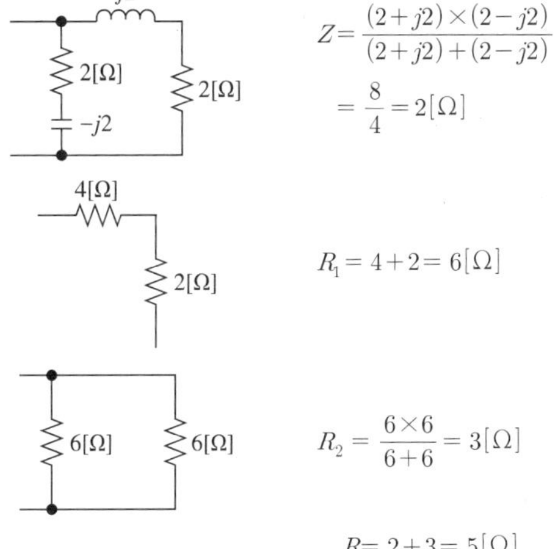

$$Z = \frac{(2+j2)\times(2-j2)}{(2+j2)+(2-j2)}$$

$$= \frac{8}{4} = 2[\Omega]$$

$$R_1 = 4+2 = 6[\Omega]$$

$$R_2 = \frac{6\times6}{6+6} = 3[\Omega]$$

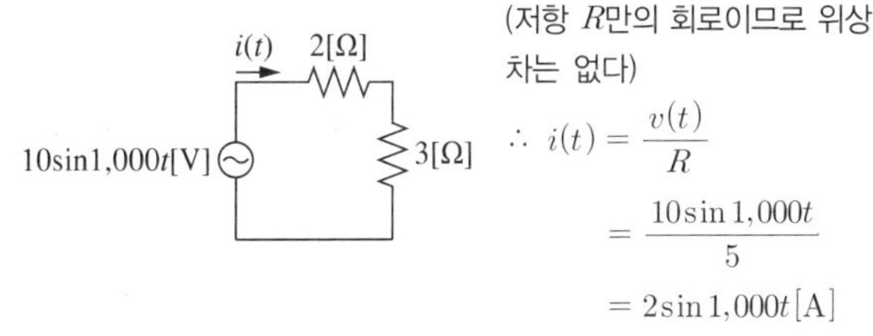

$R = 2+3 = 5[\Omega]$

(저항 R만의 회로이므로 위상차는 없다)

$\therefore\ i(t) = \dfrac{v(t)}{R}$

$= \dfrac{10\sin1{,}000t}{5}$

$= 2\sin1{,}000t[\text{A}]$

전기이론 | 2017년 국가직 9급

한눈에 훑어보기

전기회로와 회로 소자 01 11
2문항, 10%

정현파와 교류회로 09 14 15
3문항, 15%

전력과 3상회로 03 06 12 17 18
5문항, 25%

회로의 해석 04 10
2문항, 10%

과도현상과 비정현파 13 19 20
3문항, 15%

정전계와 도체계 08
1문항, 5%

정자계와 자기현상 02 05 07 16
4문항, 20%

빠른 정답

01	02	03	04	05	06	07	08	09	10
④	②	①	②	②	③	①	④	③	②
11	**12**	**13**	**14**	**15**	**16**	**17**	**18**	**19**	**20**
④	③	③	④	①	②	④	④	②	③

점수 체크

구분	1회독	2회독	3회독
맞힌 문항수	/20	/20	/20
나의 점수	점	점	점

01

정답 ④

정답의 이유

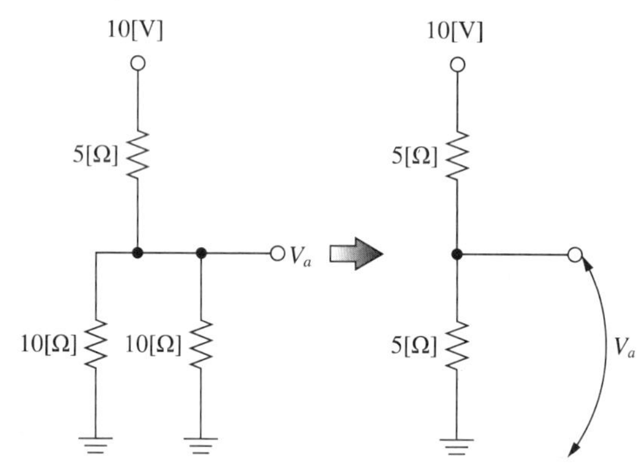

병렬 연결된 저항의 합성 저항

$$R_a = 10 \parallel 10 = \frac{10\times10}{10+10} = \frac{100}{20} = 5[\Omega]$$

∴ 전체 전압 10[V]가 분배되므로 $V_a = \frac{5}{5+5}\times 10 = 5[\text{V}]$

02

정답 ②

정답의 이유

등가회로 – 콘덴서 병렬연결 상태

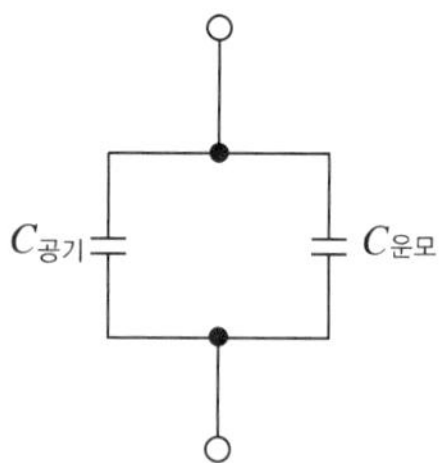

평행판 콘덴서 정전용량

$C = \frac{\varepsilon_0 S}{d} = 6[\mu\text{F}]$, $S \propto L$ (단면적$\propto$ 길이)

- $C_{공기} = \frac{\varepsilon_0 \varepsilon_s S_{공기}}{d}$ 에서 $S_{공기} = \frac{1}{3}S$, $\varepsilon_s = 1$ 대입

$$= \frac{1}{3}\frac{\varepsilon_0 S}{d} = \frac{1}{3}C = \frac{1}{3}\times 6 = 2[\mu\text{F}]$$

• $C_{운모} = \frac{\varepsilon_0 \varepsilon_s S_{운모}}{d}$에서 $S_{운모} = \frac{2}{3}S$, $\varepsilon_s = 3$ 대입

$$= \frac{\varepsilon_0 \times 3 \times \frac{2}{3}S}{d} = 2\frac{\varepsilon_0 S}{d} = 2C$$

$$= 2 \times 6 = 12[\mu F]$$

$\therefore\ C_0 = C_{공기} + C_{운모} = 2 + 12 = 14[\mu F]$

오답의 이유

• 콘덴서의 병렬접속 : 저항의 직렬계산과 같다(병렬일 때는 v가 같다).

$C_t = C_1 + C_2[F]$(합성 정전용량)

• 콘덴서의 직렬접속 : 저항의 병렬계산과 같다(직렬일 때는 Q가 같다).

$\frac{1}{C_t} = \frac{1}{C_1} + \frac{1}{C_2}$(합성 정전용량), $C_t = \frac{C_1 \times C_2}{C_1 + C_2}[F]$

03

정답 ①

정답의 이유

• $W_{220[V]} = Pt =$ 전력 × 시간 = 전력 × (2개 × 0.5시간 × 10일)

$$= 55 \times \left(\frac{1}{2} \times 2 \times 10\right) = 550[Wh]$$

• $W_{110[V]} = Pt =$ 전력 × (1개 × 1시간 × 10일)

$$= 55 \times (1 \times 1 \times 10) = 550[Wh]$$

∴ 전력량의 비는 1 : 1로 같다.

04

정답 ②

정답의 이유

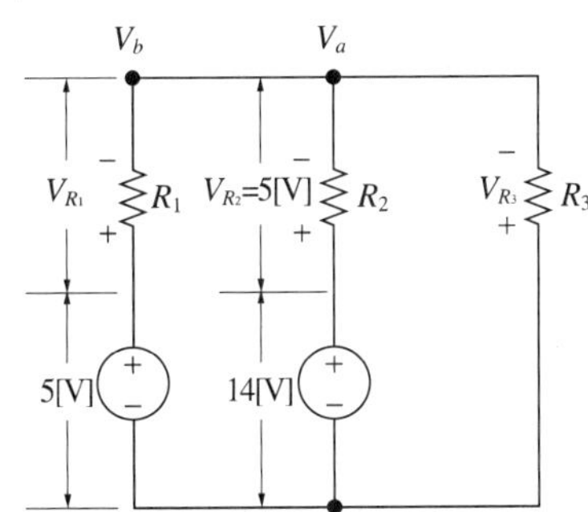

• $V_{R2} = 5[V]$이므로 $V_a = 14 - 5 = 9[V]$

• $V_a = V_b$이므로 $5 - V_{R1} = V_b$에서 $V_b = V_a = 9[V]$ 대입

$5 - V_{R1} = 9$

$\therefore\ V_{R1} = -4[V]$

오답의 이유

각 저항에 걸린 전압(V_{R1}, V_{R2}, V_{R3})은 전압원과 부호가 반대이다.

05

정답 ②

정답의 이유

상호인덕턴스와 자기인덕턴스의 관계

$M = k\sqrt{L_1 L_2}$ (M : 상호인덕턴스, L : 자기인덕턴스)

결합계수 $k = \frac{M}{\sqrt{L_1 L_2}} = \frac{10}{\sqrt{20 \times 80}} = \frac{10}{\sqrt{1,600}} = 0.25$

06

정답 ③

정답의 이유

• △결선 임피던스 $Z_\triangle = R + jX_L = 90 + j120[\Omega]$

• △ → Y 변환

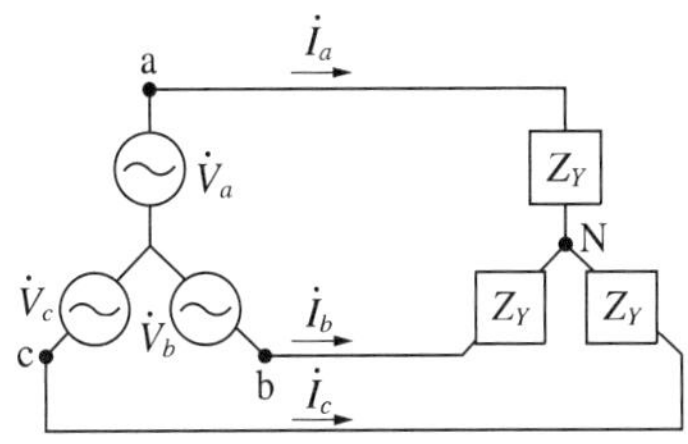

Y결선 임피던스 $Z_Y = \frac{Z_\triangle}{3} = 30 + j40[\Omega]$

$|Z_Y| = \sqrt{(30)^2 + (40)^2} = 50[\Omega]$

• 상전압 $V_p = 200[V]$

• Y결선에서 상전류 = 선전류이므로

$I_l = I_p$, $I_p = I_a = \frac{V_a}{|Z_Y|} = \frac{200}{50} = 4[A]$

• 역률 $\cos\theta = \frac{R}{|Z_Y|} = \frac{30}{50} = 0.6$

∴ 소비전력 $P = 3V_p I_p \cos\theta = 3 \times 200 \times 4 \times 0.6 = 1,440[W]$

Key 답

평형 3상 교류의 결선

• Y결선
  - $I_l = I_p$(선전류 = 상전류)
  - $V_l = \sqrt{3}\,V_p \angle 30°$(선전압 = $\sqrt{3}$ 상전압)

• △결선
  - $V_l = V_p$(선전압 = 상전압)
  - $I_l = \sqrt{3}\,I_p \angle -30°$(선전류 = $\sqrt{3}$ 상전류)

07
정답 ①

정답의 이유

변압기의 권수비 $a=\frac{N_{1차}}{N_{2차}}=\sqrt{\frac{Z_{1차}}{Z_{2차}}}$에서 $Z_{1차}=Z_{in}$, $Z_{2차}=Z_L$

이므로 $\frac{N_{1차}}{N_{2차}}=\sqrt{\frac{Z_{in}}{Z_L}}$, 양변을 제곱하면

$\left(\frac{N_{1차}}{N_{2차}}\right)^2=\frac{Z_{in}}{Z_L}$, $N_{1차}=N_1+N_2$, $N_{2차}=N_2$ 대입(단권변압기)

$\left(\frac{N_1+N_2}{N_2}\right)^2=\frac{Z_{in}}{Z_L}$

$\therefore\ Z_{in}=Z_L\left(\frac{N_1+N_2}{N_2}\right)^2$

08
정답 ④

정답의 이유

④ 면전하 전계의 세기 $E=\frac{\sigma}{2\varepsilon_0}[\mathrm{V/m}]$ (무한 평면) → 면전하에서 전계의 세기와 거리는 아무 관계가 없다.

오답의 이유

① 점전하 전계의 세기 $E=\frac{Q}{4\pi\varepsilon_0 r^2}[\mathrm{V/m}]$ (구도체) → 점전하에서 전계의 세기는 r^2에 반비례한다.

② 선전하 전계의 세기 $E=\frac{\lambda}{2\pi\varepsilon_0 r}[\mathrm{V/m}]$ (무한장 직선전하) → 선전하에서 전계의 세기는 r에 반비례한다.

09
정답 ③

정답의 이유

RLC 직렬회로의 임피던스 $Z=R+j(X_L-X_C)[\Omega]$

$X_L=\omega L=(5{,}000\times 32\times 10^{-3})=160[\Omega]$

$X_C=\frac{1}{\omega C}=\frac{1}{5{,}000\times 5\times 10^{-6}}=\frac{10^3}{25}=40[\Omega]$

$Z=90+j(160-40)=90+j120[\Omega]$

$\therefore$ 리액턴스 $X=120[\Omega]$

오답의 이유

임피던스의 크기 $|Z|=\sqrt{R^2+X^2}=\sqrt{R^2+(X_L-X_C)^2}[\Omega]$

$=\sqrt{90^2+120^2}=\sqrt{150^2}=150[\Omega]$

10
정답 ②

정답의 이유

- $Z_{11}=\frac{V_1}{I_1}(I_2=0)$

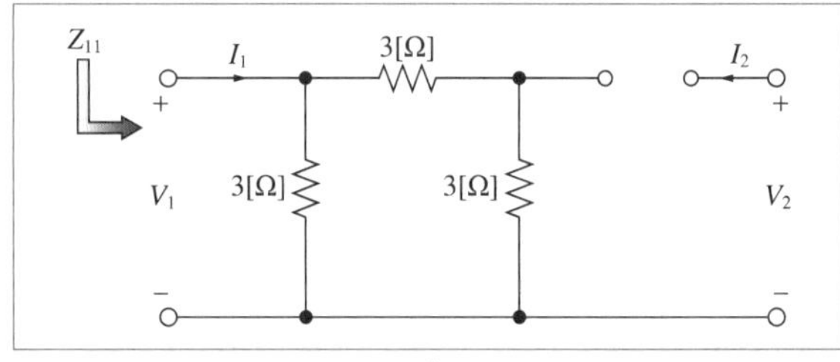

⇓

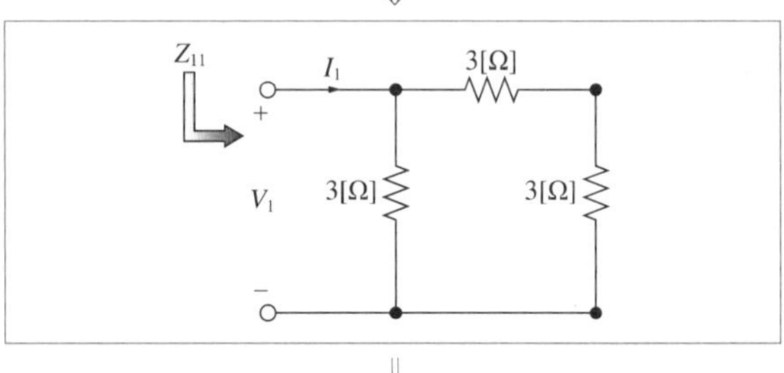

⇓

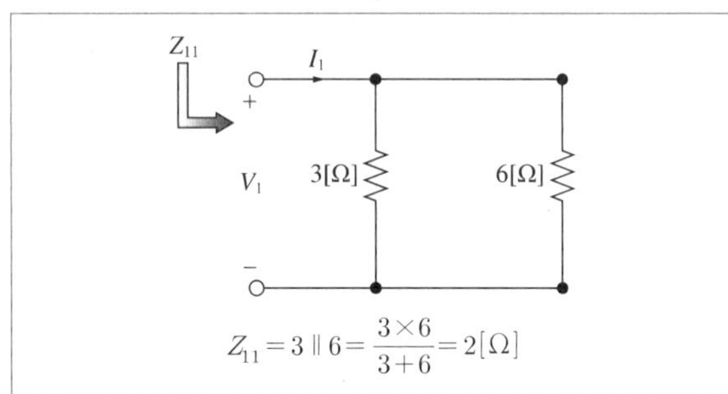

$Z_{11}=3\parallel 6=\frac{3\times 6}{3+6}=2[\Omega]$

- $Z_{22}=\frac{V_2}{I_1}(I_1=0)$

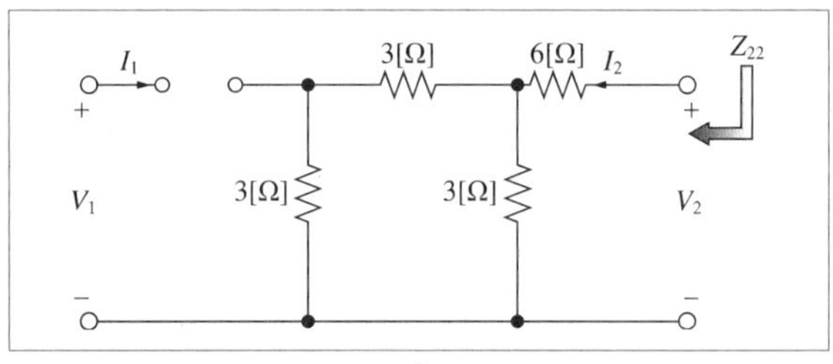

⇓

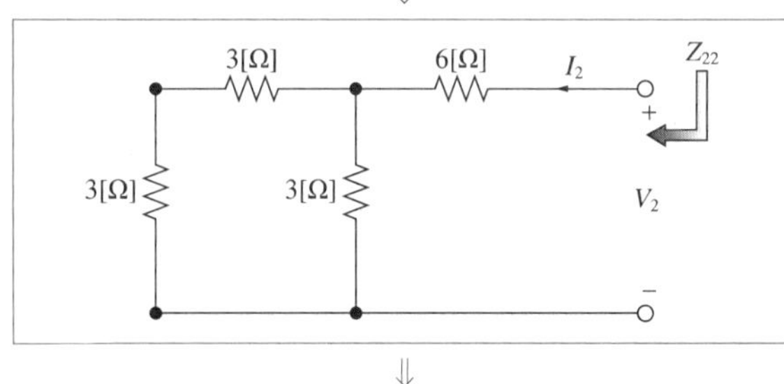

⇓

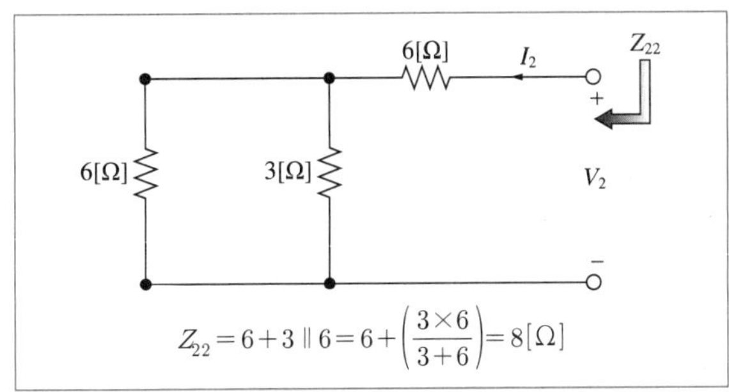

11

정답 ④

정답의 이유

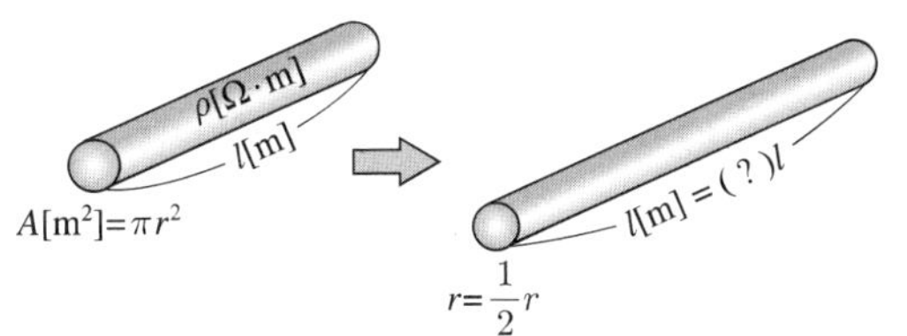

도체의 저항 $R=\rho\frac{l}{A}$에서 $A=\pi r^2$이므로

$R=\rho\frac{l}{\pi r^2}$, $r=\frac{1}{2}r$ 대입

$=\rho\frac{l}{\pi\left(\frac{1}{2}r\right)^2}=\rho\frac{l}{\frac{\pi r^2}{4}}$

체적이 고정되어 있는 상태에서 단면적 A가 $\frac{1}{4}$이 되면, 길이 l은 비례해서 4배가 된다.

$R=\rho\frac{l}{\frac{\pi r^2}{4}}$에서 l이 4배이므로

$=\rho\frac{4l}{\frac{\pi r^2}{4}}$, $A=\pi r^2$ 대입하면

$=16\rho\frac{l}{A}$

∴ 도체의 저항은 16배 커진다.

12

정답 ③

정답의 이유

LC 병렬회로

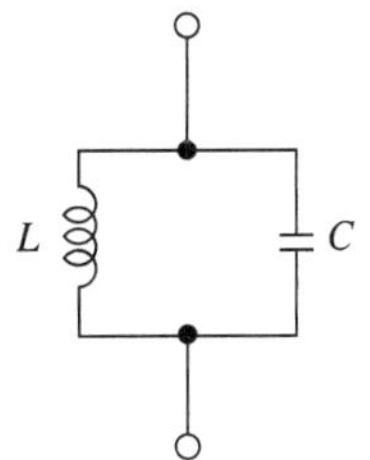

임피던스 $\frac{1}{Z}=j\left(\frac{1}{X_L}-\frac{1}{X_C}\right)[\mho]$

$Z=jX_L\parallel(-jX_C)=\frac{(jX_L)\times(-jX_C)}{(jX_L)+(-jX_C)}=\frac{X_L X_C}{j(X_L-X_C)}$

병렬 공진 시 $(X_L-X_C)=0$이므로

$Z=\frac{X_L X_C}{0}$ 즉, Z가 최댓값을 가지며 ∞가 된다.

Key 답

RLC 직렬 공진회로와 병렬 공진회로 비교

RLC 직렬 공진회로	*RLC* 병렬 공진회로
R L C	R L C
• 임피던스 $Z=R+j\left(\omega L-\frac{1}{\omega C}\right)[\Omega]$ 에서 $\omega L-\frac{1}{\omega C}=0$, $\omega L=\frac{1}{\omega C}$ ∴ 허수부가 0이므로 $Z=R$만의 회로(Z는 최소) • 전류 $I=\frac{V}{Z}[\text{A}]$ ($Z=$ 최소이므로 $I=$ 최대) • Z가 최소이므로 역수인 Y는 최대가 된다.	• 어드미턴스 $Y=\frac{1}{R}+j\left(\omega C-\frac{1}{\omega L}\right)[\mho]$ 에서 $\omega C-\frac{1}{\omega L}=0$, $\omega C=\frac{1}{\omega L}$ ∴ 허수부가 0이므로 $Y=\frac{1}{R}$만의 회로(Y는 최소) • 전류 $I=YV[\text{A}]$ ($Y=$ 최소이므로 $I=$ 최소) • Y가 최소이므로 역수인 Z는 최대가 된다.
$Q=\frac{1}{R}\sqrt{\frac{L}{C}}$	$Q=R\sqrt{\frac{C}{L}}$

13

정답 ③

정답의 이유

- 시정수(τ) : 정상전류의 63.2[%]에 도달할 때까지의 시간
- RC 직렬회로

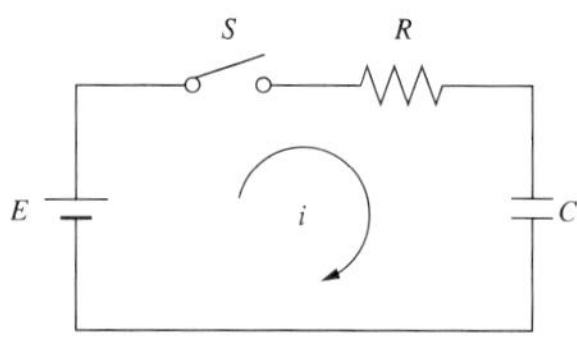

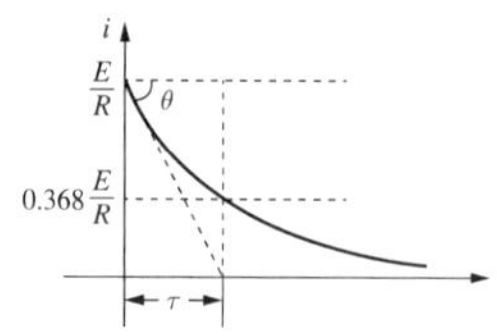

전류 $i_{on}(t) = \frac{E}{R}(e^{-\frac{1}{RC}t})[\mathrm{A}]$

시정수 $\tau = RC[\mathrm{s}] = 20\times10^3\times2\times10^{-6}$

$= 40\times10^{-3} = 4\times10^{-2}[\mathrm{s}]$

14

정답 ④

정답의 이유

- 전압 $v(t)$의 위상 : $\frac{\pi}{6} = \frac{180°}{6} = 30°$
- 전류 $i(t)$의 위상 : $\frac{\pi}{3} = \frac{180°}{3} = 60°$

④ 위상차 : 전류가 전압보다 30° 앞선 진상이다.

오답의 이유

① 전압의 실횻값 $V = \frac{V_m}{\sqrt{2}} = \frac{200\sqrt{2}}{\sqrt{2}} = 200[\mathrm{V}]$

② 전압의 파형률 $= \frac{\text{실횻값}}{\text{평균값}} = \frac{\frac{V_m}{\sqrt{2}}}{\frac{2}{\pi}V_m} = \frac{\pi}{2\sqrt{2}}$

③ 전류의 파고율 $= \frac{\text{최댓값}}{\text{실횻값}} = \frac{I_m}{\frac{I_m}{\sqrt{2}}} = \sqrt{2}$

15

정답 ①

정답의 이유

$V = \frac{200}{\sqrt{2}}\angle 60°,\ I = \frac{10}{\sqrt{2}}\angle 30°$

$Z = \frac{V}{I} = \frac{\frac{200}{\sqrt{2}}\angle 60°}{\frac{10}{\sqrt{2}}\angle 30°} = 20\angle 30°$

(전압의 위상이 30° 앞선 진상이므로 L 소자)

$= 20(\cos 30° + j\sin 30°) = 20\left(\frac{\sqrt{3}}{2} + j\frac{1}{2}\right) = 10\sqrt{3} + j10$

$R = 10\sqrt{3}[\Omega],\ X_L = 10[\Omega]$

$\therefore\ X_L = \omega L$에서 $L = \frac{X_L}{\omega} = \frac{10}{200} = 0.05[\mathrm{H}]$

16

정답 ②

정답의 이유

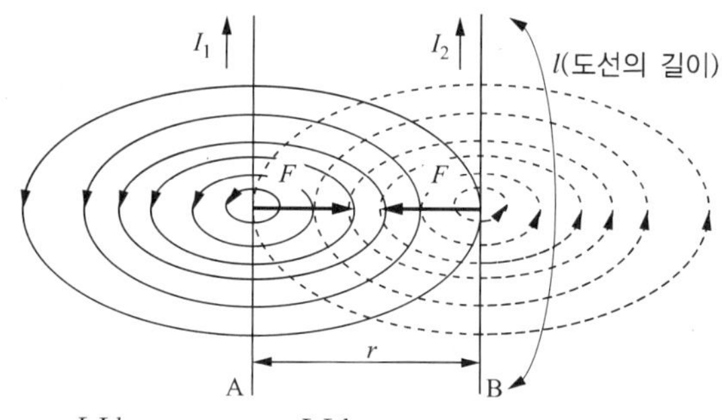

$F = \frac{\mu_0 I_1 I_2 l}{2\pi r} = 2\times10^{-7}\times\frac{I_1 I_2 l}{r}[\mathrm{N}]$

$= 2\times10^{-7}\times\frac{I_1 I_2}{r}[\mathrm{N/m}]$

$= 2\times10^{-7}\times\frac{10\times15}{0.06} = 5\times10^{-4}[\mathrm{N/m}]$

17

정답 ④

정답의 이유

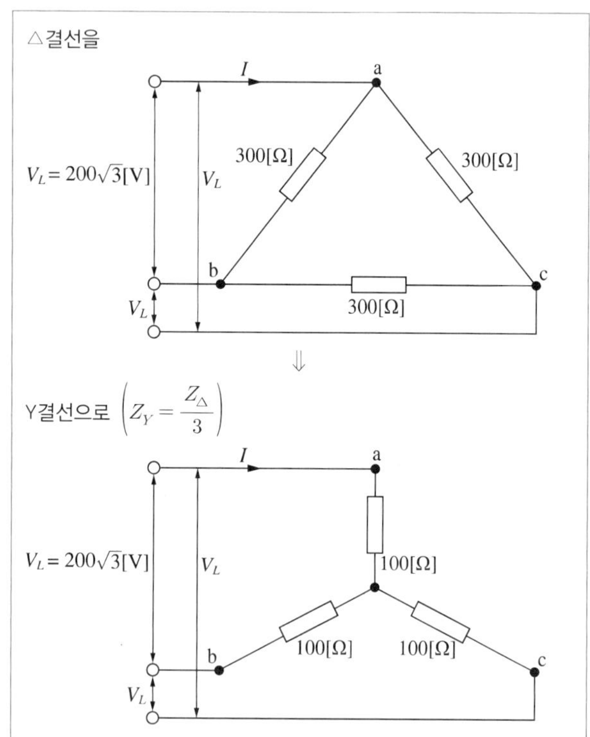

Y결선 임피던스 병렬연결 상태(등가회로)

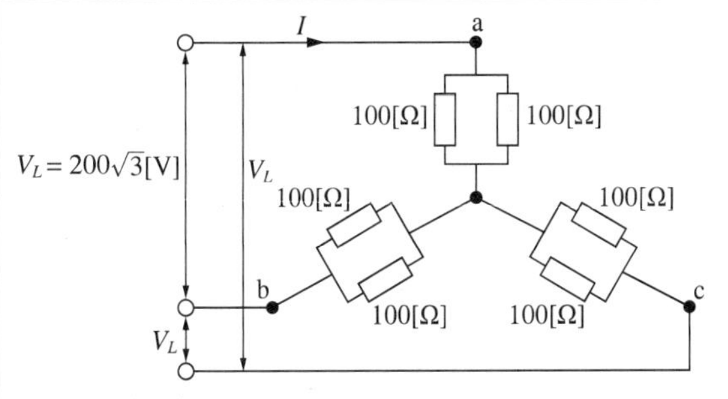

한 상당 임피던스

$Z = 100 \parallel 100 = \dfrac{100 \times 100}{100+100} = \dfrac{10,000}{200} = 50[\Omega]$

Y결선(상전류 = 선전류)이므로

$I_p = \dfrac{V_p}{Z} = \dfrac{\frac{200\sqrt{3}}{\sqrt{3}}}{50} = \dfrac{200}{50} = 4[\text{A}]$

18 정답 ④

정답의 이유

정현파를 극형식법으로 표현하면

$V = \dfrac{60}{\sqrt{2}} \angle -10°,\ I = \dfrac{1.5}{\sqrt{2}} \angle 50°$

- 복소전력 $S = V\overline{I}[\text{VA}] = \left(\dfrac{60}{\sqrt{2}} \angle -10°\right) \times \left(\dfrac{1.5}{\sqrt{2}} \angle -50°\right)$

$= \dfrac{60}{1.5} \angle(-10-50)° = 45 \angle -60°[\text{VA}]$

- 임피던스 $Z = \dfrac{V}{I} = \dfrac{\frac{60}{\sqrt{2}} \angle -10°}{\frac{1.5}{\sqrt{2}} \angle 50°}$

$= \dfrac{60 \times 1.5}{2} \angle(-10-50)° = 40 \angle -60°[\Omega]$

19 정답 ②

정답의 이유

등가회로 1

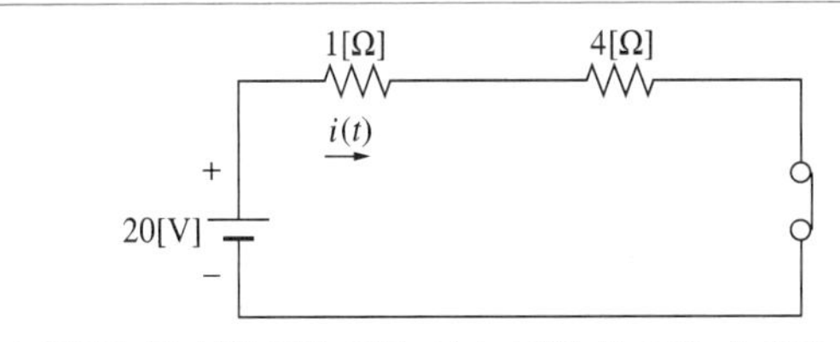

스위치가 긴 시간 동안 개방 시 $t<0$일 때 코일 L 단락

$i(0) = \dfrac{V}{R} = \dfrac{20}{5} = 4[\text{A}]$

등가회로 2

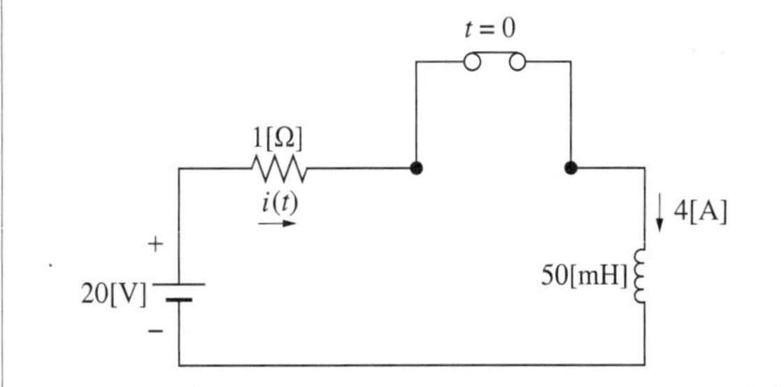

정상상태 $t=0^+$일 때 코일에 흐르는 전류는 연속이므로 L에도 $4[\text{A}]$가 흐른다.

등가회로 3

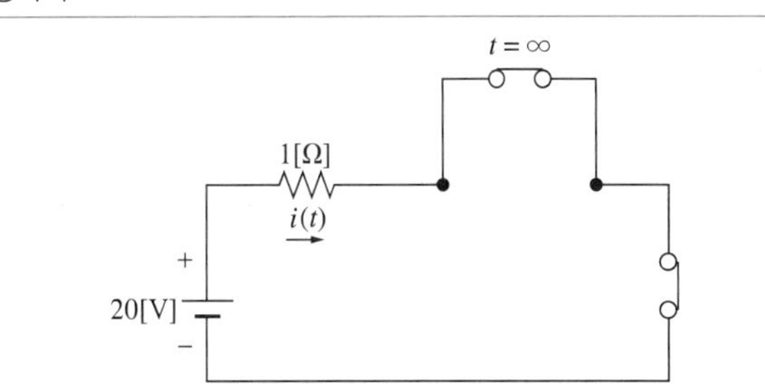

$t=\infty$일 때의 정상상태의 전류, 즉 강제응답(코일 L 단락)

$i_f = i(\infty) \equiv \dfrac{V}{R} = \dfrac{20}{1} = 20[\text{A}]$

등가회로 4

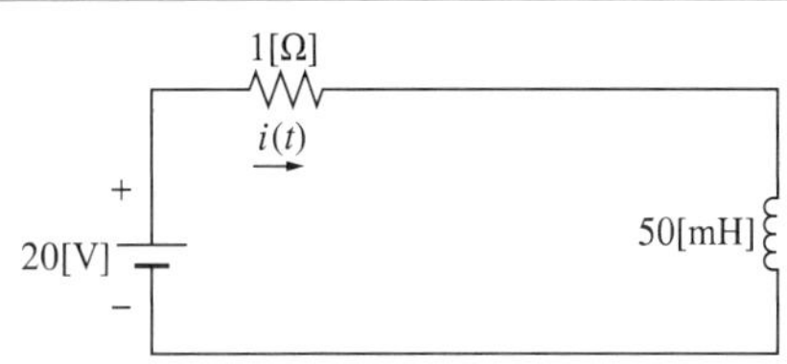

- 전압이 공급되지 않을 때의 자연응답 $i_n = Ke^{-\frac{R}{L}t}$이다.
- 완전응답은 자연응답과 강제응답의 합

$i(t) = i_f + i_n = \dfrac{V}{R} + Ke^{-\frac{R}{L}t}[\text{A}]$이다.

$i(0) = 4[\text{A}]$를 이용하여 K를 구하면

$i(0) = 20 + Ke^{-\frac{R}{L}\times 0} = 4$

$20 + K = 4,\ K = -16$

RL 직렬회로의 시정수 $\tau = \dfrac{L}{R} = \dfrac{50 \times 10^{-3}}{1} = \dfrac{1}{20}[\text{s}]$

$\therefore\ i(t) = \dfrac{V}{R} - Ke^{-\frac{R}{L}t} = 20 - 16e^{-20t}[\text{A}]$

20

정답 ③

정답의 이유

기본파	3고조파
• $Z_1 = R + j\omega L = 3 + j1$ $\lvert Z_1 \rvert = \sqrt{(3)^2 + (1)^2} = \sqrt{10}\,[\Omega]$ • $i_1(t) = \dfrac{v_1(t)}{\lvert Z_1 \rvert} = \dfrac{100\sqrt{2}}{\sqrt{10}}\sin\omega t$ $= \dfrac{100\sqrt{20}}{10}\sin\omega t$ $= 10\sqrt{20}\sin\omega t$ • 실효전류 $I_1 = \dfrac{10\sqrt{20}}{\sqrt{2}}$ $= \dfrac{10 \times \sqrt{2} \times \sqrt{10}}{\sqrt{2}}$ $= 10\sqrt{10}\,[\mathrm{A}]$	• $Z_3 = R + j3\omega L$ $= 3 + j(3 \times 1)$ $\lvert Z_3 \rvert = \sqrt{(3)^2 + (3)^2}$ $= \sqrt{18} = 3\sqrt{2}\,[\Omega]$ • $i_3(t) = \dfrac{v_3(t)}{\lvert Z_3 \rvert}$ $= \dfrac{30\sqrt{2}}{3\sqrt{2}}\sin 3\omega t$ $= 10\sin 3\omega t$ • 실효전류 $I_3 = \dfrac{10}{\sqrt{2}}\,[\mathrm{A}]$

∴ 실효전류 $I = \sqrt{(I_1)^2 + (I_3)^2} = \sqrt{(10\sqrt{10})^2 + \left(\dfrac{10}{\sqrt{2}}\right)^2}$

$= \sqrt{(100 \times 10) + \left(\dfrac{100}{2}\right)} = \sqrt{1{,}050} = 5\sqrt{42}\,[\mathrm{A}]$

- 비정현파 교류 = 직류분 + 기본파 + 고조파
  - $v = V_0 + V_{m1}\sin\omega t + V_{m2}\sin 2\omega t + V_{m3}\sin 3\omega t + \cdots$
  - $i = I_0 + I_{m1}\sin\omega t + I_{m2}\sin 2\omega t + I_{m3}\sin 3\omega t + \cdots$
- 비정현파의 실횻값 : 각 파의 실횻값의 제곱의 합의 제곱근
  - $V = \sqrt{V_0^{\,2} + \left(\dfrac{V_{m1}}{\sqrt{2}}\right)^2 + \left(\dfrac{V_{m2}}{\sqrt{2}}\right)^2 + \cdots}$
  - $I = \sqrt{I_0^{\,2} + \left(\dfrac{I_{m1}}{\sqrt{2}}\right)^2 + \left(\dfrac{I_{m2}}{\sqrt{2}}\right)^2 + \cdots}$

전기이론 | 2016년 국가직 9급

한눈에 훑어보기

영역 분석

전기회로와 회로 소자 07 11
2문항, 10%

정현파와 교류회로 10 12
2문항, 10%

전력과 3상회로 02 09 13 14 16 17 19
7문항, 35%

회로의 해석 01 03 15
3문항, 15%

과도현상과 비정현파 18 20
2문항, 10%

정전계와 도체계 08
1문항, 5%

정자계와 자기현상 04 05 06
3문항, 15%

빠른 정답

01	02	03	04	05	06	07	08	09	10
①	②	③	④	④	④	①	④	②	①
11	**12**	**13**	**14**	**15**	**16**	**17**	**18**	**19**	**20**
③	①	②	③	④	③	③	②	④	②

점수 체크

구분	1회독	2회독	3회독
맞힌 문항수	/20	/20	/20
나의 점수	점	점	점

01 정답 ①

정답의 이유

• 중첩의 원리를 전류원에 적용 시(전압원 : 단락)

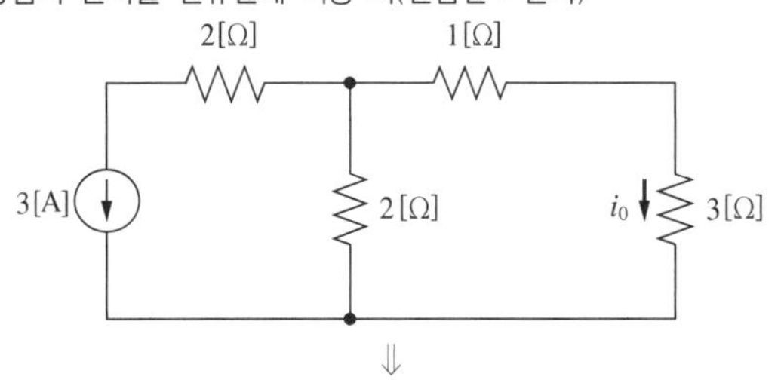

⇓

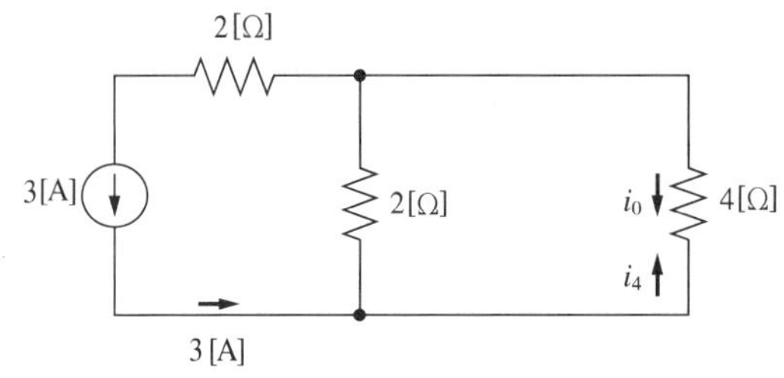

4[Ω]에 흐르는 전류 $i_4=\frac{2}{2+4}\times 3=\frac{6}{6}=1[A]$

∴ i_0와 i_4는 반대 방향이므로 $i_0=-i_4=-1[A]$

• 중첩의 원리를 전압원에 적용 시(전류원 : 개방)

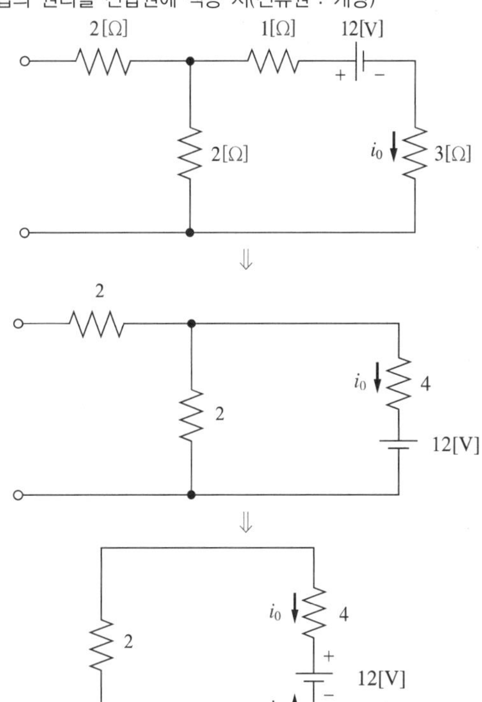

$4[\Omega]$에 흐르는 전류 $i_{12} = \dfrac{V}{R} = \dfrac{12}{6} = 2[A]$

$\therefore$ i_0와 i_{12}는 반대 방향이므로 $i_0 = -i_{12} = -2[A]$

그러므로 전체 전류 $i_0 = -1-2 = -3[A]$

오답의 이유

전압과 전류의 방향에 주의(i_0와 i_4, i_{12}는 반대 방향)

02 정답 ②

정답의 이유

정상상태의 등가회로

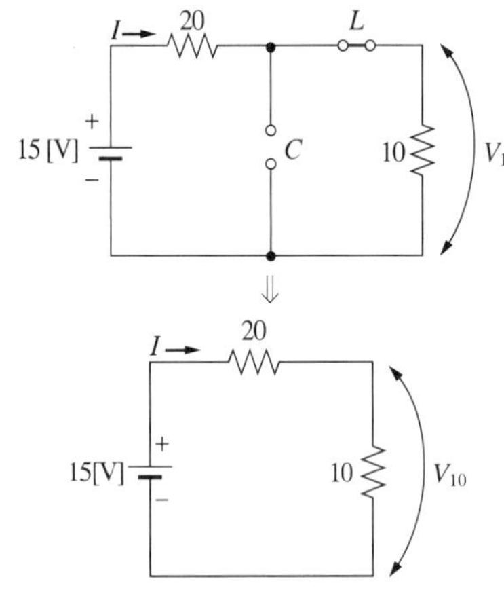

- 전류 $I = \dfrac{V}{R} = \dfrac{15}{20+10} = \dfrac{15}{30} = 0.5[A]$
- 전압 $V_{10} = \dfrac{10}{20+10} \times 15 = \dfrac{150}{30} = 5[V]$

인덕턴스(코일)에 축적되는 에너지

$W_L = \dfrac{1}{2}LI^2[J] = \dfrac{1}{2} \times 8 \times (0.5)^2 = 1[J]$

커패시터(콘덴서)에 축적되는 에너지

$W_c = \dfrac{1}{2}CV^2[J] = \dfrac{1}{2} \times 2 \times 5^2 = 25[J]$

$\therefore$ 전체 에너지 $W = W_L + W_c = 1 + 25 = 26[J]$

오답의 이유

직류전원(DC)이 인가(제거)된 후 충분한 시간이 경과되었을 때(정상상태 : $t \to \infty$) L은 단락회로로, C는 개방회로로 동작한다.

03 정답 ③

정답의 이유

밀만의 정리

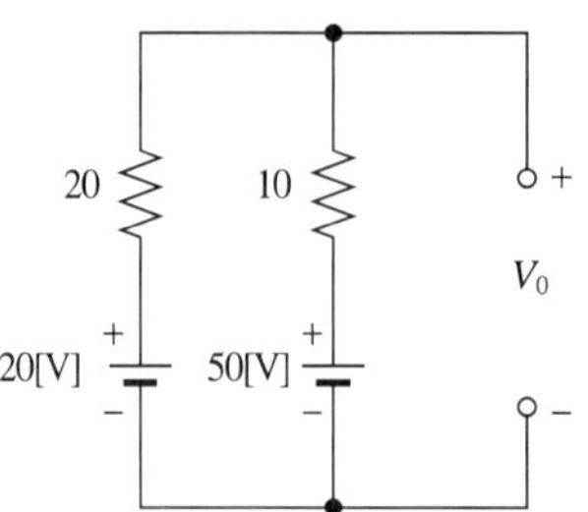

$$V_o = \frac{\text{각 저항분의 전압}}{\text{각 저항분의 1}}$$

$$= \frac{\frac{20}{20} + \frac{50}{10}}{\frac{1}{20} + \frac{1}{10}} = \frac{\frac{20+100}{20}}{\frac{1+2}{20}}$$

$$= \frac{120}{3} = 40[V]$$

[별 해]

전압원을 전류원으로 표현하면 다음과 같다.

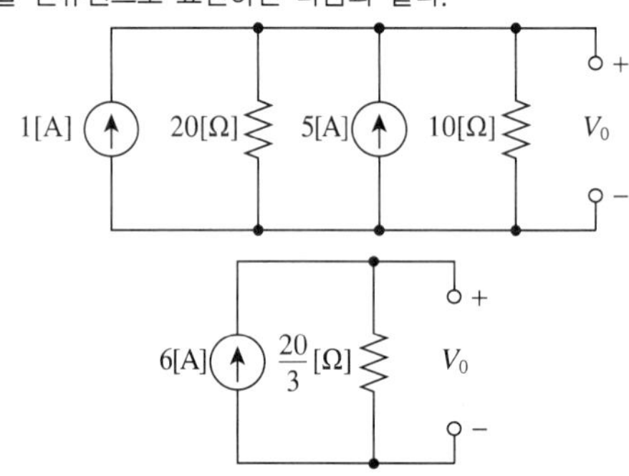

- 전류 $I = 1 + 5 = 6[A]$
- 합성저항 $R = 20 \parallel 10 = \dfrac{20 \times 10}{20+10} = \dfrac{200}{30} = \dfrac{20}{3}[\Omega]$

$\therefore$ $V_o = IR = 6 \times \dfrac{20}{3} = 40[V]$

04

정답 ④

오답의 이유

히스테리시스 곡선(자기이력 곡선) : 자기력의 변화에 지연되는 자속밀도를 나타낸 그래프

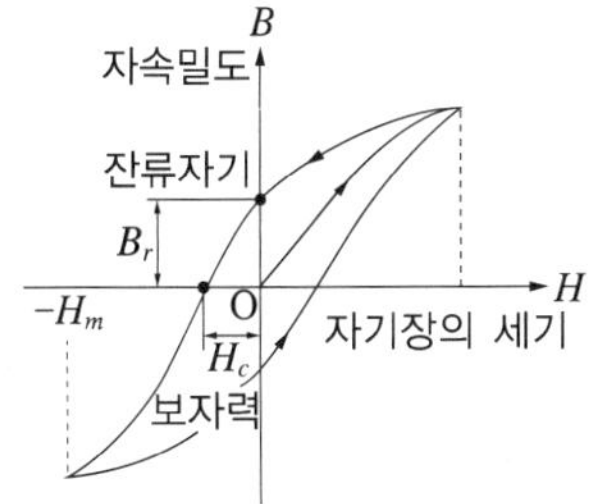

- 잔류자기(B_r) : 자장을 작용시켜 자화된 물체에 자장을 제거하여도 자력이 남아 있는 것
- 보자력(H_c) : 자화된 자성체의 자화도를 0으로 만들기 위해 걸어주는 역자기장의 세기

④ 곡선으로 둘러싸인 면적이 클수록 히스테리시스 손실도 크다(영구자석 > 전자석).

정답의 이유

① 히스테리시스 손실은 주파수에 비례한다.
② 곡선이 수직축(세로, 종축)과 만나는 점은 잔류자기를 나타낸다.
③ 자속밀도(B), 자기장의 세기(H)에 대한 특성을 나타낸다.

Key 답

- 철손 : 시간적으로 변화하는 자기력 때문에 열이 발생하여 생기는 철심의 전력손실로, 히스테리시스손과 와류손으로 구성된다.
  - 히스테리시스 손실(Hysteresis Loss) : 철심 중에서 자속밀도가 교번하는 데 따라서 발생하는 손실로, 히스테리시스 곡선의 면적에 해당한다.
  - 와류손(맴돌이전류손) : 자속이 도체를 통과할 때 생기는 소용돌이 모양의 전류로 인해 발생하는 손실이다.
- 히스테리시스 손실을 줄이기 위해서 히스테리시스 면적이 작은 규소강판을 사용하고, 와류손을 줄이기 위해 성층하여 사용한다.

05

정답 ④

정답의 이유

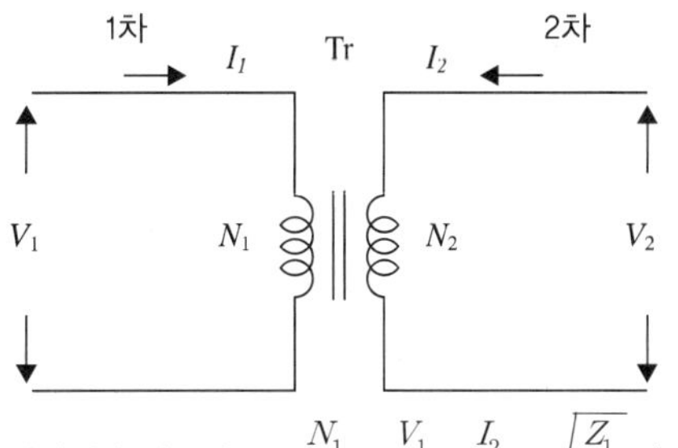

이상적인 변압기의 권수비 $a=\frac{N_1}{N_2}=\frac{V_1}{V_2}=\frac{I_2}{I_1}=\sqrt{\frac{Z_1}{Z_2}}$ 이고

$P_1=V_1I_1[\text{W}]$, $P_2=V_2I_2[\text{W}]$이므로 1차측 소비전력(P_1)은 2차측 소비전력(P_2)과 동일하다.

오답의 이유

$N_1:N_2=1:10$일 때

	1차	2차
권선비(N)	1	10
전압(V)	1	10
전류(I)	10	1
임피던스(Z)	1	100
전력(P)	1	1

06

정답 ④

정답의 이유

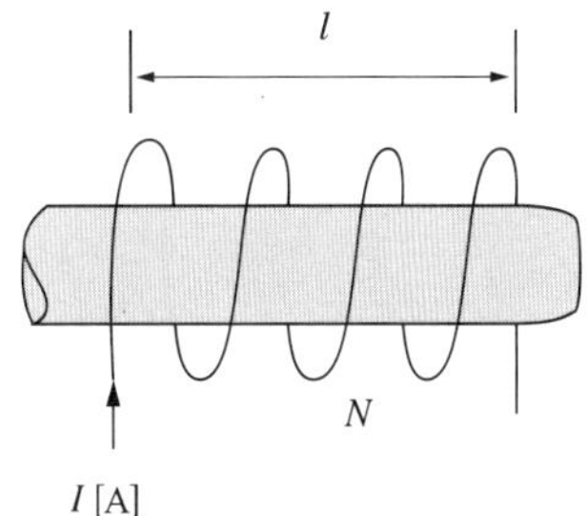

$I\,[\text{A}]$

- 자기장의 세기 $H=n_0I[\text{AT/m}]$
- 자속밀도 $B=\mu H=\mu_0\mu_s H[\text{Wb/m}^2]$

$H=\frac{B}{\mu_0\mu_s}$ 이므로 $n_0I=\frac{B}{\mu_0\mu_s}$

- 전류 $I=\frac{B}{n_0\mu_0\mu_s}=\frac{0.2}{100\times4\pi\times10^{-7}\times100}$

$=\frac{0.2}{4\pi\times10^{-3}}=\frac{0.2\times10^3}{4\pi}=\frac{200}{4\pi}=\frac{50}{\pi}[\text{A}]$

07

정답 ①

정답의 이유

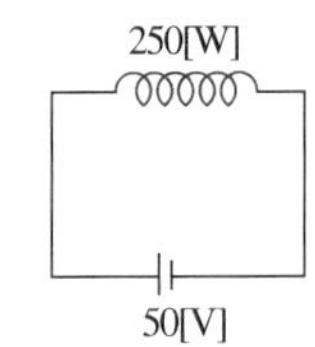

• 니크롬선 전력 $P=\dfrac{V^2}{R}$[W]에서

• 저항 $R=\dfrac{V^2}{P}[\Omega]=\dfrac{(50)^2}{250}=\dfrac{2,500}{250}=10[\Omega]$

• 전선의 고유저항 $R=\rho\dfrac{l}{A}[\Omega]$에서 $R\propto l$

즉, 길이가 $\dfrac{1}{2}$이 되면 저항값도 $\dfrac{1}{2}$로 줄어든다.

저항 $R'=\dfrac{1}{2}R=\dfrac{1}{2}\times 10=5[\Omega]$

$P'=\dfrac{(V')^2}{R'}[\text{W}]=\dfrac{(20)^2}{5}=\dfrac{400}{5}=80[\text{W}]$

오답의 이유

$R=\rho\dfrac{l}{A}[\Omega]$에서 $R\propto\dfrac{1}{A}$이므로, 전선의 단면적이 $\dfrac{1}{2}$이 되면 저항은 2배가 된다.

08

정답 ④

오답의 이유

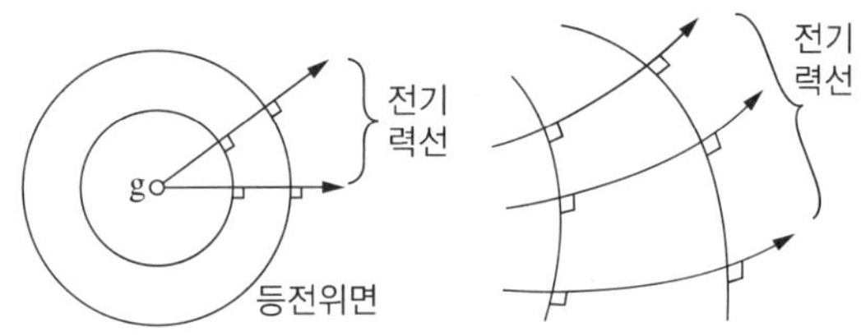

④ 등전위면과 전기력선은 항상 수직이므로 도체표면상에서 정전계 세기는 모든 점에서 표면의 접선 방향으로 향한다.

정답의 이유

① 도체표면은 등전위면이다.
② 도체표면에 존재하고 도체 내부에는 없다.
③ 등전위면 간격이 좁을수록 전기력선 세기가 크다.

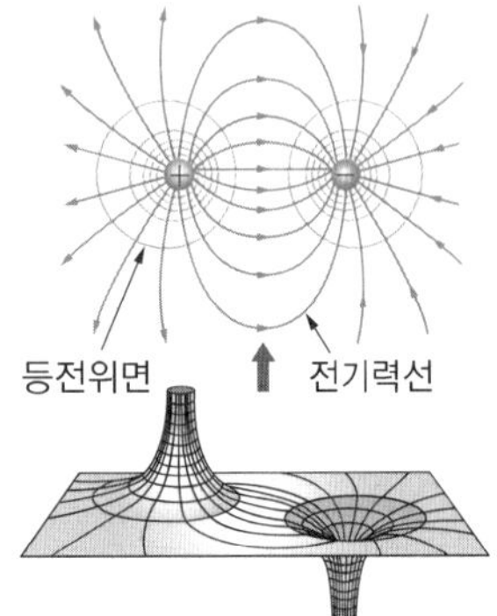

Key 답

• 전기력선의 성질
 - 도체 표면에 존재한다(도체 내부에는 없다).
 - (+)에서 (−)로 이동한다.
 - 등전위면과 수직으로 발산한다.
 - 전기력선 접선 방향 = 그 점의 전계의 방향
 - 전기력선 자신만으로 폐곡선을 이루지 않는다.
 - 전기력선은 반발하며 서로 교차하지 않는다. 회전하지 않는다.
 - 임의 점에서 전계의 세기는 전기력선의 밀도와 같다(가우스 법칙).
 - 전위가 높은 곳에서 낮은 곳으로 이동한다($E=-\text{grad}\,V=-\nabla V$).
 - 전하가 없는 곳에는 전기력선의 발생이나 소멸이 없고 연속적이다.
 - 전하 Q[C]에서 $\dfrac{Q}{\varepsilon_0}$개의 전기력선이 출입하고, 전속수는 Q개다.

• 전기력선 수 : $N=\displaystyle\int_s E\cdot dS=\dfrac{Q}{4\pi\varepsilon r^2}\times 4\pi r^2=\dfrac{Q}{\varepsilon}=\dfrac{Q}{\varepsilon_0\varepsilon_s}$

(유전율 ε, 전하 Q[C]일 때)

09

정답 ②

정답의 이유

② 역률 $\cos\theta=0.8$이므로, 무효율 $\sin\theta=0.6$이다.

오답의 이유

• 유효전력 $P=80[\text{kW}]$이므로

③ 역률 $\cos\theta=\dfrac{P}{P_a}$에서

피상전력 $P_a=\dfrac{P}{\cos\theta}=\dfrac{80}{0.8}=100[\text{kVA}]$

① 무효전력 $P_r=P_a\sin\theta[\text{kVar}]=100\times 0.6=60[\text{kVar}]$

• 역률이 지상이므로 유도성 무효전력이 공급되고 있다.

④ 역률개선을 위해서는 콘덴서(C)를 병렬로 연결해야 한다.

10

정답 ①

정답의 이유

- 전압 $v_s(t)=20\cos(t)[\mathrm{V}]$에서 각속도 $\omega=1$
- 유도리액턴스 $X_L=j\omega L[\Omega]=j\times1\times1=j1[\Omega]$
- 용량리액턴스 $X_c=\dfrac{1}{j\omega C}[\Omega]=\dfrac{1}{j\times1\times1}=\dfrac{1}{j}=-j1[\Omega]$

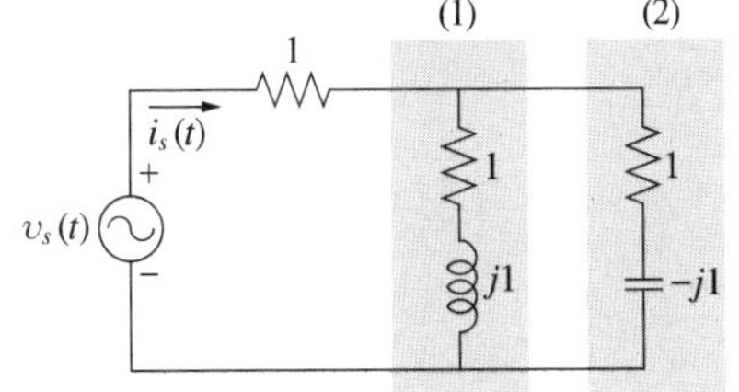

(1)에서 $Z_1=1+j1$, (2)에서 $Z_2=1-j1$

$$\therefore\ Z=Z_1\parallel Z_2=\frac{Z_1\times Z_2}{Z_1+Z_2}=\frac{(1+j1)\times(1-j1)}{(1+j1)+(1-j1)}=\frac{1+1}{1+1}=1[\Omega]$$

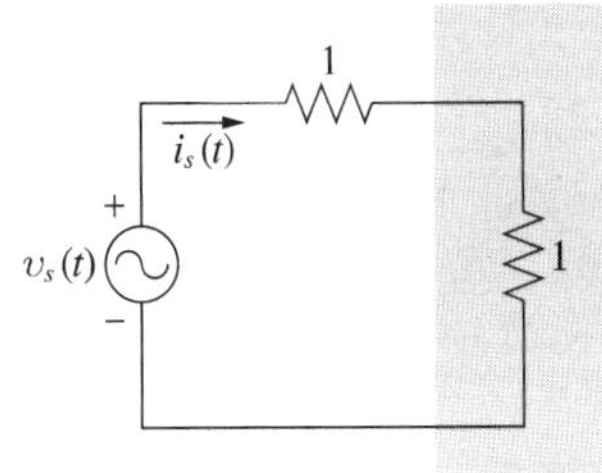

- 전체 $Z=1+1=2[\Omega]$
- 전류 $i_s(t)=\dfrac{v_s(t)}{Z}=\dfrac{20\cos(t)}{2}=10\cos(t)[\mathrm{A}]$

11

정답 ③

오답의 이유

③ 전압과 전류의 비는 $\dfrac{V}{I}=Z=X_c=\dfrac{1}{wC}[\Omega]$이다.

Key 답

커패시터(C[F]) 회로

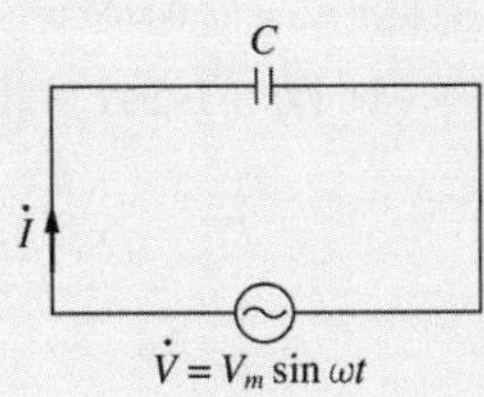

- 순시식 : $v(t)=\dfrac{1}{C}\int i(t)[\mathrm{V}]$, $i(t)=C\dfrac{d}{dt}v(t)[\mathrm{A}]$
- 위상차 : $\dot{I}>\dot{V}\left(\dfrac{\pi}{2}[\mathrm{rad}]\right)$

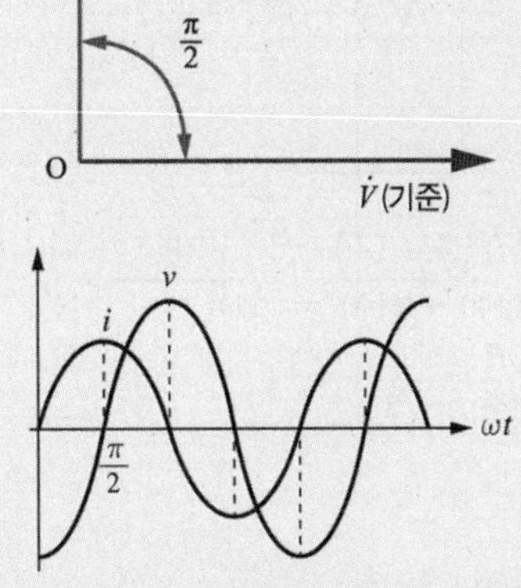

  - 커패시터에서는 $\dot{I}$가 $\dot{V}$보다 $\dfrac{\pi}{2}$(90°)위상이 앞선다.
  - 커패시터에 흐르는 전류를 진상전류라 한다(앞선전류).
- 복소수식 : $\dot{V}=\dfrac{1}{j\omega C}\cdot\dot{I}[\mathrm{V}]$,

$$\dot{I}=\frac{\dot{V}}{X_c}=\frac{\dot{V}}{\dfrac{1}{j\omega C}}=j\omega C\dot{V}=2\pi fC\dot{V}[\mathrm{A}]$$

- 용량리액턴스 : $X_c=\dfrac{1}{\omega C}=\dfrac{1}{2\pi fC}[\Omega]$
- 용량리액턴스와 주파수 관계 : $X_c\propto\dfrac{1}{f}$

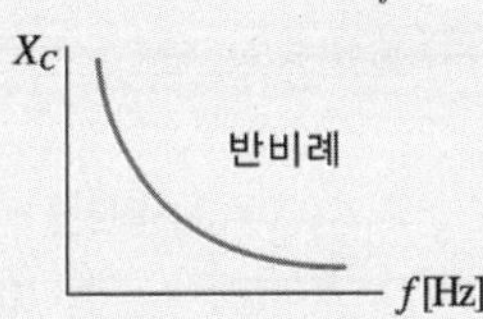

- 순시식과 복소수식 전환 관계

$$v(t)=\frac{1}{C}\int\ i(t)[\mathrm{V}]$$
$$\updownarrow\qquad\updownarrow\qquad\updownarrow$$
$$\dot{V}=\frac{1}{C}\left(\frac{1}{j\omega}\right)\cdot\dot{I}\,[\mathrm{V}]$$

$$\left(\int dt\leftrightarrow\frac{1}{j\omega}\right)$$

- 커패시터에 저장되는 에너지

$$W=\int p\,dt=\int vi\,dt=\int v\cdot c\frac{dv}{dt}\,dt=\int cv\,dv$$
$$=\frac{1}{2}CV^2[\mathrm{J}]$$

12

정답 ①

정답의 이유

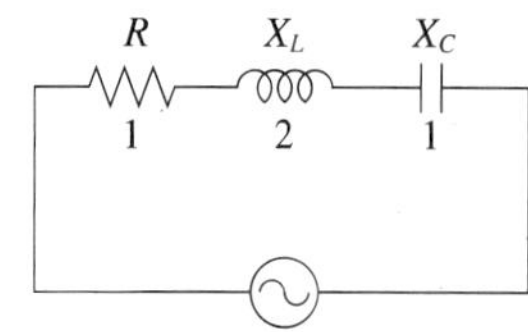

- 임피던스 $Z = R + jX_L - jX_c[\Omega] = 1 + j2 - j1 = 1 + j1[\Omega]$

  $\therefore |Z| = \sqrt{(\text{실수})^2 + (\text{허수})^2} = \sqrt{(1)^2 + (1)^2} = \sqrt{2}$
- 역률 $\cos\theta = \dfrac{R}{|Z|} = \dfrac{1}{\sqrt{2}}$

Key 답

RLC 직렬회로의 위상차

- $\theta = \tan^{-1}\dfrac{\text{허수}}{\text{실수}} = \tan^{-1}\dfrac{(X_L - X_C)}{R} = \tan^{-1}\dfrac{\left(\omega L - \dfrac{1}{\omega C}\right)}{R}$
- 임피던스의 위상각이 전압과 전류의 위상차가 된다.
- $\dot{V}_R$은 $\dot{I}$와 동위상이고 $\dot{V}_L$은 $\dot{I}$보다 $\dfrac{\pi}{2}$ 위상이 앞서고 $\dot{V}_C$는 $\dot{I}$보다 $\dfrac{\pi}{2}$ 위상이 뒤진다.
- $X_L > X_C$ 의 경우(유도성 회로)
- $X_L = X_C$ 의 경우(공진회로)
- $X_L < X_C$의 경우(용량성 회로)

13

정답 ②

정답의 이유

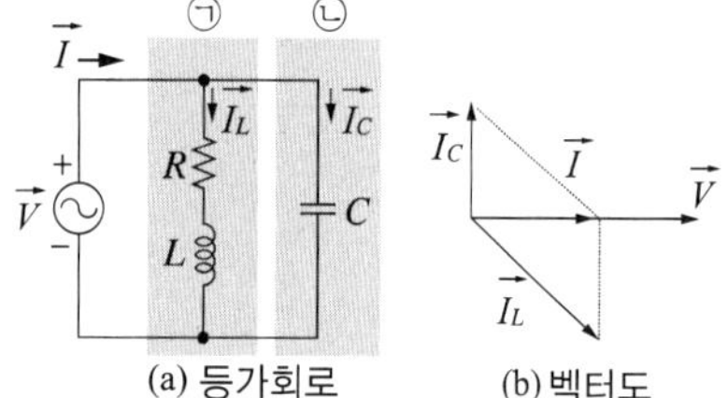

(a) 등가회로 (b) 벡터도

(a) 등가회로의

㉠에서 어드미턴스 $Y_1 = \dfrac{1}{R + j\omega L}[℧]$,

㉡에서 어드미턴스 $Y_2 = j\omega C[℧]$

$$Y = Y_1 + Y_2 = \frac{1}{R + j\omega L} + j\omega C$$

$$= \frac{1 \cdot (R - j\omega L)}{(R + j\omega L) \cdot (R - j\omega L)} + j\omega C$$

$$= \frac{R - j\omega L}{R^2 + (\omega L)^2} + j\omega C$$

$$= \frac{R}{R^2 + (\omega L)^2} - j\frac{\omega L}{R^2 + (\omega L)^2} + j\omega C$$

$$= \frac{R}{R^2 + (\omega L)^2} - j\left(\frac{\omega L}{R^2 + (\omega L)^2} - \omega C\right)$$

공진회로이므로 허수부 = 0

$$\frac{\omega L}{R^2 + (\omega L)^2} = \omega C$$

$$\omega L = \omega C \cdot (R^2 + (\omega L)^2)$$

$$R^2 + (\omega L)^2 = \frac{L}{C}$$

$$(\omega L)^2 = \frac{L}{C} - R^2$$

$$\omega L = \sqrt{\frac{L}{C} - R^2}$$

$$\omega = \frac{1}{L}\sqrt{\frac{L}{C} - R^2} = \sqrt{\frac{1}{L^2}\left(\frac{L}{C} - R^2\right)}$$

$$= \sqrt{\left(\frac{1}{L^2} \cdot \frac{L}{C}\right) - \left(\frac{1}{L^2} \cdot R^2\right)} = \sqrt{\frac{1}{LC} - \frac{R^2}{L^2}}$$

14

정답 ③

정답의 이유

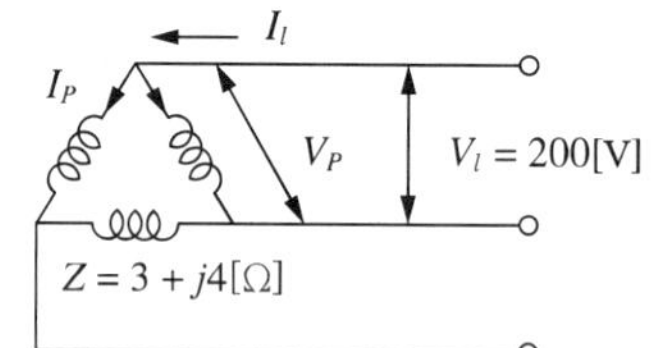

- 1상당 임피던스 $Z = 3 + j4[\Omega]$

  $|Z| = \sqrt{(3)^2 + (4)^2} = 5[\Omega]$
- 상전압 $V_p = V_l = 200[V]$, (△결선(상전압 = 선전압)이므로)
- 상전류 $I_p = \dfrac{V_l}{|Z|} = \dfrac{200}{5} = 40[A]$, (1상당 임피던스이므로)
- 3상 무효전력 $P_r = 3I_p^2 X[\text{Var}] = 3 \times (40)^2 \times 4 = 19,200[\text{Var}]$

오답의 이유

- 3상 유효전력 $P = 3I_p^2 R = 3 \times (40)^2 \times 3 = 14,400[W]$

Key 답

- 3상 피상전력

  $P_a = \sqrt{3}\, V_l I_l = 3 V_p I_p = 3 \times 200 \times 40 = 24,000[VA]$

  $P_a = 3I_p^2 Z = 3 \times (40)^2 \times 5 = 24,000[VA]$

  $P_a = \sqrt{P^2 + P_r^2} = \sqrt{14,400^2 + 19,200^2} = 24,000[VA]$
- 역률(Power Factor) $\cos\theta = \dfrac{P}{P_a} = \dfrac{P}{\sqrt{P^2 + P_r^2}} = \dfrac{R}{|Z|} = \dfrac{3}{5} = 0.6$
- 무효율 $\sin\theta = \dfrac{P_r}{P_a} = \dfrac{X}{|Z|} = \dfrac{4}{5} = 0.8$

15
정답 ④

정답의 이유

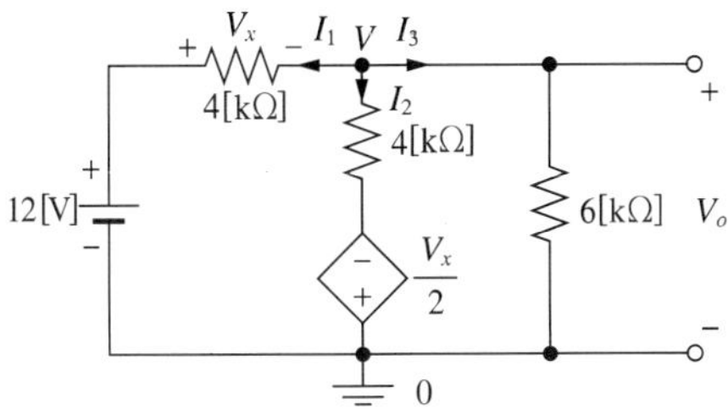

V 점에서 KCL에 의해 $\Sigma I = 0(I_1 + I_2 + I_3 = 0)$

$$I_1 = \frac{V-12}{4},\ I_2 = \frac{V-\left(-\frac{V_x}{2}\right)}{4},\ I_3 = \frac{V}{6}$$

$I_1 + I_2 + I_3 = 0$에 각각의 식을 대입하면

$$\frac{V-12}{4} + \frac{V-\left(-\frac{V_x}{2}\right)}{4} + \frac{V}{6} = 0$$

$$6(V-12) + 6\left(V + \frac{V_x}{2}\right) + 4V = 0$$

$6V - 72 + 6V + 3V_x + 4V = 0$, $V_x = 12 - V$ 대입

$$6V - 72 + 6V + 3(12 - V) + 4V = 0$$

$$13V = 36$$

$$\therefore\ V_o = \frac{36}{13}[\text{V}]$$

16
정답 ③

정답의 이유

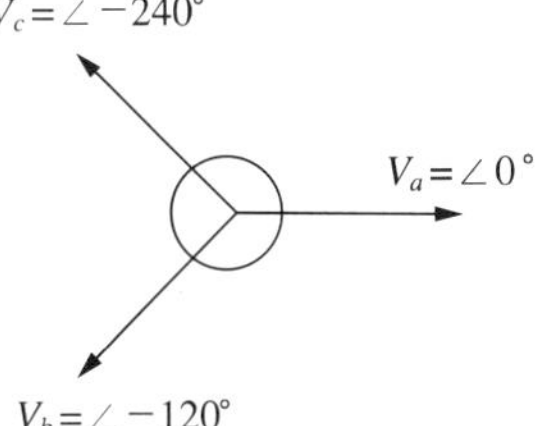

a상 $v_a = 100\sqrt{2}\sin\left(\omega t + \frac{\pi}{3}\right)[\text{V}]$에서 위상 $\theta = \frac{\pi}{3}$이므로

c상 $v_c = 100\sqrt{2}\sin\left(\omega t - \frac{4\pi}{3} + \frac{\pi}{3}\right)[\text{V}]$

$$= 100\sqrt{2}\sin\left(\omega t - \frac{3\pi}{3}\right)[\text{V}]$$

$$= 100\sqrt{2}\sin(\omega t - \pi)[\text{V}]$$

오답의 이유

b상 $v_b = 100\sqrt{2}\sin\left(\omega t - \frac{2\pi}{3} + \frac{\pi}{3}\right) = 100\sqrt{2}\sin\left(\omega t - \frac{\pi}{3}\right)[\text{V}]$

17
정답 ③

정답의 이유

③ 용량리액턴스

$$X_c = \frac{1}{\omega C} = \frac{1}{2\pi f C}[\Omega]$$

$$= \frac{1}{2\pi \times 10 \times 1 \times 10^{-6}} = \frac{1}{2\pi \times 10^{-5}} = \frac{10^5}{2\pi}$$

$$= \frac{5 \times 10^4}{\pi}[\Omega] = \frac{50}{\pi}[\text{k}\Omega]$$

오답의 이유

- 전압 분배를 이용해 회로의 출력 전압을 구하면

$$v_o = \frac{\frac{1}{j\omega C}}{R + \frac{1}{j\omega C}} \times v_s = \frac{\frac{1}{j\omega C}}{\frac{j\omega RC + 1}{j\omega C}} \times v_s = \frac{1}{1 + j\omega RC} \times v_s$$

- 전달함수(입력전압과 출력전압의 비)로 나타내면

$$H(j\omega) = \frac{v_o}{v_s} = \frac{1}{1 + j\omega RC},\ |H(j\omega)| = \frac{1}{\sqrt{1 + (\omega RC)^2}}$$

→ ω가 감소하면 $|H(j\omega)|$는 증가, ω가 증가하면 $|H(j\omega)|$는 감소한다.

② 저주파 신호는 잘 통과시키고 고주파 신호는 차단하므로 저역통과필터(LPF)이다.

- 전달함수의 크기가 최대일 때(입력 = 출력)
  $|H(j\omega)|_{\max} = 1$
- 전달함수의 크기가 $\frac{1}{\sqrt{2}}$ 일 때(차단주파수)

$$|H(j\omega)|_{\omega = \omega_c} = \frac{1}{\sqrt{2}}$$

$$\frac{1}{\sqrt{1 + (\omega RC)^2}} = \frac{1}{\sqrt{2}}$$

$$1 + (\omega RC)^2 = 2$$

$$(\omega RC)^2 = 1$$

$$\omega RC = 1$$

① $\omega = \frac{1}{RC} = \omega_c$, $f_c = \frac{1}{2\pi RC}[\text{Hz}]$ (f_c : 차단주파수)

$$\omega_c = \frac{1}{RC} = \frac{1}{10^3 \cdot 10^{-6}} = 10^3,\ f_c = \frac{\omega_c}{2\pi} = \frac{500}{\pi}[\text{Hz}]$$

④ 출력 전압 v_o에 대한 입력 전압 v_s의 비는

$$\frac{v_s}{v_o} = \frac{1}{H(j\omega)} = 1 + j\omega RC$$

$$\left|\frac{v_s}{v_o}\right| = \sqrt{(\omega RC)^2 + 1} = \sqrt{(\omega RC)^2 + 1}$$

$$= \sqrt{(2\pi \cdot 10 \cdot 10^3 \cdot 10^{-6})^2 + 1} = \sqrt{(2\pi \times 10^{-2})^2 + 1} \fallingdotseq 1$$

18 정답 ②

정답의 이유

비정현파의 실효전류

$$I=\sqrt{(\text{직류분})^2+\left(\frac{\text{기본파 전류}}{\sqrt{2}}\right)^2+\left(\frac{\text{고조파 전류}}{\sqrt{2}}\right)^2}$$

$$=\sqrt{3^2+\left(\frac{10\sqrt{2}}{\sqrt{2}}\right)^2+\left(\frac{4\sqrt{2}}{\sqrt{2}}\right)^2}=\sqrt{9+100+16}=\sqrt{125}\,[\mathrm{A}]$$

코일에 축적되는 에너지

$$W_L=\frac{1}{2}LI^2[\mathrm{J}]$$

$$125=\frac{1}{2}\times L\times(\sqrt{125})^2$$

$\therefore$ 인덕턴스 $L=\frac{125}{125}\times 2=2[\mathrm{H}]$

19 정답 ④

정답의 이유

$\triangle\rightarrow$ Y 변환 등가회로$\left(Z_Y=\frac{Z_\triangle}{3}\right)$

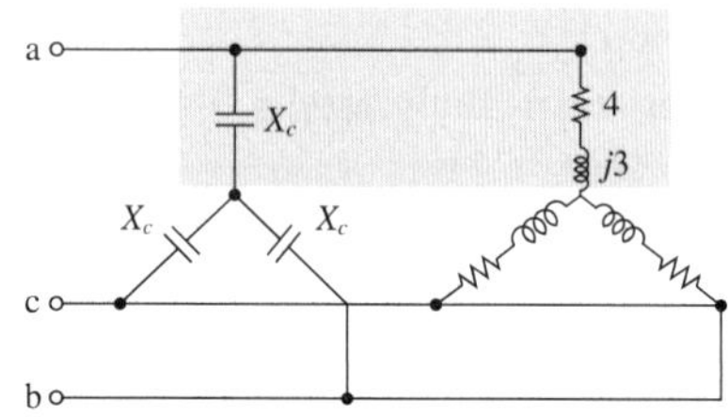

$\triangle\rightarrow$Y 변환 시 1상당 임피던스 $Z_Y=\frac{12+j9}{3}=4+j3[\Omega]$

병렬 등가회로

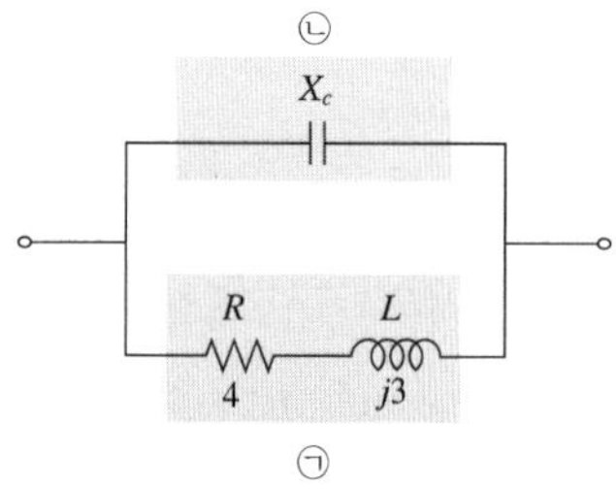

RL 직렬에 C 병렬연결인 등가회로로 구성

㉠에서 어드미턴스 $Y_1=\frac{1}{4+j3}[\mho]$

㉡에서 어드미턴스 $Y_2=j\frac{1}{X_c}[\mho]$

$$\therefore\ Y=Y_1+Y_2=\frac{1}{4+j3}+j\frac{1}{X_c}=\left(\frac{1\cdot(4-j3)}{(4+j3)\cdot(4-j3)}\right)+j\frac{1}{X_c}$$

$$=\frac{4-j3}{16+9}+j\frac{1}{X_c}=\frac{4}{25}-j\frac{3}{25}+j\frac{1}{X_c}$$

역률이 $100[\%]$ 이므로 허수부 $=0$

$$-j\left(\frac{3}{25}-\frac{1}{X_c}\right)=0$$

$\frac{3}{25}=\frac{1}{X_c}$, $\therefore\ X_c=\frac{25}{3}[\Omega]$

20 정답 ②

정답의 이유

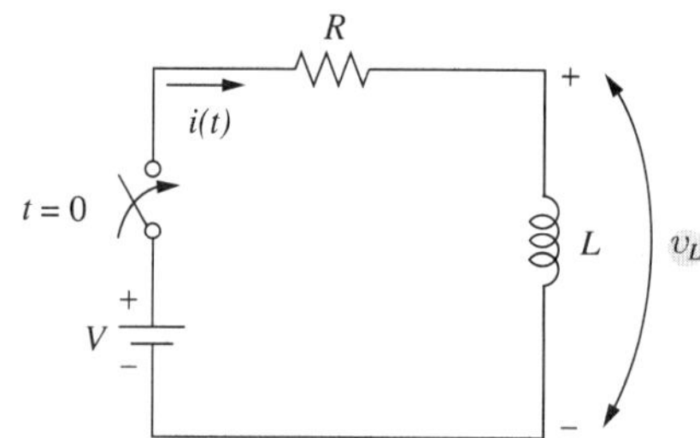

$$v_L=L\frac{di(t)}{dt}[\mathrm{V}]$$

$$\therefore\ \frac{di(t)}{dt}=\frac{1}{L}\cdot v_L$$

즉, $\frac{di(t)}{dt}\propto\frac{1}{L}$ 이므로 $\frac{di(t)}{dt}$은 인덕턴스 L에 반비례한다.

교육은 우리 자신의 무지를 점차 발견해 가는 과정이다.

– 윌 듀란트 –

PART 2
지방직

- 2022년 지방직 9급
- 2021년 지방직 9급
- 2020년 지방직 9급
- 2019년 지방직 9급
- 2018년 지방직 9급
- 2017년 지방직 9급
- 2016년 지방직 9급

출제경향

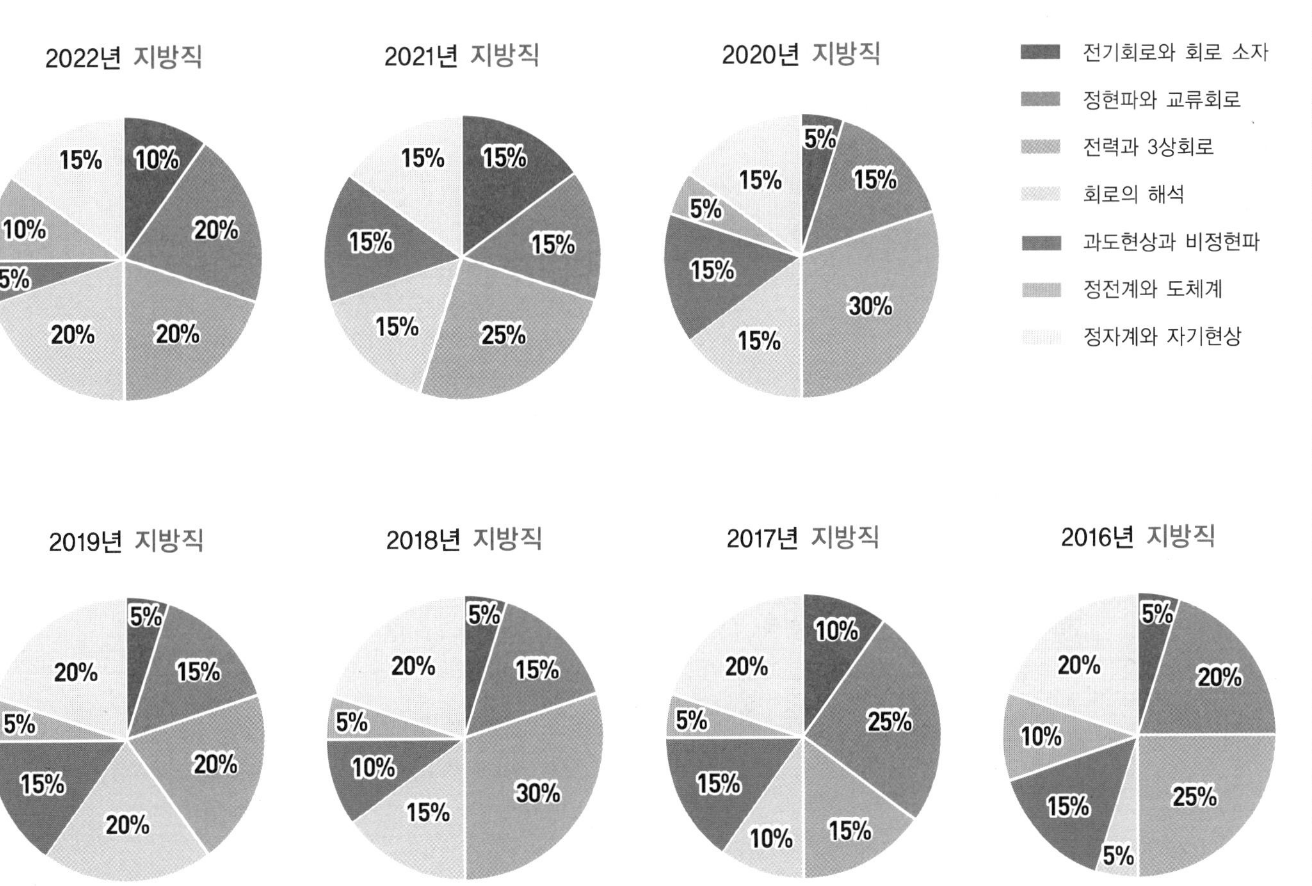

2022년 지방직
15%
10%
20%
10%
5%
20%
20%
2021년 지방직
15%
15%
15%
15%
15%
25%
2020년 지방직
5%
15%
15%
5%
15%
30%
15%
전기회로와 회로 소자
정현파와 교류회로
전력과 3상회로
회로의 해석
과도현상과 비정현파
정전계와 도체계
정자계와 자기현상
2019년 지방직
5%
20%
15%
5%
20%
15%
20%
2018년 지방직
5%
20%
15%
5%
10%
15%
30%
2017년 지방직
10%
20%
25%
5%
15%
10%
15%
2016년 지방직
5%
20%
20%
10%
15%
25%
5%

전기이론 | 2022년 지방직 9급

한눈에 훑어보기

전기회로와 회로 소자 01 05
2문항, 10%

정현파와 교류회로 04 09 13 14
4문항, 20%

전력과 3상회로 06 08 12 16
4문항, 20%

회로의 해석 02 07 10 19
4문항, 20%

과도현상과 비정현파 11
1문항, 5%

정전계와 도체계 18 20
2문항, 10%

정자계와 자기현상 03 15 17
3문항, 15%

빠른 정답

01	02	03	04	05	06	07	08	09	10
③	③	②	④	②	④	④	③	①	①
11	**12**	**13**	**14**	**15**	**16**	**17**	**18**	**19**	**20**
③	②	③	④	②	①	③	④	④	①

점수 체크

구분	1회독	2회독	3회독
맞힌 문항수	/20	/20	/20
나의 점수	점	점	점

01 정답 ③

정답의 이유

컨덕턴스 $G=\frac{1}{R}[S]$

- 직렬연결된 합성 컨덕턴스 $\frac{1}{G_0}=\frac{1}{G_1}+\frac{1}{G_2}$
- 병렬연결된 합성 컨덕턴스 $G_0=G_1+G_2$

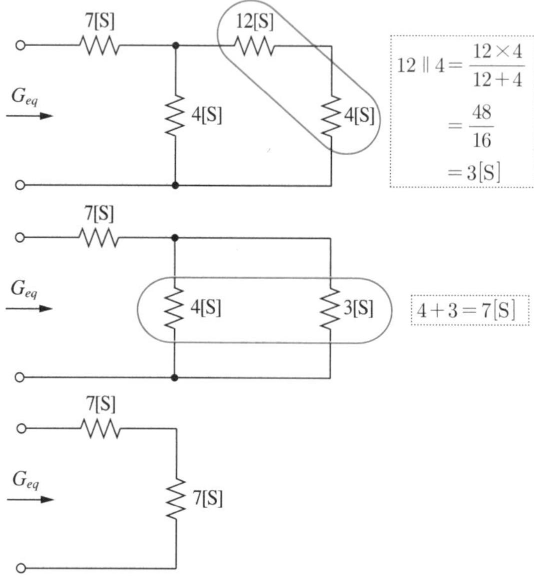

∴ 등가 컨덕턴스 $G_{eq}=7 \parallel 7=\frac{7\times7}{7+7}=\frac{49}{14}=3.5[S]$

02

정답 ③

정답의 이유

• 중첩의 원리를 이용하여 전압원에 의해 흐르는 전류(전류원 : Open)

$I_1 = \frac{V}{R} = \frac{3}{2+1} = 1[A]$

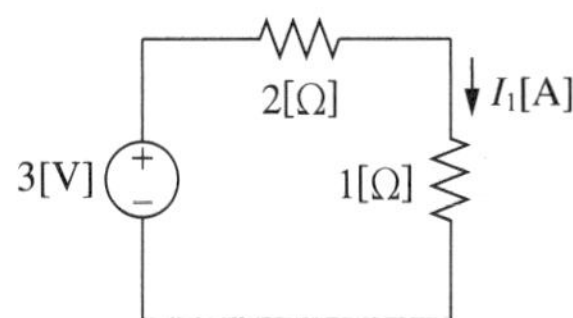

• 중첩의 원리를 이용하여 전류원에 의해 흐르는 전류(전압원 : Short)

$I_2 = \frac{2}{2+1} \times 3 = 2[A]$ (전류 분배)

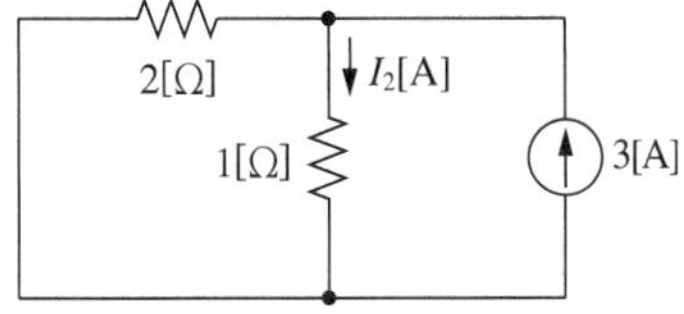

∴ 1[Ω]의 저항에 흐르는 전류 $I = I_1 + I_2 = 1 + 2 = 3[A]$

03

정답 ②

정답의 이유

앙페르의 주회법칙에 의해 임의의 폐곡선상에서 자계의 선적분은 폐곡선으로 둘러싸인 면을 통과하는 전류와 같고, 앙페르의 오른나사 법칙에 의해 자기장의 방향은 전류의 반대 방향이므로(전류 10[A]는 나오는 방향임)

$\oint_L \vec{H} \cdot \vec{dl} = \sum I = -10[A]$이다.

04

정답 ④

정답의 이유

RL 직렬회로

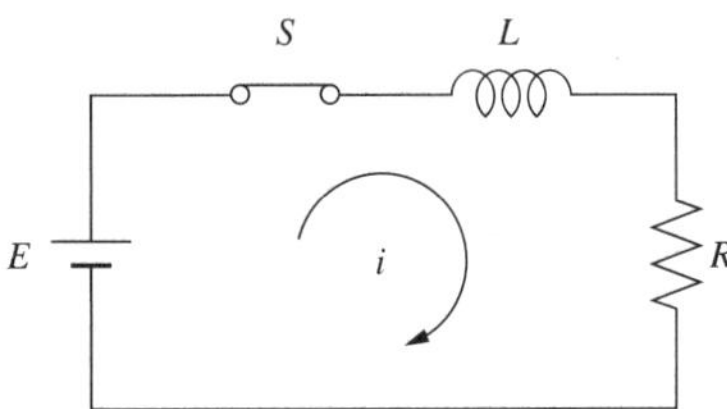

④ L에 걸리는 전압

$V_L(t) = E - V_R(t) = E - E(1 - e^{-\frac{R}{L}t}) = E(e^{-\frac{R}{L}t})[V]$

→ $t = 0$일 때 $V_L(0) = E$, $t = \infty$일 때 $V_L(\infty) = 0$

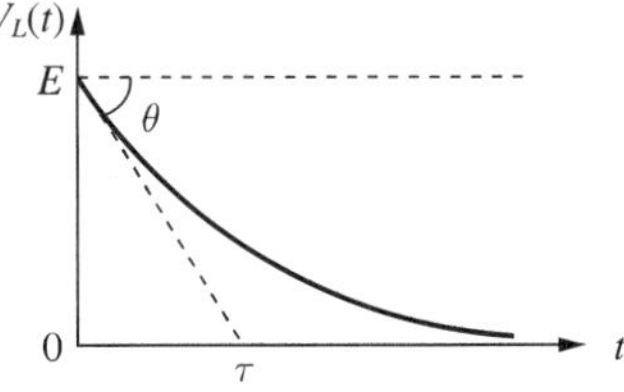

오답의 이유

①・③ 전류 $i(t) = \frac{E}{R}(1 - e^{-\frac{R}{L}t})[A]$

→ $t = 0$일 때 $i(0) = 0$, $t = \infty$일 때 $i(\infty) = \frac{E}{R}$

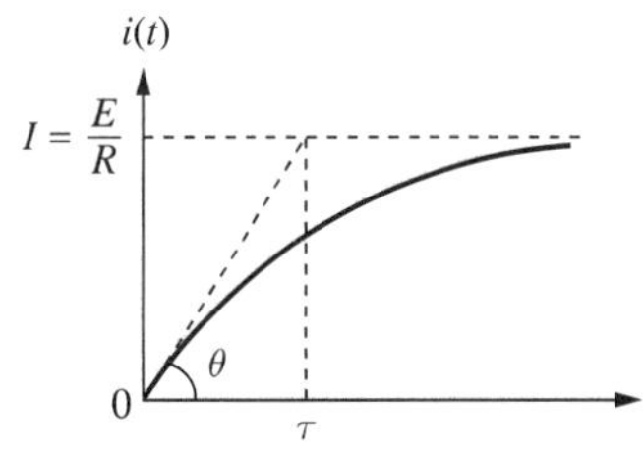

② R에 걸리는 전압 $V_R(t) = Ri(t) = E(1 - e^{-\frac{R}{L}t})[V]$

→ $t = 0$일 때 $V_R(0) = 0$, $t = \infty$일 때 $V_R(\infty) = E$

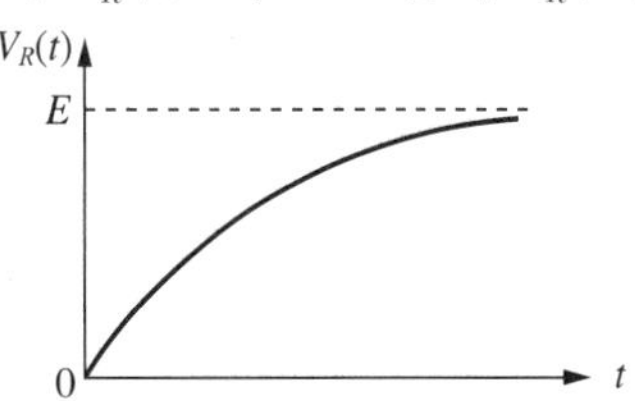

05

정답 ②

정답의 이유

R_L에 흐르는 전류 $I = \frac{V}{R} = \frac{12}{1+5} = 2[A]$

∴ R_L에 소비되는 전력 $P = I^2 R = 2^2 \times 5 = 20[W]$

06

정답 ④

정답의 이유

3상 교류의 결선

• Y결선의 경우
  - $I_l = I_p$(선전류 = 상전류)
  - $V_l = \sqrt{3} V_p \angle 30°$(선전압 = $\sqrt{3}$ 상전압)

• △결선의 경우
  - $V_l = V_p$(선전압 = 상전압)
  - $I_l = \sqrt{3} I_p \angle -30°$(선전류 = $\sqrt{3}$ 상전류)

오답의 이유

① 평형 3상 △결선의 전원에서 선간전압의 크기는 상전압의 크기와 같다.

② 평형 3상 △결선의 부하에서 선전류의 크기는 상전류의 크기의 $\sqrt{3}$ 배이다.

③ 평형 3상 Y결선의 전원에서 선간전압의 크기는 상전압의 크기의 $\sqrt{3}$ 배이다.

07

정답 ④

정답의 이유

라플라스 변환 등가회로

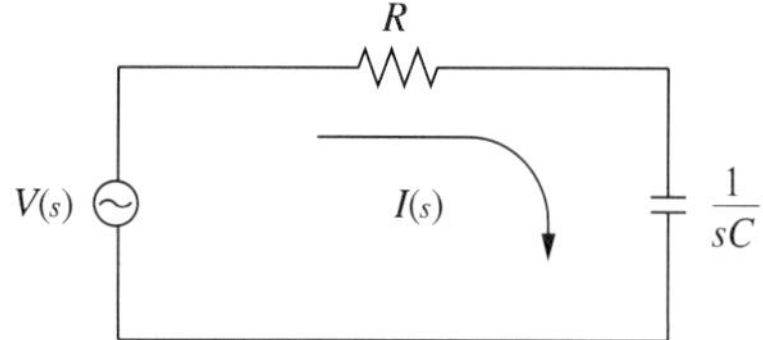

- 커패시터 C를 라플라스 변환하면 $\frac{1}{sC}$이다(초기전압 $0[V]$일 때).
- 임피던스 $Z = R + \frac{1}{sC} = \frac{sCR+1}{sC}$
- 전류 $I(s) = \frac{V(s)}{Z} = \frac{V(s)}{\frac{sCR+1}{sC}} = \frac{sC}{sRC+1}V(s)$

08

정답 ③

정답의 이유

합성 저항 $R = (10 \parallel 10) + 5 = \frac{10\times10}{10+10} + 5 = 5 + 5 = 10[\Omega]$

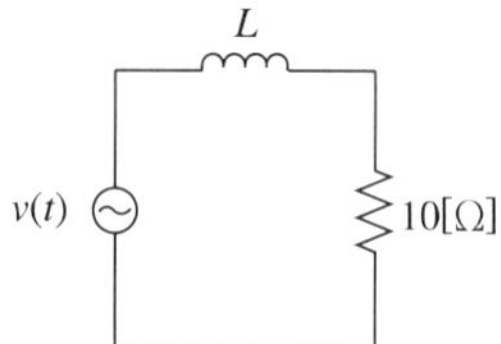

역률 $\cos\theta = \frac{1}{\sqrt{2}}$ 이므로 $\theta = 45°$이다.

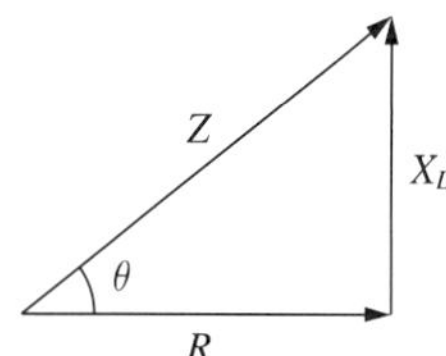

즉, 저항과 리액턴스의 크기가 같다.

$R = X_L = \omega L$

$10 = \omega L = 2\pi \times 50 \times L$ ($\because \ \omega = 2\pi f = 2\pi \times 50$)

$\therefore \ L = \frac{10}{100\pi} = \frac{1}{10\pi}[H]$

09

정답 ①

정답의 이유

$Z = \frac{V}{I} = \frac{200}{40} = 5[\Omega]$

$Z = \sqrt{R^2 + (X_C)^2}$ 이므로

$(X_C)^2 = Z^2 - R^2 = 5^2 - 3^2 = 16 = 4^2$

$\therefore \ X_C = 4[\Omega]$

10

정답 ①

정답의 이유

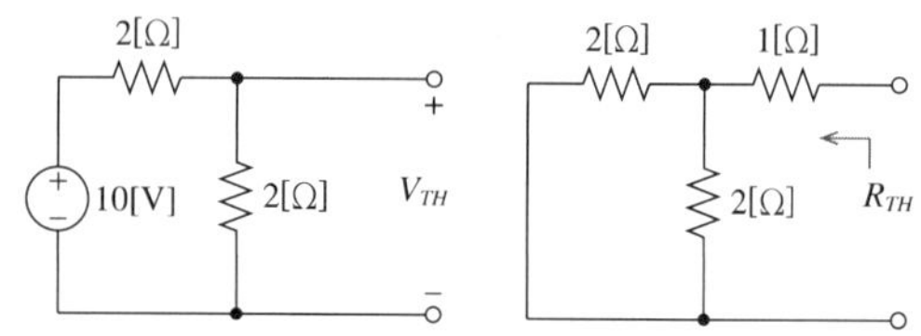

- $V_{TH} = \frac{2}{2+2} \times 10 = 5[V]$
- $R_{TH} = (2 \parallel 2) + 1 = \frac{2\times2}{2+2} + 1 = 1 + 1 = 2[\Omega]$

→ 부하저항에 최대 전력이 소비되기 위해서는 $R_L = R_{TH} = 2[\Omega]$이다.

11

정답 ③

정답의 이유

- 스위치를 닫을 때

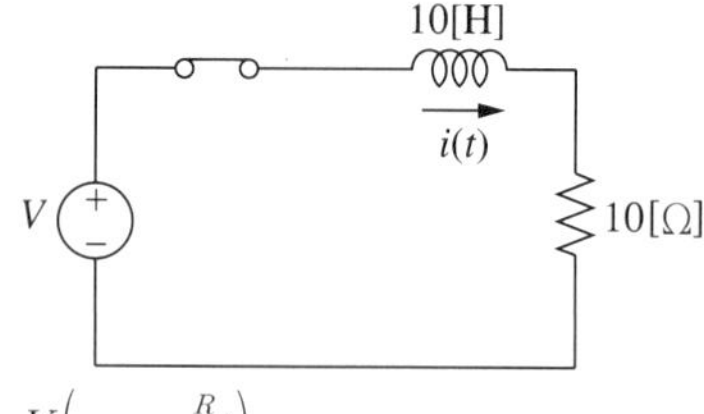

전류 $i(t) = \frac{V}{R}\left(1 - e^{-\frac{R}{L}t}\right)$

→ 0에서부터 점점 증가하여 $\frac{V}{R}$로 수렴한다.

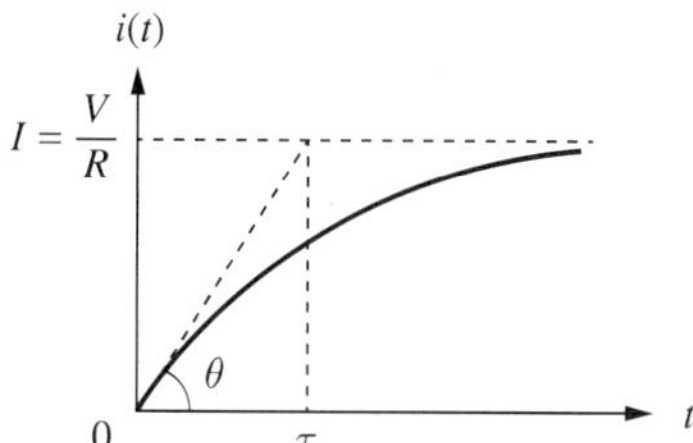

- 스위치를 열 때

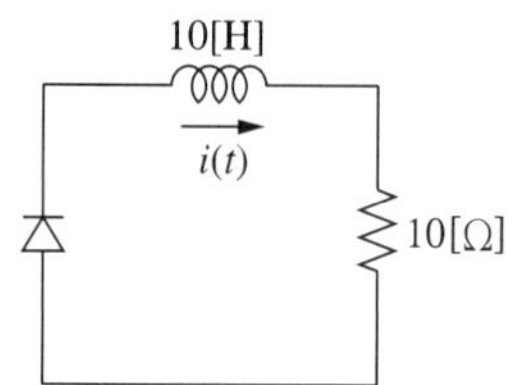

전류 $i(t) = \frac{V}{R}\left(e^{-\frac{R}{L}t}\right)$

→ $\frac{V}{R}$에서부터 점점 감소하여 0으로 수렴한다.

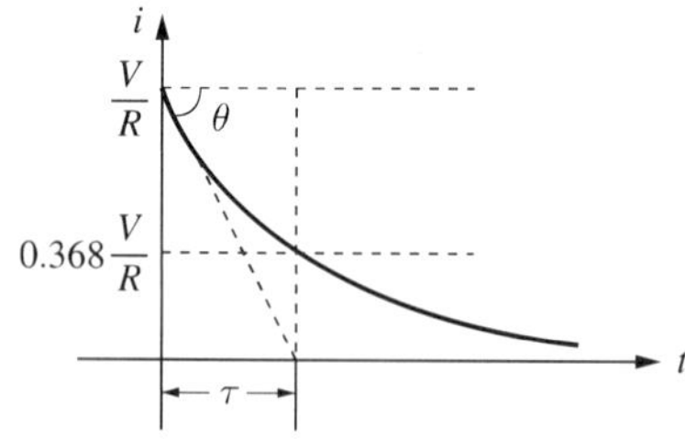

12

정답 ②

정답의 이유

- 임피던스 $Z = \sqrt{R^2+X_C^2}$
  $= \sqrt{10^2+(10\sqrt{3})^2} = \sqrt{100+300}$
  $= \sqrt{400} = 20[\Omega]$

  $\therefore$ 역률 $\cos\theta = \frac{R}{Z} = \frac{10}{20} = \frac{1}{2} = 0.5 = 50[\%]$
- 전류 $I = \frac{V}{Z} = \frac{40}{20} = 2[\text{A}]$

  $\therefore$ 유효전력 $P = I^2R = 2^2 \times 10 = 40[\text{W}]$

13

정답 ③

정답의 이유

주파수를 변화시켜 직렬 공진회로가 될 때 전류가 최대가 되며, $\omega L = \frac{1}{\omega C}$일 때 임피던스($Z=R$)는 최소가 된다.

$\therefore$ 전류의 최댓값 $I_m = \frac{V}{Z} = \frac{V_m}{R} = \frac{100}{20} = 5[\text{A}]$

14

정답 ④

정답의 이유

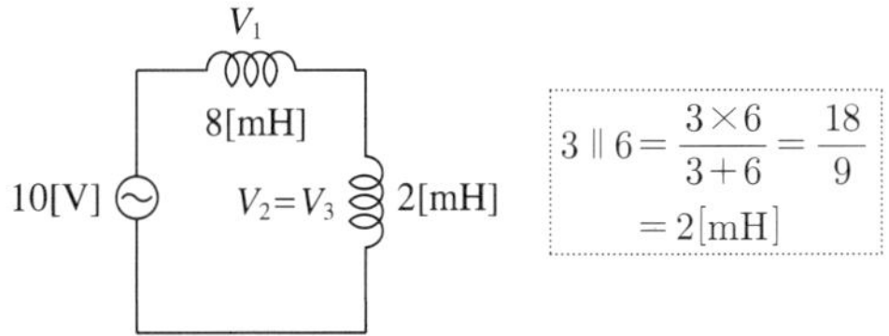

- 합성 인덕턴스 $L_o = 8+2 = 10[\text{mH}]$
- 각 인덕터에 인가되는 전압
  - $V_1 = \frac{8}{8+2} \times 10 = 8[\text{V}]$
  - $V_2 = V_3 = \frac{2}{8+2} \times 10 = 2[\text{V}]$

15

정답 ②

정답의 이유

무한도체에 의한 자기장의 세기

$H = \frac{I}{2\pi r}[\text{AT/m}]$

앙페르의 오른나사 법칙에 의해 P점에서 도체 A에 의한 자계는 들어가는 방향이고, P점에서 도체 B에 의한 자계는 나오는 방향이다. 따라서 합성 자계가 0이 되는 지점 P에서의 두 도체에 의한 자계의 세기는 크기가 같고 방향이 반대이다.

$H_A = \frac{2}{2\pi x}$, $H_B = \frac{3}{2\pi(1-x)}$

$H_A = H_B$이므로

$\frac{2}{2\pi x} = \frac{3}{2\pi(1-x)}$

$\frac{2}{x} = \frac{3}{1-x}$

$3x = 2-2x$

$5x = 2$

$\therefore x = \frac{2}{5} = 0.4[\text{m}]$

16

정답 ①

정답의 이유

각 상에 걸리는 전압과 전류는 같으므로, 다음 회로에서 상전류를 구한다.

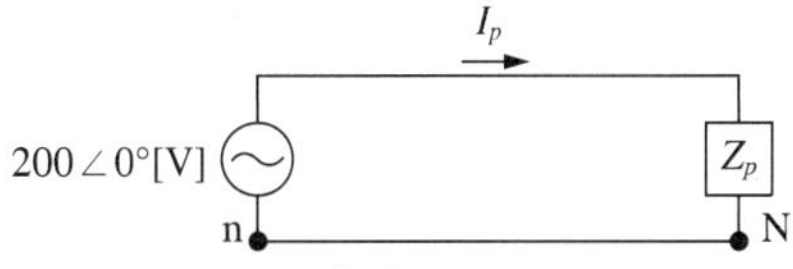

유효전력 $P = V_pI_p\cos\theta = 100[\text{W}]$이므로

$200 \times I_p \times 0.5 = 100$

상전류의 크기 $I_p = 1[\text{A}]$이다.

역률 $\cos\theta = 0.5 = \frac{1}{2}$이므로 $\theta = 60°$이고,

역률이 뒤지(Lagging PF)므로 전류가 전압에 60°만큼 느리다.

따라서 $I_p = 1\angle -60°$이다.

$\therefore$ 부하 임피던스 $Z_p = \frac{V_p}{I_p} = \frac{200\angle 0°}{1\angle -60°} = 200\angle 60°[\Omega]$

17

정답 ③

정답의 이유

자기인덕턴스 $L = \frac{N\phi}{I} = \frac{N}{I} \cdot \frac{NI}{R_m} = \frac{N^2}{\frac{l}{\mu S}} = \frac{\mu SN^2}{l}[\text{H}]$

$L \propto N^2$이므로 인덕턴스가 $4[\text{H}]$에서 $1[\text{H}]$로 $\frac{1}{4}$배 감소되려면, 코일의 감은 횟수는 $2{,}000[\text{T}]$에서 $1{,}000[\text{T}]$로 $\frac{1}{2}$배 줄어야 한다.

18

정답 ④

정답의 이유

P지점에서 두 전하의 전계$\left(E=\dfrac{Q}{4\pi\varepsilon_0 r^2}[\text{V/m}]\right)$가 같으므로

$$\frac{2Q}{4\pi\varepsilon_0(1+d)^2}=\frac{Q}{4\pi\varepsilon_0 d^2}$$

$$\frac{2}{(1+d)^2}=\frac{1}{d^2}$$

$$\left(\frac{1+d}{d}\right)^2=2$$

$$\left(\frac{1+d}{d}\right)=\pm\sqrt{2}$$

$1+d=\sqrt{2}\,d$ ($\because$ 그림상 d는 양수)

$(\sqrt{2}-1)d=1$

$\therefore\ d\simeq\dfrac{1}{0.414}\simeq 2.4$ ($\because\ \sqrt{2}\simeq 1.414$)

[별 해]

근의 공식을 이용하여 d를 구한다.

$ax^2+bx+c=0$(단, $a\neq 0$)일 때, $x=\dfrac{-b\pm\sqrt{b^2-4ac}}{2a}$

$2d^2=(1+d)^2$

$d^2-2d-1=0$

$$\therefore\ d=\frac{-(-2)\pm\sqrt{2^2-4\times(-1)}}{2}=\frac{2\pm\sqrt{4+4}}{2}$$

$$=\frac{2\pm\sqrt{8}}{2}=\frac{2\pm 2\sqrt{2}}{2}=1\pm\sqrt{2}$$

$\simeq 2.4$ ($\because$ 그림상 d는 양수이고, $\sqrt{2}\simeq 1.414$)

19

정답 ④

정답의 이유

그림의 회로를 라플라스 변환하면 다음과 같다.

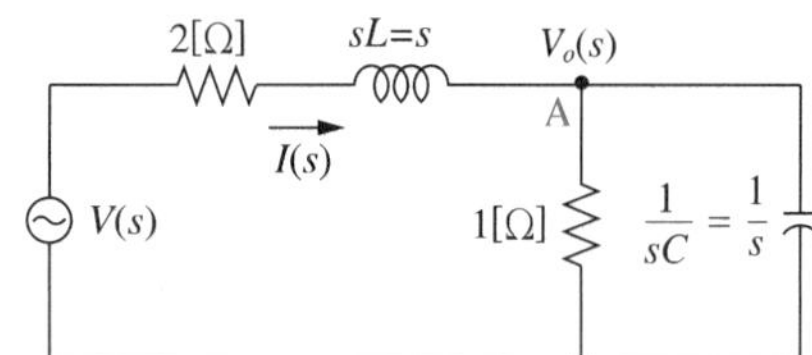

A점에 KCL을 적용하면

$$\frac{V(s)-V_o(s)}{2+s}=\frac{V_o(s)}{1}+\frac{V_o(s)}{\frac{1}{s}}$$

$$=V_o(s)+s\,V_o(s)$$

$$=(1+s)\,V_o(s)$$

$V(s)-V_o(s)=(s+2)(s+1)\,V_o(s)=(s^2+3s+2)\,V_o(s)$

$(s^2+3s+3)\,V_o(s)=V(s)$

$s^2\,V_o(s)+3s\,V_o(s)+3\,V_o(s)=V(s)$

$\therefore$ 라플라스 역변환하면 $\dfrac{d^2v_o(t)}{dt^2}+3\dfrac{dv_o(t)}{dt}+3v_o(t)=v(t)$

20

정답 ①

정답의 이유

• (a)의 커패시턴스 $C_a=\dfrac{Q}{V}=\dfrac{\varepsilon S}{d}[\text{F}]$

• (b)의 커패시턴스

– 위쪽 : $C_1=\dfrac{\varepsilon S}{0.4d}=2.5\dfrac{\varepsilon S}{d}=2.5C_a$

– 아래쪽 : $C_2=\dfrac{\varepsilon S}{0.4d}=2.5\dfrac{\varepsilon S}{d}=2.5C_a$

C_1과 C_2는 직렬로 연결되어 있으므로

합성 커패시턴스 $C_b=2.5C_a \parallel 2.5C_a=\dfrac{2.5}{2}C_a=1.25C_a$

$\therefore$ C_b는 C_a보다 $25[\%]$ 증가한다.

[별 해]

(a) 커패시터의 유전체 폭은 $10[\text{mm}]$이고, (b) 커패시터의 유전체 폭은 삽입된 $2[\text{mm}]$ 도체판에 의해 $8[\text{mm}]$가 되었으므로

$C_a\equiv\dfrac{\varepsilon S}{d}=\dfrac{\varepsilon S}{10}$, $C_b\equiv\dfrac{\varepsilon S}{d}=\dfrac{\varepsilon S}{8}$

$$\frac{C_a}{C_b}=\frac{\frac{\varepsilon S}{10}}{\frac{\varepsilon S}{8}}=\frac{8}{10}$$

$C_b=\dfrac{10}{8}C_a=1.25C_a$

$\therefore$ C_b는 C_a보다 $25[\%]$ 증가한다.

전기이론 | 2021년 지방직 9급

한눈에 훑어보기

전기회로와 회로 소자 01 07 08
3문항, 15%
정현파와 교류회로 05 13 19
3문항, 15%
전력과 3상회로 04 09 16 17 20
5문항, 25%
회로의 해석 10 11 12
3문항, 15%
과도현상과 비정현파 14 15 18
3문항, 15%
정전계와 도체계
0문항, 0%
정자계와 자기현상 02 03 06
3문항, 15%

빠른 정답

01	02	03	04	05	06	07	08	09	10
①	②	③	①	③	②	④	④	④	②
11	**12**	**13**	**14**	**15**	**16**	**17**	**18**	**19**	**20**
④	②	③	②	④	②	①	②	③	④

점수 체크

구분	1회독	2회독	3회독
맞힌 문항수	/20	/20	/20
나의 점수	점	점	점

01 정답 ①

정답의 이유

ㄱ. $R = R_0(1+\alpha\Delta T)[\Omega]$ → 온도 변화에 비례하므로 도체의 온도를 높이면 전기저항이 커진다.

ㄷ. 전기저항 $R = \rho\dfrac{l}{A}[\Omega]$ → 단면적 A에 반비례하므로 도체의 단면적을 작게 하면 전기저항이 커진다.

오답의 이유

ㄴ. 전기저항 $R = \rho\dfrac{l}{A}[\Omega]$ → 길이 l에 비례하므로 도체의 길이를 짧게 하면 전기저항이 작아진다.

ㄹ. 고유저항 $\rho = \dfrac{RA}{l}[\Omega \cdot \text{m}]$, 도전율 $\sigma = \dfrac{1}{\rho} = \dfrac{l}{RA}[\mho/\text{m}]$
→ 고유저항 ρ에 비례하고, 도전율 σ에 반비례하므로 도전율이 큰 금속일수록 전기저항이 작다.

02 정답 ②

정답의 이유

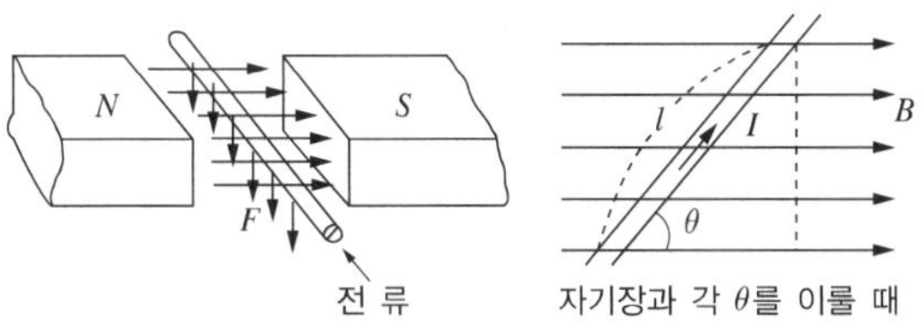

$F = BIl\sin\theta[\text{N}]$
(F : 도체가 받는 힘, B : 자속밀도, l : 도선의 길이, I : 전류, θ : 도선과 자기장의 각도)
② 자기장의 세기(B)에 비례한다.

오답의 이유

① 도선의 길이(l)에 비례한다.
③ 도선에 흐르는 전류의 크기(I)에 비례한다.
④ 자기장의 방향과 도선의 방향이 평행할수록 작은 힘이 발생한다 ($\sin\theta \rightarrow \sin 0° = 0$).

03 정답 ③

정답의 이유

환상 솔레노이드 내부의 자계 세기

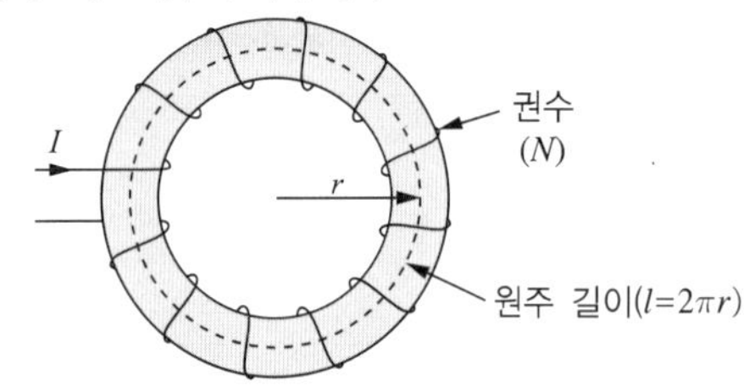

$\therefore\ H=\dfrac{NI}{l}=\dfrac{NI}{2\pi r}=\dfrac{200\times 1}{0.5}=400[\mathrm{AT/m}]$

04 정답 ①

정답의 이유

임피던스를 Y결선으로 변환하면

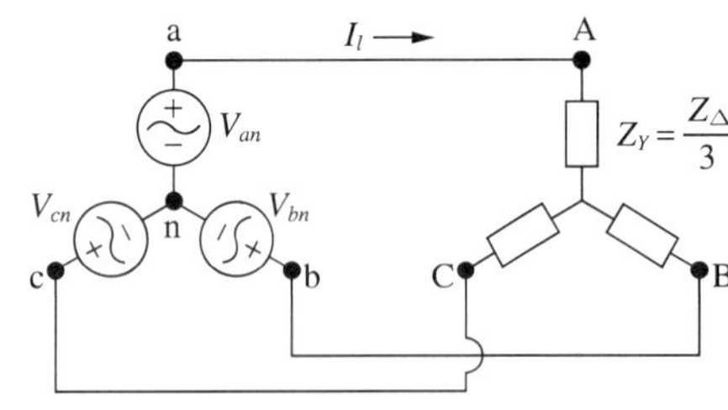

- $Z_Y=\dfrac{Z_\triangle}{3}=\dfrac{40+j30}{3}[\Omega]$
- $|Z_Y|=\dfrac{\sqrt{40^2+30^2}}{3}=\dfrac{50}{3}[\Omega]$

$\therefore$ 선전류 $I_l=\dfrac{V}{|Z_Y|}=\dfrac{\frac{200}{\sqrt{3}}}{\frac{50}{3}}=\dfrac{12}{\sqrt{3}}=4\sqrt{3}[\mathrm{A}]$

05 정답 ③

정답의 이유

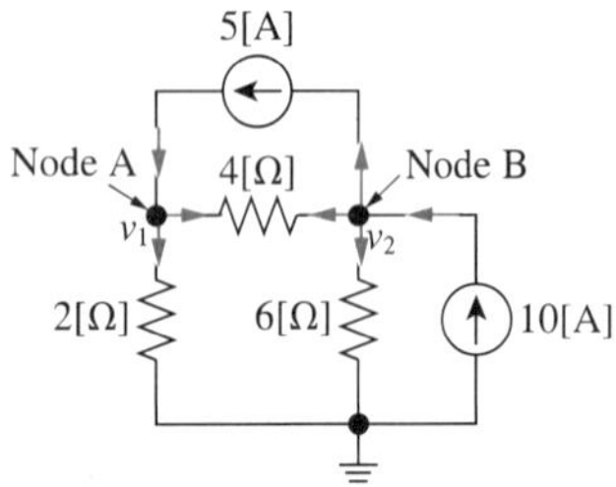

- Node A에 KCL을 적용하면

$5=\dfrac{v_1}{2}+\dfrac{v_1-v_2}{4}$

$2v_1+v_1-v_2=20$

$3v_1-v_2=20$ ………… ㉠

- Node B에 KCL을 적용하면

$10=\dfrac{v_2}{6}+\dfrac{v_2-v_1}{4}+5$

$3(v_1-v_2)-2v_2=-60$

$3v_1-5v_2=-60$ ………… ㉡

㉠식에서 ㉡식을 빼면

$4v_2=80$

$\therefore\ v_2=20[\mathrm{V}]$

06 정답 ②

정답의 이유

자기저항

$R_m=\dfrac{l}{\mu A}=\dfrac{l}{\mu_0\mu SA}[\mathrm{AT/Wb}]$

- 철심부분 자기저항 : $R_c=\dfrac{l_c}{\mu S}$
- 공극부분 자기저항 : $R_g=\dfrac{l_g}{\mu_0 S}$, (공기의 비투자율 $\mu S=1$)
- 철심회로의 합성 자기저항 : $R_m=R_c+R_g=\dfrac{l_c}{\mu S}+\dfrac{l_g}{\mu_0 S}$

$\therefore\ \dfrac{R_m}{R_c}=\dfrac{R_c+R_g}{R_c}=1+\dfrac{R_g}{R_c}=1+\dfrac{\frac{l_g}{\mu_0 S}}{\frac{l_c}{\mu S}}=1+\dfrac{\mu l_g}{\mu_0 l_c}$

07 정답 ④

오답의 이유

④ 커패시터는 정류회로에서 평활작용을 하므로 C와 같은 용량의 콘덴서를 병렬로 추가 연결하면 전기용량이 증가하여 더 좋은 직류를 얻을 수 있다. 또한 인덕터 L을 직렬로 연결하면 더 좋은 직류를 얻을 수 있다.

정답의 이유

① 전력변환장치(교류 → 직류)에는 일반적으로 커패시터에 의해 서지 전류가 발생한다.

② 회로는 다이오드 4개를 사용한 전파 정류회로이다.

③ 커패시터에 충전되는 에너지

$W=\dfrac{1}{2}CV^2=\dfrac{1}{2}\times 1,000\times 10^{-3}\times 5^2=12.5[\mathrm{mJ}]$

08 정답 ④

오답의 이유

$i(t) = \frac{dQ}{dt} = C\frac{d}{dt}v(t)[\text{A}]$

$v(t) = \frac{1}{C}\int i(t)dt[\text{V}] = \frac{1}{2\times10^{-6}}\int_0^2 10\times10^{-3}dt$

$= \frac{10^6}{2}\times20\times10^{-3} = 10\times10^3 = 10[\text{kV}]$

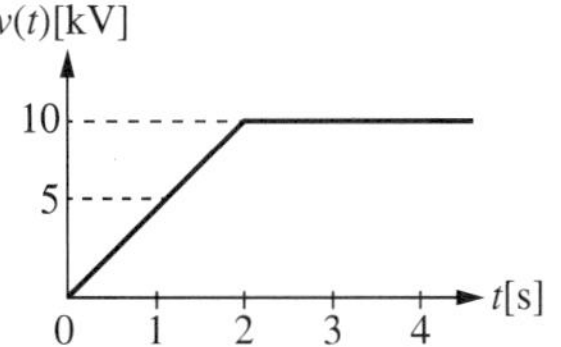

④ $t=2$에서 $v(2)=10[\text{kV}]$이므로 커패시터에 저장된 에너지는
$W=\frac{1}{2}CV^2 = \frac{1}{2}\times2\times10^{-6}\times10{,}000^2 = 10^{-6}\times100\times10^6$
$=100[\text{J}]$로, $t=1$에서 저장된 에너지의 4배이다(전압의 제곱에 비례한다).

정답의 이유

① $t=1$에서 $v(1)=5[\text{kV}]$이므로 커패시터에 저장된 에너지는
$W=\frac{1}{2}CV^2 = \frac{1}{2}\times2\times10^{-6}\times5{,}000^2 = 10^{-6}\times25\times10^6 = 25[\text{J}]$
이다.

② $0<t<2$ 구간까지 일정한 전류가 흘러 커패시터의 전하가 충전되었으므로, 전류가 흐르지 않는 $t>2$ 구간에서 커패시터의 전압은 $10[\text{kV}]$로 일정하게 유지된다.

③ $0<t<2$ 구간에서 $i(t)$값이 일정하므로, 커패시터의 전압은 일정하게 증가한다.

09 정답 ④

정답의 이유

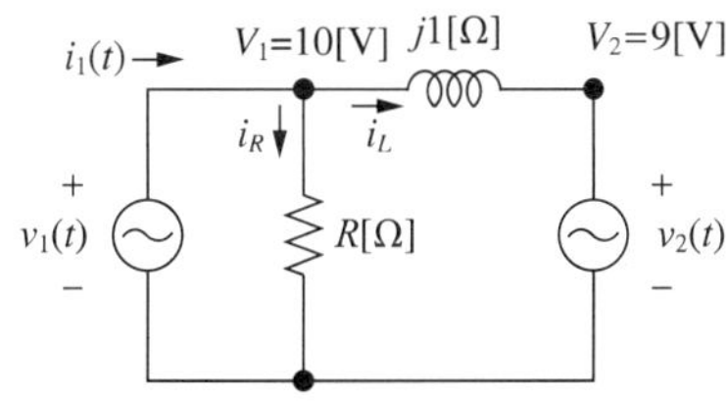

- $v_1(t)$의 실횻값 $V_1=10[\text{V}]$, $v_2(t)$의 실횻값 $V_2=9[\text{V}]$
- 저항 R에서 소비하는 유효전력

$P=\frac{V_{rms}^2}{R}=\frac{10^2}{R}=10[\text{W}],\ R=10[\Omega]$

- 저항 $R[\Omega]$에 흐르는 전류 $i_R=\frac{10}{10}=1[\text{A}]$
- 인덕터 $j1[\Omega]$에 흐르는 전류 $i_L=\frac{V_1-V_2}{j1}=\frac{10-9}{j}=-j[\text{A}]$
- $v_1(t)$에 흐르는 전류 $i_1(t)=i_R+i_L=1-j[\text{A}]$,
  실횻값 $I_1=\sqrt{1^2+1^2}=\sqrt{2}[\text{A}]$

∴ $v_1(t)$이 공급한 피상전력
$P_a=V_1\cdot I_1=10\sqrt{2}[\text{VA}]$

10 정답 ②

정답의 이유

- 테브난 임피던스(Z_{TH})를 구하기 위해 다음과 같이 등가회로를 구성한다.

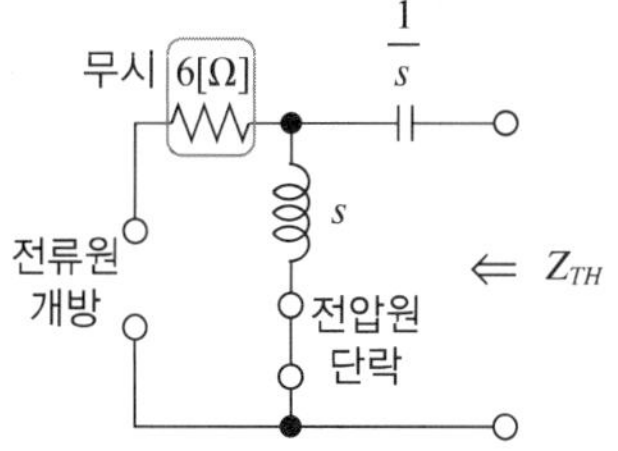

- 저항 $6[\Omega]$은 폐회로가 구성되지 않았으므로 무시한다.
- 인덕터 $1[\text{H}]$를 라플라스 변환하면 $sL=s$이다.
- 커패시터 $1[\text{F}]$를 라플라스 변환하면 $\frac{1}{sC}=\frac{1}{s}$이다.

∴ 테브난 임피던스 $Z_{TH}=\frac{1}{s}+s=\frac{1+s^2}{s}$

- 테브난 전압(V_{OC})를 구하기 위해 다음과 같이 등가회로를 구성한다.

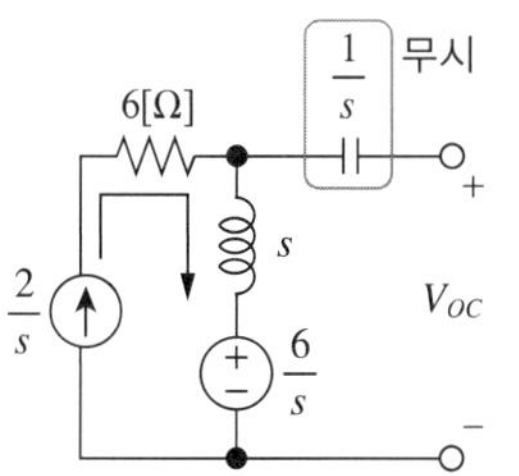

- 커패시터 $\frac{1}{s}$은 폐회로가 구성되지 않았으므로 무시한다.
- 단위 계단함수 $u(t)$의 라플라스 변환은 $\frac{1}{s}$이므로 전원류 $I=\frac{2}{s}$이다.
- 인덕터 s에 걸리는 전압 $V_L=I\cdot Z=\frac{2}{s}\times s=2$이다.
- 전압원의 라플라스 변환은 $\frac{6}{s}$이다.

∴ 테브난 전압 $V_{OC}(s)=2+\frac{6}{s}=\frac{2s+6}{s}$

- 저항 $2[\Omega]$에 걸리는 $V(s)$는 전압 분배에 의하여

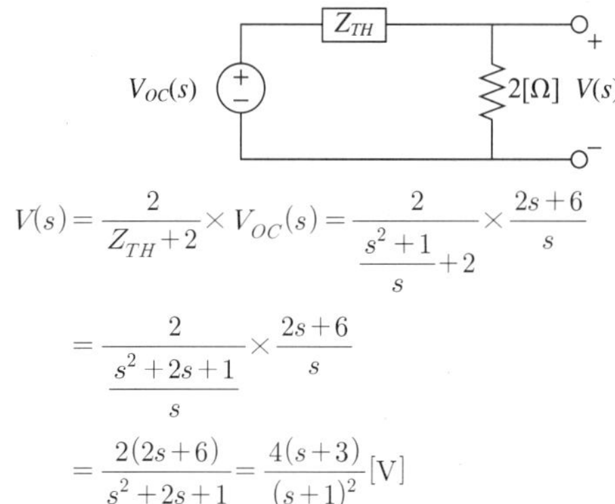

$$V(s)=\frac{2}{Z_{TH}+2}\times V_{OC}(s)=\frac{2}{\frac{s^2+1}{s}+2}\times\frac{2s+6}{s}$$

$$=\frac{2}{\frac{s^2+2s+1}{s}}\times\frac{2s+6}{s}$$

$$=\frac{2(2s+6)}{s^2+2s+1}=\frac{4(s+3)}{(s+1)^2}[\text{V}]$$

11 정답 ④

정답의 이유

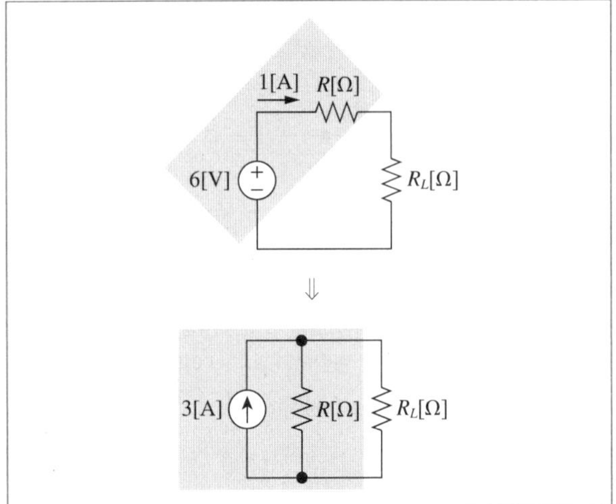

테브난 회로를 노턴 회로로 등가변환한다.

$R=\frac{V}{I}=\frac{6}{3}=2[\Omega]$

(가)에서 전류는 $1[A]$, 합성 저항은 $R+R_L$이다.

$V=I(R+R_L)$

$6=1\times(2+R_L)$

$6=2+R_L$

$\therefore\ R_L=4[\Omega]$

12 정답 ②

정답의 이유

테브난 회로를 노턴 회로로 등가변환한다.

$I_1=\frac{V}{R}=\frac{10}{3}[A],\ I_2=\frac{10}{2}[A]$

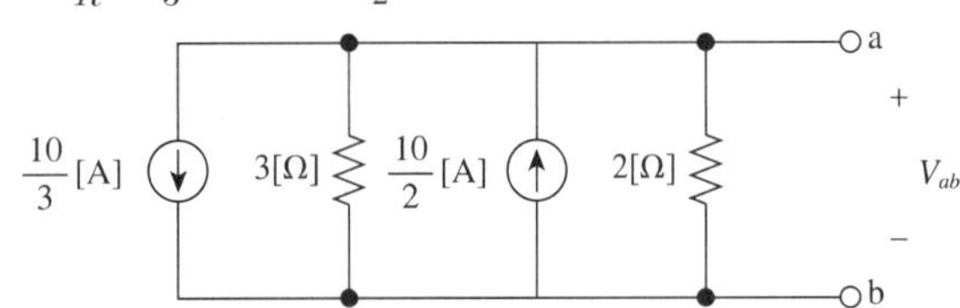

• 합성 전류 $I=\frac{10}{2}-\frac{10}{3}=\frac{30-20}{6}=\frac{10}{6}[A]$

• 합성 저항 $R=3\parallel 2=\frac{2\times 3}{2+3}=\frac{6}{5}[\Omega]$

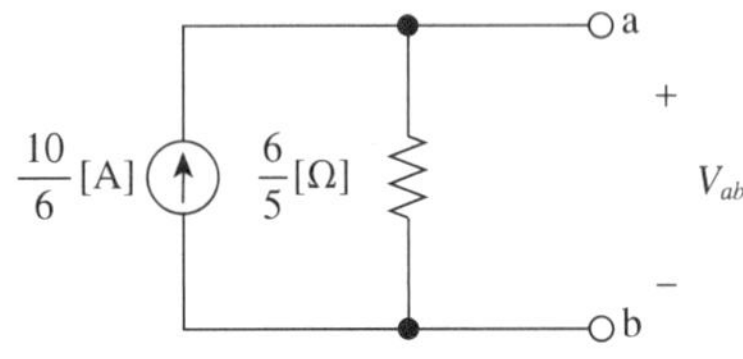

∴ 전압 $V_{ab}=IR=\frac{10}{6}\times\frac{6}{5}=2[V]$

[별 해]

밀만의 정리를 이용하면

$$V_{ab}=\frac{-\frac{10}{3}+\frac{10}{2}}{\frac{1}{3}+\frac{1}{2}}=\frac{\frac{-20+30}{6}}{\frac{2+3}{6}}=\frac{10}{5}=2[V]$$

13 정답 ③

정답의 이유

RL 직렬회로

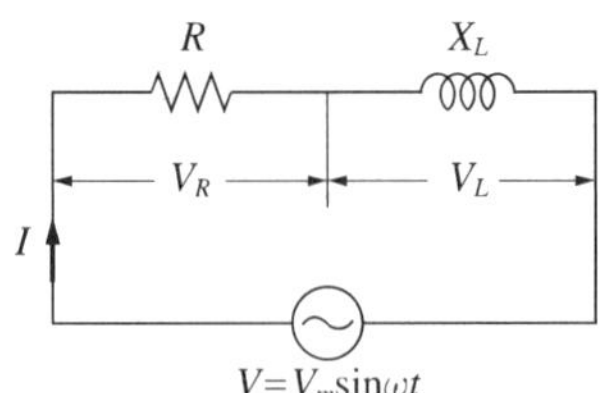

• 임피던스 $Z=R+jX_L[\Omega]=R+j\omega L[\Omega]\ (\omega=2\pi f)$

• 전류 $I=\frac{V}{|Z|}[A]$

• 전압 $V=V_R+V_L=Z\cdot I=(R+jX_L)I[V]$

③ 주파수(ω)가 증가하면 임피던스(Z)의 크기가 커지므로 전류(I)는 감소하고, 인덕터에 걸리는 전압($V_L=I\cdot(j\omega L)$)은 증가한다.

오답의 이유

① 주파수가 증가하면 임피던스의 크기가 커지므로 전류는 감소하고, 저항에 걸리는 전압($V_R=I\cdot R$)은 감소한다.

② 주파수가 감소하면 임피던스의 크기가 작아지므로 전류는 증가하고, 저항에 걸리는 전압($V_R=I\cdot R$)은 증가한다.

④ 주파수가 감소하면 임피던스의 크기가 작아지므로 전류는 증가하고, 인덕터에 걸리는 전압($V_L=I\cdot(j\omega L)$)은 ωL이 작아지기 때문에 감소한다.

14 정답 ②

오답의 이유

- 초깃값 : $i(0) = \frac{10}{100} = 0.1[A]$ ($t=0$일 때 C는 단락)
- 최종값 : $i(\infty) = 0[A]$ (정상상태 $t=\infty$에서 C는 개방)
- 정상상태의 전류 : $i(t)$ = 최종값 + (초깃값 − 최종값)$e^{-\frac{t}{\tau}}$

② $i(t) = 0 + (0.1-0)e^{-\frac{t}{1}} = 0.1 \cdot e^{-t}[A]$

정답의 이유

- $t<0$일 때 커패시터 $10[mF]$은 개방상태이므로, 회로는 다음과 같다.

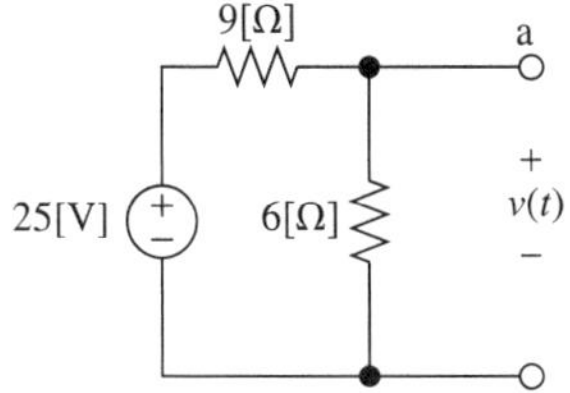

① $v(0) = \frac{6}{6+9} \times 25 = 10[V]$

- $t>0$일 때 등가회로

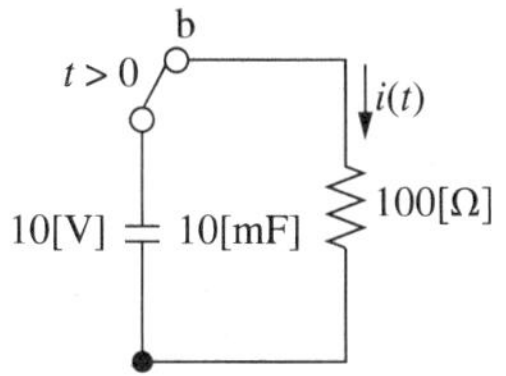

③ $\tau = RC = 100 \times 10 \times 10^{-3} = 1[s]$
④ 시정수 τ는 커패시터 C에 비례한다.

15 정답 ④

정답의 이유

구형파의 실횻값은 파형의 최댓값(V_m)이므로, $10[V]$이다.

$$\text{실횻값 } V = \sqrt{\frac{1}{T}\int_0^T v^2(t)\,dt}$$
$$= \sqrt{\text{1주기 동안 } v^2 \text{의 평균}}$$
$$= \sqrt{\frac{1}{3}\left(\int_0^1 10^2 dt + \int_1^3 (-10^2) dt\right)}$$
$$= \sqrt{\frac{1}{3}(100+200)} = 10[V]$$

16 정답 ②

정답의 이유

RLC 직렬 공진회로와 병렬 공진회로

RLC 직렬 공진회로	RLC 병렬 공진회로
• 임피던스 $Z = R + j\left(\omega L - \frac{1}{\omega C}\right)[\Omega]$에서 $\omega L - \frac{1}{\omega C} = 0,\ \omega L = \frac{1}{\omega C}$ ∴ 허수부가 0이므로 $Z=R$만의 회로(Z는 최소) • 전류 $I = \frac{V}{Z}[A]$ (Z=최소이므로 I=최대) • 역률 $\cos\theta = 1(V_L = V_C)$	• 어드미턴스 $Y = \frac{1}{R} + j\left(\omega C - \frac{1}{\omega L}\right)[℧]$에서 $\omega C - \frac{1}{\omega L} = 0,\ \omega C = \frac{1}{\omega L}$ ∴ 허수부가 0이므로 $Y = \frac{1}{R}$만의 회로(Y는 최소) • 전류 $I = YV[A]$ (Y=최소이므로 I=최소) • 역률 $\cos\theta = 1(I_L = I_C)$
선택도 $Q = \frac{1}{R}\sqrt{\frac{L}{C}}$	선택도 $Q = R\sqrt{\frac{C}{L}}$

17 정답 ①

정답의 이유

- $v(t) = 100\sqrt{2}\sin 100t[V]$에서 $\omega = 100$이다.
- 회로의 리액턴스

$$j(X_L - X_C) = j\left(\omega L - \frac{1}{\omega C}\right)$$
$$= j\left(100 \times 50 \times 10^{-3} - \frac{1}{100 \times 1{,}000 \times 10^{-6}}\right)$$
$$= j(5-10) = -j5$$

전류 $I[A]$의 크기가 최대가 되려면 직렬 공진이 일어나야 한다(리액턴스 = 0).

합성 리액턴스 $X = -j5 + jX_o = 0$

$X_o = 5$ (X_o : 양수이므로 인덕터)

$X_o = 5 = \omega L = 100 \times L$

∴ $L = 0.05 = 50[mH]$

18

정답 ②

정답의 이유

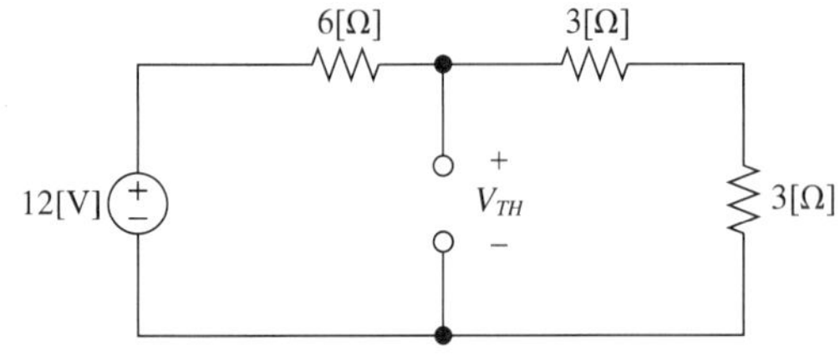

$V_{TH}=\dfrac{3+3}{6+(3+3)}\times 12=6[\text{V}]$

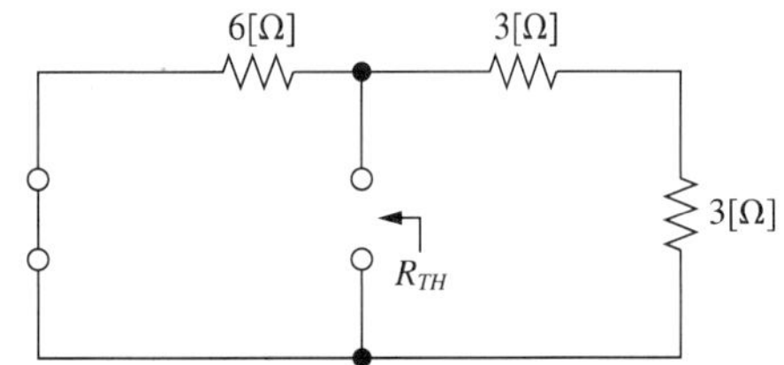

$R_{TH}=6\parallel(3+3)=\dfrac{6}{2}=3[\Omega]$

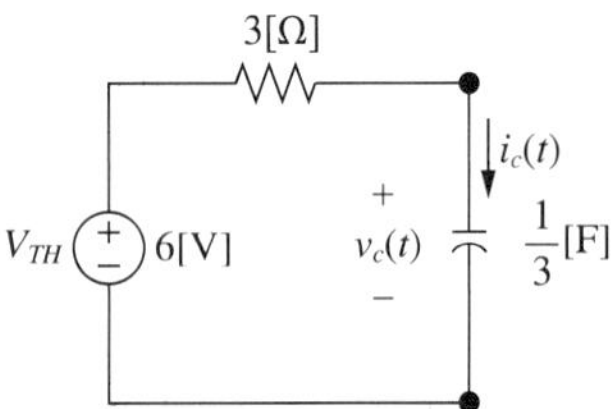

- $i(0)=\dfrac{6}{3}=2[\text{A}],\ i(\infty)=0[\text{A}]$
- $\tau=R_{TH}C=3\times\dfrac{1}{3}=1[\text{s}]$

$\therefore\ i(t)=$ 최종값 + (초깃값 − 최종값)$e^{-\frac{1}{\tau}t}$

$=0+(2-0)e^{-\frac{t}{1}}=2\cdot e^{-t}[\text{A}]$

19

정답 ③

오답의 이유

③ 출력전압의 실횻값 $V=\dfrac{V_m}{\sqrt{2}}=\dfrac{100\pi}{\sqrt{2}}=50\pi\sqrt{2}[\text{V}]$

정답의 이유

① 입력전압의 주파수 $f=\dfrac{1}{T}=\dfrac{1}{0.25}=4[\text{Hz}]$

② 출력전압(전파)의 평균값 $V_{av}=\dfrac{2}{\pi}V_m=200[\text{V}]$

$\therefore$ 출력전압의 최댓값(A) $V_m=200\times\dfrac{\pi}{2}=100\pi[\text{V}]$

④ 입력전압 $v(t)=A\sin\left(\omega t-\dfrac{\pi}{6}\right)=A\sin(\omega t-30°)[\text{V}]$

($\dfrac{\pi}{6}[\text{rad}]=30°$만큼 지연)

20

정답 ④

정답의 이유

노드 N에 KCL을 적용하면 $I_{nN}+I_{aA}+I_{bB}+I_{cC}=0$이다.

- $1[\Omega]$에 흐르는 전류 $I_{aA}=\dfrac{V_{an}}{1[\Omega]}=\dfrac{100\angle 0°}{1}=100\angle 0°[\text{A}]$
- $1[\text{F}]$의 리액턴스 $X_C=\dfrac{1}{j\omega L}=\dfrac{1}{j\times 1\times 1}=-j=1\angle -90°[\Omega]$
- $1[\text{F}]$에 흐르는 전류

$I_{bB}=\dfrac{V_{bn}}{X_C}=\dfrac{100\angle -120°}{1\angle -90°}$

$=100\angle -30°[\text{A}]$

$=100(\cos-30°+j\sin-30°)=100\left(\dfrac{\sqrt{3}}{2}-j\dfrac{1}{2}\right)$

$=50\sqrt{3}-j50[\text{A}]$

- $1[\text{H}]$의 리액턴스 $X_L=j\omega L=j\times 1\times 1=j=1\angle 90°[\Omega]$
- $1[\text{H}]$에 흐르는 전류

$I_{cC}=\dfrac{V_{cn}}{X_L}=\dfrac{100\angle -240°}{1\angle 90°}$

$=100\angle -330°=100\angle 30°[\text{A}]$

$=100(\cos 30°+j\sin 30°)=100\left(\dfrac{\sqrt{3}}{2}+j\dfrac{1}{2}\right)$

$=50\sqrt{3}+j50[\text{A}]$

$\therefore\ I_{nN}=-(I_{aA}+I_{bB}+I_{cC})$

$=-(100\angle 0°+100\angle -30°+100\angle 30°)$

$=-(100+50\sqrt{3}-j50+50\sqrt{3}+j50)$

$=-(100+100\sqrt{3})[\text{A}]$

I_{nN}의 크기는 $100+100\sqrt{3}[\text{A}]$이다.

※ $I_{nN}=100\angle 0°+100\angle -30°+100\angle 30°$을 벡터로 표현하면 다음과 같다.

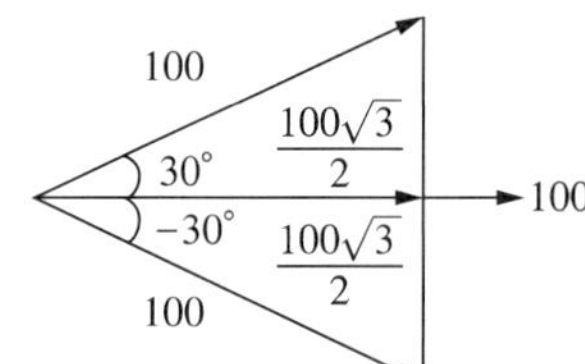

$\therefore\ I_{nN}=100+\dfrac{100\sqrt{3}}{2}+\dfrac{100\sqrt{3}}{2}=100+100\sqrt{3}[\text{A}]$

전기이론 | 2020년 지방직 9급

한눈에 훑어보기

영역 분석

전기회로와 회로 소자 19
1문항, 5%
정현파와 교류회로 04 12 15
3문항, 15%
전력과 3상회로 03 06 09 11 16 20
6문항, 30%
회로의 해석 02 07 08
3문항, 15%
과도현상과 비정현파 05 10 17
3문항, 15%
정전계와 도체계 18
1문항, 5%
정자계와 자기현상 01 13 14
3문항, 15%

빠른 정답

01	02	03	04	05	06	07	08	09	10
④	③	④	②	①	④	②	①	④	①
11	**12**	**13**	**14**	**15**	**16**	**17**	**18**	**19**	**20**
③	①	②	④	③	①	③	②	①	③

점수 체크

구분	1회독	2회독	3회독
맞힌 문항수	/20	/20	/20
나의 점수	점	점	점

01 정답 ④

정답의 이유

히스테리시스 곡선(자기이력 곡선)은 자기력 H의 변화에 지연되는 자속밀도 B를 나타낸 그래프로서 X축은 자기장(자계)의 세기(H), Y축은 자속밀도(B)를 나타낸다.

$B=\mu H$

02 정답 ③

정답의 이유

키르히호프의 전류법칙(KCL) : $\Sigma I=0$(들어오고 나가는 전류의 대수합은 0이다)

$1[A]+2[A]+I_1[A]=0$(위쪽 Node를 기준으로 모두 들어가는 방향으로 표시되어 있음)

$3+I_1=0$

$I_1=-3[A]$

03 정답 ④

정답의 이유

RLC 직렬회로의 임피던스 $Z=R+j\left(\omega L-\dfrac{1}{\omega C}\right)[\Omega]$에서

허수부가 0일 때 공진한다.

$\omega L-\dfrac{1}{\omega C}=0,\ \omega L=\dfrac{1}{\omega C},\ \omega^2LC=1,\ \omega^2=\dfrac{1}{LC},$

$\omega=\dfrac{1}{\sqrt{LC}}\quad(\omega=2\pi f)$

공진주파수 $f=\dfrac{1}{2\pi\sqrt{LC}}[\text{Hz}]$

04

정답 ②

정답의 이유

위상은 0을 기준으로 시작하는 점이 앞쪽에 있는 Ch1의 파형이 앞선다.
두 파형의 1주기의 간격이 같으므로 주기와 주파수가 같다.
진폭은 (+)최댓값과 (−)최솟값의 폭으로 Ch1이 크다.

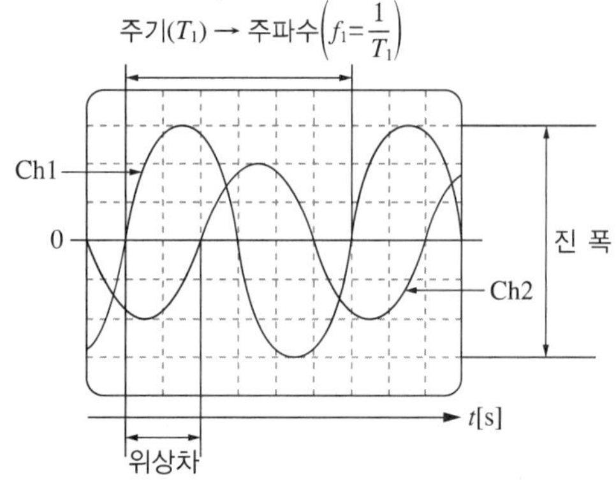

05

정답 ①

정답의 이유

테브난 등가저항 : 전압원(단락), 전류원(개방)

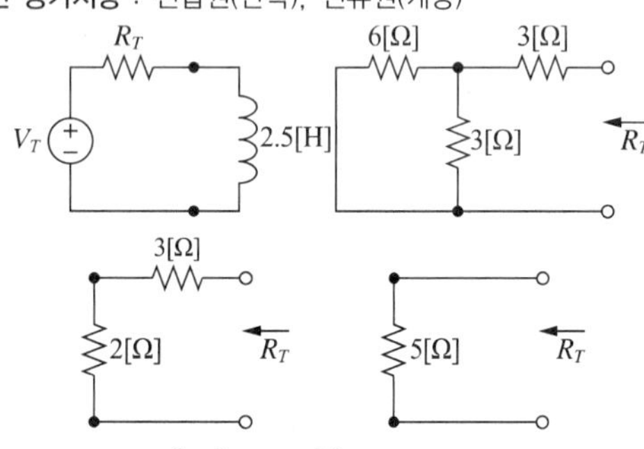

$R_T=(6\parallel 3)+3=\frac{6\times 3}{6+3}+3=\frac{18}{9}+3=2+3=5[\Omega]$

시정수 $\tau=\frac{L}{R_T}=\frac{2.5}{5}=\frac{1}{2}[\text{s}]$

06

정답 ④

정답의 이유

- 역률 개선 전
  - 역률 $\cos\theta=0.8$
  - 유효전력 $P=P_a\cos\theta=20\times 0.8=16[\text{kW}]$
  - 피상전력 $P_a=20=VI=200\cdot I[\text{kVA}]$
  - 전류의 실횻값 $I=\frac{20,000}{200}=100[\text{A}]$
- 역률 개선 후
  - 역률 $\cos\theta'=1$
  - 유효전력 $P'=P=16=P_a'\cos\theta'=P_a'[\text{kW}]$(역률 개선 후에도 유효전력은 변하지 않음)
  - 피상전력 = 유효전력(무효전력 = 0)

    $P_a'=16=VI'=200\cdot I'[\text{kVA}]$(병렬로 C를 연결하였으므로 V는 동일)

    $I'=\frac{16,000}{200}=80[\text{A}]=\frac{4}{5}\times 100=\frac{4}{5}\cdot I$(역률 개선 후 개선 전 I의 $\frac{4}{5}$로 감소)

07

정답 ②

정답의 이유

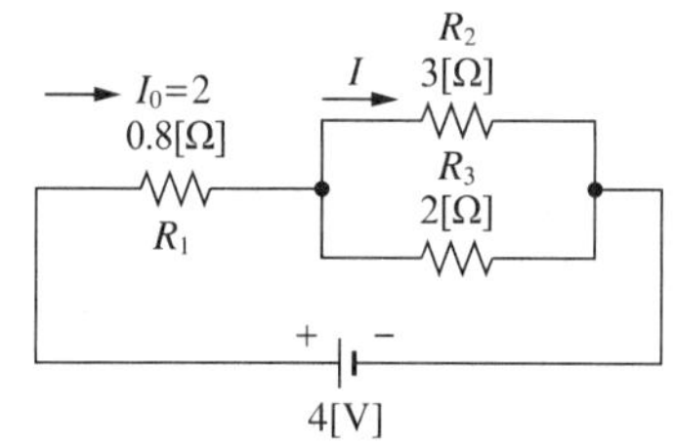

합성 저항

$R_0=R_1+\frac{R_2\times R_3}{R_2+R_3}=0.8+\frac{3\times 2}{3+2}=0.8+1.2=2[\Omega]$

0.8[Ω] 저항에 흐르는 전체 전류 $I_0=\frac{V}{R_0}=\frac{4}{2}=2[\text{A}]$

전류 배분에 의해

$I=\frac{2}{3+2}\times 2=\frac{4}{5}=0.8[\text{A}]$

08

정답 ①

정답의 이유

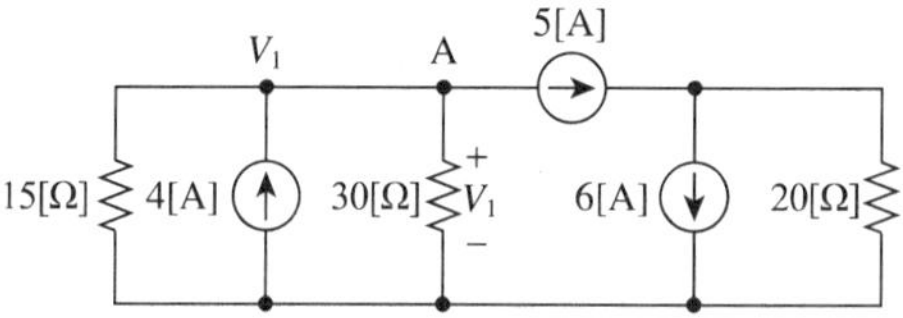

A점(전압 : V_1)에서 KCL을 적용하면

$\frac{V_1}{15}-4+\frac{V_1}{30}+5=0$(양변에 30을 곱하면)

$2V_1-120+V_1+150=0$

$3V_1=-30$

$V_1=-10[\text{A}]$

09

정답 ④

정답의 이유

$v = 200\sqrt{2}\sin(120\pi t)[V]$, $\dot{V} = 200\angle 0°$

$i = 10\sqrt{2}\sin\left(120\pi t - \frac{\pi}{3}\right)[A]$, $\dot{I} = 10\angle -\frac{\pi}{3} = 10\angle -60°$

$\dot{Z} = \frac{\dot{V}}{\dot{I}} = \frac{200\angle 0°}{10\angle -60°} = 20\angle 60°[\Omega]$

전압과 전류의 위상차 $\theta = 0 - \left(\frac{\pi}{3}\right) = \frac{\pi}{3} = 60°$

역률 $\cos\theta = \cos 60° = \frac{1}{2} = \frac{1}{2}\times 100 = 50[\%]$

소비전력 $P = VI\cos\theta = 200\cdot 10\cos 60° = 2{,}000\cdot\frac{1}{2}[W]$

$= 1{,}000 = 1[kW]$

10

정답 ①

정답의 이유

정상상태 등가회로 : L은 단락, C는 개방

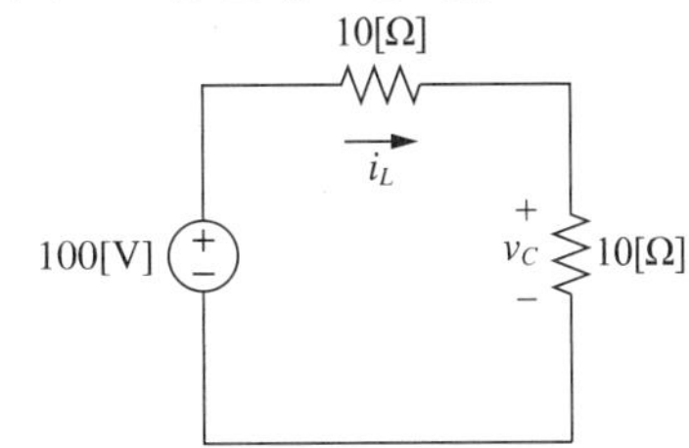

$i_L = \frac{100}{10+10} = 5[A]$

$v_C = \frac{10}{10+10}\times 100 = 50[V]$ 또는 $v_C = 5[A]\times 10[\Omega] = 50[V]$

$t=0$일 때

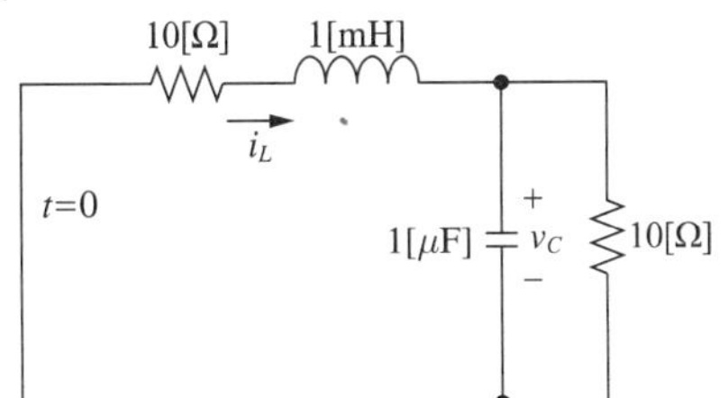

인덕터에 저장되는 에너지

$W_L = \frac{1}{2}LI^2 = \frac{1}{2}\times 1\times 10^{-3}\times 5^2 = \frac{1}{2}\times 25\times 10^{-3}$

$= 12.5\times 10^{-3} = 12.5[mJ]$

커패시터에 저장되는 에너지

$W_C = \frac{1}{2}CV^2 = \frac{1}{2}\times 1\times 10^{-6}\times 50^2 = \frac{1}{2}\times 2{,}500\times 10^{-6}$

$= 1.25\times 10^{-3} = 1.25[mJ]$

11

정답 ③

정답의 이유

역률 $80[\%] \rightarrow \cos\theta = 0.8$

$\sin\theta = 0.6$

무효전력 $P_r = \sqrt{3}\,V_l I_l \sin\theta[Var]$

$3{,}000 = \sqrt{3}\cdot 200\cdot I_l\cdot 0.6$

선전류 $I_l = \frac{3{,}000}{\sqrt{3}\cdot 200\cdot 0.6} = \frac{25}{\sqrt{3}}[A]$

12

정답 ①

정답의 이유

비정현파의 전압 $v = 3 + 4\sqrt{2}\sin\omega t[V]$일 때

① 실횻값 : $V = \sqrt{직류분^2 + 기본파^2 + 고조파^2}$

$= \sqrt{3^2 + 4^2} = 5[V]$

오답의 이유

② 직류 성분 : $V_0 = 3[V]$

③ 기본파의 최댓값 : $V_{m1} = 4\sqrt{2}[V]$

④ 기본파의 실횻값 : $V_1 = 4[V]$

13

정답 ②

정답의 이유

시간의 변화 : $dt = 0.2[s]$

전류의 변화 : $di = 4 - 2 = 2[A]$

유도기전력 $e = L\frac{di}{dt}$, $4 = L\frac{2}{0.2}$

∴ 코일의 인덕턴스 $L = 4\cdot 0.1 = 0.4[H]$

14

정답 ④

정답의 이유

- 렌츠의 법칙(Lenz's Law) – 기전력의 방향
  : 유도기전력의 방향은 코일 면을 통과하는 자속의 변화를 방해하는 방향으로 나타난다.
- 패러데이의 법칙(Faraday's Law) – 기전력의 크기
  : 유도되는 기전력의 크기는 쇄교하는 자속에 비례한다.

오답의 이유

- 플레밍(Fleming)의 오른손 법칙
  : 자계 내에 놓인 도선이 운동하면서 자속을 끊어 기전력을 발생시키는 원리
  $e = Blv\sin\theta[V]$
- 플레밍(Fleming)의 왼손 법칙
  : 자계 내에 놓인 도선에 전류가 흐를 때 도선이 받는 힘의 원리
  $F = BlI\sin\theta[N]$

15

정답 ③

정답의 이유

• 반파 정류 회로

구 분	파 형	실횻값	평균값	파고율	파형률
반파 (정류)		$\frac{V_m}{2}$	$\frac{V_m}{\pi}$	2	$\frac{\pi}{2}$

• 다이오드의 특징 : 전류를 한쪽으로는 흐르게 하고 반대쪽으로는 흐르지 않게 하는 정류작용을 하는 전자 부품(—▶|—).
즉, (+)방향의 전류는 흐르고 (−)방향의 전류는 흐르지 않는다.

• 저항에 걸리는 평균 전압

$$V_a = \frac{V_m}{\pi} = \frac{200\sqrt{2}}{\pi}[\mathrm{V}]$$

∴ 저항에 흐르는 평균 전류

$$I_a = \frac{V_a}{R} = \frac{\frac{200\sqrt{2}}{\pi}}{100} = \frac{2\sqrt{2}}{\pi}[\mathrm{A}]$$

16

정답 ①

정답의 이유

$$\dot{V} = \dot{V_a} + \dot{V_b} + \dot{V_c} = V\angle 0° + V\angle -120° + V\angle -240°$$
$$= V[\cos 0° + j\sin 0°] + V[\cos(-120°) + j\sin(-120°)] + V[\cos(-240°) + j\sin(-240°)]$$
$$= V(1 - j0) + V\left(-\frac{1}{2} - j\frac{\sqrt{3}}{2}\right) + V\left(-\frac{1}{2} + j\frac{\sqrt{3}}{2}\right)$$
$$= V - \frac{1}{2}V - \frac{1}{2}V = 0$$

[별 해]

평형 3상 전압

$\dot{V_a} + \dot{V_b} + \dot{V_c} = 0[\mathrm{V}]$

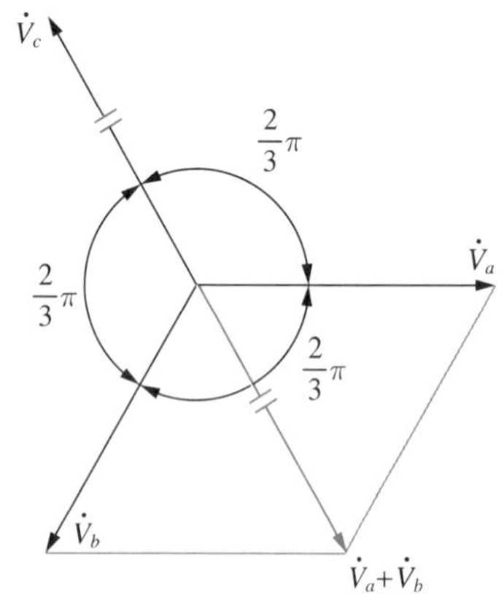

17

정답 ③

오답의 이유

③ ㉢ 구간의 전류의 변화량 $di = -1$,
시간의 변화량 $dt = 0.6 - 0.5 = 0.1$

유도기전력 $V_L = L\frac{di}{dt} = 1 \times \frac{-1}{0.1} = -10[\mathrm{V}]$

정답의 이유

① ㉠ 구간의 전류의 변화량 $di = 1$, 시간의 변화량 $dt = 0.2$

유도기전력 $V_L = L\frac{di}{dt} = 1 \times \frac{1}{0.2} = 5[\mathrm{V}]$

② ㉡ 구간의 전류의 변화량 $di = 0$,
시간의 변화량 $dt = 0.5 - 0.2 = 0.3$

유도기전력 $V_L = L\frac{di}{dt} = 1 \times \frac{0}{0.3} = 0[\mathrm{V}]$

④ ㉡ 구간의 코일에 저장된 에너지

$W = \frac{1}{2}LI^2 = \frac{1}{2} \times 1 \times 1^2 = 0.5[\mathrm{J}]$

18

정답 ②

정답의 이유

• 유전체 절반이 제거되기 전

$\varepsilon_r = 5$

$C = \frac{\varepsilon S}{d} = \frac{\varepsilon_0 \varepsilon_r S}{d} = 10[\mu\mathrm{F}]$,

$\frac{\varepsilon_0 \times 5 \times S}{d} = 10$, $\frac{\varepsilon_0 S}{d} = 2[\mu\mathrm{F}]$

• 유전체 절반이 제거된 후($S_1 = S_2 = \frac{1}{2}S$), 공기의 비유전율 $\varepsilon_r' = 1$

유전체의 정전용량 : $C_1 = \frac{\varepsilon_0 \varepsilon_r S_1}{d} = \frac{\varepsilon_0 \times 5 \times \frac{1}{2}S}{d}$
$= \frac{\varepsilon_0 S}{d} \times \frac{5}{2} = 2 \times \frac{5}{2}$
$= 5[\mu\mathrm{F}]$

공기의 정전용량 : $C_2 = \frac{\varepsilon_0 \varepsilon_r' S_2}{d} = \frac{\varepsilon_0 \times 1 \times \frac{1}{2}S}{d}$
$= \frac{\varepsilon_0 S}{d} \times \frac{1}{2} = 2 \times \frac{1}{2}$
$= 1[\mu\mathrm{F}]$

합성 정전용량(병렬연결) : $C_0 = C_1 + C_2 = 5 + 1 = 6[\mu\mathrm{F}]$

19

정답 ①

정답의 이유

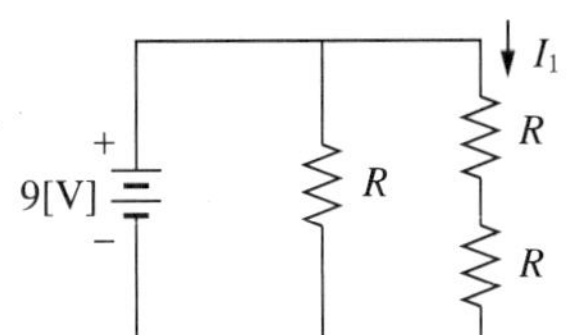

$I_1 = \frac{9}{2R} = 1.5[\text{A}]$, $R = 3[\Omega]$

합성 저항 $R_0 = \frac{R \times 2R}{R + 2R} = \frac{2}{3}R = 2[\Omega]$

20

정답 ③

정답의 이유

Y결선의 $I_L = I_P$(선전류 = 상선류), $V_L = \sqrt{3}\,V_P\angle 30°$(선전압 = $\sqrt{3}$ 상전압)

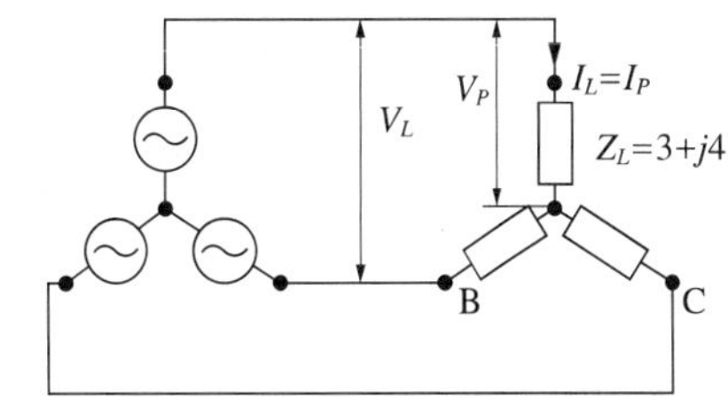

$V_L = 100[\text{V}]$, $V_P = \frac{V_L}{\sqrt{3}} = \frac{100}{\sqrt{3}}[\text{V}]$

$Z_L = 3 + j4$, $|Z_L| = \sqrt{3^2 + 4^2} = 5[\Omega]$

$$I_P = \frac{V_P}{|Z_L|} = \frac{\frac{100}{\sqrt{3}}}{5} = \frac{20}{\sqrt{3}}[\text{A}]$$

유효전력 $P = 3I_P^2 R = 3 \times \left(\frac{20}{\sqrt{3}}\right)^2 \times 3 = 3 \times \frac{400}{3} \times 3$

$= 1{,}200[\text{W}] = 1.2[\text{kW}]$

전기이론 | 2019년 지방직 9급

한눈에 훑어보기

전기회로와 회로 소자 14
1문항, 5%
정현파와 교류회로 03 09 20
3문항, 15%
전력과 3상회로 12 13 15 16
4문항, 20%
회로의 해석 05 07 08 18
4문항, 20%
과도현상과 비정현파 02 17 19
3문항, 15%
정전계와 도체계 04
1문항, 5%
정자계와 자기현상 01 06 10 11
4문항, 20%

빠른 정답

01	02	03	04	05	06	07	08	09	10
④	③	①	①	③	③	②	①	①	②
11	**12**	**13**	**14**	**15**	**16**	**17**	**18**	**19**	**20**
④	③	②	②	②	③	④	④	③	①

점수 체크

구분	1회독	2회독	3회독
맞힌 문항수	/20	/20	/20
나의 점수	점	점	점

01 정답 ④

정답의 이유

코일의 결합계수 $K=0.5$
코일 1의 인덕턴스 $L_1=10[\mu\text{H}]$
코일 2의 인덕턴스 $L_2=40[\mu\text{H}]$ 이므로
상호인덕턴스 $M=K\sqrt{L_1\cdot L_2}$
$=0.5\sqrt{10\cdot 40}=0.5\times 20$
$=10[\mu\text{H}]$

02 정답 ③

정답의 이유

비정현파 교류전압 v의 순싯값
$V(t)=V_0+\sqrt{2}\,V_1\sin(\omega t+\theta_1)+\sqrt{2}\,V_2\sin(2\omega t+\theta_2)$
$+\cdots+\sqrt{2}\,V_n\sin(n\omega t+\theta_n)$ 이고,
비정현파 교류전압의 실횻값
$V=\sqrt{V_0^2+V_1^2+\cdots+V_n^2}$ 이므로
전압의 실횻값 $V=\sqrt{10^2+5^2+10^2}=\sqrt{225}=15[\text{V}]$

03 정답 ①

정답의 이유

정현파 교류의 전압 $V(t)=V_m\sin(\omega t+\theta)[\text{V}]$ 에서
$v(t)=110\sqrt{2}\sin\left(120\pi t+\frac{2\pi}{3}\right)$ 이므로

- 실횻값 : $V=\frac{V_m}{\sqrt{2}}=\frac{110\sqrt{2}}{\sqrt{2}}=110[\text{V}]$
- 주파수 : $\omega t=2\pi ft=120\pi t \;\therefore\; f=60[\text{Hz}]$
- 위상 : $\theta=\frac{2\pi}{3}[\text{rad}]$

04 정답 ①

정답의 이유

$W=QV$ 에서 $V=\frac{W}{Q}=\frac{100[\text{J}]}{5[\text{C}]}=20[\text{V}]$

05

정답 ③

정답의 이유

병렬연결된 저항의 합성저항은

$10 \parallel 10 = \frac{10 \times 10}{10+10} = \frac{100}{20} = 5[\Omega]$

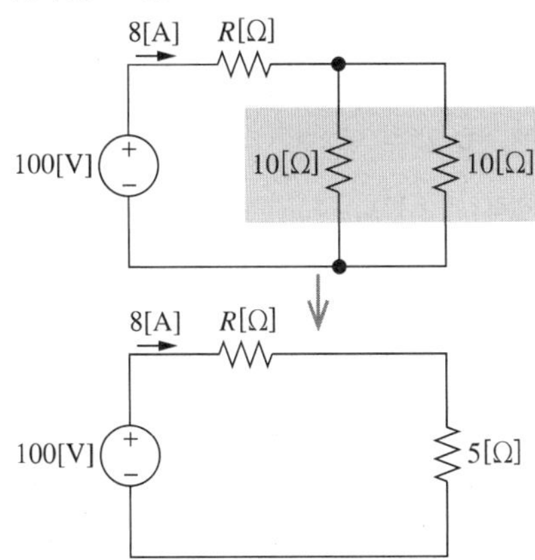

따라서, $I = \frac{100}{R+5} = 8$

$8(R+5) = 100,\ R+5 = 12.5$

$\therefore\ R = 7.5$

06

정답 ③

정답의 이유

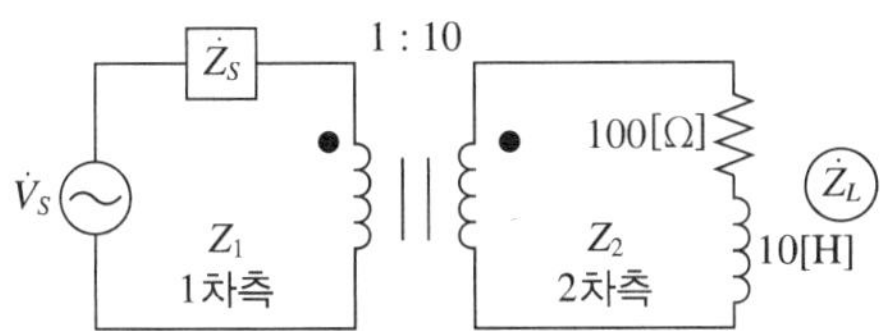

전원의 각속도 $\omega = 50[\mathrm{rad/s}]$이므로

$\dot{Z}_L = R + j\omega L = 100 + j \cdot 50 \cdot 10$

$= 100 + j500$이다($Z_2 = $ 2차측 임피던스값).

1차측과 2차측의 권수비가 $N_1 : N_2$이고

권수비 $a = \frac{N_1}{N_2} = \frac{I_2}{I_1} = \frac{V_1}{V_2} = \sqrt{\frac{\dot{Z}_1}{\dot{Z}_2}}$ 이므로

1차측 임피던스 크기 Z_1은 $\frac{N_1}{N_2} = \sqrt{\frac{\dot{Z}_1}{\dot{Z}_2}} = \frac{1}{10}$에서

$\dot{Z}_1 = \frac{N_1^2}{N_2^2} \cdot \dot{Z}_2 = \frac{\dot{Z}_2}{100} = \frac{100 + j500}{100} = 1 + j5$이다. 따라서 $\dot{Z}_L$에 최대 전력 전달을 위해(허수부 = 0) $\dot{Z}_s$에는 $1 - j5$의 값을 가지게 되며(공액복소수), $-j5$는 음(−)의 값이므로 콘덴서 성분을 갖는다($X_C = 5[\Omega]$).

$X_C = \frac{1}{\omega C}$에서

$C = \frac{1}{\omega \cdot X_C} = \frac{1}{50 \cdot 5} = \frac{1}{250} = 0.004[\mathrm{F}] = 4[\mathrm{mF}]$

따라서 $\dot{Z}_s$에 들어가는 값은 1[Ω] 4[mF] (저항–콘덴서 직렬)이다.

07

정답 ②

정답의 이유

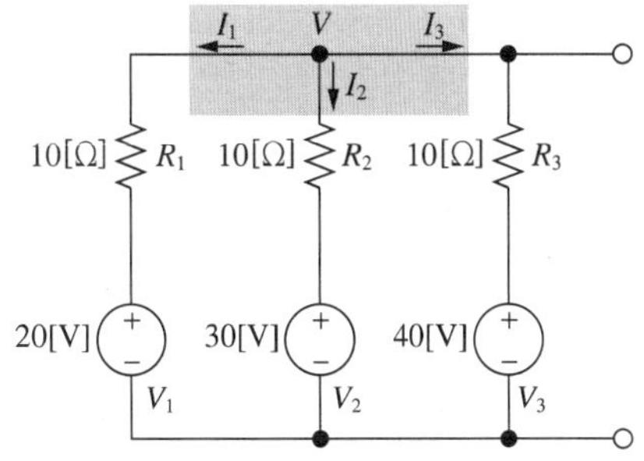

$I_1 + I_2 + I_3 = 0$이므로 $\frac{V_1}{R_1} + \frac{V_2}{R_2} + \frac{V_3}{R_3} = 0$에서

$\frac{V-20}{10} + \frac{V-30}{10} + \frac{V-40}{10} = 0$이다.

$3V - 20 - 30 - 40 = 0$

$V = 30[\mathrm{V}]$이므로

$I_1 = \frac{30-20}{10} = 1[\mathrm{A}],\ I_2 = \frac{30-30}{10} = 0[\mathrm{A}],\ I_3 = \frac{30-40}{10} = -1[\mathrm{A}]$

$\therefore\ I_1 + I_2 - I_3 = 1 + 0 - (-1) = 2[\mathrm{A}]$

[별 해]

밀만의 정리 이용

$$V = \frac{\frac{20}{10} + \frac{30}{10} + \frac{40}{10}}{\frac{1}{10} + \frac{1}{10} + \frac{1}{10}} = \frac{20+30+40}{1+1+1} = 30[\mathrm{V}]$$

$I_1 = \frac{30-20}{10} = 1[\mathrm{A}],\ I_2 = \frac{30-30}{10} = 0[\mathrm{A}],$

$I_3 = \frac{30-40}{10} = -1[\mathrm{A}]$

$\therefore\ I_1 + I_2 - I_3 = 1 + 0 - (-1) = 2[\mathrm{A}]$

08

정답 ①

정답의 이유

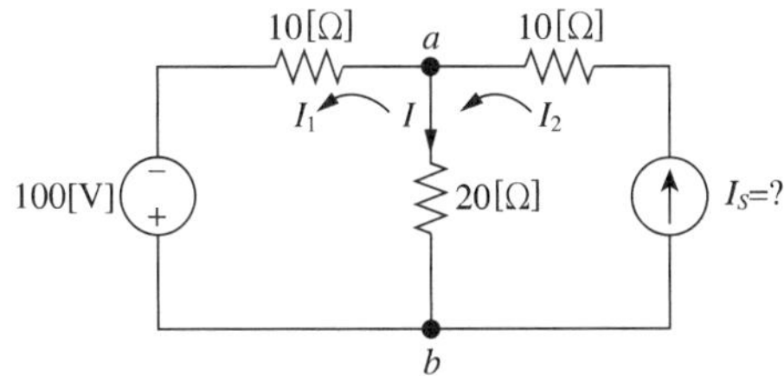

전류원이므로 $I_S = I_2$이고 $I = 0$이므로, 저항 20[Ω]의 양단에 걸리는 전위차 $V_{ab} = 0$이다.

$I_1 = \frac{V_{ab} - (-100)}{10} = \frac{0+100}{10} = 10[\mathrm{A}]$

따라서 a점에서 (1 ← 10[A], a, I_s →, I=0[A])

$I_S = 10[\mathrm{A}] + 0[\mathrm{A}] = 10[\mathrm{A}]$

09

정답 ①

정답의 이유

전압원에서 나온 전류 $i_s(t)$의 실횻값이 최소가 되게 하려면 주어진 RLC 병렬회로에서 공진을 일으켜 어드미턴스값을 최소화하면 된다.

따라서 공진각속도 $\omega = \frac{1}{\sqrt{LC}}$에서 $L = \frac{1}{\omega^2 C}$이고,

$C = 1[\mathrm{F}]$이므로 $L = \frac{1}{\omega^2 \cdot 1^2} = \frac{1}{\omega^2}$이다.

10

정답 ②

정답의 이유

• $N_1 : N_2 = 1:2$이므로, 권선비 $a = \frac{N_1}{N_2} = \frac{V_1}{V_2}$에서

1차측 전압이 $100\angle 0°$이면($\dot{V}_1 = 100\angle 0°$),

2차측 전압은 $200\angle 0°$이고($\dot{V}_2 = 200\angle 0°$)

2차측의 등가회로는 다음과 같이 된다.

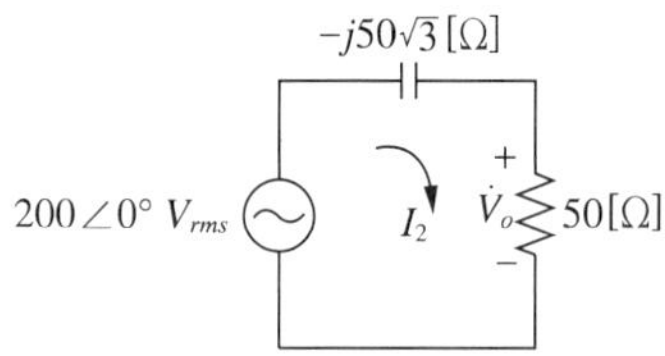

• 2차측 회로의 임피던스 $\dot{Z}_2 = 50 - j50\sqrt{3}$를 벡터로 표시하면 다음과 같다.

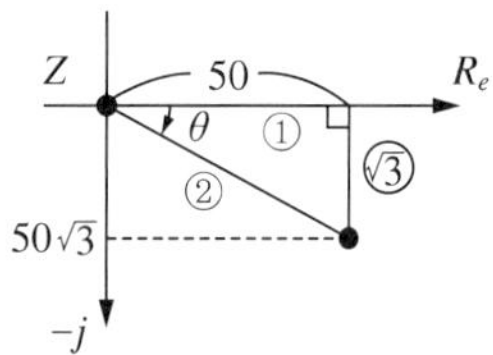

$\therefore \dot{Z}_2 = 100\angle -60°[\Omega]$

• $\dot{I}_2 = \frac{V_2}{Z_2} = \frac{200\angle 0°}{100\angle -60°} = 2\angle 60°[\mathrm{A}]$

따라서 저항 50[Ω]에 걸리는 전압

$\dot{V}_0 = \dot{I}_2 \cdot 50 = 2\angle 60° \cdot 50 = 100\angle 60°[\mathrm{V}]$

11

정답 ④

정답의 이유

ㄱ. 패러데이 전자유도 법칙 : $e = L\frac{di}{dt}[\mathrm{V}]$

ㄴ. 플레밍의 오른손 법칙 : 운동 방향(v)⊥자계 방향(B)

ㄷ. 플레밍의 오른손 법칙 : $e = B \cdot l \cdot v \cdot \sin\theta$

ㄹ. 렌츠의 법칙 : $e = -N\frac{d\phi}{dt}[\mathrm{V}]$

12

정답 ③

정답의 이유

$i(t) = 10\sqrt{2}\sin(\omega t + 60°)[\mathrm{A}]$, $\dot{I} = 10\sqrt{2}\angle 60°[\mathrm{A}]$이고,

$v(t) = 200\sin(\omega t + 30°)[\mathrm{V}]$, $\dot{V} = 200\angle 30°[\mathrm{V}]$이므로

③ 임피던스 $\dot{Z} = \frac{\dot{V}}{\dot{I}} = \frac{200\angle 30°}{10\sqrt{2}\angle 60°} = 10\sqrt{2}\angle -30°$

따라서 (−)의 위상을 갖는 부하이므로,

RC 회로인 것을 알 수 있으며,

이때 무효전력 $P_r = V_{rms} \cdot I_{rms} \cdot \sin\theta = \frac{200}{\sqrt{2}} \cdot \frac{10\sqrt{2}}{\sqrt{2}} \cdot \sin 30°$

$= \frac{2{,}000}{\sqrt{2}} \cdot \frac{1}{2} = 500\sqrt{2}[\mathrm{Var}]$이다.

오답의 이유

① 전압의 실횻값 $V_{rms} = \frac{V_m}{\sqrt{2}} = \frac{200}{\sqrt{2}}$이다.

② 전압과 전류의 위상차가 발생하므로 순시전력의 값은 (+)와 (−)값을 교번하여 갖게 되고 (+)일 때는 전원에서 부하로 공급하고 (−)일 때는 부하에서 전원으로 공급된다.

④ 전압의 위상은 전류의 위상보다 30° 느리다.

13

정답 ②

정답의 이유

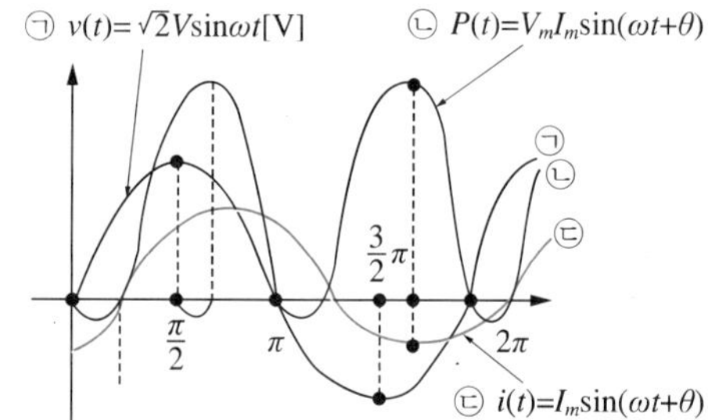

전류 $i(t)$가 전압 $v(t)$보다 θ만큼 느리다(RL 회로).

14

정답 ②

정답의 이유

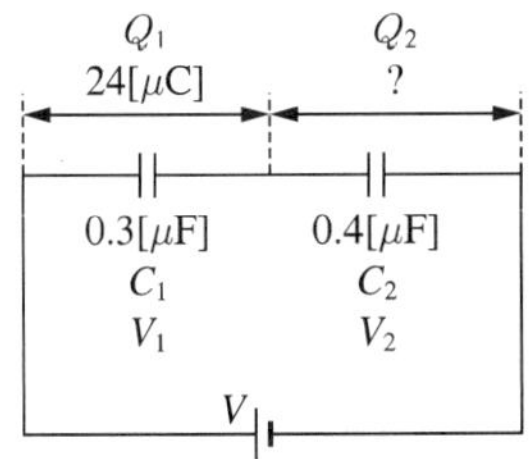

$Q = CV$이므로

$Q_1 = C_1 V_1$에서 $V_1 = \dfrac{Q_1}{C_1} = \dfrac{24 \times 10^{-6}}{0.3 \times 10^{-6}} = 80[\text{V}]$

커패시터 직렬접속이므로

$Q_1 = Q_2 = Q$

따라서 $V_2 = \dfrac{Q}{C_2} = \dfrac{24 \times 10^{-6}}{0.4 \times 10^{-6}} = 60[\text{V}]$

$V = V_1 + V_2 = 80 + 60 = 140[\text{V}]$

15

정답 ②

정답의 이유

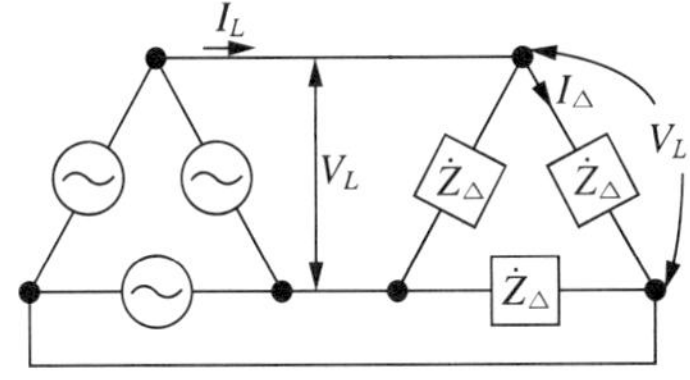

$\dot{Z}_\triangle = 3\sqrt{2} + j3\sqrt{2}[\Omega]$에서

$|\dot{Z}_\triangle| = \sqrt{(3\sqrt{2})^2 + (3\sqrt{2})^2} = \sqrt{36} = 6[\Omega]$

$I_\triangle = \dfrac{V_L}{|\dot{Z}_\triangle|} = \dfrac{120[\text{V}]}{6[\Omega]} = 20[\text{A}]$

△결선에서 선전류(I_L)은 상전류($I_\triangle$)의 $\sqrt{3}$ 배이므로

$(I_l = \sqrt{3}\, I_P)$

따라서 선전류 $I_L = \sqrt{3} \cdot I_\triangle = \sqrt{3} \cdot 20[\text{A}] = 20\sqrt{3}[\text{A}]$

16

정답 ③

정답의 이유

- △결선의 평형 3상 부하에서 $V_l = V_P$이므로

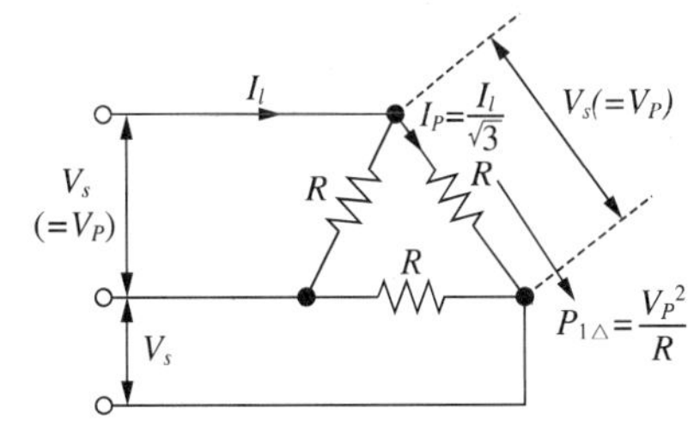

△결선 한 상의 전력

$P_{1\triangle} = \dfrac{V_P^2}{R} = \dfrac{V_l^2}{R} = \dfrac{V_s^2}{R}[\text{W}]$

△결선 3상의 전력

$P_{3\triangle} = 3 \cdot P_{1\triangle} = \dfrac{3 \cdot V_s^2}{R}$

- Y결선의 평형 3상 부하에서 $V_P = \dfrac{V_l}{\sqrt{3}}$ 이므로

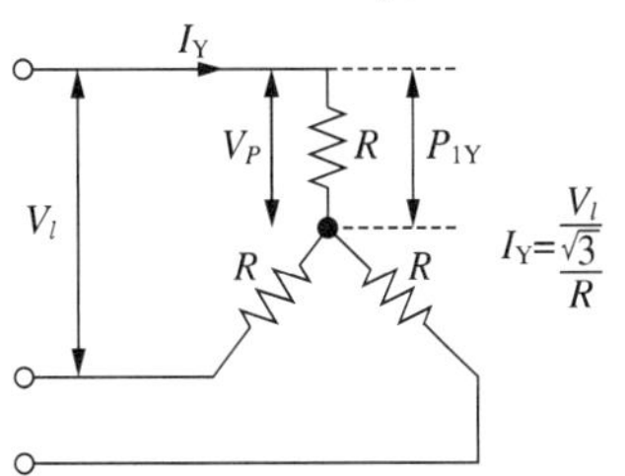

Y결선 한상에서의 전력

$P_{1Y} = V_P \cdot I_Y = \dfrac{V_l}{\sqrt{3}} \times \dfrac{\frac{V_l}{\sqrt{3}}}{R} = \dfrac{V_l^2}{3R}[\text{W}]$

Y결선 3상에서의 전력

$P_{3Y} = 3 \cdot P_{1Y} = 3 \cdot \dfrac{V_l^2}{3R} = \dfrac{V_l^2}{R}[\text{W}]$

- △결선→Y결선 변환하여도 전력 $P[\text{W}]$가 동일한 전원의 선간전압

$P_{3\triangle} = P_{3Y}$

$\dfrac{3 \cdot V_s^2}{R} = \dfrac{V_l^2}{R}$

$3 \cdot V_s^2 = V_l^2$

$\sqrt{3 \cdot V_s^2} = \sqrt{V_l^2}$

$\therefore\ V_l = \sqrt{3} \cdot V_s$

17

정답 ④

정답의 이유

$t=0$일 때 L에서 바라본 회로의 모습은 아래와 등가이다(테브난 등가회로).

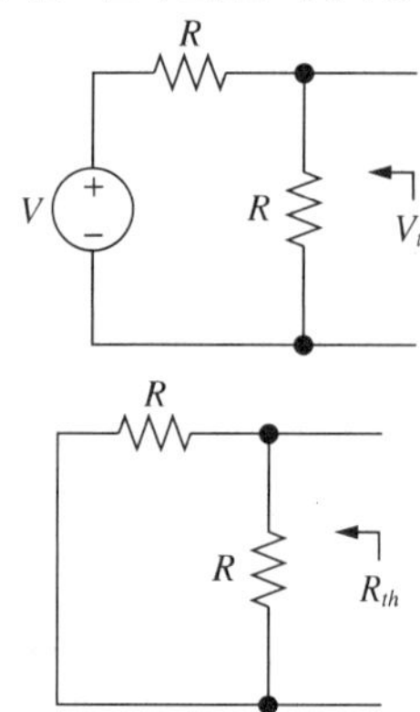

• 전압 $V_{th}=\dfrac{R}{R+R}\times V=\dfrac{V}{2}=\dfrac{50}{2}=25[\text{V}]$

• 저항 $R_{th}=\dfrac{R}{2}$

• 시정수 $\tau=\dfrac{L}{R_{th}}=\dfrac{L}{\dfrac{R}{2}}=2[\text{ms}]$

$L=1[\text{mH}]$이므로 $R=1[\Omega]$이며, $t=0$일 때(L은 단락) 다음 회로와 같다.

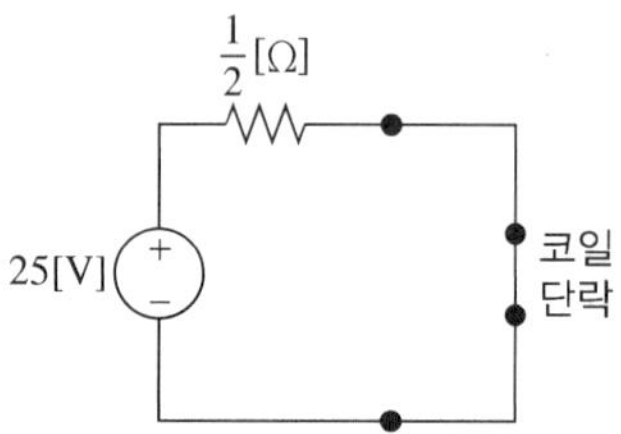

$\therefore$ 회로에 흐르는 전류 $I=\dfrac{V}{R}=\dfrac{25}{\dfrac{1}{2}}=50[\text{A}]$

18

정답 ④

정답의 이유

단자 AB에 임의의 전압 V_{AB}를 걸어줬을 때 흐르는 전류가 I_{AB}라고 하면,

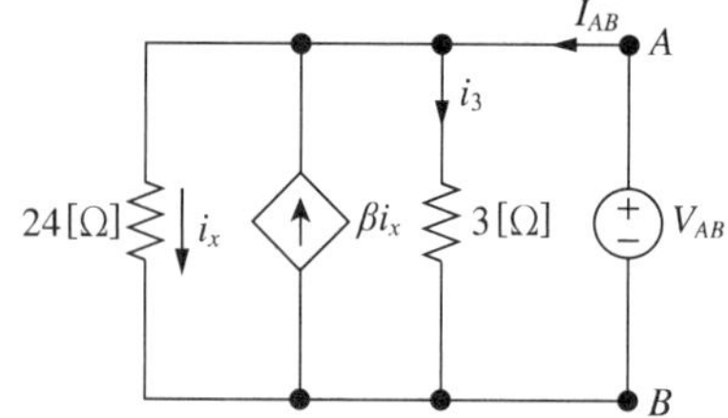

$I_{AB}=i_x-\beta i_x+i_3$이고,

24[Ω]에서 $i_x=\dfrac{V_{AB}}{24}$, 3[Ω]에서

$i_3=\dfrac{V_{AB}}{3}$이므로

$I_{AB}=\dfrac{V_{AB}}{24}-\dfrac{\beta}{24}V_{AB}+\dfrac{V_{AB}}{3}$이다.

양변에 24를 곱하면,

$24\cdot I_{AB}=V_{AB}-\beta V_{AB}+8V_{AB}$

$24I_B=(9-\beta)V_{AB}$

$\dfrac{V_{AB}}{I_{AB}}=\dfrac{24}{(9-\beta)}$이다.

단자 A, B에서 바라본 저항 $R_{AB}=12[\Omega]$이므로

$R_{AB}=\dfrac{V_{AB}}{I_{AB}}=\dfrac{24}{(9-\beta)}=12[\Omega]$

따라서,

$24=12(9-\beta)$

$2=9-\beta$

$\therefore\ \beta=7$

[별 해]

단자 AB에 임의의 전류원 $I_{AB}=1[\text{A}]$를 걸어줬을 때,

단자 A, B에서 바라본 저항은 $R_{AB}=12[\Omega]$이므로

전압은 $V_{AB}=12[\text{V}]$이고, $24i_x=V_{AB}=12$이다.

$i_x-\beta i_x+\dfrac{12}{3}-1=0$

$(1-\beta)i_x+3=0$, $\left(i_x=\dfrac{12}{24}=\dfrac{1}{2}\right)$

$(1-\beta)\dfrac{1}{2}=-3$

$(1-\beta)=-6$

$\therefore\ \beta=7$

19

정답 ③

정답의 이유

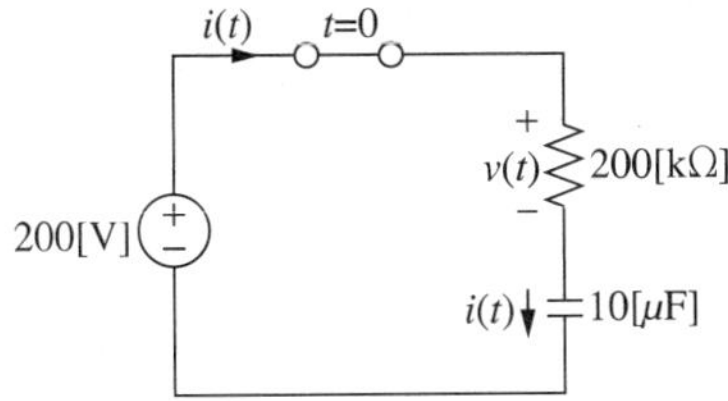

콘덴서 10[μF]에 걸리는 초기 전압은 $0[\mathrm{V}]$이므로

$v(0^+) = 200[\mathrm{V}]$

$t=0^+$에서 커패시터에 흐르는 전류 $i(0^+) = \dfrac{200[\mathrm{V}]}{200[\mathrm{k\Omega}]} = 1[\mathrm{mA}]$

시정수 $\tau = RC$이므로

$\tau = 200[\mathrm{k\Omega}] \times 10[\mu\mathrm{F}] = 2[\mathrm{s}]$

이는, RC 직렬회로에서 콘덴서의 충전전압이 전원전압의 $63.2[\%]$가 되는데 걸리는 시간, 즉 시정수가 $2[\mathrm{s}]$라는 뜻으로 $10[\mu\mathrm{F}]$ 커패시터 양단에 걸리는 전압을 v_c라고 할 때

$v_c(2) = v_c(\tau) = 200 \times 63.2[\%] = 126.4[\mathrm{V}]$

200 [kΩ] 저항 양단에 걸리는 전압

$v(2) = 200 - 126.4 = 73.6[\mathrm{V}] \fallingdotseq 74[\mathrm{V}]$

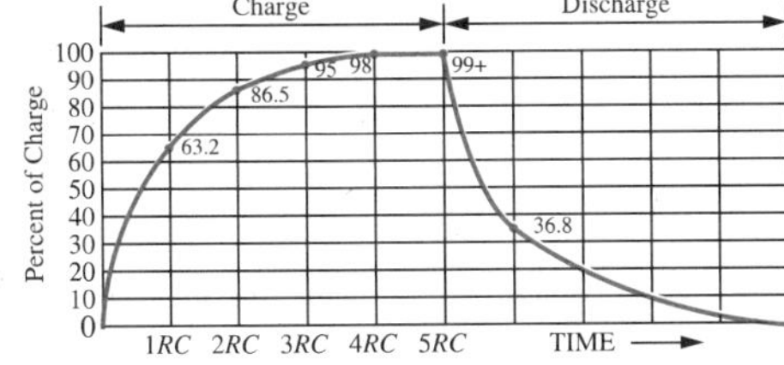

20

정답 ①

정답의 이유

$\omega = 30\pi$이므로 $2\pi f = 30\pi$, $f = 15[\mathrm{Hz}]$,

한 주기에 소요되는 시간 $T = \dfrac{1}{f} = \dfrac{1}{15}[\mathrm{s}]$

따라서 $v_1(t)$와 $v_2(t)$의 위상차(30°)에 소요되는 시간

$T' = \dfrac{1}{15}[\mathrm{s}] \times \dfrac{30°}{360°} = \dfrac{1}{15} \times \dfrac{1}{12} = \dfrac{1}{180}[\mathrm{s}]$

$v_{1(rms)} = \dfrac{100}{\sqrt{2}}$, $v_{2(rms)} = 100\sqrt{2}$

$V_m = v_{2(m)} = \sqrt{2} \cdot v_{2(rms)} = \sqrt{2} \cdot 100\sqrt{2} = 200[\mathrm{V}]$

전기이론 | 2018년 지방직 9급

한눈에 훑어보기

전기회로와 회로 소자 01
1문항, 5%
정현파와 교류회로 14 15 20
3문항, 15%
전력과 3상회로 04 05 07 16 17 19
6문항, 30%
회로의 해석 02 06 09
3문항, 15%
과도현상과 비정현파 11 18
2문항, 10%
정전계와 도체계 13
1문항, 5%
정자계와 자기현상 03 08 10 12
4문항, 20%

빠른 정답

01	02	03	04	05	06	07	08	09	10
③	③	①	①	①	④	③	④	②	④
11	12	13	14	15	16	17	18	19	20
②	②	③	②	③	②	③	③	①	④

점수 체크

구분	1회독	2회독	3회독
맞힌 문항수	/20	/20	/20
나의 점수	점	점	점

01 정답 ③

정답의 이유

- 콘덴서에서의 전류

$i_C(t) = \frac{dQ}{dt} = C\frac{dv}{dt}$[A](콘덴서 C에서는 전압이 연속)

- 코일에서의 전압

$v_L(t) = N\frac{d\phi}{dt} = L\frac{di}{dt}$[V](코일 L에서는 전류가 연속)

02 정답 ③

정답의 이유

테브난 등가회로

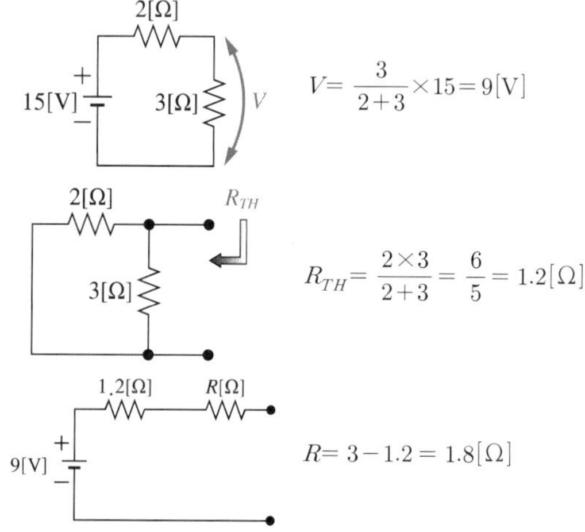

$V = \frac{3}{2+3} \times 15 = 9[V]$

$R_{TH} = \frac{2\times3}{2+3} = \frac{6}{5} = 1.2[\Omega]$

$R = 3 - 1.2 = 1.8[\Omega]$

03 정답 ①

정답의 이유

무한장 직선도체 자기장의 세기

$H_{1[A]} = \frac{I}{2\pi r}$, $I = 1[A]$

$= \frac{1}{2\pi r}$, $r = a$

$= \frac{1}{2\pi a}$

$$H_{9[A]} = \frac{I}{2\pi r},\ I = 9[\mathrm{A}]$$
$$= \frac{9}{2\pi r},\ r = b$$
$$= \frac{9}{2\pi b}$$

$H_{1[A]} = H_{9[A]}$라 두면

$$\frac{1}{2\pi a} = \frac{9}{2\pi b}$$

$$\therefore\ \frac{a}{b} = \frac{1}{9}$$

04

정답 ①

정답의 이유

$v(t) = 100\sin(2\times10^4 t),\ \omega = 2\times10^4$

RLC 직렬 공진회로 조건

$$\omega L = \frac{1}{\omega C}$$

$$\omega^2 LC = 1$$

$$\therefore\ C = \frac{1}{\omega^2 L} = \frac{1}{(2\times10^4)^2\times50\times10^{-3}} = \frac{1}{4\times10^8\times50\times10^{-3}}$$
$$= \frac{1}{200\times10^5} = 0.05[\mu\mathrm{F}]$$

05

정답 ①

정답의 이유

피상전력

$$P_a = V_{rms}I_{rms} = \frac{100}{\sqrt{2}}\times\frac{10}{\sqrt{2}} = \frac{1,000}{2} = 500[\mathrm{VA}]$$

06

정답 ④

정답의 이유

$I = \dfrac{V}{R}$에서

$I_1 : I_2 = 1 : 2$이므로, $r_1 : r_2 = 2 : 1$

전체 저항 $R_0 = \dfrac{V}{I} = \dfrac{30}{5} = 6[\Omega]$

• 등가회로

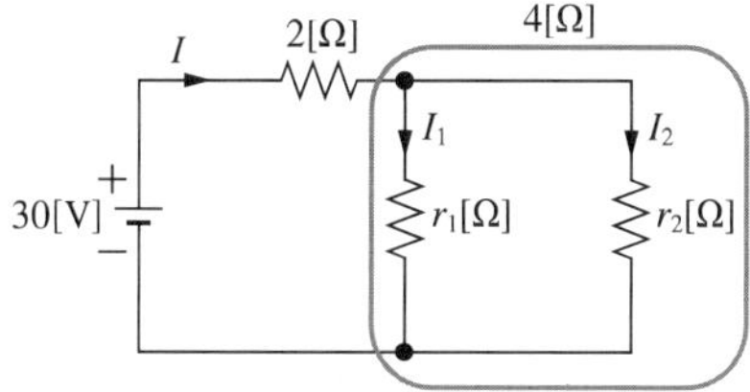

병렬 등가회로 합성 저항이 $4[\Omega]$이고 $r_1 = 2r_2$이므로,

$$r_1 \parallel r_2 = \frac{r_1\times r_2}{r_1+r_2} = \frac{2r_2\times r_2}{2r_2+r_2} = \frac{2r_2^2}{3r_2} = \frac{2}{3}r_2 = 4$$

$$\therefore\ r_2 = 6[\Omega],\ r_1 = 12[\Omega]$$

07

정답 ③

정답의 이유

$V(t) = 40\sqrt{2}\cos10^3 t,\ \omega = 10^3 = 1,000$

$$X_C = \frac{1}{\omega C} = \frac{1}{1,000\times500\times10^{-6}} = \frac{10}{5} = 2[\Omega]$$

$$X_L = \omega L = 1,000\times2\times10^{-3} = 2[\Omega]$$

RLC 직렬회로 임피던스

$$Z = R + j(X_L - X_C) + R'$$
$$= 2 + j(2-2) + 2$$
$$= 4[\Omega]$$

$$i(t) = \frac{v}{Z} = \frac{40\sqrt{2}}{4}\cos10^3 t$$
$$= 10\sqrt{2}\cos10^3 t$$

피상전력

$$P_a = VI$$
$$= \frac{40\sqrt{2}}{\sqrt{2}}\times\frac{10\sqrt{2}}{\sqrt{2}}$$
$$= 400[\mathrm{VA}]$$

부하 A에서 소비되는 평균 전력

$$P = i^2 R = \left(\frac{10\sqrt{2}}{\sqrt{2}}\right)^2\times2 = 200[\mathrm{W}]$$

부하 B에서 소비되는 평균 전력

$$P = i^2 R = \left(\frac{10\sqrt{2}}{\sqrt{2}}\right)^2\times2 = 200[\mathrm{W}]$$

$\therefore$ RLC 직렬 공진회로(저항 R만의 등가회로)이므로 역률 $\cos\theta = 1$

- 평균 전력 $P = 200[\mathrm{W}]$
- 피상전력 $P_a = 400[\mathrm{VA}]$
- 역률 $\cos\theta = 1$

08

정답 ④

정답의 이유

Maxwell 방정식

구 분	미분형	적분형	설 명
가우스 법칙(전기장)	$\nabla\cdot E = \frac{\rho}{\varepsilon_0}$	$\oint E\cdot ds = \frac{Q}{\varepsilon_0}$	공간에 전하가 있을 때 전계는 발산한다. 고립된 전하는 존재한다.
가우스 법칙(자기장)	$\nabla\cdot B = 0$	$\oint B\cdot ds = 0$	자계는 발산하지 않고 주변을 돌고 있다. 고립된 자극은 존재할 수 없다(N극과 S극은 분리되지 않는다).
패러데이 법칙	$\nabla\times E = -\frac{\partial B}{\partial t}$	$\oint E\cdot dl = -\frac{d\phi}{dt}$	자계의 시간적 변화를 방해하는 방향으로 전계가 생성(회전)된다.
앙페르-맥스웰 법칙	$\nabla\times\vec{H} = \vec{J} + \frac{\partial\vec{D}}{\partial t}$	$\oint B\cdot dl = \mu_0\left(J+\varepsilon_0\frac{d\phi}{dt}\right)$	전류의 변화에 자기장이 생성된다는 앙페르 법칙에 전기장의 변화(변위전류)도 자기장이 생성된다는 내용을 맥스웰이 추가하였다.

09

정답 ②

정답의 이유

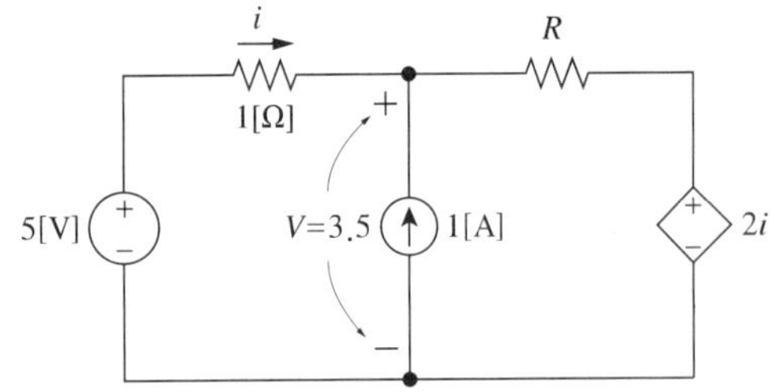

- $i=\frac{5-3.5}{1}=1.5$
- KCL에 의해

$\frac{3.5-5}{1}-1+\frac{3.5-2i}{R}=0$

$-1.5-1+\frac{3.5-3}{R}=0$

$\frac{0.5}{R}=2.5$

$\therefore\ R=\frac{0.5}{2.5}=\frac{1}{5}=0.2[\Omega]$

10

정답 ④

정답의 이유

등가회로

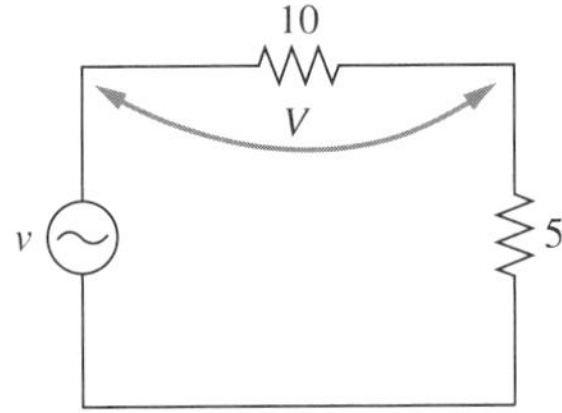

- $v=-N\frac{d\phi}{dt}$, $(\phi=\lambda=\lambda_m\sin 10t)$

$=-\frac{d}{dt}\lambda_m\sin 10t$

$=10\lambda_m\cos 10t$

- $V_1=\frac{10}{10+5}\times v=\frac{2}{3}v$, $(v=10\lambda_m\cos 10t)$

$=\frac{2}{3}\times 10\lambda_m\cos 10t$

$=\frac{20}{3}\lambda_m\cos 10t$

$\therefore$ V_1의 실횻값 $=\frac{20}{3\sqrt{2}}\lambda_m$

11

정답 ②

정답의 이유

왜형률 $=\frac{\text{전 고조파의 실횻값}}{\text{기본파의 실횻값}}$

$=\frac{\sqrt{(30)^2+(40)^2}}{400}=\frac{50}{400}=0.125$

$=12.5[\%]$

12

정답 ②

정답의 이유

최대 전력 전송 조건 : 내부 임피던스 = 부하 임피던스

권수비 $a=\frac{N_1}{N_2}=\sqrt{\frac{Z_1}{Z_2}}$, $(Z_1=900,\ Z_2=100)$

$\frac{N_1}{N_2}=\sqrt{\frac{900}{100}}=\sqrt{9}=3$, $(N_1=n,\ N_2=1)$

$\frac{N_1}{N_2}=\frac{n}{1}=3$

$\therefore\ n=3$이므로 권선비는 3 : 1

13

정답 ③

정답의 이유

간격 $\frac{d}{2}$와 면적 S는 같으므로 $\frac{S}{d}=C$라 하면

- $C_1=\frac{\varepsilon_{s1}S}{\frac{d}{2}}$, $\varepsilon_{s1}=6$

$=\frac{12S}{d}=12C$

- $C_2=\frac{\varepsilon_{s2}S}{\frac{d}{2}}$, $\varepsilon_{s2}=9$

$=\frac{18S}{d}=18C$

〈등가회로〉

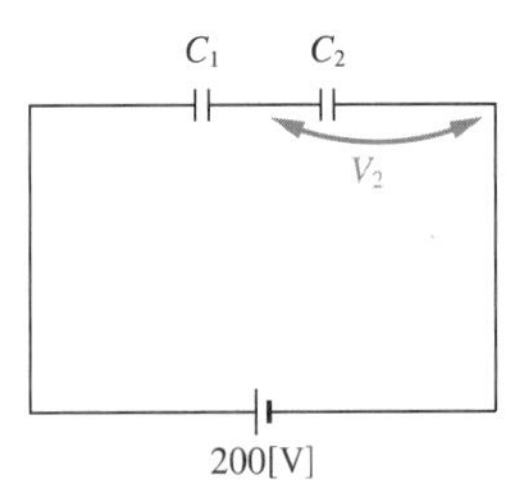

- 비유전율 ε_{s2}인 유전체에 걸리는 전압

$V_2=\frac{C_1}{C_1+C_2}\times V=\frac{12C}{12C+18C}\times 200=\frac{12}{30}\times 200$

$=80[\mathrm{V}]$

- 비유전율 ε_{s2}인 유전체의 전계의 세기

$E=\frac{V}{d}=\frac{80}{0.02}=4\times 10^3[\mathrm{V/m}]=4[\mathrm{kV/m}]$

14

정답 ②

정답의 이유

직류(정상상태)일 때 : L 단락, C 개방

• 등가회로

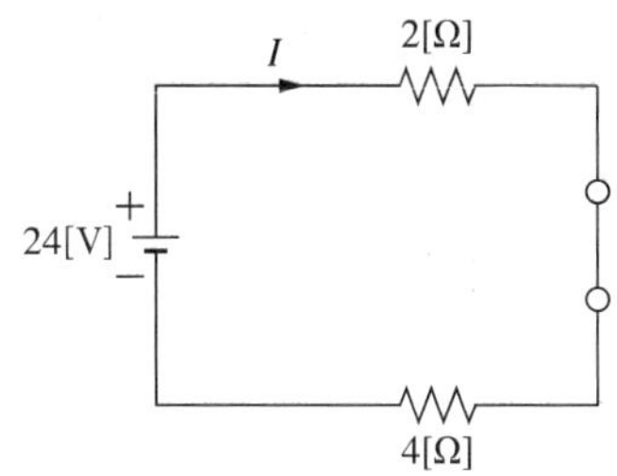

$$I=\frac{V}{R}=\frac{24}{2+4}=4[\mathrm{A}]$$

15

정답 ③

정답의 이유

$v(t)=200\sin\left(\omega t+\frac{\pi}{6}\right)$

$\therefore\ \dot{V}=200\angle 30°$

$i(t)=10\sin\left(\omega t-\frac{\pi}{6}\right)$

$\therefore\ \dot{I}=10\angle -30°$

• 임피던스 $\dot{Z}=\frac{\dot{V}}{\dot{I}}$

$$=\frac{200\angle 30°}{10\angle -30°}$$
$$=20\angle 60°$$
$$=20(\cos 60°+j\sin 60°)$$
$$=20\left(\frac{1}{2}+j\frac{\sqrt{3}}{2}\right)$$
$$=10+j10\sqrt{3}$$

$\therefore\ R=10[\Omega],\ X_L=10\sqrt{3}[\Omega]$

조건에서 $L=5[\mathrm{mH}]$이므로

$X_L=\omega L$

$10\sqrt{3}=\omega\times 5$

$\therefore\ \omega=\frac{10\sqrt{3}}{5}=2\sqrt{3}\,[\mathrm{rad/s}]$

16

정답 ②

정답의 이유

• 임피던스 크기 $|\dot{Z}|=\sqrt{(4)^2+(3)^2}=5$

• 무효전력 $P_r=3V_pI_p\sin\theta$

$$=3\times 100\times\left(\frac{V_p}{|\dot{Z}|}\right)\times\sin\theta,\ \left(\sin\theta=\frac{X}{|\dot{Z}|}=\frac{3}{5}\right)$$
$$=3\times 100\times\left(\frac{100}{5}\right)\times\frac{3}{5}$$
$$=3{,}600[\mathrm{Var}]$$

17

정답 ③

정답의 이유

• Y결선의 $I_l=I_p$(선전류 = 상전류),

$V_l=\sqrt{3}\,V_p\angle 30°$(선전압 = $\sqrt{3}$ 상전압)

• Y결선 상전압 $\dot{V}_p=\dot{Z}\dot{I}_p=\dot{Z}\dot{I}_l$

$$=(10\angle 60°)\times(20\angle -90°)$$
$$=200\angle -30°$$

$\therefore$ 선전압 $\dot{V}_{ab}=\sqrt{3}\ \dot{V}_p\ \angle 30°$

$$=\sqrt{3}\times(200\angle -30°)\angle 30°$$
$$=200\sqrt{3}\ \angle 0°$$

18

정답 ③

정답의 이유

• 정상상태(C 개방)

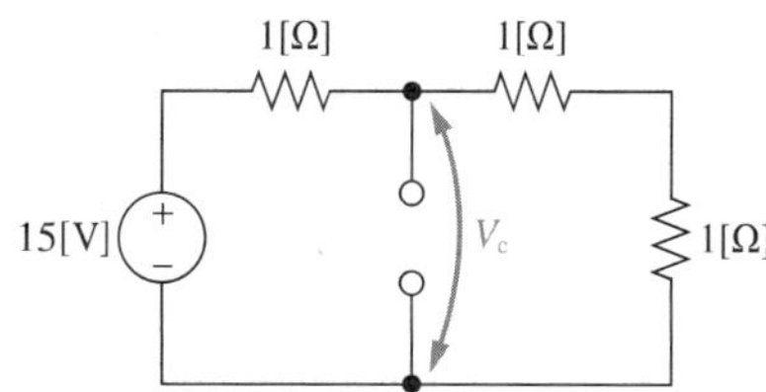

$$V_c=\frac{2}{1+2}\times 15=10[\mathrm{V}]$$

• 스위치가 닫힌 직후

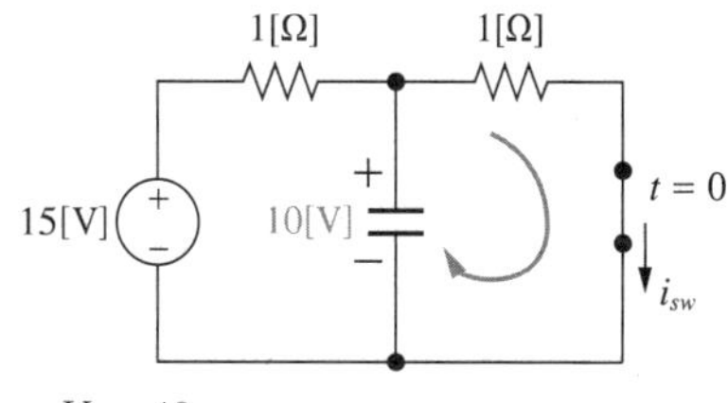

$$I_{sw}(0^+)=\frac{V}{R}=\frac{10}{1}=10[\mathrm{A}]$$

19

정답 ①

정답의 이유

• 전류 $\dot{I}_L = \dfrac{\dot{V}}{\dot{Z}} = \dfrac{100 \cdot (4-j3)}{(4+j3)\cdot(4-j3)}$

$= \dfrac{400-j300}{16+9} = \dfrac{400-j300}{25} = 16-j12[\text{A}]$

• 전류 $\dot{I}_C = \dfrac{\dot{V}}{\dot{X}_C} = \dfrac{100}{-j12.5} = j8[\text{A}]$

$\therefore\ \dot{I} = \dot{I}_L + \dot{I}_C$

$= (16-j12)+(j8)$

$= 16-j4[\text{A}]$

• 역률 $\cos\theta = \dfrac{I_R}{|\dot{I}|}$

$= \dfrac{16}{\sqrt{(16)^2+(4)^2}}$

$= \dfrac{16}{\sqrt{256+16}} = \dfrac{16}{\sqrt{272}}$

20

정답 ④

정답의 이유

$i = 3\sqrt{2}\sin(5{,}000t+45°)$

• 실효전류 $I = 3[\text{A}]$

• 유효전력 $P = I^2 R$

$180 = (3)^2 \cdot R$

$\therefore\ R = \dfrac{180}{9} = 20[\Omega]$

• $|\dot{Z}| = \dfrac{R}{\cos\theta} = \dfrac{20}{0.8} = 25[\Omega]$

$X_L = Z\sin\theta = 25\times0.6 = 15[\Omega]$

$X_L = \omega L$이므로

$\therefore\ L = \dfrac{X_L}{\omega} = \dfrac{15}{5{,}000} = 3\times10^{-3}[\text{H}] = 3[\text{mH}]$

전기이론 | 2017년 지방직 9급

한눈에 훑어보기

영역 분석

전기회로와 회로 소자 02 03
2문항, 10%

정현파와 교류회로 09 10 12 15 16
5문항, 25%

전력과 3상회로 04 11 14
3문항, 15%

회로의 해석 01 05
2문항, 10%

과도현상과 비정현파 13 18 19
3문항, 15%

정전계와 도체계 07
1문항, 5%

정자계와 자기현상 06 08 17 20
4문항, 20%

빠른 정답

01	02	03	04	05	06	07	08	09	10
①	③	②	④	①	③	①	③	③	④
11	**12**	**13**	**14**	**15**	**16**	**17**	**18**	**19**	**20**
④	②	③	②	④	①	③	②	④	②

점수 체크

구분	1회독	2회독	3회독
맞힌 문항수	/20	/20	/20
나의 점수	점	점	점

01 정답 ①

정답의 이유

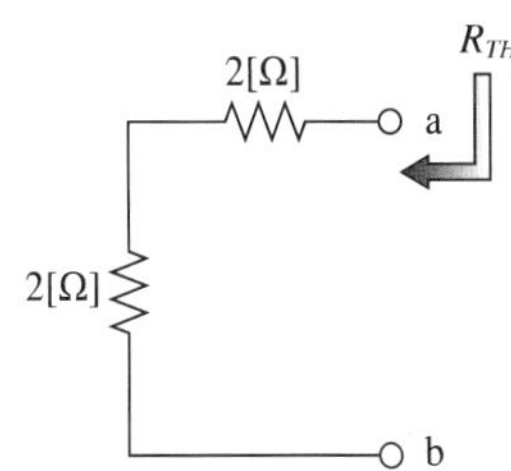

- 테브난 등가회로 : 전류원 ⇒ 개방
- 테브난 등가저항 $R_{TH}=2+2=4[\Omega]$

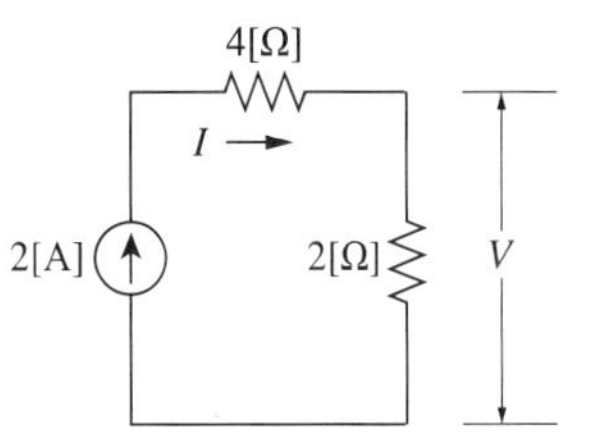

∴ 전체 전류 $I=2[\mathrm{A}]$가 흐르므로 $2[\Omega]$에 걸리는 전압

$V_{TH}=IR=2\times 2=4[\mathrm{V}]$

02 정답 ③

정답의 이유

합성 커패시터 정전용량

$$\frac{1}{C}=\frac{1}{C_1}+\frac{1}{C_2}+\frac{1}{C_3}=\frac{1}{100}+\frac{1}{120}+\frac{1}{150}$$

$$=\frac{6+5+4}{600}=\frac{15}{600}$$

$$C=\frac{600}{15}=40[\mu\mathrm{F}]$$

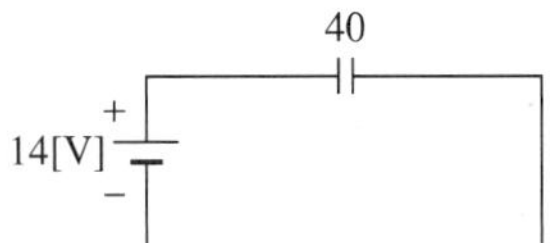

$Q=CV=40\times 10^{-6}\times 14=560\times 10^{-6}=5.6\times 10^{-4}[\mathrm{C}]$

직렬연결된 커패시터의 각각에 축적되는 전하량(Q)은 모두 같으므로, 커패시터 C_1에 충전되는 전하량은 $Q_1=Q$이다.

03

정답 ②

정답의 이유

등가회로 1

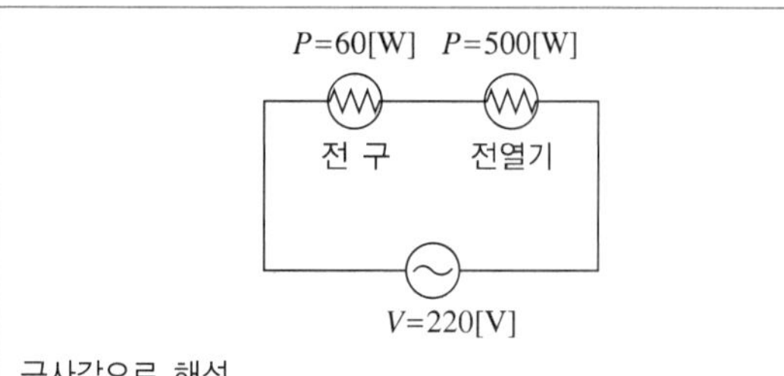

근사값으로 해석

$P=\frac{V^2}{R}[\mathrm{W}]$에서

$R_{전구}=\frac{V^2}{P}=\frac{(220)^2}{60}≒800[\Omega]$

$R_{전열기}=\frac{V^2}{P'}=\frac{(220)^2}{500}≒100[\Omega]$

$\therefore\ I=\frac{V}{R}=\frac{220}{800+100}≒0.25[\mathrm{A}]$

등가회로 2

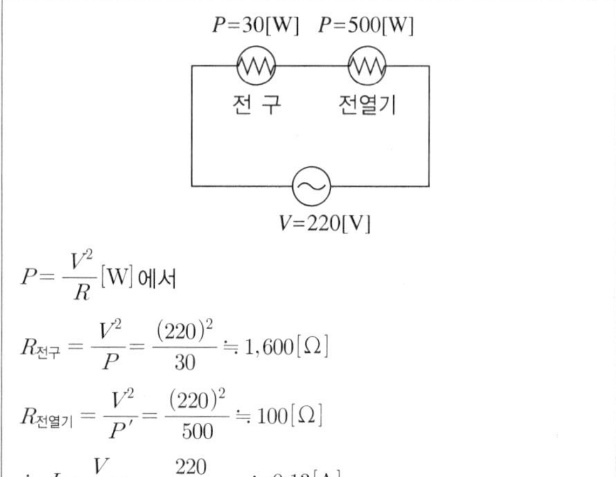

$P=\frac{V^2}{R}[\mathrm{W}]$에서

$R_{전구}=\frac{V^2}{P}=\frac{(220)^2}{30}≒1,600[\Omega]$

$R_{전열기}=\frac{V^2}{P'}=\frac{(220)^2}{500}≒100[\Omega]$

$\therefore\ I=\frac{V}{R}=\frac{220}{1,600+100}≒0.13[\mathrm{A}]$

등가회로 2에서 전류가 감소하므로 소비전력($P=I^2R[\mathrm{W}]$)도 감소한다.

04

정답 ④

정답의 이유

복소전력 $\dot{S}=V\bar{I}[\mathrm{VA}]=(100+j50)\cdot(6-j8)$

$=600-j800+j300+400=1,000-j500$

$\therefore$ 유효전력 $P=1,000[\mathrm{W}]$, 무효전력 $P_r=-500[\mathrm{Var}]$

05

정답 ①

정답의 이유

테브난 등가회로 : 전압원 ⇒ 단락

부하저항 R_L ⇒ 개방

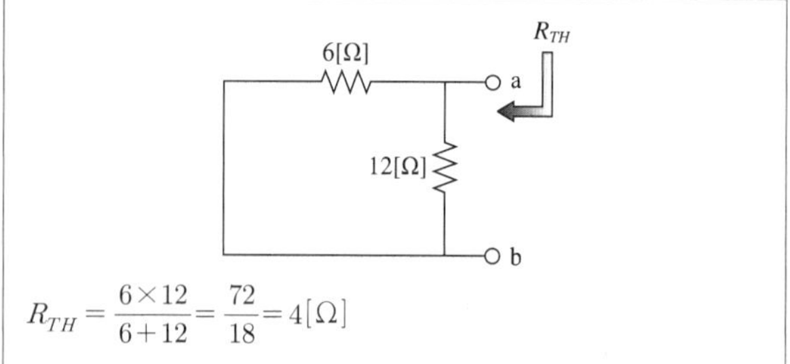

$R_{TH}=\frac{6\times12}{6+12}=\frac{72}{18}=4[\Omega]$

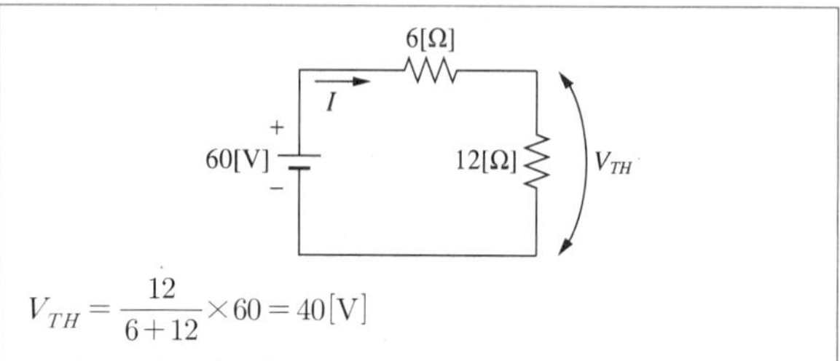

$V_{TH}=\frac{12}{6+12}\times60=40[\mathrm{V}]$

테브난 등가회로

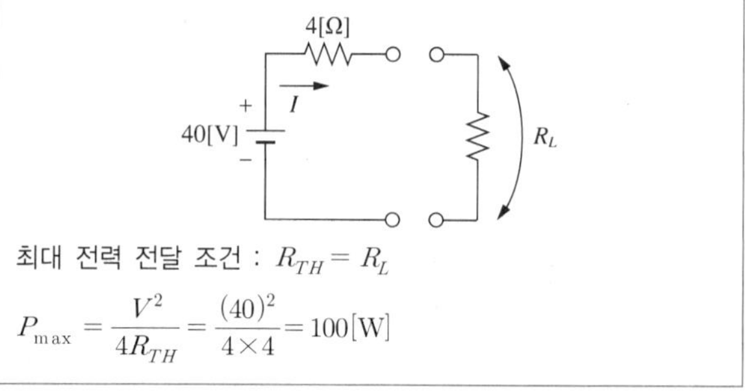

최대 전력 전달 조건 : $R_{TH}=R_L$

$P_{\max}=\frac{V^2}{4R_{TH}}=\frac{(40)^2}{4\times4}=100[\mathrm{W}]$

06

정답 ③

정답의 이유

자기장의 세기 $H=yz^2\cdot\overrightarrow{a_x}$는 $H_{ax}=yz^2$이므로

암페어의 주회법칙에 의해 전류밀도

$J=\nabla\times H$

$$=\begin{vmatrix} i & j & k \\ \frac{\partial}{\partial x} & \frac{\partial}{\partial y} & \frac{\partial}{\partial z} \\ H_{ax} & H_{ay} & H_{az} \end{vmatrix}=\begin{vmatrix} i & j & k \\ \frac{\partial}{\partial x} & \frac{\partial}{\partial y} & \frac{\partial}{\partial z} \\ yz^2 & 0 & 0 \end{vmatrix}$$

$$=i\left\{\left(\frac{\partial}{\partial y}\cdot0\right)-\left(\frac{\partial}{\partial z}\cdot0\right)\right\}-j\left\{\left(\frac{\partial}{\partial x}\cdot0\right)-\left(\frac{\partial}{\partial z}\cdot yz^2\right)\right\}$$

$+k\left\{\left(\frac{\partial}{\partial x}\cdot0\right)-\left(\frac{\partial}{\partial y}\cdot yz^2\right)\right\}$ (편미분하면)

$=i\cdot0+j2yz-kz^2$, $P=(5,2,2)$ 대입

$=j(2\times2\times2)-k(2)^2$

$=8j-4k$

$\therefore\ |J|=\sqrt{(8)^2+(4)^2}=\sqrt{80}=4\sqrt{5}[\mathrm{A/m^2}]$

07

정답 ①

정답의 이유

콘덴서 직렬연결 상태(등가회로)

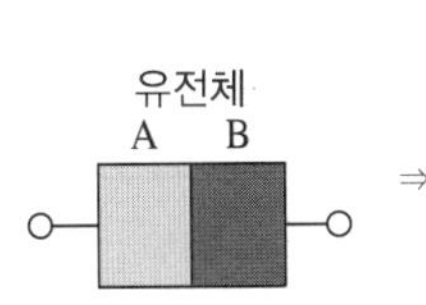

⇒ C_1 C_2

$V_A=80[V]$ $V_B=?$

비유전율 $\varepsilon_{s1}=5$, $\varepsilon_{s2}=8$

면적 $S_1=S_2$

간격 $d_1=d_2$

$C_1=\frac{\varepsilon S}{d}=5\frac{S}{d}$, $C_2=\frac{\varepsilon S}{d}=8\frac{S}{d}$

$C_1 : C_2 = 5 : 8$이므로

$Q=CV$, $V=\frac{Q}{C}$(Q는 일정)에서 $V_A : V_B = 8 : 5$

$\therefore V_A=80[V]$, $V_B=50[V]$

08

정답 ③

정답의 이유

점(•)에 대하여 들어가고, 나가므로 차동결합이다.

차동결합의 자기인덕턴스

$L_{eq}=L_1+L_2-2M=8+4-(2\times4)=4[H]$

코일에 축적되는 에너지

$W=\frac{1}{2}LI^2=\frac{1}{2}\times4\times(5)^2=50[J]$

09

정답 ③

정답의 이유

전력 $p(t)=v(t)\cdot i(t)$이므로

전압 $v(t)$와 전류 $i(t)$의 부호가 같으면 전력 $p(t)>0$이고,

전압 $v(t)$와 전류 $i(t)$의 부호가 다르면 전력 $p(t)<0$이며,

전압 $v(t)$ 또는 전류 $i(t)$가 0이면 전력 $p(t)=0$이다.

이를 그래프로 그려보면

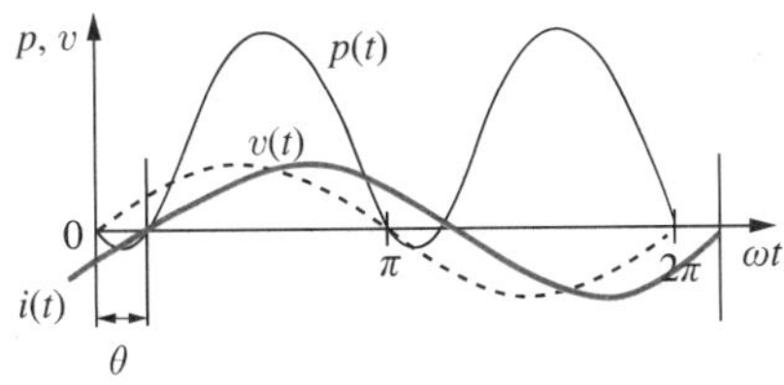

즉, 인덕터(L)회로이고, 전류 $i(t)$는 전압 $v(t)$보다 θ만큼 느린 지상전류가 흐르며, 부하의 역률도 지상이다.

10

정답 ④

정답의 이유

④ 실횻값은 실제 효력을 나타내는 값(rms)으로서 교류전압이 생성하는 전력 또는 에너지의 효능을 가지는 값이다(등가 DC 전력과 동일한 열 효과를 내는 AC전원 값이다).

$$실횻값=\frac{최댓값}{\sqrt{2}}$$

오답의 이유

① 최댓값은 교류전압의 최댓값(피크)을 나타낸다.

② 평균값은 교류전압 반주기에 대한 평균값이다.

③ 파고율은 교류의 실횻값에 대한 최댓값 비율이고, 파형률은 교류의 평균값에 대한 실횻값 비율이다.

11

정답 ④

정답의 이유

Y결선의 $I_l=I_p$(선전류 = 상전류),

$V_l=\sqrt{3}\,V_p\angle30°$(선전압 = $\sqrt{3}$ 상전압)

$\therefore$ 상전압의 크기 $V_p=\frac{V_l}{\sqrt{3}}=\frac{100}{\sqrt{3}}[V]$

12

정답 ②

정답의 이유

임피던스 $Z=\frac{V}{I}=\frac{1\angle0°}{2\angle60°}=\frac{1}{2}\angle-60°$

$=\frac{1}{2}(\cos60°-j\sin60°)$

$=\frac{1}{2}\left(\frac{1}{2}-j\frac{\sqrt{3}}{2}\right)=\frac{1}{4}-j\frac{\sqrt{3}}{4}$

RC 직렬회로이므로 $R=\frac{1}{4}$, $X_C=\frac{\sqrt{3}}{4}$이다.

$\therefore X_C=\frac{1}{\omega C}$에서 $C=\frac{1}{\omega X_C}=\frac{1}{\omega\frac{\sqrt{3}}{4}}=\frac{4}{\sqrt{3}\,\omega}[F]$

13

정답 ③

오답의 이유

RC 직렬회로

③ $t=0$에서 SW를 닫은 후 충분한 시간이 흐르면(정상상태) C는 개방회로로 동작되므로 커패시터의 전압은 10[V] 전원이 모두 걸려 10[V]를 유지한다.

정답의 이유

① 시정수 $\tau = RC$[s]

② 과도전류 $i_c(t) = \frac{E}{R}\left(e^{-\frac{1}{RC}t}\right)$[A]

$t=0$에서 SW를 닫은 후 충분한 시간이 흐르면(정상상태) C는 개방회로로 동작되므로 전류는 거의 흐르지 않는다.

④ $t=3\tau \rightarrow V(3\tau) = 1-e^{-3} \simeq 0.95$, 즉 커패시터에 충전되는 전압은 90[%] 이상이다.

Key 답

시정수(τ)

고유응답(입력이 0일 때)이 $\frac{1}{e} = e^{-1} = 0.368 = 36.8$[%]로 감소하는데 걸리는 시간

- RC 직렬회로에서 저항에 걸리는 전압

$V_R(t) = Ri(t) = E(e^{-\frac{1}{RC}t})$[V]

$V_R(\tau) = E(e^{-\frac{\tau}{RC}}) = E\times 0.368 = E\times e^{-1}$

$\therefore \frac{\tau}{RC} = 1,\ \tau = RC$

- $V(t) = E\left(e^{-\frac{t}{\tau}}\right)$일 때,
  - $V(\tau) = E(e^{-1}) = 0.368\times E$
  - $V(2\tau) = E(e^{-2}) = 0.135\times E$
  - $V(3\tau) = E(e^{-3}) = 0.0498\times E$
  - $V(4\tau) = E(e^{-4}) = 0.0183\times E$
  - $V(5\tau) = E(e^{-5}) = 0.0067\times E$

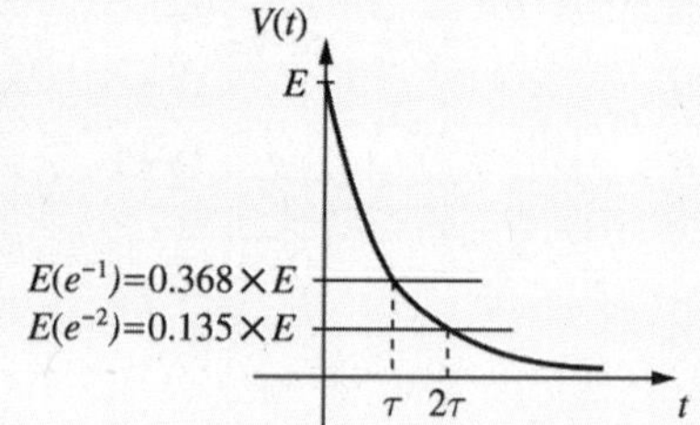

14

정답 ②

정답의 이유

$P = \frac{V^2}{R}$ 에서 $V = 100$[V]라 가정하면

$R = \frac{V^2}{P} = \frac{(100)^2}{50} = 200[\Omega]$

V가 60[%] → $V = 60$[V]

∴ 소비전력 $P = \frac{V^2}{R} = \frac{(60)^2}{200} = 18$[W]

15

정답 ④

정답의 이유

$\dot{Z} = \frac{V}{I} = \frac{100\angle 0°}{2\angle -60°} = 50\angle 60°$

$= 50(\cos 60° + j\sin 60°)$

$= 50\left(\frac{1}{2} + j\frac{\sqrt{3}}{2}\right) = 25 + j25\sqrt{3}$

16

정답 ①

정답의 이유

$|\dot{Z}| = \frac{V}{I} = \frac{220}{11} = 20[\Omega]$

역률 $\cos\theta = \frac{R}{|\dot{Z}|} = \frac{5}{20} = 0.25$

17

정답 ③

정답의 이유

평행한 두 도체에 작용하는 힘

$F = 2\times 10^{-7}\times \frac{I_1 I_2}{r}$[N/m]

$2\times 10^{-7}\times \frac{I_1 I_2}{0.2} = 3\times 10^{-6}$

$I_1 I_2 = \frac{3\times 10^{-6}\times 0.2}{2\times 10^{-7}} = \frac{3\times 10^{-6}\times 2\times 10^{-1}}{2\times 10^{-7}} = 3$

$I_1 I_2 = I^2$이므로

$I^2 = 3$

$\therefore I = \sqrt{3}$[A]

18

정답 ②

정답의 이유

반구형파

실횻값 $= \frac{I_m}{\sqrt{2}}$, 평균값 $= \frac{I_m}{2}$

$\therefore$ 실횻값과 평균값의 비(파형률) $= \frac{\text{실횻값}}{\text{평균값}}$

$$= \frac{\frac{I_m}{\sqrt{2}}}{\frac{I_m}{2}} = \frac{2}{\sqrt{2}} = \sqrt{2}$$

19

정답 ④

정답의 이유

직류에서 오랜 시간이 경과되면 코일 L → 단락, 콘덴서 C → 개방

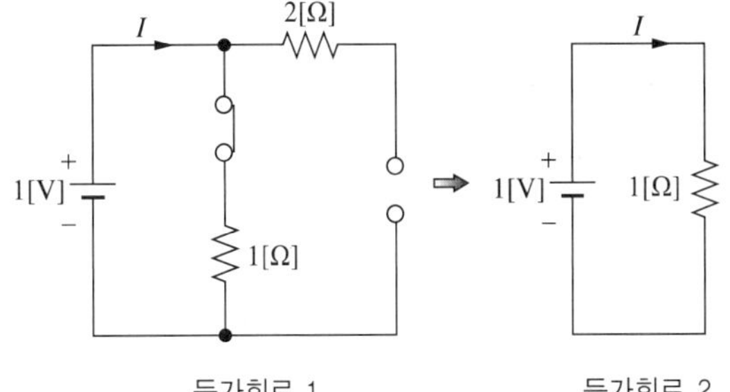

등가회로 1　　　　등가회로 2

$\therefore I = \frac{V}{R} = \frac{1}{1} = 1[\text{A}]$

20

정답 ②

정답의 이유

$LI = N\phi$

$L = \frac{N\phi}{I} = \frac{1{,}000 \times 3 \times 10^{-2}}{10} = 3[\text{H}]$

$\therefore$ RL 직렬회로의 시정수 $\tau = \frac{L}{R} = \frac{3}{20} = 0.15[\text{s}]$

전기이론 | 2016년 지방직 9급

한눈에 훑어보기

영역 분석

전기회로와 회로 소자 02
1문항, 5%

정현파와 교류회로 04 05 16 17
4문항, 20%

전력과 3상회로 01 07 10 18 19
5문항, 25%

회로의 해석 11
1문항, 5%

과도현상과 비정현파 08 09 20
3문항, 15%

정전계와 도체계 06 12
2문항, 10%

정자계와 자기현상 03 13 14 15
4문항, 20%

빠른 정답

01	02	03	04	05	06	07	08	09	10
④	①	①	④	④	②	②	③	③	②
11	**12**	**13**	**14**	**15**	**16**	**17**	**18**	**19**	**20**
④	②	③	①	①	②	④	①	④	④

점수 체크

구분	1회독	2회독	3회독
맞힌 문항수	/20	/20	/20
나의 점수	점	점	점

01 정답 ④

정답의 이유

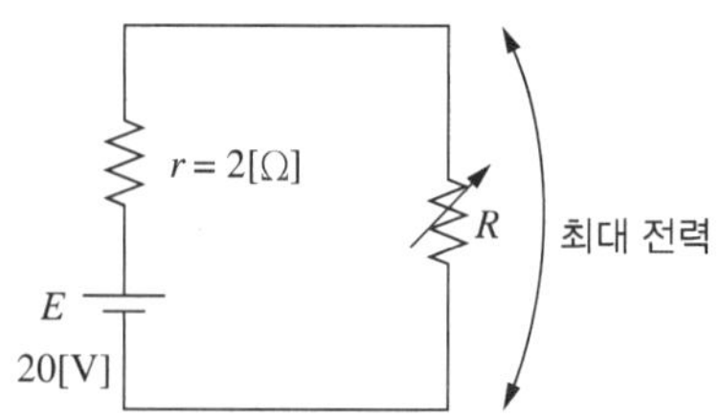

최대 전력은 내부저항과 부하저항이 같을 때 전달된다($r=R$).

최대 부하 전력 $P_{max}=\frac{E^2}{4R}[W]=\frac{(20)^2}{4\times2}=\frac{400}{8}=50[W]$

02 정답 ①

정답의 이유

브리지 등가회로로 변경

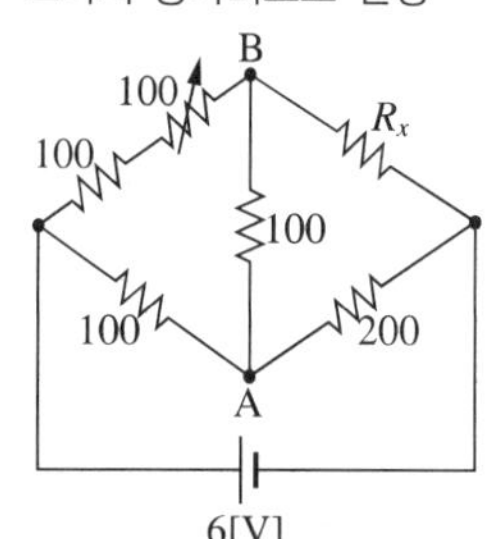

브리지 평형회로 : 브리지 평형 시 AB 양단 저항 $100[\Omega]$에는 전류가 흐르지 않는다.

등가회로

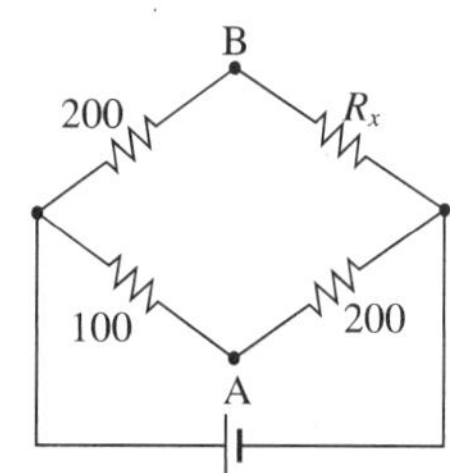

브리지 평형 조건에 의거

$200\times200=R_x\times100$

$\therefore R_x=\frac{40,000}{100}=400[\Omega]$

03

정답 ①

정답의 이유

등가회로

전류 I → • L_1 • L_2

점(•)에 대하여 전류가 들어가고, 들어가므로 가극성이다.

상호인덕턴스

$M = k\sqrt{L_1 L_2} = 0.8 \times \sqrt{20 \times 80} = 0.8 \times 40 = 32[\text{mH}]$

Key 답

코일에 전류를 흘릴 때

종 류	가동접속(가극성)	차동접속(감극성)
직 렬		
	$L = L_1 + L_2 + 2M$	$L = L_1 + L_2 - 2M$
병 렬		
	$L = \dfrac{L_1 L_2 - M^2}{L_1 + L_2 - 2M}$	$L = \dfrac{L_1 L_2 - M^2}{L_1 + L_2 + 2M}$

04

정답 ④

정답의 이유

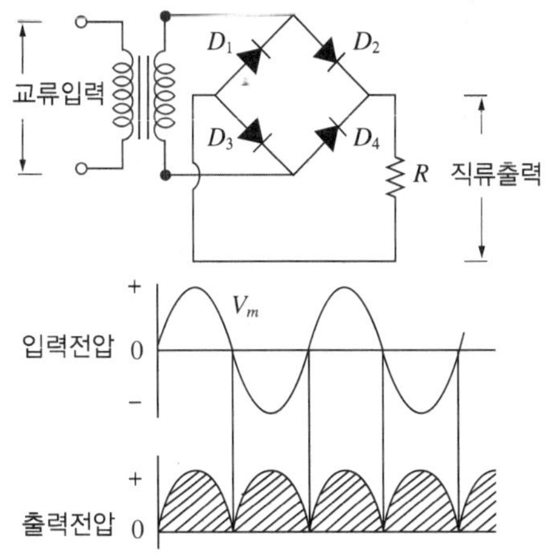

$v = 300\sqrt{2}\cos\omega t[\text{V}]$에서 최댓값$= 300\sqrt{2}[\text{V}]$

출력 평균 전압 $V_{\text{avg}} = \dfrac{2V_m}{\pi}[\text{V}] = \dfrac{2}{\pi} \times 300\sqrt{2} = \dfrac{600\sqrt{2}}{\pi}[\text{V}]$

Key 답

각 파형의 데이터값

구 분	파 형	실횻값	평균값	파고율	파형률
정현파 (사인파)	V_m	$\dfrac{V_m}{\sqrt{2}}$	$\dfrac{2}{\pi}V_m$	$\sqrt{2}$	$\dfrac{\pi}{2\sqrt{2}}$
전파 (정류)		$\dfrac{V_m}{\sqrt{2}}$	$\dfrac{2}{\pi}V_m$	$\sqrt{2}$	$\dfrac{\pi}{2\sqrt{2}}$
반파 (정류)		$\dfrac{V_m}{2}$	$\dfrac{V_m}{\pi}$	2	$\dfrac{\pi}{2}$
구형파 (사각파)		V_m	V_m	1	1
반구형 파		$\dfrac{V_m}{\sqrt{2}}$	$\dfrac{V_m}{2}$	$\sqrt{2}$	$\sqrt{2}$
삼각파 (톱니파)		$\dfrac{V_m}{\sqrt{3}}$	$\dfrac{V_m}{2}$	$\sqrt{3}$	$\dfrac{2}{\sqrt{3}}$
제형파 (사다리 꼴)		$\dfrac{\sqrt{5}}{3}V_m$	$\dfrac{2}{3}V_m$	$\dfrac{3}{\sqrt{5}}$	$\dfrac{\sqrt{3}}{2}$

05

정답 ④

정답의 이유

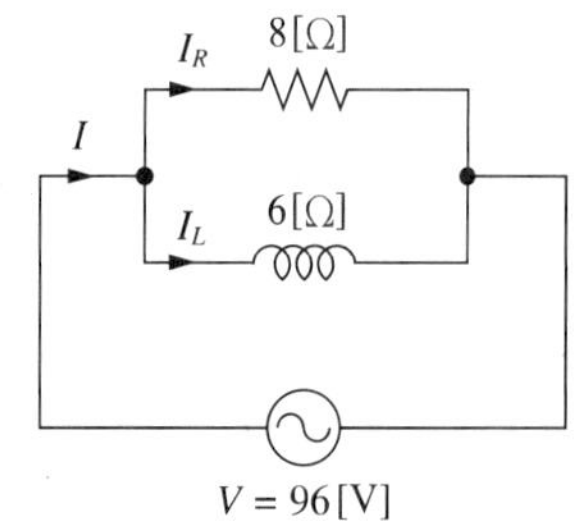

RL 병렬회로 임피던스

$$|Z| = \frac{1}{Y} = \frac{1}{\sqrt{\left(\frac{1}{R}\right)^2 + \left(\frac{1}{X_L}\right)^2}}[\Omega] = \frac{1}{\sqrt{\frac{R^2+X_L^2}{R^2\times X_L^2}}} = \sqrt{\frac{R^2\times X_L^2}{R^2+X_L^2}}$$

$$= \frac{R\times X_L}{\sqrt{R^2+X_L^2}}[\Omega] = \frac{8\times 6}{\sqrt{(8)^2+(6)^2}}$$

$$= \frac{48}{\sqrt{64+36}} = \frac{48}{\sqrt{100}} = \frac{48}{10} = 4.8[\Omega]$$

전체 전류

$$I = \frac{V}{Z} = \frac{96}{4.8} = 20[\mathrm{A}]$$

06

정답 ②

정답의 이유

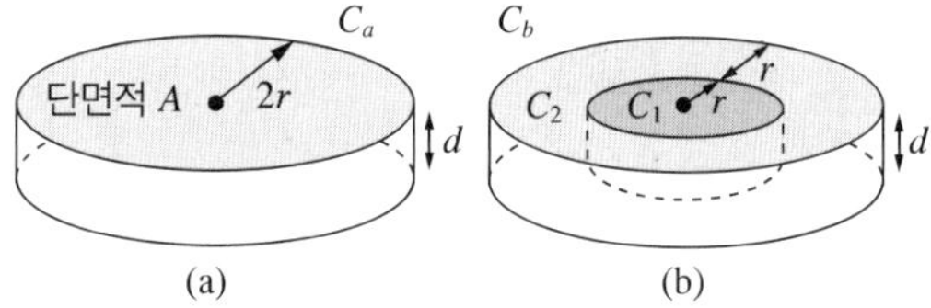

• 그림 (a)에서 반지름은 $2r$이므로 단면적 $A = \pi(2r)^2 = 4\pi r^2$

정전용량 $C_a = \frac{\varepsilon_1 A}{d} = \frac{\varepsilon_1 \cdot 4\pi r^2}{d} = \frac{4\varepsilon_1 \pi r^2}{d}$

• 그림 (b)에서 유전율 $\varepsilon_2 = 2\varepsilon_1$이므로

- 내부 정전용량

$C_1 = \frac{\varepsilon_2 A}{d}$ 에 $\varepsilon_2 = 2\varepsilon_1$, $A = \pi r^2$ 대입

$= \frac{2\varepsilon_1 \pi r^2}{d}$

- 나머지 부분 정전용량

$C_2 = \frac{\varepsilon_1 A}{d}$ 에 $A = 4\pi r^2 - \pi r^2 = 3\pi r^2$ 대입

$= \frac{\varepsilon_1 3\pi r^2}{d} = \frac{3\varepsilon_1 \pi r^2}{d}$

• 그림 (b)에서 정전용량은 병렬연결이므로 등가회로는 다음과 같다.

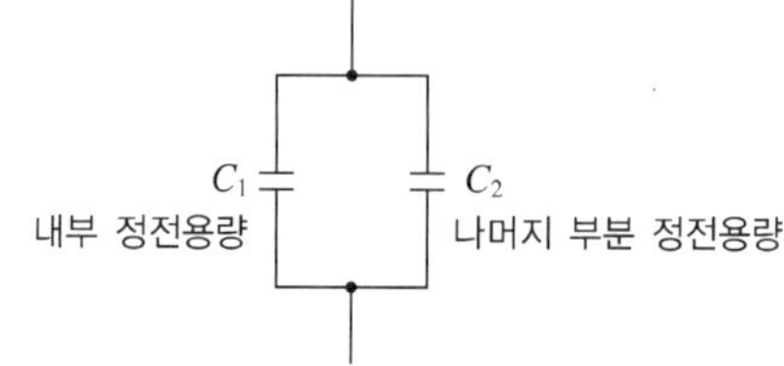

$$\therefore\ C_b = C_1 + C_2 = \frac{2\varepsilon_1 \pi r^2}{d} + \frac{3\varepsilon_1 \pi r^2}{d} = \frac{5\varepsilon_1 \pi r^2}{d}$$

• (b)와 (a)의 정전용량의 비

$$\frac{C_b}{C_a} = \frac{\frac{5\varepsilon_1 \pi r^2}{d}}{\frac{4\varepsilon_1 \pi r^2}{d}} = \frac{5}{4}$$

즉, $\frac{5}{4} = \frac{4}{4} + \frac{1}{4}$이므로 나머지 $\frac{1}{4}$만큼인 $25[\%]$ 증가한다.

07

정답 ②

정답의 이유

부하 임피던스 $\dot{Z} = j\omega L = jX_L[\Omega]$이므로 인덕턴스 L만의 회로이다.

무효전력 $P_r = I^2 X_L[\mathrm{Var}]$

$= (2I)^2 \cdot \omega L = 4I^2 \cdot \omega L = 4\omega L I^2[\mathrm{Var}]$

08

정답 ③

정답의 이유

실효전압

$$V = \sqrt{(\text{직류분})^2 + \left(\frac{\text{기본파 전압}}{\sqrt{2}}\right)^2 + \left(\frac{\text{고조파 전압}}{\sqrt{2}}\right)^2}$$

$$= \sqrt{2^2 + \left(\frac{5\sqrt{2}}{\sqrt{2}}\right)^2 + \left(\frac{4\sqrt{2}}{\sqrt{2}}\right)^2 + \left(\frac{2\sqrt{2}}{\sqrt{2}}\right)^2}$$

$$= \sqrt{4+25+16+4} = \sqrt{49} = 7[\mathrm{V}]$$

09

정답 ③

정답의 이유

- 회로 (a)는 RL 직렬회로

  시정수 $\tau = \frac{L}{R} = \frac{100}{20} = 5[\mathrm{s}]$
- 회로 (b)는 RC 직렬회로

  시정수 $\tau = RC = 500 \times 10^3 \times 10 \times 10^{-6} = 5[\mathrm{s}]$

  → 회로 (a)와 (b)의 시정수 τ가 같다.

  50초 경과 시 정상상태이므로 인덕턴스 L 단락, 커패시터 C 개방
- RL 직렬회로의 등가회로

$I_1 = \frac{V}{R} = \frac{100}{20} = 5[\mathrm{A}]$

- RC 직렬회로의 등가회로

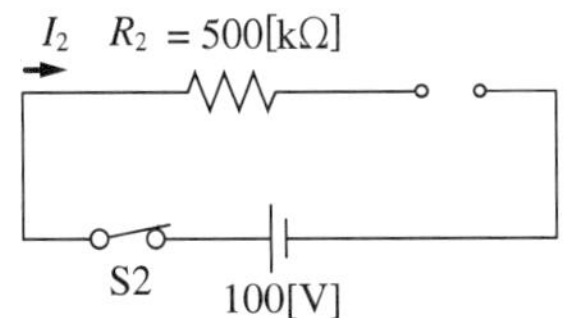

회로 개방상태이므로 $I_2 = 0$

$\therefore\ I_1 - I_2 = 5 - 0 = 5[\mathrm{A}]$

10

정답 ②

정답의 이유

$$P_\triangle = \sqrt{3}\,V_l I_l = \sqrt{3}\,V_p(\sqrt{3}\,I_p) = \sqrt{3}\,V_p\left(\sqrt{3}\,\frac{V_p}{R}\right) = 3\frac{V_p^2}{R} = P$$

$$P_Y = \sqrt{3}\,V_l I_l = \sqrt{3}(\sqrt{3}\,V_p)I_p = 3V_p\left(\frac{V_p}{R}\right) = 3\frac{V_p^2}{R} = P$$

$\therefore$ △결선 유효전력 P = Y결선 유효전력 P

※ 3상 전력(피상전력, 유효전력, 무효전력)은 Y결선과 △결선에 관계없이 모두 같다.

11

정답 ④

정답의 이유

정상상태에서 L 단락, C 개방

등가회로

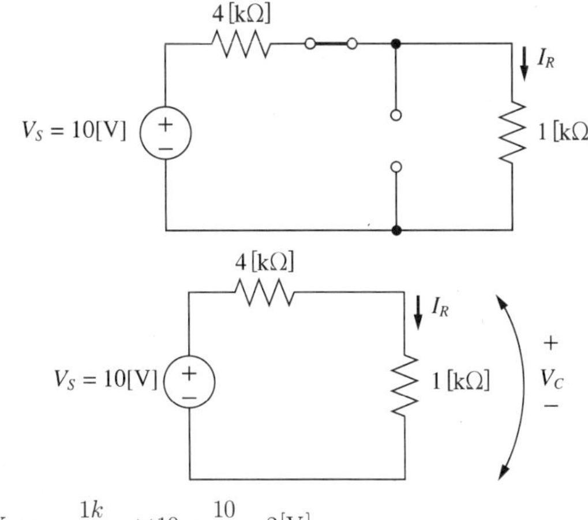

$V_C = \frac{1k}{(4+1)k} \times 10 = \frac{10}{5} = 2[\mathrm{V}]$

$I_R = \frac{V}{R} = \frac{10}{(4+1)k} = \frac{10}{5k} = 2[\mathrm{mA}]$

12

정답 ②

정답의 이유

전기장의 세기

$E = \frac{1}{4\pi\varepsilon_0} \cdot \frac{Q}{r^2}[\mathrm{V/m}]$

$= 9 \times 10^9 \times \frac{Q}{r^2}[\mathrm{V/m}] = 9 \times 10^9 \times \frac{-5 \times 10^{-9}}{(5)^2}$

$= -\frac{45}{25} = -\frac{9}{5} = -1.8[\mathrm{V/m}]$

※ 전기장의 세기에서 크기는 쉽게 구할 수 있으나, 방향은 벡터를 사용한다. 하지만, 여기에서는 주어진 조건에서 음전하이므로 $Q = -5[\mathrm{nC}]$으로 해석한다.

13

정답 ③

정답의 이유

$LI = N\phi$이므로

$L = \frac{N\phi}{I} = \frac{10 \times 1 \times 10^{-3}}{10} = 1 \times 10^{-3}[\mathrm{H}] = 1[\mathrm{mH}]$

14

정답 ①

정답의 이유

플레밍의 왼손 법칙

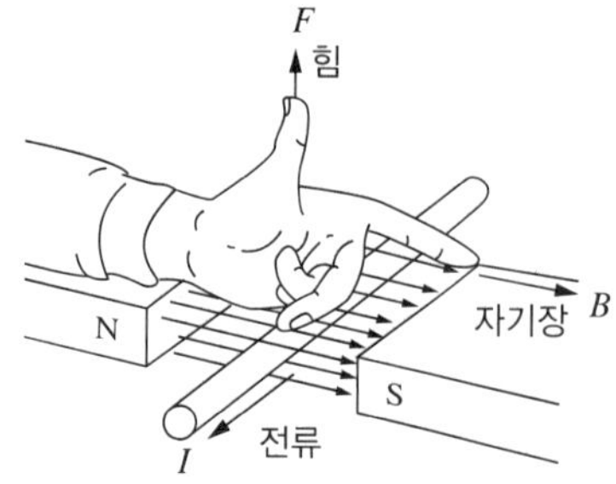

엄지(F, 힘의 방향), 검지(B, 자기장의 방향), 중지(I, 전류의 방향)

15

정답 ①

정답의 이유

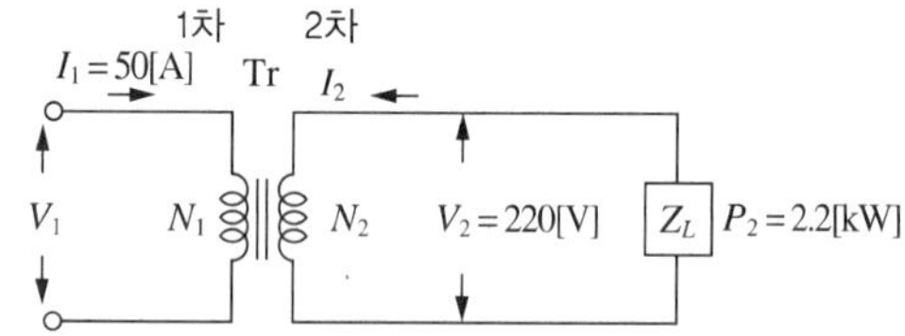

• 2차측 전력 $P_2 = V_2 I_2 [\mathrm{W}]$

$\therefore\ I_2 = \frac{P_2}{V_2} = \frac{2,200}{220} = 10[\mathrm{A}]$

• 권선비 $a = \frac{V_1}{V_2} = \frac{I_2}{I_1} = \frac{N_1}{N_2}$

$\frac{N_1}{N_2} = \frac{I_2}{I_1} = \frac{10}{50} = \frac{1}{5}$

$\therefore\ N_1 : N_2 = 1 : 5$

※ $V_1 = \frac{220 \times 1}{5} = \frac{220}{5} = 44[\mathrm{V}]$

16

정답 ②

정답의 이유

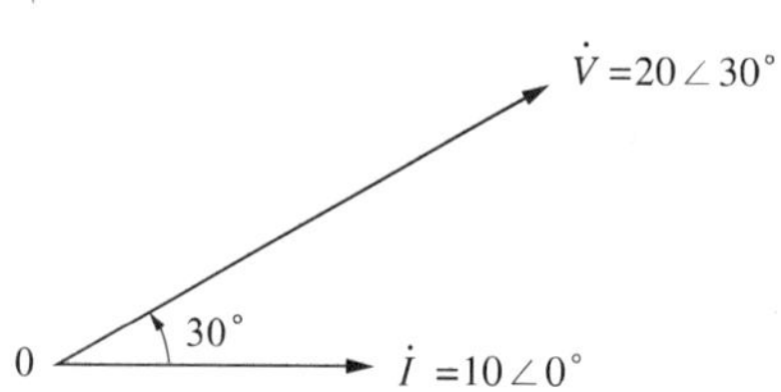

• 임피던스

$\dot{Z} = \frac{\dot{V}}{\dot{I}}[\Omega] = \frac{20\angle 30^\circ}{10\angle 0^\circ} = 2\angle 30^\circ$

• 극좌표 표시

$\dot{Z} = 2\angle 30^\circ = 2(\cos 30^\circ + j\sin 30^\circ) = 2\left(\frac{\sqrt{3}}{2} + j\frac{1}{2}\right)$

$= \sqrt{3} + j1[\Omega]$

17

정답 ④

정답의 이유

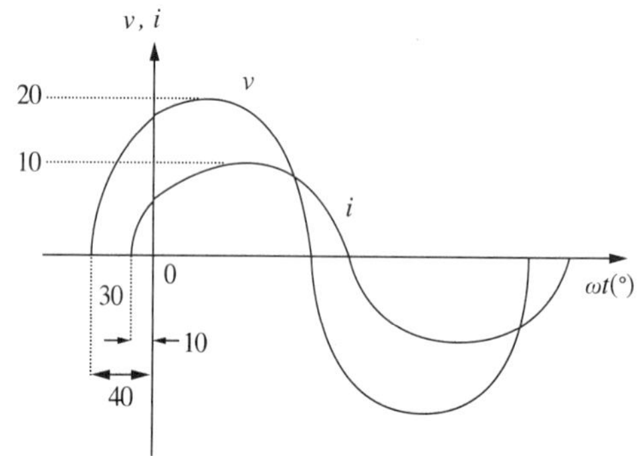

④ 임피던스 $\dot{Z} = \frac{\dot{V}}{\dot{I}}[\Omega] = \frac{20\angle 40^\circ}{10\angle 10^\circ} = 2\angle 30^\circ$이다.

오답의 이유

① 전압과 전류의 위상차 $\theta = 40^\circ - 10^\circ = 30^\circ$이다.

② 교류전압 $v = 20\sin(\omega t + 40^\circ)[\mathrm{V}]$이다.

③ 교류전류 $i = 10\sin(\omega t + 10^\circ)[\mathrm{A}]$이다(최댓값 $I_m = 10[\mathrm{A}]$, 실횻값 $I = \frac{10}{\sqrt{2}}[\mathrm{A}]$).

18

정답 ①

정답의 이유

- 내부 임피던스($\dot{Z}_{Th}$)와 부하 임피던스($\dot{Z}_L$)가 공액 복소수일 때 최대 전력이 전달된다.
  부하 임피던스 Z_L =내부 임피던스 $\overline{Z_{Th}}$
  $\therefore\ \dot{Z}_L = 600 - j150[\Omega]$
- 최대 전력 전달 조건 : 내부저항과 부하저항이 같을 때($R_{Th} = R_L$)
  $P_{\max} = \dfrac{V_{Th}^2}{4R}[\text{W}] = \dfrac{(12)^2}{4 \times 600} = \dfrac{144}{2,400} = 0.06[\text{W}]$

19

정답 ④

정답의 이유

- 임피던스 $|\dot{Z}_P| = \sqrt{(12)^2 + (9)^2} = \sqrt{144+81} = \sqrt{225} = 15[\Omega]$
- 상전류의 크기 $I_P = \dfrac{V_P}{|\dot{Z}_P|} = \dfrac{V_L}{|\dot{Z}_P|} = \dfrac{300}{15} = 20[\text{A}]$
  (△결선에서 $V_L = V_P$)
- 선전류의 크기 $I_L = \sqrt{3}\,I_P = \sqrt{3} \times 20 = 20\sqrt{3}[\text{A}]$

20

정답 ④

정답의 이유

- 정상상태에서 콘덴서 C 개방, 스위치 S Open 상태

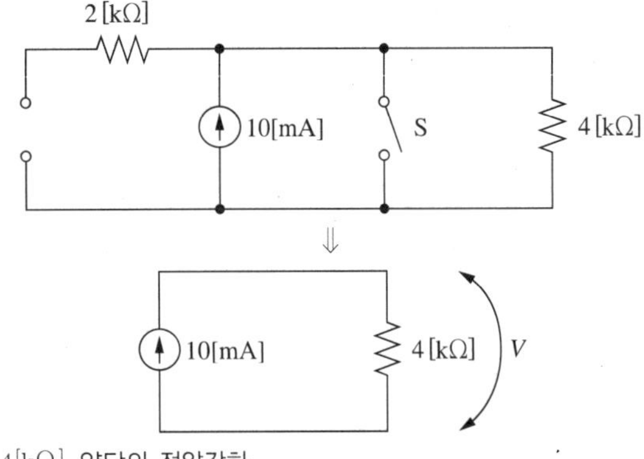

$4[\text{k}\Omega]$ 양단의 전압강하
$V = IR[\text{V}] = 10 \times 10^{-3} \times 4 \times 10^3 = 40[\text{V}]$

- 스위치 S를 닫는 순간

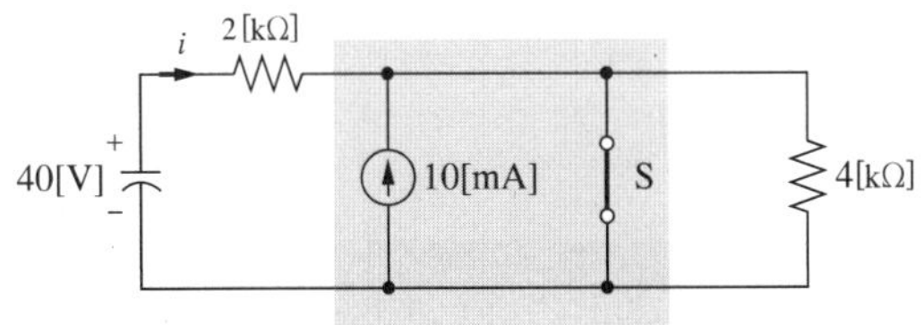

$4[\text{k}\Omega]$ 양단의 전압강하 $40[\text{V}]$가 콘덴서에도 같이 걸린다.

– 전류원에 의한 등가회로

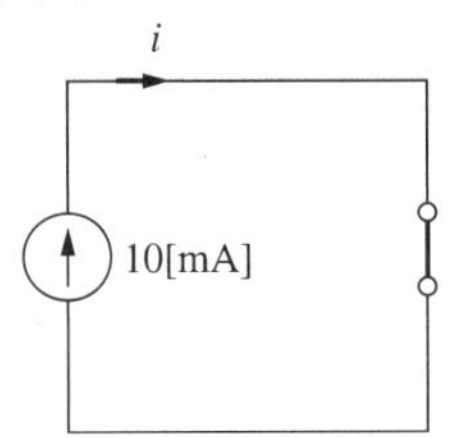

전류원의 전류는 $10[\text{mA}]$는 모두 스위치 쪽으로 흐른다($2[\text{k}\Omega]$ 저항에는 전류원의 영향이 없다).

– 등가회로 전류

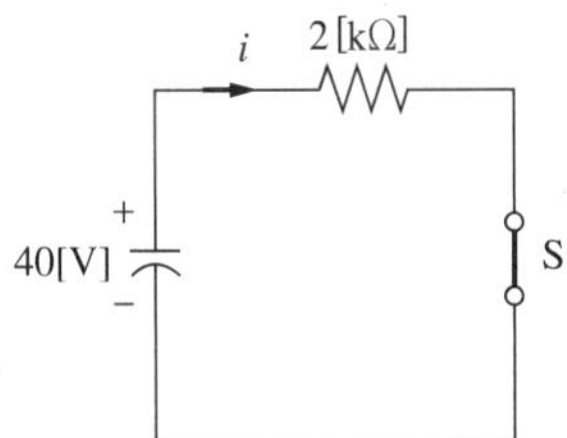

전류 $i = \dfrac{V}{R} = \dfrac{40}{2 \times 10^3} = 20[\text{mA}]$

$\therefore$ 초기 전류 $i_{(0+)} = 20[\text{mA}]$가 흐른다.

PART 3
서울시

- 2022년 서울시 9급
- 2021년 서울시 9급
- 2020년 서울시 9급
- 2019년 서울시 9급
- 2018년 서울시 제2회 9급
- 2018년 서울시 제1회 9급
- 2017년 서울시 9급

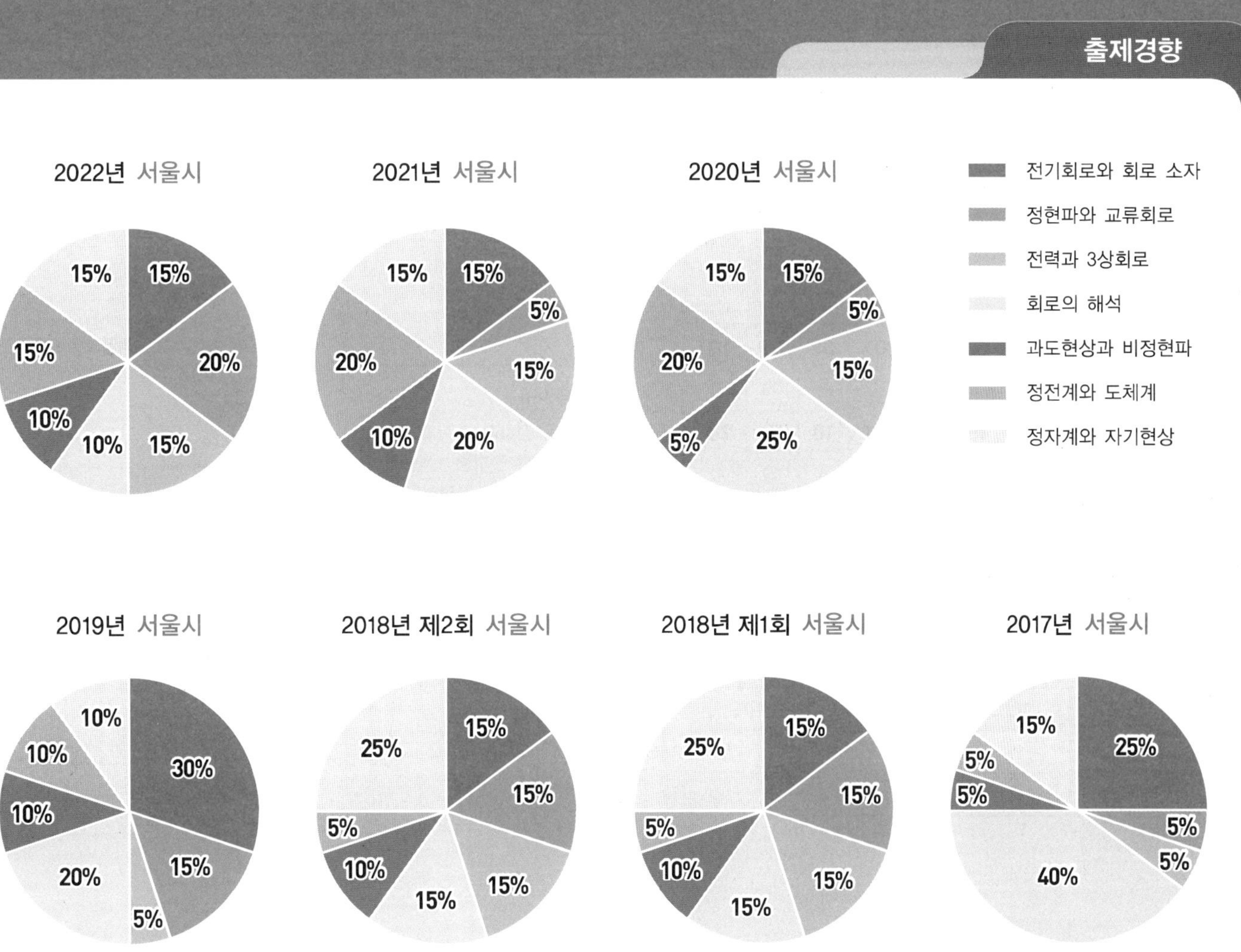
출제경향
2022년 서울시
15%
15%
20%
15%
10%
10%
15%
2021년 서울시
15%
15%
5%
20%
15%
10%
20%
2020년 서울시
15%
15%
5%
20%
15%
5%
25%
전기회로와 회로 소자
정현파와 교류회로
전력과 3상회로
회로의 해석
과도현상과 비정현파
정전계와 도체계
정자계와 자기현상
2019년 서울시
10%
10%
30%
10%
15%
20%
5%
2018년 제2회 서울시
15%
25%
15%
5%
10%
15%
15%
2018년 제1회 서울시
15%
25%
15%
5%
10%
15%
15%
2017년 서울시
15%
25%
5%
5%
5%
5%
40%

전기이론 | 2022년 서울시 9급

한눈에 훑어보기

영역 분석

전기회로와 회로 소자 03 04 11
3문항, 15%
정현파와 교류회로 02 08 09 15
4문항, 20%
전력과 3상회로 06 07 14
3문항, 15%
회로의 해석 10 18
2문항, 10%
과도현상과 비정현파 12 13
2문항, 10%
정전계와 도체계 01 16 19
3문항, 15%
정자계와 자기현상 05 17 20
3문항, 15%

빠른 정답

01	02	03	04	05	06	07	08	09	10
④	③	①	②	②	①	①	③	②	③
11	**12**	**13**	**14**	**15**	**16**	**17**	**18**	**19**	**20**
③	④	④	②	①	④	①	④	③	④

점수 체크

구분	1회독	2회독	3회독
맞힌 문항수	/20	/20	/20
나의 점수	점	점	점

01 정답 ④

정답의 이유

- 전기장에 의한 힘의 세기 $F = QE[\mathrm{N}]$
- 뉴턴의 가속도의 법칙 $F = ma[\mathrm{N} = \mathrm{kg} \cdot \mathrm{m/s^2}]$

$ma = QE,\ a = \frac{QE}{m}[\mathrm{m/s^2}]$ 이므로

∴ $(+)x$ 방향으로의 가속도

$$a_x = \frac{4[\mathrm{nC}] \times 3[\mathrm{kV/m}]}{4[\mathrm{mg}]} = \frac{4 \times 10^{-9} \times 3 \times 10^3}{4 \times 10^{-6}} = 3[\mathrm{m/s^2}]$$

$(+)y$ 방향으로의 가속도

$$a_y = \frac{4[\mathrm{nC}] \times 5[\mathrm{kV/m}]}{4[\mathrm{mg}]} = \frac{4 \times 10^{-9} \times 5 \times 10^3}{4 \times 10^{-6}} = 5[\mathrm{m/s^2}]$$

02 정답 ③

정답의 이유

$$v_L(t) = L\frac{di(t)}{dt} = 1 \times \frac{d}{dt}(\sqrt{2}\sin(120\pi t))$$
$$= \sqrt{2} \times 120\pi \times \cos(120\pi t)$$

∴ 최댓값 $V_m = 120\pi\sqrt{2}[\mathrm{V}]$

실횻값 $V = 120\pi[\mathrm{V}]$

03 정답 ①

정답의 이유

전하량은 전하가 가지고 있는 전기적인 양으로
10초간 흐른 전하량 $Q = It[\mathrm{C}] = 5 \times 10 = 50[\mathrm{C}]$ 이며,
전하의 크기만을 고려하면
전자 1개의 전하량 $e = 1.6 \times 10^{-19}[\mathrm{C}]$ 이므로
∴ 도체 단면을 통과한 전자의 개수

$$n = \frac{Q}{e} = \frac{50}{1.6 \times 10^{-19}} = 3.125 \times 10^{20}[\text{개}]$$

04 정답 ②

정답의 이유

병렬접속 회로의 합성 저항은 다음과 같다.

$$\frac{1}{R}=\frac{1}{R_1}+\frac{1}{R_2}+\frac{1}{R_3}=\frac{1}{10}+\frac{1}{5}+\frac{1}{15}=\frac{3}{30}+\frac{6}{30}+\frac{2}{30}=\frac{11}{30}$$

$$R=\frac{30}{11}[\Omega]$$

$$\therefore\ V[\mathrm{V}]=IR=\frac{30}{11}[\Omega]\cdot I[\mathrm{A}]$$

05 정답 ②

정답의 이유

평행한 두 도선 간에 작용하는 힘

$$F=2\times10^{-7}\times\frac{I_1I_2\,l}{r}[\mathrm{N}]$$

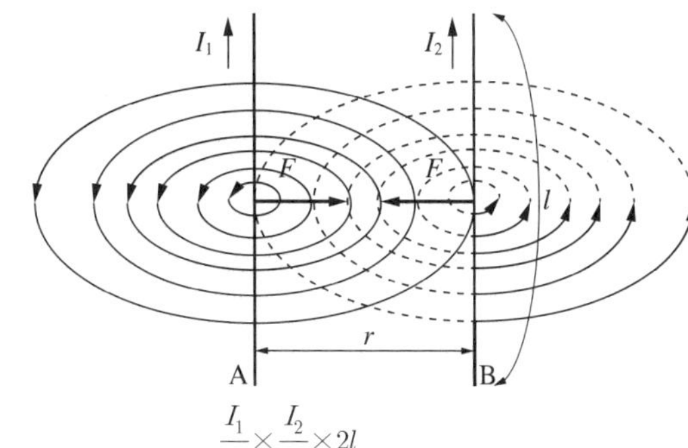

$$\therefore\ F'=2\times10^{-7}\times\frac{\frac{I_1}{2}\times\frac{I_2}{2}\times2l}{2r}$$

$$=2\times10^{-7}\times\frac{I_1I_2\,l}{r}\times\frac{1}{4}$$

$$=F\times\frac{1}{4}[\mathrm{N}]$$

06 정답 ①

정답의 이유

전력 $P=I^2R[\mathrm{W}]$에서 직렬 공진회로가 될 때 임피던스는 최소, 전류는 최대가 되어 R_L에 전력을 최대로 공급한다.

이때 $X_L=X_C,\ \omega L=\frac{1}{\omega C},\ \omega^2LC=1,\ \omega=\frac{1}{\sqrt{LC}}$ 이므로

$$\therefore\ \text{공진 주파수 } f_0=\frac{1}{2\pi\sqrt{LC}}=\frac{1}{2\pi\sqrt{10\times10^{-3}\times100\times10^{-6}}}$$

$$=\frac{1}{2\pi\sqrt{10^3\times10^{-9}}}=\frac{1}{2\pi\sqrt{10^{-6}}}=\frac{1}{2\pi\times10^{-3}}$$

$$=\frac{10^3}{2\pi}=\frac{1}{2\pi}[\mathrm{kHz}]$$

07 정답 ①

정답의 이유

3상 교류의 결선 중 Y결선

- $I_l=I_p$(선전류 = 상전류) $=25\angle0°$
- $V_l=\sqrt{3}\,V_p\angle30°$(선전압 = $\sqrt{3}$ 상전압)

$$V_p=\frac{V_l}{\sqrt{3}\angle30°}=\frac{100\angle50°}{\sqrt{3}\angle30°}=\frac{100}{\sqrt{3}}\angle20°$$

역률은 유효전력을 피상전력으로 나눈 값으로, 교류회로에서 전류와 전압의 위상차의 cos값으로 나타낸다(20° − 0°).

∴ 역률은 cos20°이며, 전류가 전압보다 20°만큼 느리므로 지상전류가 흐른다.

08 정답 ③

정답의 이유

RC 병렬회로

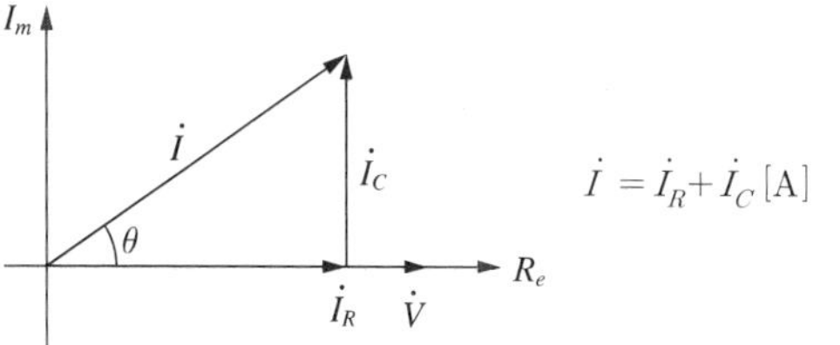

$$\dot{I}=\dot{I}_R+\dot{I}_C[\mathrm{A}]$$

전류 i의 실횻값 $I=\sqrt{I_R^2+I_C^2}=\sqrt{4^2+3^2}=\sqrt{25}=5[\mathrm{A}]$

∴ 전류 i의 최댓값 $I_m=\sqrt{2}I=\sqrt{2}\times5=5\sqrt{2}[\mathrm{A}]$

09 정답 ②

정답의 이유

$R_1=R_2$이고, 양단에 걸리는 전압이 같으므로 두 저항에 흐르는 전류는 $10[\mathrm{A}]$로 서로 같다. 따라서 인덕터 L에 흐르는 전류는 $20[\mathrm{A}]$이다.

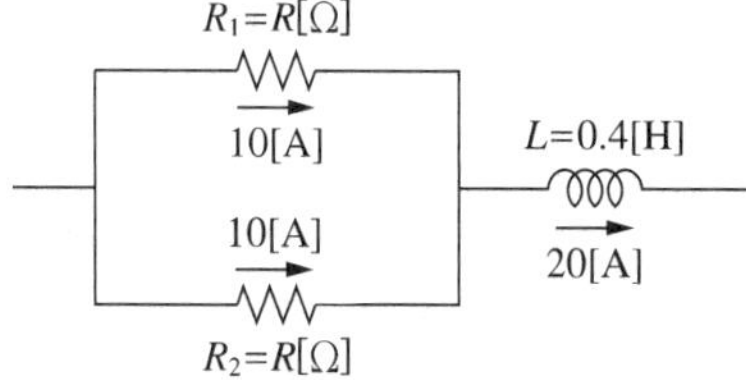

$v=100\sqrt{2}\sin(10t)$의 전압이 걸리므로

합성 임피던스의 크기(실횻값) $|Z|=\frac{V}{I}=\frac{100}{20}=5[\Omega]$이며,

인덕터의 유도리액턴스 $X_L=\omega L=10\times0.4=4[\Omega]$이므로

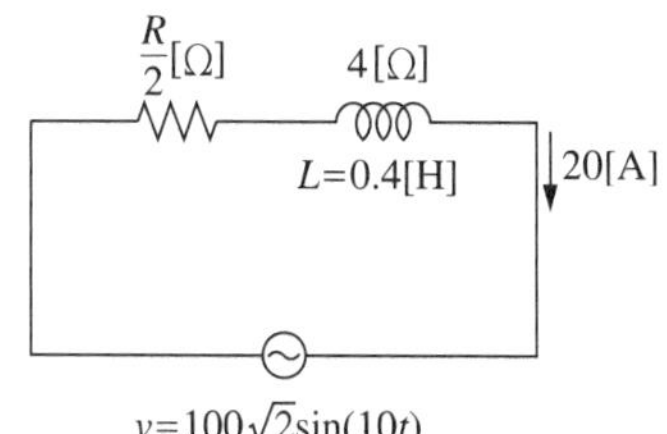

$|Z| = \sqrt{R^2 + X_L^2}$

$5^2 = \left(\frac{R}{2}\right)^2 + 4^2$

$\left(\frac{R}{2}\right)^2 = 25 - 16 = 9$

$\frac{R}{2} = 3$

$\therefore\ R = 6[\Omega]$

10

정답 ③

정답의 이유

라플라스 변환에서 최종값 정리

$$\mathcal{L}\,[\lim_{t\to\infty} f(t)] = \lim_{s\to 0} sF(s)$$
$$= \lim_{s\to 0} s\left(\frac{1.5s+3}{s^3+2s^2+s}\right)$$
$$= \lim_{s\to 0} s\frac{1.5s+3}{s(s^2+2s+1)}$$
$$= \left.\frac{1.5s+3}{s^2+2s+1}\right|_{s\to 0} = \frac{3}{1} = 3$$

11

정답 ③

정답의 이유

$v(t) = L\frac{di(t)}{dt}\,[\mathrm{V}]$이므로

$$i(t) = \frac{1}{L}\int_0^t v(t)dt$$
$$= \frac{1}{2}\left(\int_0^2 0dt + \int_2^4 6dt + \int_4^8 3dt + \int_8^{10} 0dt\right)$$
$$= \frac{1}{2}\left(0 + [6dt]_2^4 + [3dt]_4^8 + 0\right)$$
$$= \frac{1}{2}([6\times4 - 6\times2] + [3\times8 - 3\times4])$$
$$= \frac{1}{2}([24-12] + [24-12])$$
$$= \frac{1}{2}(12+12) = \frac{1}{2}(24) = 12[\mathrm{A}]$$

$\therefore\ t = 10[\mathrm{s}]$인 시점에서 인덕터에 저장된 자계에너지

$$W = \frac{1}{2}LI^2 = \frac{1}{2}\times2\times12^2 = 144[\mathrm{J}]$$

[별 해]

$v(t)$를 적분한 값은 보기에 제시된 그래프의 넓이(24)와 같다.

12

정답 ④

정답의 이유

- 구형파 전압의 푸리에 급수식

  $v(t) = \frac{4V_m}{\pi}\left(\sin\omega t + \frac{1}{3}\sin3\omega t + \frac{1}{5}\sin5\omega t + \cdots\right)$

  – 기본파 성분 $v_1(t) = \frac{4V_m}{\pi}\sin\omega t[\mathrm{V}]$,

  최댓값 $V_1 = \frac{4V_m}{\pi}[\mathrm{V}]$

  – 3고조파 성분 $v_3(t) = \frac{4V_m}{3\pi}\sin3\omega t[\mathrm{V}]$,

  최댓값 $V_3 = \frac{4V_m}{3\pi}[\mathrm{V}]$

- 비정현파의 n고조파 유도리액턴스 $Z_n = jn\omega L[\Omega]$

  인덕터에 흐르는 n고조파 전류 $I_n = \frac{V_n}{jn\omega L}[\mathrm{A}]$

- $I_1 = \frac{V_1}{j\omega L} = \frac{\frac{4V_m}{\pi}}{j\omega L} = \frac{4V_m}{j\pi\omega L}[\mathrm{A}]$

- $I_3 = \frac{V_3}{j3\omega L} = \frac{\frac{4V_m}{3\pi}}{j3\omega L} = \frac{4V_m}{9\times j\pi\omega L}[\mathrm{A}]$

$\therefore\ \frac{I_3}{I_1} = \frac{\frac{4V_m}{9\times j\pi\omega L}}{\frac{4V_m}{j\pi\omega L}} = \frac{1}{9}$

13

정답 ④

정답의 이유

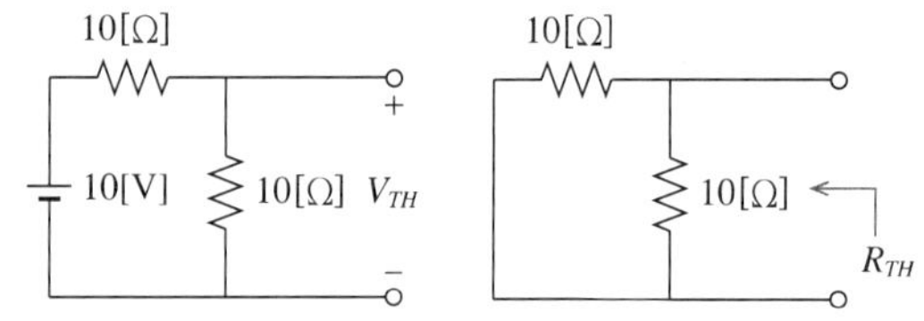

- $V_{TH} = \frac{10}{10+10}\times10 = 5[\mathrm{V}]$

- $R_{TH} = 10 \parallel 10 = \frac{10\times10}{10+10} = 5[\Omega]$

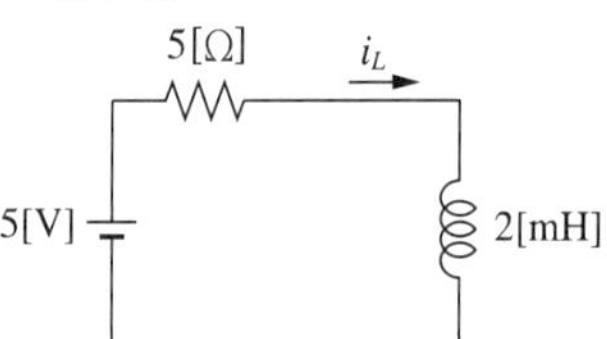

- 시정수 $\tau = \frac{L}{R} = \frac{2}{5} = 0.4[\mathrm{ms}]$

$\therefore$ 정상상태에서 L은 단락이므로

i_L의 최종값 $i_L(\infty) = \frac{V_{Th}}{R_{Th}} = \frac{5}{5} = 1[\mathrm{A}]$

14 정답 ②

정답의 이유

유효전력 $P=I^2R$[W]이므로

$6=I^2\cdot 6,\ I^2=1$

전류의 실횻값 $I=1$[A]이다.

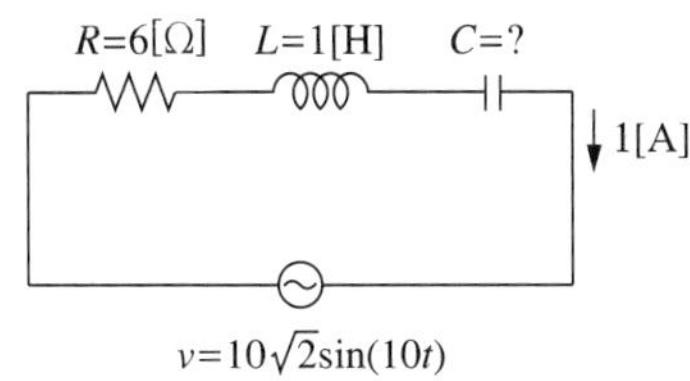

$v=10\sqrt{2}\sin(10t)$에서 전압의 실횻값 $V=10$이며,

임피던스 $|Z|=\dfrac{V}{I}=\dfrac{10}{1}=10[\Omega]$이다.

$Z=R+j(X_L-X_C)[\Omega]=R+j\left(\omega L-\dfrac{1}{\omega C}\right)[\Omega]=Z\angle\theta[\Omega]$

$|Z|=\sqrt{R^2+(X_L-X_C)^2}[\Omega]$

$10=\sqrt{6^2+(X_L-X_C)^2}$

$10^2=6^2+(X_L-X_C)^2$

$(X_L-X_C)^2=8^2$

$X_L-X_C=8$

$X_C=10-8=2[\Omega]=\dfrac{1}{\omega C}$ $(\because\ X_L=\omega L=10\times1=10[\Omega])$

$\therefore\ C=\dfrac{1}{2\omega}=\dfrac{1}{2\times10}=\dfrac{1}{20}=0.05$[F]

15 정답 ①

정답의 이유

전류 $I=\dfrac{V}{|Z|}=\dfrac{V}{\sqrt{R^2+X_C^2}}$[A]이고,

유효전력 $P=I^2R=\left(\dfrac{V}{\sqrt{R^2+X_C^2}}\right)^2\cdot R=\dfrac{V^2\cdot R}{R^2+X_C^2}$[W]이므로

유효전력을 $50[\%]=0.5=\dfrac{1}{2}$ 감소하려면

전류 I^2을 $\dfrac{1}{2}$배, 즉 I를 $\dfrac{1}{\sqrt{2}}$배 하면 되고,

전압 V^2을 $\dfrac{1}{2}$배, 즉 V를 $\dfrac{1}{\sqrt{2}}$배 하면 된다.

16 정답 ④

정답의 이유

도체판의 면적이 S일 때

- 유전율 ε인 유전체 삽입 전 커패시터의 정전용량 $C=\varepsilon_0\dfrac{S}{d}$

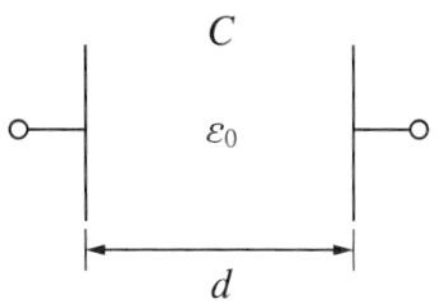

- 유전율 ε인 유전체 삽입 후 커패시터의 정전용량

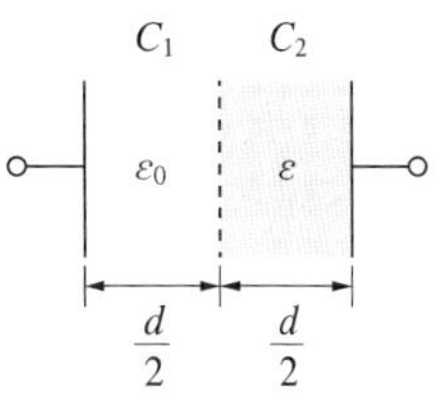

  – 왼쪽의 기존 정전용량 $C_1=\varepsilon_0\dfrac{S}{\frac{d}{2}}=2\varepsilon_0\dfrac{S}{d}=2C$

  – 오른쪽의 정전용량 $C_2=\varepsilon\dfrac{S}{\frac{d}{2}}=2\varepsilon_0\varepsilon_s\dfrac{S}{d}=2\varepsilon_s C$

  ($\because$ 삽입한 유전체의 비유전율이 ε_s일 때 $\varepsilon=\varepsilon_0\varepsilon_s$)

두 커패시터는 직렬로 연결되어 있으므로

합성 정전용량 $C'=\dfrac{C_1\times C_2}{C_1+C_2}=\dfrac{2C\times2\varepsilon_s C}{2C+2\varepsilon_s C}=\dfrac{2\varepsilon_s C}{1+\varepsilon_s}$이며,

$C'=1.6C$이므로 $1.6C=\dfrac{2\varepsilon_s C}{1+\varepsilon_s}$이다.

$1.6=\dfrac{2\varepsilon_s}{1+\varepsilon_s}$

$1.6(1+\varepsilon_s)=2\varepsilon_s$

$1.6+1.6\varepsilon_s=2\varepsilon_s$

$0.4\varepsilon_s=1.6$

$\therefore$ 삽입한 유전체의 비유전율 $\varepsilon_s=4$

17 정답 ①

오답의 이유

상호 인덕턴스와 자기인덕턴스의 관계

$M=k\sqrt{L_1L_2}$

여기서, k : 결합계수$(0\le k\le 1)$

정답의 이유

이상적인 변압기의 조건

- 두 코일 간의 결합계수(k)가 1일 것(누설자속 = 0)
- 코일에 손실이 없을 것(코일의 저항, 히스테리시스 손실, 와류손실이 없다)
- 각 코일의 인덕턴스(L_1, L_2)는 무한대(∞)일 것

18

정답 ④

정답의 이유

이상적인 연산증폭기(OP AMP)의 특성

- 두 입력 단자의 전압은 같으므로, $v_A = v_{in} = 5\sin(3t)[\text{mV}]$이다.
- 두 입력 단자로 흘러 들어가는 전류는 0이므로 $i_+ = i_- = 0$이다.

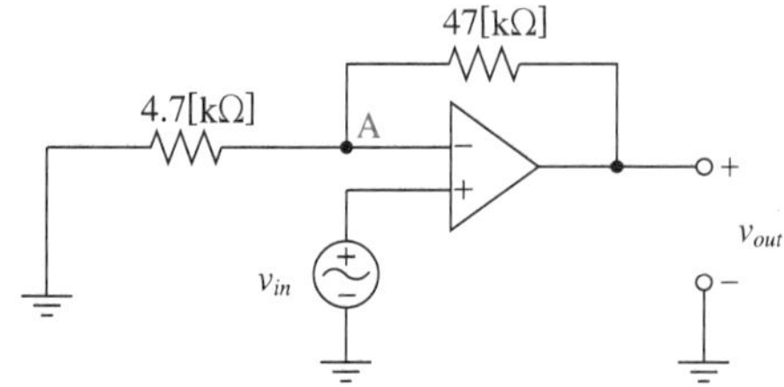

v_{out}의 진폭을 구해야 하므로 최댓값 V_{out}으로 계산한다.

$v_A(=v_{in})$의 최댓값 $V_A = 5[\text{mV}]$이므로

A점에 KCL을 적용하면

$$\frac{0-V_A}{4.7} = \frac{V_A - V_{out}}{47}$$

$$\frac{-5}{4.7} = \frac{5-V_{out}}{47}$$

$$10(-5) = 5 - V_{out}$$

$$-50-5 = -V_{out}$$

$$\therefore\ V_{out} = 55[\text{mV}]$$

19

정답 ③

정답의 이유

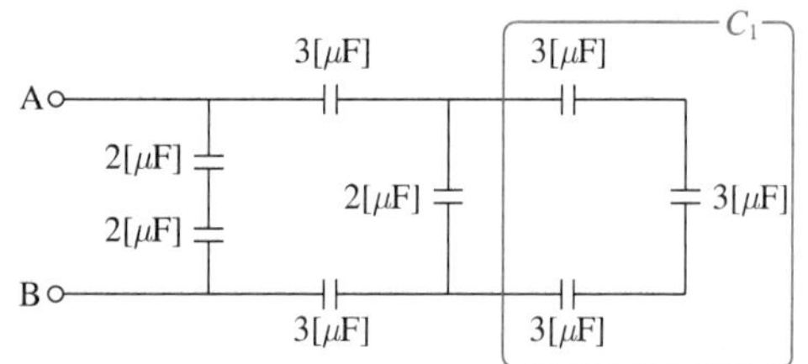

합성 정전용량

$$\frac{1}{C_1} = \frac{1}{3} + \frac{1}{3} + \frac{1}{3} = \frac{3}{3} = 1$$

$$C_1 = 1[\mu\text{F}]$$

※ 크기가 같은 커패시터 3개가 직렬연결되었을 경우

$$C_1 = \frac{C}{3} = \frac{3}{3} = 1[\mu\text{F}]$$

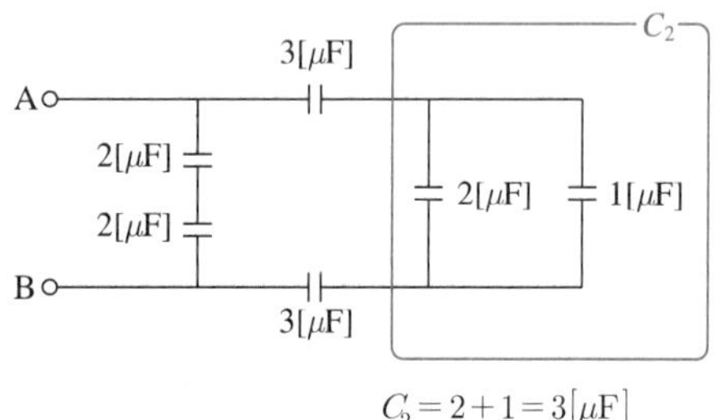

$$C_2 = 2 + 1 = 3[\mu\text{F}]$$

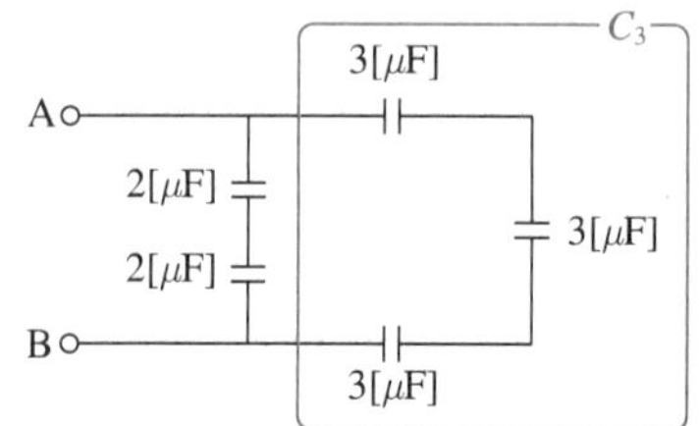

$$C_3 = \frac{C}{3} = \frac{3}{3} = 1[\mu\text{F}]$$

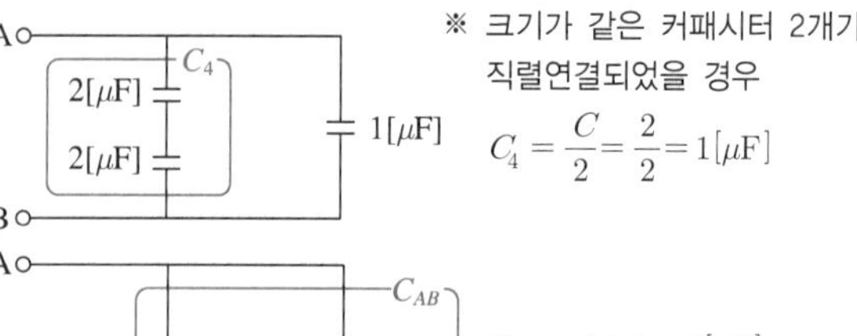

※ 크기가 같은 커패시터 2개가 직렬연결되었을 경우

$$C_4 = \frac{C}{2} = \frac{2}{2} = 1[\mu\text{F}]$$

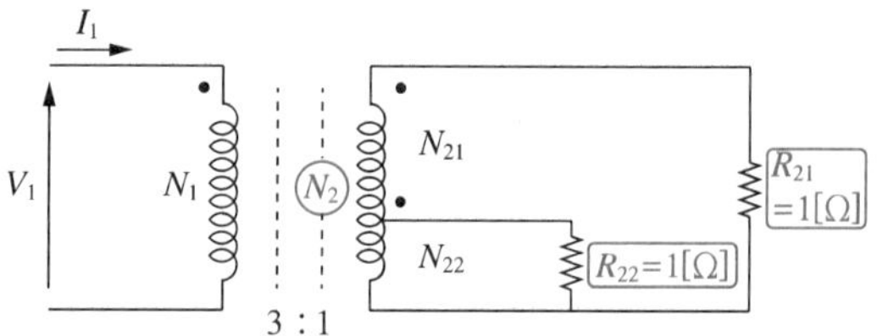

$$C_{AB} = 1 + 1 = 2[\mu\text{F}]$$

20

정답 ④

정답의 이유

- $N_{21} : N_{22} = 2:1$이므로 $N_2 = N_{21} + N_{22} = 2+1 = 3$이라 하면 권수비가 $3:1$이므로 $N_1 : N_2 = 3:1 = 9:3$이고, $N_1 : N_{21} = 9:2$, $N_1 : N_{22} = 9:1$로 나타낼 수 있다.
- 권수비 $a = \sqrt{\frac{Z_1}{Z_2}}$, $Z_1 = a^2 Z_2$

  여기서, Z_1 : 1차측 임피던스, Z_2 : 2차측 임피던스

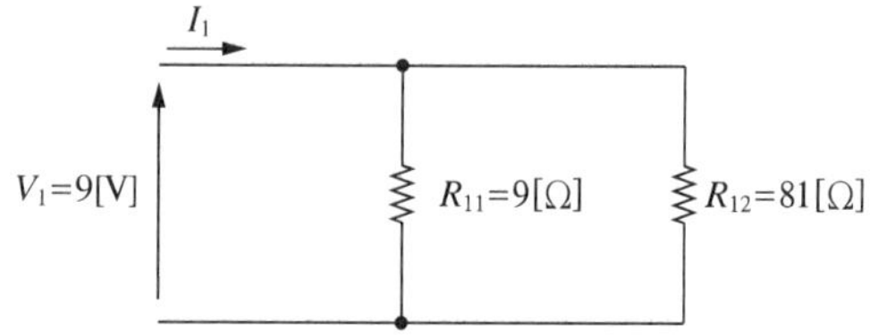

- 회로에서 2차측의 오른쪽 끝에 있는 저항 1[Ω]을 1차측 저항으로 변환하면 $N_1 : N_2 = 3:1$에서 권수비 $a_1 = \frac{N_1}{N_2} = \frac{3}{1} = 3$이므로

  $R_{11} = a^2 R_{21} = 3^2 \times 1 = 9[\Omega]$이다.
- 회로에서 2차측의 아래쪽에 있는 저항 1[Ω]을 1차측 저항으로 변환하면 $N_1 : N_{22} = 9:1$에서 권수비 $a_2 = \frac{N_1}{N_{22}} = \frac{9}{1} = 9$이므로

  $R_{12} = a^2 R_{22} = 9^2 \times 1 = 81[\Omega]$이다.

I_1 — $V_1=9[\text{V}]$, $R_{11}=9[\Omega]$, $R_{12}=81[\Omega]$

합성 저항 $R_1 = R_{11} \parallel R_{12} = \frac{9\times 81}{9+81} = \frac{729}{90} = \frac{81}{10}[\Omega]$

$\therefore$ 1차측 전류의 실횻값 $I_1 = \frac{V_1}{R_1} = \frac{9}{\frac{81}{10}} = \frac{10}{9}[\text{A}]$

전기이론 | 2021년 서울시 9급

한눈에 훑어보기

영역 분석

전기회로와 회로 소자 01 03 07
3문항, 15%
정현파와 교류회로 15
1문항, 5%
전력과 3상회로 04 05 16
3문항, 15%
회로의 해석 02 06 11 13
4문항, 20%
과도현상과 비정현파 14 20
2문항, 10%
정전계와 도체계 08 10 18 19
4문항, 20%
정자계와 자기현상 09 12 17
3문항, 15%

빠른 정답

01	02	03	04	05	06	07	08	09	10
①	③	④	②	②	③	①	④	②	③
11	**12**	**13**	**14**	**15**	**16**	**17**	**18**	**19**	**20**
①	②	④	①	③	②	②	③	②	①

점수 체크

구분	1회독	2회독	3회독
맞힌 문항수	/20	/20	/20
나의 점수	점	점	점

01 정답 ①

정답의 이유

① 저항소자는 전류의 흐름을 방해하는 수동소자로서 에너지를 순수하게 소비만 하고 저장하지 않는다.

오답의 이유

② 이상적인 독립전압원은 특정한 값의 전압만 걸리게 하며, 이상적인 독립전류원은 특정한 값의 전류만 흐르게 한다.
③ 인덕터 소자에 걸리는 전압은 소자 양단에 걸리는 전류의 변화율에 비례하여 걸리게 된다$\left(V_L = L\frac{di}{dt}\right)$.
④ 저항소자에 흐르는 전류는 전압에 비례한다$\left(I = \frac{V}{R}\right)$.

02 정답 ③

정답의 이유

$$3 \parallel 3 \parallel 3 = \frac{1}{\frac{1}{3}+\frac{1}{3}+\frac{1}{3}} = 1[\Omega]$$

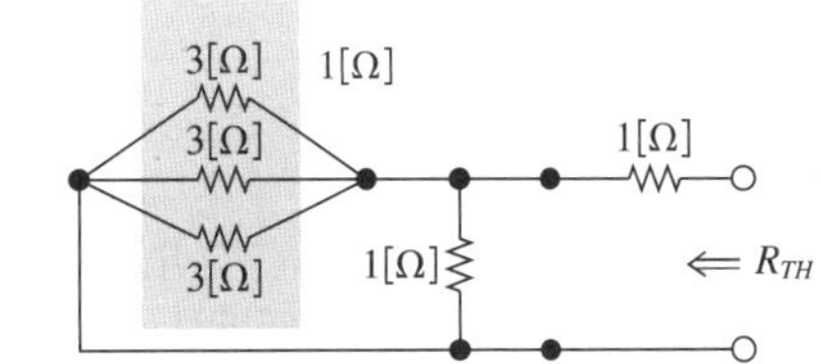

$$R_{TH} = 1 \parallel 1 + 1 = \frac{1}{2} + 1 = \frac{3}{2}[\Omega]$$

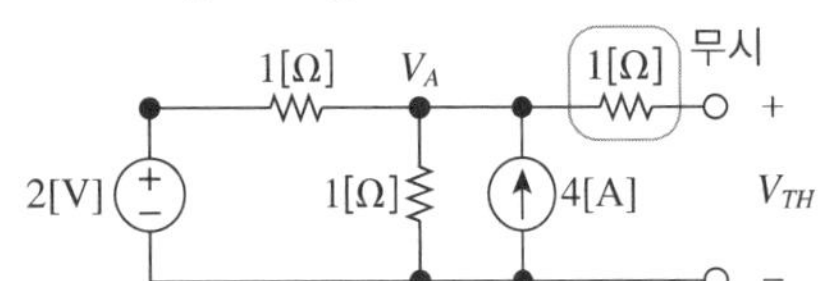

$V_A = V_{TH}$
KCL을 적용하면
$$\frac{2-V_A}{1} + 4 = \frac{V_A}{1}$$
$2V_A = 6$
$V_A = V_{TH} = 3[V]$

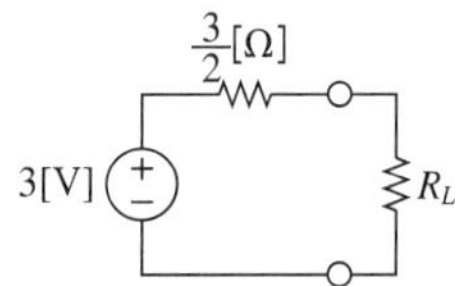

내부저항(R_{TH})=부하저항(R_L)일 때 최대 전력이 전달된다.

$\therefore$ 전력 $P=\dfrac{V_{TH}^2}{4R_{TH}}=\dfrac{3^2}{4\times\dfrac{3}{2}}=\dfrac{3}{2}=1.5[\text{W}]$

03 정답 ④

정답의 이유

커패시터의 정전용량

$$C=\frac{\varepsilon A}{d}[\text{F}]$$

평판의 면적 A가 2배, 두 평판 사이의 간격 d가 $\frac{1}{2}$배 되면

$C'=\varepsilon\dfrac{2A}{\dfrac{1}{2}d}=4\cdot\varepsilon\dfrac{A}{d}[\text{F}]$이므로 원래의 정전용량보다 4배 증가한다.

04 정답 ②

정답의 이유

- 피상전력 $\dot{P}_{a1}=P\pm jP_r$, $|P_a|=\sqrt{P^2+P_r^2}[\text{VA}]$
- 유효전력 $P=P_a\cos\theta=\sqrt{P_a^2-P_r^2}[\text{W}]$
- 무효전력 $P_r=P_a\sin\theta=\sqrt{P_a^2-P^2}[\text{Var}]$

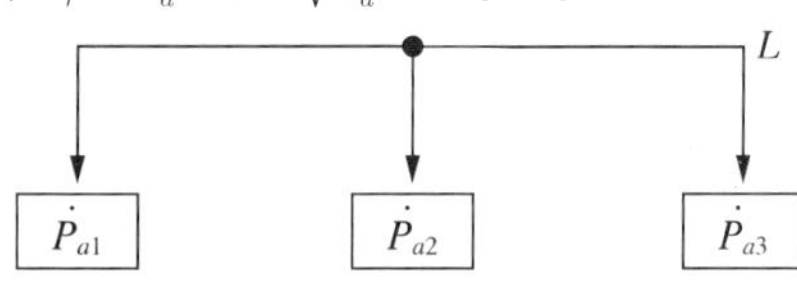

- $P_{a1}=100[\text{kVA}]$, $\cos\theta=0.6$, $\sin\theta=0.8$이므로
  $\dot{P}_{a1}=P+jP_r=P_{a1}\cos\theta+jP_{a1}\sin\theta=100(0.6+j0.8)$
  $=60+j80[\text{kVA}]$
- $P_2=240[\text{kW}]$이므로
  $P_{a2}=\dfrac{P}{\cos\theta}=\dfrac{240}{0.6}=400[\text{VA}]$,
  $P_{r2}=P_{a2}\sin\theta=400\times0.8=320[\text{Var}]$,
  $\dot{P}_{a2}=P_2+jP_{r2}=240-j320[\text{kVA}]$
  (지상이므로 허수부가 음수(−)이다)
- $P_{a3}=20[\text{kVA}]$, $\cos\theta=1$, $\sin\theta=0$이므로
  $\dot{P}_{a3}=20+j\times0=20[\text{kVA}]$

합성 부하 $\dot{P}_a=\dot{P}_{a1}+\dot{P}_{a2}+\dot{P}_{a3}$
$=60+j80+240-j320+20$
$=320-j240[\text{VA}]$

무효전력이 $-j240[\text{Var}]$이므로 지상부하로 역률이 뒤지며, 합성 부하의 역률은 다음과 같다.

$$\cos\theta=\frac{P}{P_a}=\frac{P}{\sqrt{P^2+P_r^2}}$$
$$=\frac{320}{\sqrt{320^2+240^2}}=\frac{320}{\sqrt{8^2(40^2+30^2)}}$$
$$=\frac{320}{8\sqrt{50^2}}=\frac{320}{400}=\frac{4}{5}=0.8$$

05 정답 ②

정답의 이유

RLC 직렬 공진회로에서 전압확대율(Q)은 저항에 대한 리액턴스비이다.

$$Q=\frac{X_L}{R}=\frac{X_C}{R}=\frac{1}{R}\sqrt{\frac{L}{C}}=\frac{1}{20}\sqrt{\frac{1\times10^{-9}}{100\times10^{-15}}}=\frac{1}{20}\sqrt{10^4}$$
$$=\frac{100}{20}=5$$

06 정답 ③

정답의 이유

T형 4단자 회로망의 임피던스 Z 파라미터

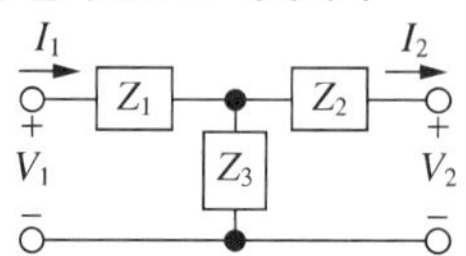

- $Z_{11}=\dfrac{V_1}{I_1}\Big|_{I_2=0}=Z_1+Z_3$
- $Z_{12}=\dfrac{V_1}{I_2}\Big|_{I_1=0}=Z_3$
- $Z_{21}=\dfrac{V_2}{I_1}\Big|_{I_2=0}=Z_3$
- $Z_{22}=\dfrac{V_2}{I_2}\Big|_{I_1=0}=Z_2+Z_3$

$\therefore\ Z_{22}=Z_2+Z_3=-j2+j=-j[\Omega]$

07 정답 ①

정답의 이유

커패시터에 저장되는 에너지

$$W=\frac{1}{2}CV^2=\frac{1}{2}\times1\times10^{-6}\times1^2=0.5[\mu\text{J}]$$

08 정답 ④

오답의 이유

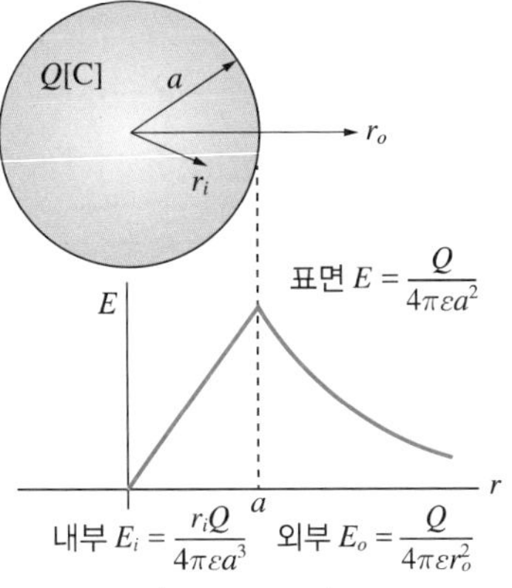

④ 구 내부의 전계의 크기$\left(E_i=\frac{r_iQ}{4\pi\varepsilon a^3}\right)$는 구 중심으로부터의 거리에 비례한다.

정답의 이유

① 구 중심으로부터 $r_1=\frac{a}{4}[\text{m}]$, $r_2=2a[\text{m}]$ 떨어진 지점에서의 전계의 크기는 다음과 같다.

- $E_1=\frac{r_iQ}{4\pi\varepsilon a^3}=\frac{\frac{a}{4}Q}{4\pi\varepsilon a^3}=\frac{Q}{16\pi\varepsilon a^2}$
- $E_2=\frac{Q}{4\pi\varepsilon r_o^2}=\frac{Q}{4\pi\varepsilon(2a)^2}=\frac{Q}{16\pi\varepsilon a^2}$

$\therefore\ E_1=E_2$

② 구 외부의 전계의 크기$\left(E_o=\frac{Q}{4\pi\varepsilon r_o^2}\right)$는 구 중심으로부터의 거리의 제곱에 반비례한다.

③ 전계의 크기로 표현되는 함수는 $r=a[\text{m}]$에서 내부의 전계 E_i와 외부의 전계 E_o의 크기가 같으므로 연속이다.

09 정답 ②

정답의 이유

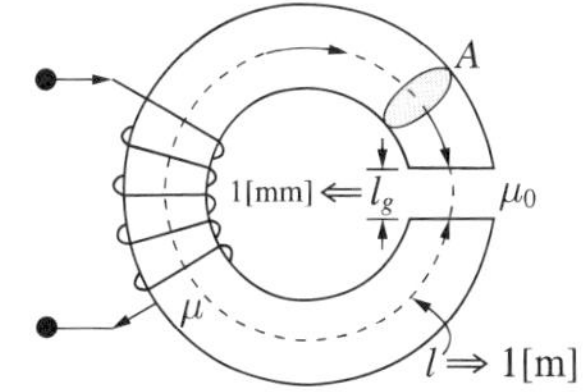

- 공극이 없을 때 자기저항

$$R_m=\frac{l}{\mu A}=\frac{l}{\mu_0\mu_s A}=\frac{1}{1{,}000\mu_0 A}[\text{AT/Wb}]$$

- 공극의 자기저항

$$R_g=\frac{l_g}{\mu A}=\frac{l}{\mu_0 A}=\frac{1\times10^{-3}}{\mu_0 A}=\frac{1}{1{,}000\mu_0 A}[\text{AT/Wb}]$$

$1{,}000[\text{mm}]\fallingdotseq 1{,}000-1=999[\text{mm}]$이므로

$\therefore$ 전체의 자기저항 $R=R_m+R_g=\frac{2}{1{,}000\mu_0 A}\fallingdotseq 2R_m$

10 정답 ③

정답의 이유

가우스 법칙

$\nabla\cdot D=\rho\ (D=\varepsilon E)$ $\nabla\cdot\varepsilon E=\rho\ (E=-\nabla\cdot V)$ $\nabla^2\cdot V=-\frac{\rho}{\varepsilon}$(푸아송 방정식)

$$\nabla^2 V=\frac{\partial^2}{\partial x^2}V+\frac{\partial^2}{\partial y^2}V+\frac{\partial^2}{\partial z^2}V$$
$$=\frac{\partial^2}{\partial x^2}4xyz^2+\frac{\partial^2}{\partial y^2}4xyz^2+\frac{\partial^2}{\partial z^2}4xyz^2$$

(x, y, z에 대하여 각각 2번 미분)

$$=0+0+8xy=8xy$$

$8xy=-\frac{\rho}{\varepsilon_0}$ (진공 중에 있으므로 $\varepsilon=\varepsilon_0$)

$\therefore$ 체적전하밀도 $\rho=-8\varepsilon_0 xy[\text{C/m}^3]$

11 정답 ①

정답의 이유

이상적인 연산증폭기

- 조건 : 내부저항 $R_i=\infty$, 출력저항 $R_o=0$
- 두 입력단자의 전압은 같다($v_+=v_-$).
- 두 입력단자로 흘러 들어가는 전류는 0이다($i_+=i_-$).

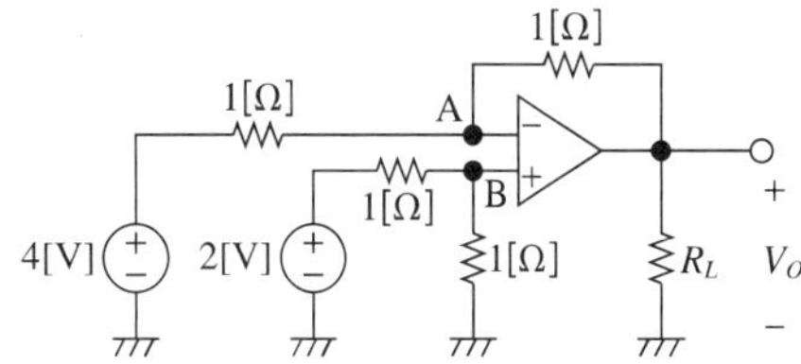

- 노드 B에 KCL을 적용하면

$$\frac{V_B}{1}=\frac{2-V_B}{1}$$
$$V_B=1[\text{V}]$$

- 연산증폭기 두 입력단자의 전압은 같으므로

$$V_A=V_B=1[\text{V}]$$

$\therefore$ 노드 A에 KCL을 적용하면

$$\frac{4-1}{1}=\frac{1-V_O}{1}$$
$$V_O=-2.0[\text{V}]$$

12

정답 ②

정답의 이유

유도기전력 $e=-N\frac{d\phi}{dt}$[V], 자속 $\phi=BA$[Wb]

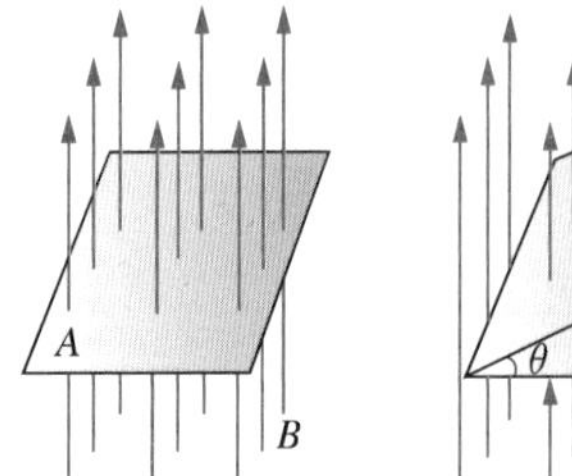

평면이 자기장에 수직이 아니라면
자속 $\phi(t)=BA\cos\theta=BA\cos\omega t$ [Wb]이다.

$e=-N\frac{d\phi}{dt}=-N\frac{d}{dt}(BA\cos\omega t)=-\omega NBA\sin\omega t$ [V]

위 식에서 유도기전력의 최댓값 $e_m=\omega NBA$이다.

∴ 자속밀도 $B=\frac{e_m}{\omega NA}$

$=\frac{377}{377\times100\times100\times10^{-4}}$

$=1[\text{Wb/m}^2]=1[\text{T}]$

13

정답 ④

정답의 이유

인덕터 1[H]를 라플라스 변환하면 $sL=s$이고,

커패시터 0.5[F]를 라플라스 변환하면 $\frac{1}{sC}=\frac{1}{s\times0.5}=\frac{2}{s}$이다.

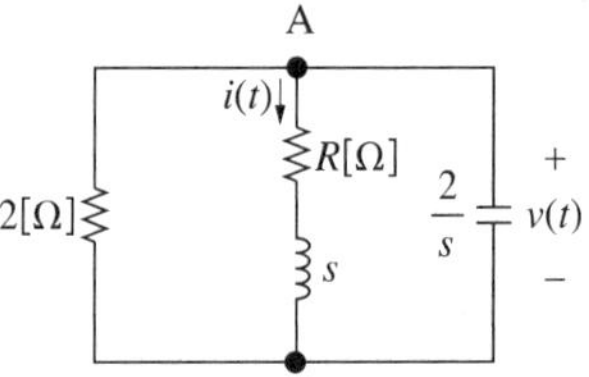

Node A에 KCL을 적용하면 다음과 같다.

$$\frac{V_A}{2}+\frac{V_A}{s+R}+\frac{V_A}{\frac{2}{s}}=0$$

$$\frac{1}{2}+\frac{1}{s+R}+\frac{s}{2}=0$$

$$\frac{1+s}{2}+\frac{1}{s+R}=0$$

$$\frac{(s+1)(s+R)+2}{2(s+R)}=0$$

$$(s+1)(s+R)+2=0$$

$$s^2+1s+Rs+R+2=0$$

$$s^2+(1+R)s+(R+2)=0$$

문제에서 주어진 특성방정식이 $s^2+5s+6=0$이므로

$1+R=5$ 또는 $R+2=6$

∴ $R=4[\Omega]$

14

정답 ①

정답의 이유

- 테브난 등가회로

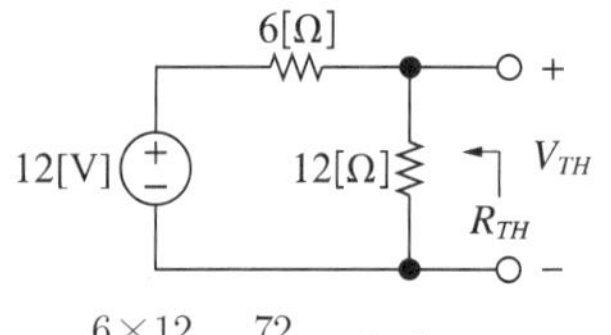

– $R_{TH}=6\parallel12=\frac{6\times12}{6+12}=\frac{72}{18}=4[\Omega]$(전압원 단락)

– $V_{TH}=\frac{12}{6+12}\times12=\frac{12}{18}\times12=8[\text{V}]$

- $t>0$일 때 등가회로

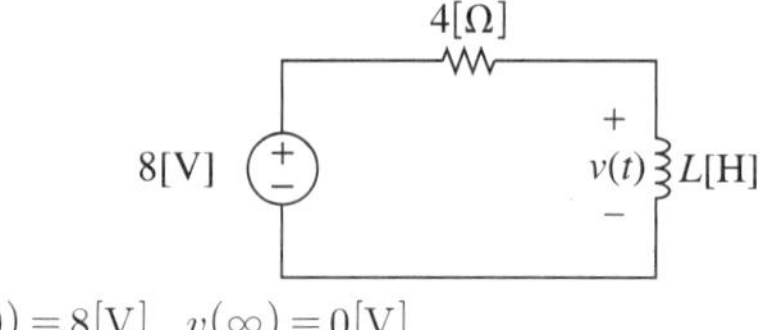

– $v(0)=8[\text{V}]$, $v(\infty)=0[\text{V}]$

– $v(t)=0+(8-0)e^{-\frac{t}{\tau}}=8e^{-\frac{t}{\frac{L}{R}}}=8e^{-\frac{t}{\frac{L}{4}}}$

문제에서 $v(t)=8e^{-2t}$[V]로 주어졌으므로

시정수 $\tau=\frac{L}{4}=\frac{1}{2}$

∴ $L=2[\text{H}]$

15

정답 ③

정답의 이유

- 최대 전력 전달 조건 : 부하 임피던스(Z_L) = 내부 임피던스의 켤레 복소수(Z_g^*)
  – $Z_g^*=100-j50$
  – $Z_L=(25+j50)\parallel jX=\frac{(25+j50)\times jX}{25+j50+jX}=\frac{j25X-50X}{25+j(50+X)}$

  $Z_L=Z_g^*$이므로

  $$\frac{j25X-50X}{25+j(50+X)}=100-j50$$

  $$\frac{jX-2X}{25+j(50+X)}=4-j2$$

  $$\begin{aligned}-2X+jX&=(4-j2)(25+j(50+X))\\&=100+j4(50+X)-j50+2(50+X)\\&=100+j200+j4X-j50+100+2X\\&=200+2X+j150+j4X\end{aligned}$$

  $$-4X-j3X=200+j150$$

  $$X(-4-j3)=50(4+j3)$$

  $$X=-50\frac{(4+j3)}{(4+j3)}=-50[\Omega]$$

- 최대로 전달되는 전력 $P=\frac{V^2}{4R}=\frac{100^2}{4\times100}=\frac{100}{4}=25[\text{W}]$

16

정답 ②

정답의 이유

△결선의 임피던스를 Y결선으로 변환하면 다음과 같다.

$$Z_Y = \frac{Z_\triangle}{3} = \frac{1+j}{3} = \frac{1}{3} + j\frac{1}{3}[\Omega]$$

17

정답 ②

정답의 이유

유한길이 직선전류에 의한 자계

$$H = \frac{I}{4\pi a}(\cos\theta_1 + \cos\theta_2)[\text{AT/m}]$$

정사각형 중심점에서는 한 변의 자계의 값을 구한 뒤 4배를 곱해 준다.

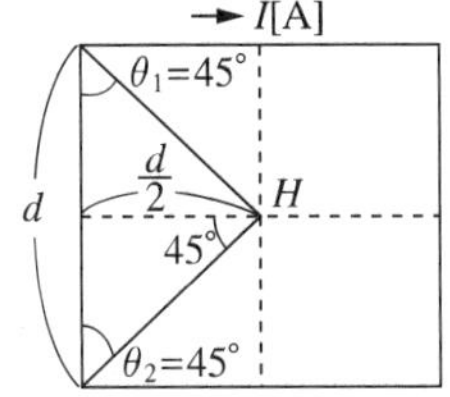

$$\therefore\ H = 4\times\frac{I}{4\pi a}(\cos\theta_1 + \cos\theta_2)$$

$$= 4\times\frac{I}{4\pi\times\frac{d}{2}}(\cos 45° + \cos 45°)$$

$$= \frac{2I}{\pi d}\left(\frac{\sqrt{2}}{2} + \frac{\sqrt{2}}{2}\right) = \frac{2\sqrt{2}}{\pi d}I[\text{A/m}]$$

18

정답 ③

정답의 이유

- 파동의 주파수 $f = \frac{v}{\lambda} = \frac{1\times10^8}{10\times10^{-2}} = 1\times10^9[\text{Hz}]$
- 전파속도 $v = \lambda\cdot f[\text{m/s}] = \frac{1}{\sqrt{\mu\varepsilon}}[\text{m/s}]$

$$v = \frac{1}{\sqrt{\mu\varepsilon}} = \frac{1}{\sqrt{\mu_0\mu_r\varepsilon_0\varepsilon_r}} = \frac{1}{\sqrt{\mu_0\varepsilon_0}}\cdot\frac{1}{\sqrt{\mu_r\varepsilon_r}}$$

$$= 3\times10^8\frac{1}{\sqrt{\mu_r\varepsilon_r}} = 1\times10^8$$

(빛의 속도 $c = \frac{1}{\sqrt{\mu_0\varepsilon_0}} = 3\times10^8[\text{m/s}]$)

$\frac{1}{\sqrt{\mu_r\varepsilon_r}} = \frac{1}{3}$ ($\mu = \mu_0$이므로 $\mu_r = 1$)

$$\frac{1}{\sqrt{\varepsilon_r}} = \frac{1}{3}$$

$$\sqrt{\varepsilon_r} = 3$$

∴ 비유전율 $\varepsilon_r = 9$

19

정답 ②

정답의 이유

전위 $V = \frac{1}{4\pi\varepsilon_0}\times\frac{Q}{r} = 9\times10^9\times\frac{Q}{r}[\text{V}]$

- 점 A의 전위 $V_A = 9\times10^9\frac{Q}{4}[\text{V}]$
- 점 B의 전위 $V_B = 9\times10^9\frac{Q}{3}[\text{V}]$

∴ 점 A, B 사이의 전위차

$$V_{BA} = V_B - V_A$$

$$= 9\times10^9\times\left(\frac{Q}{3} - \frac{Q}{4}\right) = 9\times10^9\times Q\times\left(\frac{4-3}{12}\right)$$

$$= 9\times10^9\times0.4\times10^{-6}\times\frac{1}{12} = 300[\text{V}]$$

20

정답 ①

정답의 이유

- $t<0$일 때 테브난 등가회로

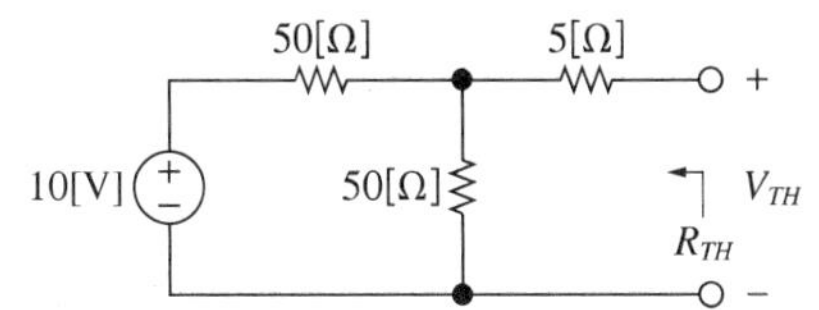

- $R_{TH} = 50 \parallel 50 + 5 = 25 + 5 = 30[\Omega]$(전압원 단락)
- $V_{TH} = \frac{50}{50+50}\times10 = 5[\text{V}]$

- $t>0$일 때 등가회로

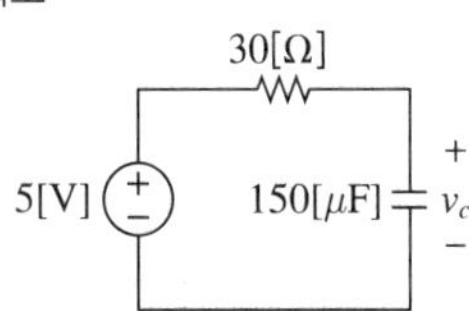

- 초깃값 $v_c(0) = V_{TH} = 5[\text{V}]$
- 최종값 $v_c(\infty) = 0[\text{V}]$
- 정상상태의 $v_c(t) = 0 + (5-0)e^{-\frac{1}{RC}t} = 5e^{-\frac{1}{RC}t}[\text{V}]$
- 시정수 $\tau = R_{TH}C = 30\times150\times10^{-6} = 4.5\times10^{-3}$ $= 4.5[\text{ms}]$
- $4.5[\text{ms}]$일 때 : $v_c(4.5[\text{ms}]) = 5e^{-1}[\text{V}]$

∴ $4.5[\text{ms}]$일 때 전압 초기치의 e^{-1}만큼 감소한다.

서울시 9급 기출이 답이다 전기이론

전기이론 | 2020년 서울시 9급

한눈에 훑어보기

전기회로와 회로 소자 10 17 20
3문항, 15%
정현파와 교류회로 18
1문항, 5%
전력과 3상회로 02 07 15
3문항, 15%
회로의 해석 01 03 04 11 13
5문항, 25%
과도현상과 비정현파 16
1문항, 5%
정전계와 도체계 05 06 09 12
4문항, 20%
정자계와 자기현상 08 14 19
3문항, 15%

빠른 정답

01	02	03	04	05	06	07	08	09	10
②	④	①	③	②	④	④	①	③	①
11	**12**	**13**	**14**	**15**	**16**	**17**	**18**	**19**	**20**
③	②	④	①	④	②	③	④	③	①

점수 체크

구분	1회독	2회독	3회독
맞힌 문항수	/20	/20	/20
나의 점수	점	점	점

01

정답 ②

정답의 이유

3개의 저항에 걸리는 전압은 $120[\text{V}]$로 동일

$5[\Omega]$에 흐르는 전류 $I=\dfrac{V}{R}=\dfrac{120}{5}=24[\text{A}]$

02

정답 ④

정답의 이유

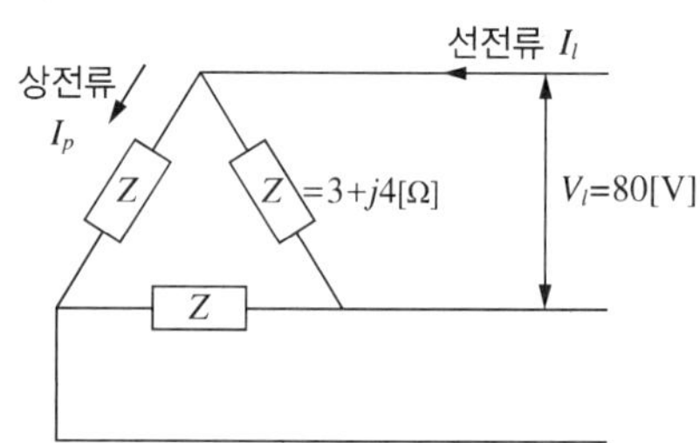

부하 임피던스 $Z=3+j4[\Omega]$

$|Z|=\sqrt{3^2+4^2}=5[\Omega]$

선전류 $V_l=V_p=80[\text{V}]$

상전류 크기 $I_p=\dfrac{V_p}{Z}=\dfrac{80}{5}=16[\text{A}]$

$\therefore$ 선전류 크기 $I_l=\sqrt{3}I_p=16\sqrt{3}[\text{A}]$

03

정답 ①

정답의 이유

$5\angle 90°=5(\cos 90°+j\sin 90°)=5(0+j)=j5[\text{A}]$

$5\sqrt{2}\angle 45°=5\sqrt{2}(\cos 45°+j\sin 45°)=5\sqrt{2}\left(\dfrac{1}{\sqrt{2}}+j\dfrac{1}{\sqrt{2}}\right)$

$=5+j5[\text{A}]$

KCL을 적용

$I+5+j5=j5$

$\therefore I=-5[\text{A}]$

04 정답 ③

정답의 이유

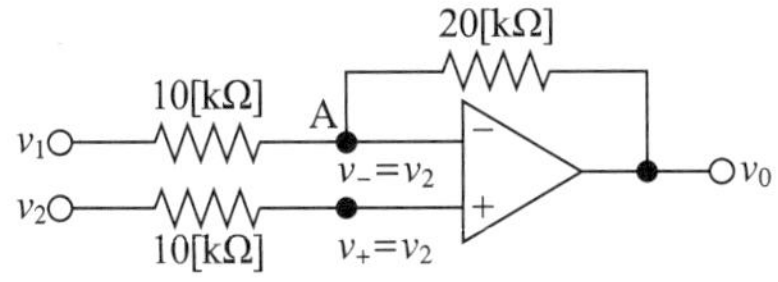

v_2와 v_+ 사이에 전류가 흐르지 않으므로 $v_+ = v_2$

이상적인 연산증폭기는 $v_+ = v_-$이므로 $v_- = v_2$

A마디에 KCL을 세우면

$$\frac{v_1 - v_2}{10} = \frac{v_2 - v_o}{20}$$

$$2(v_1 - v_2) = v_2 - v_o$$

$$2v_1 - 2v_2 - v_2 = -v_o$$

$$\therefore\ v_o = -2v_1 + 3v_2[\mathrm{V}]$$

05 정답 ②

정답의 이유

유전율이 ε_0, 극판 사이의 간격이 d, 정전용량이 $1[\mathrm{F}]$인 커패시터의 면적을 $S[\mathrm{m}^2]$라 할 때 $\frac{\varepsilon_0 S}{d} = 1$

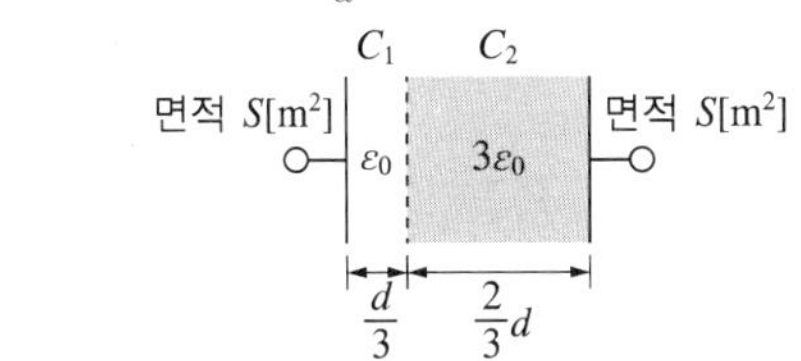

$$C_1 = \frac{\varepsilon_0 S}{\frac{d}{3}} = 3\frac{\varepsilon_0 S}{d} = 3 \times 1 = 3[\mathrm{F}]$$

$$C_2 = \frac{3\varepsilon_0 S}{\frac{2d}{3}} = \frac{9}{2}\frac{\varepsilon_0 S}{d} = \frac{9}{2} \times 1 = \frac{9}{2}[\mathrm{F}]$$

직렬연결된 커패시터의 합성 정전용량

$$\therefore\ C_0 = \frac{C_1 \times C_2}{C_1 + C_2} = \frac{3 \times \frac{9}{2}}{3 + \frac{9}{2}} = \frac{\frac{27}{2}}{\frac{15}{2}} = \frac{27}{15} = \frac{9}{5} = 1.8[\mathrm{F}]$$

06 정답 ④

정답의 이유

$Q[\mathrm{C}]$의 전하가 $r[\mathrm{m}]$ 떨어진 곳에서 단위 전하 $+1[\mathrm{C}]$에 대해 작용하는 힘의 세기는 $E = \frac{1}{4\pi\varepsilon_0} \times \frac{Q}{r^2}[\mathrm{V/m}]$

+1[μC] +4[μC]

r

A지점 1[m] B지점

두 전하가 발생시키는 전계의 세기가 같아지는 지점을 r이라 하면

$$\frac{1}{4\pi\varepsilon_0} \times \frac{1 \times 10^{-6}}{r^2} = \frac{1}{4\pi\varepsilon_0} \times \frac{4 \times 10^{-6}}{(1-r)^2}$$

$$\frac{1}{r^2} = \frac{4}{(1-r)^2}$$

$$4r^2 = (1-r)^2$$

$$4r^2 = 1 - 2r + r^2$$

$3r^2 + 2r - 1 = 0$ 식을 인수분해하면

$$(3r-1)(r+1) = 0$$

$$r = \frac{1}{3},\ r = -1$$

∴ 두 전하가 발생시키는 전계의 세기가 같아지는 지점은

A지점에서 오른쪽으로 $\frac{1}{3}[\mathrm{m}]$,

왼쪽으로 $1[\mathrm{m}]$ (∵ 부호가 −이므로)

07 정답 ④

정답의 이유

소비전력 = 유효전력

$$P = VI\cos\theta = 50 \cdot 20 \cdot 0.8 = 800[\mathrm{W}]$$

08 정답 ①

정답의 이유

두 도체 사이에 작용하는 단위 길이당 힘의 크기

$$F = 2 \times 10^{-7} \times \frac{I_1 I_2}{r}[\mathrm{N/m}] = 2 \times 10^{-7} \times \frac{20 \times 30}{0.05} = \frac{1,200 \times 10^{-7}}{5 \times 10^{-2}}$$

$$= \frac{12}{5} \times 10^{-3}$$

$$= 2.4 \times 10^{-3}[\mathrm{N/m}]$$

09

정답 ③

오답의 이유

처음 정전용량 $C=\frac{\varepsilon S}{d}=2[\mathrm{F}]$일 때

③ 극판 사이의 간격을 1/2배로 하고, 판의 면적을 2배로 한다.

$$C'=\frac{\varepsilon(S\times 2)}{\frac{d}{2}}=4\frac{\varepsilon S}{d}=8[\mathrm{F}]$$

정답의 이유

① 극판 사이의 간격을 1/3배로 한다. $C'=\frac{\varepsilon S}{\frac{d}{3}}=3\frac{\varepsilon S}{d}=6[\mathrm{F}]$

② 판의 면적을 3배로 한다. $C'=\frac{\varepsilon(S\times 3)}{d}=3\frac{\varepsilon S}{d}=6[\mathrm{F}]$

④ 극판 사이의 간격을 1/4배로 하고, 판의 면적을 3/4배로 한다.

$$C'=\frac{\varepsilon\left(S\times\frac{3}{4}\right)}{\frac{d}{4}}=3\frac{\varepsilon S}{d}=6[\mathrm{F}]$$

10

정답 ①

정답의 이유

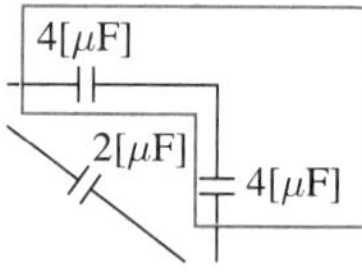

$$\frac{C_1\times C_2}{C_1+C_2}=\frac{4\times 4}{4+4}=\frac{16}{8}=2[\mu\mathrm{F}]$$

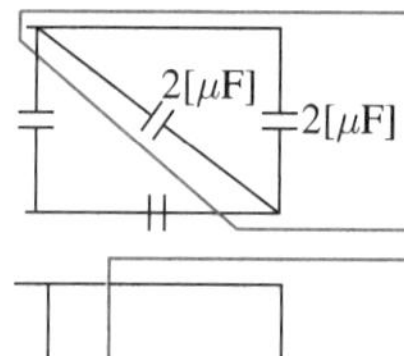

$$C_1+C_2=2+2=4[\mu\mathrm{F}]$$

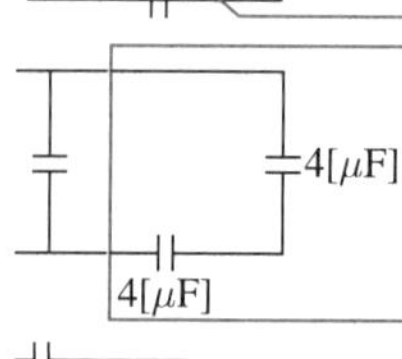

$$\frac{C_1\times C_2}{C_1+C_2}=\frac{4\times 4}{4+4}=\frac{16}{8}=2[\mu\mathrm{F}]$$

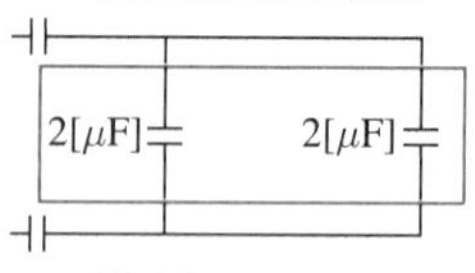

$$C_1+C_2=2+2=4[\mu\mathrm{F}]$$

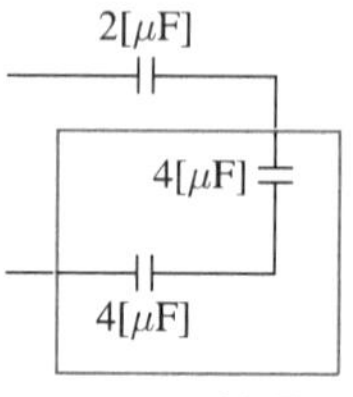

$$\frac{C_1\times C_2}{C_1+C_2}=\frac{4\times 4}{4+4}=\frac{16}{8}=2[\mu\mathrm{F}]$$

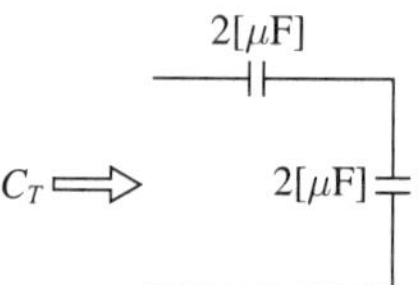

$$\therefore\ C_T=\frac{C_1\times C_2}{C_1+C_2}=\frac{2\times 2}{2+2}=\frac{4}{4}=1[\mu\mathrm{F}]$$

11

정답 ③

정답의 이유

독립전원과 종속전원을 모두 포함하는 회로의 테브난 등가저항(R_{TH})은 개방회로 전압(V_{oc})과 단락회로 전류(I_{sc})를 모두 구한 후 옴의 법칙으로 구한다. 특히, 테브난 등가회로를 구하기 위해 회로를 분리할 때, 종속전원과 제어 변수를 분리해서는 안 된다.

$$R_{TH}=\frac{V_{oc}}{I_{sc}}$$

- V_{oc}값 구하기

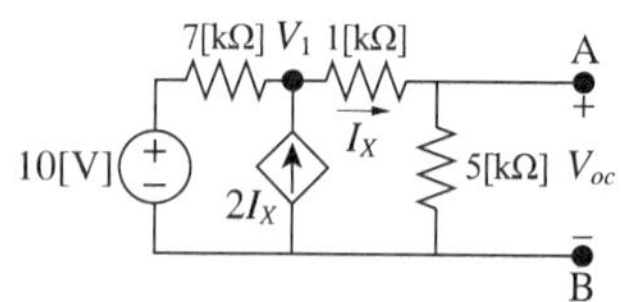

가운데 노드의 전압이 $V_1[\mathrm{V}]$일 때 KCL을 적용하면

$$\frac{V_1-10}{7k}+I_X=2I_X$$

$V_1-10=7k(I_X)$ ………… ㉠

$1[\mathrm{k}\Omega]$에 흐르는 전류 I_X

$I_X=\frac{V_1-V_{oc}}{1k}$ ………… ㉡

AB단자에는 전류가 흐르지 않으므로 $5[\mathrm{k}\Omega]$에 흐르는 전류 I_X

$I_X=\frac{V_{oc}}{5k}$ ………… ㉢

㉡, ㉢식을 통해

$\frac{V_1-V_{oc}}{1k}=\frac{V_{oc}}{5k}$, $5(V_1-V_{oc})=V_{oc}$,

$6V_{oc}=5V_1$

$V_1=\frac{6}{5}V_{oc}$ ………… ㉣

㉠식에 ㉢, ㉣식을 넣어서 V_{oc}를 구하면

$$\frac{6}{5}V_{oc}-10=7k\left(\frac{V_{oc}}{5k}\right)$$

$$6V_{oc}-50=7V_{oc}$$

$$V_{oc}=-50[\mathrm{V}]$$

- I_{sc}값 구하기

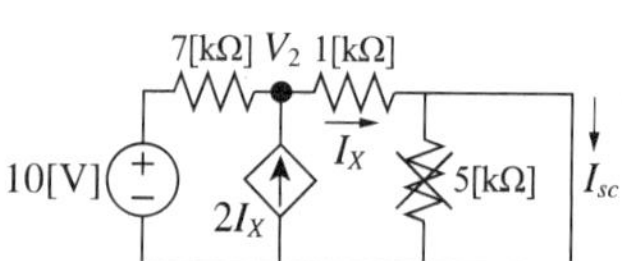

가운데 노드의 전압이 $V_2[\mathrm{V}]$일 때 KCL을 적용하면

$$\frac{V_2-10}{7k}+I_X=2I_X$$

$V_2-10=7k(I_X)$ ………… ㉠

$1[\mathrm{k}\Omega]$에 흐르는 전류 I_X

$I_X=\frac{V_2}{1k}$ ………… ㉡

$5[\mathrm{k}\Omega]$에는 전류가 흐르지 않으므로

$I_X=I_{sc}$ ………… ㉢

㉡, ㉢식을 통해

$V_2=1k\times I_{sc}$ ………… ㉣

㉠식에 ㉢, ㉣식을 넣어서 I_{sc}를 구하면

$1k\times I_{sc}-10=7k(I_{sc})$

$-10=6k\times I_{sc}$

$I_{sc}=-\frac{10}{6}[\text{mA}]$

$\therefore\ R_{TH}=\frac{V_{oc}}{I_{sc}}=\frac{-50}{-\frac{10}{6}\times 10^{-3}}=30[\text{k}\Omega]$

[별 해]

AB단자에 $1[\text{V}]$의 전압원을 연결한 후 전류 I_o와 $R_{TH}=\frac{1}{I_o}$를 구하는 방법(기존 전압원은 단락)

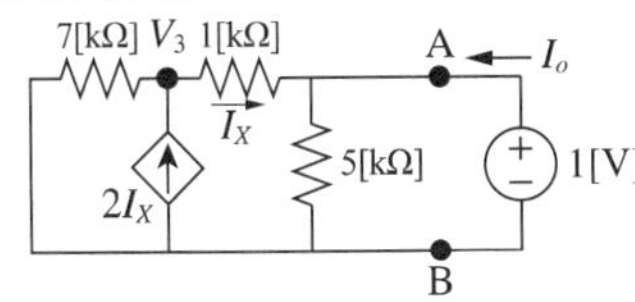

$\frac{V_3}{7k}-2I_X+I_X=0$

$\frac{V_3}{7k}-I_X=0$ ………… ㉠

$I_X=\frac{V_3-1}{1k}$ ………… ㉡

㉠식에 ㉡식을 넣어서 V_3를 구하면

$\frac{V_3}{7k}-\frac{V_3-1}{1k}=0$

$V_3-7V_3+7=0$

$6V_3=7$

$V_3=\frac{7}{6}$

$I_X=\frac{\frac{7}{6}-1}{1k}=\frac{1}{6}[\text{mA}]$

$5[\text{k}\Omega]$에 흐르는 전류는 $\frac{1}{5k}=\frac{1}{5}[\text{mA}]$

$I_o=\frac{1}{5}-I_X=\frac{1}{5}-\frac{1}{6}=\frac{1}{30}[\text{mA}]$

$\therefore\ R_{TH}=\frac{V}{I_o}=\frac{1}{\frac{1}{30}[\text{mA}]}=30[\text{k}\Omega]$

12 정답 ②

정답의 이유

선전하밀도가 $\lambda=\frac{Q}{r}[\text{C/m}]$인 무한길이 직선전하에서

전계는 $E=\frac{\lambda}{2\pi\varepsilon r}[\text{V/m}]$이므로

전계의 세기는 거리(r)에 반비례한다.

13 정답 ④

정답의 이유

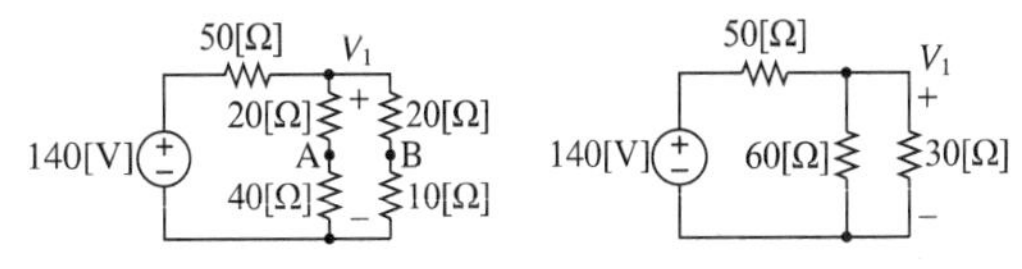

병렬회로 합성 저항 $60\parallel 30=\frac{60\times 30}{60+30}=\frac{1,800}{90}=20[\Omega]$

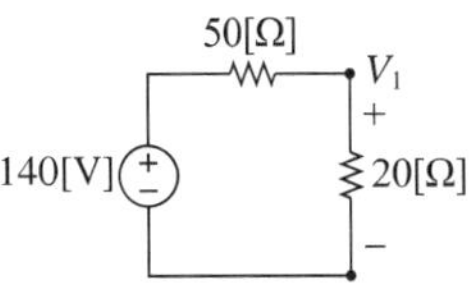

전압 분배 $V_1=\frac{20}{50+20}\times 140=40[\text{V}]$

$V_A=\frac{40}{20+40}\times 40=\frac{80}{3}[\text{V}]$

$V_B=\frac{10}{20+10}\times 40=\frac{40}{3}[\text{V}]$

$\therefore\ V_{AB}=V_A-V_B=\frac{80}{3}-\frac{40}{3}=\frac{40}{3}[\text{V}]$

14 정답 ①

정답의 이유

기자력 $F=NI=\phi R_m$, 자기저항 $R_m=\frac{l}{\mu A}[\text{AT/Wb}]$이므로

$L=\frac{N\phi}{I}=\frac{N}{I}\cdot\frac{NI}{R_m}=\frac{N^2}{\frac{l}{\mu S}}=\frac{\mu SN^2}{l}[\text{H}]$

$M=\frac{N_2\phi_1}{I_1}=\frac{N_2}{I_1}\frac{N_1I_1}{R_m}=\frac{N_1N_2}{\frac{l}{\mu S}}=\frac{\mu SN_1N_2}{l}[\text{H}]$

또는 누설자속이 없으므로$(k=1)$

$M=\sqrt{L_1L_2}=\sqrt{\frac{\mu SN_1^2}{l}\cdot\frac{\mu SN_2^2}{l}}=\frac{\mu SN_1N_2}{l}[\text{H}]$

15

정답 ④

오답의 이유

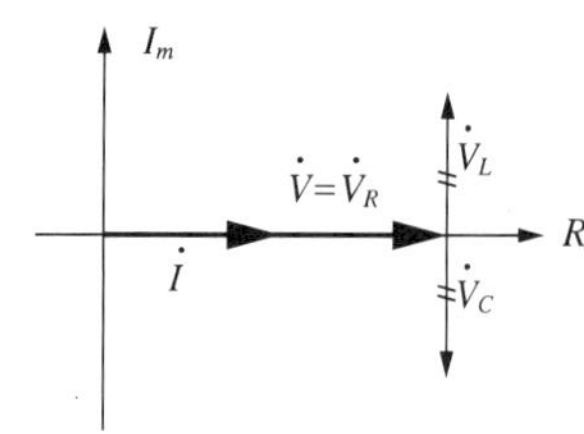

④ 인덕터에 걸리는 전압 $\dot{V}_L$은 $\dot{I}$보다 $\frac{\pi}{2}$ 위상이 앞서고, 커패시터에 걸리는 전압 $\dot{V}_C$은 $\dot{I}$보다 $\frac{\pi}{2}$ 위상이 뒤진다. 즉, 인덕터와 커패시터에 걸리는 전압의 위상은 $\pi(=180°)$만큼 차이 난다.

정답의 이유

① 전류는 $I=\frac{V}{Z}=\frac{V}{R}$[A]이므로 저항에 의해 결정된다.
② 임피던스가 최소가 되므로 전류는 최대가 된다.
③ $Z=R$이므로 전압과 전류는 동위상이다.

16

정답 ②

정답의 이유

5[mH]를 복소수 형식으로 변경하면 $\omega=2{,}000$이므로

$j\omega L=j\times2{,}000\times5\times10^{-3}=j10[\Omega]$

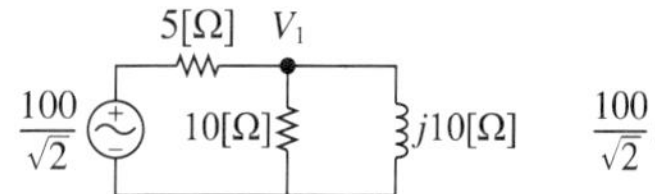

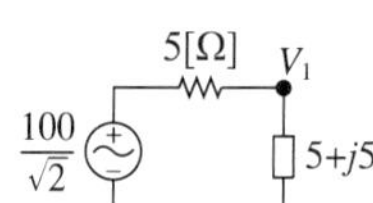

전체 임피던스

$$Z=5+\frac{10\times j10}{10+j10}=5+\frac{j100}{10+j10}=5+\frac{j100(10-j10)}{(10+j10)(10-j10)}$$

$$=5+\frac{1{,}000(1+j)}{200}=5+(5+j5)=10+j5$$

10[Ω] 저항에 걸리는 전압(전압 분배)

$$V_1=\frac{5+j5}{5+(5+j5)}\frac{100}{\sqrt{2}}=\frac{(5+j5)(10-j5)}{(10+j5)(10-j5)}\frac{100}{\sqrt{2}}$$

$$=\frac{50+25+j25}{125}\frac{100}{\sqrt{2}}=\frac{4(75+j25)}{5\sqrt{2}}=\frac{60+j20}{\sqrt{2}}$$

$$=30\sqrt{2}+j10\sqrt{2}[\mathrm{V}]$$

$$|V_1|=\sqrt{(30\sqrt{2})^2+(10\sqrt{2})^2}=\sqrt{1{,}800+200}=\sqrt{2{,}000}[\mathrm{V}]$$

10[Ω] 저항에서 소비하는 평균 전력

$$P=V_1I=\frac{V_1^2}{R}=\frac{(\sqrt{2{,}000})^2}{10}=\frac{2{,}000}{10}=200[\mathrm{W}]$$

17

정답 ③

정답의 이유

③ 제베크 효과 : 두 종류의 금속을 고리 모양으로 연결(폐회로 구성)하고, 한쪽 접점을 고온, 다른 쪽을 저온으로 했을 때 그 회로에 기전력(열기전력)이 발생하여 일정한 방향으로 전류가 흐르는 현상

오답의 이유

① 톰슨 효과 : 동일한 금속에서 부분적인 온도차가 있을 때 전류를 흘리면 발열 또는 흡열이 일어나는 현상
② 핀치 효과 : 기체 중을 흐르는 전류는 동일 방향의 평행 전류 간에 작용하는 흡인력에 의해 중심을 향해서 수축하려는 성질로 인한 현상
④ 펠티어 효과 : 다른 종류의 금속을 접속해 전류가 흐를 때 접합부에서 열의 발생 또는 흡수가 일어나는 열전현상. 즉, 금속의 양쪽에 전위차를 걸어 주면 열이 흘러서 양쪽 끝에 온도차를 만들어 내는 효과

18

정답 ④

정답의 이유

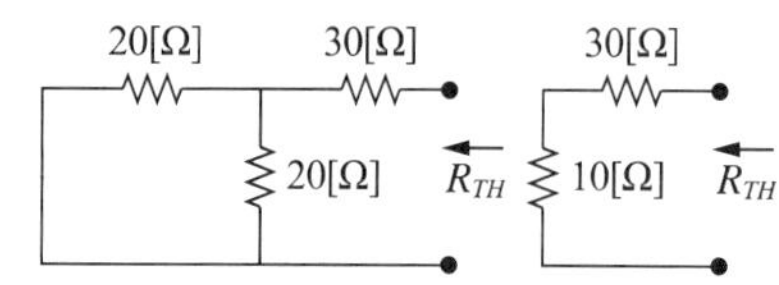

병렬회로 합성 저항 $20\parallel20=\frac{20\times20}{20+20}=\frac{400}{40}=10[\Omega]$

직렬회로 합성 저항 $R_{TH}=10+30=40[\Omega]$

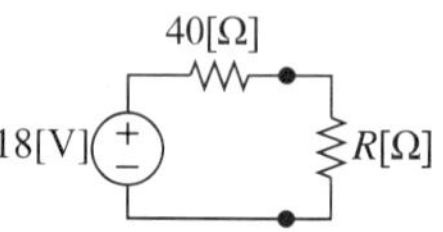

부하저항 R에 최대로 전력을 전달하기 위한 저항 R은

$\therefore\ R=R_{TH}=40[\Omega]$

19

정답 ③

정답의 이유

$M=k\sqrt{L_1L_2}$ (k : 결합계수, $0\leq k\leq1$)

누설자속이 없으므로 결합계수 $k=1$이므로

$M=\sqrt{L_1L_2}$

20

정답 ①

정답의 이유

인덕터 $L=4[\mathrm{H}]$, $W=10[\mathrm{J}]$이므로

$$W=\frac{1}{2}LI^2$$

$$10=\frac{1}{2}\times4\times I^2$$

$$I^2=\frac{10}{2}=5$$

$$I=\sqrt{5}[\mathrm{A}]$$

전기이론 | 2019년 서울시 9급

한눈에 훑어보기

영역 분석

전기회로와 회로 소자 05 06 08 11 14 19
6문항, 30%
정현파와 교류회로 03 07 20
3문항, 15%
전력과 3상회로 09
1문항, 5%
회로의 해석 01 02 04 13
4문항, 20%
과도현상과 비정현파 12 16
2문항, 10%
정전계와 도체계 10 18
2문항, 10%
정자계와 자기현상 15 17
2문항, 10%

빠른 정답

01	02	03	04	05	06	07	08	09	10
④	③	①	①	④	③	④	④	④	②
11	**12**	**13**	**14**	**15**	**16**	**17**	**18**	**19**	**20**
②	①	②	③	①	③	②	②	④	③

점수 체크

구분	1회독	2회독	3회독
맞힌 문항수	/20	/20	/20
나의 점수	점	점	점

01 　정답 ④

정답의 이유

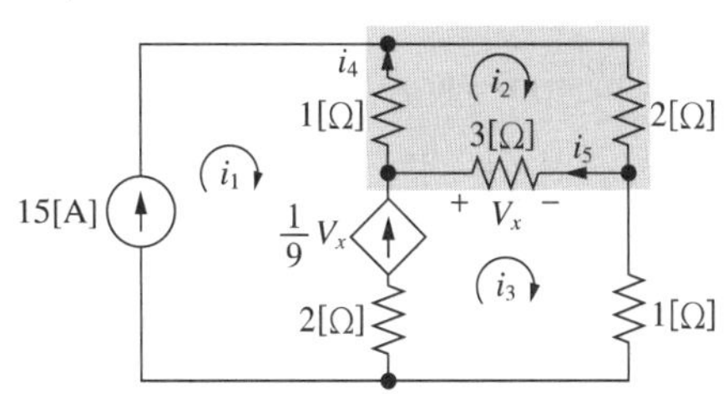

- $V_x = (i_3 - i_2) \cdot 3$
- $i_1 = 15[A]$
- $i_4 = i_2 - i_1$
- $i_5 = i_2 - i_3$
- $\frac{1}{9}V_x = i_3 - i_1$

음영 표시한 영역에 KVL을 적용하면

$V_x = i_4 \cdot 1 + i_2 \cdot 2$

$(i_3 - i_2) \cdot 3 = (i_2 - i_1) \cdot 1 + i_2 \cdot 2$

$3i_3 - 3i_2 - i_2 + i_1 - 2i_2 = 0$

$3i_3 - 6i_2 + i_1 = 0 \leftarrow i_1 = 15[A]$

$3i_3 - 6i_2 = -15$

$2i_2 - i_3 = 5$ ………… ㉠

$V_x = 3(i_3 - i_2)$을 $\frac{1}{9}V_x = i_3 - i_1$에 대입하면,

$\frac{1}{9} \cdot 3(i_3 - i_2) = i_3 - i_1 \leftarrow i_1 = 15[A]$

$i_3 - i_2 = 3(i_3 - 15)$

$i_3 - i_2 - 3i_3 + 45 = 0$

$i_2 + 2i_3 = 45$ ………… ㉡

㉠과 ㉡을 연립방정식으로 풀면,

$$\begin{cases} 2i_2 - i_3 = 5 \\ i_2 + 2i_3 = 45 \end{cases} \rightarrow \begin{array}{r} \begin{cases} 4i_2 - 2i_3 = 10 \\ + \; i_2 + 2i_3 = 45 \end{cases} \\ \hline 5i_2 = 55 \end{array}$$

따라서,

$i_2 = 11[A],\ i_3 = 17[A],\ i_1 = 15[A]$

$i_1 + i_2 + i_3 = 15 + 11 + 17 = 43[A]$

02

정답 ③

정답의 이유

- $i_1 = 10\sqrt{2}\sin t = 10\sqrt{2}\angle 0° = 10 + j \cdot 0 = 10[A]$
- $i_2 = 5\sqrt{2}\sin\left(t + \frac{\pi}{2}\right) = 5\sqrt{2}\angle 90° = 0 + 5j = j5[A]$
- $i_3 = 5\sqrt{2}\sin\left(t - \frac{\pi}{2}\right) = 5\sqrt{2}\angle -90° = 0 - 5j = -j5[A]$

KCL에 의해(유입전류의 합 = 유출전류의 합)

$i_3 + i_4 = i_1 + i_2$

$-j5 + i_4 = 10 + j5$

$i_4 = 10 + j10$

$|i_4| = I_{rms} = \sqrt{10^2 + 10^2} = 10\sqrt{2}[A]$

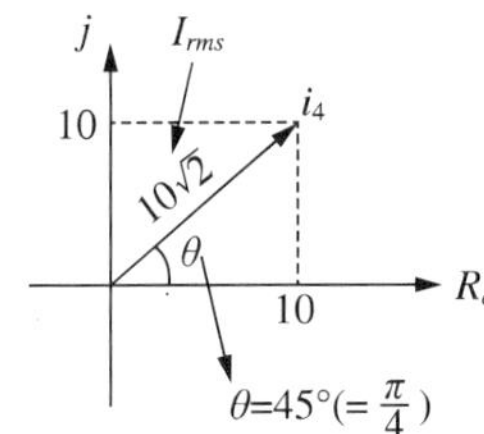

이를 순싯값으로 표현하면,

$i(t) = I_m \sin\omega t$ 에서

$i_4 = (I_{rms} \cdot \sqrt{2})\sin(\omega t + \theta)$

$= 10\sqrt{2} \cdot \sqrt{2} \cdot \sin(\omega t + \frac{\pi}{4})$

$= 20\sin(\omega t + \frac{\pi}{4})$

$i_1 \sim i_3$ 모두 각속도 $\omega = 1$이므로,

$\therefore\ i_4 = 20\sin(t + \frac{\pi}{4})[A]$

03

정답 ①

정답의 이유

콘덴서의 전압 $v(t)$는 $\begin{cases} t = 0\text{일 때 } v(0) = V_0 \\ t = \infty\text{일 때 } v(\infty) = 0 \end{cases}$

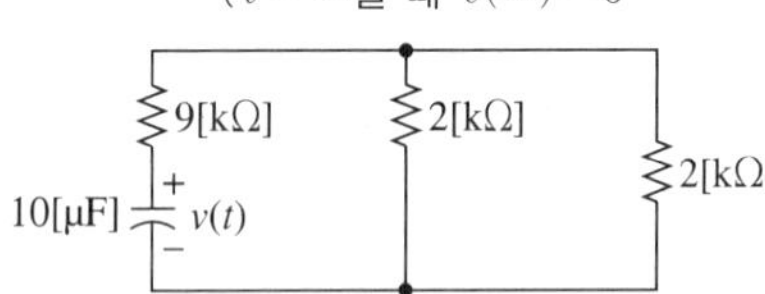

$v(t)$에서 바라본 합성 저항은

$9[k\Omega] + (2[k\Omega] \parallel 2[k\Omega]) = 10[k\Omega]$이다.

시정수 $\tau = RC$이므로

$\tau = 10[k\Omega] \times 10[\mu F]$

$= 0.1[s]$

따라서 RC 회로의 과도특성에서

$v(t) = 0 + (V_0 - 0) \cdot e^{-\frac{1}{\tau}t} = V_0 \cdot e^{-\frac{1}{0.1}t} = V_0 \cdot e^{-10t}[V]$

04

정답 ①

정답의 이유

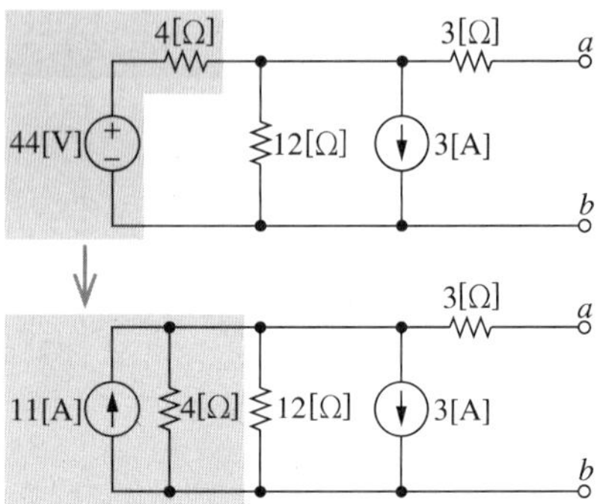

두 전류원과 병렬저항을 합성하면

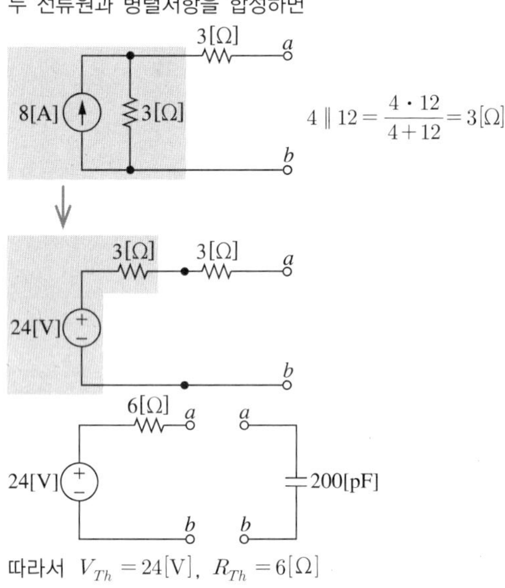

$4 \parallel 12 = \frac{4 \cdot 12}{4 + 12} = 3[\Omega]$

따라서 $V_{Th} = 24[V]$, $R_{Th} = 6[\Omega]$

$\tau = R \cdot C = 6[\Omega] \times 200[pF] = 1,200[ps]$

05

정답 ④

정답의 이유

$e = L \cdot \frac{di}{dt}[V]$에서 $L = 0.1[H]$이므로

$e = 0.1 \cdot \frac{di}{dt}[V]$이며,

$\frac{di}{dt}$는 단위 시간당 전류의 변화량을 의미한다.

주어진 그래프에서

㉠ 2~6초(dt_1=4초) : 4초간 유도된 기전력의 크기가 $4[V]$이므로

$e_1 = 0.1\frac{di_1}{dt_1}$ 에서 4=0.1 · $\frac{di_1}{4}$

∴ 전류변화량 $di_1 = 160[A]$이다.

㉡ 9~13초(dt_2=4초) : 4초간 유도된 기전력의 크기가 $2[V]$이므로

$e_2 = 0.1\frac{di_2}{dt_2}$ 에서 2=0.1 · $\frac{di_2}{4}$

∴ 전류변화량 $di_2 = 80[A]$이다.

따라서, t = 14초일 때, 인덕터의 최종전류량은

$di_1 + di_2 = 160 + 80 = 240[A]$

06 정답 ③

정답의 이유

실횻값이란 교류와 동일한 일을 하는 직류로 나타냈을 때의 값으로 문제에서 주어진 교류와 직류값은 동일하게 다루어야 한다.

열량 $H=0.24Pt[\mathrm{cal}]=0.24\frac{V^2}{R}\cdot t[\mathrm{cal}]$이므로,

전압이 $10[\mathrm{V}]$에서 $20[\mathrm{V}]$로 2배 증가했으므로 $H\propto V^2$에서 열량 H는 4배 증가한다.

07 정답 ④

정답의 이유

$X_L=\omega L$에서

$R=2[\Omega]$, $\omega=2$이고, $L=1[\mathrm{H}]$이므로,

$X_L=2\cdot 1=2[\Omega]$

$\dot{Z}=R+jX_L=2+j2[\Omega]$

$=2\sqrt{2}\angle\frac{\pi}{4}$

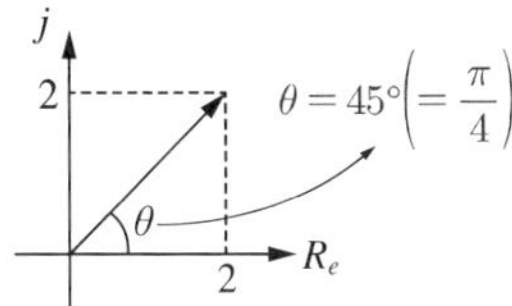

$$\therefore\ i(t)=\frac{v_s(t)}{Z}=\frac{2\cos 2t}{2\sqrt{2}\angle\frac{\pi}{4}}=\frac{1}{\sqrt{2}}\cos\left(2t-\frac{\pi}{4}\right)[\mathrm{A}]$$

08 정답 ④

오답의 이유

$R=\rho\frac{l}{A}=\frac{l}{\sigma A}$

(ρ : (고유)저항률, l : 길이, σ : 도전율, A : 단면적)

④ 저항은 저항률(ρ)에 비례하므로 원래 저항의 $\frac{1}{2}$로 줄이기 위해서는 저항률을 $\frac{1}{2}$로 줄여야 한다.

정답의 이유

① 저항은 도선의 길이(l)에 비례하므로 도선의 길이를 기존의 $\frac{1}{2}$로 줄이면 도선의 저항도 $\frac{1}{2}$로 줄어든다.

② 저항은 도선의 단면적(A)에 반비례하므로 도선의 단면적을 기존의 2배로 증가시키면 도선의 저항은 $\frac{1}{2}$로 줄어든다.

③ 저항은 도선의 도전율(σ)에 반비례하므로 도선의 도전율을 기존의 2배로 증가시키면 도선의 저항은 $\frac{1}{2}$로 줄어든다.

09 정답 ④

정답의 이유

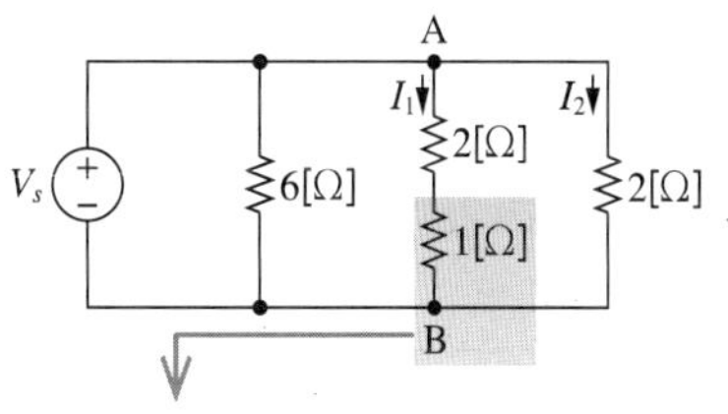

$1[\Omega]$에 발생하는 전력이 $4[\mathrm{W}]$이므로,

$P_{1[\Omega]}=I_1^2R=I_1^2\cdot 1^2=4[\mathrm{W}]$

$I_1=2[\mathrm{A}]$가 된다.

- $1[\Omega]$에 걸리는 전압강하는 $2[\mathrm{V}]$,
  $2[\Omega]$에 걸리는 전압강하는 $4[\mathrm{V}]$,
  $V_{AB}=2+4=6[\mathrm{V}]$이다.
- 병렬이므로 $6[\Omega]$과 $2[\Omega]$에도 $6[\mathrm{V}]$가 걸리므로,
  $6[\Omega]$에는 $1[\mathrm{A}]$가 흐르고 $I_2=\frac{6[\mathrm{V}]}{2[\Omega]}=3[\mathrm{A}]$가 흐른다.
  따라서 $V_s=6[\mathrm{V}]$, $I_2=3[\mathrm{A}]$

10 정답 ②

정답의 이유

평행판 콘덴서의 정전용량

$C=\varepsilon\cdot\frac{A}{d}[\mathrm{F}]$

(A : 평행판 면적, d : 평행판 간격, $\varepsilon(=\varepsilon_0\cdot\varepsilon_r)$: 유전율, ε_0 : 고유유전율(공기 = 1), ε_r : 비유전율)

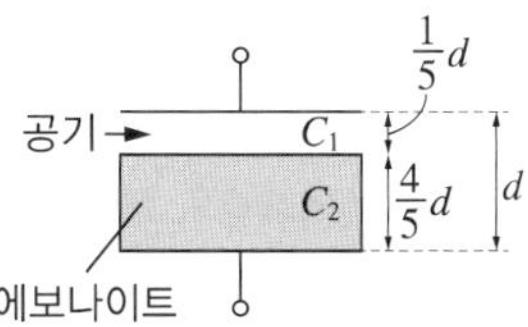

C_1 : 공기($\varepsilon_1=1$)

C_2 : 에보나이트($\varepsilon_r=\varepsilon_s$)

모두 공기 : $C_0=\varepsilon_0\cdot\frac{A}{d}$

공기 : $C_1=\varepsilon_0\cdot 1\cdot\frac{A}{\frac{1}{5}d}=5\varepsilon_0\cdot\frac{A}{d}=5C_0$

에보나이트 : $C_2=\varepsilon_0\varepsilon_s\cdot\frac{A}{\frac{4}{5}d}=\frac{5}{4}\cdot\varepsilon_s\cdot\varepsilon_0\frac{A}{d}=\frac{5}{4}\varepsilon_s\cdot C_0$

C_1과 C_2는 직렬로 연결되어 있으므로,

전체 정전용량 $C=\frac{C_1\cdot C_2}{C_1+C_2}=\frac{5C_0\cdot\frac{5}{4}\varepsilon_s C_0}{5C_0+\frac{5}{4}\varepsilon_s\cdot C_0}$

$$=\frac{\frac{5}{4}\varepsilon_s\cdot 5C_0\cdot C_0}{\left(1+\frac{1}{4}\varepsilon_s\right)\cdot 5C_0}=\frac{5\varepsilon_s}{4+\varepsilon_s}C_0[\mathrm{F}]$$

11.

정답 ②

정답의 이유

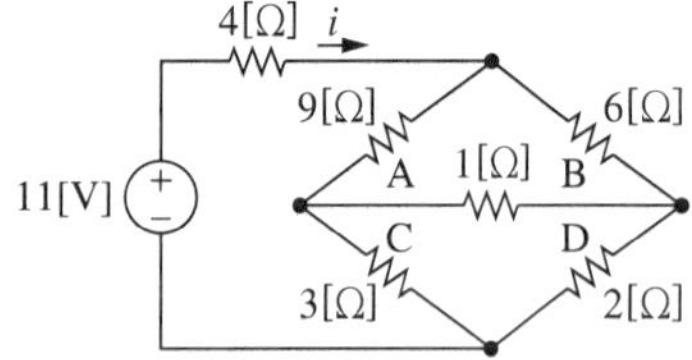

$9[\Omega] \times 2[\Omega] = 6[\Omega] \times 3[\Omega]$

저항 A, B, C, D의 관계가 $AD = BC$이므로

브리지 평형상태가 된다. 따라서 $1[\Omega]$에는 전류가 흐르지 않아 회로를 다시 그리면

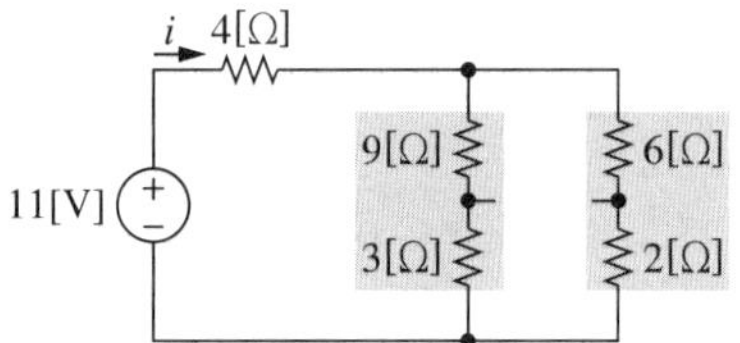

$12 \parallel 8 = \dfrac{12 \cdot 8}{12+8} = 4.8[\Omega]$

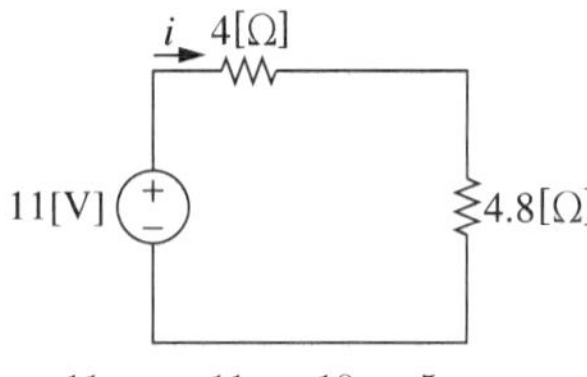

따라서 전류 $i = \dfrac{11}{4+4.8} = \dfrac{11}{8.8} = \dfrac{10}{8} = \dfrac{5}{4}[A]$

12

정답 ①

정답의 이유

스위치 단자가 1에서 2로 전환되었으므로, 전원이 제거된 $t = \infty$인 상태에서 회로에 전류는 흐르지 않는다. 따라서 $i_1 = 0[A]$

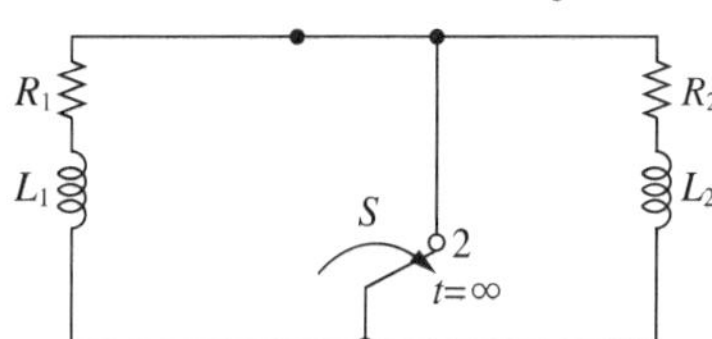

13

정답 ②

정답의 이유

회로에서 $4[k\Omega]$ 옆에 By Pass한 분기선이 있으므로 $4[k\Omega]$은 단락처리

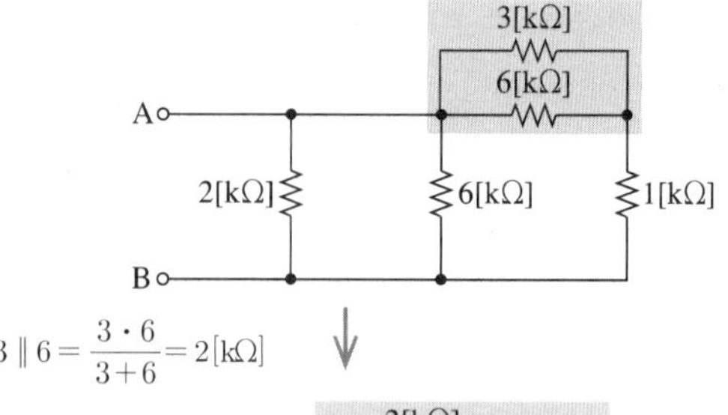

$3 \parallel 6 = \dfrac{3 \cdot 6}{3+6} = 2[k\Omega]$

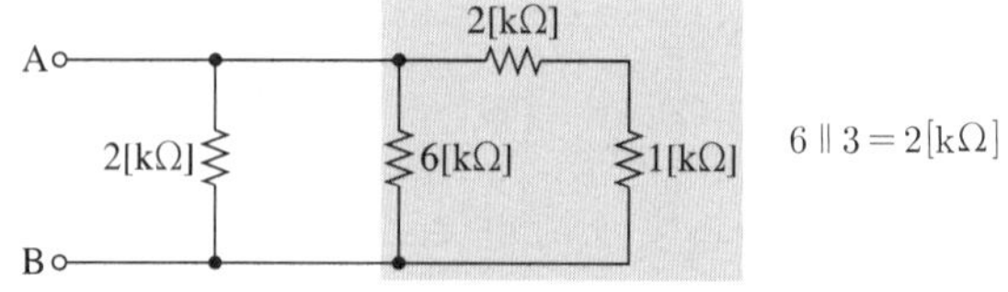

$6 \parallel 3 = 2[k\Omega]$

따라서 AB 사이의 등가저항

$R_{AB} = 2 \parallel 2 = \dfrac{2}{2} = 1[k\Omega]$

14

정답 ③

정답의 이유

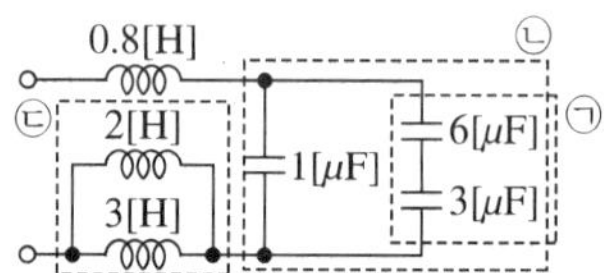

㉠ $\dfrac{6 \cdot 3}{6+3} = 2[\mu F]$

㉡ $1+2 = 3[\mu F]$

㉢ $\dfrac{2 \cdot 3}{2+3} = 1.2[H]$

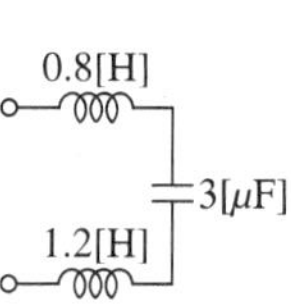

따라서 $1.2 + 0.8 = 2[H]$

$x = 2[H]$, $y = 3[\mu F]$

$x + y = 5$

15

정답 ①

정답의 이유

공극의 길이 $L_g = 2[m]$이고,

자로 전체의 길이 $L_c = 52[m]$이므로

자성체의 길이 $L_m = 52 - 2[m]$

자성체의 자기저항

$R_m = \dfrac{l}{\mu A}[AT/Wb]$에서

투자율 $\mu = \mu_0 \mu_r$이므로 …(여기서, $\mu_0 = 4\pi \times 10^{-7}$, $\mu_{r_1} = 100$)

$$R_m = \frac{50}{(4\pi \times 10^{-7}) \cdot 100 \cdot 4}$$

$$= \frac{10^7}{32\pi}[AT/m]$$

16 정답 ③

정답의 이유

실횻값 $V_{rms} = \sqrt{\frac{1}{T}\int_0^T V(t)^2 dt}$ 이고,

문제에서 파형의 주기가 $16[s]$ 이므로($T=16[s]$)

$$V_{rms} = \sqrt{\frac{1}{16}\left(\int_2^6 4^2 \cdot dt + \int_9^{13} 2^2 dt\right)}$$
$$= \sqrt{\frac{1}{16}(4^2 \cdot 4 + 2^2 \cdot 4)}$$
$$= \sqrt{\frac{64+16}{16}} = \sqrt{5}[V]$$

17 정답 ②

오답의 이유

Maxwell 방정식

- $\nabla \cdot E = \frac{\rho}{\varepsilon_0}$: 전기장의 가우스 법칙

  $\oint E \cdot dA = \frac{Q}{\varepsilon_0}$(전기장은 전하에 의해 만들어진다)
- $\nabla \cdot B = 0$: 자기장의 가우스 법칙

  $\oint B \cdot dA = 0$(자기장은 시작과 끝이 없다. 단일 자극이 없다)
- $\nabla \times E = -\frac{\partial B}{\partial t}$: 패러데이 법칙

  $\oint E \cdot dl = -\frac{d\phi}{dt}$(전기장은 자기장의 변화에 의해 만들어진다)
- $\nabla \times B = \mu_0(J + \varepsilon_0 \cdot \frac{d\phi}{dt})$: 맥스웰이 수정한 앙페르 법칙

  $\oint B \cdot dl = \mu_0(J + \varepsilon_0 \frac{d\phi}{dt})$(자기장은 전류나 전기장의 변화에 의해 만들어진다)

18 정답 ②

정답의 이유

㉠ ∞ ──────► •
　　　　⊕ 3[C]…60[J] 소비

㉡ ∞ ──────► •
　　　　⊕ 2[C]…10[J]

무한히 먼 곳의 전위는 $0[V]$ 이므로
㉠는 $0[V]$ 보다 높은 전위로 이동하며 일을 한 경우(에너지 소비)
㉡는 $0[V]$ 보다 낮은 전위로 이동하며 일을 한 경우(에너지 생성, 일의 개념에서는 (−) 음의 값)
따라서, 문제에서 A점을 기준한 B점의 전위를 구하라고 하였으므로

$W = Q \cdot V$에서 $V = \frac{W}{Q}$

$$V_B - V_A = -\frac{W_B}{Q_B} - \frac{W_A}{Q_A}$$
$$= -\frac{10}{2} - \frac{60}{3} = -25[V]$$

19 정답 ④

정답의 이유

- 이상적인 증폭기의 특성
  - 전압제한 : $V_+ = V_-$
  - 전류제한 : $i_+ = i_-$

$V_+ = \frac{4}{4+1} \cdot 2 = 1.6[V]$, $V_+ = V_-$ 이므로
$V_- = 1.6[V]$

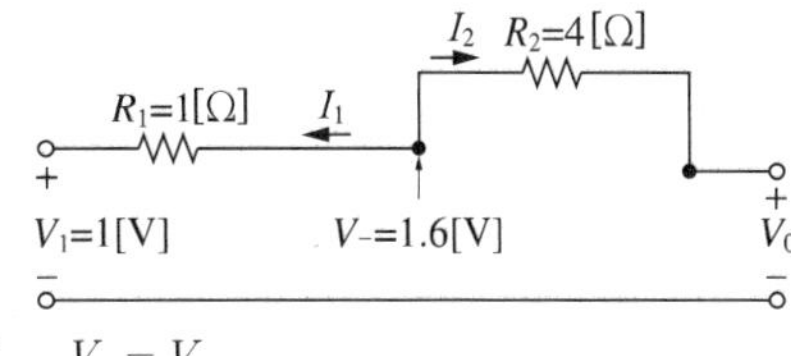

$$\frac{V_- - V_1}{R_1} + \frac{V_- - V_0}{R_2} = 0$$
$$\frac{1.6-1}{1} + \frac{1.6 - V_0}{4} = 0$$
$$4 \cdot 0.6 + 1.6 = V_0$$
$$\therefore V_0 = 4[V]$$

20 정답 ③

정답의 이유

$I = \frac{V}{Z} = \frac{V}{\frac{1}{\omega C}} = \omega CV$에서

$$C = \frac{I}{\omega \cdot V} = \frac{0.03\pi}{120\pi \cdot 5} = 0.00005[F]$$
$$= 50 \times 10^{-6}[F] = 50[\mu F]$$

전기이론 | 2018년 서울시 제2회 9급

한눈에 훑어보기

영역 분석

전기회로와 회로 소자 01 13 14
3문항, 15%
정현파와 교류회로 04 12 15
3문항, 15%
전력과 3상회로 03 16 17
3문항, 15%
회로의 해석 02 07 19
3문항, 15%
과도현상과 비정현파 11 18
2문항, 10%
정전계와 도체계 08
1문항, 5%
정자계와 자기현상 05 06 09 10 20
5문항, 25%

빠른 정답

01	02	03	04	05	06	07	08	09	10
①	②	④	④	④	④	③	③	②	④
11	**12**	**13**	**14**	**15**	**16**	**17**	**18**	**19**	**20**
③	①	③	①	①	④	②	②	③	④

점수 체크

구분	1회독	2회독	3회독
맞힌 문항수	/20	/20	/20
나의 점수	점	점	점

01 정답 ①

정답의 이유

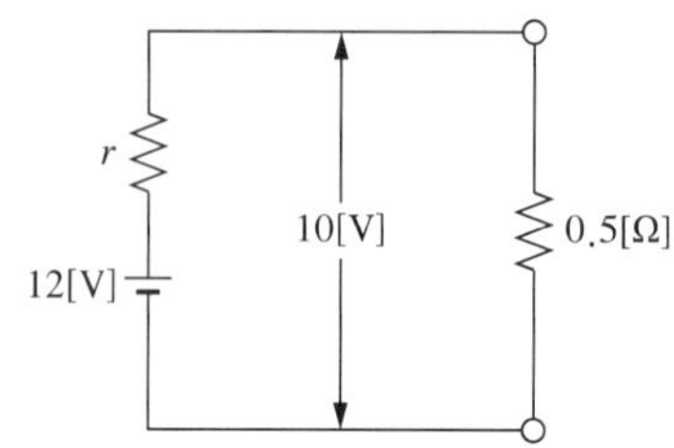

• $V=10[\mathrm{V}]$일 때, $0.5[\Omega]$에 흐르는 전류

$I=\frac{V}{R}=\frac{10}{0.5}=20[\mathrm{A}]$

• 배터리 단자 전압이 $10[\mathrm{V}]$이므로, 내부저항 r에서의 전압강하 $V=2[\mathrm{V}]$

$\therefore\ r=\frac{V}{I}=\frac{2}{20}=0.1[\Omega]$

02 정답 ②

정답의 이유

ㄱ. 특이함수는 그 함수가 불연속이거나 그 도함수가 불연속인 함수이다.
ㄷ. 단위 임펄스함수 $\delta(t)$는 $t=0$일 때는 정의되지 않고, $t\neq 0$일 때는 모두 0이다.

오답의 이유

ㄴ. 단위 계단함수 $u(t)$는 $t<0$일 때 0, $t>0$일 때 1의 값을 갖는다.
ㄹ. 단위 램프함수 $r(t)$는 $t>0$일 때 단위 기울기를 갖는다.

특이함수(스위칭함수)

특이함수는 그 함수가 불연속이거나 그 도함수가 불연속인 함수로서, 회로 등의 스위칭 동작에서 일어나는 전환 신호를 표현할 수 있게 해주고, 주로 함수의 급격한 변화와 불연속을 표현할 때 쓰인다.

- 단위 계단함수

$$u(t) = \begin{cases} 0 & (t<0) \\ 1 & (t>0) \end{cases}$$

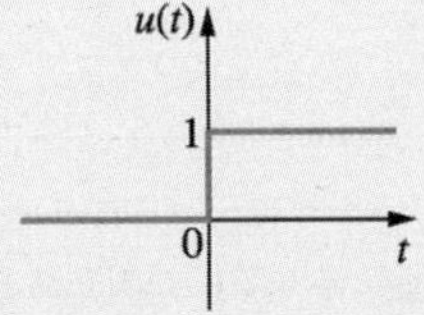

- 단위 임펄스함수(델타함수)

$$\delta(t) = \begin{cases} \infty & (t=0) \\ 0 & (t \neq 0) \end{cases}, \int_{0-}^{0+} \delta(t)dt = 1, \ \delta(t) = \frac{du(t)}{dt}$$

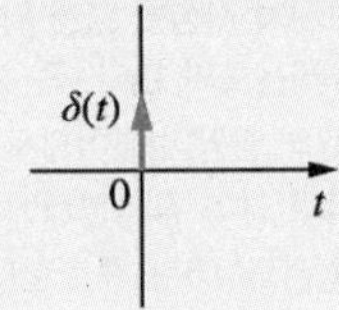

- 단위 램프함수

$$r(t) = t \cdot u(t) \begin{cases} 0 & (t<0) \\ t & (t>0) \end{cases}$$

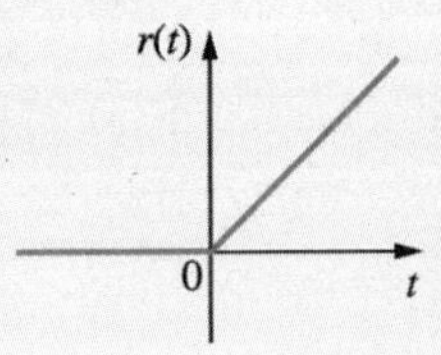

03

정답 ④

정답의 이유

유효전력 $P = VI\cos\theta$

$\therefore$ 전류의 실횻값 $I = \dfrac{P}{V\cos\theta} = \dfrac{22 \times 10^3}{220 \times 0.5} = 200[\text{A}]$

04

정답 ④

정답의 이유

RC 회로

- 커패시터의 리액턴스 : $X_C = \dfrac{1}{\omega C} = \dfrac{1}{2\pi fC}[\Omega]$
- 커패시터 개방상태 : $V_{out} = V_{in}$
- 커패시터 단락상태 : $V_{out} = 0$

④ $Z = R - jX_C$ 에서 차단주파수는 실수부와 허수부가 같을 때 $(R = X_C)$이므로 $\theta = \tan^{-1}\dfrac{X_C}{R} = \tan^{-1}1 = 45°$이다. 따라서 커패시터($C_1$)에 흐르는 전류는 전압보다 90° 빠르므로(진상전류), 커패시터(C_1)에 걸리는 출력전압(V_{out})은 입력전압보다 위상이 45° 뒤진다.

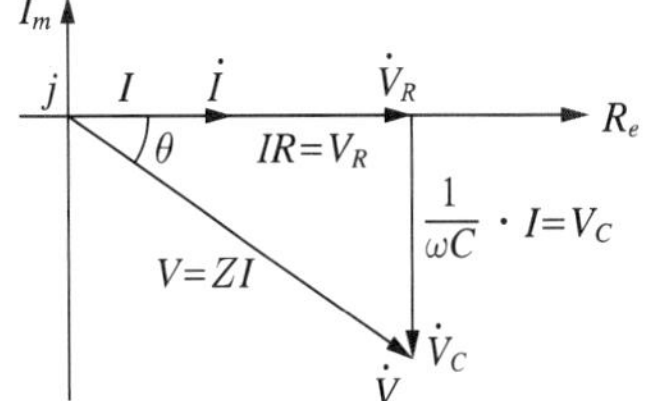

오답의 이유

① 입력전압 V_{in}의 주파수가 0일 때 리액턴스 $X_C = \infty$가 되어 개방상태이므로 출력전압 V_{out}은 V_{in}과 같다.

② 입력전압 V_{in}의 주파수가 무한대이면 리액턴스 $X_C = 0$가 되어 단락상태이므로 출력전압 V_{out}은 0이다.

③ $Z = R - jX_C = R - j\dfrac{1}{2\pi fC}$ 이고, 차단주파수는 실수부와 허수부가 같을 때 $R = \dfrac{1}{2\pi fC}$ 이므로 $f = \dfrac{1}{2\pi RC}[\text{Hz}]$이다.

05

정답 ④

정답의 이유

동심구도체 정전용량

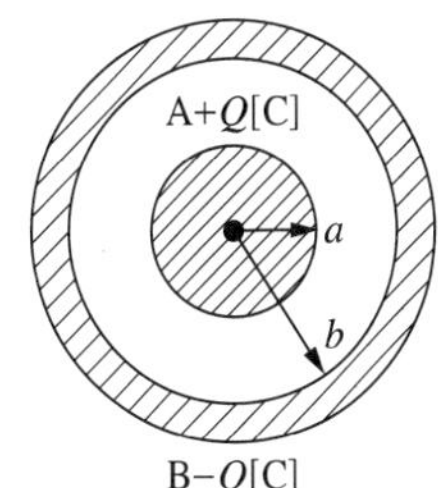

$$V_a = \frac{Q}{4\pi\varepsilon a}[\text{V}]$$

$$V_b = \frac{Q}{4\pi\varepsilon b}[\text{V}]$$

$$V_{ab} = V_a - V_b = \frac{Q}{4\pi\varepsilon}\left(\frac{1}{a} - \frac{1}{b}\right)[\text{V}]$$

$$\therefore C = \frac{Q}{V} = \frac{Q}{\frac{Q}{4\pi\varepsilon}\left(\frac{1}{a} - \frac{1}{b}\right)} = \frac{4\pi\varepsilon}{\left(\frac{1}{a} - \frac{1}{b}\right)}$$

서울시 9급 기출이 답이다 전기이론

06

정답 ④

정답의 이유

• 자속 $\phi = \frac{F}{R_m} = \frac{NI}{R_m}$, $R_m = \frac{l}{\mu A}$

$= \frac{NI}{\frac{l}{\mu A}} = \frac{\mu ANI}{l}$

$= \frac{\mu_0 \times 1,000 \times 20 \times 10^{-4} \times 100 \times 2}{0.1}$

$= 4,000\mu_0$

• 전압 $E = 2\pi f N\phi[\mathrm{V}]$

$= 2\pi \times 60 \times 100 \times 4,000\mu_0 = 48\pi \times 10^6 \mu_0$

07

정답 ③

정답의 이유

KVL을 적용하면

$V_1 = 2I$, $V_2 = 4I = 2V_1$ 이므로

$V_1 + 2V_1 + 2V_1 = 5V$

$V_1 = \frac{5}{5} = 1[\mathrm{V}]$

∴ 즉, $4[\Omega]$ 양단 $V_2 = 2V_1 = 1 \times 2 = 2[\mathrm{V}]$

08

정답 ③

오답의 이유

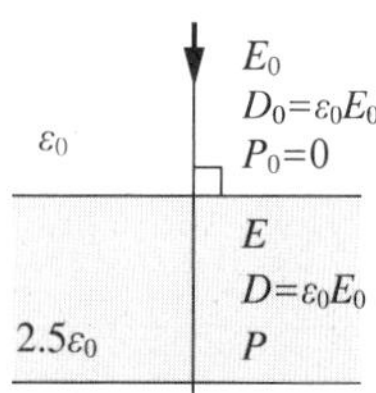

• 내부 전속밀도 $D = \varepsilon_0 E_0 [\mathrm{C/m^2}]$

(전계가 경계면에 수직(법선방향)이므로 $D = D_0$)

• 내부 전계의 세기 $E = \frac{D}{\varepsilon} = \frac{\varepsilon_0 E_0}{2.5\varepsilon_0} = 0.4E_0[\mathrm{V/m}]$

• 내부 분극의 세기 $P = \varepsilon_0(\varepsilon_r - 1)E$

$= \varepsilon_0(2.5 - 1)0.4E_0$

$= 0.6\varepsilon_0 E_0 [\mathrm{C/m^2}]$

• 외부 분극의 세기 $P = \varepsilon_0(\varepsilon_r - 1)E$ (공기의 비유전율 $\varepsilon_r = 1$)

$= 0$

09

정답 ②

정답의 이유

커패시터에 저장되는 에너지

$W = \frac{1}{2}CV^2[\mathrm{J}]$

$\therefore\ V = \sqrt{\frac{2W}{C}} = \sqrt{\frac{2 \times 270}{15}} = \sqrt{36} = 6[\mathrm{V}]$

10

정답 ④

오답의 이유

④ 페라이트는 매우 높은 투자율을 가지므로 고주파수 응용 분야에 널리 사용된다.

정답의 이유

① 강자성체의 온도가 높아져서 자성을 잃게 되어 상자성체와 같은 동작을 하게 되는 온도를 큐리온도라 한다. 즉, 자성체의 온도가 어느 값 이상이 되면 자기 모멘트의 방향이 흩어져서 자성을 거의 잃어버린다.

② 히스테리시스 곡선에서와 같이 강자성체에 외부 자계(H)가 인가되면 자성체 내부의 자속밀도(B)는 증가한다.

③ 발전기, 모터, 변압기 등에 사용되는 강자성체는 전자석으로서 잔류자기는 크고 보자력과 히스테리시스 곡선의 면적은 작아서 매우 작은 인가 자계에도 큰 자화를 가지게 된다.

11

정답 ③

정답의 이유

RC 직렬회로

• 시정수 $\tau = RC$

$= 3 \times 10^6 \times 1 \times 10^{-6}$

$= 3[\mathrm{s}]$

• 커패시터 전압

$V_c(t) = \text{최종값} + (\text{초깃값} - \text{최종값})e^{-\frac{t}{\tau}}$

$V_c(t) = V_s - V_s \cdot e^{-\frac{1}{RC}t} = V_s\left(1 - e^{-\frac{1}{RC}t}\right)$

$V_c(3) = 50\left(1 - e^{-\frac{1}{3}\cdot 3}\right)$

$= 50(1 - e^{-1}) = 50(1 - 0.368)$

$= 50 \times 0.632$

$= 31.6 \fallingdotseq 31.5[\mathrm{V}]$

12

정답 ①

정답의 이유

RLC 직렬회로의 공진

- 공진주파수 $f_0 = \frac{1}{2\pi\sqrt{LC}}[\mathrm{Hz}]$
- 임피던스($Z=R$)는 최소이다.
- 전류$\left(I=\frac{V}{Z}\right)$는 최대이다.
- 전압과 전류는 동위상이다.

ㄱ. 직렬 공진이므로 L 또는 C 양단에 가장 큰 전압이 걸리게 된다.

ㄴ. 전류가 최대가 되므로 임피던스는 최소가 된다.

오답의 이유

ㄷ. 직렬 공진이므로 저항 R만의 회로가 되어 동위상이다.

ㄹ. L에 걸리는 전압과 C에 걸리는 전압의 위상은 180°이다.

13

정답 ③

정답의 이유

연산증폭기(OP AMP)

- 두 입력 단자의 전압은 같다($V_+ = V_- = V_x$).
- 두 입력 단자로 흘러 들어가는 전류는 0이므로 $i_+ = i_- = 0$이다.

$i_+ = 0$이므로 $V_x = 30[\mathrm{V}]$가 되면 등전위가 되어 전류가 흐르지 않는다.

$\therefore V_x = 30[\mathrm{V}]$

14

정답 ①

정답의 이유

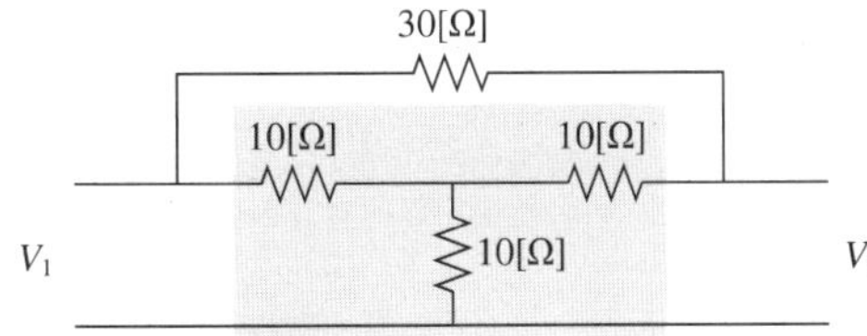

Y결선을 △결선으로 변환

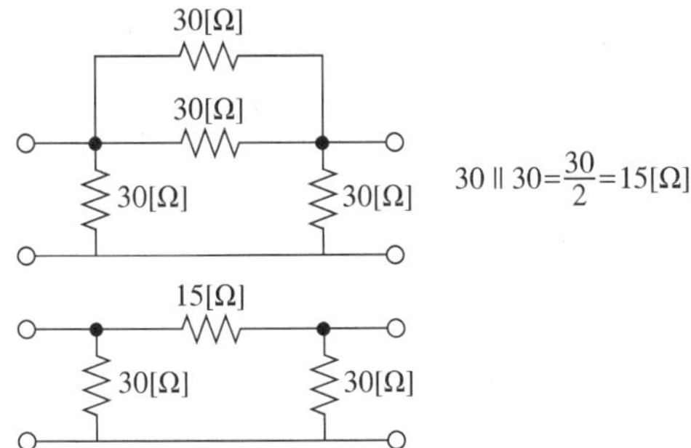

문제에서 어드미턴스 Y를 묻고 있으므로

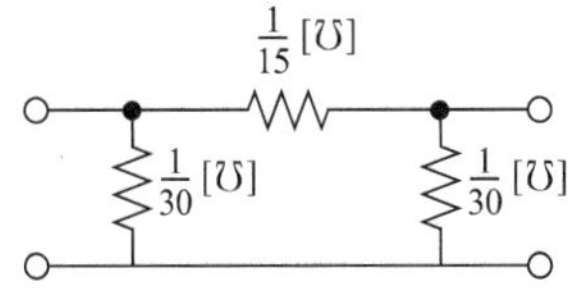

$Y_{11} = \frac{1}{30} + \frac{1}{15}$

$Y_{12} = -\frac{1}{15}$

$Y_{21} = -\frac{1}{15}$

$Y_{22} = \frac{1}{30} + \frac{1}{15}$

$\therefore Y = Y_{11} + Y_{12} + Y_{21} + Y_{22}$

$= \frac{1}{30} + \frac{1}{30} = \frac{1}{15}[℧]$

15

정답 ①

정답의 이유

RL 직렬회로

- $Z = 8 + j6$

  $|Z| = \sqrt{8^2 + 6^2} = 10[\Omega]$
- 전류 $I = \frac{V}{|Z|}$

  $= \frac{200}{10} = 20[\mathrm{A}]$
- 전력 $P = I^2 R$

  $= (20)^2 \times 8 = 3{,}200 = 3.2[\mathrm{kW}]$

16

정답 ④

정답의 이유

- 병렬 합성 임피던스 $Z = \frac{(j2)\times(-j1)}{(j2)+(-j1)}$

  $= \frac{-j^2 2}{j} = -j2$
- 등가회로

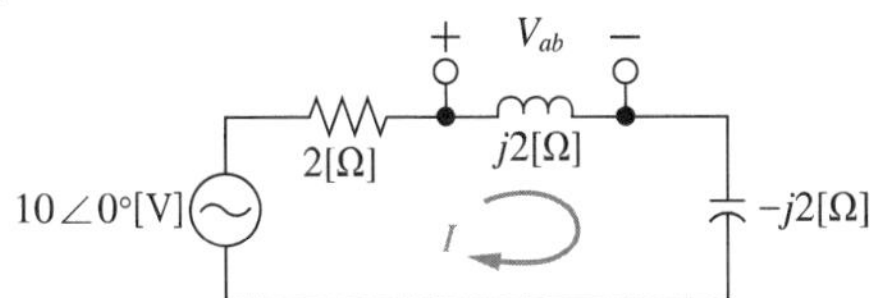

직렬 공진(허수부 : $j2 - j2 = 0$)이므로

전류 $I = \frac{V}{Z} = \frac{10}{2} = 5[\mathrm{A}]$

전압 $V_{ab} = ZI = j2 \times 5 = j10[\mathrm{V}]$

17

정답 ②

정답의 이유

• 테브난 등가회로

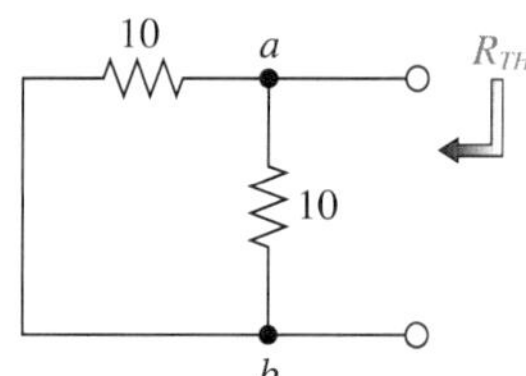

$$R_{TH}=\frac{10\times10}{10+10}=5[\Omega]$$

• 단자 a, b 양단 전압 V_{TH}는 분배되므로

$V_{TH}=10[\text{V}]$

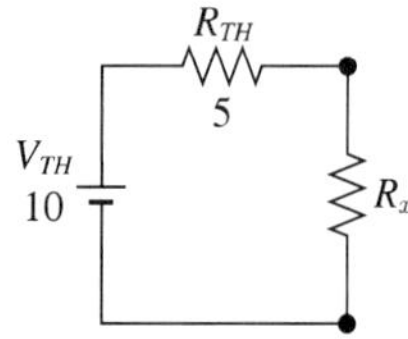

$R_{TH}=R_x$일 때 최대 전력이 전달되므로

$R_x=5[\Omega]$

$\therefore$ 최대 전력 $P=\frac{V^2}{4R_x}=\frac{10^2}{4\times5}=5[\text{W}]$

18

정답 ②

정답의 이유

실효전류 $I=\sqrt{\left(\frac{10}{\sqrt{2}}\right)^2+\left(\frac{5}{\sqrt{2}}\right)^2+\left(\frac{\sqrt{3}}{\sqrt{2}}\right)^2}$

$=\sqrt{\frac{100}{2}+\frac{25}{2}+\frac{3}{2}}$

$=\sqrt{\frac{128}{2}}=\sqrt{64}=8[\text{A}]$

19

정답 ③

정답의 이유

• 식 변형

$F(s)=\frac{s+1}{s^2+2s+5}$

$=\frac{s+1}{(s^2+2s+1)+4}$

$=\frac{s+1}{(s+1)^2+2^2}$, $s+1\rightarrow s$

$=\frac{s}{s^2+2^2}\Rightarrow \cos 2t$

• $s+1$은 e^{-t} 함수이므로

$\therefore f(t)=\cos 2t\cdot e^{-t}$

$=e^{-t}\cdot\cos 2t$

20

정답 ④

정답의 이유

전자기파의 속도 $v=\frac{1}{\sqrt{\varepsilon\mu}}$

$=\frac{1}{\sqrt{\varepsilon_0\mu_0}}\times\frac{1}{\sqrt{\varepsilon_s\mu_s}}$

$=3\times10^8\times\frac{1}{\sqrt{3,600\times1}}$

$=3\times10^8\times\frac{1}{60}$

$=5\times10^6[\text{m/s}]$

전기이론 | 2018년 서울시 제1회 9급

한눈에 훑어보기

영역 분석

전기회로와 회로 소자 01 13 14
3문항, 15%

정현파와 교류회로 04 12 15
3문항, 15%

전력과 3상회로 03 16 17
3문항, 15%

회로의 해석 02 07 19
3문항, 15%

과도현상과 비정현파 11 18
2문항, 10%

정전계와 도체계 08
1문항, 5%

정자계와 자기현상 05 06 09 10 20
5문항, 25%

빠른 정답

01	02	03	04	05	06	07	08	09	10
③	①	②	①	①	②	③	③	②	④
11	**12**	**13**	**14**	**15**	**16**	**17**	**18**	**19**	**20**
③	③	④	①	③	①	②	④	②	①

점수 체크

구분	1회독	2회독	3회독
맞힌 문항수	/20	/20	/20
나의 점수	점	점	점

01 정답 ③

정답의 이유

$e = Blv\sin\theta$, $B = \mu_0 H$

$= \mu_0 Hlv\sin\theta$

$= 4\pi\times10^{-7}\times\dfrac{10^4}{\pi}\times0.5\times60\times\dfrac{1}{2}$

$= 60\times10^{-3}$

$= 60[\text{mV}]$

02 정답 ①

정답의 이유

$W = VQ$

$\therefore\ Q = \dfrac{W}{V} = \dfrac{10}{100} = 0.1[\text{C}]$

03 정답 ②

정답의 이유

무한 직선도체 자기장의 세기

$H = \dfrac{I}{2\pi d}$

$50 = \dfrac{628}{2\pi d}$, $\pi = 3.14$

$50 = \dfrac{628}{6.28d}$

$\therefore\ d = \dfrac{100}{50} = 2[\text{m}]$

04 정답 ①

정답의 이유

환상 코일 인덕턴스

$L = \dfrac{\mu S}{l}\times N^2$, 면적 $S = 2$배, 권수비 $N = 2$배

$= \dfrac{\mu 2S}{l}\times(2N)^2$

$= 8\dfrac{\mu S}{l}\times N^2$

$\therefore$ 인덕턴스 L을 일정하게 하려면 길이 l은 8배가 되어야 한다.

서울시 9급 기출이 답이다 전기이론

05

정답 ①

정답의 이유

$$I_R = \frac{v}{R} = \frac{80}{10} = 8[\text{A}]$$

$$I_L = \frac{v}{X_L} = \frac{80}{j20} = -j4[\text{A}]$$

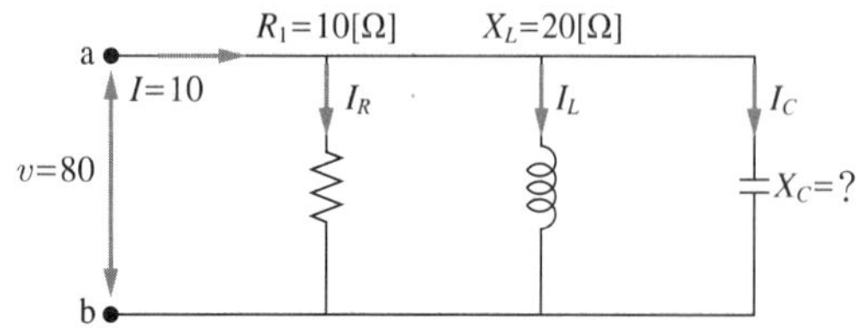

RLC 병렬회로이므로

$\dot{I} = I_R + j(I_C - I_L)$

$|\dot{I}| = \sqrt{(I_R)^2 + (I_C - I_L)^2}$

$10 = \sqrt{(8)^2 + (I_C - 4)^2}$, 양변 제곱

$100 = 64 + (I_C - 4)^2$

$(I_C - 4)^2 = 36$

$I_C - 4 = 6$

$I_C = 10[\text{A}]$

$\therefore X_C = \frac{v}{I_C} = \frac{80}{10} = 8[\Omega]$

06

정답 ②

정답의 이유

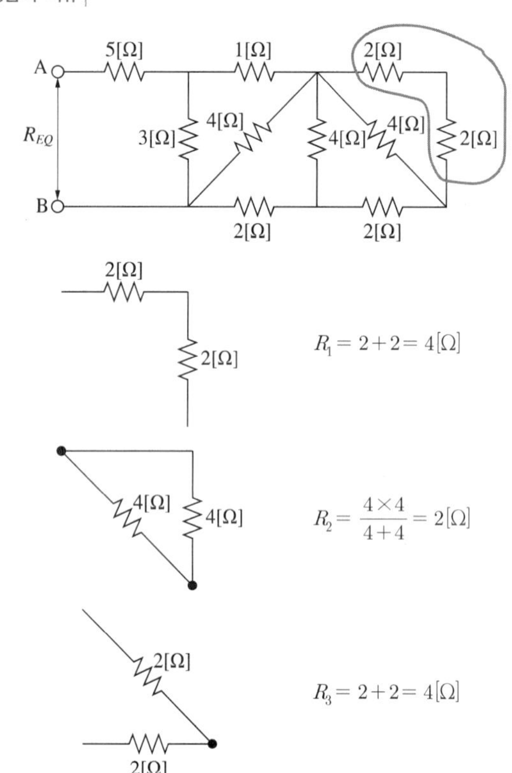

$R_1 = 2 + 2 = 4[\Omega]$

$R_2 = \frac{4 \times 4}{4 + 4} = 2[\Omega]$

$R_3 = 2 + 2 = 4[\Omega]$

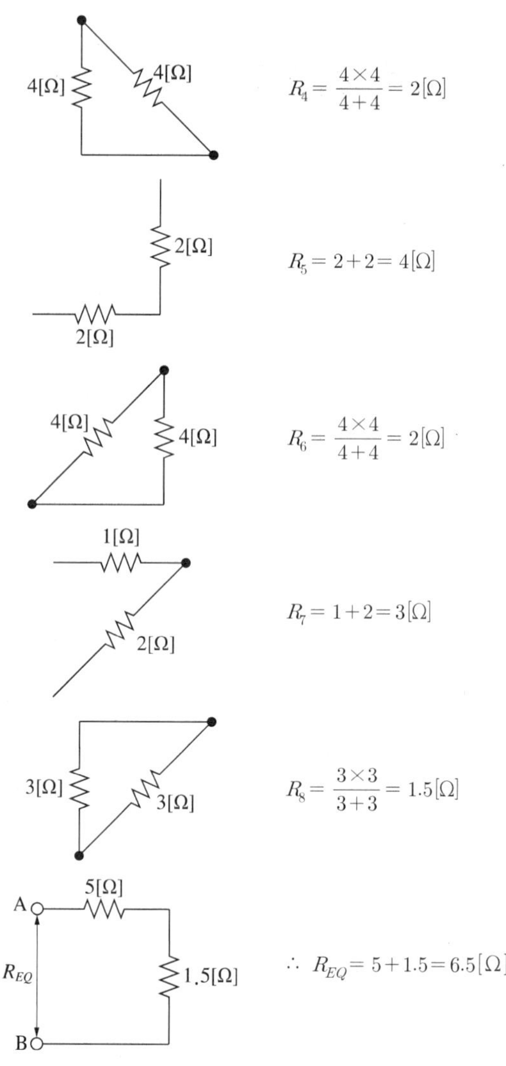

$R_4 = \frac{4 \times 4}{4 + 4} = 2[\Omega]$

$R_5 = 2 + 2 = 4[\Omega]$

$R_6 = \frac{4 \times 4}{4 + 4} = 2[\Omega]$

$R_7 = 1 + 2 = 3[\Omega]$

$R_8 = \frac{3 \times 3}{3 + 3} = 1.5[\Omega]$

$\therefore R_{EQ} = 5 + 1.5 = 6.5[\Omega]$

07

정답 ③

정답의 이유

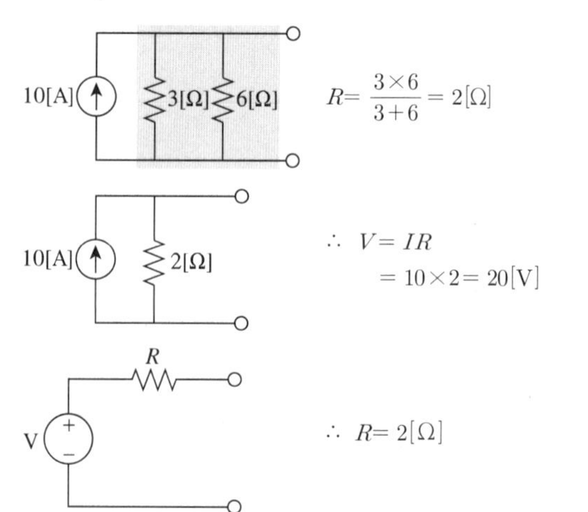

$R = \frac{3 \times 6}{3 + 6} = 2[\Omega]$

$\therefore V = IR$

$= 10 \times 2 = 20[\text{V}]$

$\therefore R = 2[\Omega]$

08

정답 ③

정답의 이유

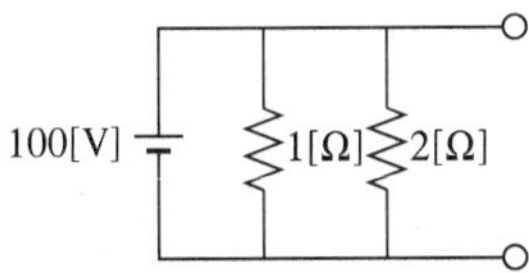

$P=\dfrac{V^2}{R}$, 전력은 저항 R에 반비례

저항비가 1 : 2이므로 소비전력은 2 : 1

$\therefore$ R_1에서 2배의 전력을 소비된다.

09

정답 ②

정답의 이유

임피던스 $Z=R+j(X_L-X_C)$

$=24+j(20-10)$

$=24+j10$

$|Z|=\sqrt{(24)^2+(10)^2}$

$=\sqrt{576+100}=26[\Omega]$

$\therefore\ I=\dfrac{V}{|Z|}=\dfrac{260}{26}=10[\text{A}]$

10

정답 ④

정답의 이유

$I=\dfrac{V}{R}$, 전류는 저항 R에 반비례

전류비가 1 : 3이므로 저항비는 3 : 1

합성 저항 $R_0=\dfrac{V}{I}=\dfrac{60}{4}=15[\Omega]$

$\therefore\ R_0=(2+4)+\left(\dfrac{R_1\times R_2}{R_1+R_2}\right)$, $R_1=3R$, $R_2=R$

$\left(\dfrac{3R\times R}{3R+R}\right)=15-6$

$3R^2=36R$

$R=12$이므로

$\therefore\ R_1=3R=36[\Omega]$

11

정답 ③

정답의 이유

단자 a, b 사이의 전압 $V=0$ ⇒ (브리지 평형상태)

$R_1\cdot R_4=R_2\cdot R_3$

$\therefore\ R_4=\dfrac{3\cdot 2}{3}=2[\Omega]$

R_4에서 소비되는 전력이 $2[\text{W}]$이므로 $P=I^2R$

$\therefore\ I=\sqrt{\dfrac{P}{R}}=\sqrt{\dfrac{2}{2}}=1[\text{A}]$

R_3 양단 전압 $V_{cb}=I\times R_3=1\times 3=3[\text{V}]$

R_4 양단 전압 $V_{bd}=I\times R_4=1\times 2=2[\text{V}]$

$\therefore\ V_{cd}=V_{cb}+V_{bd}=3+2=5[\text{V}]$

12

정답 ③

정답의 이유

$F=\dfrac{1}{4\pi\varepsilon_o\varepsilon_s}\times\dfrac{Q_1Q_2}{r^2}$, $\varepsilon_s=3$

$=9\times10^9\times\dfrac{1}{3}\times\dfrac{10\times10^{-6}\times6\times10^{-7}}{(1)^2}$

$=-180\times10^{-4}$

$=-1.8\times10^{-2}[\text{N}]$

※ $Q_1=10\times10^{-6}$(양전하), $Q_1=-6\times10^{-7}$(음전하)이므로 흡인력이 작용한다.

13

정답 ④

정답의 이유

상호인덕턴스

$M=k\sqrt{L_1L_2}$

$=0.5\times\sqrt{10\times10}$

$=0.5\times10$

$=5[\text{mH}]$

$\therefore\ e=-M\dfrac{di}{dt}$

$=5\times\dfrac{10}{0.1}$

$=500[\text{mV}]$

14

정답 ①

정답의 이유

$\theta=\theta_v-\theta_i$

$=45°-(-45°)$

$=90°$

$\therefore\ \cos 90°=0$이므로 역률은 0이 된다.

15

정답 ③

정답의 이유

• 휘트스톤 브리지 평형이 아니다(대각선 저항의 곱의 값이 같지 않음).

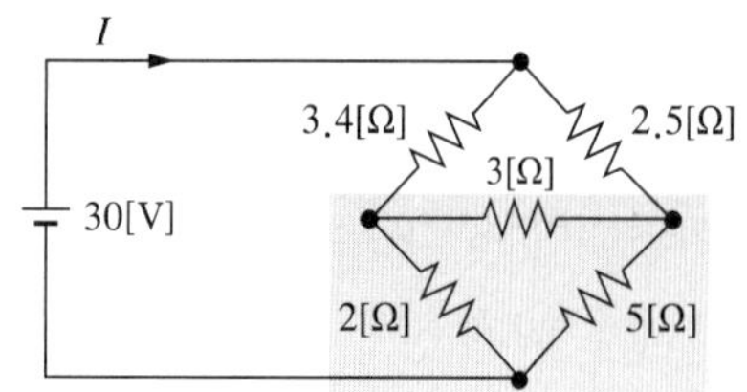

• △부하를 Y로 변환

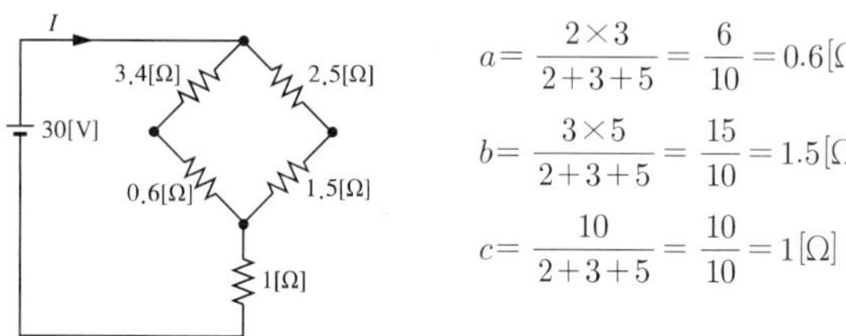

$$a=\frac{2\times3}{2+3+5}=\frac{6}{10}=0.6[\Omega]$$

$$b=\frac{3\times5}{2+3+5}=\frac{15}{10}=1.5[\Omega]$$

$$c=\frac{10}{2+3+5}=\frac{10}{10}=1[\Omega]$$

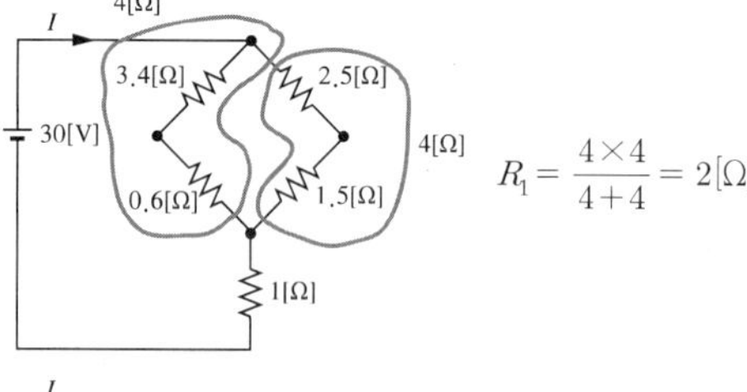

$$R_1=\frac{4\times4}{4+4}=2[\Omega]$$

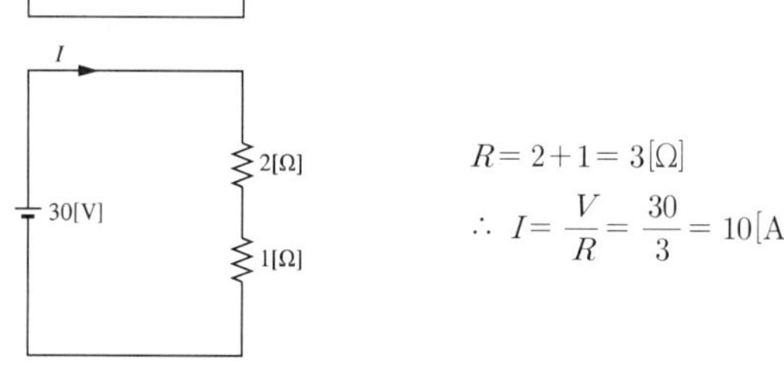

$$R=2+1=3[\Omega]$$

$$\therefore\ I=\frac{V}{R}=\frac{30}{3}=10[\mathrm{A}]$$

16

정답 ①

정답의 이유

• $t<0$일 때, 콘덴서 C 개방

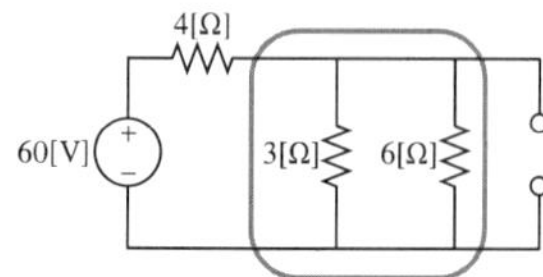

$$R=\frac{3\times6}{3+6}=2[\Omega]$$

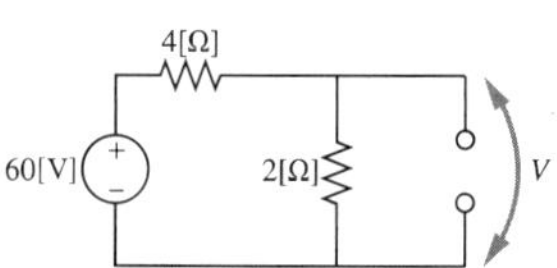

$$V_c(0^-)=\frac{2}{4+2}\times60$$

$$=\frac{120}{6}=20[\mathrm{V}]$$

• $t=0^+$일 때

2, 15[kΩ], +, V_c=20[V], 10[μF], −, 5[kΩ], $V_{5[k\Omega]}$, +, −

$$V_{5[\mathrm{k}\Omega]}(0^+)=\frac{5}{15+5}\times20$$

$$=\frac{100}{20}=5[\mathrm{V}]$$

• $t=\infty$일 때, 콘덴서는 서서히 방전되므로

$V_{5[\mathrm{k}\Omega]}(\infty)=0$

17

정답 ②

정답의 이유

전달함수 $H=\dfrac{V_o}{V_i}=\dfrac{\dfrac{1}{j\omega C}}{R+\dfrac{1}{j\omega C}}=\dfrac{1}{1+j\omega CR}$ 이므로 주파수($\omega=2\pi f$)가 0일 때 전달함수의 이득은 1이 되어 잘 통과(전달)시켜주고, 주파수가 ∞일 때 전달함수의 이득은 0이 되어 잘 통과시키지 않으므로, 저주파수를 잘 통과시키는 저역 통과 필터(Low-pass Filter)이다. RC 적분회로이다.

18

정답 ④

정답의 이유

$C=\dfrac{\varepsilon S}{d}$, $d=3$배

$C=\dfrac{\varepsilon S}{3d}$, C는 일정하므로 면적 S는 3배가 된다.

$=\dfrac{\varepsilon 3S}{3d}$

면적 $S=\pi r^2$, $S=3$배

$3S=\pi r^2$

$\therefore\ r=\sqrt{3}$ 배

19

정답 ②

정답의 이유

키르히호프의 법칙 적용

$8-40=(3+5)i$

$\therefore\ i=-\dfrac{32}{8}=-4[\mathrm{A}]$

20

정답 ①

정답의 이유

$v_L=L\dfrac{di}{dt}=L\dfrac{d}{dt}(t\cdot e^{-2t})=0$, ($i=te^{-2t}$[A])

미분 공식 : $\{f(x)\cdot g(x)\}'=f'(x)\cdot g(x)+f(x)\cdot g'(x)$

$\therefore\ f'(x)=1,\ g(x)=e^{-2t}$

$f(x)=t,\ g'(x)=-2e^{-2t}$

$\therefore\ v_L=L((1\cdot e^{-2t})+(t\cdot -2e^{-2t}))$

$=L((e^{-2t})-(2t\,e^{-2t}))$

$=L(1-2t)\,e^{-2t}=0$

$\therefore\ 1-2t=0$

$t=\dfrac{1}{2}$[s]

전기이론 | 2017년 서울시 9급

한눈에 훑어보기

영역 분석

전기회로와 회로 소자 01 09 10 11 16
5문항, 25%
정현파와 교류회로 06
1문항, 5%
전력과 3상회로 07
1문항, 5%
회로의 해석 02 03 04 05 12 13 14 15
8문항, 40%
과도현상과 비정현파 08
1문항, 5%
정전계와 도체계 19
1문항, 5%
정자계와 자기현상 17 18 20
3문항, 15%

빠른 정답

01	02	03	04	05	06	07	08	09	10
③	③	②	①	③	④	②	①	③	②
11	**12**	**13**	**14**	**15**	**16**	**17**	**18**	**19**	**20**
①	②	④	④	④	④	①	①	①	②

점수 체크

구분	1회독	2회독	3회독
맞힌 문항수	/20	/20	/20
나의 점수	점	점	점

01 정답 ③

정답의 이유

$P=\frac{V^2}{R}[\text{W}]$

$P=\frac{V^2}{R}$ 에서 R을 2배로 하면

$P'=\frac{V^2}{2R}=\frac{1}{2}\frac{V^2}{R}[\text{W}]$

∴ 즉, 저항값을 2배로 하면 소비전력은 $\frac{1}{2}$로 작아진다.

02 정답 ③

정답의 이유

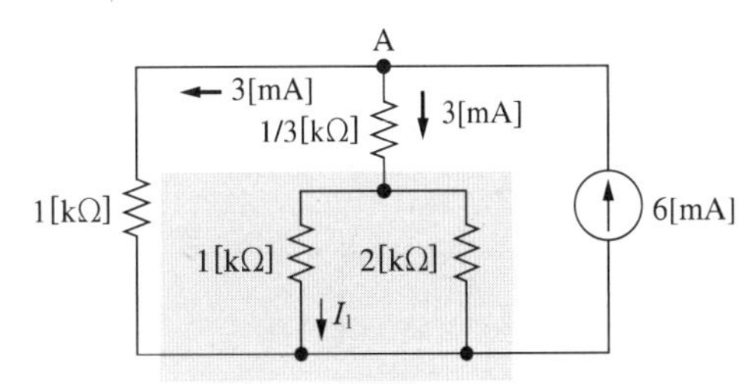

$1[\text{k}\Omega] \parallel 2[\text{k}\Omega]=\frac{1}{1+\frac{1}{2}}=\frac{2}{3}[\text{k}\Omega]$

$\frac{2}{3}[\text{k}\Omega]+\frac{1}{3}[\text{k}\Omega]=1[\text{k}\Omega]$

전류원은 전류 분배 법칙에 의해 A점을 기준으로 각각 $3[\text{mA}]$씩 흐른다.

$I_1=\frac{2}{1+2}\times 3=2[\text{mA}]$

03

정답 ②

정답의 이유

테브난 등가회로 : 전압원 단락, 전류원 개방

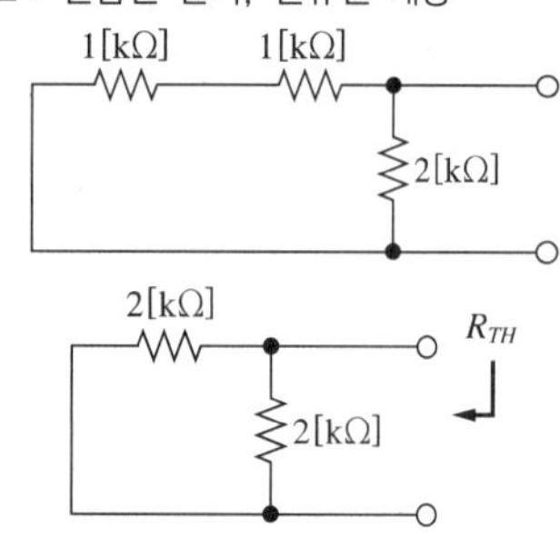

$$R_{TH}=\frac{2\times2}{2+2}=1[\text{k}\Omega]$$

04

정답 ①

정답의 이유

테브난 등가회로

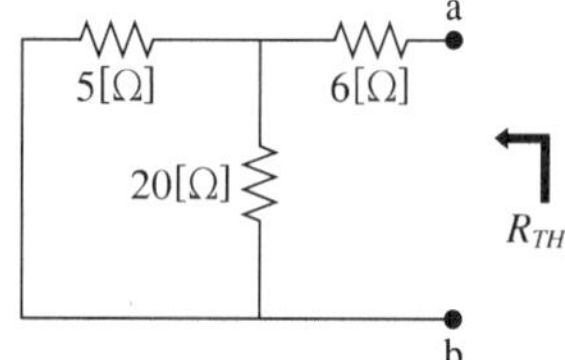

$$R_{TH}=\frac{5\cdot20}{5+20}+6=\frac{100}{25}+6=4+6=10[\Omega]$$

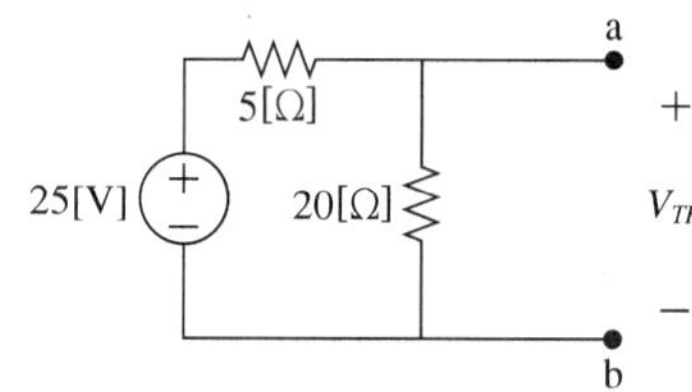

$$V_{TH}=\frac{20}{5+20}\cdot25=20[\text{V}]$$

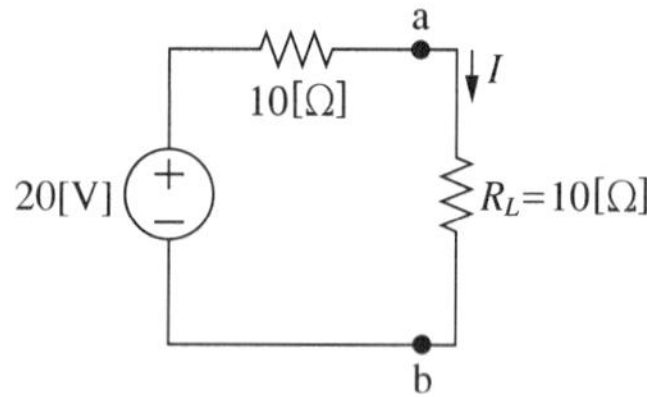

$$\therefore\ I=\frac{V_{TH}}{R_{TH}+R_L}=\frac{20}{10+10}=1[\text{A}]$$

05

정답 ③

정답의 이유

전류 분배 법칙($\Sigma I=0$)에 의해 $1[\text{k}\Omega]$에 흐르는 전류
$I=1.6-1.2=0.4[\text{mA}]$

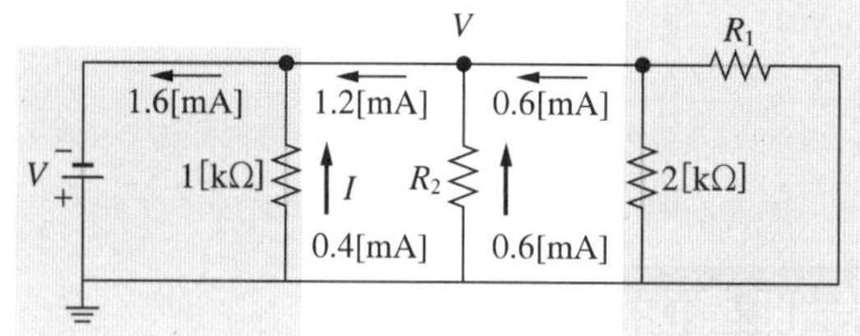

$1[\text{k}\Omega]$ 양단 전압 $V=IR=0.4\times1=0.4[\text{V}]$

즉, $1[\text{k}\Omega]$ 양단 전압 $0.4[\text{V}]$가 R_2와 $2[\text{k}\Omega]$, R_1에 걸린다.

R_1과 $2[\text{k}\Omega]$에 흐르는 전류의 합은 $0.6[\text{mA}]$, 전압은 $0.4[\text{V}]$

$\therefore$ 합성 저항 $R_0=\frac{V}{I}=\frac{0.4}{0.6\times10^{-3}}=\frac{2}{3}[\text{k}\Omega]$

$$R_0=\frac{R_1\times2}{R_1+2}=\frac{2}{3}$$

$$6R_1=2R_1+4$$

$$\therefore\ R_1=\frac{4}{4}=1[\Omega]$$

06

정답 ④

정답의 이유

RLC 직렬회로에서 선택도

$$Q=\frac{1}{R}\sqrt{\frac{L}{C}}=\frac{1}{20}\times\sqrt{\frac{32\times10^{-3}}{0.8\times10^{-6}}}=\frac{1}{20}\times200=10$$

07

정답 ②

정답의 이유

$R=R_L$일 때 최대 전력

$$P=\frac{V^2}{4R}=\frac{(10)^2}{4\times0.1}=\frac{100}{0.4}=250[\text{W}]$$

08

정답 ①

정답의 이유

실효전압 $V=\frac{100}{\sqrt{2}}=\frac{100}{1.414}≒70.7[\text{V}]$

09 정답 ③

정답의 이유

전류계에 흐르는 전류가 $0[\mathrm{A}]$이므로 브리지 평형 조건에 따라

$5\times(R_4+j\omega L_4)=(20+j\omega 10)\times 4$

$5R_4+5j\omega L_4=80+j\omega 40$

실수부-실수부, 허수부-허수부 비교

$5R_4=80,\ 5j\omega L_4=j\omega 40$

$\therefore\ R_4=\dfrac{80}{5}=16[\Omega],\ L_4=\dfrac{40}{5}=8[\mathrm{mH}]$

10 정답 ②

정답의 이유

△ → Y로 변환

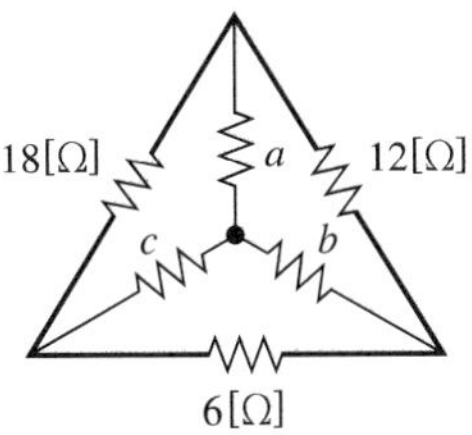

$$a=\frac{AB}{A+B+C}=\frac{18\times 12}{18+12+6}=\frac{216}{36}=6$$

$$b=\frac{BC}{A+B+C}=\frac{12\times 6}{18+12+6}=\frac{72}{36}=2$$

$$c=\frac{CA}{A+B+C}=\frac{6\times 18}{18+12+6}=\frac{108}{36}=3$$

합성 저항 $R_0=(4+6)+\dfrac{6\times 12}{6+12}=14[\Omega]$

$\therefore$ 전류 $I=\dfrac{V}{R_0}=\dfrac{70}{14}=5[\mathrm{A}]$

11 정답 ①

정답의 이유

이상적인 연산증폭기

$V_+=V_-=0[\mathrm{V}]$

(−)와 (+)에 흘러들어가는 전류 $i_+=i_-=0[\mathrm{A}]$

$\therefore\ i_s=i_F=\dfrac{V_s-0}{2[\mathrm{k}\Omega]}=\dfrac{2}{2}=1[\mathrm{mA}]$

12 정답 ②

정답의 이유

***Y* 파라미터**

$I_1=Y_{11}V_1+Y_{12}V_2$

$I_2=Y_{21}V_1+Y_{22}V_2$

이 식에서 $Y_{11}=\dfrac{I_1}{V_1}(V_2=0$(출력측 단락))

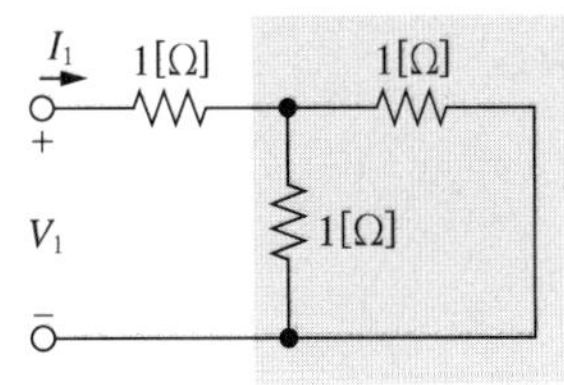

$R=1+\left(\dfrac{1\times 1}{1+1}\right)=1.5[\Omega]$

$Y_{11}=\dfrac{I_1}{V_1},\ V_1=RI_1$ 대입

$=\dfrac{I_1}{1.5I_1}=\dfrac{1}{1.5}=\dfrac{2}{3}[℧]=\dfrac{2}{3}[\Omega^{-1}]$

13 정답 ④

정답의 이유

$$\begin{pmatrix}V_1\\I_1\end{pmatrix}=\begin{bmatrix}A & B\\C & D\end{bmatrix}\begin{pmatrix}V_2\\I_2\end{pmatrix}$$

$V_1=AV_2+BI_2$

$I_1=CV_2+DI_2$

이 식에서 $C=\dfrac{I_1}{V_2}(I_2=0$(출력측 개방))

$C=\dfrac{I_1}{V_2}$에 $V_2=X_CI_1$ 대입

$=\dfrac{I_1}{-j50I_1}=j\dfrac{1}{50}$

14 정답 ④

정답의 이유

최종값 정리

$$\mathcal{L}[\lim_{t\to\infty}f(t)]=\lim_{s\to 0}sF(s)$$

$$=\lim_{s\to 0}s\times\frac{2(s+2)}{s(s^2+3s+4)}$$

$$=\left.\frac{2s+4}{s^2+3s+4}\right|_{s\to 0}=\frac{4}{4}=1$$

15

정답 ④

정답의 이유

$F(s)=\dfrac{2}{s(s+2)}$ 를 부분분수 전개

$F(s)=\dfrac{A}{s}+\dfrac{B}{s+2}$

- $A=\lim_{s\to0}sF(s)=\lim_{s\to0}s\times\dfrac{2}{s(s+2)}=\dfrac{2}{s+2}\Big|_{s\to0}=\dfrac{2}{2}=1$
- $B=\lim_{s\to-2}(s+2)F(s)$

$=\lim_{s\to-2}(s+2)\times\dfrac{2}{s(s+2)}$, $(s+2)$ 약분하면

$=\dfrac{2}{s}\Big|_{s\to-2}=-\dfrac{2}{2}=-1$

$F(s)=\dfrac{A}{s}+\dfrac{B}{s+2}$ 에 $A=1$, $B=-1$ 대입

$=\dfrac{1}{s}-\dfrac{1}{s+2}$

∴ 라플라스 역변환 $\mathcal{L}^{-1}[F(s)]=u(t)-e^{-2t}u(t)$

$=(1-e^{-2t})u(t)$

16

정답 ④

정답의 이유

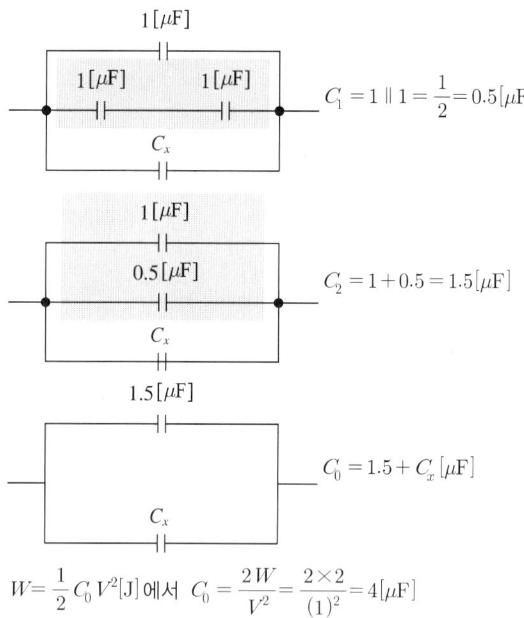

$W=\dfrac{1}{2}C_0V^2[J]$ 에서 $C_0=\dfrac{2W}{V^2}=\dfrac{2\times2}{(1)^2}=4[\mu F]$

$C_0=1.5+C_x=4$

∴ $C_x=4-1.5=2.5[\mu F]$

17

정답 ①

정답의 이유

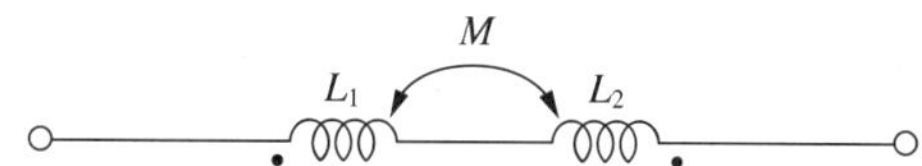

자속이 반대 방향이므로 차동결합 상태(감극성)

- $L_{eq}=L_1+L_2-2M[mH]$, $M=k\sqrt{L_1L_2}$ 대입

$=5+20-(2\times0.25\times\sqrt{5\times20})$

$=25-5=20[mH]$

- $W=\dfrac{1}{2}LI^2[J]=\dfrac{1}{2}\times20\times10^{-3}\times(10)^2=1[J]$

18

정답 ①

정답의 이유

전류의 방향이 서로 반대 방향이고 B도선의 전류의 세기가 더 크므로 자계가 0인 지점은 A도선의 왼쪽에 존재한다.

$H=\dfrac{I}{2\pi r}=\dfrac{3I}{2\pi(20+r)}$

$20+r=3r$, $2r=20$, $r=10[cm]$

∴ A도선으로부터 왼쪽 $10[cm]$ 지점

[별 해]

반대 방향의 전류가 흐를 때

- 자계의 세기 $H=\dfrac{I}{2\pi r}[AT/m]$

B도선이 A도선보다 전류가 3배 크므로 자계의 세기도 3배 크다.

- 자계의 세기와 거리와의 관계 $H\propto\dfrac{I}{r}[AT/m]$

따라서 자계의 세기와 거리는 반비례하므로 자계의 세기가 0이 되기 위해서는 H_B에서의 거리가 H_A보다 3배 멀어야 한다. 즉, A도선 좌측(왼쪽)으로 $10[cm]$ 지점이다.

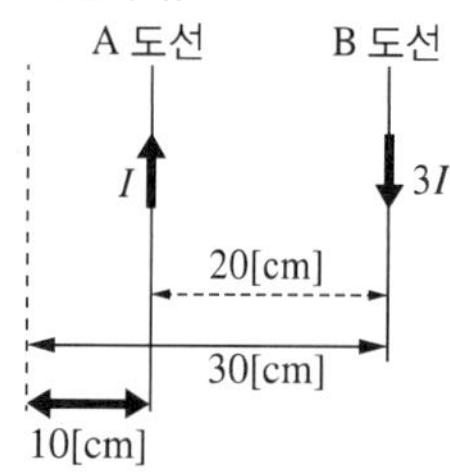

19 정답 ①

정답의 이유

- 선전하 λ가 주어졌을 때 전계의 세기

$$E=\frac{\lambda}{2\pi\varepsilon r}[\text{V/m}]$$

- 내원통과 외원통의 전위차

$$V_{ab}=-\int_b^a Edr[\text{V}]=\int_a^b Edr=\int_a^b \frac{\lambda}{2\pi\varepsilon r}dr$$

$$=\frac{\lambda}{2\pi\varepsilon}\int_a^b \frac{1}{r}dr,\ \int_a^b \frac{1}{r}dr=\ln r \text{ 대입}$$

$$=\frac{\lambda}{2\pi\varepsilon}[\ln r]_a^b=\frac{\lambda}{2\pi\varepsilon}(\ln b-\ln a)=\frac{\lambda}{2\pi\varepsilon}\ln\frac{b}{a}[\text{V}]$$

- 동축 케이블의 정전용량

$$C=\frac{\lambda}{V_{ab}}=\frac{\lambda}{\frac{\lambda}{2\pi\varepsilon}\ln\frac{b}{a}}=\frac{2\pi\varepsilon}{\ln\frac{b}{a}}[\text{F}]$$

∴ 단위 길이 $L[\text{m}]$가 주어진 경우

$$C=\frac{2\pi\varepsilon}{\ln\frac{b}{a}}\cdot L[\text{F}]$$

20 정답 ②

정답의 이유

도체의 유기기전력

$$E=Blv\sin\theta[\text{V}]=1.5\times0.5\times10\times\frac{1}{2}=3.75[\text{V}]$$

서울시 9급

기출이 답이다

전기이론

얼마나 많은 사람들이
책 한 권을 읽음으로써
인생에 새로운 전기를 맞이했던가.

헨리 데이비드 소로

전기이론 7개년 정답 한 눈에 보기!

2022년 국가직				
01	02	03	04	05
④	③	④	④	①
06	07	08	09	10
②	③	전항 정답	③	①
11	12	13	14	15
②	①	②	①	②
16	17	18	19	20
③	①	③	③	①

2021년 국가직				
01	02	03	04	05
③	④	①	②	③
06	07	08	09	10
①	④	③	④	①
11	12	13	14	15
②	①	②	④	②
16	17	18	19	20
④	②	②	②	④

2020년 국가직				
01	02	03	04	05
①	②	①	④	②
06	07	08	09	10
③	①	③	②	④
11	12	13	14	15
②	③	③	②	①
16	17	18	19	20
④	①	③	④	①

2019년 국가직				
01	02	03	04	05
①	②	③	④	①
06	07	08	09	10
③	①	③	③	②
11	12	13	14	15
①	④	②	④	②
16	17	18	19	20
②	③	④	②	④

2018년 국가직				
01	02	03	04	05
④	③	②	①	②
06	07	08	09	10
③	④	④	④	①
11	12	13	14	15
①	④	③	③	③
16	17	18	19	20
④	①	②	②	①

2017년 국가직				
01	02	03	04	05
④	②	①	②	②
06	07	08	09	10
③	①	④	③	②
11	12	13	14	15
④	③	③	④	①
16	17	18	19	20
②	④	④	②	③

2016년 국가직				
01	02	03	04	05
①	②	③	④	④
06	07	08	09	10
④	①	④	②	①
11	12	13	14	15
③	①	②	③	④
16	17	18	19	20
③	③	②	④	②

전기이론 7개년 정답 한 눈에 보기!

2022년 지방직				
01	02	03	04	05
③	③	②	④	②
06	07	08	09	10
④	④	③	①	①
11	12	13	14	15
③	②	③	④	②
16	17	18	19	20
①	③	④	④	①

2021년 지방직				
01	02	03	04	05
①	②	③	①	③
06	07	08	09	10
②	④	④	④	②
11	12	13	14	15
④	②	③	②	④
16	17	18	19	20
②	①	②	③	④

2020년 지방직				
01	02	03	04	05
④	③	④	②	①
06	07	08	09	10
④	②	①	④	①
11	12	13	14	15
③	①	②	④	③
16	17	18	19	20
①	③	②	①	③

2019년 지방직				
01	02	03	04	05
④	③	①	①	③
06	07	08	09	10
③	②	①	①	②
11	12	13	14	15
④	③	②	②	②
16	17	18	19	20
③	④	④	③	①

2018년 지방직				
01	02	03	04	05
③	③	①	①	①
06	07	08	09	10
④	③	④	②	④
11	12	13	14	15
②	②	③	②	③
16	17	18	19	20
②	③	③	①	④

2017년 지방직				
01	02	03	04	05
①	③	②	④	①
06	07	08	09	10
③	①	③	③	④
11	12	13	14	15
④	②	③	②	④
16	17	18	19	20
①	③	②	④	②

2016년 지방직				
01	02	03	04	05
④	①	①	④	④
06	07	08	09	10
②	②	③	③	②
11	12	13	14	15
④	②	③	①	①
16	17	18	19	20
②	④	①	④	④

전기이론 7개년 정답 한 눈에 보기!

2022년 서울시				
01	02	03	04	05
④	③	①	②	②
06	07	08	09	10
①	①	③	②	③
11	12	13	14	15
③	④	④	②	①
16	17	18	19	20
④	①	④	③	④

2021년 서울시				
01	02	03	04	05
①	③	④	②	②
06	07	08	09	10
③	①	④	②	③
11	12	13	14	15
①	②	④	①	③
16	17	18	19	20
②	②	③	②	①

2020년 서울시				
01	02	03	04	05
②	④	①	③	②
06	07	08	09	10
④	④	①	③	①
11	12	13	14	15
③	②	④	①	④
16	17	18	19	20
②	③	④	③	①

2019년 서울시				
01	02	03	04	05
④	③	①	①	④
06	07	08	09	10
③	④	④	④	②
11	12	13	14	15
②	①	②	③	①
16	17	18	19	20
③	②	②	④	③

2018년 서울시 제2회				
01	02	03	04	05
①	②	④	④	④
06	07	08	09	10
④	③	③	②	④
11	12	13	14	15
③	①	③	①	①
16	17	18	19	20
④	②	②	③	④

2018년 서울시 제1회				
01	02	03	04	05
③	①	②	①	①
06	07	08	09	10
②	③	③	②	④
11	12	13	14	15
③	③	④	①	③
16	17	18	19	20
①	②	④	②	①

2017년 서울시				
01	02	03	04	05
③	③	②	①	③
06	07	08	09	10
④	②	①	③	②
11	12	13	14	15
①	②	④	④	④
16	17	18	19	20
④	①	①	①	②

행운이란 100%의 노력 뒤에 남는 것이다.
– 랭스턴 콜먼(Langston Coleman)

9급 공무원 공개경쟁채용 필기시험 답안지

컴퓨터용 흑색사인펜만 사용

책 형
㉮ ㉯ ㉰ ㉱ ㉲

[필적감정용 기재] * 아래 예시문을 옮겨 기재하시기 바랍니다 예시 : 본인은 ○○○(응시자성명)임을 확인함
기 재 란

성 명	
자필성명	본인 성명 기재
응시직렬	
응시지역	
시험장소	

응시번호							
	⓪	⓪	⓪	⓪	⓪	⓪	⓪
	①	①	①	①	①	①	①
	②	②	②	②	②	②	②
	③	③	③	③	③	③	③
	④	④	④	④	④	④	④
	⑤	⑤	⑤	⑤	⑤	⑤	⑤
⑥	⑥	⑥	⑥	⑥	⑥	⑥	⑥
⑦	⑦	⑦	⑦	⑦	⑦	⑦	⑦
	⑧	⑧	⑧	⑧	⑧	⑧	⑧
	⑨	⑨	⑨	⑨	⑨	⑨	⑨

생년월일					
⓪	⓪	⓪	⓪	⓪	⓪
	①	①	①	①	①
	②		②	②	②
	③		③	③	③
	④		④		④
⑤	⑤		⑤		⑤
⑥	⑥		⑥		⑥
⑦	⑦		⑦		⑦
⑧	⑧		⑧		⑧
⑨	⑨		⑨		⑨

※ 시험감독관 서명 (성명을 정자로 기재할 것)
적색 볼펜만 사용

문번	제1과목	문번	제2과목	문번	제3과목	문번	제4과목	문번	제5과목
1	① ② ③ ④	1	① ② ③ ④	1	① ② ③ ④	1	① ② ③ ④	1	① ② ③ ④
2	① ② ③ ④	2	① ② ③ ④	2	① ② ③ ④	2	① ② ③ ④	2	① ② ③ ④
3	① ② ③ ④	3	① ② ③ ④	3	① ② ③ ④	3	① ② ③ ④	3	① ② ③ ④
4	① ② ③ ④	4	① ② ③ ④	4	① ② ③ ④	4	① ② ③ ④	4	① ② ③ ④
5	① ② ③ ④	5	① ② ③ ④	5	① ② ③ ④	5	① ② ③ ④	5	① ② ③ ④
6	① ② ③ ④	6	① ② ③ ④	6	① ② ③ ④	6	① ② ③ ④	6	① ② ③ ④
7	① ② ③ ④	7	① ② ③ ④	7	① ② ③ ④	7	① ② ③ ④	7	① ② ③ ④
8	① ② ③ ④	8	① ② ③ ④	8	① ② ③ ④	8	① ② ③ ④	8	① ② ③ ④
9	① ② ③ ④	9	① ② ③ ④	9	① ② ③ ④	9	① ② ③ ④	9	① ② ③ ④
10	① ② ③ ④	10	① ② ③ ④	10	① ② ③ ④	10	① ② ③ ④	10	① ② ③ ④
11	① ② ③ ④	11	① ② ③ ④	11	① ② ③ ④	11	① ② ③ ④	11	① ② ③ ④
12	① ② ③ ④	12	① ② ③ ④	12	① ② ③ ④	12	① ② ③ ④	12	① ② ③ ④
13	① ② ③ ④	13	① ② ③ ④	13	① ② ③ ④	13	① ② ③ ④	13	① ② ③ ④
14	① ② ③ ④	14	① ② ③ ④	14	① ② ③ ④	14	① ② ③ ④	14	① ② ③ ④
15	① ② ③ ④	15	① ② ③ ④	15	① ② ③ ④	15	① ② ③ ④	15	① ② ③ ④
16	① ② ③ ④	16	① ② ③ ④	16	① ② ③ ④	16	① ② ③ ④	16	① ② ③ ④
17	① ② ③ ④	17	① ② ③ ④	17	① ② ③ ④	17	① ② ③ ④	17	① ② ③ ④
18	① ② ③ ④	18	① ② ③ ④	18	① ② ③ ④	18	① ② ③ ④	18	① ② ③ ④
19	① ② ③ ④	19	① ② ③ ④	19	① ② ③ ④	19	① ② ③ ④	19	① ② ③ ④
20	① ② ③ ④	20	① ② ③ ④	20	① ② ③ ④	20	① ② ③ ④	20	① ② ③ ④

응시자 준수사항

□ 답안지 작성요령

> ※ 다음 사항을 준수하지 않을 경우에 발생하는 불이익은 응시자에게 귀책사유가 있으므로 기재된 내용대로 이행하여 주시기 바랍니다.

1. **득점은 OCR 스캐너 판독결과에 따라 산출합니다.** 모든 기재 및 표기사항은 **"컴퓨터용 흑색 사인펜"**을 **사용**하여 **반드시 〈보기〉의 올바른 표기 방식으로 답안을 작성**해야 합니다. **답란을 전부 채우지 않고 점만 찍어 표기**한 경우, **농도가 옅은 컴퓨터용 사인펜을 사용하여 답안을 흐리게 표기한 경우** 등 **올바른 표기 방식을 따르지 않아 발생할 수 있는 불이익**(득점 불인정 등)**은 응시자 본인 책임**이므로 유의하시기 바랍니다.

   〈보기〉 올바른 표기 : ●　　　**잘못된 표기 :** ⓥ ⓧ ◑ ⊙ ● ◌ ◌ ② ③

2. 적색볼펜, 연필, 샤프펜 등 펜의 종류와 상관없이 **예비표기를 하여 중복 답안으로 판독된 경우에는 불이익을 받을 수 있으므로 각별히 주의**하시기 바랍니다.
3. 답안지를 받으면 상단에 인쇄된 **성명, 응시직렬, 응시지역, 응시번호, 생년월일**이 **응시자 본인정보와 일치하는지 확인**하시기 바랍니다.
   - **가. (책형)** 응시자는 **시험 시작 전** 감독관 지시에 따라 **문제책 앞면에 인쇄된 책형**을 **확인** 한 후, **답안지 책형란에 해당 책형(1개)을 "●"**로 **표기**하여야 합니다.
   - **나. (필적감정용 기재) 예시문**과 **동일한 내용**을 **본인의 필적**으로 **직접 작성**해야 합니다.
   - **다. (자필성명)** 본인의 한글성명을 **정자로 직접 기재**하여야 합니다.
     - ※ **책형 및 인적사항을 기재하지 않을 경우 불이익(당해시험 무효 처리 등)을 받을 수 있습니다.**
   - **라. (교체답안지 작성)** 답안지를 교체하면 반드시 **교체답안지 상단 책형란에 해당 책형(1개)을 "●"**로 **표기**하고, **필적감정용 기재란, 성명, 자필성명, 응시직렬, 응시지역, 응시번호, 생년월일**을 빠짐없이 **작성(표기)**해야 하며 작성한 답안지는 **1인 1매**만 유효합니다.
4. 시험이 시작되면 **문제책 편철과 표지의 과목순서 간의 일치 여부, 문제 누락 · 파손 등 문제책 인쇄상태를 반드시 확인**하여야 합니다.
5. **답안은 반드시 문제책 표지의 과목순서에 맞추어 표기**하여야 하며, 과목 순서를 바꾸어 표기한 경우에도 **문제책 표지의 과목 순서대로 채점**되므로 각별히 유의하시기 바랍니다.
   - **선택과목이 있는 행정직군 응시자는 본인의 응시표에 인쇄된 선택과목 순서에 따라 제4과목과 제5과목의 답안을 표기**하여야 합니다. 원서접수 시 선택한 과목이 아닌 다른 과목을 선택하여 답안을 표기하거나, 선택과목 순서를 바꾸어 표기한 경우에도 **응시표에 기재된 선택과목 순서대로 채점**되므로 유의하시기 바랍니다.
6. 답안은 매 문항마다 반드시 **하나의 답만**을 골라 그 숫자에 "●"로 표기하여야 하며, **답안을 잘못 표기하였을 경우에는 표기한 답안을 수정하거나 답안지를 교체**하여 **작성**할 수 있습니다.
   - 표기한 답안을 수정하는 경우에는 **응시자 본인이 가져온 수정테이프만을 사용**하여 해당 부분을 완전히 지우고 부착된 수정테이프가 떨어지지 않도록 눌러주어야 합니다**(수정액 또는 수정스티커 등은 사용 불가).**
   - **불량 수정테이프의 사용 또는 불완전한 수정**처리로 인하여 발생하는 모든 **문제**는 **응시자 본인에게 책임이 있음**을 유념하시기 바랍니다.
7. 답안지는 **훼손 · 오염되거나 구겨지지 않도록 주의**하여야 하며, 특히 **답안지 상단의 타이밍마크(▮▮▮▮)를 절대 훼손해서는 안 됩니다.**

□ 부정행위 등 금지

> **※ 다음 사항을 위반한 경우에는 공무원임용시험령 제51조(부정행위자 등에대한조치)에 따라 그 시험의 정지, 무효, 합격취소, 5년간 공무원임용시험 응시자격 정지 등의 불이익 처분을 받게 됩니다.**

1. 시험시작 전까지 문제내용을 보아서는 안됩니다.
2. 시험시간 중 **통신, 계산 또는 검색기능이 있는 일체의 전자기기**(휴대전화, 태블릿PC, 스마트워치, 이어폰, 스마트밴드, 전자담배, 전자계산기, 전자사전, 디지털카메라, MP3플레이어, DMB플레이어 등)을 소지할 수 없습니다.
3. **응시표 출력사항 외 시험과 관련된 내용이 인쇄 또는 메모된 응시표를 시험시간 중 소지하고 있는 경우 당해시험 무효처분**을 받을 수 있으며, 특히 부정한 자료로 판단되는 경우에는 **5년간 공무원 임용시험 응시자격 정지 처분**을 받을 수 있습니다.
4. 시험 중 **물품(수정테이프, 컴퓨터용 흑색 사인펜 등)을 빌리거나 빌려주는 행위는** 부정행위로 간주될 수 있습니다.
5. **시험종료 후에도 계속하여 답안지를 작성하거나, 시험감독관의 답안지 제출 지시에 불응할 경우에는 무효처분을 받게 됩니다.**
   - 답안, 책형 및 인적사항 등 모든 기재(표기) 사항 작성은 시험종료 전까지 해당 시험실에서 완료하여야 하며, 특히 답안지 교체 후 누락되는 항목이 없도록 유의하시기 바랍니다.
6. 답안 기재가 끝났더라도 시험종료 후 **시험감독관의 지시가 있을 때까지 퇴실할 수 없으며 배부된 모든 답안지는 반드시 제출하여야 합니다.**
7. 그 밖에 **공고문의 응시자 준수사항**이나 **시험감독관의 정당한 지시 등**을 따르지 않을 경우 부정행위자로 간주될 수 있습니다.

2023 기출이 답이다
9급 공무원 전기이론 7개년 기출문제집

초 판 발 행	2023년 06월 05일 (인쇄 2023년 05월 03일)
발 행 인	박영일
책 임 편 집	이해욱
편 저	강은생
편 집 진 행	윤진영 · 김달해
표지디자인	권은경 · 길전홍선
편집디자인	정경일
발 행 처	(주)시대고시기획
출 판 등 록	제10-1521호
주 소	서울시 마포구 큰우물로 75 [도화동 538 성지 B/D] 9F
전 화	1600-3600
팩 스	02-701-8823
홈 페 이 지	www.sdedu.co.kr

I S B N	979-11-383-3226-2(13350)
정 가	20,000원

9급 공무원

기출이 답이다

전기이론

7개년 기출 + 무료강의

정답 및 해설